计 量 经 济 学

第 二 版

戴思锐　编著

中 国 农 业 出 版 社

第二版序言

本书自2003年11月由中国农业出版社出版以来，以其内容全面、结构新颖、重点突出、易于理解的特点，受到读者喜爱。一些高校将其作为硕士研究生计量经济学课程的教材或教学参考书，亦受到学生欢迎。为满足研究生教学和该学科爱好者需要，决定对其再版。

本次再版对原版篇章结构及内容未作变更，基本保持了原貌。但在以下三个方面作了修改、订正：

1. 对原版中的文字、符号、图形印刷错误作了改正。

2. 对原版中个别表述欠直观、难理解的段落和字句进行了修改。

3. 对原版中个别分析论述欠严密、有疏漏的内容进行了订正。

但愿本书的第二版能为计量经济学爱好者的学习提供更多方便，能对研究生的计量经济学教学有所助益。

西南大学经济管理学院

戴思锐

2009年11月

序 言

计量经济学在我国的大规模传播已历20余载。其间，一批国外计量经济学名著及教科书被引进来，国内学者也撰写出版了一批优秀专著和教材，对这门学科的传播和应用起到了重要作用。计量经济学作为经济研究的重要工具，随我国经济的蓬勃发展，应用领域日渐拓展。希望掌握和应用这一工具的大专院校经济学和管理专业的学生、经济研究工作者、经济管理工作者越来越多。然而，大多数计量经济学著作都涉及到较为复杂的数学和统计学知识，使不具备这些基础知识的求学者望而生畏；少数计量经济学著作虽不涉及高深的数学和统计学专门知识，但往往体系又不够完整，使求学者难观其概貌。出于对计量经济学的偏爱及多年教学的体验，撰写一本用简单数学和统计学知识阐释而体系又相对完整的计量经济学，以方便更多的爱好者学习和掌握，是我多年的愿望。

应用一般数学和统计学知识阐释计量经济学的原理与方法，虽在某些方面有损严密，但其优点是显而易见的。这不仅为仅具一般数学和统计学基础知识的人学习和掌握这一学科提供了方便和可能，而且由于这种阐释方式对经济现象描绘的直观性，使学习者更容易理解计量经济方法的内涵及计量经济模型所表达的客观经济现象的内在规律性。本书应用不超过初等统计学及一般大学代数的基本知识，论述计量经济学的理论与方法，试图使具备这些基础知识的读者，在不必补习高等统计学和专门数学知识的条件下，能够顺利阅读与理解，企盼这一愿望能够实现。计量经济学虽有其独特的理论与方法，但研究的对象是客观经济现象，研究的目的是揭示经济现象的内在规律，其经济学内在本质勿容置疑。本书在论及各种计量经济方法时，对其思路、假设、工作步骤、结果的经济含义均给予了充分的解释与说明，希冀读者能便当地理解特定方法所反映和揭示的经济内涵。

本书所涉及的内容较为宽泛，除绪论外，共分为五篇二十七章。第一篇（第一至七章）论述满足经典假设的单一方程模型的理论与方法，第二篇（第八至十二章）论述违背经典假设的单一方程模型的理论与方法，第三篇（第十三至第十七章）论述虚拟变量模型和时间序列模型的理论与方法，第四篇（第十八章至二十四章）论述联立方程模型的理论与方法，第五篇（第二十五章至第二十七章）论述计量经济学的应用程序及模型构建。

本书可作为计量经济学爱好者的学习用书，它将使读者对这门学科的理论与方法有一个较为系统的了解。也可以作为大学经济学、管理学专业本科和研究生的教材或教学参考书，本科生可学习第一篇和第二篇的内容，硕士生可增加第四篇的内容，博士生可再增加第三篇和第五篇的内容。

本书在成稿过程中，我的博士生刘俊浩和王炯同志协助绘图和计算数学用表，在此表示谢忱。由于水平有限，书中错误及疏漏在所难免，望同行批评指正。

戴思锐

2003 年 6 月于重庆北碚

目　录

绪　论

一、计量经济学释义

计量经济学是经济学的一个重要分支学科，是经济学、数学、统计学的综合，以研究社会经济活动中客观存在的数量关系为其主要内容。

对计量经济学的定义，从不同的角度有不同的表述，可谓仁者见仁、智者见智。但在学术界比较一致的看法是弗瑞希（R. Frisch）在《计量经济学》杂志发刊词中的说明："对经济的数量研究有几个方面，其中任何一个方面就其本身来说都不应该与计量经济学混为一谈，计量经济学决不等同于经济统计学，它也不同于我们所说的一般经济理论，尽管经济理论中有很大部分具有确定的数量特征；计量经济学也不应视为数学应用于经济学的同义语。经验表明，统计学、经济理论和数学三者对于实际理解现代经济生活的数量关系都是必要的，但其中任何单独一种都是不够的。这三者的统一才是有力的工具，正是这三者的统一才构成了计量经济学"。

在我国的出版物及相关文献中，有"计量经济学"与"经济计量学"两种称谓。"经济计量学"是由英文 econometrics 直译而来，强调的是该学科经济计量方法的内容(经济模型的估计及检验)；"计量经济学"则强调的是该学科的经济学内涵与外延。就目前冠以这两种不同名称的教材和专著的内容看，二者并无实质性差异。

二、计量经济学的产生与发展

1926 年挪威经济学家 R. 弗瑞希仿照 biometrics（生物计量学）提出了 econometrics，1930 年 12 月 29 日世界计量经济学会的召开，及其后由该学会创办的学术刊物 Econometrica（《计量经济学》）的正式出版，标志着计量经济学作为一个独立学科的正式产生。

计量经济学的产生和发展，源于对经济问题的定量研究。正是人们从数量方面探寻经济活动规律的不懈努力，才促进了这门学科的形成与发展。

应用统计方法、数学方法研究经济活动中客观存在的数量关系，可以追溯到经济学形成的早期。政治经济学的始祖配第（W. petty）是在经济学中应用数学方法的早期代表，在其名著《政治算术》中引用大量的统计资料，用数学方法阐明经济现象。与配第同时代的克茵，以及17世纪末至18世纪初的经济学家瓦塞、布瑞斯科，以及稍后的洛易德、孔第约克和重农学派的代表人物，都在他们的著作中不同程度地应用了数学方法。克茵在《英格兰情况的自然的政治的观察和结论》一书中，用数字表明了农业歉收与农产品价格上涨程度和幅度的关系。魁奈（F. Quesnay）著名的《经济表》，更是那个时期应用数学方法分析经济活动数量关系的典范。

在经济研究中大量应用数学方法始于19世纪30年代，主要代表人物有德国经济学家屠能（J. H. Thunen）和法国经济学家古诺（A. A. Counot）等人。屠能是经济研究中应用微分学和积分学的先驱，他还认为经济变量都是相互联系、相互依存的，可以用数学方法来描述这种关系。古诺是应用数学方法分析经济问题的著名代表，他认为很多经济现象（如需求、供给等）都与价格存在函数关系，可以用函数式来表达这些关系。在其名著《财富理论的数学原理研究》中，用函数式表述了商品需求量与价格之间及产品产量与成本之间的依存关系，论证了垄断、双头垄断、寡头垄断及自由竞争条件下，生产者实现最大利润的价格决定问题。继屠能和古诺之后，法国经济学家杜皮特和戈森（H. H. Gossen）应用数学方法研究边际效用和消费问题做出了重要贡献。19世纪70年代，应用数学方法研究经济问题已成为时尚，最有名的代表人物当数杰文斯（W. S. Jevons）、瓦尔拉斯（L. Walras）和马歇尔（A. Marshall）。杰文斯认为，经济学研究的是量，它必须是数学的，经济学中的规律必须用数学表示。他用微分法说明财富的效用、价值、需求、供给、利息等，用导数表示边际效用，并用数学方法论证了两种商品交换的均衡价格的决定问题。瓦尔拉斯将数学方法作为研究经济问题的主要方法，应用数学方法建立了一般均衡理论。马歇尔更是应用数学方法分析经济问题的典范，在《经济学原理》一书中，应用多种数学方法将供求理论、边际效用理论、边际生产力论、生产费用论融为一体。

20 世纪 20 年代，由于弗瑞希、丁伯根（J. Tinbergen）等经济学家的奠基性和开创性工作，适应 20 年代末至 30 年代初全球经济萧条引发的国家干预经济的客观需要，计量经济学作为一门新兴的经济学科正式诞生。到迄今为止的 70 余年间，经众多经济学家的不断探索，计量经济学的理论体系和方法论体系日臻完善，其应用已涵盖经济研究的各个领域，现在已经形成包括理论计量经济学和应用计量经济学的庞大学科体系，在经济学科中占有突出的地位，并对整个经济学科的发展发挥着越来越重要的特殊作用。

三、计量经济学与数理经济学和数理统计学的关系

计量经济学与数理经济学和数理统计学有着深刻的渊源和密切的关系，但它们又各自具有独特的研究对象、理论体系和方法体系，因此是相互独立的学科。

数理经济学形成于 19 世纪后期，为计量经济学的建立提供了理论基础和方法论基础。数理经济学与普通经济学一样，都研究经济变量之间的关系，阐述经济理论，都把经济变量视为一般变量，把经济变量之间的关系作为一种确定性关系。所不同的是，普通经济学对经济变量关系的分析和经济理论的阐述是利用文字进行描述，而数理经济学对经济变量关系的分析和经济理论的阐述是应用函数式等数学形式进行表达，但对经济变量的参数只提出假设（用数学符号表示），而不进行估计。计量经济学也应用函数式等数学工具研究经济变量之间的关系，阐述经济理论，但将经济变量作为随机变量处理，将经济变量之间的关系作为非确定性随机关系进行

分析，同时要利用观测数据对经济变量的参数进行估计。由此可见，数理经济学与计量经济学对经济变量关系的研究虽有外在相同的数学形式，但有着内在不同的本质，计量经济学对经济变量及其相互关系随机性本质特征的确认和变量参数的估计，使经济活动中客观存在的数量关系更为具体准确，使经济理论的阐述更加科学和明晰。

在计量经济学诞生时，数理统计学已经是一门成熟的学科。数理统计学以客观世界中的随机现象（既包括社会经济现象，也包括自然现象）为研究对象，与计量经济学研究的经济现象有交叉，但又有很大差别。由于计量经济学对经济变量及其相互关系随机性确认的基本理念，数理统计对随机现象的分析方法自然便成为计量经济学的基本工具。但是值得注意的是，数理统计方法是在严格控制试验的基础上发展起来的。即隐含一个前提：如果在相同条件下进行重复试验，会得到相同的试验结果。很显然，这一假定在自然科学研究的某些领域是成立的，但在经济研究中难以成立。这是因为在研究经济变量关系时，有的因为难度大或付出代价太高无法进行试验，有的虽可以试验但对相关因素难以控制，有的可以控制一部分因素（随机因素不可控）进行试验，但不具可重复性。所以经济研究使用的是观测数据而不是试验数据，观测数据是多种因素综合作用的结果，不具备控制试验数据的特质。因此，数理统计学的方法不适用于经济变量关系的研究，只有经过修正才能加以应用。计量经济学正是在数理统计学基础上，根据研究对象的不同特点，所建立起来的独特的理论体系与方法论体系。

四、计量经济学的研究内容

在经济学界，人们粗略地将计量经济学划分为理论计量经济学和应用计量经济学两类。它们在研究内容上各有重点，也有一定联系。

理论计量经济学主要介绍和研究计量经济学科的理论体系和方法论体系，重点在对计量经济学科理论与方法的证明和推导上。包含计量经济模型的相关数学理论、一般计量经济模型参数估计方法和检验方法的推导证明、特殊计量经济模型参数估计方法和检验方法的推导证明等。理论计量经济学与数理统计学遮方法论方面有密切的联系，它的研究内容要应用到广泛的数学知识。理论计量经济学也要研究方法的应用问题，但研究目的不在于应用的结果，而在于方法自身的改进和创新。

应用计量经济学主要研究计量经济模型的构建与应用，包括计量经济模型的经济理论基础、相关的统计学知识、应用模型的建模过程与方法、模型应用过程中的相关知识与技术等。同时也对计量经济模型在一些特殊领域的具体应用进行研究。应用计量经济学与经济理论、统计学、数学有密切联系，与计算机科学及特定研究对象所涉及的自然科学、生产技术也有很强的关联性。

五、计量经济学中的基本概念

计量经济学与其他学科一样，为了界定、描述和分析问题的准确与方便，都要使用一些专门的术语和基本的概念。正确理解和准确把握这些术语和概念，有助于对计量经济学理论与方法论的学习和掌握。

（一）数学模型与方程

数学模型是描绘客观经济现象内在数量关联关系的方程式或方程组，它是经济计量分析的重要工具。对数学模型的应用，是计量经济学的显著特点。数学模型通常由一组方程式构成，在特定场合也可以由一个独立的方程式构成。

1. 计量经济模型

计量经济模型是数学模型的一种，它是对现实经济系统的数学抽象，是现实经济系统的代表。人们针对具体的研究对象，在一定的经济理论指导下，对现实经济系统中因素与因素之间、因素与环境之间的内在关联关系进行分析、归纳，再利用一组（或一个）数学方程将这种内在关联关系表达出来，便形成计量经济模型。计量经济模型从现实经济系统中抽象出来，是对实际经济系统进行分析的工具。计量经济模型与现实经济系统又有一定差异，它只能对现实经济系统中主要的内在关联关系进行数学抽象与表达，而不能也不必要对现实经济系统中的所有关联关系进行描述。

计量经济模型从不同的角度可以分为多种类型。从模型包含的方程数量上分，有单一方程计量经济模型、联立方程计量经济模型；从模型包含的方程性质上分，有经典线性模型、非经典线性模型、非线性模型、动态模型、变参数模型。除此之外，计量经济模型还可以依据研究问题的领域，所使用观测数据的特征和性质进行分类。

2. 方程（经济函数）

计量经济模型中的方程，是描述经济系统中相关变量依存关系的代数式。在这一特定场合，方程与经济函数的内涵是相同的。计量经济模型中的每一个方程都从一个方面或一个局部反映现实经济系统中因素与因素之间、因素与环境之间的内在数量关联关系，从不同侧面和局部反映这种关系的多个方程组合起来，便实现了对现实经济系统的数学抽象，构建成计量经济模型。

方程（经济函数）是由变量、参数、常数及函数关系构成的。变量是现实经济系统的内在要素和外部因素，参数是变量的系数（或指数），常数是经济系统中已经确定的量，函数关系是变量、参数、常数的关联规则和形式。将变量、参数、常数按一定的规则和形式连接起来，便构成计量经济模型的方程（经济函数式）。

（二）经济变量

经济变量是指现实经济系统中的内部构成因素（或活动、行为等）及外部的影响因素（或环境、条件等）。在计量经济学中，不同的经济变量有专门的称谓，并有相应的特定内涵。经济变量按其自身特点及计量经济模型参数估计的需要，可以分为若干不同的类型。

1. 内生变量与外生变量

对于代表一个特定现实经济系统的独立而完整的计量经济模型，无论它是单一方程模型，或是联立方程模型，其中的变量都可以分为内生变量（endogenous variable）和外生变量（exogenous variable）两类。内生变量是由该现实经济系统自身决定的，而外生变量则是由该现实经济系统外部环境条件所决定的。内生变量受其他内生变量和外生变量的影响和制约，但不能对外生变量施加影响，是具有一定概率分布的随机变量。外生变量对内生变量施加影响，但不受内生变量的影响和制约，它在通常情况下被视为非随机变量，但在某些场合它实质上是随机变量。

2. 解释变量与被解释变量

对于计量经济模型中的一个特定方程，等式左边的变量（在数学上称为因变量）称为被解释变量（explained variable），等式右边的变量（在数学上称为自变量）称为解释变量（explaining variable）。被解释变量一定是模型中的内生变量，而解释变量既包括外生变量，也包括模型中的一部分内生变量。对于计量经济模型中的特定方程而言，被解释变量与解释变量的界限是十分清楚的。但对于具有多个方程所组成的整个计量经济模型而言，被解释变量与解释变量的界限就是模糊的，在某一方程中的被解释变量，在另一方程就可能成了解释变量，反之亦然。

3. 滞后变量与前定变量

在经济计量分析中，某些变量不仅受当期其他内生变量和外生变量的影响，同时还受前期（过去时期）一些内生变量和外生变量的影响。在计量经济学中，将这些前期的内生变量称之为滞后内生变量，前期的外生变量称为滞后外生变量。滞后内生变量和滞后外生变量合称为滞后变量，滞后变量与外生变量都是在模型估计之前确定的量，故将外生变量和滞后内生变量合称为前定变量（predeternined variable）。

4. 控制变量（政策变量）

为满足正确描绘和深入研究经济活动的需要，有时需要在计量经济模型中人为设置反映政策要求、决策者意愿、经济系统运行条件和状态等方面的变量，这类变量可以用控制变量（controlled variable）这一概念来概括。控制变量也有人称之为政策变量，它一般属于外生变量，往往事先根据不同情况赋值或赋予一定的取值区间。

（三）经济参数

在计量经济模型中，每一个特定方程的解释变量（包含内生变量和外生变量）的系数（有时为指数）称为变量参数。因为每一解释变量的参数都有特定的经济含义，故将它们称为经济参数。不同解释变量的参数经济含义各不相同，有的表示边际值、有的表示弹性等。经济参数一般都需要依据样本观测数据应用相宜的估计方法才能得出，但在特定情况下，某些外生解释变量的参数也可以根据政策法规或经验人为确定。

（四）数据

数据是反映计量经济模型中的变量在观测期或观测范围内变动情况的数值资料。因计量经济模型中的变量多为经济变量（有时也包含少量其他性质的变量），故一般都把这些数据称之为经济数据。数据是计量经济模型参数估计的原料，按其性质和特点，又可分为很多种类型。

1. 时序数据

时序数据是时间序列数据的简称，它是以同一统计指标按时间顺序记录的同一统计单位的数据资料。在时序数据中，有以某一时点（如年末、月末等）的数据，也有以某一时期（如一年、一月）的数据。在同一时间序列数据中，每一个数据必须是同口径的。这就要求统计口径相同，统计的时点或时期相同，统计的范围相同，计算标准相同。只有如此，才能保证整个数据序列中的每一个数据具有同质性，才能用于估计计量经济模型的参数。

2. 截面数据

截面数据是同一时点或时期，用相同的统计指标对不同统计单位记录的数据资料。截面数据不要求统计单位之间的相同，但要求统计的时间相同，数据的口径和计算方法相同，以保证各截面样本的数据同质和可比。

3. 技术数据

技术数据是经济活动中有关生产经营技术工艺及方法的数据。这类数据对研究投入产出关系等领域的问题十分有用。技术数据有的由技术部门提供，有的则由生产经营者提供。

4. 政策、法规数据

国家和地方的某些政策、法规，直接或间接规定了一些经济变量的取值或取值范围，这类数据称之为政策、法规数据。有些政策、法规数据可以直接用于估计计量经济模型的参数，有的可以与其他数据资料结合用于估计计量经济模型的参数。

5. 设定数据

在计量经济模型中,有时需设置个别控制变量(如条件变量、状态变量等)。这些变量没有实际的样本观测数据,只能依靠人为赋值确定其水平,这些人为赋值产生的数据称为设定数据。设定数据一般是根据有关经济理论的说明和实际经验加以确定。

六、计量经济模型的应用

计量经济模型主要用于研究经济活动中各相互依存的因素间所客观存在的数量关系。研究这些数量关系，可以更加深入地认识经济活动的发展过程和运行机制，为经济预测和管理决策提供科学依据。计量经济模型的具体应用范围包括社会经济活动的各个方面，按其应用领域划分难以列举。但若按其应用的功能划分，它主要用于结构分析、经济预测、政策（决策）评价及验证和发展经济理论等四个大的方面。

（一）结构分析

经济结构在本质上是经济系统中各变量之间的相互关系，正是变量之间的这种相互关系决定经济系统的结构形态、结构特征及结构功能。计量经济模型由其自身特点所决定，是分析经济系统中各变量相互关系的强有力工具。应用计量经济模型可以十分方便地分析和测度经济系统中某个（或某些）变量绝对量和相对量的变化对其他变量绝对量和相对量变化的影响，比较分析变量及参数变化对经济系统平衡的影响，研究与分析变量相互关系的变化对经济系统平衡点位移的内在联系。这些分析和研究，能够深刻揭示经济系统结构变动的内在机制，为结构调整与控制提供可靠的依据。鉴于此，结构分析是计量经济模型应用的极为重要而又长盛不衰的领域。

（二）经济预测

经济预测是对未来时期经济发展的状况进行评价和估计。经济活动具有典型的随机性，不仅受到经济系统内部因素发展变化（这种发展变化也具有随机性）的影响，而且还受到外部环境因素变动（这种变动也具有不确定性）的制约。鉴于此，经济预测是一件很难的事。但经济的发展变化终归是由内部因素和外部条件变化引起的，通过对经济系统内部因素和外部条件变动规律的分析和把握，就可以发现和掌握经济发展变化的方向及程度。从这个意义上讲，经济发展变化是可预测的。计量经济模型正好在分析影响经济发展变化的内生变量及外生变量方面具有独特功能，通过对这些变量在未来时期变动方向、程度及水平的测度，去评价和估计未来时期经济的发展趋势和水平。所以，计量经济模型用于经济预测，是其应用的又一重要领域。

（三）政策（决策）评价

政策（决策）的优劣对经济发展有极大影响，在多种可供选择的政策（决策）中择其优者加以实施，是经济管理者的重要任务。很多经济政策（决策）难以试验（试验困难或代价太高），给政策（决策）的选择带来实际困难。计量经济模型可以弥补这一缺陷，它通过数学方程描绘经济系统中各变量的相互关系，再利用计算机技术，就可以模拟在不同政策（决策）条件下，经济系统运行的态势和结果，进行政策（决策）的优选。有人形象地将计量经济模型称为“政策（决策）实验室”。

（四）验证和发展经济理论

计量经济模型是验证经济理论的工具。根据某些经济理论可以建立反映这一理论的计量经济模型，再用实际的样本资料去估计模型，如果得到的结果能够验证建模所依据的经济理论，就表明这种理论是正确的；如果不能得到验证，就表明这种理论是错误的。计量经济模型也能用于发展新的经济理论。根据已经发生经济活动的样本资料，去拟合不同类型的模型，经过检验后，选择出拟合最好的模型，则该模型所反映的数量关系，就是该经济活动所应遵循的经济规律。

七、计量经济研究的工作程序

应用计量经济学方法研究实际经济问题，需要完成建立模型和应用模型两个方面的工作。整个工作又可以粗略地分为依次递进的五个阶段。

（一）模型设计

模型设计包括框架设计（总体设计）和细部设计（局部设计）两个相互联系的层次。模型的框架设计是在对研究的实际经济系统进行全面深入分析的基础上，判明实际经济系统的内部构成要素、子系统及外部环境条件，以及它们内在的关联关系，确定模型的导向、类型、大小，高度概括地反映出实际经济系统的内在结构及运行规律。细部设计是在框架设计基础上，分别从实际经济系统的不同侧面和不同组成部分，用函数式具体描绘经济变量之间、经济变量与环境条件之间的相互依存和互相制约的关联关系。模型设计应当在有关经济理论的指导下进行，或依据社会经济活动的成功经验来进行，这样做可减少模型设计的失误。

（二）模型参数估计

模型参数估计是根据经济变量、函数形式、样本数据、随机误差项的性质和特征，选择相宜的方法，确定模型参数的估计值。参数估计是用样本推断总体，推断方法的选择与样本质量的好坏，对参数估计结果的影响很大。为保证这一推断的合理可靠，必须选用对总体有很强代表性的样本数据，必须根据经济变量的性质及相互关系的特征、函数的数学形式、随机误差项的性质、样本数据的特点等，选择相适宜的估计方法。

（三）模型检验

模型检验包括理论检验、统计检验、计量经济学准则检验三个方面的工作，这三个方面的工作应依次进行，顺序不能颠倒。

1. 理论检验

理论检验是分析论证所建立的模型在经济理论上是否成立。模型的理论检验又称为符号检验，它是检查依据样本数据估计的模型解释变量的参数的符号（取正值或是取负值）是否符合经济理论的常规。如果参数估计值的符号符合经济理论的常规，便表明模型在经济理论上是成立的，理论检验通过；如果出现相反的情况，表明估计的模型违背经济理论的要求，在经济理论上不能成立，理论检验不合格。在经济理论上不成立的模型是错误的，不必进行后续检验就可以淘汰。但在有些特定条件下，用样本数据估计的模型在理论检验时也会出现反常的情况，这就需要找出造成反常结果的原因，并给出令人信服的说明。

2. 统计检验

统计检验是从数学上证明所建立的模型是否成立。统计检验通过计算一系列统计量以及对这些统计量的分析，从不同侧面论证模型变量选择、函数形式确定、参数估计的科学性和可靠性。通过判定系数和残差的计算，可以测度解释变量和随机误差项对被解释变量变动的解释能力，从而推断模型函数形式的正确性；通过计算 F 值，可以估计解释变量的参数同时为零的可能性大小，进而推断解释变量的选择在总体上是否正确；通过计算 t 值，可以测定每一解释变量参数估计值分别为零的可能性大小，从而确定每一个解释变量选择的正确性。如果判定系数的值接近于 1、残差很小、F 值与 t 值均大于一定显著水平的临界值，则模型统计检验可以通过，表明模型在数学上是成立的。否则，模型在数学上不能成立，应当修正。

3. 计量经济学准则检验

计量经济学准则检验，是从参数估计的条件上证明所建立的模型是否成立。计量经济模型的参数估计方法有多种，每一种方法的应用都有相当严格的假设条件。当某一方法应用的条件得到满足时，应用该方法估计的模型参数才具有无偏性、有效性和一致性的特征。否则，参数估计值就有可能提供虚假信息，并不代表真实参数。如果用虚假的参数估计值进行理论检验与统计检验，又会造成这两种检验的不可靠和不可信。各种参数估计方法应用要求的条件互有差异，但要求随机误差项具有齐性方差及不存在序列相关、解释变量为一般变量、解释变量之间不存在高度线性相关这几点上是共同的。因此，计量经济学准则检验的主要内容，就集中在判定随机误差项是否存在异方差和序列相关、解释变量是否为随机变量、解释变量之间是否存在高度的线性相关问题上。凡经过检验证明这些问题不存在，便表明模型参数估计的基本条件是可以满足的，参数估计值是可信的。如果经检验发现随机误差项存在异方差和序列相关问题、解释变量中存在随机变量、解释变量之间线性相关程度高，就表明模型参数估计的基本条件不具备，需要应用一定的方法对模型和变量进行处理，在消除了参数估计的条件障碍后，再进行参数估计。

（四）模型评价

利用样本数据估计的模型，在通过检验之后还需要经过评价才能应用。模型评价包括稳定性评价和功能评价两个方面。

模型的稳定性评价，是通过分析样本容量变化对模型参数估计值的影响，判断模型稳定性的高低。具体做法是，将原来估计模型参数的样本数据增加（或减少）1～2 个观测数据，对模型参数进行重新估计，将新估计的模型与原估计的模型进行对比。如果参数的符号未发生变化、数值的大小也未发生大的改变，则表明原估计的模型比较稳定，可靠性较高。如果参数（部分或全部）的符号发生了改变、数值的大小差异也较大，则表明原估计的模型不稳定，可靠性不高。模型不稳定往往与变量选择错误和函数形式选择不恰当紧密相关，对于不稳定的模型不能应用，应当找出产生原因，对原来的模型加以修正。

模型的功能评价，是对模型模拟实际经济系统的能力做出评判。具体做法是将样本范围内和实际已经发生的样本范围外的解释变量的观测值代入模型，计算出被解释变量的理论值，再将计算出的被解释变量的理论值与实际发生值相对比。如果理论值与实际值差异小，就表明模型对实际经济系统的代表功能强，应用价值大；如果理论值与实际值差异较大，则说明模型不能有效模拟实际经济系统的运行规律，应用价值小，应予舍弃。

（五）模型应用

通过检验，表现稳定而模拟功能又强的模型，就可以实际应用。从总体上讲，计量经济模型可用于分析经济结构、做经济预测、评价政策（决策）、验证和发展经济理论。但对于某一个具体的模型，它并不具有如此多的功能，而只适用于某一特定方面，如用于预测等。当我们将它用于不相宜的领域时，其功能就会大打折扣。同时，计量经济模型是利用样本对总体的推断，这种推断具有一定的概率分布，无论模型用于哪一个方面，其结果也必然是具有一定概率分布的随机变量。因此，对模型应用的结果不仅应解释其经济意义，还应对其准确性和可靠性做出说明。

第一篇

满足经典假设的单一方程模型

第一章 相关分析与回归分析

一、相关与回归释义

对经济变量之间的相互关系进行测定，有多种方法可供选择，但最为便捷和常用的是相关分析和回归分析。这两种方法，特别是回归分析构成计量经济学方法论的基础。

（一）相关

相关是指两个或两个以上的变量之间的相互关系的程度。两个变量之间的相互关系的程度称为简单相关，三个及三个以上的变量之间的相互关系的程度称为多重相关。相关研究的是对等变量之间的协同变化，但不涉及变量变化的因果，也不涉及变量之间的函数关系。

相关有时表现为线性，有时也表现为非线性。对于 X 和 Y 两个变量的简单相关而言，当所有的点（X、Y）在平面坐标中的分布接近一条有斜率的直线时，X 与 Y 的相关就是线性的。当所有的点（X，Y）在平面坐标中的分布接近一条曲线时，X 与 Y 的相关就是非线性的。

对于两个变量，它们的相关性可以是正相关，也可以是负相关，还可以是不相关的。当然，正相关和负相关都有线性和非线性两种类型。以两个具体的变量 X 与 Y 为例，如果它们同时趋向于在同方向上变化（同时增加或同时减少），就属于正相关；如果它们同时趋向于在反方向上变化（在 X 增加的同时 Y 减少或与此相反），就属于负相关；如果它们的变化彼此没有联系，就属于不相关（又称为零相关）。两个变量的相关类型可以用图 1-1、图 1-2、图 1-3 示意。

变量的相关性是对客观经济现象的反映。商品价格上涨，商品的供给量就随之增加，价格下跌，供给量就随之减少，二者具正相

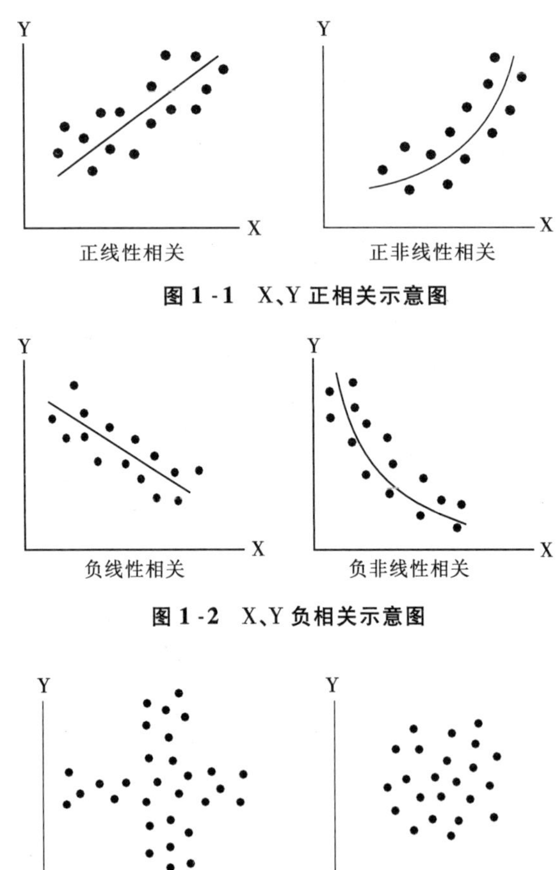

图 1-1 X、Y 正相关示意图

图 1-2 X、Y 负相关示意图

图 1-3 X、Y 不相关(零相关)示意图

关。而商品价格与需求量的关系正好与此相反，价格上涨需求量随之降低，价格下跌需求量随之上升，二者是一种负相关。经济变量之间直接或间接都有某种关联关系，绝对不相关的情况较少，但也可找到一些极端的例子，如降水量与石油储量之间就不相关。

（二）回归

回归是指两个或两个以上的变量之间的依存关系的程度。两个变量之间依存关系的程度称为一元回归，三个或以上的变量之间依存关系的程度称为多元回归。回归研究的是变量在协同变化中的相互影响和制约，以及这种影响和制约的方向和强度。因此，它要判定变量变化的依存，要分析变量之间内在的关联关系，要将变量之间的依存关系用函数式进行准确表达。

对于两个变量的依存关系，一元回归可能是线性的，也可能是非线性的。如果变量 Y 的变化由变量 X 的变化所引起，且二者间属线性相关，就可用函数式表达为

$$Y_i = b_0 + b_1 X_i + u_i \tag{1-1}$$

式中，Y 为被解释变量，X 为解释变量，表示 Y 的变化受 X 变化的影响和制约；b_0 为常数项，b_1 为 X 的参数；u 为随机误差项，表示 Y 除受 X 的影响之外，还受到其他因素的影响；i 表示变量观测数据的个数。

如果变量 Y 的变化仍由变量 X 的变化所决定，但二者间属二次函数关系，就可以用函数式表达为

$$Y_i = b_0 + b_1 X_i + b_2 X_i^2 + u_i \tag{1-2}$$

一元线性回归在平面坐标中表现为一条直线。当 b_1 为正时，直线由左下向右上倾斜；当 b_1 为负时，直线由左上向右下倾斜。一元非线性回归在平面坐标中表现为一条曲线，具体形状由函数式的类型所决定。对于 1－1 式和 1－2 式可以用图 1-4 和图 1-5 示意。

对于多个变量的因果关系，多元回归也有线性和非线性两种类

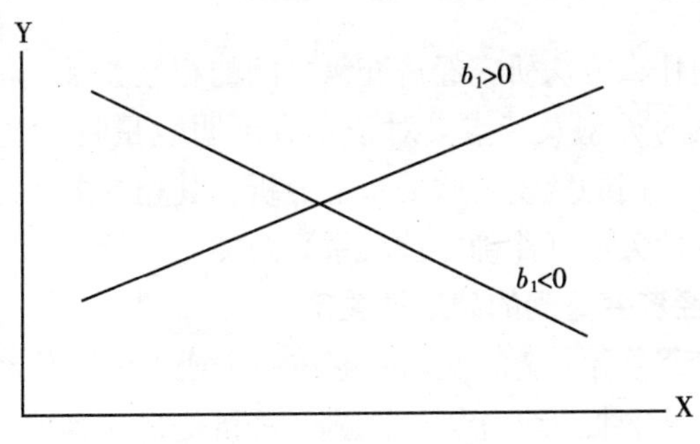

图 1-4 一元线性回归

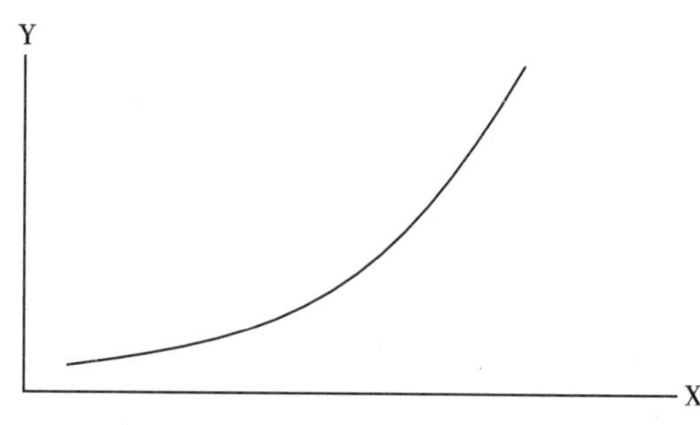

图 1-5 一元二次回归

型。如果变量 Y 的变化由 X_1，X_2，…，X_k 的变化所引起，且它们之间呈线性协同变化，就可以用函数式表达为

$$Y_i = b_0 + b_1 X_{i1} + b_2 X_{i2} + \cdots + b_k X_{ik} + u_i \tag{1-3}$$

式中，Y 为被解释变量，X_1，X_2，…，X_k 为解释变量，表示 Y 的变化同时受 X_1，X_2，…，X_k 变化的影响和制约；b_0 为常数项，b_1，b_2，…，b_k 分别为 X_1，X_2，…，X_k 的参数；u 为随机误差项，表示 Y 除了受 k 个解释变量的影响和制约外，还受到其他因素的影响；i 表示变量观测数据的个数。

对于多元非线性回归，也可以依据解释变量与被解释变量之间相互关系的类型和特点，用相应的函数形式进行表达。

二、经济变量之间相互关系的类型

无论用什么方法研究经济变量之间的相互关系，都必须掌握这种相互关系的类型及特点。对于具有鲜明数量特征的各种经济变量，如果从它们的数量关联关系上分析，其相互关系可分为确定性关系和随机性关系（非确定性关系）两类。

（一）经济变量间的确定性关系

如果一个经济变量的变动能够被一个或多个其他经济变量的变动按一定的规律惟一地确定下来,则该经济变量与其他经济变量的数量关系就属于确定性关系。对于两个变量 Y 与 X,当它们具有这种确定性关系时,就会按一定规则在数量上一一对应。可记为

$$Y = F(X) \tag{1-4}$$

式中，Y 为被解释变量，X 为解释变量，F 为 X 和 Y 对应的函数关系。

例如，以每千克 3 元的固定价格销售大米，则大米销售额 Y 与销售量 X 的对应数量关系就属于确定性关系，可表示为

$$Y_i = 3X_i \tag{1-5}$$

若将连续观测的 10 天的大米销售量及销售额列于表 1-1。

表 1-1　　大米销售量与销售额

序　号	销售量（X）	销售额（Y）	序号	销售量（X）	销售额（Y）
1	80	240	6	150	450
2	100	300	7	130	390
3	120	360	8	140	420
4	90	270	9	70	210
5	110	330	10	160	480

则可依据表中所列数据绘制出图 1-6，并直观反映出大米销售额与销售量的一一对应关系。

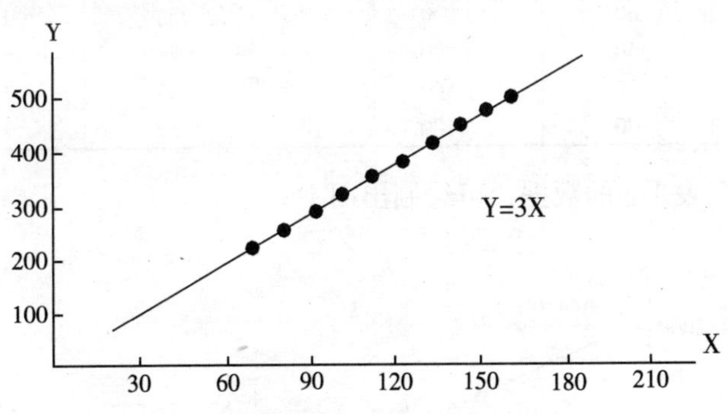

图 1-6　经济变量间的确定性数量关系

（二）经济变量间的随机性关系

如果一个经济变量的变动受一个或多个其他经济变量的影响和制约，它们之间存在某种形式的依存关系，但该变量同时还受到另外一些因素的影响，使这种依存关系具有不确定性，亦即该变量的变化不能被其他变量的变动按一定的规律惟一确定下来，则该经济

变量与其他经济变量的数量关系就属于随机关系（非确定性关系）。对于两个变量 Y 与 X，当它们具有这种随机关系时，它们并不按一定规律一一对应。可记为

$$Y=F(X, u) \tag{1-6}$$

式中，Y 为被解释变量，X 为解释变量，u 为随机误差项，F 为 X 与 Y 的函数关系。在式中加进 u，表示 Y 与 X 之间属随机关系。

例如，商品的市场需求量 Y 与其价格 X 之间的关系就属于随机关系，价格上升需求量相应减少，价格下跌需求量相应增加。但需求量除受价格影响外，还受其他多种因素的影响，所以需求量的变动与价格的变动并不一一对应，具有不确定性。表 1－2 是连续 10 天对某商品价格（X）与销售量（Y）的统计数据：

表 1-2　　某商品价格与销售量

序号	价格（X）	销售额（Y）	序号	价格（X）	销售额（Y）
1	50	1 100	6	65	800
2	60	1 000	7	55	1 150
3	40	1 200	8	45	1 300
4	30	1 500	9	35	1 400
5	70	900	10	80	1 050

根据表 1-2 的数据，可绘制出图 1-7。

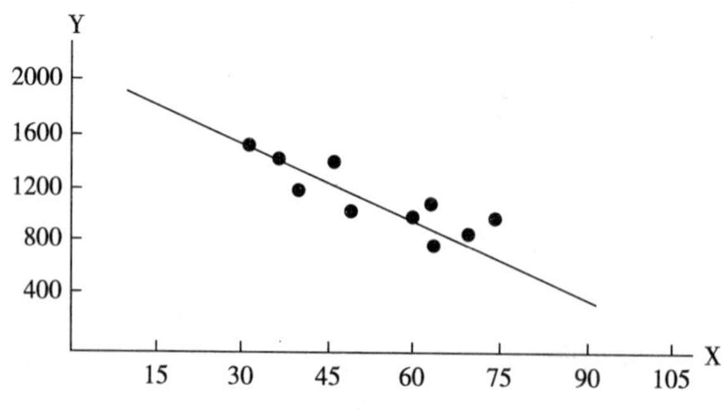

图 1-7　经济变量间的随机性数量关系

三、相关与回归分析中的基本概念

相关分析与回归分析中要用到一些基本概念，需要对其了解和掌握。

（一）经济变量的总体与样本

1. 总体

经济变量的总体，是指构成该变量各个组成部分的全部。每一个经济变量都有特定的内涵、包含特定的范围和内容，是由很多部分组成的集合体，各个部分的总和就构成该变量的总体。例如，由各省、市、自治区或各行业的国民生产总值构成全国的国民生产总值，由每一家庭人口构成全国总人口，由每一农户和农业企业的农产品（粮食、水果、肉类等）生产量构成全国农产品生产总量，由同行业中每一个独立生产单位的生产成本决定全行业生产成本，等等。

经济变量一般为随机变量，其总体自然具有随机变量的特征。在不同条件下可以取不同的值，且取值都服从于一定的概率分布。经济变量的总体还有离散型和连续型之分，离散型是指经济变量在其总体范围内只取若干特定的实数值，连续型是指经济变量在其总体范围内可以取任何实数值。经济变量的总体构成部分一般都比较庞大，在个别场合还难以穷尽。

2. 样本

经济变量的样本，是指在经济变量总体中按随机取样的办法抽取的一个部分，即按随机原则对总体进行观测所得到的一组观测值。样本是总体的代表，通过对样本的分析可以推断总体。由于经济变量的总体或者因为构成部分太多，或者因为难以穷尽，以及为了追求分析与研究的便捷，往往是通过对样本的分析去研究经济变量之间的数量关系。

样本是总体的一部分，具有总体的一般特征。如果总体是服从某种概率分布的随机变量，则样本是服从同类概率分布的随机变量；如果总体是离散的（或连续的），则样本亦应是离散的（或连续的）。与总体的“庞大”相比，样本是“有限”的。人们一般以随机观测值的个数界定样本的大小，观测值的个数称为样本容量。在习惯上，观测值个数大于和等于30时称为“大样本”，观测值个数小于30时称为“小样本”。当然，样本的大和小也是与模型中变量的个数紧密相关的，模型中变量个数多，样本大小的标准就应相应提高。

（二）变量的期望值

对于离散型随机变量，它的期望值（或均值）是该变量所有可能的取值的加权平均数，权重为各可能取值的发生概率。设 X 为离散型随机变量，它所可能的取值为 X_1，X_2，…，X_n，各个可能的取值 X_i（$i=1$，2，…，n）发生的概率为 P_i，则 X 的期望值 $E(X)$ 或均值 μ_X 可定义为：

$$E(X)=\mu_X=P_1X_1+P_2X_2+\cdots+P_nX_n=\sum_{i=1}^{n}P_iX_i \quad (i=1,2,\cdots,n) \tag{1-7}$$

式中，P_i 是 X_i 发生的概率，很显然 $\sum_{i=1}^{n}P_i=1$。

离散型随机变量的期望值（均值）与其样本的均值不同，样本的均值是样本的平均值。对于上面的离散型随机变量 X，如果从中随机抽取 m 个观测值组成一个样本 X_1，X_2，…，X_m，则样本平均值 $\bar{X}$ 可定义为

$$\bar{X}=(X_1+X_2+\cdots+X_m)/m=\sum_{i=1}^{m}X_i/m \tag{1-8}$$

（三）变量的方差与标准差

方差表示离散型随机变量在其均值周围的分散程度。设 X 为离散型随机变量，所有可能的取值为 X_1，X_2，…，X_n，各个可能的取值 X_i（$i=1$，2，…，n）发生的概率为 P_i，则 X 的方差 σ_X^2 就是 X 所有可能的取值与其期望值之差的平方的加权平均数，即

$$Var(X)=\sigma_X^2=\sum_{i=1}^{n}P_i[X_i-E(X)]^2 \tag{1-9}$$

式中的方差 σ_X^2 本身也是一个期望值，故 σ_X^2 亦可表达为

$$\sigma_X^2=E[X-E(X)]^2 \tag{1-10}$$

方差的正平方根称为标准差，对于上述变量 X，其标准差用

σ_X 表示。

(四) 变量的概率分布

经济变量一般为服从一定概率分布的随机变量，其具体分布形式因经济变量自身特点的不同而呈现差异。正态分布、χ^2 分布、t 分布和 F 分布是经济变量常见的几种分布形式，对于某一特定经济变量，其概率分布可能属于其中的一种。

1. 正态分布

正态分布是一个连续的形状如钟形的概率分布（如图 1-8 所示），一个变量服从正态分布，可以用其均值和方差加以描绘。如变量 X 服从正态分布，就可表达为 $X \sim N$（μ_X，σ_X^2），其含义为 X 服从均值为 μ_X、方差为 σ_X^2 的正态分布。均值为 0、方差为 1 的正态分布称为标准正态分布，记为 $X \sim N$（0，1）。若 X 服从正态分布，则 $X = X_i$ 的概率 P（$X = X_i$）可以用下式求得：

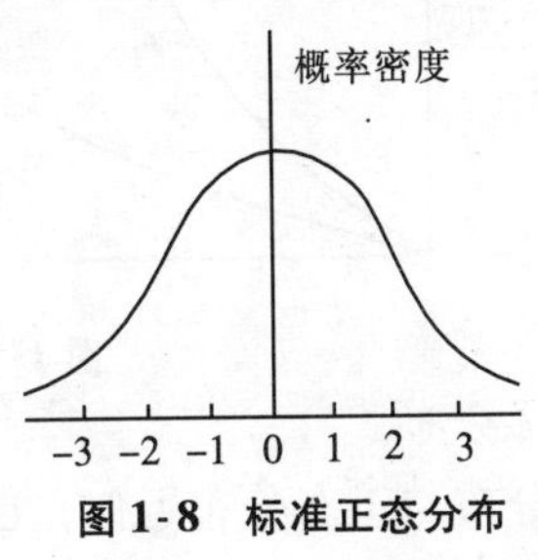

图 1-8 标准正态分布

$$P(X = X_i) = \frac{1}{\sqrt{2\pi\sigma_X^2}} exp\left[\frac{-1}{2\sigma_X^2}(X_i - \mu_X)^2\right] \quad (1-11)$$

式中，$\pi = 3.14$，$exp(A) = e^A$。

正态分布是对称的，很多经济变量服从这种分布形式，或接近于这种分布。如果变量服从正态分布，可以给统计检验带来极大方便。

2. χ^2 分布

χ^2 分布从原点开始向右边倾斜，其尾部向右边无限延伸（见图 1-9 所示）。χ^2 分布的具体形状取决于自由度 v，当 v 越大时分布就越对称，当 v 很大时 χ^2 分布就近似于正态分布。对于服从 χ^2 分布的变量，可根据其分布特征进行统计检验。例如，$X \sim N$（0，1），其方差 σ_X^2 为未知，当从 X 中随机抽取 m 个观测值作为样本，可计算样本方差 S_X^2，则（$m-1$）S_X^2/σ_X^2 服从自由度为 $m-1$ 的

χ^2 分布。通过对比相应自由度的 χ^2 分布的临界值，就可以判定 σ_X^2 是否等于一个给定的值。

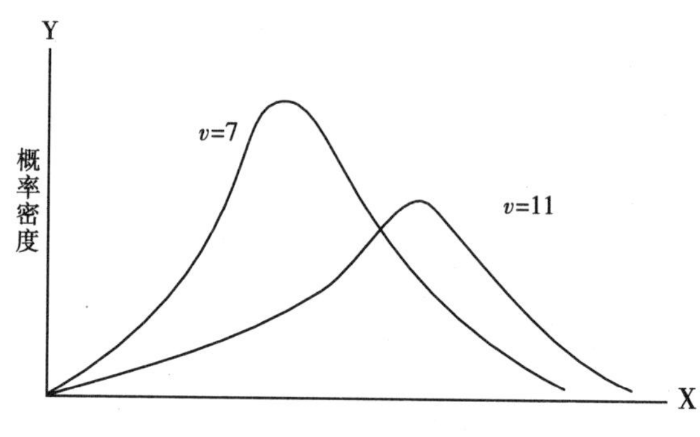

图 1-9 χ^2 分布

3. t 分布

t 分布与正态分布近似，也是一个连续的形状为钟形的概率分布（如图 1-10 所示）。但 t 分布的双尾比正态分布宽大，当样本容量小于 30 时更为明显。当随机变量服从 t 分布，而方差为未知时，t 分布可用于检验该变量的均值是否等于某一特定值。

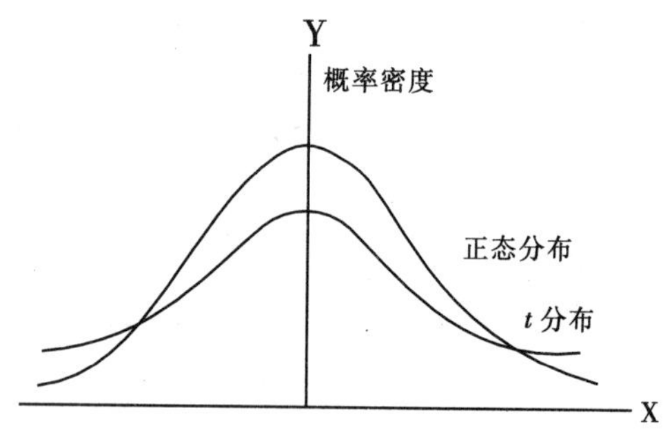

图 1-10 t 分布

4. F 分布

F 分布与 χ^2 分布一样，不是对称的，从原点开始向右倾斜，值域由 0 到无穷大（见图 1-11）。F 分布可用于检验两个方差是否相等。例如，有两个相互独立的随机变量 X 和 Y，均服从 χ^2 分布，分别从中随机抽取 m_1 和 m_2 个观测值作为样本，则两个样本

的方差 S_X^2、S_Y^2 估计值为：

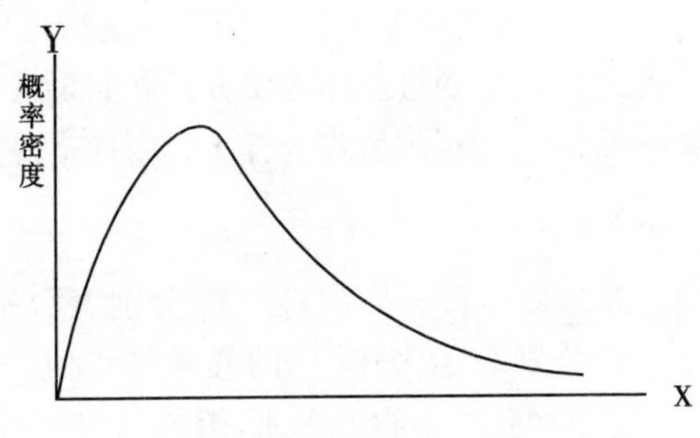

图 1-11 *F* 分布

$$S_X^2=\sum_{i=1}^{m_1}(X_i-\overline{X})^2/(m_1-1) \qquad (i=1, 2, \cdots, m_1)$$

$$S_Y^2=\sum_{i=1}^{m_2}(Y_i-\overline{Y})^2/(m_2-1) \qquad (i=1, 2, \cdots, m_2)$$

若 X 与 Y 的方差分别为 σ_X^2 和 σ_Y^2，则 $(m_1-1)\ S_X^2/\sigma_X^2$ 及 $(m_2-1)\ S_Y^2/\sigma_Y^2$ 分别服从自由度为 (m_1-1) 和 (m_2-1) 的 χ^2 分布。以此为基础计算的统计量

$$\frac{(m_1-1)\ S_X^2/\sigma_X^2}{(m_1-1)} \div \frac{(m_2-1)\ S_Y^2/\sigma_Y^2}{(m_2-1)}$$

服从 F 分布。如果 $\sigma_X^2=\sigma_Y^2$，上式就变成 S_X^2/S_Y^2，两个样本方差的比值服从自由度为 (m_1-1) 和 (m_2-1) 的 F 分布。在计算两个方差比值时，往往将较小的方差作为分母，因此这一比值总是大于 1。两个方差的差别越大，这一比值（F 统计量）就越大。

四、经济变量间的线性相关分析

对经济变量之间的线性相关分析，是对其线性相关的性质（正相关或负相关）和程度（强或弱）进行判断与测定。变量间的线性相关可以用不同的方法加以测度，并可用某些统计量加以表达。

（一）协方差

协方差是对两个变量线性相关关系的量度。对于变量 X 与 Y，协方差用 $Cov(X, Y)$ 或 S_{XY} 表示，它是 X 和 Y 与各自均值的离差乘积的期望值。

$$Cov(X,Y) = S_{XY} = E\{[X-E(X)][Y-E(Y)]\} \tag{1-12}$$

上式表示 X、Y 两个变量总体的协方差。如果从 X 与 Y 的总体中随机抽取 m 个对应的观测值作为样本，则样本协方差表达为

$$Cov(X, Y) = S_{XY} = (\sum_{i=1}^{m} x_i y_i)/m \tag{1-13}$$

式中，$x_i = X_i - \bar{X}$，$y_i = Y_i - \bar{Y}$，X_i，Y_i 分别表示 X 和 Y 的第 i 个观测值，$\bar{X}$、$\bar{Y}$ 分别表示 X 和 Y 的样本平均值。当 $Cov(X, Y) = 0$ 时，表示 X 与 Y 不存在线性相关，相互独立；当 $Cov(X, Y) > 0$ 时，表示 X 与 Y 存在正线性相关，其值越大，正相关性越强；当 $Cov(X, Y) < 0$ 时，表示 X 与 Y 存在负线性相关，其值越小，负相关性越强。

（二）直接相关系数

直接相关系数又称简单相关系数，是测定两个变量线性相关程度的统计量。设有两个变量 X 与 Y，用 ρ_{XY} 表示它们的线性相关程度，则 ρ_{XY} 指 X 与 Y 两个总体中所有可能取值的相关，称之为总体相关系数。如果从 X 和 Y 两个总体中随机抽取 m 个对应的观测值组成特定样本，用 γ_{XY} 表示两个变量的样本相关，则 γ_{XY} 称为样本相关系数，人们一般用样本相关系数去估计总体相关系数。样本相关系数由下式定义：

$$\gamma_{XY} = (\sum_{i=1}^{m} x_i y_i) / (\sqrt{\sum_{i=1}^{m} x_i^2} \cdot \sqrt{\sum_{i=1}^{m} y_i^2}) \quad (i = 1, 2, \cdots, m) \tag{1-14}$$

式中，$x_i = X_i - \bar{X}$，$y_i = Y_i - \bar{Y}$，X_i，Y_i 分别为 X 和 Y 的第 i 个观测值，$\bar{X}$、$\bar{Y}$ 分别为 X 和 Y 的样本平均值。这一公式虽然简单便捷，但存在两个问题：一是受样本容量的影响，观测数据的个数不同，计算结果就不一样；二是受观测数据计量单位的影响，即便观测数据个数相同，只要采用不同的计量单位，就会得出不同的结果。为弥补这两个缺陷，可以用样本容量 m 分别去除 $\sum_{i=1}^{m} x_i y_i$、$\sum_{i=1}^{m} x_i^2$、$\sum_{i=1}^{m} y_i^2$，得到

$$S_{XY}=(\sum_{i=1}^{m}x_iy_i)/m=\sum_{i=1}^{m}(X_i-\overline{X})(Y_i-\overline{Y})\ /\ m$$

$$S_X=\sqrt{(\sum_{i=1}^{m}x_i^2)/m}=\sqrt{[\sum_{i=1}^{m}(X_i-\overline{X})^2]/m}$$

$$S_Y=\sqrt{(\sum_{i=1}^{m}y_i^2)/m}=\sqrt{[\sum_{i=1}^{m}(Y_i-\overline{Y})^2]/m}$$

S_{XY}是X与Y的协方差，消除了样本容量的影响，S_X、S_Y是X和Y的标准差，用它们去除协方差S_{XY}，又可消除计量单位的影响（因分子分母采用了相同的计量单位）。故样本相关系数γ_{XY}就变为：

$$\gamma_{XY}=S_{XY}/(S_X\cdot S_Y) \tag{1-15}$$

将S_{XY}、S_X、S_Y的计算公式代入上式，得

$$\gamma_{XY}=(\sum_{i=1}^{m}x_iy_i)/[m\sqrt{(\sum_{i=1}^{m}x_i^2)/m}\sqrt{\sum_{i=1}^{m}y_i^2/m}]$$

$$=(\sum_{i=1}^{m}x_iy_i)/\sqrt{(\sum_{i=1}^{m}x_i^2)(\sum_{i=1}^{m}y_i^2)} \tag{1-16}$$

利用样本数据，根据1－16式可计算出γ_{XY}的值。当$\gamma_{XY}=0$时，表示X与Y之间不存在线性相关；当$\gamma_{XY}=1$时，表示X与Y存在完全的正线性相关；当$\gamma_{XY}=-1$时，表示X与Y之间存在完全的负线性相关；当$0<\gamma_{XY}<1$时，表示X与Y之间存在一定程度的正线性相关，γ_{XY}越接近于1正线性相关就越强，γ_{XY}越接近于0正线性相关就越弱；当$-1<\gamma_{XY}<0$时，表示X与Y之间存在一定程度的负线性相关，γ_{XY}越接近于－1负线性相关就越强，γ_{XY}越接近于0负线性相关就越弱。在一般情况下，两个变量间的线性相关不会出现完全相关和完全不相关的极端情况，即γ_{XY}一般不会等于1、0、－1。更为常见的是，两个变量之间（特别是经济变量）存在一定程度的线性相关，即$-1<\gamma_{XY}<1$。

（三）等级相关系数

在前面研究变量之间线性相关的过程中，都假定变量是可以定量测定的，使反映线性相关关系的统计量（如协方差、直接相关系数）可以用观测的数据进行计算。但在一些特定场合，变量可能是

定性的，难以用确切的数值进行衡量。例如，职业、特长、偏好等就属于这类变量。在大多数情况下，这类变量不能用准确的数值表达，也不能用前面推导的公式计算它们相关系数的估计值。在这种情况下，可以用等级相关系数（又称 *Spearman* 相关系数）进行分析。对于 X 和 Y 两个变量的 m 对观测值，先按大小（或重要性、其他标志等）划分为 m 个等级，等级顺序可由小到大排列，也可由大到小排列，但两个变量观测值的对应关系不能改变。再求出对应的一对 X 和 Y 的等级差 D_i，在计算 D_i 时，用变量 X 的等级减 Y 的等级或者用 Y 的等级减 X 的等级均可。最后用下式计算等级相关系数 γ'_{XY}。

$$\gamma'_{XY}=1-(6\sum_{i=1}^{m}D_i^2)/[m(m^2-1)] \qquad (1-17)$$

式中，D_i 为对应的第 i 对 X 与 Y 的等级差，m 为观测值的个数。γ'_{XY}的取值范围为 -1 到 1。

在应用等级相关系数时应注意三个问题：一是按递升或递降排列观测值的等级均可，但要用相同的规则排列两个变量的等级次序；二是如果在变量观测值中有两个（或多个）相等的数值，它们的指定等级也应当相同；三是在排列等级顺序时，变量观测值的对应关系不能变。

下面是一个等级相关系数利用的简单例子。表 1-3 列示的是 10 个学生期中和期末考试的平均成绩，现在用等级相关系数分析学生期末成绩与期中成绩的关系。

表 1-3　　10 名学生期中、期末考试平均成绩

学生代号	A	B	C	D	E	F	G	H	M	N
期中成绩	95	87	83	98	89	71	82	77	91	80
期末成绩	97	85	88	94	91	83	81	78	86	79

将 10 个学生期中、期末平均成绩按高低排成 10 个等级，最高者为第一名，最低者为第 10 名。并计算出等级差 D_i 及 D_i^2，列入表 1-4。

表 1-4　　10 名学生期中、期末考试成绩等级

学生代号	A	B	C	D	E	F	G	H	M	N
期中成绩等级	2	5	6	1	4	10	7	9	3	8
期末成绩等级	1	6	4	2	3	7	8	10	5	9
等级差 D_i	1	−1	2	−1	1	3	−1	−1	−2	−1
D_i^2	1	1	4	1	1	9	1	1	4	1

学生期末成绩与期中成绩的等级相关系数 γ' 为

$$\begin{aligned}\gamma' &= 1-(6\sum_{i=1}^{m}D_i^2)/[m(m^2-1)]\\ &= 1-(6\times 24)/(10\times 99)=0.8545\end{aligned}$$

γ' 的值较高，说明学生期末成绩与期中成绩相关性强，期中成绩好，期末成绩也好。

由上例可知，等级相关系数的计算是十分方便和简捷的，人们为了计算上的便捷，有时也将这一方法用在可确切衡量其数值的变量相关关系的分析上。

（四）偏相关系数

偏相关系数是在保持相关变量不变的前提下，对两个变量线性相关系数的量度。当多个变量相互存在线性相关时，测度其中两个变量的线性相关系数就会受到其他变量的影响。为了测度这两个变量真实的线性相关，就需要使其他相关的变量保持不变。偏相关系数是由处于多重相关关系中的各变量间的直接相关系数决定的。例如，X、Y、Z 三个变量相互间存在线性相关性，为了测度 X 与 Y 的真实线性相关，就应当让 Z 保持不变，以排除 Z 对 X 与 Y 相关性的影响。具体做法是，先计算出 X 与 Y、X 与 Z、Y 与 Z 的直接相关系数 γ_{XY}、γ_{XZ}、γ_{YZ}，再计算 X 与 Y 的偏相关系 $\gamma_{XY\cdot Z}$。

$$\gamma_{XY\cdot Z}=[\gamma_{XY}-(\gamma_{XZ})(\gamma_{YZ})]/\sqrt{(1-\gamma_{XZ}^2)(1-\gamma_{YZ}^2)} \tag{1-18}$$

同理也可以计算 Y 保持不变时 X 与 Z 的偏相关系数 $\gamma_{XZ\cdot Y}$，以及 X 保持不变时 Y 与 Z 的偏相关系数 $\gamma_{YZ\cdot X}$。

$$\gamma_{XZ\cdot Y}=[\gamma_{XZ}-(\gamma_{XY})(\gamma_{YZ})]/\sqrt{(1-\gamma_{XY}^2)(1-r_{YZ}^2)} \tag{1-19}$$

$$\gamma_{YZ\cdot X}=[\gamma_{YZ}-(r_{XY})(\gamma_{XZ})]/\sqrt{(1-\gamma_{XY}^2)(1-\gamma_{XZ}^2)} \tag{1-20}$$

五、经济变量的回归分析

“回归”的概念最早由高尔顿（*F. Galton*）提出，用来描述不同身高父母的子女的身高趋向于总体平均身高的现象。在现代意义上，回归是指两个或两个以上变量之间依存关系的程度。回归分析是研究某一变量（被解释变量或依变量）与另外一个或多个变量（解释变量）之间的依存关系，用解释变量的观测值来估计被解释变量的总体平均值。

（一）回归方程

回归方程是回归分析的工具，它是反映变量间依存关系的函数式。函数式的左边为被解释变量，右边由常数、参数、解释变量、随机误差项组成，回归方程具有一定的函数形式，它是由被解释变量与解释变量依存关系的性质和特点决定的。如果是一次函数，回归方程就是线性的，否则就是非线性的。根据解释变量个数，回归方程还有一元、二元、多元之分。仅含一个解释变量的称为一元回归方程，含两个解释变量的称为二元回归方程，含两个以上解释变量的称为多元回归方程。同时，这些包含不同个数解释变量的回归方程，也有线性与非线性之分。如

$$Y=b_0+b_1X+u \tag{1-21}$$

$$Y=b_0+b_1X_1+b_2X_2+u \tag{1-22}$$

$$Y=b_0+b_1X_1+b_2X_2+\cdots+b_kX_k+u \tag{1-23}$$

$$Y=b_0X_1^{b_1}X_2^{b_2}e^u \tag{1-24}$$

式中，Y 为被解释变量，X 为解释变量，b_0 为常数，b_1，b_2，…，b_k 为参数，u 为随机误差项。

（二）回归方程的变量

回归方程中包含被解变量和解释变量。被解释变量是随机变量，依存于解释变量的变化，同时受随机因素的影响，其变动主要由解释变量加以说明。在经典的回归方程中，解释变量属确定性变

量（非随机变量），其功能是对被解释变量的变化加以解释（或说明）。回归方程中解释变量的选择主要依据经济理论的说明和所研究问题的性质进行确定。经济理论的研究和社会经济活动的实践，一般可以提供解释变量选择的依据和线索。所研究问题的性质和目的，又可为解释变量的具体选择（选择什么变量及选择多少个变量）提出一定的要求。当然，回归方程中解释变量的最终确定还要通过试验和比较。解释变量个数的多少，对回归方程的建立和应用影响很大，在能满足研究目的的前提下，解释变量应当尽可能精简。在实际应用中，解释变量也可能为随机变量，会对参数估计带来不利影响。

回归方程中的变量都要求是可测定的，即按一定的计量单位为标准，通过一定的测定方法能够对其进行确切地计量。不能直接测定的变量，则要求能按一定的依据给予正确的赋值。同时，每个变量都必须有明确的经济含义。

（三）回归方程的参数

回归方程的参数就是解释变量的系数，它直接反映解释变量与被解释变量的依存关系。每一个参数都有特定的经济含义，或表示边际值或表示弹性等。回归方程的参数要依据变量的观测数据利用一定的方法进行估计，对估计的参数要进行检验，依据变量样本观测数据估计的参数，应当达到无偏性、有效性和一致性的要求。

（四）回归方程的随机误差项

回归方程中的随机误差项，主要包含四大组成部分。一是被舍弃（未包含）的解释变量，二是解释变量的测定误差，三是随机因素，四是模型关系误差。在回归方程中包含随机误差项，一方面可以较为真实地反映被解释变量与解释变量之间非确定性的依存关系，另一方面也为回归方程的检验提供了一个重要手段。这是因为加进随机误差项，表明被解释变量除受解释变量的影响和制约外，还受到随机因素的影响，它属于随机变量；同时回归方程的参数检验，拟合优度检验等，都要借助随机误差项的相关参数来进行。

（五）回归分析的思路

回归分析是研究变量之间的依存关系，这种关系具有某种不确性，所以只能从总体平均上去把握。当人们研究一个变量与另外一个或多个变量的依存关系时，都是着眼于这些变量总体而言的。例如 Y 与 X_1，X_2，…，X_k 存在线性依存关系，则它们的总体关系式为

$$Y = b_0 + b_1X_1 + b_2X_2 + \cdots + b_kX_k + u \tag{1-25}$$

而总体回归式为

$$E(Y) = b_0 + b_1X_1 + b_2X_2 + \cdots + b_kX_k \tag{1-26}$$

但在实际研究中，变量的总体往往难以全部把握，或者为了分析计算的简便，并不是直接用总体的全部观测值去估计参数。而是在所有变量的总体中随机提取 m 个观测值组成一个样本（在随机抽样条件下，可以形成很多个不同的样本），则样本关系式为

$$Y_i = \hat{b}_0 + \hat{b}_1X_{i1} + \hat{b}_2X_{i2} + \cdots + \hat{b}_kX_{ik} + \varepsilon_i$$

$$(i=1,\ 2,\ \cdots,\ m) \tag{1-27}$$

而样本回归式为

$$\hat{Y}_i = \hat{b}_0 + \hat{b}_1X_{i1} + \hat{b}_2X_{i2} + \cdots + \hat{b}_kX_{ik}$$

$$(i=1,\ 2,\ \cdots,\ m) \tag{1-28}$$

利用 Y 及 X_1，X_2，…，X_k 的 m 组样本观测值，去估计样本关系式的参数，求出其估计值 $\hat{b}_0$，$\hat{b}_1$，…，$\hat{b}_k$，便可建立样本回归式。当样本能够充分代表总体时，样本关系式（1－27 式）就应当是总体关系式（1－25）的代表，而样本回归式（1－28 式）也应当有效代表总体回归式（1－26 式）。与此相对应，样本参数估计值 $\hat{b}_j$（$j=0,\ 1,\ 2,\ \cdots,\ k$）亦应当是总体真实参数 b_j 的代表。从这个意义上讲，回归分析就是用样本推断总体，即用样本参数去推断总体参数，并以此揭示变量之间的数量依存关系。

第二章　一元线性回归模型及参数估计

一、一元线性回归模型

回归模型中的“元”指解释变量，有多少个解释变量就有多少个元。如有一个解释变量称为一元回归模型，有两个解释变量称为二元回归模型等。线性回归模型中的“线性”，是指被解释变量的条件期望值不仅是解释变量的线性函数，而且也是参数的线性函数。一元线性回归模型是研究被解释变量与一个解释变量依存关系的单一方程。由于它简单方便，通常用它说明回归分析的原理与方法。

如果 Y 与 X 这两个变量之间存在线性依存关系，就可以用一元线性回归模型加以表达。对于 Y 与 X 的总体，有真实总体关系式

$$Y_i = b_0 + b_1 X_i + u_i \qquad (i=1, 2, \cdots, n) \quad (2-1)$$

式中，Y 是被解释变量，X 是解释变量，u 是随机误差项，b_0 和 b_1 是模型参数。表明 Y 的变动不仅受 X 变动的影响，还受其他随机因素的影响，它是一个随机变量，在 X 发生的条件下具有相同的概率分布。从总体平均考虑，Y 与 X 的依存关系可用总体回归式（Y 的期望值）表达

$$E(Y_i) = b_0 + b_1 X_i \qquad (i=1, 2, \cdots, n) \quad (2-2)$$

由于总体不便直接观测，往往用样本推断总体。从 Y 与 X 的总体中随机抽取 m 对样本，可建立描绘 Y 与 X 线性依存关系的样本关系式

$$Y_i = \hat{b}_0 + \hat{b}_1 X_i + \varepsilon_i \qquad (\mathrm{i}=1, 2, \cdots, \mathrm{m}) \quad (2-3)$$

利用 m 对样本观测数据，可以估计出样本回归模型

$$\hat{Y}_i = \hat{b}_0 + \hat{b}_1 X_i \qquad (i=1, 2, \cdots, m) \quad (2-4)$$

可能想见，如果遵循随机原则抽取的 m 对样本能够代表总体，则样本关系式 2－3 式就能有效代表真实总体关系式2－1式，样本回归模型 2－4 式也能有效代表总体回归式 2－2 式。

二、一元线性回归模型的参数估计

一元线性回归模型的参数估计，就是利用样本观测数据，采用一定的方法确定模型参数的估计值。对于总体回归式 2－2 式，它源于真实总体关系式2－1式，由于对总体直接观测的困难，需要用样本回归式 2－4 式进行推断。当从 Y 与 X 的总体中随机抽取 m 对样本 $(Y_1,X_1),(Y_2,X_2),\cdots,(Y_m,X_m)$，拟合出样本回归式，则样本回归式与真实总体回归式的关系如图 2-1 所示。

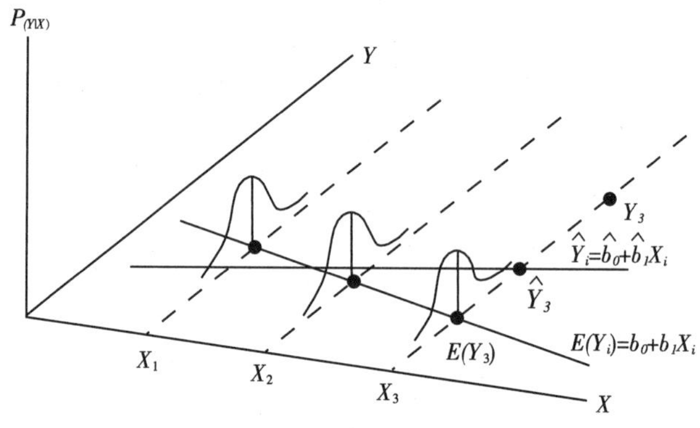

图 2-1 总体回归与样本回归线

在图 2-1 中，X 为解释变量，Y 为被解释变量，条件概率 P(Y|X) 表示在 X 发生条件下 Y 发生的概率，根据 Y 具有相同概率分布的特点，$P(Y|X_i) = P(Y|X_j)$ $(i \neq j)$。这时，真实总体回归线应是概率函数 $P(Y|X)$ 的峰值在 X 与 Y 组成的平面上的投影。样本回归式来源于样本关系式 2－3 式，在一般情况下，它与真实总体关系式 2－1 式不完全一致。因此，真实总体回归式

$E(Y_i)=b_0+b_1X_i$ 也不可能与样本回归式 $\hat{Y}_i=\hat{b}_0+\hat{b}_1X_i$ 完全一致，它们之间存在一定的差额。如图中当 $X=X_3$ 时，真实总体回归值为 $E(Y_3)$、样本回归值为 $\hat{Y}_3$、观测值为 Y_3，三者并不一致。其差异由真实总体回归线与样本回归线的位置而定。$Y_3-E(Y_3)$表示总体随机误差。$Y_3-\hat{Y}_3$ 表示样本随机误差，$\hat{Y}_3-E(Y_3)$表示抽样误差。

对一元线性回归模型的参数估计，可以直观地理解为确定样本回归直线的截距 $\hat{b}_0$ 和斜率 $\hat{b}_1$。在图 2－1 的（X、Y）平面中，将样本回归直线视为待定，当调整该直线的位置，即调整直线的截距与斜率，就可以使其逐渐与真实总体回归线靠近，从而使 $\hat{b}_0$ 接近于 b_0、$\hat{b}_1$ 近接于 b_1。

三、普通最小二乘法（OLS）

普通最小二乘法最先由德国数学家高斯（*C. F. Gauss*）采用。由于它在一定假设条件下应用具有很多优点，因此使其成为回归分析中最有力、最著名、也是应用最广泛的方法。

(一) 普通最小二乘法的基本思路

以一元线性模型 2－3 式为例，说明普通最小二乘法的基本思路。如图 2－1 所示，应用样本数据拟合的回归模型为 $\hat{Y}_i=\hat{b}_0+\hat{b}_1X_i$，与样本关系式 2－3 式比较，回归拟合误差为

$$Y_i-\hat{Y}_i=(\hat{b}_0+\hat{b}_1X_i+\varepsilon_i)-(\hat{b}_0+\hat{b}_1X_i)=\varepsilon_i \qquad (2-5)$$

很显然，2－5 式描绘了每一个样本观测值单独的回归拟合误差，在 $\hat{b}_0$、$\hat{b}_1$ 已知条件下可以测定。但它不能反映 m 个样本观测值总的回归拟合误差，而包括所有观测值回归拟合误差在内的总误差，才是判断回归直线拟合优劣的关键。样本回归总的拟合误差达到最小，回归直线的拟合才能达到最优。要使样本回归拟合总误差达到最小，可以用以下四个准则加以判断。

1. 使各个样本观测值回归拟合误差的总和达到最小

这一准则是将每个样本观测值的回归拟合误差简单加总，并使其达到最小。即

$$\sum_{i=1}^{m}(Y_i-\hat{Y}_i)=\sum_{i=1}^{m}\varepsilon_i\Rightarrow min\qquad(i=1,2,\cdots,m)\quad(2-6)$$

由于每个样本观测值的拟合误差 ε_i 可能为正，也可能为负，它们的简单加总就可能造成正、负拟合误差的相互抵消，不能反映样本回归总的拟合误差的真实情况，当 ε_i 的取值符号（正号或负号）相同、不存在正负拟合误差抵消的情况下，这一准则才是可行的，否则，就可能提供错误的信息。因此，这一准则不能在所有情况下提供判断回归拟合优劣的惟一标准，不宜采用。

2. 使各个样本观测值回归拟合误差绝对值的总和达到最小

这一准则是将每个样本观测值的回归拟合误差的绝对值加总，并使其达到最小。即

$$\sum_{i=1}^{m}|Y_i-\hat{Y}_i|=\sum_{i=1}^{m}|\varepsilon_i|\Rightarrow min$$

$$(i=1,\ 2,\ \cdots,\ m)\quad(2-7)$$

这一方法可以排除正、负拟合误差相互抵消的问题，但当样本观测值中有远离回归拟合直线的“野值”时，就不容易做出正确的判断。如图 2-2 所示

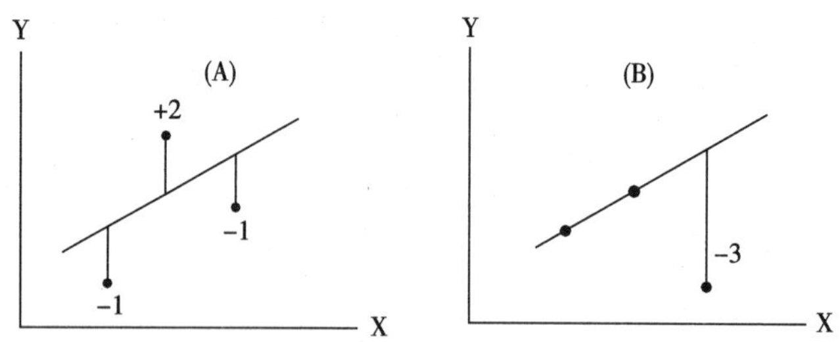

图 2-2 样本回归总拟合误差计算方法示意图

图（A）的总拟合误差$\sum_{i=1}^{3}|Y_i-\hat{Y}_i|=4$，图（$B$）的总拟合误

差$\sum_{i=1}^{3}|Y_i-\hat{Y}_i|=3$。从计算结果看，（$B$）应优于（$A$），但事实上（$A$）优于（$B$）。所以，这一准则也有缺陷。

3. 使各样本观测值回归拟合误差绝对值最大者达到最小

这一准则是将每个样本观测值回归拟合误差的绝对值进行直接比较，并使其中的最大者达到极小。即

$$Max|Y_i-\hat{Y}_i|=Max|\varepsilon_i|\Rightarrow min \quad (i=1, 2, \cdots, m) \quad (2-8)$$

这一方法虽然能排除正、负拟合误差的相互抵消，也可以将样本观测值中的“野值”问题作为关注的重点，但它只考虑了样本观测值中的极端情况，没有兼顾到所有样本观测值回归拟合的总误差，有违依据回归拟合总误差判别回归拟合优劣的基本思路。同时，各样本观测值回归拟合误差中绝对值最大者达到最小，并不能保证各个样本观测值回归拟合的总误差达到最小。因此，这一准则是不科学、不严谨的，不应被采用。

4. 使各样本观测值回归拟合误差的平方和达到最小

这一准则是将每一个观测值的回归拟合误差平方后加总，并使其达到最小。即

$$\sum_{i=1}^{m}(Y_i-\hat{Y}_i)^2=\sum_{i=1}^{m}\varepsilon_i^2\Rightarrow min \quad (i=1, 2, \cdots, m) \quad (2-9)$$

这一方法有效排除了正、负拟合误差的抵消问题，充分考虑了每一个样本观测值的回归拟合误差的影响作用。由于要对每个样本观测值的拟合误差进行平方处理，使拟合误差绝对值小的平方后亦小，拟合误差绝对值大的平方后更大。将单个回归拟合误差平方后加总并使其达到最小，就可以保证在各种可能情况下使回归拟合达到最优。同时，这一方法在概念上简单明晰，在计算上也不复杂，表现出独特的优势，应当作为判断回归拟合优劣的科学准则。

上面的分析是以一元线性回归模型为基础加以说明的，但其分析内容和结论对多元线性回归模型也同样适用。即通过使每一样本观测值回归拟合误差的平方和达到最小，实现线性回归模型的拟合

达到最优。人们形象地将这一方法称为“普通最小二乘法”（亦有称之为“普通最小平方法”）。

（二）普通最小二乘法的应用

以一元线性回归模型为例，说明普通最小二乘法的应用，并同时介绍一元线性回归模型参数的估计方法。

依据普通最小二乘法的基本思路，一元线性回归模型的参数估计分三步进行。

1．构建样本观测值回归拟合误差平方和的表达式

由 2－3 式减去 2－4 式，可表达出每个样本观测值的回归拟合误差。即

$$Y_i - \hat{Y}_i = (\hat{b}_0 + \hat{b}_1 X_i + \varepsilon_i) - (\hat{b}_0 + \hat{b}_1 X_i)$$

或
$$Y_i \quad \hat{Y}_i - Y_i - (\hat{b}_0 + \hat{b}_1 X_i)$$

$$(i=1,\ 2,\ \cdots,\ m) \quad (2-10)$$

再将 2－10 式平方后加总，并令其为 $Q(\hat{b}_0,\ \hat{b}_1)$，得

$$Q(\hat{b}_0, \hat{b}_1) = \sum_{i=1}^{m} [Y_i - (\hat{b}_0 + \hat{b}_1 X_i)]^2$$

$$(i=1,2,\cdots,m) \quad (2-11)$$

则 2－11 式便是回归拟合误差平方和的表达式。

2．推导估计线性回归模型参数的正规方程

根据线性回归模型拟合优劣的判别标准，只有当 $Q(\hat{b},\ \hat{b}_1)$ 达到最小时，一元线性回归模型才算拟合得最好。按函数求极值的原理，需要将回归拟合误差的平方和表达式分别对两个参数 $\hat{b}_0$ 和 $\hat{b}_1$ 求偏导并令其为 0。而这一表达式 $Q(\hat{b}_0,\ \hat{b}_1) = \sum_{i=1}^{m} [Y_i - (\hat{b}_0 + \hat{b}_1 X_i)]^2 \geqslant 0$，为非负函数，故其求极小值不存在障碍。因而有

$$\begin{cases} \partial \sum_{i=1}^{m} [Y_i - (\hat{b}_0 + \hat{b}_1 X_i)]^2 / \partial (\hat{b}_0) = 0 \\ \partial \sum_{i=1}^{m} [Y_i - (\hat{b}_0 + \hat{b}_1 X_i)]^2 / \partial (\hat{b}_1) = 0 \end{cases}$$

将偏导方程组整理，得

$$\begin{cases}\sum_{i=1}^{m}\left[Y_i-(\hat{b}_0+\hat{b}_1X_i\right]=0\\ \sum_{i=1}^{m}\left[Y_i-(\hat{b}_0+\hat{b}_1X_i)\right]X_i=0\end{cases}$$

上式即为估计一元线性回归模型参数的正规方程。

3. 求解正规方程估计模型参数

通过对回归拟合误差的表达式 $Q(\hat{b}_0,\hat{b}_1)$ 求偏导，建立了两个正规方程。将这两个方程联立并求解，可得

$$\hat{b}_0=\overline{Y}-\hat{b}_1\overline{X} \tag{2-12}$$

$$\hat{b}_1=\sum_{i=1}^{m}[(X_i-\overline{X})(Y_i-\overline{Y})]/\sum_{i=1}^{m}(X_i-\overline{X})^2 \tag{2-13}$$

式中，$\overline{Y}=(\sum_{i=1}^{m}Y_i)/m$，　$\overline{X}=(\sum_{i=1}^{m}X_i)/m$，$X_i$、$Y_i$ 是 X 与 Y 的第 i 个样本观测值。

在应用普通最小二乘法估计线性回归模型参数时，为了计算上的方便，可以先对样本观测数据进行处理，然后再进行计算。其方法是：令 $x_i=X_i-\overline{X}$，$y_i=Y_i-\overline{Y}$，并将 x_i 与 y_i 代入 2-13 式，得

$$\hat{b}_1=(\sum_{i=1}^{m}x_iy_i)/\sum_{i=1}^{m}x_i^2 \quad (i=1,2,\cdots,m) \tag{2-14}$$

再将 2-14 式代入 2-12 式，得

$$\hat{b}_0=\overline{Y}-(\overline{X}\sum_{i=1}^{m}x_iy_i)/\sum_{i=1}^{m}x_i^2 \quad (i=1,2,\cdots,m) \tag{2-15}$$

（三）普通最小二乘法的假设条件

普通最小二乘法因其简单便捷，是估计线性回归模型参数的有效方法。但这一方法的应用对线性回归模型具有严格的假设条件，只有当所要求的假设条件得到满足时，这一方法的应用才是有效的。普通最小二乘法的假设条件包括对随机误差项 u 的假定，对被解释变量 Y 的假定、对解释变量 X 的假定，以及其他假定四个方面。

1. 对随机误差项 u 的假设

(1) u 为随机变量。u 在任何时候的取值均取决于机会，可以为正，也可以为负或为零，在特定条件下，u 所取的每一个值都有一定的概率。

(2) 在解释变量 X_i 已知的条件下，u_i 的条件期望值（均值）为零。即

$$E(u_i|X_i)=0 \qquad (i=1, 2, \cdots, n) \quad (2-16)$$

如图 2-3 所示。

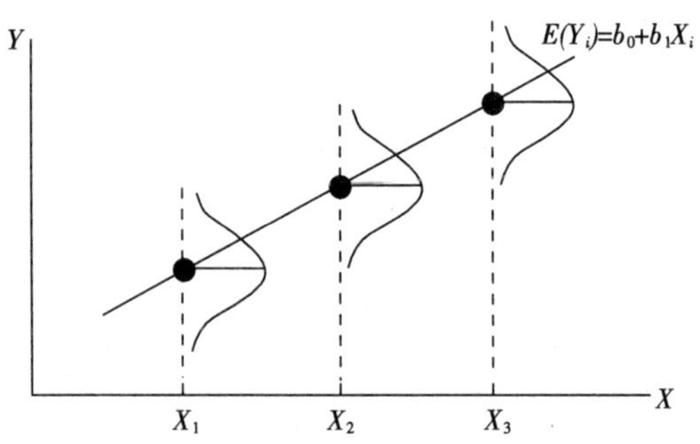

图 2-3　随机误差项 u_i 的条件期望值

对应于每个 X 特定值，Y 的值分布在它的平均值（回归线上黑点所示）周围，有些值大于平均值，有些值小于平均值，它们与平均值的离差（距离）就是 u_i。2－16 式要求，对于任何一个已知的解释变量的特定值 X_i，这些离差的平均值应等于零。

(3) 当解释变量 X_i 已知的条件下，u_i 的条件方差为正常数。即

$$Var(u_i|X_i)=\sigma_u^2=\sigma^2 \qquad (i=1, 2, \cdots, m) \quad (2-17)$$

对应于每个 X 的特定值，随机误差项 u 具有一个相同的方差 σ^2 如图 2-4 所示。2－17 要求随机误差项的方差为一固定常数，不随 X 的取值而改变。如果随机误差项满足这一假设，就称它具有同方差性，或称方差具有齐性。

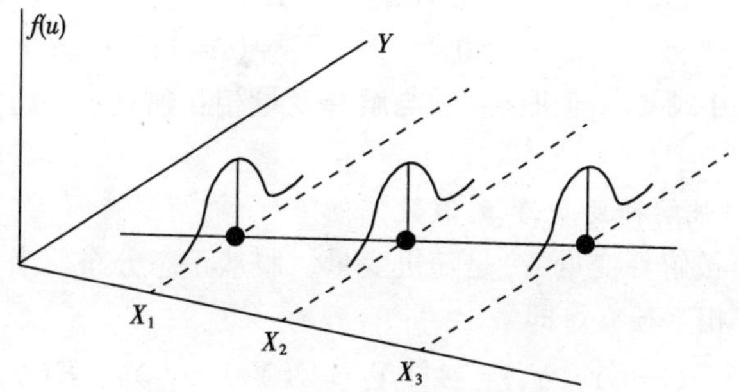

图 2-4 随机误差项的同方差性

（4）u 为正态分布。如图 2-5 所示，当解释变量 X 为某一特定值时，随机误差项 u 是一个关于它零均值为对称的正态分布。

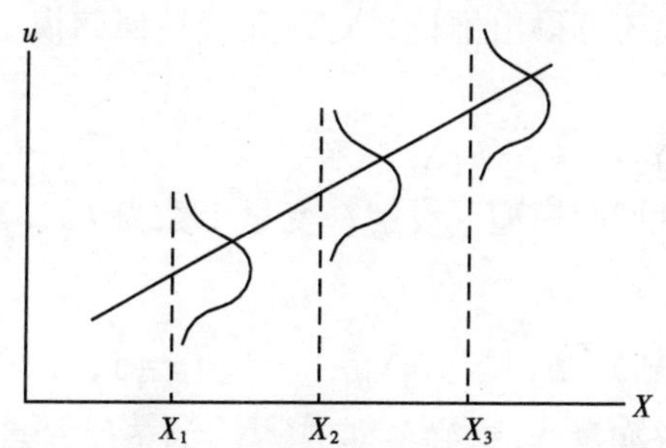

图 2-5 随机误差项的分布

关于上述四条假设，可以概括为：随机误差项 u 服从期望值为零、方差为 σ^2 的正态分布。即

$$u \sim N(0, \sigma^2) \tag{2-18}$$

（5）不同观测期的随机误差项相互独立。即

$$\begin{aligned} Cov(u_i, u_j) &= E\{[u_i - E(u_i)][u_j - E(u_j)]\} \\ &= E(u_i u_j) \\ &= 0 \qquad (i \neq j) \end{aligned} \tag{2-19}$$

2-19 式要求，随机误差项在某一时期（如 i 时期）的取值，不取决于任何其他时期（如 j 时期）的取值。

（6）u 与解释变量 X 不相关。即

$$Cov(u_i, X_i) = E\{[u_i - E(u_i)][X_i - E(X_i)]\}$$
$$= 0 \qquad (i = 1, 2, \cdots, n) \quad (2-20)$$

2－20 式要求随机误差项与解释变量相互独立，不趋向于共同变化。

2．对被解释变量 Y 的假设

（1）被解释变量 Y_i 是随机变量，服从正态分布。当 $i \neq j$ 时，Y_i 与 Y_j 相互独立。即

$$Cov(Y_i, Y_j) = E\{[Y_i - E(Y_i)] - [Y_j - E(Y_j)]\}$$
$$= 0 \qquad (i \neq j) \quad (2-21)$$

（2）在解释变量 X_i 已知的条件下，Y_i 的条件期望值等于样本回归值。即

$$E(Y_i | X_i) = b_0 + b_1 X_i \qquad (i = 1, 2, \cdots, n) \quad (2-22)$$

由 2－22 式还可得出推论，对一元线性回归模型，Y_i 的平均值可表达为：

$$E(Y_i) = b_0 + b_1 X_i \qquad (i = 1, 2, \cdots, n) \quad (2-23)$$

对多元线性回归模型（设解释变量个数为 k），Y 的平均值可表达为：

$$E(Y_i) = b_0 + \sum_{j=1}^{k} b_j X_{ij} \qquad (j = 1, 2, \cdots, k) \quad (2-24)$$

（3）当解释变量 X_i 已知条件下，Y_i 的条件方差为正常数，且与随机误差项的方差 σ^2 相等。即

$$Var(Y_i | X_i) = \sigma_{Y_i}^2 = \sigma^2$$
$$(i = 1, 2, \cdots, n) \quad (2-25)$$

上述假设可概括为，被解释变量 Y 服从期望值为（$b_0 + b_1 X_i$）、方差为 σ^2 的正态分布。即

$$Y \sim N(b_0 + b_1 X_i, \sigma^2)$$
$$(i = 1, 2, \cdots, n) \quad (2-26)$$

3．对解释变量 X 的假设

（1）解释变量 X 为非随机变量，在重复抽样条件下，X 为确定的值，不会因抽样时机的改变而改变。

（2）解释变量 X 不存在测定误差，其观测值的测定精确无误。

（3）如果线性回归模型中不只一个解释变量，则解释变量之间不存在高度的线性相关关系。

4. 其他假设条件

（1）线性回归模型中的变量（被解释变量与解释变量）的分解与归并必须正确。即要求在变量的分解或归并过程中，必须遵循科学的依据，采用统一的口径、一致的计量单位和按合理的方法进行。

（2）线性回归模型的关系式正确并能够被识别。即要求模型的函数形式正确无误、解释变量的选择准确，模型的参数可依据样本观测值利用一定的方法进行估计。

如果线性回归模型（对总体真实关系模型和样本关系模型都一样）满足上面的各项假设条件，就将其称为经典线性回归模型。对于经典线性回归模型，可以直接用普通最小二乘法进行参数估计。但应当强调指出，用于分析经济变量之间数量依存关系的线性回归模型，一般很难满足经典线性回归模型的苛刻条件，特别是随机误差项的齐性方差及相互独立、解释变量为非随机变量及与随机误差独立、解释变量之间不存在高度线性相关这几个假设极难满足。在应用普通最小二乘法进行参数估计时，应当对应用条件进行认真判断与评估。

四、模型参数最小二乘估计值的特征

在满足假设条件的情况下，应用普通最小二乘法求得的线性回归模型的参数估计值，具有线性、无偏性、最小方差的特征。现以一元线性回归模型为例予以说明。

（一）线性特征

线性特征是指线性回归模型参数的最小二乘估计值是被解释变量观测值 Y_i 的线性函数（或线性组合、线性加权和）。对一元线性回归模型，参数估计值 $\hat{b}_0$ 和 $\hat{b}_1$ 的线性特征可表述为

$$\hat{b}_0 = \sum_{i=1}^{m} K_i Y_i \qquad (i=1,2,\cdots,m) \quad (2-27)$$

$$\hat{b}_1=\sum_{i=1}^{m} W_iY_i \qquad (i=1,\ 2,\ \cdots,\ m) \quad (2-28)$$

1. 对 $\hat{b}_1=\sum_{i=1}^{m}W_iY_i$ 的证明

因为 $\hat{b}_1=(\sum_{i=1}^{m} x_iy_i)\ /\sum_{i=1}^{m} x_i^2 \quad (x_i=X_i-\bar{X},\quad y_i=Y_i-\bar{Y})$

所以 $\hat{b}_1=[\sum_{i=1}^{m}x_i(Y_i-\bar{Y})]\ /\sum_{i=1}^{m}x_i^2$

$$=(\sum_{i=1}^{m}x_iY_i)\ /\sum_{i=1}^{m}x_i^2-(\bar{Y}\sum_{i=1}^{m}x_i)\ /\sum_{i=1}^{m}x_i^2$$

而 $\sum_{i=1}^{m}x_i=\sum_{i=1}^{m}(X_i-\bar{X})=\sum_{i=1}^{m}[X_i-(\sum_{i=1}^{m}X_i)/m]=0$

故有 $\hat{b}_1=\sum_{i=1}^{m} x_iY_i/\sum_{i=1}^{m} x_i^2 \qquad (i=1,2,\cdots,m) \quad (2-29)$

若令 $x_i/\sum_{i=1}^{m}x_i^2=W_i$，则对于特定样本，$W_i$ 一定为一个常数，2-29 式可写成

$$\begin{aligned}\hat{b}_1&=\sum_{i=1}^{m}W_iY_i\\&=W_iY_1+W_2Y_2+\cdots+W_mY_m\end{aligned}$$

2. 对 $\hat{b}_0=\sum_{i=1}^{m}K_iY_i$ 的证明

因为 $\hat{b}_0=\bar{Y}-\hat{b}_1\bar{X}=\bar{Y}-(\sum_{i=1}^{m}W_iY_i)\ \bar{X}=\sum_{i=1}^{m}(1/m-W_i\bar{X})\ Y_i$

若令$(1/m-W_i\bar{X})=K_i$,则 K_i 一定为一个常数,故 $\hat{b}_0$可表达为

$$\begin{aligned}\hat{b}_0&=\sum_{i=1}^{m}K_1Y_1\\&=K_1Y_1+K_2Y_2+\cdots+K_mY_m\end{aligned}$$

（二）无偏性特征

无偏性是指线性回归模型参数的最小二乘估计值在平均水平上代表真实总体参数。即线性回归模型参数的最小二乘估计值的期望值等于真实总体参数。对于一元线性回归模型，参数最小二乘估计值 $\hat{b}_0$ 和 $\hat{b}_1$ 的无偏性可表达为

$$E(\hat{b}_0)=b_0$$

$$E(\hat{b}_1)=b_1$$

1. 对 $E(\hat{b}_1)=b_1$ 的证明

因为
$$E(\hat{b}_1)=E(\sum_{i=1}^{m}W_iY_i)$$
$$=E[\sum_{i=1}^{m}W_i(b_0+b_1X_i+u_i)]$$
$$=E(b_0\sum_{i=1}^{m}W_i+b_1\sum_{i=1}^{m}W_iX_i+\sum_{i=1}^{m}W_iu_i)$$

而在上式中
$$\sum_{i=1}^{m}W_i=\sum_{i=1}^{m}(x_i/\sum_{i=1}^{m}x_i^2)=\sum_{i=1}^{m}x_i/\sum_{i=1}^{m}x_i^2=0$$
$$\sum_{i=1}^{m}W_iX_i=\sum_{i=1}^{m}[(x_i/\sum_{i=1}^{m}x_i^2)X_i]$$
$$=(\sum_{i=1}^{m}x_iX_i)/\sum_{i=1}^{m}x_i^2$$
$$=[\sum_{i=1}^{m}x_i(x_i+\bar{X})]/\sum_{i=1}^{m}x_i^2$$
$$=(\sum_{i=1}^{m}x_i^2+\bar{X}\sum_{i=1}^{m}x_i)/\sum_{i=1}^{m}x_i^2$$
$$=1$$

所以
$$E(\hat{b}_1)=b_1+E(\sum_{i=1}^{m}W_iu_i)$$
$$=b_1+\sum_{i=1}^{m}[W_iE(u_i)]$$
$$=b_1$$

2. 对 $E(\hat{b}_0)=b_0$ 的证明

因为
$$E(\hat{b}_0)=E[\sum_{i=1}^{m}(1/m-W_i\bar{X})Y_i]$$
$$=E\left\{\sum_{i=1}^{m}[(1/m-Wi\bar{X})(b_0+b_1X_i+u_i)]\right\}$$
$$=E[\sum_{i=1}^{m}(b_0/m+b_1X_i/m+u_i/m-b_0W_i\bar{X}$$
$$-b_1W_iX_i\bar{X}-W_i\bar{X}u_i)]$$
$$=E[b_0+(b_1\sum_{i=1}^{m}X_i)/m+(\sum_{i=1}^{m}u_i)/m$$
$$-b_0\bar{X}\sum_{i=1}^{m}W_i-b_1\bar{X}\sum_{i=1}^{m}W_iX_i-\bar{X}\sum_{i=1}^{m}W_iu_i]$$

而在上式中：$\sum_{i=1}^{m} u_i = 0, \sum_{i=1}^{m} W_i = 0$，$\sum_{i=1}^{m} W_i X_i = 1$，$b_1 \sum_{i=1}^{m} X_i / m = b_1 \bar{X}$

故有
$$E(\hat{b}_0) = E(b_0 - \bar{X} \sum_{i=1}^{m} W_i u_i)$$
$$= b_0 - \bar{X} \sum_{i=1}^{m} [W_i E(u_i)]$$
$$= b_0$$

（三）最小方差特征

最小方差特征是指线性回归模型参数的最小二乘估计值具有最小方差，即与任何其他参数估计值相比，线性回归模型参数的最小二乘估计值的方差最小。对于一元线性回归模型，若设参数最小二乘估计值为 $\hat{b}_0$ 和 $\hat{b}_1$，任何其他的参数估计值为 $\hat{b}_0^*$ 和 $\hat{b}_1^*$，则 $\hat{b}_0$ 和 $\hat{b}_1$ 的有效性可表达为

$$Var(\hat{b}_0) < Var(\hat{b}_0^*)$$
$$Var(\hat{b}_1) < Var(\hat{b}_1^*)$$

1. 对 $Var(\hat{b}_1) < Var(\hat{b}_1^*)$ 的证明

因为
$$Var(\hat{b}_1) = E[\hat{b}_1 - E(\hat{b}_1)]^2 = E(\hat{b}_1 - b_1)^2$$

而上式中，
$$\hat{b}_1 = \sum_{i=1}^{m} W_i Y_i$$
$$= \sum_{i=1}^{m} W_i (b_0 + b_1 X_i + u_i)$$
$$= b_0 \sum_{i=1}^{m} W_i + b_1 \sum_{i=1}^{m} W_i X_i + \sum_{i=1}^{m} W_i u_i$$
$$= b_1 + \sum_{i=1}^{m} W_i u_i$$

所以
$$Var(\hat{b}_1) = E(b_1 + \sum_{i=1}^{m} W_i u_i - b_1)^2$$
$$= E[(\sum_{i=1}^{m} W_i u_i)^2]$$
$$= E[(W_1 u_1 + W_2 u_2 + \cdots + W_m u_m)^2]$$
$$= E(\sum_{i=1}^{m} W_i^2 u_i^2 + 2 \sum_{i \neq j} W_i W_j u_i u_j)$$

$$=\sum_{i=1}^{m}[W_i^2E(u_i^2)]+2\sum_{i\neq j}[W_iW_jE(u_iu_j)]$$

又因为 $E(u_1^2)=E(u_2^2)=\cdots=E(u_m^2)=\sigma^2$

$$Cov(u_iu_j)=E\{[u_i-E(u_i)][u_j-E(u_j)]\}$$
$$=E(u_i,u_j)$$
$$=0 \qquad (i\neq j)$$

故有 $Var(\hat{b}_1)=E(\sigma^2W_1^2+\sigma^2W_2^2+\cdots+\sigma^2W_m^2)$

$$=\sigma^2\sum_{i=1}^{m}W_i^2$$
$$=\sigma^2/\sum_{i=1}^{m}x_i^2 \qquad (i=1,2,\cdots,m) \quad (2-30)$$

现设一元线性回归模型 $Y_i=b_0+b_1X_i+u_i$ 有一个任意其他的 X 的参数估计值 $\hat{b}_1^*$，则 $\hat{b}_1^*$ 也必然为被解释变量 Y_i 的线性函数。即

$$\hat{b}_1^*=\sum_{i=1}^{m}C_iY_i \qquad (i=1,2,\cdots,m) \quad (2-31)$$

在 2-31 式中 C_i 为常数，并可表达为 $C_i=W_i+d_i$。W_i 的含义与前述相同，即 $W_i=x_i/\sum_{i=1}^{m}x_i^2$。$d_i$ 为任一常数，但所有的 d_i（$i=1$，2，…，m）不得全为零，否则引入 d_i 就失去意义。这时，再对 $\hat{b}_1^*$ 取期望值可得

$$E(\hat{b}_1^*)=E(\sum_{i=1}^{m}C_iY_i)$$
$$=E[\sum_{i=1}^{m}C_i(b_0+b_1X_i+u_i)]$$
$$=E[\sum_{i=1}^{m}(C_ib_0+C_ib_1X_i+C_iu_i)]$$
$$=E(b_0\sum_{i=1}^{m}C_i+b_1\sum_{i=1}^{m}C_iX_i+C_i\sum_{i=1}^{m}u_i)$$
$$=b_0\sum_{i=1}^{m}C_i+b_1\sum_{i=1}^{m}C_iX_i$$

而 $E(\hat{b}_1^*)$ 应当等于 b_1，故有

$$b_1=b_0\sum_{i=1}^{m}C_i+b_1\sum_{i=1}^{m}C_iX_i \qquad (i=1,2,\cdots,m) \quad (2-32)$$

要使 2－32 式成立，必须同时满足

$$\begin{cases}\sum_{i=1}^{m} C_i = 0 \\ \sum_{i=1}^{m} C_i X_i = 1\end{cases}$$

将 $C_i = W_i + d_i$ 代入上式，得

$$\begin{cases}\sum_{i=1}^{m} C_i = \sum_{i=1}^{m} W_i + \sum_{i=1}^{m} d_i = 0 \\ \sum_{i=1}^{m} C_i X_i = \sum_{i=1}^{m} W_i X_i + \sum_{i=1}^{m} d_i X_i = 1\end{cases}$$

又因为 $\sum_{i=1}^{m} W_i = 0$，$\sum_{i=1}^{m} W_i X_i = 1$，$\sum_{i=1}^{m} d_i x_i = \sum_{i=1}^{m} d_i X_i - \bar{X} \sum_{i=1}^{m} d_i$

所以有 $\sum_{i=1}^{m} d_i = 0$，$\sum_{i=1}^{m} d_i X_i = 0$，$\sum_{i=1}^{m} d_i x_i = 0$

参数估计值 $\hat{b}_1^*$ 的方差为

$$\begin{aligned}
Var(\hat{b}_1^*) &= E[\hat{b}_1^* - E(\hat{b}_1^*)]^2 \\
&= E(\hat{b}_1^* - b_1)^2 \\
&= E(\sum_{i=1}^{m} C_i Y_i - b_1)^2 \\
&= E[\sum_{i=1}^{m} C_i (b_0 + b_1 X_i + u_i) - b_1]^2 \\
&= E(b_0 \sum_{i=1}^{m} C_i + b_1 \sum_{i=1}^{m} C_i X_i + \sum_{i=1}^{m} C_i u_i - b_1)^2 \\
&= E(\sum_{i=1}^{m} C_i u_i)^2 \\
&= E(C_1 u_1 + C_2 u_2 + \cdots + C_m u_m)^2 \\
&= E(\sum_{i=1}^{m} C_i^2 u_i^2 + 2 \sum_{i \neq j} C_i C_j u_i u_j) \\
&= \sigma^2 \sum_{i=1}^{m} C_i^2
\end{aligned}$$

而

$$\begin{aligned}
\sum_{i=1}^{m} C_i^2 &= \sum_{i=1}^{m} (W_i + d_i)^2 \\
&= \sum_{i=1}^{m} W_i^2 + \sum_{i=1}^{m} d_i^2 + 2 \sum_{i=1}^{m} W_i d_i \\
&= \sum_{i=1}^{m} W_i^2 + \sum_{i=1}^{m} d_i^2 + 2 \sum_{i=1}^{m} d_i x_i / \sum_{i=1}^{m} x_i^2
\end{aligned}$$

$$=\sum_{i=1}^{m}W_i^2+\sum_{i=1}^{m}d_i^2$$

故有 $$Var(\hat{b}_1^*)=\sigma^2\sum_{i=1}^{m}W_i^2+\sigma^2\sum_{i=1}^{m}d_i^2 \tag{2-33}$$

根据 d_i 不全为零的假定，$\sum_{i=1}^{m}d_i^2>0$，则必然有下式成立

$$\sigma^2\sum_{i=1}^{m}W_i^2<(\sigma^2\sum_{i=1}^{m}W_i^2+\sigma^2\sum_{i=1}^{m}d_i^2)$$

即 $$Var(\hat{b}_1)<Var(\hat{b}_1^*)$$

2. 对 $Var(\hat{b}_0)<Var(\hat{b}_0^*)$ 的证明

因为 $$Var(\hat{b}_0)=E[\hat{b}_0-E(\hat{b}_0)]^2=E(\hat{b}_0-b_0)^2$$

而上式中，$$\hat{b}_0=\sum_{i=1}^{m}K_iY_i$$

$$=\sum_{i=1}^{m}[(1/m-W_i\bar{X})(b_0+b_1X_i+u_i)]$$

$$=\sum_{i=1}^{m}(b_0/m+b_1X_i/m+u_i/m-b_0W_i\bar{X}$$

$$-b_1W_i\bar{X}X_i-W_i\bar{X}u_i)$$

$$=b_0+b_1\bar{X}+(\sum_{i=1}^{m}u_i)/m-b_0\bar{X}\sum_{i=1}^{m}W_i$$

$$-b_1\bar{X}\sum_{i=1}^{m}W_iX_i-\bar{X}\sum_{i=1}^{m}W_iu_i$$

$$=b_0+\sum_{i=1}^{m}[(1/m-\bar{X}W_i)u_i]$$

故有 $$Var(\hat{b}_0)=E(\hat{b}_0-b_0)^2$$

$$=E[\hat{b}_0+\sum_{i=1}^{m}(1/m-\bar{X}W_i)u_i-\hat{b}_0]^2$$

$$=E[(\sum_{i=1}^{m}u_i)/m-\bar{X}\sum_{i=1}^{m}W_iu_i]^2$$

$$=E[(\sum_{i=1}^{m}u_i)^2/m^2+\bar{X}^2(\sum_{i=1}^{m}W_iu_i)^2$$

$$-2\bar{X}(\sum_{i=1}^{m}u_i)(\sum_{i=1}^{m}W_iu_i)]$$

上式中，$E[2\bar{X}(\sum_{i=1}^{m}u_i)(\sum_{i=1}^{m}W_iu_i)]=0$，所以

$$Var(\hat{b}_0)=E[(\sum_{i=1}^{m}u_i^2+2\sum_{i=1}^{m}u_iu_j)/m^2+\bar{X}^2(\sum_{i=1}^{m}W_iu_i)^2]$$

$$=\sigma^2/m+\bar{X}^2E(\sum_{i=1}^{m}W_i^2u_i^2+2\sum_{i\neq j}W_iW_ju_iu_j)$$

$$=\sigma^2/m+\bar{X}^2\sigma^2\sum_{i=1}^{m}W_i^2$$

$$=\sigma^2/m+\bar{X}^2\sigma^2/\sum_{i=1}^{m}x_i^2$$

$$=\sigma^2(\sum_{i=1}^{m}x_i^2+m\bar{X}^2)/(m\sum_{i=1}^{m}x_i^2)$$

但是 $$\sum_{i=1}^{m}X_i^2=\sum_{i=1}^{m}(\bar{X}+x_i)^2$$

$$=\sum_{i=1}^{m}\bar{X}^2+\sum_{i=1}^{m}x_i^2+2\bar{X}\sum_{i=1}^{m}x_i=\sum_{i=1}^{m}x_i^2+m\bar{X}^2$$

故 $\hat{b}_0$ 方差可表达为

$$Var(\hat{b}_0)=\sigma^2(\sum_{i=1}^{m}x_i^2+m\bar{X}^2)/(m\sum_{i=1}^{m}x_i^2)$$

$$=\sigma^2\sum_{i=1}^{m}X_i^2/(m\sum_{i=1}^{m}x_i^2)$$

现设一元线性回归模型 $Y_i=b_0+b_1X_i+u_i$ 的常数项 b_0 有另外一任意的估计量 $\hat{b}_0^*$，则 $\hat{b}_0^*$ 也必然为被解释变量 Y_i 的线性函数。即

$$\hat{b}_0^*=\sum_{i=1}^{m}[(1/m-C_i\bar{X})Y_i]$$

在上式中 C_i 为常数，并将其表达为 $C_i=W_i+d_i$。W_i 的含义与前述相同，即 $W_i=x_i/\sum_{i=1}^{m}x_i^2$。$d_i$ 为任一常数，但 d_i（$i=1, 2, \cdots, m$）不得全为零。这时对 $\hat{b}_0^*$ 取期望值，可得

$$E(\hat{b}_0^*)=E[\sum_{i=1}^{m}(1/m-C_i\bar{X})Y_i]$$

$$=E[\sum_{i=1}^{m}(1/m-C_i\bar{X})(b_0+b_1X_i+u_i)]$$

$$=E[b_0\sum_{i=1}^{m}(1/m-C_i\bar{X})+b_1\sum_{i=1}^{m}(1/m-C_i\bar{X})X_i+\sum_{i=1}^{m}(1/m-C_i\bar{X})u_i]$$

$$=b_0\sum_{i=1}^{m}(1/m-C_i\bar{X})+b_1\sum_{i=1}^{m}(1/m-C_i\bar{X})X_i$$

要满足 $E(\hat{b}_0^*)=b_0$，即可由上式得出

$$\begin{cases}\sum_{i=1}^{m}(1/m-C_i\bar{X})=1\\ \sum_{i=1}^{m}(1/m-C_i\bar{X})X_i=0\end{cases}$$

即
$$\begin{cases}\bar{X}\sum_{i=1}^{m}C_i=0\\ (\sum_{i=1}^{m}X_i)/m-\bar{X}\sum_{i=1}^{m}C_iX_i=0\end{cases}$$

对于上式,因为$\sum_{i=1}^{m}C_iX_i=\sum_{i=1}^{m}W_iX_i+\sum_{i=1}^{m}d_iX_i$,而$\sum_{i=1}^{m}W_iX_i=1$,故可得$\sum_{i=1}^{m}d_iX_i=0$,以及$\sum_{i=1}^{m}C_i=0$。依据这些结果,$\hat{b}_0^*$的方差可表达为

$$\begin{aligned}Var(\hat{b}_0^*)&=E(\hat{b}_0^*-b_0)^2\\&=E[\sum_{i=1}^{m}(1/m-C_i\bar{X})Y_i-b_0]^2\\&=E[\sum_{i=1}^{m}(1/m-C_i\bar{X})(b_0+b_1X_i+u_i)-b_0]^2\\&=E(-b_0\bar{X}\sum_{i=1}^{m}C_i+b_1\bar{X}-b_1\bar{X}\sum_{i=1}^{m}C_iX_i\\&\quad+\sum_{i=1}^{m}u_i/m-\bar{X}\sum_{i=1}^{m}C_iu_i)^2\\&=E(\sum_{i=1}^{m}u_i/m-\bar{X}\sum_{i=1}^{m}C_iu_i)^2\\&=E[(\sum_{i=1}^{m}u_i)^2/m^2+\bar{X}^2(\sum_{i=1}^{m}C_iu_i)^2\\&\quad-2\bar{X}(\sum_{i=1}^{m}u_i)(\sum_{i=1}^{m}C_iu_i)/m]\end{aligned}$$

上式中
$$E[(\sum_{i=1}^{m}u_i)^2/m^2]=\sum_{i=1}^{m}[E(u_i^2)]/m^2=\sigma^2/m$$

$$\begin{aligned}E[\bar{X}^2(\sum_{i=1}^{m}C_iu_i)^2]&=E\{\bar{X}^2[\sum_{i=1}^{m}(W_i+d_i)u_i]^2\}\\&=E[\bar{X}^2(\sum_{i=1}^{m}W_iu_i+\sum_{i=1}^{m}d_iu_i)^2]\\&=E\{\bar{X}^2[(\sum_{i=1}^{m}W_iu_i)^2+(\sum_{i=1}^{m}d_iu_i)^2\\&\quad+2(\sum_{i=1}^{m}W_iu_i)(\sum_{i=1}^{m}d_iu_i)]\}\end{aligned}$$

$$=E[\bar{X}^2(\sum_{i=1}^{m} W_iu_i)^2+\bar{X}^2(\sum_{i=1}^{m} d_iu_i)^2]$$

$$=E[\bar{X}^2\sum_{i=1}^{m} W_i^2u_i^2+2\sum_{i\neq j}(W_iW_ju_iu_j)$$

$$+\bar{X}^2(\sum_{i=1}^{m} d_i^2u_i^2+2\sum_{i\neq j}(d_id_ju_iu_j)]$$

$$=E[\bar{X}^2(\sum_{i=1}^{m} W_i^2u_i^2)+\bar{X}^2(\sum_{i=1}^{m} d_i^2u_i^2)]$$

$$=\bar{X}^2\sigma^2\sum_{i=1}^{m}W_i^2+\bar{X}^2\sigma^2\sum_{i=1}^{m}d_i^2$$

$$E\ [2\bar{X}\ (\sum_{i=1}^{m} u_i)\ (\sum_{i=1}^{m} C_iu_i/m)]\ =0$$

将计算结果代入 $Var(\hat{b}_0^*)$ 的表达式中，得

$$Var(\hat{b}_0^*)=\sigma^2/m+\bar{X}^2\sigma^2\sum_{i=1}^{m} W_i^2+\bar{X}^2\sigma^2\sum_{i=1}^{m}d_i^2$$

$$=\sigma^2/m+\sigma^2\bar{X}^2/\sum_{i=1}^{m}x_i^2+\bar{X}^2\sigma^2\sum_{i=1}^{m}d_i^2$$

$$=\sigma^2\sum_{i=1}^{m}X_i^2/(m\sum_{i=1}^{m}x_i^2)+\sigma^2\bar{X}^2\sum_{i=1}^{m}d_i^2$$

$$=Var(\hat{b}_0)+\sigma^2\bar{X}^2\sum_{i=1}^{m}d_i^2 \qquad (2-34)$$

在 2－34 中，$\sigma^2>0$，$\bar{X}^2>0$，$\sum_{i=1}^{m}d_i^2>0$，所以有

$$\sigma^2\bar{X}^2\sum_{i=1}^{m}d_i^2>0$$

$$Var(\hat{b}_0)<[Var(\hat{b}_0)+\sigma^2\bar{X}^2\sum_{i=1}^{m} d_i^2]$$

亦即 $Var\ (\hat{b}_0)\ <Var\ (\hat{b}_0^*)$

（四）一元线性回归模型参数估计值 $\hat{b}_0$ 与 $\hat{b}_1$ 的协方差

对于一元线性回归模型，最小二乘参数估计值 $\hat{b}_0$ 与 $\hat{b}_1$ 的协方差为

$$Cov(\hat{b}_0,\hat{b}_1)=E[(\hat{b}_0-b_0)(\hat{b}_1-b_1)]$$

$$=E\left\{\sum_{i=1}^{m}[(1/m-\bar{X}W_i)u_i](\sum_{i=1}^{m} W_iu_i)\right\}$$

$$=E[(\sum_{i=1}^{m}u_i)(\sum_{i=1}^{m}W_iu_i)/m-\bar{X}(\sum_{i=1}^{m}W_iu_i)^2]$$

$$=E[(\sum_{i=1}^{m}u_i)(\sum_{i=1}^{m}W_iu_i)/m-\bar{X}E(\sum_{i=1}^{m}W_iu_i)^2] \tag{2-35}$$

2-35式中的第一项为

$$\begin{aligned}&E[(\sum_{i=1}^{m}u_i)(\sum_{i=1}^{m}W_iu_i)/m]\\&=E[(u_1+u_2+\cdots+u_m)\\&\quad(W_1u_1+W_2u_2+\cdots+W_mu_m)/m]\\&=[E(\sum_{i=1}^{m}W_iu_i^2)+E(\sum_{i\neq j}W_iu_iu_j)]/m\\&=\sigma^2(\sum_{i=1}^{m}W_i)/m+\sum_{i\neq j}[W_iE(u_iu_j)]/m\\&=0\end{aligned}$$

2-35式中的第二项为

$$\begin{aligned}-\bar{X}E(\sum_{i=1}^{m}W_iu_i)^2&=-\bar{X}E(W_1u_1+W_2u_2+\cdots+W_mu_m)^2\\&=-\bar{X}E(\sum_{i=1}^{m}W_i^2u_i^2+2\sum_{i\neq j}W_iW_ju_iu_j)\\&=-\bar{X}[\sigma^2\sum_{i=1}^{m}W_i^2+2\sum_{i=1}^{m}W_iW_jE(u_iu_j)]\\&=-\bar{X}\sigma^2\sum_{i=1}^{m}W_i^2\end{aligned}$$

将计算结果代入2-35式，得

$$\begin{aligned}Cov\ (\hat{b}_0,\ \hat{b}_1)&=-\bar{X}\sigma^2\sum_{i=1}^{m}W_i^2\\&=-\bar{X}\sigma^2\sum_{i=1}^{m}(x_i/\sum_{i=1}^{m}x_i^2)^2\\&=-\bar{X}\sigma^2\sum_{i=1}^{m}[x_i^2/(\sum_{i=1}^{m}x_i^2)^2]\\&=-\bar{X}\sigma^2/\sum_{i=1}^{m}x_i^2\end{aligned}$$

五、高斯—马尔科夫（Gauss-Markov）定理

对于线性回归模型,有多种方法可用于参数估计。采用的估计方法不同,参数估计值呈现出不同的特点,表现出不同的优劣。在线性回归模型参数的整个估计空间中,用各种不同估计方法可以得出所

有可能的估计值;在所有可能的估计值中,一部分为线性估计值;在线性估计值中,一部分为线性无偏估计值;在线性无偏估计值中,有方差最小的线性无偏估计值;而如果线性无偏估计值的方差达到最小,它就是最优的参数估计值,或称线性无偏有效估计值。线性回归模型不同类型参数估计值的划分,可用图2-6示意。

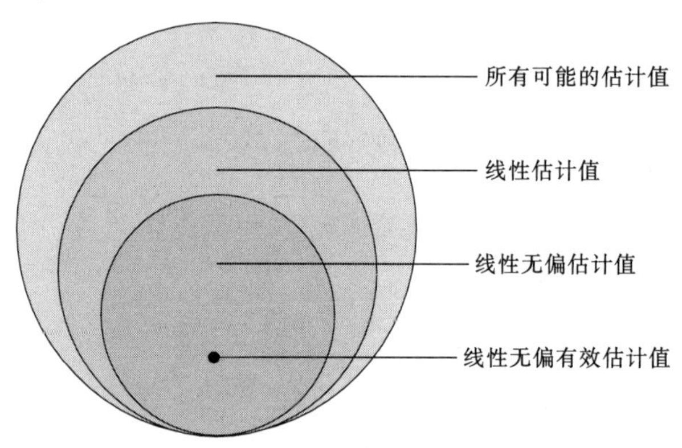

图 2-6 线性回归模型参数估计值

高斯—马尔科夫定理:经典线性回归模型参数最小二乘估计值是线性无偏估计量,且具有最小方差,因而是最优的参数估计值。

第三章　参数最小二乘估计值的显著检验与置信区间

一、参数最小二乘估计值的可靠性

对于经典的一元线性回归模型，真实总体关系式为

$$Y_i = b_0 + b_1 X_i + u_i \qquad (i=1, 2, \cdots, n)$$

真实总体回归式为

$$E(Y_i) = b_0 + b_1 X_i \qquad (i=1, 2, \cdots, n)$$

从变量 Y 与 X 的总体中随机抽取 m 对（$m<n$）样本，可建立样本关系式：

$$Y_i = \hat{b}_0 + \hat{b}_1 X_i + \varepsilon_i \qquad (i=1, 2, \cdots, m)$$

应用普通最小二乘法对样本关系式进行参数估计，可得到样本回归式

$$\hat{Y}_i = \hat{b}_0 + \hat{b}_1 X_i \qquad (i=1, 2, \cdots, m)$$

进行上述工作旨在通过对本样关系式参数的估计去推断真实总体参数，即利用 $\hat{b}_0$ 去推断 b_0、利用 $\hat{b}_1$ 去推断 b_1。但由上述过程可知，参数估计值 $\hat{b}_0$ 和 $\hat{b}_1$ 不是来源于总体，而是来源于样本。所以，在一般情况下，参数估计值 $\hat{b}_0$、$\hat{b}_1$ 不会与真实总体参数 b_0、b_1 完全相等，它们之间存在一定的差异。当参数估计值 $\hat{b}_0$、$\hat{b}_1$ 与真实总体参数 b_0 和 b_1 的差异很小，就能用 $\hat{b}_0$ 推断 b_0、用 $\hat{b}_1$ 推断 b_1。当参数估计值 $\hat{b}_0$ 和 $\hat{b}_1$ 与真实总体参数 b_0 和 b_1 差异较大时，便不能用 $\hat{b}_0$ 和 $\hat{b}_1$ 去推断 b_0 和 b_1。因此，$\hat{b}_0$ 与 b_0 及 $\hat{b}_1$ 与 b_1 差异的大小就成为衡量参数估计值 $\hat{b}_0$ 和 $\hat{b}_1$ 可靠性的标志。显著性检

验，就是对参数估计值 $\hat{b}_0$ 及 $\hat{b}_1$ 与真实总体参数 b_0 及 b_1 的差异进行判定。

显著性检验要涉及到参数估计值 $\hat{b}_0$ 与 $\hat{b}_1$ 的概率分布问题。对于经典线性回归模型，如果被解释变量 Y_i 服从正态分布，由于参数估计值 $\hat{b}_0$ 及 $\hat{b}_1$ 是 Y_i 的线性组合，则 $\hat{b}_0$ 及 $\hat{b}_1$ 也必然服从正态分布。即便 Y_i 不服从正态分布，只要样本容量 m 足够大（$m \geqslant 30$），$\hat{b}_0$ 及 $\hat{b}_1$ 也会趋近于正态分布。因此，在大样本条件下，假设参数估计值 $\hat{b}_0$ 及 $\hat{b}_1$ 服从正态分布不失一般性。当正态分布的假设成立时，由于参数估计值 $\hat{b}_0$ 及 $\hat{b}_1$ 的均值分别为 b_0 及 b_1，方差分别为 $\sigma^2\sum_{i=1}^{m}X_i{}^2/(m\sum_{i=1}^{m}x_i^2)$ 及 $\sigma^2/\sum_{i=1}^{m}x_i^2$，它们的分布可表示为：

$$\hat{b}_0 \sim N\left[b_0,\quad \sigma^2\sum_{i=1}^{m}X_i^2/(m\sum_{i=1}^{m}x_i^2)\right]$$

$$\hat{b}_1 \sim N\left(b_1,\quad \sigma^2/\sum_{i=1}^{m}x_i^2\right)$$

若设 $\hat{b}_0$ 及 $\hat{b}_1$ 的标准差分别为 $S_{\hat{b}_0}$ 及 $S_{\hat{b}_1}$，则

$$S_{\hat{b}_0} = \sqrt{\sigma^2\sum_{i=1}^{m}X_i^2/\left(m\sum_{i=1}^{m}x_i^2\right)} \tag{3-1}$$

$$S_{\hat{b}_1} = \sqrt{\sigma^2/\sum_{i=1}^{m}x_i^2} \tag{3-2}$$

故又可将 $\hat{b}_0$ 和 $\hat{b}_1$ 的分布表示为：

$$\hat{b}_0 \sim N\left[b_0, \sqrt{\sigma^2\sum_{i=1}^{m}X_i^2/(m\sum_{i=1}^{m}x_i^2)}\right] \tag{3-3}$$

$$\hat{b}_1 \sim N\left(b_1, \sqrt{\sigma^2/\sum_{i=1}^{m}x_i^2}\right) \tag{3-4}$$

对于参数估计值的分布可以用图形描绘，例如 $\hat{b}_1$ 的分布即如图 3-1。

由图 3-1 可看出，$\hat{b}_1$ 是 b_1 的无偏估计，$\hat{b}_1$ 的分布中心就是 b_1，$\hat{b}_1$ 的标准差 $S_{\hat{b}_1}$ 是衡量 $\hat{b}_1$ 是否接近 b_1 的重要指标。对于 $\hat{b}_1$

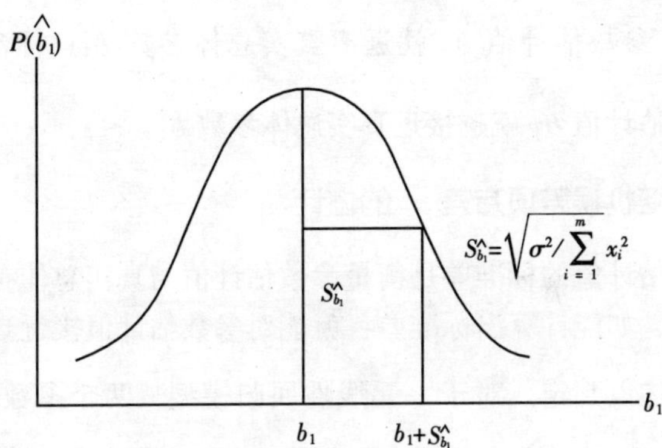

图 3-1　参数估计 b_1 值的分布

的标准差 $S_{\hat{b}_1}$，当解释变量 X_i 的离差 $x_i=(X_i-\bar{X})$ 较小，即 X_i 的分布集中时，它就相应增大（如图 3-2）；当解释变量 X_i 的离差

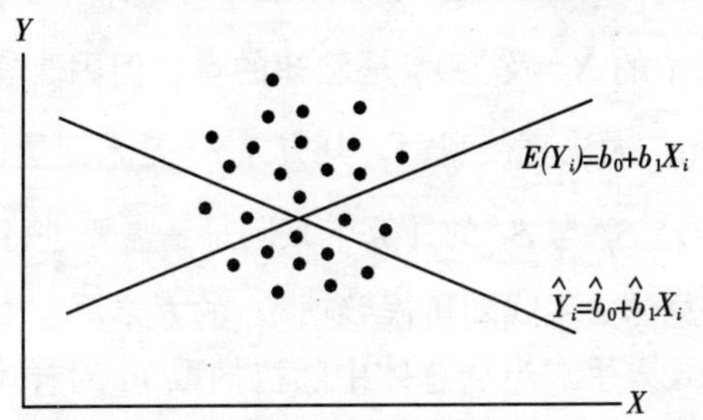

图 3-2　X_i 集中分布 $S_{\hat{b}_1}$ 增大

x_i 较大，即 X_i 的分布分散时，它就相应减小（如图 3-3）。标准差

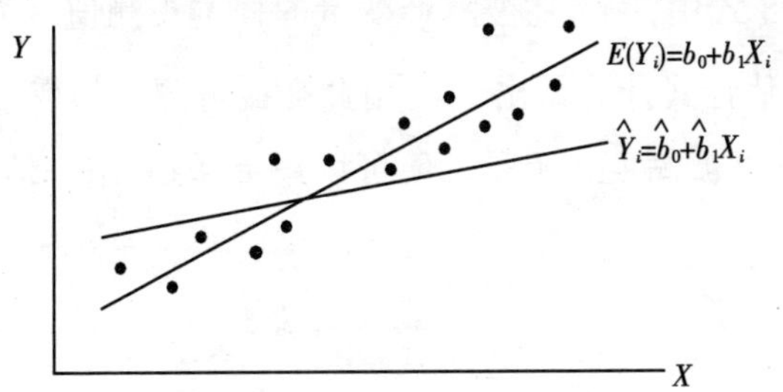

图 3-3　X_i 分散分布 $S_{\hat{b}_1}$ 减小

$S_{\hat{b}_1}$越大，参数估计值 $\hat{b}_1$ 就远离真实总体参数 b_1；标准差 $S_{\hat{b}_1}$越小，参数估计值 $\hat{b}_1$ 就越接近真实总体参数 b_1。

二、随机误差项方差 σ^2 的估计

参数估计值的标准差是衡量参数估计值与真实总体参数差异的重要指标，如能计算出标准差，就能对参数估计值接近真实总体参数的程度加以判定。对于一元线性回归模型，两个参数估计值 $\hat{b}_0$ 与 $\hat{b}_1$ 的标准差如 3－1 式和 3－2 式所示。在这两个表达式中，σ^2 为总体真实关系式随机误差项 u 的方差（即 σ_u^2），$\bar{X}$ 为解释变量样本观测值 X_i 的平均数，x_i 为 X_i 的离差（$x_i = X_i - \bar{X}$），m 为样本容量、即样本观测值的个数。很显然，对某个特定样本，3－1 式和3－2 式中的 $\bar{X}^2$ 及 $\sum_{i=1}^{m} x_i^2$ 是已知的量。但因真实总体关系式的随机误差项 u_i 无法直接观测，其方差 σ^2 是未知量，给参数估计值 $\hat{b}_0$、$\hat{b}_1$ 标准差 $S_{\hat{b}_0}$与 $S_{\hat{b}_1}$的计算带来困难，需要进行估计。

对真实总体关系式随机误差项 u_i 的方差σ^2 的估计，仍然应当从样本关系式入手。当从总体中随机抽取 m 对样本观测值，可建立样本关系模型 2－3 式，对其应用普通最小二乘法估计可得到2－4 式。ε_i 为样本关系式的随机误差项，可表示为：

$$\varepsilon_i = Y_i - \hat{Y}_i \qquad (i = 1,\ 2,\ \cdots,\ m) \qquad (3-5)$$

在 3－5 式中，Y_i 是被解释变量的样本观测值（为已知量），$\hat{Y}_i$ 可依据估计式计算得出，ε_i 由此变成可测度的变量，进而 ε_i 的方差也可以被测度，于是，便可以用 ε_i 的方差去估计 u_i 的方差。

对样本关系式 $Y_i = \hat{b}_0 + \hat{b}_1 X_i + \varepsilon_i$ 及估计式 $\hat{Y}_i = \hat{b}_0 + \hat{b}_1 X_i$，令 $y_i = Y_i - \bar{Y}$，$\hat{y}_i = \hat{Y}_i - \bar{Y}$，$x_i = X_i - \bar{X}$，可得

$$\varepsilon_i = Y_i - \hat{Y}_i = y_i - \hat{y}_i \qquad (3-6)$$

对于真实总体关系式 $Y_i = b_0 + b_1 X + u_i$，两边同时对 m 个样本观测值求和再分别除以 m，得

$$\left(\sum_{i=1}^{m} Y_i\right) / m = \left[\sum_{i=1}^{m} (b_0 + b_1 X_i + u_i)\right] / m$$

即
$$\overline{Y} = b_0 + b_1 \overline{X} + \overline{u} \tag{3-7}$$

从理论上讲，3-7 式中的 $\overline{u}$ 应当为零。但在这里是将一个特定样本用于总体关系表达式中，$\overline{u}$ 此时便不一定为零。将 $Y_i - \overline{Y}$，得

$$Y_i - \overline{Y} = b_1 (X_i - \overline{X}) + (u_i - \overline{u})$$

即
$$y_i = b_1 x_i + (u_i - \overline{u}) \tag{3-8}$$

用同样的方法，可由样本关系式 $Y_i = \hat{b}_0 + \hat{b}_1 X_i + \varepsilon_i$ 推导出

$$\hat{y}_i = \hat{b}_1 x_i \tag{3-9}$$

将 3-8 式和 3-9 式代入 3-6 式中，得

$$\varepsilon_i = b_1 x_i + (u_i - \overline{u}) - \hat{b}_1 x_i$$

即
$$\varepsilon_i = (b_1 - \hat{b}_1) x_i + (u_i - \overline{u}) \tag{3-10}$$

对 3-10 式两边同时平方再对样本容量 m 加总，得

$$\begin{aligned}
\sum_{i=1}^{m} \varepsilon_i^2 &= \sum_{i=1}^{m} [(b_1 - \hat{b}_1) x_i + (u_i - \overline{u})]^2 \\
&= \sum_{i=1}^{m} [(u_i - \overline{u}) - (\hat{b}_1 - b_1) x_i]^2 \\
&= \sum_{i=1}^{m} (u_i - \overline{u})^2 + \sum_{i=1}^{m} (\hat{b}_1 - b_1)^2 x_i^2 \\
&\quad - 2\sum_{i=1}^{m} (u_i - \overline{u})(\hat{b}_1 - b_1) x_i
\end{aligned}$$

对 $\sum_{i=1}^{m} \varepsilon_i^2$ 期望值，得

$$\begin{aligned}
E\left(\sum_{i=1}^{m} \varepsilon_i^2\right) &= E\left[\sum_{i=1}^{m} (u_i - \overline{u})^2\right] + E\left[\sum_{i=1}^{m} (\hat{b}_1 - b_1)^2 x_i^2\right] \\
&\quad - 2E\left[\sum_{i=1}^{m} (u_i - \overline{u})(\hat{b}_1 - b_1) x_i\right]
\end{aligned}$$

上式中的第一项

$$E[\sum_{i=1}^{m}(u_i-\bar{u})^2]=E[\sum_{i=1}^{m}(u_i^2+\bar{u}^2-2u_i\bar{u})]$$
$$=E(\sum_{i=1}^{m}u_i^2+m\bar{u}^2-2\bar{u}\sum_{i=1}^{m}u_i)$$
$$=E(\sum_{i=1}^{m}u_i^2+m\bar{u}^2-2m\bar{u}^2)$$
$$=E(\sum_{i=1}^{m}u_i^2)-E(m\bar{u}^2)$$
$$=m\sigma^2-E[(\sum_{i=1}^{m}u_i)^2/m]$$
$$=m\sigma^2-\sigma^2$$
$$=(m-1)\sigma^2$$

式中的第二项

$$E\ [\sum_{i=1}^{m}\ (\hat{b}_1-b_1)^2x_i^2]\ =\sum_{i=1}^{m}\ [x_i^2E(\hat{b}_1-b_1)^2]$$
$$=\sum_{i=1}^{m}\ [x_i^2(\sigma^2/\sum_{i=1}^{m}x_i^2)]$$
$$=\sigma^2\sum_{i=1}^{m}x_i^2/\sum_{i=1}^{m}x_i^2$$
$$=\sigma^2$$

上式中的第三项

$$2E\ [\sum_{i=1}^{m}\ (u_i-\bar{u})\ (\hat{b}_1-b_1)\ x_i]$$
$$=2E\ [\sum_{i=1}^{m}\ (\hat{b}_1-b_1)\ (u_ix_i-\bar{u}x_i)]$$
$$=2E\ [\ (\hat{b}_1-b_1)\ (\sum_{i=1}^{m}u_ix_i-\sum_{i=1}^{m}\bar{u}x_i)]$$

由于 $\hat{b}_1=b_1+\sum_{i=1}^{m}W_iu_i$（见 $\hat{b}_1$ 期望值证明），故有

$$\hat{b}_1-b_1=\sum_{i=1}^{m}W_iu_i \tag{3-11}$$

将 3－11 式代入第三项中，得

$$2E\ [\sum_{i=1}^{m}W_iu_i\ (\sum_{i=1}^{m}u_ix_i-\bar{u}\sum_{i=1}^{m}x_i)]$$
$$=2E\ [\ (\sum_{i=1}^{m}W_iu_i)\ (\sum_{i=1}^{m}u_ix_i)]$$

将 $W_i=x_i/\sum_{i=1}^{m}x_i^2$ 代入上式，得

$$
\begin{aligned}
2E[(\sum_{i=1}^{m}W_iu_i)(\sum_{i=1}^{m}u_ix_i)] &= 2E[\sum_{i=1}^{m}x_iu_i(\sum_{i=1}^{m}u_ix_i)/\sum_{i=1}^{m}x_i^2] \\
&= 2E[(\sum_{i=1}^{m}x_iu_i)^2/\sum_{i=1}^{m}x_i^2] \\
&= 2E[(\sum_{i=1}^{m}x_i^2u_i^2+2\sum_{i\neq j}x_ix_ju_iu_j)/\sum_{i=1}^{m}x_i^2] \\
&= 2\{\sum_{i=1}^{m}[x_i^2E(u_i^2)] \\
&\quad +2\sum_{i\neq j}[x_ix_jE(u_iu_j)]\}\ /\sum_{i=1}^{m}x_i^2 \\
&= 2\sigma^2\sum_{i=1}^{m}x_i^2/\sum_{i=1}^{m}x_i^2 \\
&= 2\sigma^2
\end{aligned}
$$

将第一、二、三项计算结果代入 $E\ (\sum_{i=1}^{m}\varepsilon_i^2)$ 的计算式中，得

$$
\begin{aligned}
E(\sum_{i=1}^{m}\varepsilon_i^2) &= (m-1)\sigma^2+\sigma^2-2\sigma^2 \\
&= (m-2)\sigma^2
\end{aligned}
\tag{3-12}
$$

对 3－12 式两边同除以（$m-2$），得

$$
\sigma^2 = E(\sum_{i=1}^{m}\varepsilon_i^2)/(m-2) \tag{3-13}
$$

如果设 $\hat{\sigma}^2=\sum_{i=1}^{m}\varepsilon_i^2/\ (m-2)$，因为 $\hat{\sigma}^2$ 的期望值 $E\ (\hat{\sigma}^2)\ =\sigma^2$（见 3－13 式），则 $\hat{\sigma}^2$ 就是总体真实关系式随机误差项 u 的方差 σ^2 的无偏估计值。由于 ε_i 可以由（$Y_i-\hat{Y}_i$）求出，$\sum_{i=1}^{m}\varepsilon_i^2/\ (m-2)$ 成为可计算的量，使 σ^2 的估计得以实现。

三、最小二乘估计值 $\hat{b}_0$ 及 $\hat{b}_1$ 的显著性检验

对于经典一元线性回归模型，参数的最小二乘估计值 $\hat{b}_0$ 及 $\hat{b}_1$ 不是来源于真实总体的直接估计，而是来源于样本的间接估计。$\hat{b}_0$ 和 $\hat{b}_1$ 能否充当 b_0 和 b_1 的代表，即能否用 $\hat{b}_0$ 和 $\hat{b}_1$ 去推断 b_0 和 b_1，还需要加以证明。参数估计值 $\hat{b}_0$ 及 $\hat{b}_1$ 的显著性检验，就是根据其标准差的大小，判断它们在多大程度上代表真实总体参数，亦

即判断用样本参数估计值 $\hat{b}_0$、$\hat{b}_1$ 推断真实总体参数 b_0、b_1 的可靠程度。

由前面的分析可知，当被解释变量 Y_i 服从正态分布或在大样本条件下，参数估计值 $\hat{b}_0$ 及 $\hat{b}_1$ 的分布可表示为：

$$\hat{b}_0 \sim N\left[b_0,\ \sigma^2\sum_{i=1}^{m}X_i^2/\left(m\sum_{i=1}^{m}x_i^2\right)\right]$$

$$\hat{b}_1 \sim N\left(b_1,\ \sigma^2/\sum_{i=1}^{m}x_i^2\right)$$

参数估计值 $\hat{b}_0$ 和 $\hat{b}_1$ 服从一般正态分布，可以用下面的公式将其转换为均值为 0、方差为 1 的标准正态分布。

$$Z_i = (T_i - \mu)/S \sim N(0,\ 1) \tag{3-14}$$

在 3－14 式中，Z 是均值为零、方差为 1 的新变量，T 是需要对其进行转换的变量，μ 是需要进行转换的变量的平均值，S 是需要进行转换的变量的标准差。根据该式，可将参数估计值 $\hat{b}_0$ 及 $\hat{b}_1$ 转换为服从标准正态分布的新变量。

对于 $\hat{b}_0$，有下式

$$Z_0 = (\hat{b}_0 - b_0)/\sqrt{\sigma^2\sum_{i=1}^{m}X_i^2/\left(m\sum_{i=1}^{m}x_i^2\right)} \sim N(0,1)$$

对于 $\hat{b}_1$，有下式

$$Z_1 = (\hat{b}_1 - b_1)/\sqrt{\sigma^2/\sum_{i=1}^{m}x_i^2} \sim N(0,1)$$

在上面两个转换式中，σ^2 是真实总体关系式随机误差项的方差，为未知量，给转换带来实际困难。鉴于此，可以用 σ^2 的估计量 $\hat{\sigma}^2$ 代替 σ^2，实现上述转换。

即
$$Z_0 = (\hat{b}_0 - b_0)/\sqrt{\hat{\sigma}^2\sum_{i=1}^{m}X_i^2/\left(m\sum_{i=1}^{m}x_i^2\right)} \sim N(0,1) \tag{3-15}$$

$$Z_1 = (\hat{b}_1 - b_1)/\sqrt{\hat{\sigma}^2/\sum_{i=1}^{m}x_i^2} \sim N(0,1) \tag{3-16}$$

利用 3－15 式和 3－16 式，就可以构建真实总体参数 b_0 及 b_1 的不同假设。一般采用的是对立假设，即

H_0: $b_0=b_0^*$, $b_1=b_1^*$

H_1: $b_0\neq b_0^*$, $b_1\neq b_1^*$

将 b_0 和 b_1 的假设值 b_0^* 及 b_1^* 代入转换公式，即得

$$Z_0^* = (\hat{b}_0 - b_0^*) / \sqrt{\hat{\sigma}^2 \sum_{i=1}^{m} X_i^2 / (m \sum_{i=1}^{m} x_i^2)} \tag{3-17}$$

$$Z_1^* = (\hat{b}_1 - b_1^*) / \sqrt{\hat{\sigma}^2 / \sum_{i=1}^{m} x_i^2} \tag{3-18}$$

在 b_0^* 及 b_1^* 给定的情况下，可根据 3-17 式及 3-18 式计算出 Z_0^* 及 Z_1^* 的值。由于 Z_0^*、Z_1^* 服从标准正态分布，可以根据选定的显著水平 α（在计量经济学上一般选择 1% 或 5% 水平），在标准正态分布表中查出显著水平为 α 的理论值 Z，再将 Z_0^* 及 Z_1^* 与 Z 进行比较。如果 Z_0^* 和 Z_1^* 的值落在临界区内（$Z_0^*>Z$、$Z_1^*>Z$ 或 $Z_0^*<-Z$、$Z_1^*<-Z$），拒绝 H_0 假设，因为 $b_0=b_0^*$ 及 $b_1=b_1^*$ 成立的概率很小。如果 Z_0^* 和 Z_1^* 的值落在临界区之外（$-Z<Z_0^*<Z$ 及 $-Z<Z_1^*<Z$），则接受 H_0 假设，因为 $b_0=b_0^*$ 及 $b_1=b_1^*$ 成立的概率很大。

当被解释变量服从正态分布、但样本容量较小（$m<30$）时，应用上面介绍的 Z 检验便失去了效用，应当改用 t 检验。一元线性回归模型参数最小二乘估计值 $\hat{b}_0$ 和 $\hat{b}_1$ 的 t 统计量为

$$t_0 = (\hat{b}_0 - b_0^*) / \sqrt{\hat{\sigma}^2 \sum_{i=1}^{m} X_i^2 / (m \sum_{i=1}^{m} x_i^2)}$$

$$(m-k-1 \text{ 个自由度}) \tag{3-19}$$

$$t_1 = (\hat{b}_1 - b_1^*) / \sqrt{\hat{\sigma}^2 / \sum_{i=1}^{m} x_i^2}$$

$$(m-k-1 \text{ 个自由度}) \tag{3-20}$$

在 3-19 式及 3-20 式中，b_0^*、b_1^* 是所假设的真实总体参数 b_0 及 b_1 的值，m 为样本容量，$\hat{\sigma}^2$ 是真实总体关系式随机误差项 u 的方差估计值，k 是模型中解释变量的个数。进行 t 检验，也要对真实总体参数 b_0 及 b_1 构建一个对立假设，即

H_0: $b_0=0$, $b_1=0$

H_1: $b_0 \neq 0$, $b_1 \neq 0$

当假设 $b_0 = 0$ 及 $b_1 = 0$ 时，t 统计量的计算就成为

$$t_0^* = \hat{b}_0 / \sqrt{\hat{\sigma}^2 \sum_{i=1}^{m} X_i^2 / (m \sum_{i=1}^{m} x_i^2)} \tag{3-21}$$

$$t_1^* = \hat{b}_1 / \sqrt{\hat{\sigma}^2 / \sum_{i=1}^{m} x_i^2} \tag{3-22}$$

根据 3－21 式及 3－22 式，可计算出 t_0^* 及 t_1^*。由于 t_0^* 和 t_1^* 服从 t 分布，可以确定某一显著水平（如 1% 或 5% 等），从 t 分布表中查出自由度为 $m-k-1$（对于一元线性回归模型 $k=1$）的理论值 t，再将 t_0^* 及 t_1^* 与 t 进行比较。如果 $t_0^* > t$、$t_1^* > t$，表明 t_0^* 及 t_1^* 落在临界区外，为零的可能性很小，就拒绝 H_0 假设而接受 H_1 假设。如果 $t_0^* < t$、$t_1^* < t$，表明 t_0^* 及 t_1^* 落在临界区内，为零的可能性很大，就接受 H_0 假设而拒绝 H_1 假设。

四、最小二乘估计值 $\hat{b}_0$ 及 $\hat{b}_1$ 的置信区间

参数最小二乘估计值 $\hat{b}_0$ 及 $\hat{b}_1$ 的显著性检验，只能对样本参数估计值能否代表真实总体参数的问题做出判断。但对样本参数估计值 $\hat{b}_0$ 及 $\hat{b}_1$ 接近真实总体参数 b_0 及 b_1 的程度（即用 $\hat{b}_0$ 和 $\hat{b}_1$ 推断 b_0 和 b_1 的精确程度）还没有解决。为了解决这一问题，必须建立起一个围绕样本参数估计值 $\hat{b}_0$ 及 $\hat{b}_1$ 的变动区间，推断真实总体参数有多大的可能性落在该区间内。真实总体参数 b_0 及 b_1 落在 $\hat{b}_0$ 及 $\hat{b}_1$ 变动区间内的可能性称为置信度（或置信水平），用百分数表示。在一般情况下，选择的置信度为 95% 或 99%，这就意味着在重复抽样条件下，真实总体参数 b_0 及 b_1 有 95% 或 99% 的可能性落在样本参数估计值的变动区间内，只有 5% 或 1% 的可能性落在变动区间之外。

对于参数最小二乘估计值 $\hat{b}_0$ 及 $\hat{b}_1$，根据 3－15 和 3－16 式，有

$$Z_0 = (\hat{b}_0 - b_0) / \sqrt{\hat{\sigma}^2 \sum_{i=1}^{m} X_i^2 / (m \sum_{i=1}^{m} x_i^2)}$$

$$Z_1 = (\hat{b}_1 - b_1) / \sqrt{\hat{\sigma}^2 / \sum_{i=1}^{m} x_i^2}$$

但因为

$$S_{\hat{b}_0} = \sqrt{\hat{\sigma}^2 \sum_{i=1}^{m} X_i^2 / (m \sum_{i=1}^{m} x_i^2)}$$

$$S_{\hat{b}_1} = \sqrt{\hat{\sigma}^2 / \sum_{i=1}^{m} x_i^2}$$

故 Z_0 与 Z_1 又可表示为

$$Z_0 = (\hat{b}_0 - b_0) / S_{\hat{b}_0}$$

$$Z_1 = (\hat{b}_1 - b_1) / S_{\hat{b}_1}$$

Z_0 及 Z_1 均为服从标准正态分布的随机变量，当给定某一置信度，便可由正态分布表查知该置信水平下 Z_0 及 Z_1 的取值范围，并由此建立计算真实总体参数的置信区间。当给定的置信度为 95% 时，Z_0 及 Z_1 落在 -1.96 至 $+1.96$ 区间内的概率为 95%，由此可建立下式：

$$P\{-1.96 \leqslant [(\hat{b}_0 - b_0) / S_{\hat{b}_0}] \leqslant 1.96\} = 0.95$$

$$P\{-1.96 \leqslant [(\hat{b}_1 - b_1) / S_{\hat{b}_1}] \leqslant 1.96\} = 0.95$$

对上两式进行整理，便可得出总体真实参数 b_0 及 b_1 置信度为 95% 的区间估计量。即

$$(\hat{b}_0 - 1.96\, S_{\hat{b}_0}) \leqslant b_0 \leqslant (\hat{b}_0 + 1.96\, S_{\hat{b}_0})$$

$$(\hat{b}_1 - 1.96\, S_{\hat{b}_1}) \leqslant b_1 \leqslant (\hat{b}_1 + 1.96\, S_{\hat{b}_1})$$

或表达为

$$b_0 = \hat{b}_0 \pm 1.96\, S_{\hat{b}_0}$$

$$b_1 = \hat{b}_1 \pm 1.96\, S_{\hat{b}_1}$$

五、预测值的置信区间

对于样本回归模型 $\hat{Y}_i = \hat{b}_0 + \hat{b}_1 X_i$（2-4 式），如果经过检验，

证明 $\hat{b}_0$ 及 $\hat{b}_1$ 是应该被接受的，就可以用它进行预测。当令 $X_i = X_0$ 时，就可根据回归式 $\hat{Y}_0 = \hat{b}_0 + \hat{b}_1 X_0$ 求出 $\hat{Y}_0$ 的值。当 $\hat{Y}_0$ 计算出来之后，其内在含义可能产生两种不同的理解。一是将其作为真实总体关系式 $Y_i = b_0 + b_1 X_i + u_i$ 的特定值 Y_0 的估计值，二是将其作真实总体回归式 $E(Y_i) = b_0 + b_1 X_i$ 的预测值 $E(Y_0 | X_0)$。预测值 $\hat{Y}_0$ 的含义需要说明。

真实总体回归式 $E(Y) = b_0 + b_1 X_i$，可以用来自不同样本的回归式加以近似地表示，相应的回归线如图 3-4 所示。来自不同样本的回归线，有的比真实总体回归线偏高，有的则偏低，但平均起来正好能代表真实总体回归线 $E(Y_i) = b_0 + b_1 X_i$。这一结论可以用样本回归式证明。

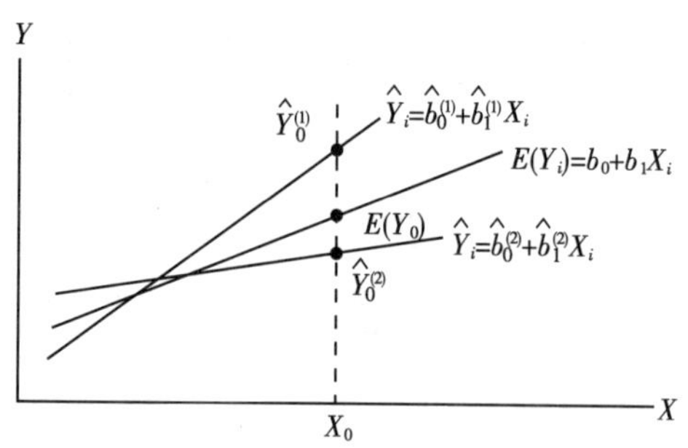

图 3-4 真实总体回归线与样本回归线

对于 $\hat{Y}_i = \hat{b}_0 + \hat{b}_1 X_i$，两边同时取期望值，有

$$E(\hat{Y}_i) = E(\hat{b}_0) + X_i E(\hat{b}_1)$$

即

$$E(\hat{Y}_i) = b_0 + b_1 X_i$$

由于 $E(Y_i) = b_0 + b_1 X_i$，故又有下式成立

$$E(\hat{Y}_i) = E(Y_i) \tag{3-23}$$

3-23 式表明样本回归预测值 $\hat{Y}_i$ 是真实总体特定值 Y_i 的无偏估计。当 $X_i = X_0$ 时，预测值 $\hat{Y}_0$ 是真实总体特定值 Y_0 的估计量，

而不是真实总体回归值 $E(Y_0)$ 的估计量。

对于样本回归估计值 $\hat{Y}_0$，其方差 $Var(\hat{Y}_0)$ 为

$$
\begin{aligned}
Var(\hat{Y}_0) &= E[(\hat{b}_0 + \hat{b}_1 X_0) - E(\hat{b}_0 + \hat{b}_1 X_0)]^2 \\
&= E[(\hat{b}_0 - b_0) + (\hat{b}_1 - b_1) X_0]^2 \\
&= E(\hat{b}_0 - b_0)^2 + X_0^2 E(\hat{b}_1 - b_1)^2 \\
&\quad + 2X_0 E[(\hat{b}_0 - b_0)(\hat{b}_1 - b_1)] \\
&= Var(\hat{b}_0) + X_0^2 Var(\hat{b}_1) + 2X_0 Cov(\hat{b}_0, \hat{b}_1) \\
&= \sigma^2 \sum_{i=1}^{m} X_i^2 / (m \sum_{i=1}^{m} x_i^2) + X_0^2 \sigma^2 / \sum_{i=1}^{m} x_i^2 - 2\bar{X} X_0 \sigma^2 / \sum_{i=1}^{m} x_i^2 \\
&= (\sigma^2 / \sum_{i=1}^{m} x_i^2)(\sum_{i=1}^{m} X_i^2 / m + X_0^2 - 2\bar{X} X_0) \\
&= (\sigma^2 / \sum_{i=1}^{m} x_i^2)[\sum_{i=1}^{m} (\bar{X} + x_i)^2 / m + X_0^2 - 2\bar{X} X_0] \\
&= \sigma^2 (X_0 - \bar{X})^2 / \sum_{i=1}^{m} x_i^2 + \sigma^2 / m
\end{aligned}
$$

真实总体关系式随机误差项的方差 σ^2 为未知，可以用其估计值 $\hat{\sigma}^2 = \sum_{i=1}^{m} \varepsilon_i^2 / (m-2)$ 代替，则样本回归估计值 $\hat{Y}_0$ 的方差可表达为

$$Var(\hat{Y}_0) = \hat{\sigma}^2 (X_0 - \bar{X})^2 / \sum_{i=1}^{m} x_i^2 + \hat{\sigma}^2 / m \tag{3-24}$$

若将 $Var(\hat{Y}_0)$ 记为 $\sigma^2_{\hat{Y}_0}$，则 $\sigma^2_{\hat{Y}_0}$ 为

$$\sigma^2_{\hat{Y}_0} = \hat{\sigma}^2 (X_0 - \bar{X})^2 / \sum_{i=1}^{m} x_i^2 + \hat{\sigma}^2 / m \tag{3-25}$$

为了分析样本回归预测值 $\hat{Y}_0$ 估计真实总体特定值 Y_0 的有效性，应当对 $(Y_0 - \hat{Y}_0)$ 的期望值和方差进行测算。对于 $(Y_0 - \hat{Y}_0)$ 的期望值

$$
\begin{aligned}
E(Y_0 - \hat{Y}_0) &= E[(b_0 + b_1 X_0 + u_0) - (\hat{b}_0 + \hat{b}_1 X_0)] \\
&= E[(b_0 - \hat{b}_0) + X_0(b_1 - \hat{b}_1) + u_0]
\end{aligned}
$$

$$= E(b_0 - \hat{b}_0) + X_0 E(b_1 - \hat{b}_1) + E(u_0)$$

即 $$E(Y_0 - \hat{Y}_0) = 0 \tag{3-26}$$

3-26 式表明样本回归估计值 $\hat{Y}_0$ 是真实总体特定值 Y_0 的无偏估计。

对于（$Y_0 - \hat{Y}_0$）的方差，有

$$\begin{aligned}
Var(Y_0 - \hat{Y}_0) &= E(Y_0 - \hat{Y}_0)^2 \\
&= E[(b_0 + b_1 X_0 + u_0) - (\hat{b}_0 + \hat{b}_1 X_0)]^2 \\
&= E\{[(b_0 - \hat{b}_0) + (b_1 - \hat{b}_1)X_0]^2 + u_0^2 \\
&\quad + 2u_0(b_0 - \hat{b}_0)(b_1 - \hat{b}_1)\} \\
&= E[(\hat{b}_0 - b_0) + (\hat{b}_1 - b_1)X_0]^2 + E(u_0^2) \\
&\quad + 2E[u_0(\hat{b}_0 - b_0)(\hat{b}_1 - b_1)] \\
&= [\sigma^2 (X_0 - \bar{X})^2 / \sum_{i=1}^{m} x_i^2 + \sigma^2/m] + \sigma^2 \\
&= Var(\hat{Y}_0) + \sigma^2
\end{aligned}$$

将 Var（$Y_0 - \hat{Y}_0$）记为 $\hat{\sigma}^2_{(Y_0 - \hat{Y}_0)}$，并用 $\hat{\sigma}^2$ 代替 σ^2，便有

$$\begin{aligned}
\hat{\sigma}^2_{(Y_0 - \hat{Y}_0)} &= [\hat{\sigma}^2 (X_0 - \bar{X})^2 / \sum_{i=1}^{m} x_i^2 + \hat{\sigma}^2/m] + \hat{\sigma}^2 \\
&= Var(\hat{Y}_0) + \hat{\sigma}^2
\end{aligned} \tag{3-27}$$

3-27 式表明，真实总体特定值 Y_0 与样本回归估计值 $\hat{Y}_0$ 之差的方差 $\hat{\sigma}^2_{(Y_0 - \hat{Y}_0)}$，比真实总体回归值 E（Y_0）与样本回归估计值之差的方差 $\hat{\sigma}^2_{\hat{Y}_0}$ 要大，二者之间的关系可表达为：

样本回归预测值误差的方差 $\hat{\sigma}^2_{(Y_0 - \hat{Y}_0)}$

$=$ 抽样误差的方差 $\hat{\sigma}^2_{\hat{Y}_0}$ $+$ 随机误差项的方差 σ^2

即 $$\hat{\sigma}^2_{(Y_0 - \hat{Y}_0)} = [\hat{\sigma}^2 (X_0 - \bar{X})^2 / \sum_{i=1}^{m} x_i^2 + \hat{\sigma}^2/m] + \hat{\sigma}^2$$

如果被解释变量服从正态分布，在大样本条件下可构造 Z 统计量对真实总体特定值 Y_0 的置信区间进行估计。设置信度为 α，设置信水平下 Z 的取值范围在 $-Z_0$ 到 $+Z_0$ 之间，则

$$Z=（\hat{Y}_0-Y_0）/\hat{\sigma}_{(Y_0-\hat{Y}_0)}$$

$$P[-Z_0\leqslant(\hat{Y}_0-Y_0)/\hat{\sigma}_{(Y_0-\hat{Y}_0)}\leqslant Z_0]=(100-\alpha)\%$$

Y_0 的置信区间为

$$[\hat{Y}_0-Z_0\hat{\sigma}_{(Y_0-\hat{Y}_0)}]\leqslant Y_0\leqslant[\hat{Y}_0+Z_0\hat{\sigma}_{(Y_0-\hat{Y}_0)}] \tag{3-28}$$

同理，可推导出真实总体回归值 $E（Y_0）$ 的置信区间为

$$(\hat{Y}_0-Z_0\hat{\sigma}_{\hat{Y}_0})\leqslant E(Y_0)\leqslant(\hat{Y}_0+Z_0\hat{\sigma}_{\hat{Y}_0}) \tag{3-29}$$

如果被解释变量服从正态分布，但样本容量小（$m<30$），可构造 t 统计量对真实总体特定值 Y_0 的置信区间进行估计。设置信度为 α、设置信水平下自由度为（$m-k-1$）的 t 的理论值为 t_0，则

$$t=(\hat{Y}_0-Y_0)/\hat{\sigma}_{(Y_0-\hat{Y}_0)}$$

$$P[-t_0\leqslant(\hat{Y}_0-Y_0)/\hat{\sigma}_{(Y_0-\hat{Y}_0)}\leqslant t_0]=(100-\alpha)\%$$

Y_0 的置信区间为

$$[\hat{Y}_0-t_0\hat{\sigma}_{(Y_0-\hat{Y}_0)}]\leqslant Y_0\leqslant[\hat{Y}_0+t_0\hat{\sigma}_{(Y_0-\hat{Y}_0)}] \tag{3-30}$$

同理，亦可推导出真实总体回归值 $E（Y_0）$ 的置信区间为

$$(\hat{Y}_0-t_0\hat{\sigma}_{\hat{Y}_0})\leqslant E(Y_0)\leqslant(\hat{Y}_0+t_0\hat{\sigma}_{\hat{Y}_0}) \tag{3-31}$$

对于真实总体特定值及回归值的置信区间，可以用图 3-5 示义。

如图 3-5 所示，两条实线间的区域是真实总体回归值（平均值）的置信区间，两条虚线间的区域是真实总体特定值的置信区间。对真实总体回归值，其置信区间较窄。对真实总体特定值，其置信区间较宽。当解释变量 X_0 取值为样本平均值（即 $X_0=\bar{X}$）时，置信区间最窄。当 X_0 远离 $\bar{X}$ 时，置信区间就越宽。

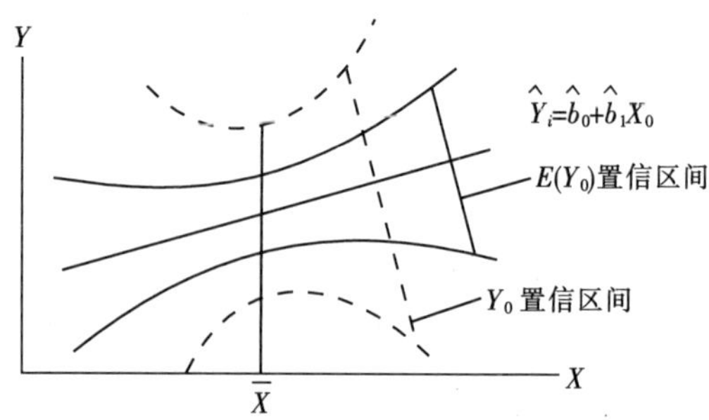

图 3-5 真实总体特定值与回归值的置信区间

在区间估计的计算式中，X_0 是任意给定的。X_0 可以在解释变量样本观测值的范围内取值，这时的预测过程称为内插预测。X_0 也可以在解释变量样本观测值的范围之外取值，这时的预测过程为外推预测。在一般情况下，外推预测的准确性和可靠性会降低。造成这一结果的原因很明显：当 X_0 远离 $\bar{X}$ 时，置信区间就会逐步变宽，无论回归模型如何正确，可信度必然降低；所建立的样本回归模型虽能准确反映样本关系，但只能近似反映真实总体关系，当 X_0 不在样本范围内时，预测的准确性和可靠性自然会下降。

第四章　多元线性回归模型及参数估计

一、经济现象的复杂性与多元线性回归

应用一元线性回归模型分析两个经济变量之间内在的数量依存关系，使问题高度简化与典型化，对正确理解回归分析的原理与方法提供了极大方便。但这种高度的抽象与实际经济活动相去甚远。在纷繁复杂的社会经济活动中，除极为个别的情况外，几乎所有的经济变量都同时受多个其他经济变量的影响和制约，而不是由一个其他的经济变量所决定。大量的社会经济活动实践表明，任何一个经济变量的变化都是多种因素综合作用的结果，不同的因素以不同的方式、途径和强度施加影响，产生的合力最终决定经济变量发展变化的方向和速度。例如，国内生产总值受资源、投资、技术、经济结构、经济政策、国际经济环境等一系列因素的影响，农产品产量受市场需求、市场价格、生产要素投入、气候条件等多种因素的制约，商品的市场需求量与该商品的价格、居民收入及偏好、替代品或补充品的价格等因素紧密相关。可以说，从反映国民经济发展的宏观变量，到反映生产者与消费者经济活动的微观变量，决定其发展变化的因素都不是单一的，而是一个复杂的体系。当我们研究经济变量之间内在数量依存关系时，就面临用多个经济变量去解释某一经济变量发展变化的问题。如果用函数式描绘一个经济变量与多个其他经济变量之间的线性依存关系，函数式中就会出现多个解释变量的情况。

研究某一经济变量与其他多个经济变量之间的数量依存关系，就是多元回归问题。如果它们之间的数量依存关系呈线性，就是多元线性回归问题。与一元线性回归相比，多元线性回归在原理和方法上是一致的，只不过因为解释变量个数的增加，使计算变得复

杂。由于用多个经济变量的变化去解释某一经济变量的变化更加符合社会经济活动的现实，所以多元线性回归对经济变量间数量依存关系的描绘更加真实，分析结果也更为科学可靠。在实际经济活动中，虽然经济变量之间并不完全表现为线性依存关系，但由于非线性模型在估计与检验上的困难，人们往往用线性模型加以近似地表达与描绘。鉴于此，多元线性回归便成为研究经济变量之间数量依存关系的最常用、最便捷的工具。

二、多元线性回归模型

如果经济系统中某一经济变量 Y 与另外 k 个经济变量 X_1，X_2，…，X_k 存在线性依存关系，则它们之间的真实总体关系可以用多元线性回归模型进行表达。即

$$Y_i = b_0 + b_1 X_{i1} + b_2 X_{i2} + \cdots + b_k X_{ik} + u_i \quad (i=1,2,\cdots,n) \qquad (4-1)$$

它们之间的真实总体回归式为

$$E(Y_i) = b_0 + b_1 X_{i1} + b_2 X_{i2} + \cdots + b_k X_{ik} \quad (i=1,2,\cdots,n) \qquad (4-2)$$

在 4－1 式及 4－2 式中，Y 为被解释变量，X 为解释变量，u 为随机误差项，表明 Y 与 X 之间存在非确定性线性依存关系，Y 除了受 k 个解释变量的影响之外，还受到随机因素的影响。X_{ij} 的下标 $j=1$，2，…，k，表示解释变量的序号；$i=1$，2，…，n，表示解释变量总体观测值的序号；X_{ij} 表示第 j 个解释变量的第 i 个观测值。Y_i 表示被解释变量总体中第 i 个观测值。

由于真实总体或因不便直接观测，或因总体容量巨大不便直接分析，可以从真实总体中随机抽取 m 组观测值组成一个样本，并建立样本关系式。即

$$Y_i = \hat{b}_0 + \hat{b}_1 X_{i1} + \hat{b}_2 X_{i2} + \cdots + \hat{b}_k X_{ik} + \varepsilon_i \quad (i=1,2,\cdots,m) \qquad (4-3)$$

利用一定的方法对 4－3 式进行估计，可得到样本回归式

$$\hat{Y}_i = \hat{b}_0 + \hat{b}_1 X_{i1} + \hat{b}_2 X_{i2} + \cdots + \hat{b}_k X_{ik}$$

$$(i=1, 2, \cdots, m) \qquad (4-4)$$

与一元线性回归相类似，多元线性回归仍然是从真实总体中随机抽取样本，利用样本资料估计出样本回归参数，并用样本回归参数去推断真实总体参数。即利用从真实总体中随机抽取的 m 组观测值估计出参数 $\hat{b}_0$，$\hat{b}_1$，$\hat{b}_2$，…，$\hat{b}_k$，再用这些估计值去推断 b_0，b_1，b_2，…，b_k。

对于多元性回归模型，如果要用普通最小二乘法进行参数估计，它就必须是经典的线性模型。4－1 式要满足经典线性模型的要求，应当具备以下假设条件：

（一）对随机误差项 *u* 的要求

随机误差项 u_i 是一个随机变量，其具体取值视机会而定。对于任何特定的样本观测期（或顺序）i，u_i 的期望值为零。对于不同的样本观测期（或顺序）i，u_i 的方差相等且为一个常数，即 $Var(u_i) = Var(u_j) = \sigma^2 \ (i \neq j)$。不同样本观测期（或顺序）的 u_i 与 u_j（$i \neq j$）相互独立，互不相关，即 $Cov(u_i, u_j) = 0$。u_i 与解释变量 X 相互独立，互不相关，即 $Cov(u_i, X) = 0$。u_i 服从均值为零、方差为 σ^2 的正态分布，即 $u \sim N(0, \sigma^2)$。

（二）对被解释变量 *Y* 的要求

被解释变量 Y_i 是一个随机变量，其具体取值遵从一定的概率分布。当 $i \neq j$ 时，Y_i 与 Y_j 相互独立，并满足

$$E(Y_i) = b_0 + b_1 X_{i1} + b_2 X_{i2} + \cdots + b_k X_{ik} \quad (i=1,2,\cdots,m)$$

$$Var(Y_i) = Var(u_i) = \sigma^2$$

（三）对解释变量 *X* 的要求

解释变量 $X_{ij}(j=1,2,\cdots,k)$ 为一般变量，在重复抽样条件下，X_{ij} 为固定的值。X_{ij} 没有测定误差，对随机误差项 u_i 不产生影响。不同的解释变量 X_{ij} 与 $X_{ir}(j \neq r)$ 之间不存在高度的线性相关关系。

（四）其他方面的要求

真实总体关系式中变量选择正确，并具有可测度性，函数形式的确定无误，能正确描绘 Y 与 X 之间客观存在的依存关系。依据该关系式建立的样本模型的参数可以用一定的方法进行估计。变量

的分解与归并正确，且经济含义明晰。

这些假设条件与经典一元线性回归模型的要求基本相同，只要能够得到满足，就可直接用普通最小二乘法进行参数估计。但这些假设条件是极为严格的，很不容易同时得到满足。在参数估计过程中，需要对这些条件的可满足程度进行分析评价，并根据不同情况对参数估计方法进行调整。

三、多元线性回归模型的参数估计

如果 4－1 式满足经典线性模型的所有假设条件，则依据它建立的样本关系式 4－3 就可以直接用普通最小二乘法进行估计。在 4－3 式

$$Y_i = \hat{b}_0 + \hat{b}_1 X_{i1} + \hat{b}_2 X_{i2} + \cdots + \hat{b}_k X_{ik} + \varepsilon_i \qquad (i=1, 2, \cdots, m)$$

中，需要估计的参数为 $\hat{b}_0$，$\hat{b}_1$，$\hat{b}_2$，…，$\hat{b}_k$，共有 $k+1$ 个。按普通最小二乘法的工作程序，首先应当建立求解参数的正规方程，正规方程的个数与待估计参数的个数相等。很显然，需要建立由 $k+1$ 个方程组成的方程组，才能求出样本模型的参数估计值。建立正规方程在传统上是用微分法，但这一方法比较麻烦。特别是建立多元线性回归模型参数估计的正规方程，不仅工作量大，不小心还容易出错。为求简单省事，正规方程可以用机械的方法进行推导。为说明这一简便方法，先观察一元线性回归模型和二元线性回归模型参数估计的正规方程。

对于一元线性回归模型，真实总体关系式为

$$Y_i = b_0 + b_1 X_i + u_i \qquad (i=1, 2, \cdots, n)$$

样本关系式为

$$Y_i = \hat{b}_0 + \hat{b}_1 X_i + \varepsilon_i \qquad (i=1, 2, \cdots, m)$$

参数估计的正规方程为

$$\begin{cases} \sum_{i=1}^{m} Y_i = m\hat{b}_0 + \hat{b}_1 \sum_{i=1}^{m} X_i \\ \sum_{i=1}^{m} X_i Y_i = \hat{b}_0 \sum_{i=1}^{m} X_i + \hat{b}_1 \sum_{i=1}^{m} X_i^2 \end{cases} \qquad (A)$$

对于二元线性回归模型，真实总体关系式为

$$Y_i = b_0 + b_1 X_{i1} + b_2 X_{i2} + u_i \qquad (i=1,\ 2,\ \cdots,\ n)$$

样本关系式为

$$Y_i = \hat{b}_0 + \hat{b}_1 X_{i1} + \hat{b}_1 X_{i2} + \varepsilon_i \qquad (i=1,\ 2,\ \cdots,\ m)$$

参数估计的正规方程为

$$\begin{cases} \sum_{i=1}^{m} Y_i = m\hat{b}_0 + \hat{b}_1 \sum_{i=1}^{m} X_{i1} + \hat{b}_2 \sum_{i=1}^{m} X_{i2} \\ \sum_{i=1}^{m} X_{i1} Y_i = \hat{b}_0 \sum_{i=1}^{m} X_{i1} + \hat{b}_1 \sum_{i=1}^{m} X_{i1}^2 + \hat{b}_2 \sum_{i=1}^{m} X_{i1} X_{i2} \\ \sum_{i=1}^{m} X_{i2} Y_i = \hat{b}_0 \sum_{i=1}^{m} X_{i2} + \hat{b}_1 \sum_{i=1}^{m} X_{i1} X_{i2} + \hat{b}_2 \sum_{i=1}^{m} X_{i2}^2 \end{cases} \qquad (B)$$

对上面 A、B 两个方程组进行对比分析，可以看出：

(1) 用于求解参数估计值的每一个正规方程都是依据样本关系式得出的。并应用了经典线性回归模型的两个假设条件，一个是随机误差项 ε_i 均值为零，即 $\sum_{i=1}^{m}\varepsilon_i = 0$；另一个是解释变量 X 与随机误差项 ε 不相关，即 $E\ (\sum_{i=1}^{m} X_{ij}\varepsilon_i)\ = 0$。

(2) 对样本关系式按样本容量 m 加总，并去掉为零的项 $\sum_{i=1}^{m}\varepsilon_i$，即得到第一个正规方程（如 A 中的第一个方程和 B 中的第一个方程）。

(3) 用样本关系式中的第一个解释变量 X_{i1} 去乘样本关系式，并对样本容量 m 加总，再去掉期望值为零的 $\sum_{i=1}^{m} X_{i1}\varepsilon_i$，即得第二个正规方程（如 A 中的第二个方程和 B 中的第二个方程）。

(4) 用样本关系式中的第二个解释变量 X_{i2} 去乘样本关系式，并对样本容量 m 加总，再去掉期望值为零的 $\sum_{i=1}^{m} X_{i2}\varepsilon_i$，即得到第三个正规方程（如 B 中的第三个方程）。

(5) 将得到的正规方程组合成一个联立方程组，方程组中单个方程的个数正好与待估计参数的个数相等。

上述过程可直接用于多元线性回归模型。对于 k 元线性回归模型，真实总体关系式为

$$Y_i = b_0 + b_1 X_{i1} + b_2 X_{i2} + \cdots + b_k X_{ik} + u_i \quad (i=1, 2, \cdots, n)$$

样本关系式为

$$Y_i = \hat{b}_0 + \hat{b}_1 X_{i1} + \hat{b}_2 X_{i2} + \cdots + \hat{b}_k X_{ik} + \varepsilon_i \quad (i=1, 2, \cdots, m)$$

对样本关系式简单加总，得到第一个正规方程

$$\sum_{i=1}^{m} Y_i = m\hat{b}_0 + \hat{b}_1 \sum_{i=1}^{m} X_{i1} + \hat{b}_2 \sum_{i=1}^{m} X_{i2} + \cdots + \hat{b}_k \sum_{i=1}^{m} X_{ik}$$

用第一个解释变量 X_{i1} 同乘样本关系式两边，再对样本容量加总，得到第二个正规方程

$$\sum_{i=1}^{m} Y_i X_{i1} = \hat{b}_0 \sum_{i=1}^{m} X_{i1} + \hat{b}_1 \sum_{i=1}^{m} X_{i1}^2 + \hat{b}_2 \sum_{i=1}^{m} X_{i1} X_{i2} + \cdots + \hat{b}_k \sum_{i=1}^{m} X_{i1} X_{ik}$$

用第二个解释变量 X_{i2} 同乘样本关系式两边，再对样本容量加总，得到第三个正规方程

$$\sum_{i=1}^{m} Y_i X_{i2} = \hat{b}_0 \sum_{i=1}^{m} X_{i2} + \hat{b}_1 \sum_{i=1}^{m} X_{i1} X_{i2} + \hat{b}_2 \sum_{i=1}^{m} X_{i2}^2 + \cdots + \hat{b}_k \sum_{i=1}^{m} X_{i2} X_{ik}$$

再依次用解释变量 X_{i3} 到 X_{ik} 分别同乘样本关系式两边，对样本容量加总，可得到其余的正规方程。例如，用 X_{ik} 同乘样本关系式两边，对样本容量加总，得到的第 $k+1$ 个正规方程是

$$\sum_{i=1}^{m} Y_i X_{ik} = \hat{b}_0 \sum_{i=1}^{m} X_{ik} + \hat{b}_1 \sum_{i=1}^{m} X_{i1} X_{ik} + \hat{b}_2 \sum_{i=1}^{m} X_{i2} X_{ik} + \cdots + \hat{b}_k \sum_{i=1}^{m} X_{ik}^2$$

对多元线性回归模型参数估计正规方程的机械推导，实际是通过两步完成的：第一步是对样本关系式简单加总，得出第一个正规方程；第二步是用每一个解释变量分别同乘样本关系式两边，再对样本容量加总，得出其余的 k 个正规方程。第二步的推导过程可以用通式表达为

$$\sum_{i=1}^{m} Y_i X_{ij} = \hat{b}_0 \sum_{i=1}^{m} X_{ij} + \hat{b}_1 \sum_{i=1}^{m} X_{i1} X_{ij} + \hat{b}_2 \sum_{i=1}^{m} X_{i2} X_{ij}$$

$$+\cdots+\hat{b}_k\sum_{i=1}^{m}X_{ik}X_{ij}\quad(j=1,\ 2,\ \cdots,\ k)$$

将推导的 $k+1$ 个正规方程组合为一个联立方程组，可得

$$\begin{cases}\sum_{i=1}^{m}Y_i=m\hat{b}_0+\hat{b}_1\sum_{i=1}^{m}X_i+\hat{b}_2\sum_{i=1}^{m}X_{i2}+\cdots+\hat{b}_k\sum_{i=1}^{m}X_{ik}\\ \sum_{i=1}^{m}Y_iX_{i1}=\hat{b}_0\sum_{i=1}^{m}X_{i1}+\hat{b}_1\sum_{i=1}^{m}X_{i1}^2+\hat{b}_2\sum_{i=1}^{m}X_{i1}X_{i2}+\cdots+\hat{b}_k\sum_{i=1}^{m}X_{i1}X_{ik}\\ \sum_{i=1}^{m}Y_iX_{i2}=\hat{b}_0\sum_{i=1}^{m}X_{i2}+\hat{b}_1\sum_{i=1}^{m}X_{i1}X_{i2}+\hat{b}_2\sum_{i=1}^{m}X_{i2}^2+\cdots+\hat{b}_k\sum_{i=1}^{m}X_{i2}X_{ik}\\ \quad\vdots\qquad\quad\vdots\qquad\qquad\vdots\qquad\qquad\vdots\qquad\qquad\qquad\vdots\\ \sum_{i=1}^{m}Y_iX_{ik}=\hat{b}_0\sum_{i=1}^{m}X_{ik}+\hat{b}_1\sum_{i=1}^{m}X_{i1}X_{ik}+\hat{b}_2\sum_{i=1}^{m}X_{i2}X_{ik}+\cdots+\hat{b}_k\sum_{i=1}^{m}X_{ik}^2\end{cases}$$

上面的联立方程组有 $k+1$ 个方程，各方程中的和式可利用样本观测值求出，解这一联立方程组，便可求出 $\hat{b}_0$，$\hat{b}_1$，$\hat{b}_2$，…，$\hat{b}_k$ 的估计值。

为了计算上的方便，往往将多元线性回归模型用离差形式表示。如果令 $y_i=Y_i-\bar{Y}$，$x_{ij}=X_{ij}-\bar{X}_j$，则多元线性回归型的真实总体关系式可表达为

$$y_i=b_1x_{i1}+b_2x_{i2}+\cdots+b_kx_{ik}+u_i$$

$$(i=1,\ 2,\ \cdots,\ n)\quad(4-5)$$

样本关系式可表达为

$$y_i=\hat{b}_1x_{i1}+\hat{b}_2x_{i2}+\cdots+\hat{b}_kx_{ik}+e_i$$

$$(i=1,\ 2,\ \cdots,\ m)\quad(4-6)$$

用离差表示的每一个解释变量 x_{ij}（$j=1,\ 2,\ \cdots,\ k$）分别同乘4－6式两边，再对样本容量 m 加总，得出 k 个正规方程。将 k 个正规方程组合起来，可形成下面的联立方程组

$$\begin{cases}\sum_{i=1}^{m}y_ix_{i1}=\hat{b}_1\sum_{i=1}^{m}x_{i1}^2+\hat{b}_2\sum_{i=1}^{m}x_{i1}x_{i2}+\cdots+\hat{b}_k\sum_{i=1}^{m}x_{i1}x_{ik}\\ \sum_{i=1}^{m}y_ix_{i2}=\hat{b}_1\sum_{i=1}^{m}x_{i1}x_{i2}+\hat{b}_2\sum_{i=1}^{m}x_{i2}^2+\cdots+\hat{b}_k\sum_{i=1}^{m}x_{i2}x_{ik}\\ \quad\vdots\qquad\quad\vdots\qquad\qquad\vdots\qquad\qquad\qquad\vdots\\ \sum_{i=1}^{m}y_ix_{ik}=\hat{b}_1\sum_{i=1}^{m}x_{i1}x_{ik}+\hat{b}_2\sum_{i=1}^{m}x_{i2}x_{ik}+\cdots+\hat{b}_k\sum_{i=1}^{m}x_{ik}^2\end{cases}$$

上面的联立方程组有 k 个方程，每个方程中的和式均可依据样本观测数据求出，解这一离差形式的联立方程组，可求出 $\hat{b}_1$，$\hat{b}_2$，…，$\hat{b}_k$ 的值，再进而求出 $\hat{b}_0$ 的值。

四、多元线性回归模型参数估计值的方差

借助行列式，可以比较方便地对多元线性回归模型参数估计值的方差进行推导。为了归纳多元线性回归模型参数估计值方差的简捷表达，可以从二元和三元线性回归模型参数估计值的方差表达式进行分析。

对于二元线性回归模型，真实总体关系式为

$$Y_i = b_0 + b_1 X_{i1} + b_2 X_{i2} + u_i \quad (i=1,\ 2,\ \cdots,\ n) \tag{4-7}$$

样本关系式为

$$Y_i = \hat{b}_0 + \hat{b}_1 X_{i1} + \hat{b}_2 X_{i2} + \varepsilon_i \quad (i=1,\ 2,\ \cdots,\ m) \tag{4-8}$$

用离差形式表达的样本关系式为

$$y_i = \hat{b}_1 x_{i1} + \hat{b}_2 x_{i2} + e_i \quad (i=1,\ 2,\ \cdots,\ m) \tag{4-9}$$

求解参数 $\hat{b}_1$ 及 $\hat{b}_2$ 的估计值的正规方程为

$$\begin{cases} (\sum_{i=1}^{m} y_i x_{i1}) = \hat{b}_1 (\sum_{i=1}^{m} x_{i1}^2) + \hat{b}_2 (\sum_{i=1}^{m} x_{i1} x_{i2}) \\ (\sum_{i=1}^{m} y_i x_{i2}) = \hat{b}_1 (\sum_{i=1}^{m} x_{i1} x_{i2}) + \hat{b}_2 (\sum_{i=1}^{m} x_{i2}^2) \end{cases} \tag{C}$$

解上面的联立方程组，得

$$\hat{b}_1 = \frac{(\sum_{i=1}^{m} x_{i1} y_i)(\sum_{i=1}^{m} x_{i2}^2) - (\sum_{i=1}^{m} x_{i2} y_i)(\sum_{i=1}^{m} x_{i1} x_{i2})}{(\sum_{i=1}^{m} x_{i1}^2)(\sum_{i=1}^{m} x_{i2}^2) - (\sum_{i=1}^{m} x_{i1} x_{i2})^2}$$

$$\hat{b}_2 = \frac{(\sum_{i=1}^{m} x_{i2} y_i)(\sum_{i=1}^{m} x_{i1}^2) - (\sum_{i=1}^{m} x_{i1} y_i)(\sum_{i=1}^{m} x_{i1} x_{i2})}{(\sum_{i=1}^{m} x_{i1}^2)(\sum_{i=1}^{m} x_{i2}^2) - (\sum_{i=1}^{m} x_{i1} x_{i2})^2}$$

令 $(\sum_{i=1}^{m} Y_i)/m = \overline{Y}$，$(\sum_{i=1}^{m} X_{i1})/m = \overline{X}_1$，$(\sum_{i=1}^{m} X_{i2})/m = \overline{X}_2$，利用已求得的 $\hat{b}_1$ 和 $\hat{b}_2$，可求出 $\hat{b}_0$

$$\hat{b}_0 = \overline{Y} - \hat{b}_1 \overline{X}_1 - \hat{b}_2 \overline{X}_2$$

设真实总体关系式随机误差项 u_i 的方差为σ^2，根据方差的计算公式，参数最小二乘估计值的方差分别为

$$Var(\hat{b}_1) = E[\hat{b}_1 - E(\hat{b}_1)]^2$$
$$= \sigma^2(\sum_{i=1}^{m} x_{i2}^2)/[(\sum_{i=1}^{m} x_{i1}^2)(\sum_{i=1}^{m} x_{i2}^2) - (\sum_{i=1}^{m} x_{i1}x_{i2})^2] \tag{4-10}$$

$$Var(\hat{b}_2) = E[\hat{b}_2 - E(\hat{b}_2)]^2$$
$$= \sigma^2(\sum_{i=1}^{m} x_{i1}^2)/[(\sum_{i=1}^{m} x_{i1}^2)(\sum_{i=1}^{m} x_{i2}^2) - (\sum_{i=1}^{m} x_{i1}x_{i2})^2] \tag{4-11}$$

$$Var(\hat{b}_0) = E[\hat{b}_0 - E(\hat{b}_0)]^2$$
$$= \sigma^2\left[\frac{1}{m} + \frac{\overline{X}_1^2(\sum_{i=1}^{m} x_{i2}^2) + \overline{X}_2^2(\sum_{i=1}^{m} x_{i1}^2) - 2\overline{X}_1\overline{X}_2(\sum_{i=1}^{m} x_{i1}x_{i2})}{(\sum_{i=1}^{m} x_{i1}^2)(\sum_{i=1}^{m} x_{i2}^2) - (\sum_{i=1}^{m} x_{i1}x_{i2})^2}\right] \tag{4-12}$$

在由两个正规方程组成的 C 式中，括号内的各项可依据样本观测数据计算，为已知量。方程组右边已知项可构成一个二阶行列式$|M|$，即

$$|M| = \begin{vmatrix} \sum_{i=1}^{m} x_{i1}^2 & \sum_{i=1}^{m} x_{i1}x_{i2} \\ \sum_{i=1}^{m} x_{i1}x_{i2} & \sum_{i=1}^{m} x_{i2}^2 \end{vmatrix}$$

由 4－10 式和 4－11 式可看出，$Var(\hat{b}_1)$ 和 $Var(\hat{b}_2)$ 都与$|M|$的关系极为密切。两式的分母$(\sum_{i=1}^{m} x_{i1}^2)(\sum_{i=1}^{m} x_{i2}^2) - (\sum_{i=1}^{m} x_{i1}x_{i2})^2$其实是行列式$|M|$的值，4－10 式分子中的$\sum_{i=1}^{m} x_{i2}^2$是$|M|$中第二行的

第二项，而 4－11 式分子中的$\sum_{i=1}^{m}x_{i1}^2$是$|M|$中第一行的第一项。鉴于此，可以将二元线性回归模型解释变量参数估计值的方差表达为：两个解释变量参数估计值的方差，均为真实总体关系式随机误差项 u 的方差σ^2与两个行列式比值的乘积；分母行列式均为以离差形式表示的正规方程组右边已知项组成的行列式；第一个解释变量参数估计值方差的分子行列式，为分母行列式去掉第一行和第一列后的子行列式；第二个解释变量参数估计值的方差的分子行列式，为分母行列式去掉第二行和第二列后的子行列式。即

$$Var(\hat{b}_1)=\sigma^2\cdot\frac{\begin{vmatrix}\sum_{i=1}^{m}x_{i1}^2 & \sum_{i=1}^{m}x_{i1}x_{i2}\\ \sum_{i=1}^{m}x_{i1}x_{i2} & \sum_{i=1}^{m}x_{i2}^2\end{vmatrix}}{\begin{vmatrix}\sum_{i=1}^{m}x_{i1}^2 & \sum_{i=1}^{m}x_{i1}x_{i2}\\ \sum_{i=1}^{m}x_{i1}x_{i2} & \sum_{i=1}^{m}x_{i2}^2\end{vmatrix}}=\sigma^2\cdot\frac{\sum_{i=1}^{m}x_{i2}^2}{|M|}$$

$$Var(\hat{b}_2)=\sigma^2\cdot\frac{\begin{vmatrix}\sum_{i=1}^{m}x_{i1}^2 & \sum_{i=1}^{m}x_{i1}x_{i2}\\ \sum_{i=1}^{m}x_{i1}x_{i2} & \sum_{i=1}^{m}x_{i2}^2\end{vmatrix}}{\begin{vmatrix}\sum_{i=1}^{m}x_{i1}^2 & \sum_{i=1}^{m}x_{i1}x_{i2}\\ \sum_{i=1}^{m}x_{i1}x_{i2} & \sum_{i=1}^{m}x_{i2}^2\end{vmatrix}}=\sigma^2\cdot\frac{\sum_{i=1}^{m}x_{i1}^2}{|M|}$$

对于三元线性回归模型，真实总体关系式为

$$Y_i=b_0+b_1X_{i1}+b_2X_{i2}+b_3X_{i3}+u_i \quad (i=1,2,\cdots,n) \qquad (4-13)$$

样本关系式为

$$Y_i=\hat{b}_0+\hat{b}_1X_{i1}+\hat{b}_2X_{i2}+\hat{b}_3X_{i3}+\varepsilon_i \quad (i=1,2,\cdots,m) \qquad (4-14)$$

用离差形式表达的样本关系式为

$$y_i=\hat{b}_1x_{i1}+\hat{b}_2x_{i2}+\hat{b}_3x_{i3}+e_i \quad (i=1,2,\cdots,m) \quad (4-15)$$

求解 $\hat{b}_1$，$\hat{b}_2$，$\hat{b}_3$ 的正规方程为

$$\begin{cases}(\sum_{i=1}^{m}y_ix_{i1})=\hat{b}_1(\sum_{i=1}^{m}x_{i1}^2)+\hat{b}_2(\sum_{i=1}^{m}x_{i1}x_{i2})+\hat{b}_3(\sum_{i=1}^{m}x_{i1}x_{i3})\\(\sum_{i=1}^{m}y_ix_{i2})=\hat{b}_1(\sum_{i=1}^{m}x_{i1}x_{i2})+\hat{b}_2(\sum_{i=1}^{m}x_{i2}^2)+\hat{b}_3(\sum_{i=1}^{m}x_{i2}x_{i3})\\(\sum_{i=1}^{m}y_ix_{i3})=\hat{b}_1(\sum_{i=1}^{m}x_{i1}x_{i3})+\hat{b}_2(\sum_{i=1}^{m}x_{i2}x_{i3})+\hat{b}_3(\sum_{i=1}^{m}x_{i3}^2)\end{cases} \quad (D)$$

解联立方程组 D，可求出参数估计值 $\hat{b}_1$，$\hat{b}_2$，$\hat{b}_3$。再依据方差的计算方法，可求出这三个参数估计值的方差估计量。如果令：

$\sigma^2=$真实总体关系式随机误差项 u 的方差

$$\begin{aligned}T=&(\sum_{i=1}^{m}x_{i1}^2)(\sum_{i=1}^{m}x_{i2}^2)(\sum_{i=1}^{m}x_{i3}^2)\\&+2(\sum_{i=1}^{m}x_{i1}x_{i2})(\sum_{i=1}^{m}x_{i2}x_{i3})(\sum_{i=1}^{m}x_{i1}x_{i3})\\&-(\sum_{i=1}^{m}x_{i1}^2)(\sum_{i=1}^{m}x_{i2}x_{i3})^2-(\sum_{i=1}^{m}x_{i2}^2)(\sum_{i=1}^{m}x_{i1}x_{i3})^2\\&-(\sum_{i=1}^{m}x_{i3}^2)(\sum_{i=1}^{m}x_{i1}x_{i2})^2\end{aligned}$$

则 $Var(\hat{b}_1)$、$Var(\hat{b}_2)$、$Var(\hat{b}_3)$分别为

$$Var(\hat{b}_1)=\sigma^2[(\sum_{i=1}^{m}x_{i2}^2)(\sum_{i=1}^{m}x_{i3}^2)-(\sum_{i=1}^{m}x_{i2}x_{i3})^2]/T$$

$$Var(\hat{b}_2)=\sigma^2[(\sum_{i=1}^{m}x_{i1}^2)(\sum_{i=1}^{m}x_{i3}^2)-(\sum_{i=1}^{m}x_{i1}x_{i3})^2]/T$$

$$Var(\hat{b}_3)=\sigma^2[(\sum_{i=1}^{m}x_{i1}^2)(\sum_{i=1}^{m}x_{i2}^2)-(\sum_{i=1}^{m}x_{i1}x_{i2})^2]/T$$

当将 D 方程组各方程等式右边括号中各项（已知项）按序列组成一个行列式$|N|$，即

$$|N|=\begin{vmatrix}\sum_{i=1}^{m}x_{i1}^2 & \sum_{i=1}^{m}x_{i1}x_{i2} & \sum_{i=1}^{m}x_{i1}x_{i3}\\\sum_{i=1}^{m}x_{i1}x_{i2} & \sum_{i=1}^{m}x_{i2}^2 & \sum_{i=1}^{m}x_{i2}x_{i3}\\\sum_{i=1}^{m}x_{i1}x_{i3} & \sum_{i=1}^{m}x_{i2}x_{i3} & \sum_{i=1}^{m}x_{i3}^2\end{vmatrix}$$

便可发现，T 就是$|N|$的值，$Var(\hat{b}_1)$ 分子中的括号部分就是$|N|$去掉第一行和第一列后形成的子行列式的值，$Var(\hat{b}_2)$分子中的括号部分就是$|N|$去掉第二行和第二列后形成的子行列式的值，$Var(\hat{b}_3)$分子中的括号部分就是$|N|$去掉第三行和第三列后形成的子行列式的值。因此，参数估计值 $\hat{b}_1, \hat{b}_2, \hat{b}_3$的方差又可表示为

$$Var(\hat{b}_1) = \sigma^2 \frac{\begin{vmatrix} \sum_{i=1}^{m} x_{i1}^2 & \sum_{i=1}^{m} x_{i1}x_{i2} & \sum_{i=1}^{m} x_{i1}x_{i3} \\ \sum_{i=1}^{m} x_{i1}x_{i2} & \sum_{i=1}^{m} x_{i2}^2 & \sum_{i=1}^{m} x_{i2}x_{i3} \\ \sum_{i=1}^{m} x_{i1}x_{i3} & \sum_{i=1}^{m} x_{i2}x_{i3} & \sum_{i=1}^{m} x_{i3}^2 \end{vmatrix}}{|N|}$$

$$= \sigma^2 \frac{\begin{vmatrix} \sum_{i=1}^{m} x_{i2}^2 & \sum_{i=1}^{m} x_{i2}x_{i3} \\ \sum_{i=1}^{m} x_{i2}x_{i3} & \sum_{i=1}^{m} x_{i3}^2 \end{vmatrix}}{|N|}$$

$$Var(\hat{b}_2) = \sigma^2 \frac{\begin{vmatrix} \sum_{i=1}^{m} x_{i1}^2 & \sum_{i=1}^{m} x_{i1}x_{i2} & \sum_{i=1}^{m} x_{i1}x_{i3} \\ \sum_{i=1}^{m} x_{i1}x_{i2} & \sum_{i=1}^{m} x_{i2}^2 & \sum_{i=1}^{m} x_{i2}x_{i3} \\ \sum_{i=1}^{m} x_{i1}x_{i3} & \sum_{i=1}^{m} x_{i2}x_{i3} & \sum_{i=1}^{m} x_{i3}^2 \end{vmatrix}}{|N|}$$

$$= \sigma^2 \frac{\begin{vmatrix} \sum_{i=1}^{m} x_{i1}^2 & \sum_{i=1}^{m} x_{i1}x_{i3} \\ \sum_{i=1}^{m} x_{i1}x_{i3} & \sum_{i=1}^{m} x_{i3}^2 \end{vmatrix}}{|N|}$$

$$Var(\hat{b}_3)=\sigma^2\frac{\begin{vmatrix}\sum_{i=1}^{m}x_{i1}^2 & \sum_{i=1}^{m}x_{i1}x_{i2} & \sum_{i=1}^{m}x_{i1}x_{i3}\\ \sum_{i=1}^{m}x_{i1}x_{i2} & \sum_{i=1}^{m}x_{i2}^2 & \sum_{i=1}^{m}x_{i2}x_{i3}\\ \sum_{i=1}^{m}x_{i1}x_{i3} & \sum_{i=1}^{m}x_{i2}x_{i3} & \sum_{i=1}^{m}x_{i3}^2\end{vmatrix}}{|N|}$$

$$=\sigma^2\frac{\begin{vmatrix}\sum_{i=1}^{m}x_{i1}^2 & \sum_{i=1}^{m}x_{i1}x_{i2}\\ \sum_{i=1}^{m}x_{i1}x_{i2} & \sum_{i=1}^{m}x_{i2}^2\end{vmatrix}}{|N|}$$

在对二元及三元线性回归模型参数估计值方差的表达式进行分析后，可以得出如下结论：对于包含 k 个解释变量的线性回归模型，其参数最小二乘估计值的方差，是真实总体关系式随机误差项 u 的方差 σ^2 与两个行列式比值的乘积，分母行列式是以离差形式表达的正规方程组右边已知项按序列组成的全行列式，分子行列式是分母行列式去掉计算其方差的参数所在的行和列后所构成的子行列式。例如，需计算第 j 个解释变量 X_{ij} 的参数估计值 $\hat{b}_j$ 的方差，分子行列式就是去掉分母行列式中的第 j 行和第 j 列后构成的子行列式。

对于以离差形式表达的多元线性回归模型 4－6 式，若将 k 个解释变量中的 x_{ij} 单独列示，原表达式就变成

$$y_i=\hat{b}_1x_{i1}+\hat{b}_2x_{i2}+\cdots+\hat{b}_jx_{ij}+\cdots+\hat{b}_kx_{ik}+e_i \qquad (4-16)$$

利用机械推导可方便地建立求解参数估计值的联立方程组：

$$\begin{cases}(\sum_{i=1}^{m}x_{i1}y_i)=\hat{b}_1(\sum_{i=1}^{m}x_{i1}^2)+\hat{b}_2(\sum_{i=1}^{m}x_{i1}x_{i2})+\cdots+\hat{b}_j(\sum_{i=1}^{m}x_{i1}x_{ij})+\cdots+\hat{b}_k(\sum_{i=1}^{m}x_{i1}x_{ik})\\ (\sum_{i=1}^{m}x_{i2}y_i)=\hat{b}_1(\sum_{i=1}^{m}x_{i1}x_{i2})+\hat{b}_2(\sum_{i=1}^{m}x_{i2}^2)+\cdots+\hat{b}_j(\sum_{i=1}^{m}x_{i2}x_{ij})+\cdots+\hat{b}_k(\sum_{i=1}^{m}x_{i2}x_{ik})\\ \quad\vdots\qquad\qquad\vdots\qquad\qquad\vdots\qquad\qquad\vdots\qquad\qquad\vdots\\ (\sum_{i=1}^{m}x_{ij}y_i)=\hat{b}_1(\sum_{i=1}^{m}x_{i1}x_{ij})+\hat{b}_2(\sum_{i=1}^{m}x_{i2}x_{ij})+\cdots+\hat{b}_j(\sum_{i=1}^{m}x_{ij}^2)+\cdots+\hat{b}_k(\sum_{i=1}^{m}x_{ij}x_{ik})\\ \quad\vdots\qquad\qquad\vdots\qquad\qquad\vdots\qquad\qquad\vdots\qquad\qquad\vdots\\ (\sum_{i=1}^{m}x_{ik}y_i)=\hat{b}_1(\sum_{i=1}^{m}x_{i1}x_{ik})+\hat{b}_2(\sum_{i=1}^{m}x_{i2}x_{ik})+\cdots+\hat{b}_j(\sum_{i=1}^{m}x_{ij}x_{ik})+\cdots+\hat{b}_k(\sum_{i=1}^{m}x_{ik}^2)\end{cases}$$

在联立方程组中,各方程括号中的项可根据样本观测数据进行计算,为已知量。未知量为各解释变量 X_{ij} 的参数 $\hat{b}_j(j=1,2,\cdots,k)$,$\hat{b}_j$ 可以通过解上面的联立方程组求出其估计值。当要计算 $\hat{b}_j$ 的方差 $Var(\hat{b}_j)$时,需利用正规方程右边已知项(右边括号中的各项)组成一个 k 阶行列式。每一个正规方程右边已知项构成该行列式相应的行,每一列则由对应参数在不同方程中的系数(已知项)构成。该行列式主对角线各项由 k 个解释变量的离差平方和组成,以主对角线为对称轴,两边对应项相等。将所组成的行列式作为分母,去掉分母行列式的第 j 行和第 j 列后形成的子行列式作分子,再乘以真实总体关系式随机误差项 u_i 的方差 σ^2,便可求出 $Var(\hat{b}_j)$。即

$$Var(\hat{b}_j)=\sigma^2\cdot\frac{\begin{vmatrix}\sum_{i=1}^{m}x_{i1}^2 & \sum_{i=1}^{m}x_{i1}x_{i2} & \cdots & \sum_{i=1}^{m}x_{i1}x_{ij} & \cdots & \sum_{i=1}^{m}x_{i1}x_{ik}\\ \sum_{i=1}^{m}x_{i1}x_{i2} & \sum_{i=1}^{m}x_{i2}^2 & \cdots & \sum_{i=1}^{m}x_{i2}x_{ij} & \cdots & \sum_{i=1}^{m}x_{i2}x_{ik}\\ \vdots & \vdots & & \vdots & & \vdots\\ \sum_{i=1}^{m}x_{i1}x_{ij} & \sum_{i=1}^{m}x_{i2}x_{ij} & \cdots & \sum_{i=1}^{m}x_{ij}^2 & \cdots & \sum_{i=1}^{m}x_{ij}x_{ik}\\ \vdots & \vdots & & \vdots & & \vdots\\ \sum_{i=1}^{m}x_{i1}x_{ik} & \sum_{i=1}^{m}x_{i2}x_{ik} & \cdots & \sum_{i=1}^{m}x_{ij}x_{ik} & \cdots & \sum_{i=1}^{m}x_{ik}^2\end{vmatrix}}{\begin{vmatrix}\sum_{i=1}^{m}x_{i1}^2 & \sum_{i=1}^{m}x_{i1}x_{i2} & \cdots & \sum_{i=1}^{m}x_{i1}x_{ij} & \cdots & \sum_{i=1}^{m}x_{i1}x_{ik}\\ \sum_{i=1}^{m}x_{i1}x_{i2} & \sum_{i=1}^{m}x_{i2}^2 & \cdots & \sum_{i=1}^{m}x_{i2}x_{ij} & \cdots & \sum_{i=1}^{m}x_{i2}x_{ik}\\ \vdots & \vdots & & \vdots & & \vdots\\ \sum_{i=1}^{m}x_{i1}x_{ij} & \sum_{i=1}^{m}x_{i2}x_{ij} & \cdots & \sum_{i=1}^{m}x_{ij}^2 & \cdots & \sum_{i=1}^{m}x_{ij}x_{ik}\\ \vdots & \vdots & & \vdots & & \vdots\\ \sum_{i=1}^{m}x_{i1}x_{ik} & \sum_{i=1}^{m}x_{i2}x_{ik} & \cdots & \sum_{i=1}^{m}x_{ij}x_{ik} & \cdots & \sum_{i=1}^{m}x_{ik}^2\end{vmatrix}}$$

在多元线性回归模型参数估计值 $\hat{b}_j$ 的方差 Var（$\hat{b}_j$）计算中，需要先知道真实总体关系式随机误差项 u_i 的方差 σ^2。但由于 u_i 不可直接观测，σ^2 也就不可能直接测度。鉴于此，便用样本关系式（4－6 式）随机误差项 e_i 的方差作为 σ^2 的估计值。即

$$\hat{\sigma}^2=\sum_{i=1}^{m}e_i^2/(m-k-1)。$$

五、多元线性回归模型参数估计值的特征

与一元线性回归模型的情况相类似，多元线性回归模型参数的最小二乘估计值 $\hat{b}_j$（$j=1, 2, \cdots, k$）也具有线性，无偏性、最小方差的特征。可以用二元线性回归模型对参数最小二乘估计值的这些特征加以证明，包含更多解释变量的线性回归模型参数最小二乘估计值的特征证明，可以依此类推。

如前述，二元线回归模型的真实总体关系式如 4－7 式、样本关系式如 4－8 式所示。设真实总体参数 b_0，b_1，b_2 的最小二乘估计值 $\hat{b}_0$，$\hat{b}_1$，$\hat{b}_2$ 已经求出。

（一）线性特征

多元线性回归模型参数最小二乘估计值的线性特征，是指这些参数估计值均是被解释变量 Y 的观测值的线性组合（或加权和）。对于二元线性回归模型，设 W_{i0}、W_{i1}、W_{i2}为常数，其参数估计值 $\hat{b}_0$、$\hat{b}_1$、$\hat{b}_2$ 的线性特征可表述为：

$$\hat{b}_0=\sum_{i=1}^{m}W_{i0}Y_i \tag{4-17}$$

$$\hat{b}_1=\sum_{i=1}^{m}W_{i1}Y_i \tag{4-18}$$

$$\hat{b}_2=\sum_{i=1}^{m}W_{i2}Y_i \tag{4-19}$$

首先对 $\hat{b}_1$ 的线性特征进行证明。对于 $\hat{b}_1$

$$\hat{b}_1=\frac{(\sum_{i=1}^{m}x_{i1}y_i)(\sum_{i=1}^{m}x_{i2}^2)-(\sum_{i=1}^{m}x_{i2}y_i)(\sum_{i=1}^{m}x_{i1}x_{i2})}{(\sum_{i=1}^{m}x_{i1}^2)(\sum_{i=1}^{m}x_{i2}^2)-(\sum_{i=1}^{m}x_{i1}x_{i2})^2}$$

$$=\frac{\sum_{i=1}^{m}[x_{i1}(Y_i-\bar{Y})](\sum_{i=1}^{m}x_{i2}^2)-\sum_{i=1}^{m}[x_{i2}(Y_i-\bar{Y})](\sum_{i=1}^{m}x_{i1}x_{i2})}{(\sum_{i=1}^{m}x_{i1}^2)(\sum_{i=1}^{m}x_{i2}^2)-(\sum_{i=1}^{m}x_{i1}x_{i2})^2}$$

$$=\frac{(\sum_{i=1}^{m}x_{i1}Y_i-\bar{Y}\sum_{i=1}^{m}x_{i1})(\sum_{i=1}^{m}x_{i2}^2)-(\sum_{i=1}^{m}x_{i2}Y_i-\bar{Y}\sum_{i=1}^{m}x_{i2})(\sum_{i=1}^{m}x_{i1}x_{i2})}{(\sum_{i=1}^{m}x_{i1}^2)(\sum_{i=1}^{m}x_{i2}^2)-(\sum_{i=1}^{m}x_{i1}x_{i2})^2}$$

$$=\frac{(\sum_{i=1}^{m}x_{i1}Y_i)(\sum_{i=1}^{m}x_{i2}^2)-(\sum_{i=1}^{m}x_{i2}Y_i)(\sum_{i=1}^{m}x_{i1}x_{i2})}{(\sum_{i=1}^{m}x_{i1}^2)(\sum_{i=1}^{m}x_{i2}^2)-(\sum_{i=1}^{m}x_{i1}x_{i2})^2}$$

将上式分子分母同时除以 $(\sum_{i=1}^{m}x_{i2}^2)$ $(\sum_{i=1}^{m}x_{i1}x_{i2})^2$，得

$$\hat{b}_1=\frac{\sum_{i=1}^{m}x_{i1}Y_i/(\sum_{i=1}^{m}x_{i1}x_{i2})^2-(\sum_{i=1}^{m}x_{i2}Y_i)/[(\sum_{i=1}^{m}x_{i1}x_{i2})(\sum_{i=1}^{m}x_{i2}^2)]}{(\sum_{i=1}^{m}x_{i1}^2)/(\sum_{i=1}^{m}x_{i1}x_{i2})^2-1/(\sum_{i=1}^{m}x_{i2}^2)}$$

$$=\frac{\sum_{i=1}^{m}[x_{i1}/(\sum_{i=1}^{m}x_{i1}x_{i2})^2]Y_i-\sum_{i=1}^{m}\{x_{i2}/[(\sum_{i=1}^{m}x_{i1}x_{i2})(\sum_{i=1}^{m}x_{i2}^2)]\}Y_i}{(\sum_{i=1}^{m}x_{i1}^2)/(\sum_{i=1}^{m}x_{i1}x_{i2})^2-1/(\sum_{i=1}^{m}x_{i2}^2)}$$

$$=\frac{\sum_{i=1}^{m}\{x_{i1}/(\sum_{i=1}^{m}x_{i1}x_{i2})^2-x_{i2}/[(\sum_{i=1}^{m}x_{i1}x_{i2})^2(\sum_{i=1}^{m}x_{i2}^2)]\}Y_i}{(\sum_{i=1}^{m}x_{i1}^2)/(\sum_{i=1}^{m}x_{i1}x_{i2})^2-1/(\sum_{i=1}^{m}x_{i2}^2)}$$

$$=\sum_{i=1}^{m}\left\{\frac{x_{i1}/(\sum_{i=1}^{m}x_{i1}x_{i2})^2-x_{i2}/[(\sum_{i=1}^{m}x_{i1}x_{i2})(\sum_{i=1}^{m}x_{i2}^2)]}{(\sum_{i=1}^{m}x_{i1}^2)/(\sum_{i=1}^{m}x_{i1}x_{i2})^2-1/(\sum_{i=1}^{m}x_{i2}^2)}\right\}Y_i$$

对于特定样本，$\sum_{i=1}^{m}x_{i1}^2$、$\sum_{i=1}^{m}x_{i2}^2$、$\sum_{i=1}^{m}x_{i1}x_{i2}$、$(\sum_{i=1}^{m}x_{i1}x_{i2})^2$ 为定值，在 $\hat{b}_1$ 的表达式中大括号内的部分应为常数。如果将这一常数用 W_{i1}表示，则

$$W_{i1}=\frac{x_{i1}/(\sum_{i=1}^{m}x_{i1}x_{i2})^2-x_{i2}/[(\sum_{i=1}^{m}x_{i1}x_{i2})(\sum_{i=1}^{m}x_{i2}^2)]}{(\sum_{i=1}^{m}x_{i1}^2)/(\sum_{i=1}^{m}x_{i1}x_{i2})^2-1/(\sum_{i=1}^{m}x_{i2}^2)}$$

将 W_{i1}代入 $\hat{b}_1$ 的表达式中，得

$$\hat{b}_1=\sum_{i=1}^{m}W_{i1}Y_i$$

至此，$\hat{b}_1$ 的线性特征得证。用同样的方法，也可证明 $\hat{b}_0$ 与 $\hat{b}_2$ 的线性特征。

（二）无偏性特征

多元线性回归模型参数最小二乘估计值的无偏性特征，是指这些样本参数估计值在总体平均上代表真实总体参数。对于二元线性回归模型，其参数估计值 $\hat{b}_0$，$\hat{b}_1$，$\hat{b}_2$ 的无偏性可表达为：

$$E(\hat{b}_0)=b_0 \tag{4-20}$$

$$E(\hat{b}_1)=b_1 \tag{4-21}$$

$$E(\hat{b}_2)=b_2 \tag{4-22}$$

首先对 $\hat{b}_1$ 的无偏性进行证明。对于 $E(\hat{b}_1)$

$$\begin{aligned}E(\hat{b}_1)&=E(\sum_{i=1}^{m}W_{i1}Y_i)\\&=E[\sum_{i=1}^{m}W_{i1}(b_0+b_1X_{i1}+b_2X_{i2}+u_i)]\\&=E(b_0\sum_{i=1}^{m}W_{i1}+b_1\sum_{i=1}^{m}W_{i1}X_{i1}+b_2\sum_{i=1}^{m}W_{i1}X_{i2}+\sum_{i=1}^{m}W_{i1}u_i)\end{aligned}$$

而上式中，

$$\sum_{i=1}^{m}W_{i1}=\frac{\sum_{i=1}^{m}x_{i1}/(\sum_{i=1}^{m}x_{i1}x_{i2})^2-\sum_{i=1}^{m}x_{i2}/[(\sum_{i=1}^{m}x_{i1}x_{i2})(\sum_{i=1}^{m}x_{i2}^2)]}{(\sum_{i=1}^{m}x_{i1}^2)/(\sum_{i=1}^{m}x_{i1}x_{i2})^2-1/(\sum_{i=1}^{m}x_{i2}^2)}=0$$

$$\sum_{i=1}^{m}W_{i1}X_{i1}=\sum_{i=1}^{m}\frac{X_{i1}x_{i1}/(\sum_{i=1}^{m}x_{i1}x_{i2})^2-X_{i1}x_{i2}/[(\sum_{i=1}^{m}x_{i1}x_{i2})(\sum_{i=1}^{m}x_{i2}^2)]}{(\sum_{i=1}^{m}x_{i1}^2)/(\sum_{i=1}^{m}x_{i1}x_{i2})^2-1/(\sum_{i=1}^{m}x_{i2}^2)}$$

$$=\sum_{i=1}^{m}\frac{(\overline{X}_1+x_{i1})x_{i1}/(\sum_{i=1}^{m}x_{i1}x_{i2})^2-(\overline{X}_1+x_{i1})x_{i2}/[(\sum_{i=1}^{m}x_{i1}x_{i2})(\sum_{i=1}^{m}x_{i2}^2)]}{(\sum_{i=1}^{m}x_{i1}^2)/(\sum_{i=1}^{m}x_{i1}x_{i2})^2-1/(\sum_{i=1}^{m}x_{i2}^2)}$$

$$=\frac{\frac{\overline{X}_1\sum_{i=1}^{m}x_{i1}+\sum_{i=1}^{m}x_{i1}^2}{(\sum_{i=1}^{m}x_{i1}x_{i2})^2}-\frac{\overline{X}_1\sum_{i=1}^{m}x_{i2}+\sum_{i=1}^{m}x_{i1}x_{i2}}{[(\sum_{i=1}^{m}x_{i1}x_{i2})(\sum_{i=1}^{m}x_{i2}^2)]}}{(\sum_{i=1}^{m}x_{i1}^2)/(\sum_{i=1}^{m}x_{i1}x_{i2})^2-1/(\sum_{i=1}^{m}x_{i2}^2)}$$

$$=1$$

$$\sum_{i=1}^{m}W_{i1}X_{i2}=\sum_{i=1}^{m}\frac{X_{i2}x_{i1}/(\sum_{i=1}^{m}x_{i1}x_{i2})^2-X_{i2}x_{i2}/[(\sum_{i=1}^{m}x_{i1}x_{i2})(\sum_{i=1}^{m}x_{i2}^2)]}{(\sum_{i=1}^{m}x_{i1}^2)/(\sum_{i=1}^{m}x_{i1}x_{i2})^2-1/(\sum_{i=1}^{m}x_{i2}^2)}$$

$$=\sum_{i=1}^{m}\frac{(\overline{X}_2+x_{i2})x_{i1}/(\sum_{i=1}^{m}x_{i1}x_{i2})^2-(\overline{X}_2+x_{i2})x_{i2}/[(\sum_{i=1}^{m}x_{i1}x_{i2})(\sum_{i=1}^{m}x_{i2}^2)]}{(\sum_{i=1}^{m}x_{i1}^2)/(\sum_{i=1}^{m}x_{i1}x_{i2})^2-1/(\sum_{i=1}^{m}x_{i2}^2)}$$

$$=\frac{\frac{\overline{X}_2\sum_{i=1}^{m}x_{i1}+\sum_{i=1}^{m}x_{i1}x_{i2}}{(\sum_{i=1}^{m}x_{i1}x_{i2})^2}-\frac{\overline{X}_2\sum_{i=1}^{m}x_{i2}+\sum_{i=1}^{m}x_{i2}^2}{(\sum_{i=1}^{m}x_{i1}x_{i2})(\sum_{i=1}^{m}x_{i2}^2)}}{(\sum_{i=1}^{m}x_{i1}^2)/(\sum_{i=1}^{m}x_{i1}x_{i2})^2-1/(\sum_{i=1}^{m}x_{i2}^2)}$$

$$=\frac{\sum_{i=1}^{m}x_{i1}x_{i2}/(\sum_{i=1}^{m}x_{i1}x_{i2})^2-1/(\sum_{i=1}^{m}x_{i1}x_{i2})}{(\sum_{i=1}^{m}x_{i1}^2)/(\sum_{i=1}^{m}x_{i1}x_{i2})^2-1/(\sum_{i=1}^{m}x_{i2}^2)}$$

$$=0$$

所以，$E(\hat{b}_1)=E(\hat{b}_0\sum_{i=1}^{m}W_{i1}+b_1\sum_{i=1}^{m}W_{i1}X_{i1}+b_2\sum_{i=1}^{m}W_{i1}X_{i2}+\sum_{i=1}^{m}W_{i1}u_i)$

$$=b_1+E(\sum_{i=1}^{m}W_{i1}u_i)$$

$$=b_1$$

至此，$\hat{b}_1$ 的无偏性得证。同理，亦可证明 $\hat{b}_0$ 及 $\hat{b}_2$ 的无偏性特征。

（三）最小方差特征

多元线性回归模型参数最小二乘估计值最小方差特征，是指这些样本参数估计值与任何其他参数估计值相比，其方差是最小的。若设二元线性回归模型参数最小二乘估计值为 $\hat{b}_0,\hat{b}_1,\hat{b}_2$，其他任何的估计值为 $\hat{b}_0^*,\hat{b}_1^*,\hat{b}_2^*$，则 $\hat{b}_0,\hat{b}_1$ 及 $\hat{b}_2$ 的最小方差特征可表达为：

$$Var\ (\hat{b}_0) < Var\ (\hat{b}_0^*) \tag{4-23}$$

$$Var\ (\hat{b}_1) < Var\ (\hat{b}_1^*) \tag{4-24}$$

$$Var\ (\hat{b}_2) < Var\ (\hat{b}_2^*) \tag{4-25}$$

可以先对 $\hat{b}_1$ 的最小方差特征进行证明。对于 $Var\ (\hat{b}_1)$

$$\begin{aligned}
Var(\hat{b}_1) &= E[\hat{b}_1 - E(\hat{b}_1)]^2 \\
&= E(\sum_{i=1}^{m} W_{i1} Y_i - b_1)^2 \\
&= E[\sum_{i=1}^{m} W_{i1}(b_0 + b_1 X_{i1} + b_2 X_{i2} + u_i) - b_1]^2 \\
&= E(b_0 \sum_{i=1}^{m} W_{i1} + b_1 \sum_{i=1}^{m} W_{i1} X_{i1} + b_2 \sum_{i=1}^{m} W_{i1} X_{i2} \\
&\quad + \sum_{i=1}^{m} W_{i1} u_i - b_1)^2 \\
&= E(\sum_{i=1}^{m} W_{i1} u_i)^2 \\
&= E(W_{11} u_1 + W_{21} u_2 + \cdots + W_{m1} u_m)^2 \\
&= E(\sum_{i=1}^{m} W_{i1}^2 u_i^2 + 2\sum_{i\neq j} W_{i1} W_{j1} u_i u_j) \\
&= \sigma^2 \sum_{i=1}^{m} W_{i1}^2
\end{aligned}$$

对于 $\hat{b}_1^*$，因其亦为真实总体参数 b_1 的估计值，依据线性特征，应有

$$\hat{b}_1^* = \sum_{i=1}^{m} C_{i1} Y_i \tag{4-26}$$

4－26式中，C_{i1} 为常数，并表达为 $C_{i1} = W_{i1} + d_{i1}$。W_{i1} 的含义与前述相同，d_{i1} 为任一常数，但所有的 $d_{i1}(i=1,2,\cdots,m)$ 不得全为

零,否则引入 d_{i1}便失去意义。这时,对 $\hat{b}_1^*$取期望值可得:

$$
\begin{aligned}
E(\hat{b}_1^*) &= E(\sum_{i=1}^{m} C_{i1} Y_i) \\
&= E[\sum_{i=1}^{m} C_{i1}(b_0 + b_1 X_{i1} + b_2 X_{i2} + u_i)] \\
&= b_0 \sum_{i=1}^{m} C_{i1} + b_1 \sum_{i=1}^{m} C_{i1} X_{i1} + b_2 \sum_{i=1}^{m} C_{i1} X_{i2}
\end{aligned}
$$

依无偏性特征,$E(\hat{b}_1^*) = b_1$,故有

$$
b_1 = b_0 \sum_{i=1}^{m} C_{i1} + b_1 \sum_{i=1}^{m} C_{i1} X_{i1} + b_2 \sum_{i=1}^{m} C_{i1} X_{i2} \tag{4-27}
$$

要使 4-27 式成立,必须同时满足

$$
\begin{cases}
\sum_{i=1}^{m} C_{i1} = 0 \\
\sum_{i=1}^{m} C_{i1} X_{i1} = 1 \\
\sum_{i=1}^{m} C_{i1} X_{i2} = 0
\end{cases}
$$

将 $C_{i1} = W_{i1} + d_{i1}$代入上式,得

$$
\begin{cases}
\sum_{i=1}^{m} C_{i1} = \sum_{i=1}^{m} W_{i1} + \sum_{i=1}^{m} d_{i1} = 0 \\
\sum_{i=1}^{m} C_{i1} X_{i1} = \sum_{i=1}^{m} W_{i1} X_{i1} + \sum_{i=1}^{m} d_{i1} X_{i1} = 1 \\
\sum_{i=1}^{m} C_{i1} X_{i2} = \sum_{i=1}^{m} W_{i1} X_{i2} + \sum_{i=1}^{m} d_{i1} X_{i2} = 0
\end{cases}
$$

又因为 $\sum_{i=1}^{m} W_{i1} = 0$, $\sum_{i=1}^{m} W_{i1} X_{i1} = 1$, $\sum_{i=1}^{m} W_{i1} X_{i2} = 0$

所以有 $\sum_{i=1}^{m} d_{i1} = 0$, $\sum_{i=1}^{m} d_{i1} X_{i1} = 0$, $\sum_{i=1}^{m} d_{i1} X_{i2} = 0$

$\sum_{i=1}^{m} d_{i1} x_{i1} = 0$ $\sum_{i=1}^{m} d_{i1} x_{i2} = 0$

参数估计值 $\hat{b}_1^*$ 的方差为

$$
\begin{aligned}
Var(\hat{b}_1^*) &= E[\hat{b}_0^* - E(\hat{b}_1^*)]^2 \\
&= E(\sum_{i=1}^{m} C_{i1} Y_i - b_1)^2 \\
&= E[\sum_{i=1}^{m} C_{i1}(b_0 + b_1 X_{i1} + b_2 X_{i2} + u_i) - b_1]^2
\end{aligned}
$$

$$
\begin{aligned}
&= E(b_0\sum_{i=1}^{m}C_{i1} + b_1\sum_{i=1}^{m}C_{i1}X_{i1} + b_2\sum_{i=1}^{m}C_{i1}X_{i2} \\
&\quad + \sum_{i=1}^{m}C_{i1}u_i - b_1)^2 \\
&= E(\sum_{i=1}^{m}C_{i1}u_i)^2 \\
&= E(C_{11}u_1 + C_{21}u_2 + \cdots + C_{m1}u_m)^2 \\
&= E[(\sum_{i=1}^{m}C_{i1}^2u_i^2 + 2\sum_{i\neq j}C_{i1}C_{j1}u_iu_j)] \\
&= E[\sum_{i=1}^{m}(W_{i1}+d_{i1})^2u_i^2] \\
&= \sigma^2\sum_{i=1}^{m}W_{i1}^2 + \sigma^2\sum_{i=1}^{m}d_{i1}^2 + 2E(\sum_{i=1}^{m}W_{i1}d_{i1}u_i^2)
\end{aligned}
$$

但在上式中，

$$
\begin{aligned}
&2E(\sum_{i=1}^{m}W_{i1}d_{i1}u_i^2) \\
&=2\sigma^2\sum_{i=1}^{m}\left[\frac{x_{i1}/(\sum_{i=1}^{m}x_{i1}x_{i2})^2 - x_{i2}/(\sum_{i=1}^{m}x_{i1}x_{i2}\sum_{i=1}^{m}x_{i2}^2)}{(\sum_{i=1}^{m}x_{i1}^2)/(\sum_{i=1}^{m}x_{i1}x_{i2})^2 - 1/(\sum_{i=1}^{m}x_{i2}^2)}\right]d_{i1} \\
&=2\sigma^2\left[\frac{\sum_{i=1}^{m}d_{i1}x_{i1}/(\sum_{i=1}^{m}x_{i1}x_{i2})^2 - \sum_{i=1}^{m}d_{i1}x_{i2}/(\sum_{i=1}^{m}x_{i1}x_{i2}\sum_{i=1}^{m}x_{i2}^2)}{(\sum_{i=1}^{m}x_{i1}^2)/(\sum_{i=1}^{m}x_{i1}x_{i2})^2 - 1/(\sum_{i=1}^{m}x_{i2}^2)}\right] \\
&=0
\end{aligned}
$$

所以有 $$Var(\hat{b}_1^*) = \sigma^2\sum_{i=1}^{m}W_{i1}^2 + \sigma^2\sum_{i=1}^{m}d_{i1}^2 \tag{4-28}$$

在 4－28 式中，因设定 d_{i1} 不得全为零，故有 $\sum_{i=1}^{m}d_{i1}^2>0$，及 $\sigma^2\sum_{i=1}^{m}d_{i1}^2>0$，而 $Var(\hat{b}_1) = \sigma^2\sum_{i=1}^{m}W_{i1}^2$，由此便可得出

$$Var(\hat{b}_1) < Var(\hat{b}_1^*)$$

上式表明，真实总体参数 b_1 的最小二乘估计值 $\hat{b}_1$ 具有最小方差的特征，在 b_1 的所有估计量中，$\hat{b}_1$ 是最有效的估计量。同理，也可证明 $\hat{b}_0$ 和 $\hat{b}_2$ 最小方差的特征。

第五章 线性回归模型估计式的检验

对于经典的线性回归模型，利用样本观测数据求出参数的最小二乘估计值，建立样本回归模型之后，还需要进行检验。模型估计式的检验，就是利用一定的定性与定量标准，对模型的函数形式、变量选择、参数估计的正确性进行评估。只有经过检验证明是正确的线性回归模型估计式，才能用于经济分析、预测、决策。

一、模型估计式检验的必要性

（一）模型解释变量选择的正确性需要证明

线性回归模型中解释变量的选择，一般是研究者依据某些经济理论的说明或经济活动实践的经验进行确定。这一解释变量的选择方法看似客观，但实际上仍带有一定的主观随意性。由于经济理论或者只能提供一个分析问题的框架，或者只对规范的问题提供原则的结论，不可能对每一个具体的研究对象做出详细的规定。至于经济活动实践的经验，其作用更多的是提供参照，而不是一种具体的依据，更不能随便加以移植与推广。鉴于此，对于具体的研究对象，模型中究竟应当包含哪些解释变量、应当包含多少个解释变量，最终还得由研究者进行综合分析、判断加以决定。在这种情况下，解释变量的选择就存在发生偏差的风险。而解释变量的选择对模型的正确性影响极大，必须对此做出评价。

（二）模型函数形式的正确性需要验证

与解释变量选择的情形相类似，线性回归模型函数形式的选择，一般也是依据经济理论和实际经验加以确定。但在实际的研究工作中，经济理论仍然只能提供指导原则，而实际经验又不能直接套用，变量之间具体的函数形式最终还得由研究者自己决定。由于研究者对研究对象内在规律的认识与把握、数学抽象能力等原因，模型函数形式的确定也有可能出现偏差。例如，变量 Y 与 X 存在数量依存关系，并且有它们的 m 对样本观测数据，要利用一个函数式来表达这种关系，便面临多种可能的情况：

$$Y_i = b_0 + b_1X_i + u_i$$

$$Y_i = b_0 + b_1X_i + b_2X_i^2 + u_i$$

$$Y_i = b_0X_i^{b_1}e^{u_i}$$

………

在真实总体关系的具体形式未知的条件下，上面的不同函数形式都有可能被用于描绘 Y 与 X 的依存关系。但事实上能正确描绘它们之间数量依存关系的函数形式只是其中的某一种，研究者不能保证恰到好处地选中这一函数形式。函数形式决定经济变量之间数量依存关系的内在本质，对其选择的正确性必须加以检验。

（三）模型估计式的可靠性需要评价

线性回归模型的估计式来源于样本，而不是直接来源于真实总体。用样本估计式推断真实总体关系，本身就会存在一定的误差。加之模型函数形式的确定、变量的选择均存在发生偏差的风险，以及样本观测数据可能存在的缺陷，必然造成模型估计式反映经济变量之间内在数量依存关系的偏离。当偏离的程度较小时，模型估计式的可靠程度就较高。反之，模型估计式的可靠性下降。同时，如果模型函数形式确定不正确或解释变量选择出现大的失误，还会造成模型估计式的不稳定，甚至失效。因此，对模型估计式的可靠性和稳定性进行检验和评价便显得极为重要。

二、模型估计式的理论检验

线性回归模型估计式的理论检验，是对模型估计式在理论上能否成立进行判别。理论检验又称为符号检验，依据模型参数最小二乘估计值的符号（正号或负号）及取值的大小，评判其是否符合经济理论的规定或社会经济实践的常规。如果模型估计式的参数符号和大小符合经济理论的规定或经济实践的常规，表明它在理论上有依据或在实践中能够被验证，可以成立。如果模型估计式的参数符号和大小不符合经济理论的规定或违背经济实践的常规，表明它缺乏理论依据和实践证明，不能成立。没有理论依据又不被经济活动实践证明的模型估计式，在一般情况下是不正确的，不应被接受。

例如，t 时期某商品的需求量Q 与其价格P_1、替代品价格 P_2、居民本期收入 Y_1 和前期收入 Y_2 之间存在以下线性依存关系

$$Q = b_0 + b_1 P_1 + b_2 P_2 + b_3 Y_1 + b_4 Y_2 + u$$

若这一真实总体关系式满足经典线性回归模型的基本假定，可用相关变量的 m 个样本观测数据，求出参数 b_0、b_1、b_2、b_3、b_4 的最小二乘估计值，并建立模型的样本估计式

$$\hat{Q}_t = \hat{b}_0 + \hat{b}_1 P_{t1} + \hat{b}_2 P_{t2} + \hat{b}_3 Y_{t1} + \hat{b}_4 Y_{t2}$$

在估计式中，$\hat{b}_1$ 应为负值，因为该商品价格升高需求量应相应下降、价格下降需求量会相应增加，$\hat{b}_1$ 与 $\hat{Q}$呈反方向变动；$\hat{b}_2$ 应为正值，因为替代品价格上升会使替代商品需求量下降，而促成被替代品需求量上升，$\hat{b}_2$ 与 $\hat{Q}$呈同方向变动；$\hat{b}_3$ 与 $\hat{b}_4$ 应为正值，因为居民收入增加会使购买力增强，对该商品的需求量增加，$\hat{b}_3$ 与 $\hat{b}_4$ 与 $\hat{Q}$呈同方向变动。至于参数估计值的大小，虽然不能从直观上判定其精确程度，但仍然有一些理论与经验的参照可资对比。在本例中，如该商品为生活必需品，$\hat{b}_1$、$\hat{b}_2$、$\hat{b}_3$、$\hat{b}_4$ 的取值（绝对值）就应该比较小；如果该商品为奢侈品，参数估计值的取值（绝对值）就应该较大。

在某些特定场合，模型估计式参数的符号与大小不符合经济理论的规定和经济实践的常规，但却真实地反映了客观实际。这时，便应当说明出现反常的原因，而不是简单地否定模型估计式。例如，在肥料施用量不足的情况下，增加施肥量可以提高农作物单位面积产量，这是一般的情况。但当施肥量已经过剩时，减少施肥量反而会提高农作物单位面积产量，这就是特殊的情况。

线性回归模型的估计式在理论上是否成立，是判别模型估计式正确或错误的前提，在理论上不成立的模型估计式是错误的，不能被接受。因此，对模型估计式的检验，首先应进行理论检验。理论检验不合格的估计式应当放弃，在理论上成立的模型估计式才有必要进行其他方面的检验。

三、模型估计式的功能检验

可以想见，利用样本数据建立的线性回归模型估计式，对被解释变量变动的解释能力越强，其功能就越好。这一点可以用一元线性回归模型直观地说明。对于样本关系式

$$Y_i = \hat{b}_0 + \hat{b}_{X_i} + \varepsilon_i \qquad (i=1，2，\cdots，m)$$

用 m 对样本观测值可得模型估计式

$$\hat{Y}_i = \hat{b}_0 + \hat{b}_1 X_i \qquad (i=1，2，\cdots，m)$$

很显然，Y_i 的变动一部分由（$\hat{b}_0 + \hat{b}_1 X_i$）加以解释，另一部分则由随机误差项 ε_i 解释。如果模型估计式（$\hat{b}_0 + \hat{b}_1 X_i$）对 Y_i 的变动的解释能力越强，就表明该估计式功能越好、质量越高。相反，如果出现 ε_i 对 Y_i 变动的解释能力强的情况，就表明所建立的回归模型估计式毫无意义。鉴于此，可以通过被解释变量变动的分析，对模型估计式的功能进行评价。

被解释变量 Y_i 的变动可用离差平方和 S_{YY} 进行分析。对于一元线性回归模型，S_{YY} 可表达为

$$\begin{aligned} S_{YY} &= \sum_{i=1}^{m}(Y_i - \overline{Y})^2 \\ &= \sum_{i=1}^{m}[(Y_i - \hat{Y}_i) + (\hat{Y}_i - \overline{Y})]^2 \\ &= \sum_{i=1}^{m}[(Y_i - \hat{Y}_i)^2 + (\hat{Y}_i - \overline{Y})^2 + 2(Y_i - \hat{Y}_i)(\hat{Y}_i - \overline{Y})] \\ &= \sum_{i=1}^{m}(Y_i - \hat{Y}_i)^2 + \sum_{i=1}^{m}(\hat{Y}_i - \overline{Y})^2 + 2\sum_{i=1}^{m}(Y_i - \hat{Y}_i)(\hat{Y}_i - \overline{Y}) \end{aligned}$$

上式中的第三项包含 Y_i、$\hat{Y}_i$ 及 $\overline{Y}$，其中：

$$\hat{Y}_i = \hat{b}_0 + \hat{b}_1 X_i \qquad \overline{Y} = \left(\sum_{i=1}^{m} Y_i\right) / m$$

故该项可表达为

$$\begin{aligned} & 2\sum_{i=1}^{m}(Y_i - \hat{Y}_i)(\hat{Y}_i - \overline{Y}) \\ & \quad = 2\sum_{i=1}^{m}[Y_i - (\hat{b}_0 + \hat{b}_1 X_i)][(\hat{b}_0 + \hat{b}_1 X_i) - \overline{Y}] \end{aligned}$$

但因为 $\hat{b}_0 = \overline{Y} - \hat{b}_1 \overline{X}$，所以有

$$\begin{aligned} & 2\sum_{i=1}^{m}(Y_i - \hat{Y}_i)(\hat{Y}_i - \overline{Y}) \\ & = 2\sum_{i=1}^{m}(Y_i - \overline{Y} + \hat{b}_1 \overline{X} - \hat{b}_1 X_i)(\overline{Y} - \hat{b}_1 \overline{X} + \hat{b}_1 X_i - \overline{Y}) \\ & = 2\sum_{i=1}^{m}[(Y_i - \overline{Y}) - \hat{b}_1(X_i - \overline{X})][\hat{b}_1(X_i - \overline{X})] \\ & = 2\hat{b}_1\sum_{i=1}^{m}[(Y_i - \overline{Y}) - \hat{b}_1(X - \overline{X})](X_i - \overline{X}) \\ & = 2\hat{b}_1\sum_{i=1}^{m}(y_i - \hat{b}_1 x_i)x_i \end{aligned}$$

而由前面的推导知，$\hat{b}_1 = \sum_{i=1}^{m} x_i y_i / \sum_{i=1}^{m} x_i^2$，故又有

$$\begin{aligned} 2\sum_{i=1}^{m}(Y_i - \hat{Y}_i)(\hat{Y}_i - \overline{Y}) & = 2\hat{b}_1\sum_{i=1}^{m}(y_i - \hat{b}_1 x_i)x_i \\ & = 2\hat{b}_1\sum_{i=1}^{m}(y_i x_i - \hat{b}_1 x_i^2) \\ & = 2\hat{b}_1\left[\sum_{i=1}^{m} x_i y_i - \left(\sum_{i=1}^{m} x_i y_i / \sum_{i=1}^{m} x_i^2\right)\sum_{i=1}^{m} x_i^2\right] \\ & = 0 \end{aligned}$$

所以

$$\begin{aligned} S_{YY} & = \sum_{i=1}^{m} (Y_i - \overline{Y})^2 \\ & = \sum_{i=1}^{m} (Y_i - \hat{Y}_i)^2 + \sum_{i=1}^{m} (\hat{Y}_i - \overline{Y})^2 \\ & \quad + 2\sum_{i=1}^{m} (Y_i - \hat{Y}_i)(\hat{Y}_i - \overline{Y}) \\ & = \sum_{i=1}^{m} (Y_i - \hat{Y}_i)^2 + \sum_{i=1}^{m} (\hat{Y}_i - \overline{Y})^2 \qquad (5-1) \end{aligned}$$

如果令 $\sum_{i=1}^{m} (Y_i - \hat{Y}_i)^2 = Q$，$\sum_{i=1}^{m} (\hat{Y}_i - \overline{Y})^2 = U$，则 5－1 式又可表示为

$$S_{YY=} = Q + U \tag{5-2}$$

在5-2式中，Q 称为残差平方和，它是由随机误差项引起的，表示除解释变量 X 之外的其他因素对被解释变量 Y 的变动的影响。U 称为回归平方和，它是由解释变量 X 引起的，表示解释变量 X 对被解释变量 Y 的变动的影响。5-2式表明，被解释变量 Y 的变动（用离差平方和表示），一部分可以由解释变量 X 的变动加以解释，另一部分可以由随机误差项的变动加以解释。这一结论虽然是对一元线性回归模型的分析得出的，但对多元线性回归模型同样适用。对被解释变量离差平方和的分解，在模型估计式的检验中称为方差分析。方差分析的计算方法如下表所列示：

方差分析计算表

来　源	平　方　和	自由度	方　差
回归差	$U=\sum_{i=1}^{m}(\hat{Y}_i-\overline{Y})^2$	k	U/k
残　差	$Q=\sum_{i=1}^{m}(Y_i-\hat{Y}_i)^2$	$m-k-1$	$Q/(m-k-1)$
总离差	$S_{YY}=\sum_{i=1}^{m}(Y_i-\overline{Y})^2=U+Q$	$m-1$	

表中的 m 为样本容量，k 为线性回归模型中解释变量的个数。

根据5-2式，对于一个特定样本，以离差平方和表示的被解释变量 Y 的变动 S_{YY} 是一个定值，它的两个构成部分 Q 与 U 之间存在一个此消彼涨的关系。即 Y 的变动由随机误差项解释的部分减少了，由解释变量 X 解释的部分就会增加。很显然，解释变量 X 对 Y 变动的解释功能越强，所建立的模型估计式就越好。据此，可以将残差（用 SER 表示）的大小作为评判模型估计式功能优劣的标准。

$$\begin{aligned} SER &= \sqrt{Q/(m-k-1)} \\ &= \sqrt{\sum_{i=1}^{m}(Y_i-\hat{Y}_i)^2/(m-k-1)} \end{aligned} \tag{5-3}$$

残差 SER 的值越小，表明随机误差项对被解释变量 Y 变动的解释能力越小，而解释变量 X 对 Y 变动的解释能力越强，进而证明模型估计式功能越强。所以，SER 的值越小越好。但仅从残差的绝对数量衡量随机误差项对 Y 的影响还不够。如果 Y_i 的绝对值本来就很小，即使 SER 的值很小，也可能对 Y 的影响程度很大；如果 Y_i 的绝对值很大，即使 SER 的值较大，也可能对 Y 的影响程度较小。所以还有必要利用相对残差 MER 来衡量随机误差项对 Y 的影响程度。

$$\begin{aligned} MER &= SER/\overline{Y} \\ &= \sqrt{\sum_{i=1}^{m}(Y_i-\hat{Y}_i)^2/(m-k-1)}\Big/\left(\sum_{i=1}^{m}Y_i/m\right) \end{aligned} \tag{5-4}$$

MER 的值越小，模型估计式功能就越强。一般要求 MER 的值小于 15% 。

四、模型估计式拟合优度检验

线性回归模型估计式的拟合优度，主要反映在估计式中解释变量 X 对被解释变量 Y 的变动的解释能力上。X 对 Y 变动的解释能力越强，模型估计式的拟合优度就越高，反之就越低。根据 5-2 式，可以将 X 解释 Y 变动的比例作为衡量标准，即考察在 Y 的总变差 S_{YY}中由解释变量 X 决定的部分 U 占多大份额，并以此判断 X 对 Y 变动的解释能力。U 在 S_{YY}中所占的份额用 R^2 表示，称为可决系数，可表达为：

$$R^2=U/S_{YY} \tag{5-5}$$

对于一元线性回归模型，R^2 的表达式为

$$\begin{aligned} R^2 &= \sum_{i=1}^{m}(\hat{Y}_i-\overline{Y})^2/\sum_{i=1}^{m}(Y_i-\overline{Y})^2 \\ &= \sum_{i=1}^{m}[(\hat{b}_0+\hat{b}_1X_i)-\overline{Y}]^2/\sum_{i=1}^{m}(Y_i-\overline{Y})^2 \\ &= \sum_{i=1}^{m}(\overline{Y}-\hat{b}_1\overline{X}+\hat{b}_1X_i-\overline{Y})^2/\sum_{i=1}^{m}(Y_i-\overline{Y})^2 \\ &= \sum_{i=1}^{m}[\hat{b}_1(X_i-\overline{X})]^2/\sum_{i=1}^{m}(Y_i-\overline{Y})^2 \end{aligned}$$

令 $X_i-\overline{X}=x_i$，$Y_i-\overline{Y}=y_i$，上式也可表达为

$$R^2-\sum_{i=1}^{m}(\hat{b}_1^2x_i^2)/\sum_{i=1}^{m}y_i^2$$

因为 $\hat{b}_1=\sum_{i=1}^{m}x_iy_i/\sum_{i=1}^{m}x_i^2$，故上式又可表达为

$$\begin{aligned}R^2 &= \hat{b}_1^2\sum_{i=1}^{m}x_i^2/\sum_{i=1}^{m}y_i^2\\ &= [\hat{b}_1\ (\sum_{i=1}^{m}x_i^2)\ (\sum_{i=1}^{m}x_iy_i)\ /\sum_{i=1}^{m}x_i^2]\ /\sum_{i=1}^{m}y_i^2\\ &= \hat{b}_1\sum_{i=1}^{m}x_iy_i/\sum_{i=1}^{m}y_i^2 \qquad (5-6)\end{aligned}$$

对于二元线性回归模型，R^2 的表达式为

$$\begin{aligned}R^2 &= \sum_{i=1}^{m}(\hat{Y}_i-\overline{Y})^2/\sum_{i=1}^{m}(Y_i-\overline{Y})^2\\ &= \sum_{i=1}^{m}[(\hat{b}_0+\hat{b}_1X_{i1}+\hat{b}_2X_{i2})-\overline{Y}]^2/\sum_{i=1}^{m}(Y_i-\overline{Y})^2\\ &= \sum_{i=1}^{m}(\overline{Y}-\hat{b}_1\overline{X}_1-\hat{b}_2\overline{X}_2+\hat{b}_1X_{i1}+\hat{b}_2X_{i2}-\overline{Y})^2/\sum_{i=1}^{m}(Y_i-\overline{Y})^2\\ &= \sum_{i=1}^{m}[\hat{b}_1(X_{i1}-\overline{X}_1)+\hat{b}_2(X_{i2}-\overline{X}_2)]^2/\sum_{i=1}^{m}(Y_i-\overline{Y})^2\end{aligned}$$

令 $X_{i1}-\overline{X}_1=x_{i1}$，$X_{i2}-\overline{X}_2=x_{i2}$，$Y_i-\overline{Y}=y_i$，上式即为

$$\begin{aligned}R^2 &= \sum_{i=1}^{m}(\hat{b}_1x_{i1}+\hat{b}_2x_{i2})^2/\sum_{i=1}^{m}y_i^2\\ &= \sum_{i=1}^{m}(\hat{b}_1^2x_{i1}^2+\hat{b}_2^2x_{i2}^2+2\hat{b}_1\hat{b}_2x_{i1}x_{i2})/\sum_{i=1}^{m}y_i^2\\ &= (\sum_{i=1}^{m}\hat{b}_1^2x_{i1}^2+\sum_{i=1}^{m}\hat{b}_2^2x_{i2}^2+2\sum_{i=1}^{m}\hat{b}_1\hat{b}_2x_{i1}x_{i2})/\sum_{i=1}^{m}y_i^2 \qquad (5-7)\end{aligned}$$

根据第四章的分析，$\hat{b}_1$ 及 $\hat{b}_2$ 分别为

$$\hat{b}_1=\frac{(\sum_{i=1}^{m}x_{i1}y_i)(\sum_{i=1}^{m}x_{i2}^2)-(\sum_{i=1}^{m}x_{i2}y_i)(\sum_{i=1}^{m}x_{i1}x_{i2})}{(\sum_{i=1}^{m}x_{x1}^2)(\sum_{i=1}^{m}x_{i2}^2)-(\sum_{i=1}^{m}x_{i1}x_{i2})^2}$$

$$\hat{b}_2=\frac{(\sum_{i=1}^{m}x_{i2}y_i)(\sum_{i=1}^{m}x_{i1}^2)-(\sum_{i=1}^{m}x_{i1}y_i)(\sum_{i=1}^{m}x_{i1}x_{i2})}{(\sum_{i=1}^{m}x_{x1}^2)(\sum_{i=1}^{m}x_{i2}^2)-(\sum_{i=1}^{m}x_{i1}x_{i2})^2}$$

将 $\hat{b}_1$ 及 $\hat{b}_2$ 代入 5-7 式分子中的第一项和第二项，得

$$\sum_{i=1}^{m}\hat{b}_1^2x_{i1}^2=\hat{b}_1^2\sum_{i=1}^{m}x_{i1}^2$$

$$=\hat{b}_1\left[\frac{(\sum_{i=1}^{m}x_{i1}y_i)(\sum_{i=1}^{m}x_{i2}^2)-(\sum_{i=1}^{m}x_{i2}y_i)(\sum_{i=1}^{m}x_{i1}x_{i2})}{(\sum_{i=1}^{m}x_{i1}^2)(\sum_{i=1}^{m}x_{i2}^2)-(\sum_{i=1}^{m}x_{i1}x_{i2})^2}\right]\cdot\sum_{i-1}^{m}x_{i1}^2$$

$$=\hat{b}_1\frac{(\sum_{i=1}^{m}x_{i1}^2)(\sum_{i=1}^{m}x_{i2}^2)(\sum_{i=1}^{m}x_{i1}y_i)-(\sum_{i=1}^{m}x_{i1}^2)(\sum_{i=1}^{m}x_{i2}y_i)(\sum_{i=1}^{m}x_{i1}x_{i2})}{(\sum_{i=1}^{m}x_{i1}^2)(\sum_{i=1}^{m}x_{i2}^2)-(\sum_{i=1}^{m}x_{i1}x_{i2})^2}$$

$$=\hat{b}_1\frac{(\sum_{i=1}^{m}x_{i1}y_i)(\sum_{i=1}^{m}x_{i1}^2)(\sum_{i=1}^{m}x_{i2}^2)-(\sum_{i=1}^{m}x_{i1}y_i)(\sum_{i=1}^{m}x_{i1}x_{i2})(\sum_{i=1}^{m}x_{i1}x_{i2})}{(\sum_{i=1}^{m}x_{i1}^2)(\sum_{i=1}^{m}x_{i2}^2)-(\sum_{i=1}^{m}x_{i1}x_{i2})^2}$$

$$=\hat{b}_1\sum_{i=1}^{m}x_{i1}y_i$$

$$\sum_{i=1}^{m}\hat{b}_2^2x_{i2}^2=\hat{b}_2^2\sum_{i=1}^{m}x_{i2}^2$$

$$=\hat{b}_2\left[\frac{(\sum_{i=1}^{m}x_{i2}y_i)(\sum_{i=1}^{m}x_{i1}^2)-(\sum_{i=1}^{m}x_{i1}y_i)(\sum_{i=1}^{m}x_{i1}x_{i2})}{(\sum_{i=1}^{m}x_{i1}^2)(\sum_{i=1}^{m}x_{i2}^2)-(\sum_{i=1}^{m}x_{i1}x_{i2})^2}\right]\cdot\sum_{i=1}^{m}x_{i2}^2$$

$$=\hat{b}_2\frac{(\sum_{i=1}^{m}x_{i2}y_i)(\sum_{i=1}^{m}x_{i1}^2)(\sum_{i=1}^{m}x_{i2}^2)-(\sum_{i=1}^{m}x_{i2}^2)(\sum_{i=1}^{m}x_{i1}y_i)(\sum_{i=1}^{m}x_{i1}x_{i2})}{(\sum_{i=1}^{m}x_{i1}^2)(\sum_{i=1}^{m}x_{i2}^2)-(\sum_{i=1}^{m}x_{i1}x_{i2})^2}$$

$$=\hat{b}_2\frac{(\sum_{i=1}^{m}x_{i2}y_i)(\sum_{i=1}^{m}x_{i1}^2)(\sum_{i=1}^{m}x_{i2}^2)-(\sum_{i=1}^{m}x_{i2}y_i)(\sum_{i=1}^{m}x_{i1}x_{i2})(\sum_{i=1}^{m}x_{i1}x_{i2})}{(\sum_{i=1}^{m}x_{i1}^2)(\sum_{i=1}^{m}x_{i2}^2)-(\sum_{i=1}^{m}x_{i1}x_{i2})^2}$$

$$=\hat{b}_2\sum_{i=1}^{m}x_{i2}y_i$$

再令 $\hat{b}_1=B/A$，$\hat{b}_2=C/A$，则 5－7 式分子中的第三项为

$$2\sum_{i=1}^{m}\hat{b}_1\hat{b}_2x_{i1}x_{i2}=2\hat{b}_1\hat{b}_2\sum_{i=1}^{m}x_{i1}x_{i2}$$

$$=2(\sum_{i=1}^{m}x_{i1}x_{i2})BC/A^2]$$

$$=\frac{2[(\sum_{i=1}^{m}x_{i1}x_{i2})B]C}{A^2}$$

$$=2\frac{\sum_{i=1}^{m}x_{i1}x_{i2}[(\sum_{i=1}^{m}x_{i1}y_i)(\sum_{i=1}^{m}x_{i2}^2)-(\sum_{i=1}^{m}x_{i2}y_i)(\sum_{i=1}^{m}x_{i1}x_{i2})]C}{A^2}$$

$$=\frac{2\left[\left(\sum_{i=1}^{m}x_{i1}^2\right)\left(\sum_{i=1}^{m}x_{i2}^2\right)\left(\sum_{i=1}^{m}x_{i2}y_i\right)-\left(\sum_{i=1}x_{i2}y_i\right)\left(\sum_{i=1}^{m}x_{i1}^2\right)\left(\sum_{i=1}^{m}x_{i2}^2\right)\right]C}{A^2}$$

$$=0$$

故 5－7 式为

$$R^2=\left(\sum_{i=1}^{m}\hat{b}_1^2x_{i1}^2+\sum_{i=1}^{m}\hat{b}_2^2x_{i2}^2+2\sum_{i=1}^{m}\hat{b}_1\hat{b}_2x_{i1}x_{i2}\right)/\sum_{i=1}^{m}y_i^2$$

$$=\left(\hat{b}_1\sum_{i=1}^{m}x_{i1}y_i+\hat{b}_2\sum_{i=1}^{m}x_{i2}y_i\right)/\sum_{i=1}^{m}y_i^2 \quad (5-8)$$

对多元线性回归模型 $y_i=b_0+b_1X_{i1}+b_2X_{i2}+\cdots+b_kX_{ik}+u_i$ 的估计式 $\hat{Y}_i=\hat{b}_0+\hat{b}_1X_{i1}+\hat{b}_2X_{i2}+\cdots+\hat{b}_kX_{ik}$，可决系数 R^2 用上述方法亦可推导得出

$$R^2=\left(\hat{b}_1\sum_{i=1}^{m}x_{i1}y_i+\hat{b}_2\sum_{i=1}^{m}x_{i2}y_i+\cdots+\hat{b}_k\sum_{i=1}^{m}x_{ik}y_i\right)/\sum_{i=1}^{m}y_i^2 \quad (5-9)$$

用通式可表达为

$$R^2=\sum_{j=1}^{k}\left[\hat{b}_j\left(\sum_{i=1}^{m}x_{ij}y_i\right)\right]/\sum_{i=1}^{m}y_i^2 \quad (5-10)$$

从 5－10 式可看出，在多元线性回归模型中，解释变量的个数越多，可决系数 R^2 的值就会增大。因为对一个特定样本，5－10 式的分母是一个固定的值，但每增加一个解释变量，算式的分子就要增加一项，这有可能造成 R^2 的虚假增大。为了避免这一缺陷，需要利用自由度对 5－10 式计算的 R^2 进行修正。经过修正的可决系数用 $\overline{R}^2$ 表示，其计算公式为

$$\overline{R}^2=1-(1-R^2)(m-1)/(m-k-1) \quad (5-11)$$

5－11 式中，m 为样本观测值的个数，k 为解释变量的个数。如果样本容量 m 很大，$\overline{R}^2$ 与 R^2 十分接近。但在小样本条件下，如果解释变量的个数较多，则 $\overline{R}^2$ 就会大大小于 R^2，有时甚至可能为负值。当出现 $\overline{R}^2$ 为负时，将其视为零。

五、模型估计式解释变量选择正确性检验

如前述，线性回归模型中的解释变量，是研究者根据经济理论的说明或社会经济实践的经验确定的。解释变量的确定虽有客观依

据可循，但最终决定仍带有主观性，需要对其选择的正确性进行证明。对解释变量选择正确性的证明，分总体选择正确性证明和单个选择正确性证明两个层次。

（一）解释变量总体选择正确性检验

对于线性回归模型解释变量的选择，可以从另一个角度进行理解。即只有那些参数不为零的变量才应当保留在模型中，而参数为零的变量应当排除在模型之外。很显然，如果解释变量的参数为零，它与被解释变量便不存在依存关系，对被解释变量也没有什么影响，自然对被解释变量的变动也不具备解释功能，所以不应当保留在模型中。根据这一思路，可以将参数为零的可能性大小，作为模型估计式解释变量选择是否正确的标准。

模型估计式解释变量总体选择正确性检验，就是判断模型估计式中所有解释变量的参数同时为零的可能性大小。在模型估计式中，所有解释变量的参数同时为零的可能性小，表明解释变量与被解释变量数量依存关系密切，解释变量的选择在总体上没有失误。当相反的情况出现时，便表明解释变量的选择在总体上不正确。对模型估计式解释变量参数是否同时为零的判断，仍然应当从被解释变量的变动入手。由方差分析的结果可知，以离差平方和表示的被解释变量的变动 S_{YY} 由两部分组成，一部分是由解释变量决定的（解释的）回归平方和 U，另一部分是随机误差项决定的（解释的）残差平方和 Q。可以设想，如果回归平方和 U 比残差平方和 Q 大得多，以至于 U 是 Q 的许多倍，就表明被解释变量的变动主要由解释变量决定，二者数量依存关系紧密，模型估计式中解释变量参数同时为零的可能性小。据此，可以构造一个反映 U 与 Q 数量关系的统计量 F，作为具体的判别标准。

$$F_{k,m-k-1}=\frac{U/k}{Q/(m-k-1)} \tag{5-12}$$

5－12 式中，m 为样本观测数据的个数，k 为模型中解释变量的个数。F 值是两个方差之比，服从自由度为 k 和（$m-k-1$）的 F 分布。在求出 F 值之后，查 F 分布表中自由度为 k 与（$m-k-1$）、显著水平为 α 的临界值 F_0，再进行比较。如果 $F>F_0$，就表明被解释变量的变动主要是由解释变量决定的（解释的），模型估计式中解释变量参数同时为零的可能性小，解释变量总体选择正确。如果 $F<F_0$，便表明被解释变量的变动主要是由随机误差项决定的（解释的），而与解释变量的关系不大，解释变量参数同时为零的可能性较大，解释变量的选择在总体上有重大失误，模型估计式不可信。

用方差比检验模型估计式解释变量总体选择正确性的方法，在计量经济学上称为 F 检验。F 检验与可决系数 R^2 检验有一定的联系，但二者也存严格的区别，从 F 值的计算公式推导中可以看出这一点。

$$
\begin{aligned}
F_{k,m-k-1} &= \frac{U/k}{Q/(m-k-1)} \\
&= \left(\frac{m-k-1}{k}\right)\frac{U}{Q} \\
&= \left(\frac{m-k-1}{k}\right)\left(\frac{S_{YY}-Q}{Q}\right) \\
&= \left(\frac{m-k-1}{k}\right)(S_{YY}/Q-1) \\
&= \left(\frac{m-k-1}{k}\right)\left(\frac{1}{Q/S_{YY}}-1\right)
\end{aligned}
$$

将 $Q/S_{YY}=1-U/S_{YY}$ 代入上式，得

$$
\begin{aligned}
F_{k,m-k-1} &= \left(\frac{m-k-1}{k}\right)\left(\frac{1}{1-U/S_{YY}}-1\right) \\
&= \left(\frac{m-k-1}{k}\right)\left(\frac{1}{1-R^2}-1\right) \\
&= \left(\frac{m-k-1}{k}\right)\left(\frac{R^2}{1-R^2}\right) \qquad (5-13)
\end{aligned}
$$

从 5－13 式可看出，F 值由两个因素决定。一个因素是可决系数 R^2，R^2 大 F 值就大，R^2 小 F 值亦小，表明 F 检验与 R^2 检验相关的一面。另一个因素是模型中样本观测数据的个数 m 与解释变量个数 k 的比值，当 m 相对于 k 并不很大时，常常带来较高的 R^2 值，但 F 值却并不大，表明 F 检验与 R^2 检验区别的一面。特别是当 $m=k+1$ 时，即使解释变量与被解释变量风马牛不相及，也必然有 R^2 接近于 1 的结果，但这时的 F 值会很小。这一方面表

明 F 检验的必要性，F 检验与 R^2 检验不能相互替代；另一方面也说明在建立模型估计式时，样本观测数据的个数 m 相对于解释变量的个数 k 不能太小。在一般情况下，如果 m 能达到 k 的 5～10 倍，模型估计式的检验结果就比较可靠。

（二）解释变量个体选择正确性检验

利用 F 检验，可以对模型估计式中解释变量的参数是否同时为零做出判断。但多元线性模型估计式中解释变量的参数不同时为零，并不能排除其中的某个或某几个解释变量的参数不为零。常有这样的情况，在有 k 个解释变量的多元线性模型中，如果有 L 个（$L<k$）解释变量的参数不为零，F 检验也能得出所有解释变量的参数不同时为零的结论。在这种情况下，模型估计式中还包含有参数为零的解释变量。这些变量或者是多余的，或者是次要的，它们的存在会影响模型估计式的可靠性。这时，就应当将这些参数为零的解释变量从模型估计式中剔除出去。确定哪些解释变量应当保留，哪些解释变量应当剔除，就必须对每一个解释变量参数为零的可能性进行判别。模型估计式中每个解释变量的参数为零的可能性大小，可以用一个 t 统计量进行判断。设多元线性回归模型估计式有 k 个解释变量 X_{ij}（$j=1, 2, \cdots, k$），第 j 个解释变量的参数估计值为 $\hat{b}_j$，样本观测数据的个数为 m，则 t 可表达为

$$t_j = \hat{b}_j \sqrt{\sum_{i=1}^{m}(X_{ij}-\overline{X}_j)^2} \;/\; SER \tag{5-14}$$

5－14 式中的分母 SER 为模型估计式的残差，表达式如 5－3 式，即

$$SER = \sqrt{Q/(m-k-1)}$$
$$= \sqrt{\sum_{i-1}^{m}(Y_i-\hat{Y}_i)^2/(m-k-1)}$$

如果令 $X_{ij}-\overline{X}_j = x_{ij}$，则 5－14 式又可表达为：

$$t_j = \hat{b}_j \sqrt{\sum_{i=1}^{m} x_{ij}^2} / SER \tag{5-15}$$

t_j 这一统计量服从自由度为（$m-k-1$）的 t 分布。在计算出了 t_j 的值之后，在 t 分布表中查一定显著水平（如 1% 或 5%）

下自由度为（$m-k-1$）的临界值 t_0，再将 t_j 与 t_0 进行比较。如果 $t_j > t_0$，表明 $\hat{b}_j$ 为零的可能性很小，第 j 个解释变量 X_j 是一个重要的变量，应当保留在模型中。如果 $t_j < t_0$，表明 $\hat{b}_j$ 为零的可能性大，第 j 个解释变量 X_j 是一个多余的或次要的变量，应当从模型中剔除。当模型估计式中包含多余或次要解释变量时，应当将这些解释变量剔除后对模型参数进行重新估计。

六、模型估计式的稳定性检验

线性回归模型估计式的稳定性，是指当样本观测数据的个数 m（即样本容量）发生改变时，模型参数估计值 $\hat{b}_j$ 变化的程度。样本观测数据的个数 m 增加或减少，必然会对模型参数的估计结果带来影响，使参数估计值 $\hat{b}_j$ 发生一定的变化。但是，如果模型的函数形式及解释变量的选择正确，样本观测数据又能代表变量真实总体的特征，则样本观测数据在个数上的微小改变，只会引起参数估计值的细微变化。相反，如果模型的函数形式选择不恰当，或解释变量的选择失准，或样本数据不能反映变量真实总体的本质特征，则样本观测数据在个数上的微小改变，都会引起参数估计值的重大变化。模型估计式的稳定性检验，就是通过对样本容量调整引起的参数估计值的变化程度的考察，判断模型估计式的正确性和可靠性。当样本容量微小改变只引起参数估计值的细微变化时，就认定模型估计式是稳定的。稳定的模型才是正确和可靠的，才能用于经济分析、预测、决策。当样本容量的微小改变引起了参数估计值的重大变化（或符号改变、或数值上大的变化），就可以确认模型估计式是不稳定的。不稳定的模型是不正确更是不可靠的，不能在经济分析、预测、决策中应用。

对于模型估计式稳定性的检验，可用多元线性回归模型为例加以说明。对于多元线性回归模型，设样本容量为 m 时模型的样本估计式为

$$\hat{y}_i = \hat{b}_0 + \hat{b}_1 X_{i1} + \hat{b}_2 X_{i2} + \cdots + \hat{b}_k X_{ik}$$

$$(i=1,\ 2,\ \cdots,\ m) \quad (5-16)$$

将估计出5-16式所用的 m 组样本观测值去掉最后两组（或开头两组），用剩下的 $m-2$ 组样本观测数据，对样本关系式进行重新估计，设所得新的模型估计式为

$$\hat{y}_i = \hat{b}_0^* + \hat{b}_1^* X_{i1} + \hat{b}_2^* X_{i2} + \cdots + \hat{b}_k^* X_{ik}$$

$$(i=1，2，\cdots，m-2) \quad (5-17)$$

5-16式和5-17式是对同一回归模型的两个不同的估计式，5-16式是用 m 组样本观测值得到的估计式，5-17式是用 $m-2$ 组样本观测值得到的估计式。设5-16式的参数估计值为 $\hat{b}_j$（$j=0，1，2，\cdots，k$），5-17式的参数估计值为 $\hat{b}_j^*$（$j=0，1，2，\cdots,k$），相对每一个特定的 j，如果 $\hat{b}_j^*$ 与 $\hat{b}_j$ 差别越小，5-16式的稳定性就越高。如果出现相反的情况，某个或多个 $\hat{b}_j^*$ 与 $\hat{b}_j$ 相比，或符号发生了变化，或数值大小发生大的改变，或符号和大小都发生了大的变化，就表明5-16式是不稳定的。对不稳定的模型估计式应当放弃，并找出原因，重新建立模型估计式。

第六章　线性回归模型的拓展

在现实的社会经济活动中，经济变量之间的数量依存关系类型复杂，形式纷繁。有的表现为线性依存关系，更为普通的则表现为非线性依存关系。即便是较为简单的线性依存关系，在具体形式上也往往表现出与典型计量经济学模型不同的特点。分析和研究实际经济变量之间客观存在的具有代表性的特殊类型的数量依存关系，将有利于拓展计量经济学理论与方法的应用。

一、无截距线性回归模型

无截距线性回归模型，是线性回归模型中的一种特殊类型。在这类模型中，没有常数项（即常数项为零）。无截距线性回归模型依其包含的解释变量的个数，也有一元模型、二元模型和多元模型之分。对于无截距多元线性回归模型，真实总体关系式可表达为

$$Y_i = b_1X_{i1} + b_2X_{i2} + \cdots + b_kX_{ik} + u_i \quad (i=1, 2, \cdots, n) \quad (6-1)$$

真实总体回归式可表达为

$$E(Y_i) = b_1X_{i1} + b_2X_{i2} + \cdots + b_kX_{ik} \quad (i=1, 2, \cdots, n) \quad (6-2)$$

在6-1式中，因为不存在常数项（截距项）b_0，当所有的解释变量取值为零时，被解释变量也必然为零。故无截距线性回归模型的回归线一定过原点，所以又称为过原点线性回归模型。

在繁杂的社会经济活动中，有的被解释变量是在一定的基准值基础上随解释变量的变动而变动。如在企业生产成本与产品的数量关系中，即使产量为零，企业也有固定成本的支出，固定成本就是企业生产成本与产品数量关系的基准值。又如农业生产中施肥量与单位耕地面积农产量的关系，因为耕地本身具有一定肥力，即使不

施用肥料，依靠耕地自然肥力也能使农产量达到一定水平，这一自然肥力的产量水平就是单位耕地面积农产量与施肥量之间数量关系的基准值。对这类问题，就可以用有截距的线性回归模型来描绘。但有的被解释变量的变动并不存在一个基准值，它与解释变量之间的数量关系是一种“纯粹”的非确定性关系。如在企业产品产量与流动资金投入的数量关系中，如果没有流动资金的投入，就不可能有产品的产出。又如在高新技术产业产值比重与高新技术成果转化率之间的数量关系中，如果高新技术成果完全没有转化（转化率为零），高新技术产业便不会生成与发展，其产值比重自然为零。对这一类问题，就只能用无截距线性回归模型进行描绘。因此，无截距线性回归模型为分析和研究某些特殊类型的经济变量之间的数量关系，提供了一个有用的工具。

与有截距的线性回归模型相比，无截距线性回归模型具有某些异常的特点。下面用二元线性回归模型为例，说明无截距线性回归模型的特点及其应用。

（一）模型特点对比分析

对于有截距的线性回归模型，真实总体关系式为

$$Y_i = b_0 + b_1 X_{i1} + b_2 X_{i2} + u_i \quad (i=1, 2, \cdots, n) \qquad (6-3)$$

真实总体回归式为

$$E(Y_i) = b_0 + b_1 X_{i1} + b_2 X_{i2} \quad (i=1, 2, \cdots, n) \qquad (6-4)$$

从变量总体中随机抽取 m 组样本观测值，可建立样本关系式

$$Y_i = \hat{b}_0 + \hat{b}_1 X_{i1} + \hat{b}_2 X_{i2} + \varepsilon_i \quad (i=1, 2\cdots, m) \qquad (6-5)$$

对于无截距的线性回归模型，真实总体关系式为

$$Y_i = b_1^* X_{i1} + b_2^* X_{i2} + u_i^* \quad (i=1, 2, \cdots, n) \qquad (6-6)$$

真实总体回归式为

$$E(Y_i)=b_1^* X_{i1}+b_2^* X_{i2} \quad (i=1, 2, \cdots, n) \quad (6-7)$$

从变量总体随机抽取 m 组样本观测值，亦可建立样本关系式

$$Y_i=\hat{b}_1^* X_{i1}+\hat{b}_2^* X_{i2}+\varepsilon_i^* \quad (i=1, 2, \cdots, m) \quad (6-8)$$

将 6－3 式与 6－6 式及 6－5 与 6－8 式进行对比，就可以发现有截距的模型与无截距的模型相比，有三个主要的不同点。

第一，有截距的模型中，模型参数的个数是解释变量的个数（设为 k）加 1，即共为 $k+1$ 个。而无截距的模型中，因无常数项（截距项），模型参数的个数就是解释变量的个数（设为 k），即为 k 个。

第二，在对样本关系式进行估计时，有截距的模型要估计的参数为 $k+1$ 个，故自由度的损失为 $k+1$，总的自由度为 $m-(k+1)$。而无截距的模型要估计的参数个数为 k，故自由度的损失为 k，总的自由度为 $m-k$，比有截距的模型要多一个自由度。

第三，在对样本关系式进行参数估计时，有截距的模型 6－5 式需要对样本容量简单加总，有必要假定 $\sum_{i=1}^{m}\varepsilon_i=0$。但无截距的模型 6－8 式在参数估计过程中则没有对样本容量简单加总的必要，故不必假定 $\sum_{i=1}^{m}\varepsilon_i=0$。亦即在无截距的线性回归模型中，$\sum_{i=1}^{m}\varepsilon_i$ 不一定必须为零。

（二）模型参数估计对比分析

对于有截距的二元线性回归模型，可以直接依据 6－5 式建立参数估计的正规方程。即

$$\begin{cases}\sum_{i=1}^{m}Y_i=m\hat{b}_0+\hat{b}_1\sum_{i=1}^{m}X_{i1}+\hat{b}_2\sum_{i=1}^{m}X_{i2}\\ \sum_{i=1}^{m}X_{i1}Y_i=\hat{b}_0\sum_{i=1}^{m}X_{i1}+\hat{b}_1\sum_{i=1}^{m}X_{i1}^2+\hat{b}_2\sum_{i=1}^{m}X_{i1}X_{i2}\\ \sum_{i=1}^{m}X_{i2}Y_i=\hat{b}_0\sum_{i=1}^{m}X_{i2}+\hat{b}_1\sum_{i=1}^{m}X_{i1}X_{i2}+\hat{b}_2\sum_{i=1}^{m}X_{i2}^2\end{cases} \quad (A)$$

也可以将 6－5 式先变为离差的形式（如 4－9 式），并用离差形式

的样本关系式建立参数估计的正规方程。即

$$\begin{cases}\sum_{i=1}^{m}x_{i1}y_i=\hat{b}_1\sum_{i=1}^{m}x_{i1}^2+\hat{b}_2\sum_{i=1}^{m}x_{i1}x_{i2}\\ \sum_{i=1}^{m}x_{i2}y_i=\hat{b}_1\sum_{i=1}^{m}x_{i1}x_{i2}+\hat{b}_2\sum_{i=1}^{m}x_{i2}^2\end{cases}\tag{B}$$

解联立方程组 A 或联立方程组B，都可以得到 $\hat{b}_1$ 和 $\hat{b}_2$ 的相同估计量

$$\hat{b}_1=\frac{(\sum_{i=1}^{m}x_{i1}y_i)(\sum_{i=1}^{m}x_{i2}^2)-(\sum_{i=1}^{m}x_{i2}y_i)(\sum_{i=1}^{m}x_{i1}x_{i2})}{(\sum_{i=1}^{m}x_{i1}^2)(\sum_{i=1}^{m}x_{i2}^2)-(\sum_{i=1}^{m}x_{i1}x_{i2})^2}\tag{6-9}$$

$$\hat{b}_2=\frac{(\sum_{i=1}^{m}x_{i2}y_i)(\sum_{i=1}^{m}x_{i1}^2)-(\sum_{i=1}^{m}x_{i1}y_i)(\sum_{i=1}^{m}x_{i1}x_{i2})}{(\sum_{i=1}^{m}x_{i1}^2)(\sum_{i=1}^{m}x_{i2}^2)-(\sum_{i=1}^{m}x_{i1}x_{i2})^2}\tag{6-10}$$

对于无截距的二元线性回归模型，可以直接依据 6－8 式建立参数估计的正规方程。即

$$\begin{cases}\sum_{i=1}^{m}X_{i1}Y_i=\hat{b}_1^*\sum_{i=1}^{m}X_{i1}^2+\hat{b}_2^*\sum_{i=1}^{m}X_{i1}X_{i2}\\ \sum_{i=1}^{m}X_{i2}Y_i=\hat{b}_1^*\sum_{i=1}^{m}X_{i1}X_{i2}+\hat{b}_2^*\sum_{i=1}^{m}X_{i2}^2\end{cases}\tag{C}$$

解联立方程组 C，可以得到 $\hat{b}_1^*$ 和 $\hat{b}_2^*$ 的估计量：

$$\hat{b}_1^*=\frac{(\sum_{i=1}^{m}X_{i1}Y_i)(\sum_{i=1}^{m}X_{i2}^2)-(\sum_{i=1}^{m}X_{i2}Y_i)(\sum_{i=1}^{m}X_{i1}X_{i2})}{(\sum_{i=1}^{m}X_{i1}^2)(\sum_{i=1}^{m}X_{i2}^2)-(\sum_{i=1}^{m}X_{i1}X_{i2})^2}\tag{6-11}$$

$$\hat{b}_2^*=\frac{(\sum_{i=1}^{m}X_{i2}Y_i)(\sum_{i=1}^{m}X_{i1}^2)-(\sum_{i=1}^{m}X_{i1}Y_i)(\sum_{i=1}^{m}X_{i1}X_{i2})}{(\sum_{i=1}^{m}X_{i1}^2)(\sum_{i=1}^{m}X_{i2}^2)-(\sum_{i=1}^{m}X_{i1}X_{i2})^2}\tag{6-12}$$

将 C 式与A 式及B 式对比，可以发现两类模型正规方程的联系与区别。

第一，用原始观测数据建立的正规方程，有截距的模型为 A 式，内含三个方程；而无截距的模型为 C 式，内含两个方程。A

式中第二、第三个方程的生成方法分别与 C 式中第一、第二方程的生成方法一致，且 A 式的第二、第三个方程分别与 C 式的第一、第二个方程相对应，只是 A 式中的这两个方程多出了一个截距项 $\hat{b}_0\sum_{i=1}^{m}X_{i1}$及 $\hat{b}_0\sum_{i=1}^{m}X_{i2}$。

第二，用离差形式表达的有截距模型参数估计的正规方程 B 式，与用原始观测数据表达的无截距模型参数估计的正规方程 C 式相比，对应方程具有相同的形式，但 B 式用变量的离差，而 C 式则用变量的原始观测值。

再将两类模型的参数估计进行比较，又可以发现：

第一，有截距的模型在估计解释变量参数时，无论应用 A 式、亦或应用 B 式，都是在考虑了截距项的前提下进行的（应用 A 式时直接考虑了截距项，应用 B 式时是先消去了截距项）。而无截距的模型在估计解释变量参数时，不需要考虑截距项。因此，两类模型参数估计的正规方程存在本质差别，A 式与 C 式完全不同，B 式与 C 式虽有相同的形式，但内含亦完全不同。

第二，当同时用有截距和无截距两类模型研究同一问题，且应用相同的样本观测值进行参数估计时，解释变量的参数估计结果是完全不同的。这可以从 6－9 与 6－11 式及 6－10 式与 6－12 式的对比中得到证明，因为 $\hat{b}_1$ 与 $\hat{b}_1^*$ 及 $\hat{b}_2$ 与 $\hat{b}_2^*$ 的分子与分母并不对应相等，必然造成 $\hat{b}_1 \neq \hat{b}_1^*$ 以及 $\hat{b}_2 \neq \hat{b}_2^*$ 的结果。

第三，无截距的模型在进行参数估计时，无需事先消除截距项，因此不能用离差的形式进行参数估计。如果错误地应用离差形式进行参数估计，必然会带来不正确的结果。

（三）模型参数估计值的方差对比分析

对于有截距的二元线性回归模型，其解释变量参数估计值 $\hat{b}_1$ 及 $\hat{b}_2$ 的方差分别为

$$Var(\hat{b}_1) = \hat{\sigma}^2\left(\sum_{i=1}^{m}x_{i2}^2\right) / \left[\left(\sum_{i=1}^{m}x_{i1}^2\right)\left(\sum_{i=1}^{m}x_{i2}^2\right) - \left(\sum_{i=1}^{m}x_{i1}x_{i2}\right)^2\right] \quad (6-13)$$

$$Var(\hat{b}_2)=\hat{\sigma}^2(\sum_{i=1}^{m}x_{i1}^2)/[(\sum_{i=1}^{m}x_{i1}^2)(\sum_{i=1}^{m}x_{i2}^2)-(\sum_{i=1}^{m}x_{i1}x_{i2})^2] \tag{6-14}$$

6－13 式及 6－14 式中，$\hat{\sigma}^2$ 是真实总体关系式 6－3 式随机误差项 u 的方差估计值，可以用样本关系式 6－5 式随机误差项 ε 的方差进行估计。即

$$\hat{\sigma}^2=(\sum_{i=1}^{m}\hat{\varepsilon}_i^{\,2})/(m-3) \qquad (\hat{\varepsilon}_i=Y_i-\hat{Y}_i) \tag{6-15}$$

对于无截距的二元线性回归模型，其解释变量参数估计值 $\hat{b}_1^*$ 及 $\hat{b}_2^*$ 的方差分别为

$$Var(\hat{b}_1^*)=\hat{\sigma}^{*^2}(\sum_{i=1}^{m}X_{i2}^2)/[(\sum_{i=1}^{m}X_{i1}^2)(\sum_{i=1}^{m}X_{i2}^2)-(\sum_{i=1}^{m}X_{i1}X_{i2})^2] \tag{6-16}$$

$$Var(\hat{b}^{*^2})=\hat{\sigma}^{*^2}(\sum_{i=1}^{m}X_{i1}^2)/[(\sum_{i=1}^{m}X_{i1}^2)(\sum_{i=1}^{m}X_{i2}^2)-(\sum_{i=1}^{m}X_{i1}X_{i2})^2] \tag{6-17}$$

6－16 式及 6－17 式中，$\hat{\sigma}^{*^2}$ 是真实总体关系式 6－6 式随机误差项 u^* 的方差估计值，可以用样本关系式 6－8 式随机误差项 ε^* 的方差进行估计。即

$$\hat{\sigma}^{*^2}=(\sum_{i=1}^{m}\varepsilon_i^{*^2})/(m-2) \tag{6-18}$$

对比 6－13 式与 6－16 式、6－14 式与 6－17 式及 6－15 式与 6－18 式，可以发现两类模型解释变量参数估计值的方差的异同点。

第一，两类模型解释变量参数估计值的方差，都是真实总体关系式随机误差项的方差与两个行列式比值的乘积，计算公式和形式相同。

第二，计算有截距模型解释变量参数估计值的方差，所用分母行列式是由用离差形式表达的正规方程右边已知项构成（B 式右边已知项构成）；而计算无截距模型解释变量参数估计值的方差，

所用的分母行列式则是由用原始观测数据表达的正规方程右边已知项构成（C 式右边已知项构成）；两类模型解释变量参数估计值方差的计算，所用的分子行列式都用相同的方法确定，即将分母行列式去掉参数对应解释变量平方项所在的行和列，剩下的项组成的子行列式就是所需要的分子行列式。

第三，两类模型解释变量参数估计值方差计算中，都要用到真实总体关系式随机误差项的方差估计值，且二者的计算方法相同，都是用样本关系式随机误差项的估计量 $\hat{\varepsilon}_i$ 和 $\hat{\varepsilon}_i^*$ 的平方和除以一个自由度（样本容量减去估计参数的个数）。但因为有截距的模型比无截距的模型要多一个参数（截距项），故 6－15 式的分母为 $m-3$，而 6－18 式的分母为 $m-2$。

（四）模型可决系数的对比分析

如第五章所述，线性回归模型估计式的拟合优度，可以用可决系数 R^2 来衡量。即

$$R^2 = U/S_{YY}$$

因为 $$U = S_{YY} - Q$$

故有 $$R^2 = 1 - Q/S_{YY} \tag{6-19}$$

而 $$S_{YY} = \sum_{i=1}^{m}(Y_i - \overline{Y})^2 = \sum_{i=1}^{m} y_i^2$$

$$\begin{aligned} Q &= S_{YY} - U \\ &= \sum_{i=1}^{m} y_i^2 - \sum_{i=1}^{m}(\hat{Y}_i - \overline{Y})^2 \end{aligned} \tag{6-20}$$

对于有截距的二元线性回归模型，6－20 式中的后一项为

$$\begin{aligned} \sum_{i=1}^{m}(\hat{Y}_i - \overline{Y})^2 &= \sum_{i=1}^{m}[(\hat{b}_0 + \hat{b}_1 X_{i1} + \hat{b}_2 X_{i2}) \\ &\quad - (\hat{b}_0 + \hat{b}_1 \overline{X}_1 + \hat{b}_2 \overline{X}_2)]^2 \\ &= \sum_{i=1}^{m}(\hat{b}_1 x_{i1} + \hat{b}_2 x_{i2})^2 \\ &= \sum_{i=1}^{m}\hat{b}_1^2 x_{i1}^2 + \sum_{i=1}^{m}\hat{b}_2^2 x_{i2}^2 + 2\hat{b}_1\hat{b}_2\sum_{i=1}^{m} x_{i1}x_{i2} \\ &= \hat{b}_1^2\sum_{i=1}^{m} x_{i1}^2 + \hat{b}_2^2\sum_{i=1}^{m} x_{i2}^2 \end{aligned}$$

所以 $$Q=\sum_{i=1}^{m}y_i^2-\left(\hat{b}_1^2\sum_{i=1}^{m}x_{i1}^2+\hat{b}_2\sum_{i=1}^{m}x_{i2}^2\right)\leqslant\sum_{i=1}^{m}y_i^2 \quad (6-21)$$

6－21 式表明，在 $\hat{b}_1$ 及 $\hat{b}_2$ 不为零的情况下，$S_{YY}>Q$，$Q/S_{YY}<1$，R^2 不可能为负。

对于无截距的二元线性回归模型，可以类似地列出

$$\begin{aligned}Q&=\sum_{i=1}^{m}y_i^2-\sum_{i=1}^{m}(\hat{Y}_i-\overline{Y})^2\\&=\sum_{i=1}^{m}y_i^2-\left(\hat{b}_1^{*2}\sum_{i=1}^{m}X_{i1}^2+\hat{b}_2^{*2}\sum_{i=1}^{m}X_{i2}^2\right)\end{aligned} \quad (6-22)$$

6－22 式中，括号中的两项和式是用解释变量的原始观测值计算的，而 6－21 式中是用解释变量观测值的离差计算的。由于计算 Q 使用了不同类型的数据，就可能使 6－22 出现几种不同的情况，并影响 Q/S_{YY} 及 R^2 的取值。

（1）当 $\sum_{i=1}^{m}y_i^2>\left(\hat{b}_1^{*2}\sum_{i=1}^{m}X_{i1}^2+\hat{b}_2^{*2}\sum_{i=1}^{m}X_{i2}^2\right)$ 时，Q/S_{YY} 大于零并小于1，R^2 为正且小于1；

（2）当 $\sum_{i=1}^{m}y_i^2=\left(\hat{b}_1^{*2}\sum_{i=1}^{m}X_{i1}^2+\hat{b}_2^{*2}\sum_{i=1}^{m}X_{i2}^2\right)$ 时，Q/S_{YY} 等于零，$R^2=1$；

（3）当 $\sum_{i=1}^{m}y_i^2<\left(\hat{b}_1^{*2}\sum_{i=1}^{m}X_{i1}^2+\hat{b}_2^{*2}\sum_{i=1}^{m}X_{i2}^2\right)$ 时，Q/S_{YY} 小于零，$R^2>1$。

由上面的分析可知，无截距线性回归模型估计式的可决系数 R^2 的计算会遇到一些困难。解释变量原始观测值的应用，很容易造成 Q 小于零的情况，进而造成 $R^2>1$ 的结果，使可决系数的分析失去意义。如果取 Q 的绝对值进行计算，当 $|Q|/S_{YY}$ 的值大于1时，又会造成 R^2 为负的情况，同样使可决系数的分析失去意义。因此，对无截距的线性回归模型的估计式，一般不给出可决系数 R^2 的分析结果。

无截距线性回归模型具有一些独特的特点，由这些特点所决定，在参数估计、检验等方面都会遇到一定的困难与障碍，对于这类模型应当慎用。

二、成长曲线模型

成长曲线又称增长曲线，最早应用于生物学领域，后被移植用于研究经济问题。成长曲线模型对经济活动的过程及经济变量的变化规律具有很强的描绘功能，在计量经济模型中占有重要地位。成长曲线模型依其特点，主要包括多项式成长曲线模型、逻辑成长曲线模型、龚珀兹成长曲线模型三类。

（一）多项式成长曲线模型

多项式成长曲线模型的一般表达式为

$$Y_t = b_0 + b_1X_t + b_2X_t^2 + \cdots + b_kX_t^k + u_t \tag{6-23}$$

在 6－23 式中，Y_t 是第 t 期某经济变量的指标值，X_t 是第 t 期另一经济变量的指标值，b_0，b_1，b_2，…，b_k 为模型参数，该模型反映 Y 与 X 的非线性依存关系。当 $k=0$ 时，模型变为 $Y_i = b_0$，成长曲线为一条与 X 轴平行的直线；当 $k=1$ 时，模型变为 $Y_t = b_0 + b_1X_t + u_t$，成长曲线为一条截距为 b_0、斜率为 b_1 的直线；当 $k=2$ 时，模型变为 $Y_t = b_0 + b_1X_t + b_2X_t^2 + u_t$，成长曲线成为一条抛物线，如单位耕地面积农产量与施肥量的依存关系就属于这种情况。

对多项式成长曲线模型，参数是线性的，但解释变量是非线性的，可以通过解释变量的变换，将其转换为参数与解释变量均为线性的模型。若令 $X_t = Z_{t1}$，$X_t^2 = Z_{t2}$，…，$X_t^k = Z_{tk}$，便可将 6－23 式转换为

$$Y_t = b_0 + b_1Z_{t1} + b_2Z_{t2} + \cdots + b_kZ_{tk} + u_t \tag{6-24}$$

6－24 式是一个含 k 个解释变量的线性回归模型，可以用线性回归模型的参数估计方法进行估计。

（二）逻辑成长曲线模型

逻辑（*logistic*）成长曲线模型，因其函数图形如 S 状，又被称为 S 曲线模型。其一般表达式为

$$Y_t = K / \left[1 + e^{f(t)}\right] \tag{6-25}$$

其中，$$f(t) = \alpha_0 + \alpha_1 t + \alpha_2 t^2 + \cdots + \alpha_k t^k$$

逻辑成长曲线模型经过在应用过程中逐渐简化，目前的主要表达形式变为

$$Y_t = K/\ (1 + b_0 e^{-b_1 t}) \tag{6-26}$$

其函数图形为图 6-1。

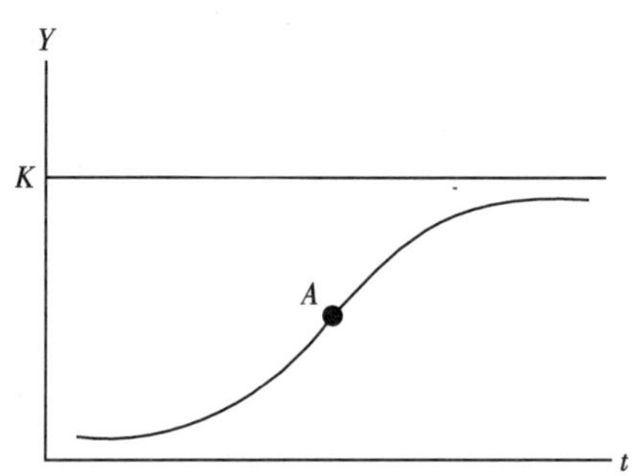

图 6-1 逻辑成长曲线（“S”曲线）

从 6－26 式及图 6-1 可以发现逻辑成长曲线有两个特点。一是 Y 的最小值为零、最大值（极限值）为 K，当 t 趋于 $-\infty$ 大时，Y 趋近于零；当 t 趋于 $+\infty$ 时，Y 趋近于极限值 K。二是逻辑成长曲线有一个拐点 A，在 A 点之前，Y 的增长速度越来越快；在 A 点之后，Y 的增长速度越来越慢，逐渐趋近于零。在实际的社会经济活动中，很多经济现象的发展过程，如某些产业的发展过程、新技术的推广过程、新产品的销售过程、某些耐用消费品的存量积累过程等，都遵循逻辑成长曲线的特点，都可以用逻辑成长曲线模型进行描绘。鉴于此，逻辑成长曲线模型是一种在经济计量分析中具有广泛用途的重要模型。

在 6－26 式中，K，b_0，b_1 是待估计的参数。因该式不是线性模型，一般线性模型的估计方法已不适用。对该模型的参数估计，最常用的有以下两种方法。

1．线性化估计法

这一估计方法是将逻辑成长曲线模型线性化，再用线性模型的估计方法进行参数估计。对于 6－26 式，两边同时取倒数，得

$$(1/Y_t) = (1 + b_0 e^{-b_1 t})\ /K$$

或

$$(1/Y_t) = 1/K + (b_0 e^{-b_1 t})\ /K \tag{6-27}$$

如果 K 为已知（或给定），6-27 式便可改写为

$$(1/Y_t) - (1/K) = (b_0/K)\, e^{-b_1 t}$$

两边同时取自然对数，又得

$$ln\,(1/Y_t - 1/K) = ln\,(b_0/K) - b_1 t \qquad (6-28)$$

令 $ln\,(1/Y_t - 1/K) = Q_t$，$ln\,(b_0/K) = b_0^*$，$-b_1 = b_1^*$，则 6-28 可表达为

$$Q_t = b_0^* + b_1^* t \qquad (6-29)$$

6-29 式是一个线性模型，可方便地对其参数进行估计。

应用线性化估计法的关键是确定 K 的值。在很多场合，K 的取值可以依据理论或经验事先确定或进行推算。如新技术的推广率最高为 100%，消费品的最大需求量可以根据人口及消费水平确定，单位耕地面积农产品产量的极限值可以根据光能转换效率进行计算等。对 K 值的确定还可以选择不同的水平进行模拟和试验，通过不同水平的 K 值对模型参数估计的影响分析，最后确定出 K 值的合理水平。

2. 代数估计法

这是一种直接利用逻辑增长曲线模型通过代数运算估计参数的方法。当 $t=1, 2, \cdots, m$ 时，将样本平均分为三段，分别为 $t_1=1, 2, \cdots, m_1$；$t_2=m_1+1, m_1+2, \cdots, 2m_1$；$t_3=2m_1+1, 2m_1+2, \cdots, 3m_1$。依据 6-27 式分别计算每段样本的和

$$N_1 = \sum_{t=1}^{m_1} (1/Y_t) = \frac{m_1}{K} + \left(\frac{b_0}{K}\right) \cdot e^{-b_1} \cdot \left(\frac{1-e^{-b_1 m_1}}{1-e^{-b_1}}\right)$$

$$N_2 = \sum_{t=m_1+1}^{2m_1} (1/Y_t) = \frac{m_1}{K} + \left(\frac{b_0}{K}\right) \cdot e^{-b_1(m_1+1)} \cdot \left(\frac{1-e^{-b_1 m_1}}{1-e^{-b_1}}\right)$$

$$N_3 = \sum_{t=2m_1+1}^{3m_1} (1/Y_t) = \frac{m_1}{K} + \left(\frac{b_0}{K}\right) \cdot e^{-b_1(2m_1+1)} \cdot \left(\frac{1-e^{-b_1 m_1}}{1-e^{-b_1}}\right)$$

令 $T_1 = N_1 - N_2 \qquad T_2 = N_2 - N_3$

则 $T_1 = (b_0/K) \cdot e^{-b_1} \cdot (1 - e^{-b_1 m_1})^2/(1 - e^{-b_1})$

$T_2 = (b_0/K) \cdot e^{-b_1(m_1+1)} \cdot (1 - e^{-b_1 m_1})^2/(1 - e^{-b_1})$

显然 $T_1/T_2 = e^{b_1 m_1}$

$b_1 = (lnT_1 - lnT_2)/m_1$

又因为 $T_1 - T_2 = (b_0/K) \cdot e^{-b_1} \cdot (1 - e^{-b_1 m_1})^3/(1 - e^{-b_1})$

$T_1^2 = (b_0^2/K^2) \cdot e^{-2b_1} \cdot (1 - e^{-b_1 m_1})^4/(1 - e^{-b_1})^2$

$T_1^2/(T_1 - T_2) = (b_0/K) \cdot e^{-b_1} \cdot (1 - e^{-b_1 m_1})/(1 - e^{-b_1})$

但 $N_1 - (m_1/K) = (b_0/K) \cdot e^{-b_1} \cdot (1 - e^{-b_1 m_1})/(1 - e^{-b_1})$

故有 $T_1^2/(T_1 - T_2) = N_1 - m_1/K \qquad (6-30)$

依据 6－30 式，可推导得出

$K = m_1/[N_1 - T_1^2/(T_1 - T_2)]$

$b_0 = K \cdot [T_1^2/(T_1 - T_2)] \cdot (e^{b_1} - 1)/(1 - e^{-b_1 m_1})$

由此，模型的三个参数 K、b_0、b_1 均已求得。

（三）龚珀兹成长曲线模型

龚珀兹（*Gompertz*）成长曲线模型的表达式为

$$Y_t = e^{(K + b_0 b_1^t)} \qquad (6-31)$$

在 6－31 式中，K、b_0、b_1 为模型待定参数。与逻辑成长曲线模型相类似，Y 的下限值趋近于零，Y 的上限值趋近于 K，且两种模型的函数图形相似，只是拐点位置不同。龚珀兹成长曲线模型可以描绘很多经济变量的发展过程，用途很广。

对龚珀兹曲线成长曲线模型的参数，可以用线性化方法估计，也可以用代数方法直接计算，具体方法与逻辑成长曲线模型的参数估计类同。若用线性化方法估计参数，对 6－31 式两边同时取自然对数，得

$$lnY_t = K + b_0 b_1^t$$

上式两边同时减去 K 再取自然对数，又得

$$ln(lnY_t - K) = lnb_0 + tlnb_1 \qquad (6-32)$$

令 $ln(lnY_t - K) = Q_t$，$lnb_0 = b_0^*$，$lnb_1 = b_1^*$，则 6－32 式可表

达为

$$Q_t = b_0^* + b_1^* t \tag{6-33}$$

6－33式是一个简单线性模型，可以方便地进行参数估计。

三、解释变量非线性回归模型

线性回归模型中的“线性”，既指参数为线性，又指解释变量为线性。但在对实际经济问题的研究中，有时会遇到解释变量为非线性的情况。解释变量为非线性的模型，有的不能线性化，有的可以通过变量变换线性化。解释变量非线性但可线性化的模型，最常见的是对数线性模型、半对数线性模型、倒数模型三类。

（一）对数线性模型

在对经济变量间数量依存关系的分析中，指数回归模型是一个重要而又常用的模型。指数回归模型的一般表达式为

$$Y_t = b_0 X_{t1}^{b_1} X_{t2}^{b_2} \cdots X_{tk}^{b_k} e^{u_t} \tag{6-34}$$

6－34式是一个典型的解释变量为非线性的回归模型，式中的b_0，b_1，…，b_k是待估计的参数，这类模型可以线性化。对该式两边同时取自然对数，得

$$lnY_t = lnb_0 + b_1 lnX_{t1} + b_2 lnX_{t2} + \cdots + b_k lnX_{tk} + u_t \tag{6-35}$$

如果令$lnb_0 = b_0^*$，则6－35式又可表达为

$$lnY_t = b_0^* + b_1 lnX_{t1} + b_2 lnX_{t2} + \cdots + b_k lnX_{tk} + u_t \tag{6-36}$$

6－36式对参数b_0^*，b_1，b_2，…，b_k为线性，对被解释变量Y和解释变量X的对数亦为线性，故称其为对数—对数、双对数或对数—线性模型。再令$lnY_t = Y_t^*$，$lnX_{t1} = X_{t1}^*$，$lnX_{t2} = X_{t2}^*$，…，$lnX_{tk} = X_{tk}^*$，则6－36式即变为

$$Y_t^* = b_0^* + b_1 X_{t1}^* + b_1 X_{t2}^* + b_1 X_{t2}^* + \cdots + b_k X_{tk}^* + u_t \tag{6-37}$$

6－37式是一个线性回归模型，如果满足经典回归模型的基本假定，便可应用普通最小二乘法估计参数。

可线性化的指数回归模型用途十分广泛，因为其中解释变量的参数测度了被解释变量对解释变量的弹性，它可以给出解释变量变动某个百分数所引发的被解释变量变动的百分数，如商品价格变动某个百分数所引起的该商品需求量变化百分数。同时，该模型还可测定解释变量对被解释变量变动的贡献率，即在被解释变量的变动中各解释变量的作用份额，如柯布—道格拉斯生产函数中劳力与资本对产出的贡献率。

在应用可线性化指数回归模型时，应当注意此类模型的两个特点。其一是假定在研究范围内，被解释变量对解释变量的弹性保持不变。这是因为在模型参数估计过程中，将被解释变量 Y 与解释变量 X 的非线性关系，转换成了它们对数之间的线性关系，得到的解释变量参数估计值是该线性函数的斜率，故弹性保持不变。其二是解释变量的参数估计值 $\hat{b}_j$（$j=1, 2, \cdots, k$）是无偏的，但 b_0 的估计值 $\hat{b}_0^*$ 是有偏的。因为 $\hat{b}_0^*$ 是 lnb_0 的无偏估计，但不是 b_0 的无偏估计。但是，在大多数情况下，b_0 估计量的偏误不会对模型估计式的优劣产生重大影响，这一偏误可以被接受。

（二）半对数线性模型

在对经济变量的变动规律研究中，测定其增长率或衰减率是一个重要方面。如测定人口、劳动力、*GDP*、产品产量、商品需求、货币供给、进出口贸易等方面的增长率（或衰减率），就是经常需要进行的工作，也是大家十分关注的问题。若设某经济变量 Y 在基期的值为 Y_0，单位时间周期的增长率（或衰减率）为 r，则到 t 时期该变量的值 Y_t 可表达为

$$Y_t = Y_0(1+r)^t e^{u_t} \tag{6-38}$$

对 6－38 式两边同时取自然对数，得

$$lnY_t = lnY_0 + tln(1+\gamma) + u_t \tag{6-39}$$

令 $lnY_0 = b_0$，ln（$1+r$）$= b_1$，则 6－39 式可表达为

$$lnY_i = b_0 + b_1 t + u_t \tag{6-40}$$

在 6－40 式中，被解释变量以对数形式出现，而解释变量为一

般形式，故将这类模型称之为半对数模型。这一模型对两个参数 b_0 与 b_1 是线性的，如满足经典线性回归模型的假定条件，可以用普通最小二乘法估计参数。

(三) 倒数线性模型

在社会经济生活中，某些经济变量与其他经济变量的倒数存在数量依存关系。如工资变化率与失业率、生产平均固定成本与产量等经济变量之间，就存在这种类型的依存关系。对于这类问题可以用模型表示为

$$Y_i = b_0 + b_1/X_{i1} + b_2/X_{i2} + \cdots + b_k/X_{ik} + u_i \qquad (6-41)$$

很显然，6－41 式对参数 b_0，b_1，b_2，…，b_k 是线性的，但对解释变量 X 是非线性的。如果令 $1/X_{i1} = X_{i1}^*$，$1/X_{i2} = X_{i2}^*$，…，$1/X_{ik} = X_{ik}^*$，则 6－41 式可表达为

$$Y_i = b_0 + b_1X_{i1}^* + b_2X_{i2}^* + \cdots + b_kX_{ik}^* + u_i \qquad (6-42)$$

经过变量变换后的 6－42 式是一个线性回归模型，如果满足经典线性回归模型的假设条件，就可用普通最小二乘法估计参数。

四、非线性回归模型

在实际的经济活动中，经济变量之间的数量依存关系很多是属于非线性的。在应用计量经济模型描绘这类关系时，构建的模型自然也就成了非线性模型。有的非线性模型可以转换为线性模型，并应用线性模型的估计方法进行参数估计及检验。但有的非线性模型不能线性化，便不能用线性模型的估计方法进行参数估计与检验。不可线性化的非线性模型可表达为

$$Y_i = f\ (X_{i1}，X_{i2}，\cdots，X_{ik}；b_1，b_2，\cdots b_h)\ + u_i \qquad (6-43)$$

在 6－43 式中，参数 b 的个数不一定要与解释变量 X 的个数相等，即不要求 $h = k$。如果 f 的具体函数形式为已知，当从被解释变量与解释变量总体中随机抽取 m 组样本后，就可用样本观测数据估计出参数。

为了表述的简化，可以将 6－43 式改写为

$$Y_i = f(b_1, b_2, \cdots, b_h) + u_i \quad (i=1,2,\cdots,n) \quad (6-44)$$

6－44 式为非线性回归模型的一般表达式。非线性回归问题，就是在满足一定的判别准则条件下，求参数 b_1，b_2，…，b_h 的估计值。对于被解释变量和解释变量的特定样本，非线性回归模的样本关系式为

$$Y_i = f(\hat{b}_1, \hat{b}_2, \cdots, \hat{b}_h) + \varepsilon_i \quad (i=1,2,\cdots,m) \quad (6-45)$$

对于 6－45 式，如果以 $\sum_{i=1}^{m} {\varepsilon_i}^2 \Rightarrow min$ 为标准求解 $\hat{b}_j$（$j=1$，2，…,h），就称为非线性最小二乘法，如果以 $-\sum_{i=1}^{m} {\varepsilon_i}^2 \Rightarrow max$ 作为标准求解 $\hat{b}_j$，就需要应用其他的参数估计方法。

对于非线性最小二乘法，由于导出的正规方程无法直接求解，在具体计算时便需要采取逐次线性化的办法，逐步迭代逼近。如果能给出待估计参数 b_j 的初始估计值 $\hat{b}_j^{(0)}$，就可以函数 f 在 $\hat{b}_j^{(0)}$ 的邻域内用泰勒级数展开的方法加以线性化。当模型中被估计的参数只有一个（令为 b）时，如果设待估计参数 b 的初始估计值为 $\hat{b}^{(0)}$，便有下式成立

$$f(\hat{b}) = f(\hat{b}^{(0)}) + \frac{\partial f}{\partial \hat{b}}(\hat{b} - \hat{b}^{(0)}) + 高阶项 \quad (6-46)$$

6－46 式的几何意义如图 6-2 所示。

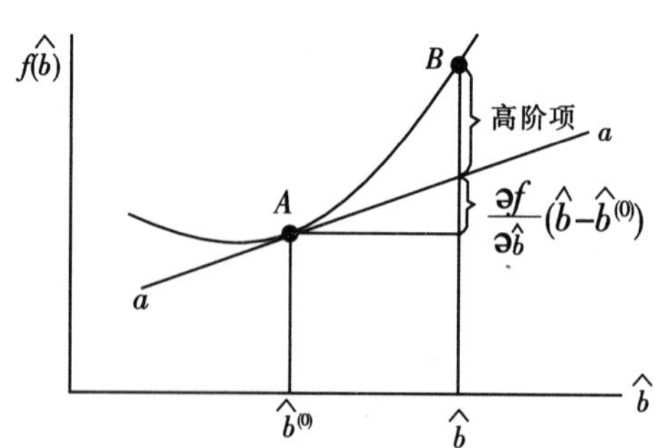

图 6-2 非线性回归模型参数估计示意

当模型中待估计参数为 h 个（b_1，b_2，…，b_h）时，从被解释变量及解释变量的总体中随机抽取 m 组样本，并给待估计参数

赋初始估计值 $\hat{b}_1^{(0)}$，$\hat{b}_2^{(0)}$，…，$\hat{b}_h^{(0)}$，则 6－45 式有

$$\begin{aligned}Y_i &= f(\hat{b}_1, \hat{b}_2, \cdots, \hat{b}_h) + \varepsilon_i \\ &= f(\hat{b}_1^{(0)}, \hat{b}_2^{(0)}, \cdots, \hat{b}_h^{(0)}) + \frac{\partial f}{\partial \hat{b}_1}(\hat{b}_1 - \hat{b}_1^{(0)}) \\ &\quad + \frac{\partial f}{\partial \hat{b}_2}(\hat{b}_2 - \hat{b}_2^{(0)}) + \cdots + \frac{\partial f}{\partial \hat{b}_h}(\hat{b}_h - \hat{b}_h^{(0)}) \\ &\quad + \text{高阶项} + \varepsilon_i \end{aligned} \tag{6-47}$$

6－47式中的偏导 $\partial f/\partial \hat{b}_j$ 在各参数初始估计值 $\hat{b}_1^{(0)},\hat{b}_2^{(0)},\cdots,\hat{b}_h^{(0)}$ 上取值。如果将泰勒级数展开式的高阶项与样本关系式中的随机误差项 ε_i 合并后记为 V_i，则 6－48 式可表达为

$$\begin{aligned}Y_i &= f(\hat{b}_1^{(0)},\hat{b}_2^{(0)},\cdots,\hat{b}_h^{(0)}) + \frac{\partial f}{\partial \hat{b}_1}(\hat{b}_1 - \hat{b}_1^{(0)}) \\ &\quad + \frac{\partial f}{\partial \hat{b}_2}(\hat{b}_2 - \hat{b}_2^{(0)}) + \cdots + \frac{\partial f}{\partial \hat{b}_h}(\hat{b}_h - \hat{b}_h^{(0)}) + V_i \end{aligned} \tag{6-48}$$

将 6－48 式右边展开后的已知项移至左边，得

$$\begin{aligned}&Y_i - f(\hat{b}_1^{(0)},\hat{b}_2^{(0)},\cdots,\hat{b}_h^{(0)}) - \frac{\partial f}{\partial \hat{b}_1}\hat{b}_1^{(0)} - \frac{\partial f}{\partial \hat{b}_2}\hat{b}_2^{(0)} \\ &\quad - \cdots - \frac{\partial f}{\partial \hat{b}_h}\hat{b}_h^{(0)} \\ &= \hat{b}_1\frac{\partial f}{\partial \hat{b}_1} + \hat{b}_2\frac{\partial f}{\partial \hat{b}_2} + \cdots + \hat{b}_h\frac{\partial f}{\partial \hat{b}_h} + V_i \end{aligned} \tag{6-49}$$

6－49 式的左边可以依据样本观测数据及 b_j（$j=1$，2，…，h）的初始值 $\hat{b}_j^{(0)}$ 计算，记为 Y_i^*，而将右边的 $\frac{\partial f}{\partial \hat{b}_j}$ 记为 Z_j，则 6－49 即成为

$$Y_i^* = \hat{b}_1 Z_{i1} + \hat{b}_2 Z_{i2} + \cdots + \hat{b}_h Z_{ih} + V_i \tag{6-50}$$

对 6－50 式进行估计，可以得到一组参数估计值，记为 $\hat{b}_1^{(1)}$，

$\hat{b}_2^{(1)}$，…，$\hat{b}_h^{(1)}$，但这一组估计值并不一定是所要求的 $\hat{b}_1$，$\hat{b}_2$，…，$\hat{b}_h$。如果 $\hat{b}_1^{(1)}$，$\hat{b}_2^{(1)}$，…，$\hat{b}_h^{(1)}$ 不符合要求，就将其作为 b_j 新的初始值，重复上述过程，直至得到收敛结果为止。所谓收敛结果，是指本次得到的新的参数估计值 $\hat{b}_j^{(L)}$，与上一次得到的参数估计值 $\hat{b}_j^{(L-1)}$ 的相对误差不超过规定标准 EPS。即满足

$$\left|(\hat{b}_j^{(L)}-\hat{b}_j^{(L-1)})\ /\hat{b}_j^{(L-1)}\right|\leqslant EPS \qquad (6-51)$$

6－51 式中 EPS 是事先确定的，一般为 1% 或 5%。

上面的方法称为泰勒级数展开法，又称高斯—牛顿法。这一方法除计算比较复杂外，在应用上还存在以下三个严重缺陷：

第一，模型参数初始估计值难以确定。这一方法的应用是以给出参数的初始估计值为前提的，不仅要给出，而且还要求确定得正确。但模型参数的真实值是未知数，在估计之前对其确定初始值，往往没有可靠的依据，也难以找到可供借鉴的参照。在这种情况下，要么无法确定参数的初始估计值，使这一方法不能应用；要么主观地确定参数的初始估计值，而不论其是否正确。应当指出，如果参数的初始估计值的确定不合适，就可能造成不收敛，或虽收敛但却不收敛于真实结果，主观确定参数初始估计值要冒很大风险。在没有科学依据及确定规则与方法的条件下，参数初始估计值的正确选择几乎是不可能的，从而使这种方法的应用遇到很大障碍。近年虽有些学者提出了改进算法，放宽了对参数初始估计值选择的限制，但还不够成熟，离实用还有距离。

第二，模型参数检验困难。非线性模型参数估计之后，也应当进行检验，但线性回归模型的参数检验方法不适用于非线性回归模型。在非线回归模型（如 6－48 式）中，充当随机误差项的 V_i，既包含样本关系式的随机误差项 ε_i，又包含高阶项，即

$$V_i=\varepsilon_i+\text{高阶项} \qquad (6-52)$$

在对非线性模型的估计中，只能得到 V_i 方差的估计值，而不能单独得到 ε_i 方差的估计值。同时，在 6－52 式中，即使 ε_i 是正

态分布的，V_i 也不是正态分布的，并由此造成模型参数估计值 $\hat{b}_1$，$\hat{b}_2$，…，$\hat{b}_h$ 也不遵从正态分布。在这种情况下，就不能进行 F 检验与 t 检验，从而无法对参数为零的可能性大小做出判断。这时虽然能对最后一次线性过程进行检验，但所得到的 F 检验与 t 检验信息，也只能近似地说明最后一次线性化过程的拟合程度，并且只有当最后的线性化是对非线性模型的合理近似时，这两种检验才有参考价值。

第三，模型应用存在障碍。由于非线性回归模型参数估计的特点及参数检验上的困难，使所建立的非线性回归模型估计式在准确性、可靠性等方面存在一定的不确定因素，使其应用受到很大局限。非线性回归模型估计式也可以用于预测，但由于充当随机误差项的 V_i 不具有零均值、也不遵从正态分布，因而得不到直接计算预测置信区间的解析式，无法确定预测误差，使预测因准确性无从判别而失去意义。

由上述三点可以看出，非线性回归模型虽然可以对客观经济现象给予较为真实和准确的描绘，但因其模型估计技术的不完备及参数检验的困难，给它的应用造成很大的障碍。所以，在一般情况下，人们更愿意用线性回归模型或可线性化的非线性回归模型，用模型估计的精确性弥补模型描绘客观经济现象不精确的缺陷。

第七章　线性回归模型的矩阵方法

利用矩阵方法对经典线性回归模型及其参数估计、参数检验进行描述，较之前面的初等代数方法具有简洁明晰的特点。同时，一个具有k个解释变量的经典线性回归模型的参数估计及检验，一旦利用矩阵方法进行表达，其解答式便可适用于包含任意个数解释变量的模型。

一、线性回归模型的矩阵表达

对于包含 k 个解释变量的经典线性回归模型，设被解释变量为 Y，解释变量为 X_1，X_2，…，X_k，总体容量为 n，随机误差项为 u，则模型的真实总体关系式用初等代数方法可表示为

$$Y_i = b_0 + b_1 X_{i1} + b_2 X_{i2} + \cdots + b_k X_{ik} + u_i \quad (i=1,\ 2,\ \cdots,\ n) \tag{7-1}$$

就 Y 与 X 的数量依存关系而言，对于每一个特定的观测期 i（$i=1$，2，…，n），都有一个类似 7－1 式的方程成立。这样的方程共有 n 个，并可构成一个方程组。即

$$\begin{array}{l} Y_1 = b_0 + b_1 X_{11} + b_2 X_{12} + \cdots + b_k X_{1k} + u_1 \\ Y_2 = b_0 + b_1 X_{21} + b_2 X_{22} + \cdots + b_k X_{2k} + u_2 \\ \vdots \quad \vdots \quad \vdots \quad \vdots \quad \quad \quad \vdots \quad \vdots \\ Y_n = b_0 + b_1 X_{n1} + b_2 X_{n2} + \cdots + b_k X_{nk} + u_n \end{array} \tag{7-2}$$

根据矩阵运算的原理，方程组 7－2 可表达为下面的形式

$$\begin{bmatrix} Y_1 \\ Y_2 \\ \vdots \\ Y_n \end{bmatrix} = \begin{bmatrix} 1 & X_{11} & X_{12} & \cdots & X_{1k} \\ 1 & X_{21} & X_{22} & \cdots & X_{2k} \\ \vdots & \vdots & \vdots & & \vdots \\ 1 & X_{n1} & X_{n2} & \cdots & X_{nk} \end{bmatrix} \begin{bmatrix} b_0 \\ b_1 \\ \vdots \\ b_k \end{bmatrix} + \begin{bmatrix} u_1 \\ u_2 \\ \vdots \\ u_n \end{bmatrix} \tag{7-3}$$

在7－3式中，左边项为一个 n 行一列的矩阵，是被解释变量 Y 的观测值列向量，简记为 Y。右边第一项为两个矩阵的乘积，第一个矩阵有 n 行、$k+1$ 列，其中的第一列表示截距项，其余的 k 列构成 k 个解释变量的 n 个观测值，简记为 X；第二个矩阵有 $k+1$行一列，是未知参数列向量，简记为 B。右边第二项为一个 n 行一列的矩阵，是随机误差项的列向量，简记为 U。由此，7－3式又可表达为

$$\underset{n\times 1}{Y}=\underset{n\times(k+1)}{X}\ \underset{(k+1)\times 1}{B}+\underset{n\times 1}{U} \qquad (7-4)$$

很显然，7－4或与7－2式的区别仅在表达方式上的不同，其实质是完全等价的。7－4式又可简化为

$$Y=XB+U \qquad (7-5)$$

7－5式便是经典线性回归模型的矩阵表达式。

二、经典线性回归模型假设条件的矩阵表示

经典线性回归模型的假设条件已如第二章所述，对其中的主要内容可以用矩阵方法加以表达。

（一）随机误差项 u 均值为零的矩阵表达

在经典线性回归模型中，随机误差项 u_i 的均值（期望值）应为零，即 $E(u_i)=0$。将随机误差项 u 的列向量取期望值，便可得出这一假设条件的矩阵表达形式。即

$$E\begin{bmatrix}u_1\\u_2\\\vdots\\u_n\end{bmatrix}=\begin{bmatrix}E(u_1)\\E(u_2)\\\vdots\\E(u_n)\end{bmatrix}=\begin{bmatrix}0\\0\\\vdots\\0\end{bmatrix} \qquad (7-6)$$

（二）随机误差项 u 齐性方差及无序列相关的矩阵表达

在经典线性回归模型中，随机误差项 u 的方差为一固定常数 σ^2，且不同观测期的随机误差项相互独立。这两个假设条件用代数式表达即为

$$E(u_i^2)=Var(u_i)=\sigma^2 \qquad (i=1,2,\cdots,n) \qquad (7-7)$$

$$E(u_iu_j)=Cov(u_i,u_j)=0 \quad (i\neq j) \tag{7-8}$$

设随机误差项 u_i 的列向量为 U，U 的转置形式为 U'，可建立下式

$$E(UU')=E\begin{bmatrix}u_1\\u_2\\\vdots\\u_n\end{bmatrix}[u_1\ u_2\cdots\ u_n]$$

$$=E\begin{bmatrix}u_1^2 & u_1u_2 & \cdots & u_1u_n\\u_1u_2 & u_2^2 & \cdots & u_2u_n\\\vdots & \vdots & & \vdots\\u_1u_n & u_2u_n & \cdots & u_n^2\end{bmatrix} \tag{7-9}$$

对 7－9 式矩阵中的每一个元素取期望值，得

$$E(UU')=\begin{bmatrix}E(u_1^2) & E(u_1u_2) & \cdots & E(u_1u_n)\\E(u_1u_2) & E(uu_2^2) & \cdots & E(u_2u_n)\\\vdots & \vdots & & \vdots\\E(u_1u_n) & E(u_2u_n) & \cdots & E(u_n^2)\end{bmatrix} \tag{7-10}$$

将 7－7 式与 7－8 式代入 7－10 式，得

$$E(UU')=\begin{bmatrix}\sigma^2 & 0 & \cdots & 0\\0 & \sigma^2 & \cdots & 0\\\vdots & \vdots & & \vdots\\0 & 0 & \cdots & \sigma^2\end{bmatrix}=\sigma^2\begin{bmatrix}1 & 0 & \cdots & 0\\0 & 1 & \cdots & 0\\\vdots & \vdots & & \vdots\\0 & 0 & \cdots & 1\end{bmatrix}=\sigma^2 I \tag{7-11}$$

（三）解释变量不存在多重共线性的矩阵表达

在经典线性回归模型中，解释变量之间不存在多重共线性，即相互间不存在确切的线性相关关系。即不存在一组不全为零的 P_0，P_1，P_2，…，P_k，能使下式成立

$$P_0+P_1X_{i1}+P_2X_{i2}+\cdots+P_kX_{ik}=0 \tag{7-12}$$

则解释变量之间就不存在多重共线性；如果 7－12 式成立，而变量 P_j（$j=0$，1，2，…，k）又不全为零，则解释变量之间便存在多重共线性。当 $P'=[P_0\ P_1\ P_2\ \cdots\ P_k]$，$N=[1\ X_{i1}\ X_{i2}\cdots X_{ik}]'$，7－12 式便可用矩阵表达为

$$P'N=0 \tag{7-13}$$

在 7－13 中，P' 是个一行、$k+1$ 列的行向量，N 是 X 矩阵行向量表达式的转置形式，是个 $k+1$ 行、一列的列向量。因此，7－13 式便成为判别解释变量之间是否存在多重共线性的分析工具。

三、普通最小二乘法的矩阵表达

经典线性回归模型可以直接应用普通最小二乘法进行参数估计。对于包含 k 个解释变量的多元线性回归模型，样本关系式为

$$Y_i=\hat{b}_0+\hat{b}_1X_{i1}+\hat{b}_2X_{i2}+\cdots+\hat{b}_kX_{ik}+\varepsilon_i$$

$$(i=1,\ 2,\ \cdots,\ m) \tag{7-14}$$

7－14 式可用矩阵表示为

$$\begin{bmatrix} Y_1 \\ Y_2 \\ \vdots \\ Y_m \end{bmatrix}=\begin{bmatrix} 1 & X_{11} & X_{12} & \cdots & X_{1k} \\ 1 & X_{21} & X_{22} & \cdots & X_{2k} \\ \vdots & \vdots & \vdots & & \vdots \\ 1 & X_{m1} & X_{m2} & \cdots & X_{mk} \end{bmatrix}\begin{bmatrix} \hat{b}_0 \\ \hat{b}_1 \\ \vdots \\ \hat{b}_k \end{bmatrix}+\begin{bmatrix} \varepsilon_1 \\ \varepsilon_2 \\ \vdots \\ \varepsilon_m \end{bmatrix} \tag{7-15}$$

7－15 式又可简记为

$$\underset{m\times1}{Y}=\underset{m\times(k+1)}{X}\ \underset{(k+1)\times1}{\hat{B}}+\underset{m\times1}{\varepsilon} \tag{7-16}$$

7－16 式中，$\hat{B}$ 为模型参数最小二乘估计量列向量（$k+1$ 行、一列），ε 为随机误差项列向量（m 行、一列），列向量 Y 及矩阵 X 与 7－4 式中的 Y 及 X 的含义相似。

根据普通最小二乘法的基本思路，线性回归模型的参数估计量，应通过样本关系式随机误差项平方和的最小化得出。在 7－14 中，随机误差项为 ε_i，其平方和为

$$\sum_{i=1}^{m}\varepsilon_i^2=\sum_{i=1}^{m}[Y_i-(\hat{b}_0+\hat{b}_1X_{i1}+\hat{b}_2X_{i2}+\cdots+\hat{b}X_{ik})]^2 \tag{7-17}$$

7－17 式又可以表达为矩阵形式

$$\varepsilon'\varepsilon=[\varepsilon_1\ \varepsilon_2\cdots\ \varepsilon_m]\begin{bmatrix}\varepsilon_1\\ \varepsilon_2\\ \vdots\\ \varepsilon_m\end{bmatrix}=\sum_{i=1}^{m}\varepsilon_i^2 \tag{7-18}$$

由 7－16 式可得

$$\varepsilon=Y-X\hat{B} \tag{7-19}$$

将 7－19 式代入 7－18 式，得

$$\varepsilon'\varepsilon=(Y-X\hat{B})'(Y-X\hat{B}) \tag{7-20}$$

依据矩阵转置的性质及 $\hat{B}'X'Y$ 为实数，有 $(X\hat{B})'=\hat{B}'X'$，以及 $\hat{B}'X'Y=Y'X\hat{B}$成立。由此，7－20 式又可表达为

$$\varepsilon'\varepsilon=Y'Y-\hat{B}'X'Y \tag{7-21}$$

7－21 式为 7－17 式的矩阵表达形式。最小二乘法就在于求出的模型参数估计值能使 7－21 式达到最小（亦即使 7－17 式达到最小）。7－17 式的最小化，可以通过分别对 $\hat{b}_0$，$\hat{b}_1$，$\hat{b}_2$，…，$\hat{b}_k$ 求偏导并令其为零来实现。这一过程可构建由 $k+1$ 个方程组成的求解参数的正规方程组。即

$$\begin{aligned}
&m\hat{b}_0+\hat{b}_1\sum_{i=1}^{m}X_{i1}+\hat{b}_2\sum_{i=1}^{m}X_{i2}+\cdots+\hat{b}_k\sum_{i=1}^{m}X_{ik}=\sum_{i=1}^{m}Y_i\\
&\hat{b}_0\sum_{i=1}^{m}X_{i1}+\hat{b}_1\sum_{i=1}^{m}X_{i1}^2+\hat{b}_2\sum_{i=1}^{m}X_{i1}X_{i2}+\cdots+\hat{b}_k\sum_{i=1}^{m}X_{i1}X_{ik}=\sum_{i=1}^{m}Y_iX_{i1}\\
&\hat{b}_0\sum_{i=1}^{m}X_{i2}+\hat{b}_1\sum_{i=1}^{m}X_{i1}X_{i2}+\hat{b}_2\sum_{i=1}^{m}X_{i2}^2+\cdots+\hat{b}_k\sum_{i=1}^{m}X_{i2}X_{ik}=\sum_{i=1}^{m}Y_iX_{i2}\\
&\quad\vdots\qquad\qquad\vdots\qquad\qquad\vdots\qquad\qquad\qquad\vdots\qquad\qquad\vdots\\
&\hat{b}_0\sum_{i=1}^{m}X_{ik}+\hat{b}_1\sum_{i=1}^{m}X_{i1}X_{ik}+\hat{b}_2\sum_{i=1}^{m}X_{i2}X_{ik}+\cdots+\hat{b}_k\sum_{i=1}^{m}X_{ik}^2=\sum_{i=1}^{m}Y_iX_{ik}
\end{aligned} \tag{7-22}$$

7－22式又可用矩阵表达为

$$
\begin{bmatrix}
m & \sum_{i=1}^{m}X_{i1} & \sum_{i=1}^{m}X_{i2} & \cdots & \sum_{i=1}^{m}X_{ik} \\
\sum_{i=1}^{m}X_{i1} & \sum_{i=1}^{m}X_{i1}^{2} & \sum_{i=1}^{m}X_{i1}X_{i2} & \cdots & \sum_{i=1}^{m}X_{i1}X_{ik} \\
\sum_{i=1}^{m}X_{i2} & \sum_{i=1}^{m}X_{i1}X_{i2} & \sum_{i=1}^{m}X_{i2}^{2} & \cdots & \sum_{i=1}^{m}X_{i2}X_{ik} \\
\vdots & \vdots & \vdots & & \vdots \\
\sum_{i=1}^{m}X_{ik} & \sum_{i=1}^{m}X_{i1}X_{ik} & \sum_{i=1}^{m}X_{i2}X_{ik} & \cdots & \sum_{i=1}^{m}X_{ik}^{2}
\end{bmatrix}
\begin{bmatrix}
\hat{b}_0 \\ \hat{b}_1 \\ \hat{b}_2 \\ \vdots \\ \hat{b}_k
\end{bmatrix}
=
\begin{bmatrix}
1 & 1 & \cdots & 1 \\
X_{11} & X_{21} & \cdots & X_{m1} \\
X_{12} & X_{22} & \cdots & X_{m2} \\
\vdots & \vdots & & \vdots \\
X_{1k} & X_{2k} & \cdots & X_{mk}
\end{bmatrix}
\begin{bmatrix}
Y_1 \\ Y_2 \\ Y_3 \\ \vdots \\ Y_m
\end{bmatrix}
\tag{7－23}
$$

在7－23式中，左边是两个矩阵的乘积，第一个矩阵有 $k+1$ 行及 $k+1$ 列，是由7－16式中 X 矩阵的转置形式与它自身的乘积；第二个矩阵是模型参数估计量的列向量，有 $k+1$ 行、一列。右边也是两个矩阵的乘积，第一个矩阵是7－16式中 X 矩阵的转置形式，有 $k+1$ 行、m 列；第二个矩阵为被解释变量观测值的列向量，有 m 行、一列。因此，7－23式又可表达为

$$(X'X)\hat{B}=X'Y \tag{7－24}$$

对于7－24式，$(X'X)$ 及 $(X'Y)$ 为已知量，$\hat{B}$ 为未知量。如果 $(X'X)$ 的逆矩阵 $(X'X)^{-1}$ 存在，可对7－24式两边同乘 $(X'X)^{-1}$，得

$$(X'X)^{-1}(X'X)\hat{B}=(X'X)^{-1}X'Y \tag{7－25}$$

但因 $(X'X)^{-1}(X'X)=I$，为 $k+1$ 行、$k+1$ 列的单位矩阵，故7－25式即可表达为

$$I\hat{B}=(X'X)^{-1}X'Y \tag{7－26}$$

或

$$\underset{(k+1)\times 1}{\hat{B}}=\underset{(k+1)\times(k+1)}{(X'X)^{-1}}\ \underset{(k+1)\times m}{X'}\ \underset{m\times 1}{Y} \tag{7－27}$$

7－27 式即为普通最小二乘法的矩阵表达。该式表明未知参数向量 $\hat{B}$ 可以用已知资料进行估计。

根据定义，$\hat{B}$ 的方差——协方差可由下式计算

$$Var-Cov(\hat{B}) = E\{[\hat{B}-E(\hat{B})][\hat{B}-E(\hat{B})]'\} \tag{7-28}$$

7－28 式右边又可用矩阵表达为

$$\begin{bmatrix} Var(\hat{b}_0) & Cov(\hat{b}_0,\hat{b}_1) & Cov(\hat{b}_0,\hat{b}_2) & \cdots & Cov(\hat{b}_0,\hat{b}_k) \\ Cov(\hat{b}_1,\hat{b}_0) & Var(\hat{b}_1) & Cov(\hat{b}_1,\hat{b}_2) & \cdots & Cov(\hat{b}_1,\hat{b}_k) \\ Cov(\hat{b}_2,\hat{b}_0) & Cov(\hat{b}_2,\hat{b}_1) & Var(\hat{b}_2) & \cdots & Cov(\hat{b}_2,\hat{b}_k) \\ \vdots & \vdots & \vdots & & \vdots \\ Cov(\hat{b}_k,\hat{b}_0) & Cov(\hat{b}_k,\hat{b}_1) & Cov(\hat{b}_k,\hat{b}_2) & \cdots & Var(\hat{b}_k) \end{bmatrix} \tag{7-29}$$

若设模型总体关系式随机误差项的方差为固定常数 σ^2，则7－29 式可用下式求得

$$Var-Cov(\hat{B}) = \sigma^2 (X'X)^{-1} \tag{7-30}$$

在 7－30 式中，σ^2 为未知量，可用样本关系式随机误差项的方差进行估计。即

$$\begin{aligned} \hat{\sigma}^2 &= (\sum_{i=1}^{m}\varepsilon_i^2)/(m-k-1) \\ &= (\varepsilon'\varepsilon)/(m-k-1) \end{aligned} \tag{7-31}$$

四、可决系数计算的矩阵表达

可决系数 R^2 是衡量线性回归模型拟合优度的统计量。按5－9式，R^2 可用参数估计值、被解释变量及解释变量的离差进行计算。即

$$\begin{aligned} R^2 &= (\hat{b}_1\sum_{i=1}^{m}x_{i1}y_i + \hat{b}_2\sum_{i=1}^{m}x_{i2}y_i + \cdots + \hat{b}_k\sum_{i=1}^{m}x_{ik}y_i)/\sum_{i=1}^{m}y_i^2 \\ &= \sum_{j=1}^{k}[\hat{b}_j(\sum_{i=1}^{m}x_{ij}y_i)]/\sum_{i=1}^{m}y_i^2 \end{aligned}$$

对于上式中的分母及分子，分别有

$$\sum_{j=1}^{m} y_i^2 = \sum_{j=1}^{k} (Y_i - \overline{Y})^2 = Y'Y - m\,\overline{Y}^2 \qquad (7-32)$$

$$\sum_{j=1}^{k} [\hat{b}_j (\sum_{i=1}^{m} x_{ij} y_i)] = \hat{B}'X'Y - m\,\overline{Y}^2 \qquad (7-33)$$

将 7－32 式及 7－33 式代入 R^2 的计算公式中，得

$$R^2 = (\hat{B}'X'Y - m\,\overline{Y}^2) / (Y'Y - m\,\overline{Y}^2) \qquad (7-34)$$

7－34 式即为可决系数 R^2 的矩阵表达式。

五、方差分析的矩阵表达

方差分析是对被解释变量变动程度及其原因所做的分析，它是对线性回归模型估计式进行检验的一项基础工作。第五章已对方差分析的计算方法用表格形式详细列示，这些计算方法亦可用矩阵进行表达如表 7-1。

表 7-1　　矩阵式方差分析表

来　源	平方和	自由度	方　差
回归差	$U = \hat{B}'X'Y - m\,\overline{Y}^2$	k	$(\hat{B}'X'Y - m\,\overline{Y}^2)/k$
残　差	$Q = Y'Y - \hat{B}'X'Y$	$m-k-1$	$(Y'Y - \hat{B}'X'Y)/(m-k-1)$
总离差	$S_{YY} = Y'Y - m\,\overline{Y}^2$	$m-1$	

表 7-1 中，m 为样本观测值的个数（即样本容量），k 为线性回归模型中解释变量的个数。

如果多元线性回归模型总体关系式的随机误差项服从正态分布，便可进行 F 检验。F 统计量为两个方差之比，即

$$F = \frac{U/k}{Q/(m-k-1)}$$

$$= \frac{(\hat{B}'X'Y - m\,\overline{Y}^2)/k}{(Y'Y - \hat{B}'X'Y)/(m-k-1)} \qquad (7-35)$$

7－35 式服从自由度为 k 及（$m-k-1$）的 F 分布。计算出 F 值之后，从 F 分布表中查自由度分别为 k 及（$m-k-1$）、显著水平为 α 的临界值 F_0，并进行比较。若 $F > F_0$，表明解释变量的

参数估计值同时为零的可能性小；若 $F<F_0$，则表明解释变量参数估计值同时为零的可能性大。

在可决系数 R^2 已经用 7－34 式求出的情况下，便可依据5－13 式用 R^2 直接计算 F 统计值，从而省去繁杂的计算过程。

$$F=\left(\frac{m-k-1}{k}\right)\left(\frac{R^2}{1-R^2}\right)$$

若可决系数 R^2 为已知，R^2 的值也可用于方差分析，并使其计算过程简化。表 7－2 是利用 R^2 列示的方差分析计算方法。

表 7-2　　利用 R^2 的矩阵式方差分析表

来　源	平方和	自由度	方　差
回归差	$U=R^2(Y'Y-m\overline{Y}^2)$	k	$R^2(Y'Y-m\overline{Y}^2)/k$
残　差	$Q=(1-R^2)(Y'Y-m\overline{Y}^2)$	$m-k-1$	$(1-R^2)(Y'Y-m\overline{Y}^2)/(m-k-1)$
总离差	$S_{YY}=Y'Y-m\overline{Y}^2$	$m-1$	

六、离差模型的矩阵表达

包含 k 个解释变量的多元线性回归模型，如果用离差形式表达，可以消去截距项，并给参数估计及模型检验带来很多方便。对于真实总体关系式 7－1 式其离差形式为

$$y_i=b_1x_{i1}+b_2x_{i2}+\cdots+b_kx_{ik}+u_i$$

$$(i=1,\ 2,\ \cdots,\ n)\quad(7-36)$$

7－36 式描述了 Y 与 X 的数量依存关系，对于每一个特定的观测期，都有一个类似于 7－36 式的方程成立。观测期有 n 个，这样的方程也有 n 个。即

$$\begin{aligned}y_1&=b_1x_{11}+b_2x_{12}+\cdots+b_kx_{1k}+u_1\\y_2&=b_1x_{21}+b_2x_{22}+\cdots+b_kx_{2k}+u_2\\&\vdots\\y_n&=b_1x_{n1}+b_2x_{n2}+\cdots+b_kx_{nk}+u_n\end{aligned}\quad(7-37)$$

根据矩阵运算原理，7－37 式又可表达为

$$\begin{bmatrix} y_1 \\ y_2 \\ \vdots \\ y_n \end{bmatrix} = \begin{bmatrix} x_{11} & x_{12} & \cdots & x_{1k} \\ x_{21} & x_{22} & \cdots & x_{2k} \\ \vdots & \vdots & & \vdots \\ x_{n1} & x_{n2} & \cdots & x_{nk} \end{bmatrix} \begin{bmatrix} b_1 \\ b_2 \\ \vdots \\ b_k \end{bmatrix} + \begin{bmatrix} u_1 \\ u_2 \\ \vdots \\ u_n \end{bmatrix} \tag{7-38}$$

在 7－38 式中，左边项是被解释变量离差组成的列向量，有 n 行、一列，简记为 Y。右边第一项是两个矩阵的乘积，第一个矩阵由解释变量的离差构成，有 n 行 k 列，简记为 X；第二个矩阵是未知参数列向量，有 k 行一列，简记为 B。右边第二项是随机误差项列向量，有 n 行一列，简记为 U。由此，7－38 式即可表达为

$$\underset{n\times1}{Y} = \underset{n\times k}{X}\ \underset{k\times1}{B} + \underset{n\times1}{U} \tag{7-39}$$

对于样本关系式 7－14 式，其离差形式为

$$y_i = \hat{b}_1 x_{i1} + \hat{b}_2 x_{i2} + \cdots + \hat{b}_k x_{ik} + \varepsilon_i \quad (i=1,\ 2,\ \cdots,\ m) \tag{7-40}$$

依据样本观测数据，同样可列出类似于 7－37 式的方程组。即

$$\begin{aligned} y_1 &= \hat{b}_1 x_{11} + \hat{b}_2 x_{12} + \cdots + \hat{b}_k x_{1k} + \varepsilon_1 \\ y_2 &= \hat{b}_1 x_{21} + \hat{b}_2 x_{22} + \cdots + \hat{b}_k x_{2k} + \varepsilon_2 \\ &\ \ \vdots \\ y_m &= \hat{b}_1 x_{m1} + \hat{b}_2 x_{m2} + \cdots + \hat{b}_k x_{mk} + \varepsilon_m \end{aligned} \tag{7-41}$$

对 7－41 式用矩阵形式表达，即为

$$\begin{bmatrix} y_1 \\ y_2 \\ \vdots \\ y_m \end{bmatrix} = \begin{bmatrix} x_{11} & x_{12} & \cdots & x_{1k} \\ x_{21} & x_{22} & \cdots & x_{2k} \\ \vdots & \vdots & & \vdots \\ x_{m1} & x_{m2} & \cdots & x_{mk} \end{bmatrix} \begin{bmatrix} \hat{b}_1 \\ \hat{b}_2 \\ \vdots \\ \hat{b}_k \end{bmatrix} + \begin{bmatrix} \varepsilon_1 \\ \varepsilon_2 \\ \vdots \\ \varepsilon_m \end{bmatrix} \tag{7-42}$$

7－42 式亦可简记为类似于 7－39 式的形式，即

$$\underset{m\times1}{Y} = \underset{m\times k}{X}\ \underset{k\times1}{\hat{B}} + \underset{m\times1}{\varepsilon} \tag{7-43}$$

7－38 式与 7－3 式相比，Y 矩阵均为 n 行一列，只是前者元素由离差构成，而后者元素由原始观测值构成；X 矩阵前者为 n 行 k 列，后者为 n 行 $k+1$ 列，前者元素由离差构成，后者元素由原始观测值构成；B 矩阵前者为 k 行一列，后者为 $k+1$ 行一列；U 矩阵均为 n 行一列。再将 7－42 式与 7－15 式比较，它们也具有类似的相同点和差异。应当指出，Y 矩阵与 X 矩阵元素构成的差异，来源于模型中变量观测数据使用方法的不同，7－3 式使用原始观测数据，而 7－38 式使用观测数据的离差；X 矩阵与 B 矩阵在列及行的差异，来源于模型中有无截距项，7－3 式存在截距项，X 矩阵要多元素为 1 的列，B 矩阵也相应多元素为 b_0 的行。

依据上述对使用原始观测数据表达的 k 个解释变量的线性回归模型的矩阵方法，可以对其离差形式的模型进行类似的推演。对于包含 k 个解释变量、用离差形式表达的线性回归模型 7－40 式，相关内容的矩阵表达可综合如下：

模型表达式 $$Y = X\hat{B} + \varepsilon \quad (7-44)$$

参数估计值表达式 $$\underset{k\times 1}{\hat{B}} = \underset{k\times k}{(X'X)^{-1}}\underset{k\times m}{X'}\underset{m\times 1}{Y} \quad (7-45)$$

参数估计值方差—协方差表达式

$$Var-Cov\ (\hat{B}) = \sigma^2\ (X'X)^{-1} \quad (7-46)$$

随机误差 ε_i 平方和表达式 $$\sum_{i=1}^{m}\varepsilon_i^2 = \varepsilon'\varepsilon = Y'Y - \hat{B}'X'Y \quad (7-47)$$

离差平方和表达式 $$S_{YY} = \sum_{i=1}^{m} y_i^2 = Y'Y \quad (7-48)$$

回归差平方和表达式 $$U = \hat{B}'X'Y \quad (7-49)$$

可决系数表达式 $$R^2 = (\hat{B}'X'Y)\ /\ (Y'Y) \quad (7-50)$$

将包含 k 个解释变量的原始数据模型与离差数据模型的对应矩阵表达式列入表 7-3，可直观对比其异同。

表 7-3　k 个解释变量的原始数据模型与离差数据模型

原始观测数据模型	离差数据模型
$Y=X\hat{B}+\varepsilon$	$Y=X\hat{B}+\varepsilon$
$\hat{B}=(X'X)^{-1}X'Y$	$\hat{B}=(X'X)^{-1}X'Y$
$Var-Cov(\hat{B})=\sigma^2(X'X)^{-1}$	$Var-Cov(\hat{B})=\sigma^2(X'X)^{-1}$
$\varepsilon'\varepsilon=Y'Y-\hat{B}'X'Y$	$\varepsilon'\varepsilon=Y'Y-\hat{B}'X'Y$
$S_{YY}=\sum_{i=1}^{m}(Y_i-\overline{Y})^2=Y'Y-m\overline{Y}^2$	$S_{YY}=\sum_{i=1}^{m}Y_i^2=Y'Y$
$U=\hat{B}'X'Y-m\overline{Y}^2$	$U=\hat{B}'X'Y$
$R^2=(\hat{B}'X'Y-m\overline{Y}^2)/(Y'Y-m\overline{Y}^2)$	$R^2=(\hat{B}'X'Y)/(Y'Y)$

由表 7-3 可看出，前四行的对应矩阵表达式在形式上完全相同，第五行和第六行的矩阵表达式要相差一项 $m\overline{Y}^2$，第七行的矩阵表达式分子、分母都要相差一项 $m\overline{Y}^2$。在这里有两个问题应当注意。一是表 7-3 左右两边对应的变量使用了相同的矩阵符号，但它们在内涵上是有区别的；左边的 Y 矩阵与 X 矩阵使用的是原始观测数据，而右边的 Y 矩阵与 X 矩阵使用的是离差数据；左边的 X 矩阵要比右边的 X 矩阵多一列，左边的 B 矩阵要比右边的 B 矩阵多一行。二是由于左边的 Y 矩阵使用了被解释变量的原始观测值，所以凡涉及其离差的计算时，在相应的矩阵表达式中都要减去平均数的修正数 $m\overline{Y}^2$；而右边的 Y 矩阵直接使用了被解释变量的离差，故凡涉及离差计算时，便不必进行修正。

第二篇

违背经典假设的单一方程模型

第八章　随机误差项的异方差

一、随机误差项的异方差

对于线性回归模型的真实总体关系式

$$Y_i = b_0 + b_1X_{i1} + b_2X_{i2} + \cdots + b_kX_{ik} + u_i \quad (i=1, 2, \cdots, n) \quad (8-1)$$

如果属于经典的模型，就有一个重要的假定：在解释变量确定的条件下，随机误差项 u_i 的方差为一个固定的常数σ^2。这一假定要求对于任何不同的 X_{ij}（$i=1, 2, \cdots, n$；$j=1, 2, \cdots, k$），随机误差项 u_i 的离散度都是相同的。这一假定在计量经济学中称为随机误差项的同方差假定，亦称为齐性方差假定。以一元线性回归模型

$$Y_i = b_0 + b_1X_i + u_i \quad (i=1, 2, \cdots, n) \quad (8-2)$$

为例，同方差的假定便意味着，对于任何一个 X_i（$i=1, 2, \cdots, n$），u_i 都具有相同的方差σ^2。用数学公式表达即为

$$Var(u_i) = E(u_i^2) = \sigma^2 \quad (i=1, 2, \cdots, n) \quad (8-3)$$

随机误差项的同方差可以用图形直观示意。对于8－3式可用图8-1表达。在图8-1中，当解释变量 X 分别为X_1,X_2,X_3时，被解释变量 Y_i 的条件方差完全相同，由于 Y_i 的条件方差与 u_i 的条件方差相等，故随机误差项 u_i 的条件方差亦完全相同。

对于 8－1 式，如果随机误差项 u_i 的条件方差为一个变动的量，即 u_i 的方差随X_{ij}的变化而变化，便称随机误差项 u_i 具有异方差性，或谓随机误差项 u_i 具有异方差。当随机误差项 u_i 具有异方差时，就表示对于不同的 X_{ij}，随机误差项 u_i 的离散度是不

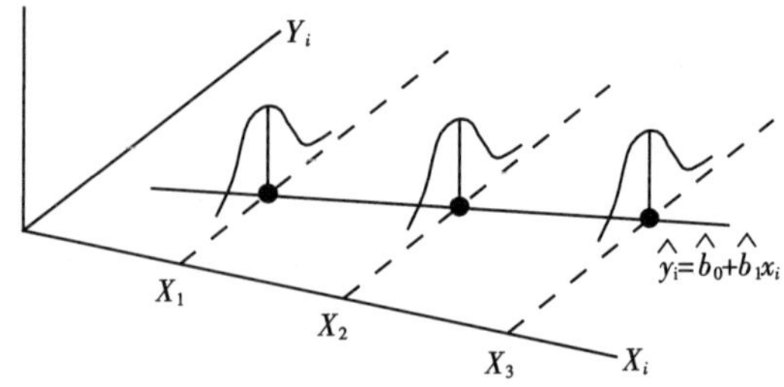

图 8-1 随机误差项的同方差性

相同的。仍以一元线性回归模型 8－2 式为例，随机误差项 u_i 的异方差可用公式表达为

$$Var(u_i)=E(u_i^2)=\sigma_{u_i}^2 \qquad (i=1,2,\cdots,n) \quad (8-4)$$

随机误差项的异方差也可以用图形示意。对于 8－4 式，可用图 8-2、8-3、8-4 表达。

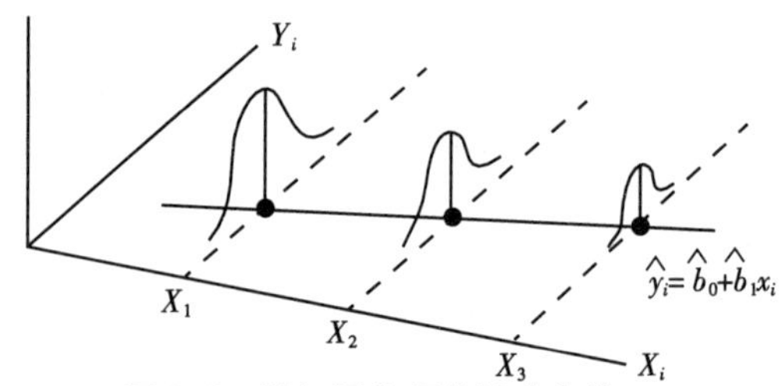

图 8-2 随机误差项的渐减方差

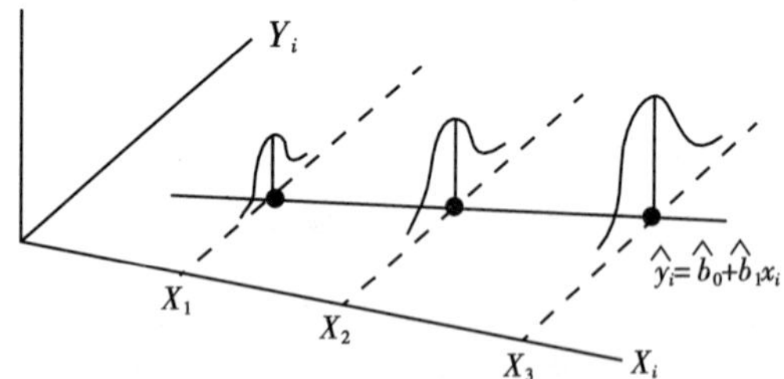

图 8-3 随机误差项的渐增方差

这三个图依次表示随着解释变量 X 的增加，被解释变量 Y_i 的

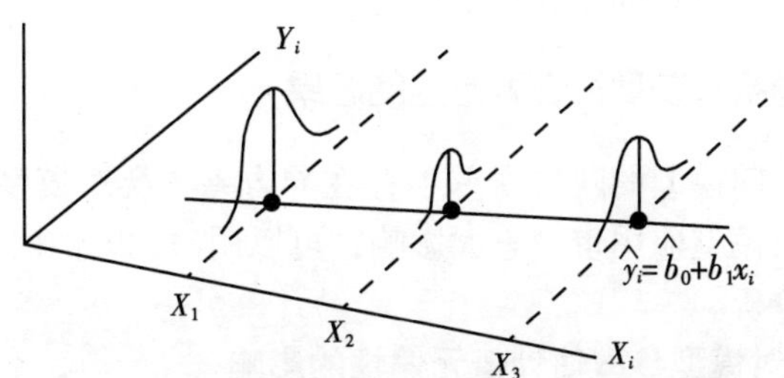

图 8-4 随机误差项的无规律变动方差

条件方差呈现渐减、渐增和无规律变化的情况。由于随机误差项 u_i 的条件方差与被解释变量 Y_i 的条件方差相等，这三个图亦分别显示出随机误差项 u_i 的方差随解释变量 X 的增加而出现渐减、渐增和无规律变化的三种类型。随机误差项的条件方差会发生变化的模型称为异方差模型，异方差模型不满足经典线性回归模型的假定条件，不能直接利用普通最小二乘法对其参数进行估计。

由图 8-2、8-3、8-4 可看出，随机误差项 u_i 的异方差，表现为其条件方差随解释变量 X 的变动而有规律或无规律地变化，与解释变量 X 存在某种函数关系，这种函数关系可以表达为

$$\sigma_{u_i}^2=f(X_i) \qquad (i=1,2,\cdots,n) \qquad (8-5)$$

在计量经济模型中，随机误差 u 包含很多因素，既有解释变量的测定误差（虽假设不存在测定误差，但实际上不可避免），也包括省略的影响因素，还包括不可测定的因素、随机干扰因素等。由于随机误差项构成的复杂性，它们在不同观测期的离散度也往往不同，很难保持始终不变，一般会随解释变量的变化而变化。在某些场合，这种离散度的变化出现极大的随机性，无规律可循。从这个意义上讲，线性回归模型中随机误差项的异方差问题具有普遍性，尤其在使用截面数据资料时，经常会遇到随机误差项的异方差问题。因为各截面样本的主体（如省、县、乡、企业、家庭等）的情况差异很大，使用差异很大的不同主体的某一经济指标数据作经济变量的数量关系分析，各样本主体的差异必然在随机误差项中反

映出来。对于不同的观测期，随机误差项的离散程度也相应表现出较大差异，异方差问题亦随之产生。

二、随机误差项存在异方差的后果

线性回归模型的随机误差项存在异方差，会对模型参数估计、模型检验及模型应用带来重大影响，可以用一元线性回归模型对其影响进行分析。

（一）对模型参数估计值无偏性的影响

对于一元线性回归模型 8-2 式，设样本容量为 m，X_i 的离差为 x_i（$=X_i-\bar{X}$），Y_i 的离差为 y_i（$=Y_i-\bar{Y}$），则参数 b_1 的最小二乘估计值 $\hat{b}_1$ 为

$$\begin{aligned}\hat{b}_1 &= \sum_{i=1}^{m} x_i y_i / \sum_{i=1}^{m} x_i^2 \\ &= b_1 + \sum_{i=1}^{m} x_i u_i / \sum_{i=1}^{m} x_i^2 \end{aligned} \tag{8-6}$$

对 8-6 式两边同时取期望值，得

$$\begin{aligned}E(\hat{b}_1) &= E\left(b_1 + \sum_{i=1}^{m} x_i u_i / \sum_{i=1}^{m} x_i^2\right) \\ &= b_1 + E\left(\sum_{i=1}^{m} x_i u_i / \sum_{i=1}^{m} x_i^2\right) \end{aligned} \tag{8-7}$$

在线性回归模型中，通常有解释变量 X 与随机误差项 u 相互独立的假定，若这一假定成立，则上式中的第二项为

$$E\left(\sum_{i=1}^{m} x_i u_i / \sum_{i=1}^{m} x_i^2\right) = \sum_{i=1}^{m} [E(x_i u_i)] / \sum_{i=1}^{m} x_i^2 = 0$$

将上面的结果代入 8-7 式中，得

$$E(\hat{b}_1) = b_1 \tag{8-8}$$

同理，对参数 b_0 的最小二乘估计值 $\hat{b}_0$ 也有类似的结果。由此可以看出，随机误差项存在异方差，并不影响模型参数最小二乘估计值的无偏性。出现这一结果也是很自然的，因为在推导参数最小二乘估计式时，只对解释变量与随机误差的相互独立做了假定，并未要求随机误差项一定要具有齐性方差。

（二）对模型参数估计值有效性的影响

对于一元线性回归模型 8-2 式，解释变量 X 的参数 b_1 的最

小二乘估计值 $\hat{b}_1$ 为

$$\hat{b}_1=\sum_{i=1}^{m}x_iy_i/\sum_{i=1}^{m}x_i^2 \qquad (i=1，2，\cdots，m)$$

上式中，$y_i=b_1x_i+u_i$，再令 $W_i=x_i/\sum_{i=1}^{m}x_i^2$，则 $\hat{b}_1$ 又可表达为

$$\begin{aligned}\hat{b}_1&=\sum_{i=1}^{m}W_iy_i\\&=\sum_{i=1}^{m}W_i(b_1x_i+u_i)\end{aligned} \tag{8-9}$$

对 8－9 式两边同时取期望值，得

$$\begin{aligned}E(\hat{b}_1)&=E\left[\sum_{i=1}^{m}W_i(b_1x_i+u_i)\right]\\&=E\left(b_1\sum_{i=1}^{m}W_ix_i\right)+E\left(\sum_{i=1}^{m}W_iu_i\right)\\&=b_1\sum_{i=1}^{m}W_ix_i\end{aligned} \tag{8-10}$$

按线性回归模型参数估计值无偏性的要求，$E(\hat{b}_1)=b_1$ 即

$$E(\hat{b}_1)=b_1\sum_{i=1}^{m}W_ix_i=b_1$$

由此可得

$$\sum_{i=1}^{m}W_ix_i=1 \tag{8-11}$$

依据变量方差的计算公式，参数估计值 $\hat{b}_1$ 的方差为

$$\begin{aligned}Var(\hat{b}_1)&=E\left[\sum_{i=1}^{m}W_iy_i-E\left(\sum_{i=1}^{m}W_iy_i\right)\right]^2\\&=E\left\{\sum_{i=1}^{m}W_i\left[y_i-E(y_i)\right]\right\}^2\\&=E\left[\sum_{i=1}^{m}W_i(y_i-\hat{y}_i)\right]^2\end{aligned}$$

但 $y_i-\hat{y}_i=u_i$，故有

$$\begin{aligned}Var(\hat{b}_1)&=E\left(\sum_{i=1}^{m}W_iu_i\right)^2\\&=E(W_1u_1+W_2u_2+\cdots+W_mu_m)^2\\&=E\left(\sum_{i=1}^{m}W_i^2u_i^2\right)+2E\left(\sum_{i\neq j}W_iW_ju_iu_j\right)\end{aligned} \tag{8-12}$$

如果不同观测期的随机误差项相互独立，即当 $i \neq j$ 时，u_i 与 u_j 不相关，则 8－12 式中的第二项应当为零，亦即

$$2E\left(\sum_{i \neq j} W_i W_j u_i u_j\right)=0$$

故又有

$$\begin{aligned} Var(\hat{b}_1) &= E\left(\sum_{i=1}^{m} W_i^2 u_i^2\right) \\ &= \sum_{i=1}^{m}\left[W_i^2 E(u_i^2)\right] \\ &= \sum_{i=1}^{m} W_i^2 \sigma_{u_i}^2 \end{aligned} \tag{8-13}$$

回归模型参数估计值是否有效，主要视其方差是否具有最小值。如果参数估计值的方差能达到最小，它便是一个有效的估计量。否则，其有效性就要受到影响。对于一元线性回归模型的参数估计值 $\hat{b}_1$，若是一个有效的估计量，就应当在满足无偏性（即满足 $(\sum_{i=1}^{m} W_i x_i=1)$ 条件下，使 $Var(\hat{b}_1)$ 达到极小。这一问题可用拉格朗日乘数法则求出 $\hat{b}_1$ 的方差表达式进行分析。依据分析的问题，相应的拉格朗日函数为

$$G=\sum_{i=1}^{m} W_i^2 \sigma_{u_i}^2-\lambda_1 \sum_{i=1}^{m} W_i-\lambda_2\left(\sum_{i=1}^{m} W_i x_i-1\right) \tag{8-14}$$

利用 8－14 式分别对 W_i，λ_1，λ_2 求偏导，并令偏导函数为零，可得

$$\begin{cases} 2W_i \sigma_{u_i}^2-\lambda_1-\lambda_2 x_i=0 & (i=1,2,\cdots,m) \quad (8-15) \\ \sum_{i=1}^{m} W_i=0 & (i=1,\ 2,\ \cdots,\ m) \quad (8-16) \\ \sum_{i=1}^{m} W_i x_i-1=0 & (i=1,\ 2,\ \cdots,\ m) \quad (8-17) \end{cases}$$

令 $h_i=1/\sigma_{u_i}^2$，可由上面的 $k+2$（k 为回归模型中解释变量的个数）个方程求得 W_i，λ_1 和 λ_2。由 8－15 式可得

$$W_i=\left(\lambda_1 h_i+\lambda_2 h_i x_i\right)/2 \quad (i=1,\ 2,\ \cdots,\ m) \tag{8-18}$$

对 8－18 式两边同时按样本容量求和，得

$$\sum_{i=1}^{m} W_i = (\lambda_1 \sum_{i=1}^{m} h_i + \lambda_2 \sum_{i=1}^{m} h_i x_i) / 2 \quad (i=1, 2, \cdots, m) \quad (8-19)$$

对 8－19 式两边同乘 x_i，得

$$\sum_{i=1}^{m} W_i x_i = (\lambda_1 \sum_{i=1}^{m} h_i x_i + \lambda_2 \sum_{i=1}^{m} h_i x_i^2) / 2 \quad (8-20)$$

因为$\sum_{i=1}^{m} W_i = 0$，$\sum_{i=1}^{m} W_i x_i = 1$，故有下面的联立方程组成立

$$\begin{cases} (\lambda_1 \sum_{i=1}^{m} h_i + \lambda_2 \sum_{i=1}^{m} h_i x_i) / 2 = 0 \\ (\lambda_1 \sum_{i=1}^{m} h_i x_i + \lambda_2 \sum_{i=1}^{m} h_i x_i^2) / 2 = 1 \end{cases} \quad (8-21)$$

解联立方程组 8－21 式，得出

$$\lambda_1 = -2 \sum_{i=1}^{m} h_i x_i / [(\sum_{i=1}^{m} h_i)(\sum_{i=1}^{m} h_i x_i^2) - (\sum_{i=1}^{m} h_i x_i)^2] \quad (8-22)$$

$$\lambda_2 = 2 \sum_{i=1}^{m} h_i / [(\sum_{i=1}^{m} h_i)(\sum_{i=1}^{m} h_i x_i^2) - (\sum_{i=1}^{m} h_i x_i)^2] \quad (8-23)$$

将 8－22 式及 8－23 式代入 8－18 式，得

$$W_i = \frac{-h_i(\sum_{i=1}^{m} h_i x_i) + h_i x_i (\sum_{i=1}^{m} h_i)}{(\sum_{i=1}^{m} h_i)(\sum_{i=1}^{m} h_i x_i^2) - (\sum_{i=1}^{m} h_i x_i)^2} \quad (8-24)$$

将 8－24 式代入 8－13 式，可得出的 $\hat{b}_1$ 的方差表达式

$$Var(\hat{b}_1) = \sum_{i=1}^{m} h_i / [(\sum_{i=1}^{m} h_i)(\sum_{i=1}^{m} h_i x_i^2) - (\sum_{i=1}^{m} h_i x_i)^2] \quad (8-25)$$

同理，可推得 $\hat{b}_0$ 的方差表达式为

$$Var(\hat{b}_0) = \sum_{i=1}^{m} h_i x_i / [(\sum_{i=1}^{m} h_i)(\sum_{i=1}^{m} h_i x_i^2) - (\sum_{i=1}^{m} h_i x_i)^2] \quad (8-26)$$

从一元线性回归模型参数估计值 $\hat{b}_1$，$\hat{b}_0$ 的方差表达式 8－25 式及 8－26 式可看出，随着样本容量的不同，$\hat{b}_1$，$\hat{b}_0$ 的方差会取不同的值。当样本容量趋于无穷大时（即 $m \to \infty$），两个方差也不趋近于某一极限值，不具有最小性质。由此可得出结论，当线性回归模型的随机误差项存在异方差时，参数的最小二乘估计值不是一

个有效的估计量。

随机误差项存在异方差，造成模型参数估计值的方差不具有最小的性质，也可以用另一种简捷的办法证明。根据 8－6 式

$$\hat{b}_1 = b_1 + \sum_{i=1}^{m} x_i u_i / \sum_{i=1}^{m} x_i^2 \qquad (i=1,\ 2,\ \cdots,\ m)$$

利用方差计算公式，$\hat{b}_1$ 的方差可表达为

$$\begin{aligned} Var(\hat{b}_1) &= E[\hat{b}_1 - E(\hat{b}_1)]^2 \\ &= E(b_1 + \sum_{i=1}^{m} x_i u_i / \sum_{i=1}^{m} x_i^2 - b_1)^2 \\ &= E(\sum_{i=1}^{m} x_i u_i / \sum_{i=1}^{m} x_i^2)^2 \\ &= E[\sum_{i=1}^{m} x_i^2 u_i^2 / (\sum_{i=1}^{m} x_i^2)^2] \\ &\quad + 2E[\sum_{\substack{i=1 \\ i<j}}^{m} x_i x_j u_i u_j / (\sum_{i=1}^{m} x_i^2)^2] \\ &= \sum_{i=1}^{m} x_i^2 \sigma_{u_i}^2 / (\sum_{i=1}^{m} x_i^2)^2 \end{aligned} \qquad (8-27)$$

8－27 式虽不同于用拉格朗日乘数法求得的 $\hat{b}_1$ 的方差表达式 8－25，但在样本容量趋于无穷大时，同样也不趋近于某一稳定的极限值，不具有最小性质，$\hat{b}_1$ 自然也就不是一个有效的估计量。

（三）对模型参数估计值显著性检验的影响

对线性回归模型参数估计值的显著性检验，一是要通过计算参数估计值的标准差，用以判断参数估计值与真实值的差异；二是要通过 Z 统计量（或 t 统计量）的计算，判断参数估计值在多大程度上代表真实参数；三是通过计算真实参数的变动区间，用以判断参数估计值代表真实参数的精确程度和可信度。对于一元线性回归模型 8－2 式，解释变量 X 的参数估计值 $\hat{b}_1$ 的标准差 $S_{\hat{b}_1}$、Z统计量、置信度为 95% 的真实参数变动区间分别为

$$S_{\hat{b}_1} = \sqrt{\sigma_{u_i}^2 / \sum_{i=1}^{m} x_i^2}$$

$$Z = (\hat{b}_1 - b_1^*) / \sqrt{\sigma_{u_i}^2 / \sum_{i=1}^{m} x_i^2}$$

$$b_1=\hat{b}_1\pm 1.96\sqrt{\sigma_{u_i}^2/\sum_{i=1}^{m}x_i^2}$$

上面的三个计算公式都要用到随机误差项 u_i 的方差$\sigma_{u_i}^2$，所以$\sigma_{u_i}^2$的取值对计算结果有重要影响。当 u_i 的方差具有齐性（即 $\sigma_{u_i}^2=\sigma^2$）时，$\sigma_{u_i}^2$是一个固定的有限的量，可以用它计算出 $S_{\hat{b}_1}$及 Z 的确切值及b_1 的变动区间，并以此对参数估计值 $\hat{b}_1$ 的显著性做出判断。当 u_i 具有异方差时，$\sigma_{u_i}^2$ 会随解释变量 X_i 的改变而变化，不是一个固定的量，因而也就无法利用它计算 $S_{\hat{b}_1}$，Z 的确切的值及b_1 的变动区间，从而也就不能对参数估计值 $\hat{b}_1$ 的显著性做出判断。同理，对参数 b_0 的估计量 $\hat{b}_0$ 的显著性检验也可进行类似的分析，其结论与 $\hat{b}_1$ 的情况相同。

（四）对模型估计式应用的影响

线性回归模型真实总体关系式的随机误差项具有异方差性，使模型参数估计值的方差不具有最小的性质，参数估计值与真实值的差异增大，由此得到的回归模型估计式对真实总体关系式的代表性亦相应降低。将参数方差较大的估计式用于经济分析、经济预测，必然造成失准。仍以一元线性回归模型 8－2 式为例，若从总体中随机抽取 m 对样本，可建立样本估计式

$$\hat{Y}_i=\hat{b}_0+\hat{b}_1X_i \qquad (i=1,\ 2,\ \cdots,\ m) \quad (8-28)$$

当利用 8－28 式进行预则时，令 $X_i=X_0$，便可求出预测值$\hat{Y}_0$。为分析预测的准确性，可以通过计算真实总体特定值 Y_0 与预测值 $\hat{Y}_0$ 差额的方差 Var（$Y_0-\hat{Y}_0$），视其大小进行判断。由前面的分析知

$$Var(Y_0-\hat{Y}_0)=\sigma_{u_i}^2[1/m+(X_0-\bar{X})^2/\sum_{i=1}^{m}x_i^2]+\sigma_{u_i}^2$$

很显然，在样本观测值及 X_0 既定的条件下，Var（$Y_0-\hat{Y}_0$）的大小由随机误差项 u_i 的方差$\sigma_{u_i}^2$决定。当 u_i 存在异方差时，$\sigma_{u_i}^2$就是一个随X_i 变动而发生变化的一个不确定的量，因此也就不可

能对 $Var(Y_0-\hat{Y}_0)$ 做出确切地估计。对其误差不能做出判断的预测结果，是不能轻易接受的，这便造成预测的失效。

三、随机误差项异方差的检验

随机误差项存在异方差会带来一系列不良后果,加之这一问题还带有一定的普遍性,特别是在应用截面资料的模型中经常发生,因此需要进行检验。随机误差项是否存在异方差,通常有五种检验方法。

（一）图示法

应用图示法检验随机误差项是否存在异方差，分三步进行。

第一步，利用样本观测值建立样本回归模型估计式。即利用样本资料求出模型参数的最小二乘估计值，例如对多元线性回归模型，其样本估计式为

$$\hat{Y}_i=\hat{b}_0+\hat{b}_1X_{i1}+\hat{b}_2X_{i2}+\cdots+\hat{b}_kX_{ik}\qquad(i=1,2,\cdots,m)$$

第二步，将被解释变量的样本观测值 Y_i 减去其对应的回归值 $\hat{Y}_i$，求出真实总体关系式随机误差项 u_i 的估计值e_i（$=Y_i-\hat{Y}_i$）。

第三步，以 e_i 为纵轴，每一个解释变量分别为横轴做平面坐标图，观察 e_i 的变动与解释变量变动的关系。如果随着某一解释变量的变动，e_i 并不发生相应的改变，表现为一个常数，表明随机误差项 u_i 与该解释变量无关，不存在异方差（如图 8-5）；如果随着某一解释变量的变动，e_i 随之发生改变，呈现出有规律或无规律的变化（如图 8-6、8-7、8-8），表明随机误差项 u_i 与该解释变量

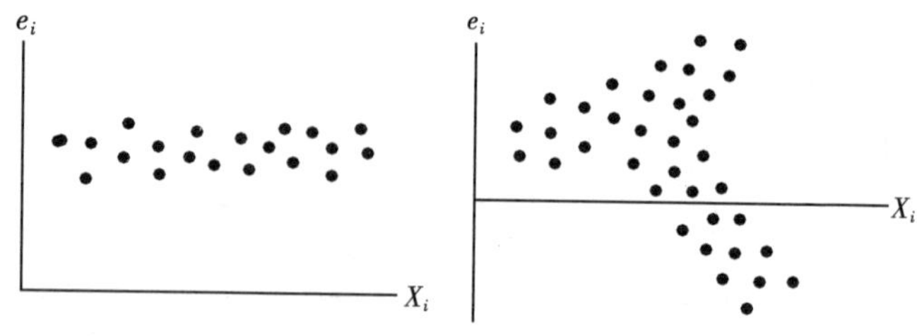

图 8-5 随机误差项的同方差　　图 8-6 随机误差项的异方差

有关，存在异方差，且异方差是由该解释变量所引起。

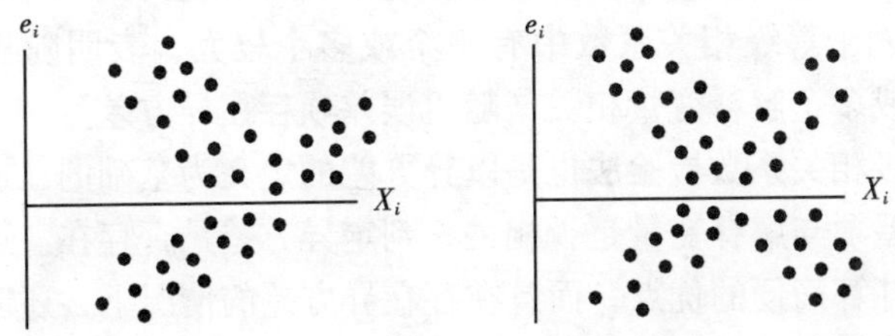

图 8-7 随机误差项的异方差　　**图 8-8 随机误差项的异方差**

用图示法检验异方差，其基本思路是以异方差定义为基础的。根据定义，如果随机误差项的方差不随解释变量 X_i 的变动而变动，表现为一个常数，就不存在异方差；如果随机误差项的方差随解释变量 X_i 的变动而变动，表现为一个变量，就存在异方差。图示法正是根据这一定义进行检验的。

（二）等级相关系数检验法

应用等级相关系数法检验随机误差项的异方差，分四步进行。

第一步，应用样本观测数据求出模型参数的最小二乘估计值，建立样本回归模型估计式。对于多元线性回归模型，其样本估计式为

$$\hat{Y}_i = \hat{b}_0 + \hat{b}_1 X_{i1} + \hat{b}_2 X_{i2} + \cdots + \hat{b}_k X_{ik} \qquad (i = 1, 2, \cdots, m)$$

第二步，将被解释变量的样本观测值 Y_i 减去其对应的回归值 $\hat{Y}_i$，求出真实总体关系式随机误差项 u_i 的估计值 e_i（$= Y_i - \hat{Y}_i$）。

第三步，将模型中的每一个解释变量的样本观测值 X_{ij} 分别与 $|e_i|$ 按对应关系排列，然后对 X_{ij} 和 $|e_i|$ 同时按升序或降序确定 1 至 m 个等级。在确定等级时按升序（由小到大）或降序（由大到小）均可，只是两个变量等级确定的规则应保持一致。同时，同一变量中相同的值应确定为同一个等级。

第四步，根据 X_{ij} 和 $|e_i|$ 的等级数列，利用等级相关系数的计算公式，分别计算出 $|e_i|$ 与 k 个解释变量之间的等级相关系数 R_1，

R_2，…，R_k。如果这 k 个等级相关系数都接近或等于零，表明随机误差项与解释变量不存在相关关系，随机误差项不存在异方差。如果这 k 个等级相关系数中有一个或多个较大，表明随机误差项与一个或多个解释变量相关，随机误差项存在异方差。

等级相关系数检验法也是以异方差的定义为基础的，通过考察随机误差项与解释变量是否相关，判定异方差是否存在。这种方法不仅有计算简便的优点，而且在存在异方差的情况下，还能判识出引起随机误差项异方差的解释变量。

（三）戈里瑟（H. Glejser）检验法

这一检验方法是戈里瑟于 1969 年提出的，具体工作分四步进行。

第一步，应用样本观测数据求出模型参数的最小二乘估计值，建立样本回归模型。对于多元线性回归模型，其样本估计式为

$$\hat{Y}_i = \hat{b}_0 + \hat{b}_1 X_{i1} + \hat{b}_2 X_{i2} + \cdots + \hat{b}_k X_{ik} \qquad (i = 1, 2, \cdots, m)$$

第二步，将被解释变量的样本观测值 Y_i 减去对应的回归值 $\hat{Y}_i$，求出真实总体关系式随机误差项 u_i 的估计 e_i，即 $e_i = Y_i - \hat{Y}_i$。

第三步，用 $|e_i|$ 和被认为与随机误差项 u_i 的方差 $\sigma_{u_i}^2$ 密切相关的解释变量 X_{ij} 进行回归，因为 $|e_i|$ 与第 j 个解释变量的真实关系是未知的，故回归式的函数形式需要进行试验筛选。一般采用的函数形式有：

$$|e_i| = \beta_0 + \beta_1 X_{ij} + \varepsilon_i$$

$$|e_i| = \beta_0 + \beta_1 / X_{ij} + \varepsilon_i$$

$$|e_i| = \beta_0 + \beta_1 \sqrt{X_{ij}} + \varepsilon_i$$

$$|e_i| = \beta_0 + \beta_1 / \sqrt{X_{ij}} + \varepsilon_i$$

$$|e_i| = \beta_0 + \beta_1 X_{ij}^2 + \varepsilon_i$$

$$|e_i| = \sqrt{\beta_0 + \beta_1 X_{ij}{}^2} + \varepsilon_i$$

利用计算的 $|e_i|$ 及第 j 个解释变量的样本观测值，分别对具有不同函数形式的回归式进行参数估计，求出 β_0 和 β_1 的估计值 $\hat{\beta}_0$

及 $\hat{\beta}_1$，建立起回归估计式。

第四步，对每一个回归估计式进行统计检验，如果对于所有的估计式 $\hat{\beta}_0$ 和 $\hat{\beta}_1$ 都显著地等于零，表明随机误差项与第 j 个解释变量无关，其方差亦与第 j 个解释变量无关，随机误差项不存在异方差；如果某个或某几个估计式的 $\hat{\beta}_0$ 及 $\hat{\beta}_1$ 显著地不为零（存在几个估计式的 $\hat{\beta}_0$，$\hat{\beta}_1$ 不为零时选择最显著的估计式），表明随机误差项与第 j 个解释变量相关，其方差亦随之与第 j 个解释变量相关，随机误差项存在异方差；如果 $\hat{\beta}_0=0$，$\hat{\beta}_1\neq 0$，就称随机误差项存在纯粹的异方差；如果 $\hat{\beta}_0\neq 0$，$\hat{\beta}_1\neq 0$，就称随机误差项存在混合的异方差。

当认为随机误差项的方差 $\sigma_{u_i}^2$ 与多个解释变量密切相关时，则上述不同函数形式的模型中就应当包含相关的多个解释变量，但检验的步骤和方法与上述相同。

戈里瑟检验法的优点在于，不仅能判别出随机误差项是否存在异方差，而且还能在其存在异方差的情况下，给出 $\sigma_{u_i}^2$ 和与之相关的解释变量之间的具体函数形式，为克服异方差创造了条件。但是戈德菲尔德和夸特认为，用于试验的各函数式的随机误差项 ε_i 可能不满足经典模型的有关假定（如 ε_i 的均值不为零、存在序列相关等），同时有的函数不是线性的，不能用普通最小二乘法进行参数估计。实际应用证明，在大样本条件下，前四种函数形式用于检验随机误差项的异方差，一般能给出满意的结果。

（四）巴特利特（M.S.Bartlett）检验法

这一检验方法是巴特利特于 1937 年提出的，具体工作分两步进行：

第一步，将被解释变量 Y 的 m 个样本观测值按解释变量的某一特征划分为 G 组，解释变量的某一特征通常指时序资料中的特定时段、特殊变化过程，截面资料中样本单位在某一方面（如大小、规模、层次等）的区别。设第一组至第 G 组的样本个数分别

为 m_1，m_2，…，m_n，…，m_g，则有 $m = m_1 + m_2 + \cdots + m_n + \cdots + m_g$ 成立。

第二步，被解释变量 Y 分组后各组的序号为 j（$j=1$，2，…，G），第 j 组的样本个数为 m_j。对每一组的样本分别按 1 至 m_j 排序后，计算被解释变量 Y 各组的方差 S_j^2

$$S_j^2 = [\sum_{i=1}^{m_j}(Y_i - \overline{Y})^2]/m_j \qquad (j=1,2,\cdots,G) \quad (8-29)$$

再依据 S_j^2 计算统计量 S

$$S = \frac{mlog\{\sum_{j=1}^{G}[(m_j/m)S_j^2]\} - \sum_{j=1}^{G}[m_j(logS_j^2)]}{1+[(G-1)/3][\sum_{j=1}^{G}(1/m_j) - 1/m]} \quad (8-30)$$

8－30 式中的对数，可以取一般对数，也可以取常用对数或自然对数。S 统计量是一个反映 S_j^2（$j=1$，2，…，G）差异性的指标，它遵从于 $G-1$ 个自由度的 χ^2 分布。当给定显著水平 α，可从 χ^2 理论分布表中查出显著水平为 α、自由度为 $G-1$ 的临界值 χ_0^2，并将 χ_0^2 与计算出的 S 统计量进行比较。如果 $S > \chi_0^2$，表明被解释变量 Y 各组的方差是不相等的，即 $S_1^2 \neq S_2^2 \neq \cdots \neq S_G^2$，由于 Y 的方差与随机误差项 u 的方差相等，因此 u 各组的方差也是不相等的，随机误差项存在异方差。如果 $S < \chi_0^2$，表明被解释变量 Y 各组的方差是相等的，即 $S_1^2 = S_2^2 = \cdots = S_G^2$，随机误差项各组的方差也是相等的，不存在异方差。

（五）戈德菲尔德（S.M.Goldfeld）—夸特（R.E.Quandt）检验法

这一检验方法是戈德菲尔德和夸特于 1965 年提出的，它以 F 检验为基础，具体工作分五步进行。

第一步，将解释变量的 m 个样本观测值按大小顺序排列，但解释变量与被解释变量样本数据的对应关系保持不变。若模型中有多个解释变量，则解释变量之间样本数据的对应关系亦应保持不变。

第二步，对于经过重新排序后的 m 个样本观测值数列，任意选取 C 个中心观测值予以略去。略去的观测值个数 C 可以适当选择，大约相当于样本容量 m 的四分之一到五分之一。例如，当 $m=30$ 时，$C=8$；当 $m=60$ 时，$C=16$ 等。

第三步，将剩余的 $m-C$ 个样本观测值组成的数列，分为个数相等的前后两段，组成两个子样本。其中一个子样本是解释变量观测值较大的部分，另一子样本则是解释变量观测值较小的一部分。

第四步，对两个子样本分别用普通最小二乘法进行参数估计，并分别求出两个估计式的残差平方和。设$\sum e_{i1}^2$为解释变量样本观测值较小的子样本估计式的残差平方和，$\sum e_{i2}^2$为解释变量样本观测值较大的子样本估计式的残差平方和。很显然$\sum e_{i1}^2$和$\sum e_{i2}^2$的自由度均为（$m-C$）/2－（$k+1$），其中 k 为模型中解释变量个数。

第五步，构造统计量 F

$$F=\frac{\sum e_{i2}^2/[(m-C)/2-(k+1)]}{\sum e_{i1}^2/[(m-C)/2-(k+1)]}=\sum e_{i2}^2/\sum e_{i1}^2 \tag{8-31}$$

8－31 式服从 $V_1=V_2=[(m-C)/2-(k+1)]$ 个自由度的 F 分布。当给一定的显著水平 α，就可从 F 理论分布表中查出显著水平为α、两个自由度均为［（$m-C$）/2－（$k+1$）］的临界值 F_0，并将其与计算的 F 值进行比较。如果 $F>F_0$，表明随机误差项 u_i 存在异方差；如果 $F<F_0$，表明随机误差项 u_i 存在齐性方差。

戈德菲尔德—夸特检验法在实际应用中有一些问题不便处理，主要涉及两个方面。一是当模型中只有一个解释变量，或者随机误差项 u_i 的方差$\sigma_{u_i}^2$只与一个解释变量相关时，可以依据这一解释变量的大小顺序对样本资料排序；但当模型中有多个解释变量，或$\sigma_{u_i}^2$与多个解释变量相关时，到底依据哪一个解释变量的大小对样本资料排序就难以确定。二是对按解释变量大小重新排序的 m 个样本数列，到底去掉多少个观测值为最优，只有经验的说明，并无理论上的依据，戈德菲尔德和夸特在这一问题上的说法前后也不一致。

应当指出，检验随机误差项异方差的方法很多，如何根据实际情况选择适当的检验方法是一个重要问题。在这一问题上，计量经济学界尚无统一定论，并存在争议。约翰斯顿认为等级相关系数检验法和戈德菲尔德—夸特检验法较好，一旦检验证实异方差的存在，就可应用戈里瑟方法确定异方差的具体形式。可是贾德全（*G.Judge*）等人却认为，恰当检验方法的选择，主要依靠人们对异方差形式的经验认识。在对异方差形式无任何经验认识的情况下，可以选择任意一种检验方法。因为在这种场合，人们无法确定某种特定检验方法对特定问题的检验能力。

四、随机误差项异方差的修正

无论用何种方法检验证实随机误差项存在异方差，都必须进行修正，以克服它对模型参数估计、显著检验及应用的不利影响。变换模型法和加权最小二乘法是修正异方差的两种常用方法。

1. 变换模型法

这一方法的基本思路是通过对模型的变换，将原模型中存在异方差的随机误差项转变为具有齐性方差的随机误差项。对于多元线性回归模型：

$$Y_i = b_0 + b_1X_{i1} + b_2X_{i2} + \cdots + b_kX_{ik} + u_i \qquad (8-32)$$

如果随机误差项 u_i 存在异方差［即 $E(u_i^2) = \sigma_{u_i}^2$］，可将随机误差项的这一可变动的方差 $\sigma_{u_i}^2$ 表示为一个固定常数 σ^2 与引起异方差的第 j 个解释变量的函数 $f(X_{ij})$ 的乘积。即

$$\sigma_{u_i}^2 = \sigma^2 \cdot f(X_{ij}) \qquad (8-33)$$

在 8－33 式中，当 $f(X_{ij}) = 1$ 时，$\sigma_{u_i}^2 = \sigma^2$，随机误差项 u_i 具有齐性方差；当 $f(X_{ij}) > 1$ 时，$\sigma_{u_i}^2$ 是解释变量 X_{ij} 的函数，随机误差项 u_i 具有异方差，该式还反映出 $f(X_{ij})$ 为正函数，$\sigma_{u_i}^2$ 与 $f(X_{ij})$ 成正比例关系。对 8－33 式两边同除以 $f(X_{ij})$，得

$$\sigma^2=\sigma_{u_i}^2/f(X_{ij}) \tag{8-34}$$

8－34 式反映出，具有异方差的随机误差项 u_i 如果除以 $\sqrt{f(X_{ij})}$，就可以使其异方差得到克服。因为

$$E[u_i/\sqrt{f(X_{ij})}]^2=E[u_i^2/f(X_{ij})]=\sigma_{u_i}^2/f(X_{ij})=\sigma^2$$

据此，对 8－32 式两边同时除以 $\sqrt{f(X_{ij})}$，实现对原模型的变换。即

$$\frac{Y_i}{\sqrt{f(X_{ij})}}=\frac{b_0}{\sqrt{f(X_{ij})}}+\frac{b_1X_{i1}}{\sqrt{f(X_{ij})}}+\frac{b_2X_{i2}}{\sqrt{f(X_{ij})}}+\cdots+\frac{b_kX_{ij}}{\sqrt{f(X_{ij})}}+\frac{u_i}{\sqrt{f(X_{ij})}} \tag{8-35}$$

变换后的模型 8－35 式的随机误差项 $u_i/\sqrt{f(X_{ij})}$ 具有齐性方差，原模型 8－32 式随机误差 u_i 的异方差由此得到修正。在满足 $E(u_i)=0$，以及 $E(u_iu_j)=0\ (i\neq j)$ 和其他经典线性回归模型假设的条件下，8－35 式可以用普通最小二乘法估计，并可得到最佳的参数估计值。但模型变换的实现是以 $f(X_{ij})$ 的确定为前提的，正确地确定了 $f(X_{ij})$，就能将 8－32 式转换为 8－35 式。

2. 加权最小二乘法

这一方法通过对残差平方较大的观测值赋予较小的权重、对残差平方较小的观测值赋予较大的权重进行参数估计，以消除随机误差项 u_i 存在异方差所带来的不利影响。对于一元线性回归模型

$$Y_i=b_0+b_1X_i+u_i \qquad (i=1,2,\cdots,m) \tag{8-36}$$

设 $E(u_i)=0$，$E(u_iu_j)=0\ (i\neq j)$，$E(u_i^2)=\sigma_{u_i}^2$，即随机误差项存在异方差。用普通最小二乘法进行参数估计，是使随机误差项 u_i 的估计值 e_i 的平方和达到最小。即

$$\sum_{i=1}^m e_i^2=\sum_{i=1}^m[Y_i-(\hat{b}_0+\hat{b}_1X_i)]^2 \tag{8-37}$$

达到最小。而用加权最小二乘法进行参数估计，是使随机误差项 u_i 的估计值 e_i 的加权平方和达到最小。即

$$\sum_{i=1}^m w_ie_i^2=\sum_{i=1}^m w_i[Y_i-(b_0^*+b_1^*X_i)]^2 \tag{8-38}$$

达到最小。8－38式中，b_0^* 及 b_1^* 是参数的加权最小二乘估计值，w_i 为权重，如果令权重 $w_i = 1/\sqrt{f(X_i)}$，就可求出8－36式的参数加权最小二乘估计值 b_0^* 及 b_1^*，即

$$b_0^* = \bar{Y}^* - b_1^* \bar{X}^* \tag{8-39}$$

$$b_1^* = \sum_{i=1}^{m} w_i x_i^* y_i^* / \sum_{i=1}^{m} w_i x_i^{*2} \tag{8-40}$$

在8－39式和8－40式中

$$\bar{X}^* = \sum_{i=1}^{m} w_i X_i / \sum_{i=1}^{m} w_i \qquad \bar{Y}^* = \sum_{i=1}^{m} w_i Y_i / \sum_{i=1}^{m} w_i$$

$$x_i^* = X_i - \bar{X}^* \qquad y_i^* = Y_i - \bar{Y}^*$$

如果权重 $w_1 = w_2 = \cdots = w_m = w$，加权最小二乘估计与普通最小二乘估计应当完全一致。普通最小二乘法使8－37式达到最小，求 $\hat{b}_0$ 和 $\hat{b}_1$，相当于对每个随机误差项 u_i 的估计值 e_i 的平方加等于1的权重，这是随机误差项 u_i 具有齐性方差的情况。当随机误差项 u_i 具有异方差时，其方差 $\sigma_{u_i}^2$ 随解释变量的变动而变动，即 $\sigma_{u_i}^2 = \sigma^2 f(x)$。样本观测值与回归值的离差较大，回归值就显得不准确，在估计参数时应当减少对这类样本观测值的重视程度。由于 u_i 较大（用其估计值 e_i 衡量）时，其方差 $\sigma_{u_i}^2$ 也较大，其倒数 $1/\sigma_{u_i}^2$ 便较小，故可以用 $1/\sigma_{u_i}^2$ 作为权重对 e_i^2 加权。此时有

$$\sum_{i=1}^{m} (e_i^2/\sigma_{u_i}^2) = \sum_{i=1}^{m} [(1/\sigma_{u_i}^2)(Y_i - b_0^* - b_1^* X_i)^2] \tag{8-41}$$

将 $\sigma_{u_i}^2 = \sigma^2 f(X_{ij})$ 代入8－41式，得

$$\sum_{i=1}^{m} (e_i^2/\sigma_{u_i}^2) = \sum_{i=1}^{m} [(Y_i - b_0^* - b_1^* X_i)^2/\sigma^2 f(X_i)] \tag{8-42}$$

8－42式为一元线性回归模型加权最小二乘法的表达式，使该式达到最小求模型参数的估计值，就可克服随机误差项的异方差带来的不利影响。

如果应用变换模型法修正随机误差项的异方差，便是利用

$$\sum_{i=1}^{m}[e_i^2/f(X_i)]=\sum_{i=1}^{m}[(Y_i-\hat{b}_0-\hat{b}_1X_i)^2/f(X_i)] \tag{8-43}$$

达到最小求模型参数的估计值。对比 8-42 式与 8-43 式，二者仅相差 $1/\sigma^2$，且 σ^2 为常数。因此，使 8-42 式达到最小求得的参数估计值 b_0^* 及 b_1^*，应当与使 8-43 式达到最小求得的参数估计值 $\hat{b}_0$ 及 $\hat{b}_1$ 相同。应用加权最小二乘法与变换模型法修正随机误差项 u_i 的异方差，效果是完全一致的。

由 8-42 式及 8-43 式知，对随机误差项 u_i 异方差的修正，必须确知异方差的形式，即确知 $\sigma_{u_i}^2=\sigma^2 f(X_i)$ 中的函数 $f(X_i)$ 的具体形式。在一般情况下，函数 $f(X_i)$ 是未知的。在计量经济学的研究中，对 $f(X_i)$ 的确定有两种方法。一种是经验方法，假设 $f(X_i)=X_i^2$，即假设 $\sigma_{u_i}^2=\sigma^2X_i^2$。另一种是用戈里瑟方法对异方差的形式进行估计，即建立随机误差项 u_i 估计值 e_i 的绝对值与相关解释变量 X_{ij}（$j=1, 2, \cdots, k$）的多种函数关系式，对这些关系式用普通最小二乘法进行估计并检验，从中选择显著性最高的估计式作为异方差的具体函数形式。

应当特别指出，模型随机误差项 u_i 存在异方差，不仅可以由模型变量的观测数据引起，也可以由模型的解释变量选择失准（遗漏了重要的变量或引入了无关的变量）和函数形式出错引起。对于前一种原因引起的随机误差项的异方差问题，用变换模型法或加权最小二乘法进行修正才是有效的。对于后一种原因引起的随机误差项的异方差问题，则只能通过纠正建模错误才能解决。

第九章　随机误差项的序列相关

一、随机误差项的序列相关

对于线性回归模型的真实总体关系式

$$Y_i = b_0 + b_1X_{i1} + b_2X_{i2} + \cdots + b_kX_{ik} + u_i \qquad (9-1)$$

如果要用普通最小二乘法对参数进行估计，有一条假定就是当 $i \neq j$ 时，u_i 与 u_j 相互独立，不存在相关性。即当 $i \neq j$ 时，u_i 与 u_j 的协方差为零。用公式表达即为

$$\begin{aligned} Cov(u_i, u_j) &= E\{[u_i - E(u_i)][u_j - E(u_j)]\} \\ &= E(u_iu_j) \\ &= 0 \qquad (i \neq j) \end{aligned} \qquad (9-2)$$

当上述假设不成立，即 9-1 式中不同观测期的随机误差项 u_i 与 u_j 不独立，而存在相关的情况，便称线性回归模型真实总体关系式的随机误差项 u_i 存在序列相关。如果随机误差项 u_i 仅与其前期值 u_{i-1} 存在相关性，就将其称为随机误差项的一阶自回归，或一阶马尔科夫过程，可用函数式表达为

$$u_i = f(u_{i-1}) \qquad (9-3)$$

如果随机误差项 u_i 与其前若干期都存在相关性，就将其称为随机误差项的高阶自回归，或高阶马尔科夫过程，函数表达式为

$$u_i = f(u_{i-1},\ u_{i-2},\ \cdots) \qquad (9-4)$$

线性回归模型中随机误差项的序列相关问题较为普遍，特别是在应用时序资料时，随机误差项的序列相关经常发生。

二、随机误差项序列相关产生的原因

线性回归模型的随机误差项存在序列相关的原因很多，但主要是经济变量自身特点、数据处理、变量选择及模型函数形式选择所

引起的。

（一）经济变量自身特点引起随机误差项序列相关

经济变量是对客观经济现象的反映。任何一种客观经济现象都有其历史的延续性和发展的继承性，现在的状况是在过去基础上演进而来的，过去的发展水平、速度、特征都会对现在的状况产生重要影响。同一经济变量，在前期与后续时期总存在一定的相关性，不可能互不相干。一个国家某一年的经济发展水平总是与前几年的发展水平密切相关，前期基础好，后续年份发展就可能迅速；前期基础差，后续时期发展困难就较大。一个企业的固定资产的形成，不仅与当期固定资产投资有关，还与前期多年固定资产投资相关。农作物的单位面积产量，不仅取决于当年投入的生产要素的数量与质量，而且还与往年投入物的数量与质量相关。随机误差项作为模型中的一个特殊经济变量，它虽然包含的具体内容很多，不具有单一的经济含义，但它与模型中独立出现的解释变量相类似，不同观测期的取值也不可能完全互不相干，总存在一定的相关性。

（二）解释变量选择引起随机误差项序列相关

在实际的经济活动中，某一经济变量的发展变化往往是多种因素综合作用的结果。利用计量经济模型研究经济变量的变化规律或测度经济变量之间数量依存关系，只能将重要的影响因素作为独立的解释变量在模型中列示，而将那些次要的影响因素予以舍象。但这些被略去的次要因素的影响力在模型中并不会消失，它们的总和作用会在随机误差项中反映出来。进入模型随机误差项的次要影响因素在不同观测期的值肯定是高度相关的，这就必然带来随机误差项的序列相关。

（三）观测数据处理引起随机误差项序列相关

在经济计量分析中，所使用的时间观测数据序列，因多种原因在代表性上存在某些缺陷，为增强数据的代表性或弥补其他方面的缺陷，往往需要对原始观测数据进行内插或平滑处理。经这样处理后的时序资料与原始观测的时间序列之间的差异便会在随机误差项中反映出来，并引起随机误差项的序列相关。

（四）模型函数形式失准引起随机误差项序列相关

在对实际经济问题的研究中，用于分析与测度经济变量之间数量依存关系的模型，是研究者根据一定的经济理论、实践经验确定的。由于研究对象自身的复杂性、经济理论的原则性及人们对研究对象认识的局限性，可能导致对模型函数形式选择的失准。如果模型的函数形式不能正确反映经济变量之间内在真实的数量依存关系时，就会造成随机误差项的序列相关。

三、随机误差项存在一阶自回归时的特点

线性回归模型的随机误差项存在一阶自回归，会造成随机误差项自身特点的改变。分析这些变化，可以为进一步分析随机误差项存在序列相关带来的其他影响打下基础。

当模型中的随机误差项 u_i 存在一阶自回归形式的序列相关性，这种关系可表达为

$$u_i = \gamma u_{i-1} + \varepsilon_i \qquad (i=1, 2, \cdots, m) \tag{9-4}$$

在 9－4 式中，γ 为自相关系数，$|\gamma|<1$。当 $\gamma>0$ 时，u_i 与 u_{i-1}存在正序列相关；当 $\gamma<0$ 时，u_i 与 u_{i-1}存在负序列相关。ε 为随机误差项，并假定它满足 $E(\varepsilon_i)=0$（具有零均值）、$E(\varepsilon_i^2)=\sigma_\varepsilon^2$（具有齐性方差）、当 $i\neq j$ 时，$E(\varepsilon_i\varepsilon_j)=0$（不存在序列相关）。

由 9－4 式可以推导出随机误差项的级数表达式，即

$$\begin{aligned} u_{i-1} &= \gamma u_{i-2} + \varepsilon_{i-1} \\ u_{i-2} &= \gamma u_{i-3} + \varepsilon_{i-2} \\ &\vdots \\ u_{i-s} &= \gamma u_{i-s-1} + \varepsilon_{i-s} \end{aligned} \tag{9-5}$$

将 9－5 式中各滞后值 u_{i-1}，u_{i-2}，…，u_{i-s}逐一代入 9－4 式，可得

$$u_i = \varepsilon_i + \gamma\varepsilon_{i-1} + \gamma^2\varepsilon_{i-2} + \cdots + \gamma^s\varepsilon_{i-s} + \cdots \tag{9-6}$$

因为$|\gamma|<1$，当 s 趋近于无穷大时，$\gamma^s\varepsilon_{i-s}$一定趋近于零。故 9－6 式又可表达为

$$u_i = \sum_{s=0}^{\infty} \gamma^s \varepsilon_{i-s} \tag{9-7}$$

9－7式为存在一阶自回归形式序列相关的随机误差项 u_i 的表达式，其均值为

$$E(u_i) = E(\sum_{s=0}^{\infty} \gamma^s \varepsilon_{i-s}) = \sum_{s=0}^{\infty} [\gamma^s E(\varepsilon_{i-s})] = 0 \tag{9-8}$$

其方差为

$$\begin{aligned} E(u_i^2) &= E(\sum_{s=0}^{\infty} \gamma^s \varepsilon_{i-s})^2 \\ &= E(\gamma^0 \varepsilon_i + \gamma \varepsilon_{i-1} + \gamma^2 \varepsilon_{i-2} + \gamma^3 \varepsilon_{i-3} + \cdots)^2 \\ &= E[\gamma^0 \varepsilon_i^2 + \gamma^2 \varepsilon_{i-1}^2 + \gamma^4 \varepsilon_{i-2}^2 + \gamma^6 \varepsilon_{i-3}^2 + \cdots) \\ &\quad + (2\gamma^0 \gamma \varepsilon_i \varepsilon_{i-1} + 2\gamma^0 \gamma^2 \varepsilon_i \varepsilon_{i-2} \\ &\quad + 2\gamma^0 \gamma^3 \varepsilon_i \varepsilon_{i-3} + \cdots)] \\ &= \sigma_\varepsilon^2 (1 + \gamma^2 + \gamma^4 + \gamma^6 + \cdots) \end{aligned}$$

因为 $|\gamma| < 1$，所以 γ^4 趋近于零，$\gamma^4 + \gamma^6 + \cdots$ 亦趋近于零，故有

$$\begin{aligned} E(u_i^2) &= \sigma_\varepsilon^2 (1 + \gamma^2) \\ &= \sigma_\varepsilon^2 (1 + \gamma^2)(1 - \gamma^2)/(1 - \gamma^2) \\ &= \sigma_\varepsilon^2 (1 - \gamma^4)/(1 - \gamma^2) \\ &= \sigma_\varepsilon^2 / (1 - \gamma^2) \end{aligned} \tag{9-9}$$

即得 $$Var(u_i) = \sigma_u^2 = \sigma_\varepsilon^2 / (1 - \gamma^2) \tag{9-10}$$

随机误差项 u_i 与其前期值 u_{i-1} 的协方差为

$$\begin{aligned} Cov(u_i, u_{i-1}) &= E\{[u_i - E(u_i)][u_{i-1} - E(u_{i-1})]\} \\ &= E(u_i u_{i-1}) \end{aligned}$$

根据9－6式，u_i 和 u_{i-1} 可分别表达为

$$u_i = \varepsilon_i + \gamma \varepsilon_{i-1} + \gamma^2 \varepsilon_{i-2} + \gamma^3 \varepsilon_{i-3} + \cdots$$

$$u_{i-1} = \varepsilon_{i-1} + \gamma \varepsilon_{i-2} + \gamma^2 \varepsilon_{i-3} + \cdots$$

将 u_i 及 u_{i-1} 的表达式代入它们协方差的计算公式中，得

$$Cov(u_i, u_{i-1}) = E[(\varepsilon_i + \gamma \varepsilon_{i-1} + \gamma^2 \varepsilon_{i-2} + \gamma^3 \varepsilon_{i-3} + \cdots)$$

$$
\begin{aligned}
&(\varepsilon_{i-1}+\gamma\varepsilon_{i-2}+\gamma^2\varepsilon_{i-3}+\cdots)] \\
&=E\{[\varepsilon_i+\gamma(\varepsilon_{i-1}+\gamma\varepsilon_{i-2}+\gamma^2\varepsilon_{i-3}+\cdots)] \\
&\quad(\varepsilon_{i-1}+\gamma\varepsilon_{i-2}+\gamma^2\varepsilon_{i-3}+\cdots)\} \\
&=E[\varepsilon_i(\varepsilon_{i-1}+\gamma\varepsilon_{i-2}+\gamma^2\varepsilon_{i-3}+\cdots)] \\
&\quad+E[\gamma(\varepsilon_{i-1}+\gamma\varepsilon_{i-2}+\gamma^2\varepsilon_{i-3}+\cdots)^2] \\
&=\gamma E(\varepsilon_{i-1}+\gamma\varepsilon_{i-2}+\gamma^2\varepsilon_{i-3}+\cdots)^2 \\
&=\gamma E[(\varepsilon_{i-1}^2+\gamma^2\varepsilon_{i-2}^2+\gamma^4\varepsilon_{i-3}^2+\cdots) \\
&\quad+(2\gamma\varepsilon_{i-1}\varepsilon_{i-2}+2\gamma^2\varepsilon_{i-1}\varepsilon_{i-3}+\cdots)] \\
&=\gamma(\sigma_\varepsilon^2+\gamma^2\sigma_\varepsilon^2+\gamma^4\sigma_\varepsilon^2+\cdots) \\
&=\gamma\sigma_\varepsilon^2(1+\gamma^2) \\
&=\gamma\sigma_\varepsilon^2/(1-\gamma^2) \qquad (9-11)
\end{aligned}
$$

又因为 $\sigma_\varepsilon^2/(1-\gamma^2)=\sigma_u^2$，故有

$$Cov(u_i,\ u_{i-1})=\gamma\sigma_u^2 \qquad (9-12)$$

利用同样方法可推导得出

$$Cov(u_i,\ u_{i-2})=\gamma^2\sigma_u^2 \qquad (9-13)$$

$$Cov(u_i,\ u_{i-s})=\gamma^s\sigma_u^2 \qquad (i>s) \qquad (9-14)$$

由 9－8 式、9－10 式及 9－14 式知，当线性回归模型真实总体关系式的随机误差项 u_i 存在序列相关情况下，其零均值和齐性方差的特点保持不变，但 u_i 与 u_s（$i\neq s$）的协方差不为零。

四、随机误差项存在序列相关的后果

线性回归模型真实总体关系式的随机误差项存在序列相关情况下，用普通最小二乘法进行参数估计，会造成四个方面的影响。

（一）模型参数估计值的无偏性不受影响

以一元线性回归模型为例，对于真实总体关系式

$$Y_i=b_0+b_1X_i+u_i \qquad (i=1,2,\cdots,n) \qquad (9-15)$$

设随机误差项 u_i 具有零均值、齐性方差，且与 X_i 独立，但存在

序列相关。解释变量 X_i 的参数 b_1 的最小二乘估计值 $\hat{b}_1$ 为

$$\hat{b}_1=\sum_{i=1}^{m}x_iy_i/\sum_{i=1}^{m}x_i^2$$
$$=b_1+\sum_{i=1}^{m}x_iu_i/\sum_{i=1}^{m}x_i^2 \qquad (x_i=X_i-\overline{X},y_i=Y_i-\overline{Y})$$

对 $\hat{b}_1$ 取期望值，得

$$E(\hat{b}_1)=b_1+\sum_{i=1}^{m}[E(x_iu_i)]/\sum_{i=1}^{m}x_i^2=b_1 \qquad (9-16)$$

同理可得 $E(\hat{b}_0)=b_0$ (9－17)

由 9－16 及 9－17 式可看出，只要随机误差项 u_i 与解释变量 X 相互独立，无论随机误差项 u_i 是否存在序列相关，对参数最小二乘估计值的无偏性都没有影响。

（二）模型参数估计值不具有最优性

仍以一元线性归模型 9－15 式为例，b_1 的最小二乘估计值 $\hat{b}_1$ 的方差为

$$Var(\hat{b}_1)=E[\hat{b}_1-E(\hat{b}_1)]^2$$
$$=E(\sum_{i=1}^{m}x_iu_i/\sum_{i=1}^{m}x_i^2)^2$$
$$=(1/\sum_{i=1}^{m}x_i^2)^2E(x_1u_1+x_2u_2+\cdots+x_mu_m)^2$$
$$=(1/\sum_{i=1}^{m}x_i^2)^2E[(x_1^2u_1^2+x_2^2u_2^2+\cdots+x_m^2u_m^2)$$
$$+2(x_1x_2u_1u_2+x_1x_3u_1u_3+\cdots+x_{m-1}x_mu_{m-1}u_m)]$$
$$=(1/\sum_{i=1}^{m}x_i^2)^2E(\sum_{i=1}^{m}x_i^2u_i^2+2\sum_{\substack{i=1\\i>s}}^{m}x_ix_{i-s}u_iu_{i-s})$$
$$=[E(u_i^2)]\cdot\sum_{i=1}^{m}x_i^2/(\sum_{i=1}^{m}x_i^2)^2$$
$$+[2E(u_iu_{i-s})]\cdot\sum_{\substack{i=1\\i>s}}^{m}x_ix_{i-s}/(\sum_{i=1}^{m}x_i^2)^2$$

但因 $E(u_i^2)=\sigma_u^2$，$E(u_iu_{i-s})=\gamma^s\sigma_u^2$，故有

$$Var(\hat{b}_1)=\sigma_u^2/\sum_{i=1}^{m}x_i^2+2\gamma^s\sigma_u^2\sum_{\substack{i=1\\i>s}}^{m}x_ix_{i-s}/(\sum_{i=1}^{m}x_i^2)^2 \qquad (9-18)$$

9－18 式是在随机误差项 u_i 存在序列相关情况下，参数 b_1 的最小二乘估计值 $\hat{b}_1$ 的方差表达式。当随机误差项 u_i 不存在序列相关时，$\gamma=0$，则 9－18 式即变为

$$Var(\hat{b}_1)=\sigma_u^2/\sum_{i=1}^{m}x_i^2 \tag{9-19}$$

对比 9－18 式和 9－19 式可以发现，线性回归模型总体关系式的随机误差项是否存在序列相关，对模型参数最小二乘估计值的方差影响很大。当随机误差项 u_i 不存在序列相关，即 $\gamma=0$ 时，$\hat{b}_1$ 的方差为 9－19 式，其中的分子 σ_u^2 为一固定常数，分母 $\sum_{i=1}^{m}x_i^2$ 则随样本容量增大而增大，估计量 $\hat{b}_1$ 方差的值会逐渐趋近于零。当随机误差项 u_i 存在序列相关，即 $\gamma\neq0$ 时，$\hat{b}_1$ 的方差为 9－18 式，它要比 9－19 式多一项 $2\gamma^s\sigma_u^2\sum_{\substack{i=1\\i>s}}^{m}x_ix_{i-s}/(\sum_{i=1}^{m}x_i^2)^2$。从理论上讲，因为随机误差项 u_i 的自相关系数 γ 可能为正，也可能为负，γ^s 也有为正或为负的两种可能；解释变量的离差 x_i 及 x_{i-s} 也有为正或为负两种可能，$\sum_{\substack{i=1\\i>s}}^{m}x_ix_{i-s}$ 亦随之有取正值和取负值两种可能性。因此，9－18 式中的第二项 $2\gamma^s\sigma_u^2\sum_{\substack{i=1\\i>s}}^{m}x_ix_{i-s}/(\sum_{i=1}^{m}x_i^2)^2$ 便可能取正值，也可能取负值。但在实际的经济活动中，由于经济变量多表现为渐增的趋势，故随机误差项的自相关系数 γ 多为正值，解释变量的离差 x_i 及 x_{i-s} 亦多为正值，所以 9－18 式中的第二项 $2\gamma^s\sigma_u^2\sum_{\substack{i=1\\i>s}}^{m}x_ix_{i-s}/(\sum_{i=1}^{m}x_i^2)^2$ 也多为正值，当样本容量逐渐增加以至于趋近于无穷大时，9－18 式中的第二项 $\sum_{\substack{i=1\\i>s}}^{m}x_ix_{i-s}/(\sum_{i=1}^{m}x_i^2)^2$ 的分子与分母趋向于同时变化，使这一项不趋近于某一极限值，更不会趋近于零，从而使 9－18 式不能达到最小。这表明，当线性回归模型真实总体关系式随机误差项存在序列相关时，参数的最小二乘估计值的方差不具有最小的性质，因而丧失了最优性。

（三）模型随机误差项的方差被严重低估

仍以一元线性回归模型 9－15 式为例，设其样本关系式为

$$\hat{Y}_i=\hat{b}_0+\hat{b}_1+\varepsilon_i \qquad (i=1,2,\cdots,m) \quad (9-20)$$

由于真实总体关系式 9－15 式中的随机误差项 u_i 不可直接观测，其方差也不可能直接求得，需要利用样本关系式 9－20 式的随机误差项 ε_i 的方差进行估计，即利用 $E\left(\sum\limits_{i=1}^{m}\varepsilon_i^2\right)$ 与 σ_u^2 的关系式进行推导。

$$\begin{aligned}E\left(\sum_{i=1}^{m}\varepsilon_i^2\right)&=E\left[\sum_{i=1}^{m}(y_i-\hat{y}_i)^2\right]\\&=E\left\{\sum_{i=1}^{m}\left[(u_i-\bar{u})-(\hat{b}_1-b_1)x_i\right]^2\right\}\\&=E\left[\sum_{i=1}^{m}(u_i-\bar{u})^2\right]+\sum_{i=1}^{m}(\hat{b}_1-b_1)^2x_i^2\\&\quad-2\sum_{i=1}^{m}\left[(u_i-\bar{u})(\hat{b}_1-b_1)x_i\right]\\&=E\left[\sum_{i=1}^{m}(u_i-\bar{u})^2\right]+E\left[\sum_{i=1}^{m}(\hat{b}_1-b_1)^2x_i^2\right]\\&\quad-2E\left[\sum_{i=1}^{m}(u_i-\bar{u})(\hat{b}_1-b_1)x_i\right] \qquad (9-21)\end{aligned}$$

对于 9－21 式的第一项，有

$$\begin{aligned}E\left[\sum_{i=1}^{m}(u_i-\bar{u})^2\right]&=E\left[\sum_{i=1}^{m}(u_i^2+\bar{u}^2-2u_i\bar{u})\right]\\&=E\left(\sum_{i=1}^{m}u_i^2+m\bar{u}^2-2m\bar{u}^2\right)\\&=E\left[\sum_{i=1}^{m}u_i^2-\left(\sum_{i=1}^{m}u_i\right)^2/m\right]\\&=m\sigma_u^2-E\left[\left(\sum_{i=1}^{m}u_i^2+2\sum_{\substack{i=2\\i>s}}^{m}u_iu_{i-s}\right)/m\right]\\&=m\sigma_u^2-\sigma_u^2-2E\left[\left(\sum_{\substack{i=2\\i>s}}^{m}u_iu_{i-s}\right)/m\right]\end{aligned}$$

依 9－14 式，上式的最后一项为

$$\begin{aligned}&2E\left(\sum_{\substack{i=2\\i>s}}^{m}u_iu_{i-s}\right)/m\\&\quad=2E\left[(u_mu_{m-1}+u_mu_{m-2}+\cdots+u_mu_1)/m\right]\end{aligned}$$

$$=2(\gamma\sigma_u^2+\gamma^2\sigma_u^2+\cdots+\gamma^{m-1}\sigma_u^2)/m$$
$$=2\sigma_u^2(\gamma+\gamma^2+\cdots+\gamma^{m-1})/m$$
$$=2\sigma_u^2(\gamma+\gamma^2)/m$$

故 9－21 式的第一项为

$$E\left[\sum_{i=1}^{m}(u_i-\bar{u})^2\right]=m\sigma_u^2-\sigma_u^2-2\sigma_u^2(\gamma+\gamma^2)/m$$

对于 9－21 式的第二项，有

$$E\left[\sum_{i=1}^{m}(\hat{b}_1-b_1)^2x_i^2\right]=\sum_{i=1}^{m}\left[x_i^2E(\hat{b}_1-b_1)^2\right]$$
$$=\sum_{i=1}^{m}\left\{x_i^2\left[\sigma_u^2/\sum_{i=1}^{m}x_i^2+2\gamma^s\sigma_u^2\sum_{i=1}^{m}x_ix_{i-s}/(\sum_{i=1}^{m}x_i^2)^2\right]\right\}$$
$$=\sigma_u^2+2\gamma^s\sigma_u^2\sum_{i=2}^{m}x_ix_{i-s}/\sum_{i=1}^{m}x_i^2$$

对于 9－21 式中的第三项，因为 $\hat{b}_1=b_1+\sum_{i=1}^{m}W_iu_i$，故有

$$2E\left[\sum_{i=1}^{m}(u_i-\bar{u})(\hat{b}_1-b_1)x_i\right]$$
$$=2E\left[\sum_{i=1}^{m}(u_ix_i-\bar{u}x_i)\sum_{i=1}^{m}W_iu_i\right]$$
$$=2E\left[(\sum_{i=1}^{m}u_ix_i-\bar{u}\sum_{i=1}^{m}x_i)\sum_{i=1}^{m}W_iu_i\right]$$
$$=2E\left[(\sum_{i=1}^{m}u_ix_i)(\sum_{i=1}^{m}W_iu_i)\right]$$

又因为 $W_i=x_i/\sum_{i=1}^{m}x_i^2$，将其代入上式得

$$2E\left[(\sum_{i=1}^{m}u_ix_i)(\sum_{i=1}^{m}u_ix_i)/\sum_{i=1}^{m}x_i^2\right]$$
$$=2\left[E(\sum_{i=1}^{m}u_ix_i)^2\right]/\sum_{i=1}^{m}x_i^2$$
$$=2E\left[(\sum_{i=1}^{m}u_i^2x_i^2+2\sum_{\substack{i=2\\i>s}}^{m}x_ix_{i-s}u_iu_{i-s})\right]/\sum_{i=1}^{m}x_i^2$$
$$=2\sigma_u^2+4\sum_{\substack{i=2\\i>s}}^{m}\left[x_ix_{i-s}E(u_iu_{i-s})\right]/\sum_{i=1}^{m}x_i^2$$
$$=2\sigma_u^2+4\gamma^s\sigma_u^2\sum_{i=2}^{m}x_ix_{i-s}/\sum_{i=1}^{m}x_i^2$$

将各项的计算结果代入 9－21 式，得

$$E(\sum_{i=1}^{m}\varepsilon_i^2)=m\sigma_u^2-\sigma_u^2-2\sigma_u^2(\gamma+\gamma^2)/m+\sigma_u^2$$
$$+2\gamma^s\sigma_u^2\sum_{i=2}^{m}x_ix_{i-s}/\sum_{i=1}^{m}x_i^2-2\sigma_u^2$$
$$-4\gamma^s\sigma_u^2\sum_{i=2}^{m}x_ix_{i-s}/\sum_{i=1}^{m}x_i^2$$

当 m 较大时，因 $|\gamma|<1$，$2\sigma_u^2$ $(\gamma+\gamma^2)$ $/m$ 趋近于零。故 E $(\sum_{i=1}^{m}\varepsilon_i^2)$ 即为

$$E(\sum_{i=1}^{m}\varepsilon_i^2)=\sigma_u^2[(m-2)-2\gamma^s\sigma_u^2\sum_{i=2}^{m}x_ix_{i-s}/\sum_{i=1}^{m}x_i^2] \quad (9-22)$$

如果令 $\gamma^s\sigma_u^2\sum_{i=2}^{m}x_ix_{i-s}/\sum_{i=1}^{m}x_i^2=G$，则 9－22 式可表达为

$$E\ (\sum_{i=1}^{m}\varepsilon_i^2)\ =\sigma_u^2\ [\ (m-2)\ -2G] \quad (9-23)$$

在 G 的表达式中，一般情况下 γ 取正值，解释变量 X 的离差 x_i 也多为正值，由此便决定了 G 亦随之多为正值。所以有

$$(m-2)\ >[\ (m-2)\ -2G] \quad (9-24)$$

当线性回归模型真实总体关系式的随机误差项 u_i 不存在序列相关时，$\gamma=0$，G 因分子各项为零故亦随之为零，9－23 式随即变成

$$E\ (\sum_{i=1}^{m}\varepsilon_i^2)\ =\sigma_u^2\ (m-2) \quad (9-25)$$

并由此可导出随机误差项 u_i 的方差估计值 $\hat{\sigma}_u^2$ 为

$$\hat{\sigma}_u^2=E\ (\sum_{i=1}^{m}\varepsilon_i^2)\ /\ (m-2) \quad (9-26)$$

当线性回归模型真实总体关系式的随机误差项 u_i 存在一阶自回归形式的序列相关（自相关系数为 γ），则随机误差项 u_i 的方差估计值 $\hat{\sigma}_u^{*2}$ 可由 9－23 式导出，即

$$\hat{\sigma}_u^{*2}=E\ (\sum_{i=1}^{m}\varepsilon_i^2)\ /\ [\ (m-2)\ -2G] \quad (9-27)$$

因为有 9－24 式成立，所以有下式

$$\hat{\sigma}_u^2 < \hat{\sigma}_u^{*2} \tag{9-28}$$

当随机误差项 u_i 存在高阶自回归形式的序列相关时，情况也与此相类似。在随机误差项 u_i 存在序列相关情况下，如果又未引起重视，就会误将 $\hat{\sigma}_u^2$ 当成 $\hat{\sigma}_u^{*2}$，使 u_i 的方差低估。

（四）模型的统计检验失效

当随机误差项 u_i 的方差 σ_u^2 出现低估时，在进行 F 检验时，就会造成 F 统计量的算式

$$F_{k,m-k-1}=\frac{U/k}{Q/(m-k-1)}$$

中，Q 的虚假缩小及 U 的虚假增大，从而使 F 统计量虚假增大，不能作为检验解释变量的参数估计值是否可能同时为零的依据。在进行 t 检验时，也会使计算 t 统计量的算式的分母虚假缩小，造成 t 统计量的虚假增大，使其失去作为检验每一个解释变量的参数估计值是否为零的依据。这表明，在随机误差项 u_i 存在序列相关情况下，由于其方差的低估造成对模型的统计检验失效。

（五）建立的线性回归模型估计式不可靠

在线性回归模型真实总体关系式的随机误差项存在序列相关的情况下，用普通最小二乘法对模型参数进行估计，其估计值不具有最小方差，失去最优性，使模型的样本估计式失准。由于不同观测期的随机误差项不独立，导致对随机误差项方差的低估，造成对模型的统计检验因得不到真实信息而失效，进而使模型估计式的可靠性难以判别与评价，并随之丧失经济分析与经济预测的功能。

五、随机误差项序列相关的检验

如果线性回归模型的随机误差项存在序列相关，将对模型参数估计、统计检验及估计式的可靠性带来极为不利的影响，必须对其是否存在进行检验。对随机误差项序列相关的检验，最常用的方法有以下三种。

（一）图示检验法

这种检验法是根据线性回归模型中变量的样本观测值，利用

普通小二乘法估计模型参数、构建样本回归模型估计式。然后用被解释变量 Y 的观测值 Y_i 减去回归值 $\hat{Y}_i$，求出真实总体关系式随机误差项 u_i 的估计值 ε_i（$i=1, 2, \cdots, m$）。再在平面坐标中绘制 ε_i 的散布图，根据 ε_i 的散布图判断随机误差项 u_i 是否存在序列相关。ε_i 的散布图有两种绘制方式。

第一种方式，以 ε_i 为纵轴、ε_{i-1} 为横轴绘制。如果 ε_i 的散布点大部分落在一、三象限内（如图 9-1），表明随机误差项 u_i 存在正的序列相关；如果 ε_i 的散布点大部分落在二、四象限内（如图 9-2），表明随机误差项 u_i 存在负的序列相关；如果 ε_i 的散布点大部分与横轴平行，则表明随机误差项 u_i 不存在序列相关。

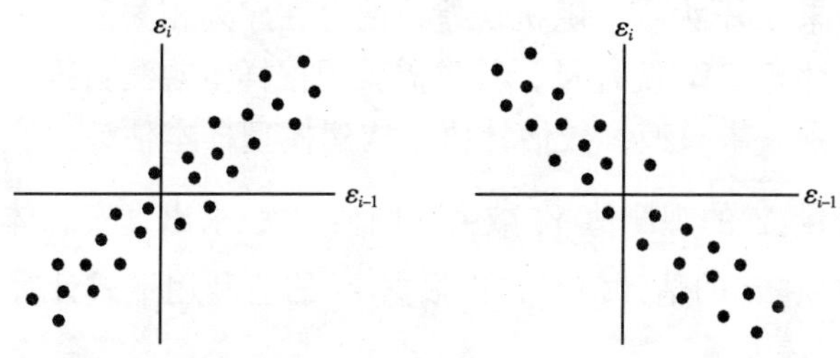

图 9-1　u_i 项的正序列相关　　**图 9-2　u_i 的负序列相关**

第二种方式，对于时序资料，以 ε_i 为纵轴、时间为横轴绘制。如果随时间的逐次变化，ε_i 不断改变符号、即间隔取正负值（如图 9-3），表明随机误差项 u_i 存在负的序列相关；如果随时间的逐次变化，ε_i 并不频繁改变符号，而是取几个正值后又连续取几个负值（如图 9-4），或者相反，表明随机误差项 u_i 存在正的序列相关；如果随着时间的逐次变化，ε_i 只取相同符号的值（只取正值或只取负值），表明随机误差项 u_i 不存在序列相关。

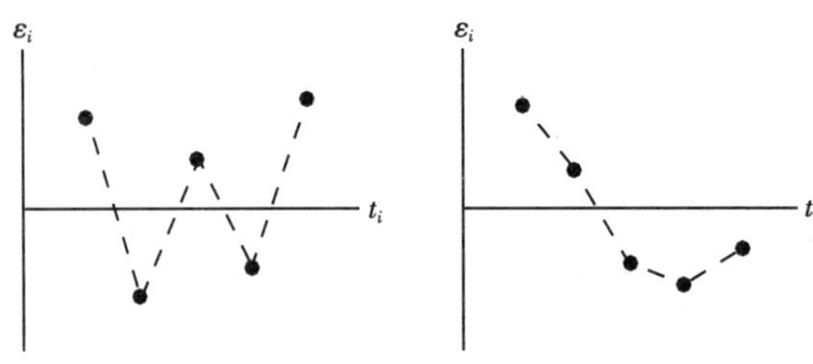

图 9-3 u_i 的负序列相关　　图 9-4 u_i 的正序列相关

（二）杜宾（J. Duγbin）—沃森（G. S. Watson）检验法

杜宾—沃森检验法又称为 DW 检验法，这种方法是通过计算一个 DW 统计量，用这个统计量来判断随机误差项 u_i 和 u_{i-1} 的相关系数 γ 是否为零。如果 γ 为零，随机误差项就不存在序列相关；如果 γ 不为零，随机误差项便存在序列相关。

为了计算 DW 统计量，首先需要根据样本观测数据，利用普通最小二乘法求模型参数估计值，构建模型样本估计式。然后用被解释变量 Y 的观测值 Y_i 减去回归值 $\hat{Y}_i$，求出真实总体关系式随机误差项 u_i 的估计值 ε_i，再根据 ε_i 的值利用下式计算 DW 统计量。

$$
\begin{aligned}
DW &= \sum_{i=2}^{m}(\varepsilon_i - \varepsilon_{i-1})^2 / \sum_{i=1}^{m}\varepsilon_i^2 \\
&= \sum_{i=2}^{m}(\varepsilon_i^2 + \varepsilon_{i-1}^2 - 2\varepsilon_i\varepsilon_{i-1}) / \sum_{i=1}^{m}\varepsilon_i^2 \\
&= (\sum_{i=2}^{m}\varepsilon_i^2 + \sum_{i=2}^{m}\varepsilon_{i-1}^2 - 2\sum_{i=2}^{m}\varepsilon_i\varepsilon_{i-1}) / \sum_{i=1}^{m}\varepsilon_i^2 \\
&\qquad (i=1,\ 2,\ \cdots,\ m) \qquad (9-29)
\end{aligned}
$$

在大样本条件下，即当 $m \geqslant 30$ 时，有下式成立

$$\sum_{i=2}^{m}\varepsilon_i^2 \approx \sum_{i=2}^{m}\varepsilon_{i-1}^2 \approx \sum_{i=1}^{m}\varepsilon_i^2$$

故 9－29 式又可近似地表达为

$$DW = 2\ (\sum_{i=2}^{m}\varepsilon_{i-1}^2 - \sum_{i=2}^{m}\varepsilon_i\varepsilon_{i-1})\ / \sum_{i=2}^{m}\varepsilon_{i-1}^2$$

$$=2\left(1-\sum_{i=2}^{m}\varepsilon_i\varepsilon_{i-1}/\sum_{i=2}^{m}\varepsilon_{i-1}^2\right) \tag{9-30}$$

在 9－30 式中，$\sum_{i=2}^{m}\varepsilon_i\varepsilon_{i-1}/\sum_{i=2}^{m}\varepsilon_{i-1}^2$可表达为

$$\sum_{i=2}^{m}\varepsilon_i\varepsilon_{i-1}/\sum_{i=2}^{m}\varepsilon_{i-1}^2\approx\sum_{i=2}^{m}\varepsilon_i\varepsilon_{i-1}/\left(\sqrt{\sum_{i=2}^{m}\varepsilon_i^2}\cdot\sqrt{\sum_{i=2}^{m}\varepsilon_{i-1}^2}\right) \tag{9-31}$$

9－31 式为 ε_i 与 ε_{i-1}简单相关系数的表达式，令其为 $\hat{\gamma}$。因为 ε_i 与 ε_{i-1}为 u_i 与 u_{i-1}的估计值，故 $\hat{\gamma}$可视为 u_i 与 u_{i-1}的相关系数。将 $\hat{\gamma}$代入 9－30 式中，得

$$DW=2\left(1-\hat{\gamma}\right) \tag{9-32}$$

对于 9－32 式，因为$|\hat{\gamma}|\leqslant 1$，故有 $0\leqslant DW\leqslant 4$ 成立。利用该式可以对随机误差项是否存在序列相关进行分析和判断。

（1）当 $DW=0$ 时，$\hat{\gamma}=1$，表明随机误差项 u_i 存在完全的正序列相关；

（2）当 $0<DW<2$ 时，$0<\hat{\gamma}<1$，表明随机误差项 u_i 存在某种程度的正序列相关；

（3）当 $DW=4$ 时，$\hat{\gamma}=-1$，表明随机误差项 u_i 存在完全的负序列相关；

（4）当 $2<DW<4$ 时，$-1<\hat{\gamma}<0$，表明随机误差项存在某种程度的负序列相关；

（5）当 $DW=2$ 时，$\hat{\gamma}=0$，表明随机误差项 u_i 不存在序列相关。

由上述分析知，杜宾—沃森检验法是通过 DW 统计量是否等于 2 来间接判断随机误差项 u_i 有无序列相关的。由于 DW 统计量的精确分布形式是未知的，杜宾—沃森便在假设随机误差项 u_i 服从正态分布、具有齐性方差，且解释变量均为外生变量的情况下，确定了一定显著水平的上限值 d_u 和下限值 d_L，利用这

个上限值和下降值就可以对随机误差项 u_i 是否存在序列相关进行判断。具体判别规则为：

当 $DW < d_L$，随机误差项 u_i 存在正的序列相关；

当 $DW > (4 - d_L)$，随机误差项 u_i 存在负的序列相关；

当 $d_u < DW < (4 - d_u)$，随机误差项 u_i 不存在序列相关；

当 $d_L < DW < d_u$ 或 $(4 - d_u) < DW < (4 - d_L)$，随机误差项 u_i 是否存在序列相关不能确定。

上述四条判别规则可用图 9-5 表示：

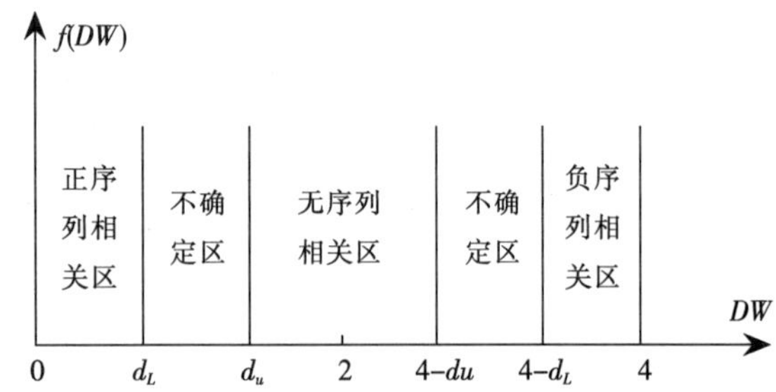

图 9-5 随机误差项 U_i 序列相关的 DW 检验

杜宾—沃森检验法的优点在于计算简单、应用方便，但它存在很大的局限性，在应用时应予重视。这些局限性主要表现在：

第一，当内生变量作模型解释变量时，这种检验方法失效；

第二，当出现 $d_L < DW < d_u$ 及 $(4 - d_u) < DW < (4 - d_L)$ 时，这种检验方法得不出检验结果；

第三，这一方法不适用于对联立模型中各单一方程随机误差项序列相关的检验；

第四，这一方法不能用于对随机误差项高阶序列相关及非线性序列相关的检验。

（三）回归检验法

回归检验法适用对任一随机变量序列相关的检验，并能提供序列相关的具体形式及相关系数的估计值。这一方法的应用分三步进行：

(1) 依据模型变量的样本观测数据，应用普通最小二乘法求出模型的样本估计式，用被解释变量的观测值 Y_i 减去回归值 $\hat{Y}_i$，求出真实总体关系式随机误差项 u_i 的估计值 ε_i（$i=1$，2，$\cdots,m$）。

(2) 建立 ε_i 与 ε_{i-1}、ε_{i-2}的相互关系模型，由于它们相互关系的形式和类型是未知的，需要用多种函数形式进行试验，常用的函数形式主要有：

$$\varepsilon_i=\gamma\varepsilon_{i-1}+e_i$$

$$\varepsilon_i=\gamma\varepsilon_{i-1}^2+e_i$$

$$\varepsilon_i=\gamma_1\varepsilon_{i-1}+\gamma_2\varepsilon_{i-2}+e_i$$

$$\varepsilon_i=\gamma\sqrt{\varepsilon_{i-1}}+e_i$$

$$\varepsilon_i=\gamma/\sqrt{\varepsilon_{i-1}}+e_i$$

(3) 对不同形式的 ε_i 与 ε_{i-1}、ε_{i-2}的相互关系模型，用普通最小二乘法进行参数估计，得出回归估计式，再对估计式进行统计检验。如果检验的结果是每一种估计式都是不显著的，就表明 ε_i 与 ε_{i-1}、ε_{i-2}是不相关的，随机误差项 u_i 不存在序列相关。如果通过检验发现某一个估计式是显著的（若有多个估计式显著就选择最为显著者），就表明 ε_i 与 ε_{i-1}、ε_{i-2}是相关的，随机误差项 u_i 存在序列相关，相关的形式就是统计检验显著的回归估计式，相关系数就是该估计式的参数估计值。

回归检验法需要用多种形式的回归模型对 ε_i 与 ε_{i-1}、ε_{i-2}的相关性进行试验分析，工作量大、计算复杂，显得极为繁琐。

线性回归模型中随机误差项序列相关的检验，在计量经济学的研究中是一个很重要的问题。但目前应用的检验方法都存在一些缺点与局限，还不能对这一问题进行完全有效的检验，更为完善的检验方法尚需进一步研究。

六、随机误差项序列相关的修正

经过检验发现随机误差项存在序列相关，首先应当分析产生序列相关的原因。引起序列相关的原因不同，修正序列相关的方法也不相同。如果随机误差项的序列相关是因为模型变量选择不当（遗漏了重要的解释变量或选用了无关的、非重要的变量作解释变量）所引起的，就应当对模型中包含的解释变量进行调整，去掉无关的及非重要的变量，引入重要的变量。如果是因为模型的函数形式选择失准，不能真实反映经济变量间的数量关系，引起随机误差项的序列相关，就应当舍弃原有的模型关系式，重新确定正确的模型函数形式。在排除了这两个方面的原因之后，如果随机误差项仍然存在序列相关，便表明这种相关问题是由客观经济现象自身特点所决定的。在这种情况下，应当通过变量的变换形成新的模型，使新模型中的随机误差项不存在序列相关，以满足普通最小二乘法的应用条件。

序列相关的形式和结构不同，变量变换的方法也有多种。最常用的变换方法有一阶差分法和广义差分法。

（一）一阶差分法

以一元线性回归模型为例说明这一方法的应用。对于真实总体关系式

$$Y_i = b_0 + b_1 X_i + u_i \tag{9-33}$$

设 $E(u_i)=0$，$E(u_i^2)=\sigma^2$，u_i 具有一阶形式的序列相关，即

$$u_i = \gamma u_{i-1} + \varepsilon_i \qquad (i=1,2,\cdots,m) \tag{9-34}$$

对 9－34 式，假设随机误差项 ε_i 满足零均值$[E(\varepsilon_i)=0]$、齐性方差$[E(\varepsilon_i^2)=\sigma_\varepsilon^2]$、不存在序列相关$[E(\varepsilon_i\varepsilon_j)=0]$ $(i\neq j)$，

将 9－33 式滞后一个时期，得

$$Y_{i-1} = b_0 + b_1 X_{i-1} + u_{i-1} \tag{9-35}$$

将 9－35 式两边同乘以 γ，得

$$\gamma Y_{i-1} = b_0\gamma + b_1\gamma X_{i-1} + \gamma u_{i-1} \tag{9-36}$$

将 9－33 式减去 9－36 式，得

$$(Y_i - \gamma Y_{i-1}) = b_0(1-\gamma) + b_1(X_i - \gamma X_{i-1}) + (u_i - \gamma u_{i-1}) \tag{9-37}$$

根据9－34式，$u_i-\gamma u_{i-1}=\varepsilon_i$。当$\gamma=1$时，9－37式可表达为

$$(Y_i-Y_{i-1})=b_1(X_i-X_{i-1})+\varepsilon_i \quad (9-38)$$

在9－38式中，随机误差项ε_i不存在序列相关。很显然，当$\gamma=1$时，用一阶差分法修正随机误差项的序列相关是十分方便的。同时，这一方法还可充分满足普通最小二乘法的应用条件。

如果令$Y_i-Y_{i-1}=\triangle Y_i$，$X_i-X_{i-1}=\triangle X_i$，则9－38式可表达为

$$\triangle Y_i=b_1\triangle X_i+\varepsilon_i \quad (9-39)$$

若将9－39式的样本关系式记为

$$\triangle Y_i=\hat{b}_1\triangle X_i+V_i \quad (i=1,2,\cdots,m) \quad (9-40)$$

则V_i为ε_i的估计值,V_i的平方和为

$$\sum_{i=2}^{m}V_i^2=\sum_{i=2}^{m}(\triangle Y_i-\hat{b}_1\triangle X_i)^2 \quad (9-41)$$

利用9－41式对$\hat{b}_1$求偏导,并令其为零,可得

$$2\sum_{i=2}^{m}[(\triangle Y_i-\hat{b}_1\triangle X_i)(-\triangle X_i)]=0$$

因此有$\sum_{i=2}^{m}(\triangle Y_i\cdot\triangle X_i)-\hat{b}_1\sum_{i=2}^{m}\triangle X_i^2=0$ (9－42)

$$\hat{b}_1=\sum_{i=2}^{m}(\triangle Y_i\cdot\triangle X_i)/\sum_{i=2}^{m}\triangle X_i^2 \quad (9-43)$$

$\hat{b}_1$为参数b_1的最小二乘估计值，样本回归估计式为

$$\triangle\hat{Y}_i=\hat{b}_1\triangle X_i \quad (9-44)$$

将9－40式代入9－42式，得

$$\sum_{i=2}^{m}[(\hat{b}_1\triangle X_i+V_i)(\triangle X_i)]-\hat{b}_1\sum_{i=2}^{m}\triangle X_i^2=0$$

即 $\sum_{i=2}^{m}(V_i\cdot\triangle X_i)=0$ (9－45)

9－45式表明，V_i与$\triangle X_i$相互独立，不存在相关性。由于V_i是ε_i的估计值，这也表明在真实总体关系式9－39式中，解释变量$\triangle X_i$与随机误差项ε_i相互独立，不存在相关性，即$E(\triangle X_i\varepsilon_i)$

$=0$。

对 9－44 式两边同乘 V_i，并对样本容量加总，得

$$\sum_{i=2}^{m} V_i \triangle \hat{Y}_i = \hat{b}_1 \sum_{i=2}^{m} (V_i \triangle X_i) \tag{9-46}$$

在 9－46 式中，$\sum_{i=2}^{m}(V_i \triangle X_i)=0$，故有$\sum_{i=2}^{m}(V_i \triangle \hat{Y}_i)=0$，表明 V_i 与$\triangle \hat{Y}_i$ 相互独立。因为 V_i 为ε_i 的估计值，故 ε_i 与$\triangle \hat{Y}_i$ 亦相互独立。

应用一阶差分法求得的模型参数估计值具有无偏性和最小方差。仍以 9－35 式为例，b_1 的估计值 $\hat{b}_1$ 的期望值为

$$\begin{aligned} E(\hat{b}_1) &= E\left[\sum_{i=2}^{m}(\triangle Y_i \cdot \triangle X_i) / \sum_{i=2}^{m} \triangle X_i^2\right] \\ &= E\left[\sum_{i=1}^{m} \triangle X_i (b_1 \triangle X_i + \varepsilon_i) / \sum_{i=2}^{m} \triangle X_i^2\right] \\ &= b_1 \end{aligned} \tag{9-47}$$

b_1 的估计值 $\hat{b}_1$ 的方差为

$$\begin{aligned} Var(\hat{b}_1) &= E[\hat{b}_1 - E(\hat{b}_1)]^2 \\ &= E[(\sum_{i=2}^{m} \triangle X_i \varepsilon_i)^2 / (\sum_{i=1}^{m} \triangle X_i^2)^2] \\ &= E[(\triangle X_2 \varepsilon_2 + \triangle X_3 \varepsilon_3 + \cdots + \triangle X_m \varepsilon_m)^2 \\ &\quad /(\sum_{i=1}^{m} \triangle X^2)^2] \\ &= \sigma_\varepsilon^2 / \sum_{i=2}^{m} \triangle X_i^2 \end{aligned} \tag{9-48}$$

9－47 式表明 $\hat{b}_1$ 是 b_1 的无偏估计值，$\hat{b}_1$ 在总体平均水平上代表真实总体参数 b_1。9－48 式表明 $\hat{b}_1$ 的方差在样本既定情况下为一个有限的量，随样本容量无穷增大可以趋近于零，$\hat{b}_1$ 为 b_1 的最优估计量。

应用一阶差分法对模型 9－33 式进行变换，模型转换为 9－39 式，随机误差项也相应由 u_i 转换为ε_i。新的随机误差项 ε_i 可满足普通最小二乘法应用的条件。对于 ε_i，有关的统计量可以进行估

计。当 $\gamma=1$ 时，有

$$E(\varepsilon_i)=E(u_i-u_{i-1})=0 \tag{9-49}$$

$$\begin{aligned}E(\varepsilon_i^2)&=E(u_i-u_{i-1})^2\\&=E(u_i^2+u_{i-1}^2-2u_iu_{i-1})\\&=E[u_i^2+u_{i-1}^2-2\gamma(u_{i-1}+\varepsilon_i)u_{i-1}]\\&=(u_i^2+u_{i-1}^2-2\gamma u_{i-1}^2)\\&=2\sigma^2(1-\gamma)\\&=2\sigma^2(1-\gamma^2)/(1+\gamma)\end{aligned}$$

因为 $\sigma^2=\sigma_\varepsilon^2/(1-\gamma^2)$，将其代入上式，得

$$E(\varepsilon_i^2)=2\sigma_\varepsilon^2/(1+\gamma) \tag{9-50}$$

当 $\gamma=1$ 时，9－50 式又演化为

$$E(\varepsilon_i^2)=\sigma_\varepsilon^2 \tag{9-51}$$

$$\begin{aligned}E(\varepsilon_i\varepsilon_{i-1})&=E[(u_i-u_{i-1})(u_{i-1}-u_{i-2})]\\&=E(u_iu_{i-1}-u_iu_{i-2}-u_{i-1}^2+u_{i-1}u_{i-2})\\&=E[(\gamma u_{i-1}+\varepsilon_i)u_{i-1}-(\gamma u_{i-1}+\varepsilon_i)u_{i-2}\\&\quad-u_{i-1}^2+(\gamma u_{i-2}+\varepsilon_{i-1})u_{i-2}]\\&=E[\gamma u_{i-1}^2-\gamma(\gamma u_{i-2}+\varepsilon_{i-1})u_{i-2}\\&\quad-u_{i-2}^2+\gamma u_{i-2}^2]\\&=E(\gamma u_{i-1}^2-\gamma^2u_{i-2}^2-u_{i-2}^2+\gamma u_{i-2}^2)\\&=\sigma^2(2\gamma-\gamma^2-1)\\&=-\sigma^2(1-\gamma)^2\end{aligned} \tag{9-52}$$

当 $\gamma=1$ 时，9－52 式的值为零。

由 9－49 式、9－51 式及 9－52 式知，当真实总体关系式 9－33 式的随机误差项 u_i 与 u_{i-1} 的相关系数为 1（$\gamma=1$）时，用一阶差分法变换后的模型 9－39 式的随机误差项 ε_i 具有零均值、齐性方差、不存在序列相关的特点。

(二) 广义差分法

一阶差分法仅适用于随机误差项的自相关系数 γ 等于 1 的情

况。但在一般情况下，γ 的绝对值是一个大于零而小于 1 的数。在这种情况下，随机误差项的序列相关就要用广义差分法进行修正。广义差分法可以用多元线性回归模型加以说明。

对于多元线性回归模型的真实总体关系式

$$Y_i = b_0 + b_1 X_{i1} + b_2 X_{i2} + \cdots + b_k X_{ik} + u_i \qquad (9-53)$$

如果 u_i 存在一阶自回归形式的序列相关，即可表达为

$$u_i = \gamma u_{i-1} + \varepsilon_i \qquad (i=1, 2, \cdots, m) \qquad (9-54)$$

在 9－54 式中，γ 为随机误差项 u_i 的自相关系数，$|\gamma|<1$，ε_i 为 u_i 与 u_{i-1} 回归关系式的随机误差项，满足零均值 $[E(\varepsilon_i)=0]$、齐性方差 $[(E(\varepsilon_i^2)=\sigma_\varepsilon^2]$、不存在序列相关 $[E(\varepsilon_i \varepsilon_{i-1})=0]$ 的假定。

将 9－53 式滞后一个时期，并左右两边同乘 γ，可得新的表达式

$$\gamma Y_{i-1} = \gamma b_0 + \gamma b_1 X_{(i-1)1} + \gamma b_2 X_{(i-1)2} + \cdots + \gamma b_k X_{(i-1)k} + \gamma u_{i-1} \qquad (9-55)$$

将 9－53 式减去 9－55 式，得

$$Y_i - \gamma Y_{i-1} = b_0(1-\gamma) + b_1(X_{i1} - \gamma X_{(i-1)1}) + b_2(X_{i2} - \gamma X_{(i-1)2}) + \cdots + b_k(X_{ik} - \gamma X_{(i-1)k}) + (u_i - \gamma u_{i-1}) \qquad (9-56)$$

在 γ 为已知的情况下，可以对 9－56 式中的变量进行如下变换

$$\begin{aligned} Y_i^* &= Y_i - \gamma Y_{i-1} \\ X_{i1}^* &= X_{i1} - \gamma X_{(i-1)1} \\ X_{i2}^* &= X_{i2} - \gamma X_{(i-1)2} \\ &\vdots \\ X_{ik}^* &= X_{ik} - \gamma X_{(i-1)k} \\ \varepsilon_i &= u_i - \gamma u_{i-1} \end{aligned} \qquad (i=2, 3, \cdots, m)$$

将变换后的变量代入 9－56 式，便可得到一个新的模型表达式。即

$$Y_i^* = b_0(1-\gamma) + b_1X_{i1}^* + b_2X_{i2}^* + \cdots + b_kX_{ik}^* + \varepsilon_i$$

$$(i=2, 3, \cdots, m) \qquad (9-57)$$

上述变换过程称为广义差分变换。因为变换的形式与一阶差分变换相同，故又称之为拟一阶差分变换。这一变换过程所构建的新变量 Y_i^* 与 X_{ij}^*，由于差分变换要损失一个观测值，样本个数由 m 个减少到 $m-1$ 个。为使 9－57 式与 9－53 式对应，对第一个观测值可做如下变换：

$$Y_1^* = Y_1\sqrt{1-\gamma^2}$$

$$X_{1j}^* = X_{1j}\sqrt{1-\gamma^2} \qquad (j=1, 2, \cdots, k)$$

当样本观测数据的个数较多时，在差分变换中减少一个观测值也无关紧要，可以不予处理。

通过广义差分变换得到的新模型 9－57 式，随机误差项 ε_i 可以满足零均值、齐性方差、不存列相关的要求。

（三）随机误差项存在高阶自回归的差分变换

在线性回归模型真实总体关系式中，当随机误差项 u_i 存在高阶自回归形式的序列相关时，也可以用差分方法进行变换。仍以 9－53式为例，如果 u_i 存在两阶形式的序列相关，可将其表达为

$$u_i = \gamma_1 u_{i-1} + \gamma_2 u_{i-2} + \varepsilon_i$$

$$(i=1, 2, \cdots, m) \quad (9-57)$$

9－57 式中，γ_1 为 u_i 与 u_{i-1}的自回归系数，γ_2 为 u_i 与 u_{i-2} 的自回归系数，$|\gamma_1|<1$，$|\gamma_2|<1$；ε_i 为 u_i 自回归模型的随机误差项，且满足 $E(\varepsilon_i)=0$（零均值）、$E(\varepsilon_i^2)=\sigma_\varepsilon^2$（齐性方差）、$E(\varepsilon_i\varepsilon_{i-1})=0$（不存在序列相关）的假定。

将 9－53 式滞后一个时期，并对左右两边同乘 γ_1，可得

$$\gamma_1 Y_{i-1} = \gamma_1 b_0 + \gamma_1 b_1 X_{(i-1)1} + \gamma_1 b_2 X_{(i-1)2} + \cdots + \gamma_1 b_k X_{(i-1)k} + \gamma_1 u_{i-1} \qquad (9-58)$$

将 9－53 式滞后两个时期，并对左右两边同乘 γ_2，可得

$$\gamma_2 Y_{i-2} = \gamma_2 b_0 + \gamma_2 b_1 X_{(i-2)1} + \gamma_2 b_2 X_{(i-2)2} + \cdots + \gamma_2 b_k X_{(i-2)k} + \gamma_2 u_{i-2} \qquad (9-59)$$

将 9－53 式减去 9－58 式及 9－59 式，得

$$
\begin{aligned}
& Y_i-\gamma_1 Y_{i-1}-\gamma_2 Y_{i-2} \\
& \quad =b_0(1-\gamma_1-\gamma_2)+b_1(X_{i1}-\gamma_1 X_{(i-1)1} \\
& \qquad -\gamma_2 X_{(i-2)1})+b_2(X_{i2}-\gamma_1 X_{(i-1)2} \\
& \qquad -\gamma_2 X_{(i-2)2})+\cdots+b_k(X_{ik}-\gamma_1 X_{(i-1)k} \\
& \qquad -\gamma_2 X_{(i-2)k})+(u_i-\gamma_1 u_{i-1}-\gamma_2 u_{i-2})
\end{aligned}
$$

$$(i=3,4,\cdots,m) \quad (9-60)$$

在 γ_1 和 γ_2 已知的条件下，可参照广义差分法对 9－60 式中的变量进行变换。即令

$$
\left.
\begin{aligned}
& Y_i^*=Y_i-\gamma_1 Y_{i-1}-\gamma_2 Y_{i-2} \\
& X_{i1}^*=X_{i1}-\gamma_1 X_{(i-1)1}-\gamma_2 X_{(i-2)1} \\
& X_{i2}^*=X_{i2}-\gamma_1 X_{(i-1)2}-\gamma_2 X_{(i-2)2} \\
& \vdots \qquad \vdots \qquad \vdots \qquad\qquad \vdots \\
& X_{ik}^*=X_{ik}-\gamma_1 X_{(i-1)k}-\gamma_2 X_{(i-2)k} \\
& \varepsilon_i=u_i-\gamma_1 u_{i-1}-\gamma_2 u_{i-2}
\end{aligned}
\right\} \quad (i=3,4,\cdots,m)
$$

将变换后的变量代入 9－60 式，可得到一个新的模型表达式

$$Y_i^*=b_0(1-\gamma_1-\gamma_2)+b_1X_{i1}^*+b_2X_{i2}^*+\cdots+b_kX_{ik}^*+\varepsilon_i$$

$$(i=3,4,\cdots,m) \quad (9-61)$$

很显然，9－61 式的随机误差项 ε_i 满足普通最小二乘法的要求，可以用普通最小二乘对其参数进行估计。但这种差分变换，要使 9－61 式中变量（Y_i^*、X_{ij}^*）的样本个数比 9－53 式减少两个。

如果 9－53 式中随机误差项 u_i 存在 h 阶自回归形式的序列相关，即

$$u_i=\gamma_1 u_{i-1}+\gamma_2 u_{i-2}+\cdots+\gamma_h u_{i-h}+\varepsilon_i \qquad (h<i)$$

$$(9-62)$$

原则上也可按上面的方法进行差分变换，只不过变换后的模型中变量的样本个数要比原来模型变量的样本个数减少 h 个。

（四）随机误差项自回归系数的估计

应用差分法修正随机误差项的序列相关，必须事先确知随机误差项 u_i 的自回归系数 γ。但在实际的研究工作中，随机误差项 u_i

是不可直接观测的量，γ 也不可能事先确知其实际的值。因此，在应用差分法时，应先计算 γ 值。对 γ 值的计算，有以下四种方法可供选择。

1. *反复迭代法*

这种方法是用逐步逼近的办法求 γ 的估计值。以一元线性回归模型为例，对于

$$Y_i = b_0 + b_1 X_i + u_i \tag{9-63}$$

假设随机误差项 u_i 存在一阶自回归形式的序列相关，即

$$u_i = \gamma u_{i-1} + \varepsilon_i \quad (i=1,2,\cdots,m) \tag{9-64}$$

9-64 式中，γ 为自回归系数，ε_i 满足 $E(\varepsilon_i)=0$、$E(\varepsilon_i^2)=\sigma_\varepsilon^2$、$E(\varepsilon_i\varepsilon_{i-1})=0$ 的假定。

为了求出 γ 的估计值，需要分三步进行逐次逼近。

第一步，首先应用普通最小二乘法对 9-63 式进行估计，求出样本估计式 $\hat{Y}_i = \hat{b}_0 + \hat{b}_1 X_i$，再利用 $Y_i - \hat{Y}_i = e_i$ 求出 u_i 的估计值 e_i，然后用下式求出 γ 的初步估计值 γ^*，即

$$\gamma^* = \sum_{i=2}^{m} e_i e_{i-1} / \sum_{i=2}^{m} e_{i-1}^2 \quad (i=2,\ 3,\ \cdots,\ m) \tag{9-65}$$

第二步，利用求得的 γ^* 对 9-63 式进行差分变换，可得到新的模型

$$Y_i - \gamma^* Y_{i-1} = b_0(1-\gamma^*) + b_1(X_i - \gamma^* X_{i-1}) + (u_i - \gamma^* u_{i-1}) \tag{9-66}$$

对 9-66 式用普通最小二乘法进行估计，求出随机误差项 $(u_i - \gamma^* u_{i-1})$ 的估计值 e_i^*，再根据 e_i^* 用下式计算 γ 的第二次逼近值 $\hat{\gamma}^*$，即

$$\hat{\gamma}^* = \sum_{i=3}^{m} e_i^* e_{i-1}^* / \sum_{i=3}^{m} {e_{i-1}^*}^2 \quad (i=3,4,\cdots,m) \tag{9-67}$$

第三步，重复第二步的过程，直到 γ 的估计值收敛为止。为了简化迭代过程，有人主张迭代两次即可，这就是科克兰内—奥卡特两步法。

还可以应用控制迭代法求 γ 的估计值。在随机误差项 u_i 存在

一阶自回归形式序列相关时，对上面的每一步迭代结果，都用杜宾—沃森检验法进行检验，即每迭代一次就计算一次 DW 统计量，直到通过零自相关检验便停止迭代。

对于线性回归模型真实总体关系式随机误差项的高阶自回归的序列相关问题，随机误差项 u_i 的自回归系数 γ 的估计值也可用迭代法进行计算，只不过计算过程比较复杂。

2. 杜宾两步法

这一方法适合于对随机误差项高阶自回归系数的估计。仍以 9－63 式为例，如果 u_i 存在 h 阶自回归形式的序列相关，即

$$u_i=\gamma_1 u_{i-1}+\gamma_2 u_{i-2}+\cdots\gamma_h u_{i-h}+\varepsilon_i \quad (h<m) \quad (9-68)$$

当 $E(\varepsilon_i)=0$、$E(\varepsilon_i^2)=\sigma_\varepsilon^2$、$E(\varepsilon_i\varepsilon_{i-1})=0$ 时，便可利用杜宾两步法对 u_i 的自回归系数 γ 进行估计。

第一步，对 9－63 式进行差分变换，可得

$$\begin{aligned}Y_i-\gamma_1 Y_{i-1}-\gamma_2 Y_{i-2}-\cdots-\gamma_h Y_{i-h}\\ =b_0(1-\gamma_1-\gamma_2-\cdots-\gamma_n)\\ +b_1(X_i-\gamma_1 X_{i-1}-\gamma_2 X_{i-2}-\cdots-\gamma_h X_{i-h})\\ +(u_i-\gamma_1 u_{i-1}-\gamma_2 u_{i-2}-\cdots-\gamma_h u_{i-h})\end{aligned} \quad (i>h) \quad (9-69)$$

将 9－69 式左边各滞后变量的项移至右边，得到一个新的模型

$$\begin{aligned}Y_i=b_0(1-\gamma_1-\gamma_2-\cdots-\gamma_h)+\gamma_1 Y_{i-1}+\gamma_2 Y_{i-2}+\cdots\\ +\gamma_h Y_{i-h}+b_1X_i-(\gamma_1 b_1)X_{i-1}-(\gamma_2 b_1)X_{i-2}-\cdots\\ -(\gamma_h b_1)X_{i-h}+\varepsilon_i\end{aligned} \quad (i>h) \quad (9-70)$$

第二步，应用普通最小二乘法对包含被解释变量及解释变量的滞后变量在内的模型 9－70 式进行估计，求出随机误差项 u_i 的自回归系数 γ_1，γ_2，…，γ_h 的估计值 γ_1^*，γ_2^*，…，γ_h^*。再将 γ^* 代入 9－69 式中，可得

$$\begin{aligned}Y_i-\gamma_1^* Y_{i-1}-\gamma_2^* Y_{i-2}-\cdots-\gamma_h^* Y_{i-h}\\ =b_0(1-\gamma_1^*-\gamma_2^*-\cdots-\gamma_h^*)\\ +b_1(X_i-\gamma_1^* X_{i-1}-\gamma_2^* X_{i-2}-\cdots\\ -\gamma_h^* X_{i-h})+\varepsilon_i\end{aligned} \quad (i>h) \quad (9-71)$$

9-71 式的随机误差项 ε_i 具有零均值、齐性方差、不存在序列相关的特点，且在 γ^* 已知的条件下，新的被解释变量（$Y_i - \gamma_1^* Y_{i-1} - \gamma_2^* Y_{i-2} - \cdots - \gamma_h^* Y_{i-h}$）及新的解释变量（$X_i - \gamma_1^* X_{i-1} - \gamma_2^* X_{i-2} - \cdots - \gamma_h^* X_{i-h}$）可以测度。用普通最小二乘法进行估计，便可求出参数 b_0 及 b_1 的估计值 $\hat{b}_0$ 和 $\hat{b}_1$。

对于多元线性回归模型，若真实总体关系式的随机误差项 u_i 存在 h 阶自回归形式的序列相关，仍可以用杜宾两步法计算自回归系数并估计参数。例如在

$$Y_i = b_0 + b_1 X_{i1} + b_2 X_{i2} + \cdots + b_k X_{ik} + u_i \qquad (9-72)$$

中，u_i 存在 h 阶自回归形式的序列相关，u_i 即为

$$u_i = \gamma_1 u_{i-1} + \gamma_2 u_{i-2} + \cdots + \gamma_h u_{i-h} + \varepsilon_i \qquad (h < m)$$

当 $E(\varepsilon_i) = 0$、$E(\varepsilon_i^2) = \sigma_\varepsilon^2$、$E(\varepsilon_i \varepsilon_{i-1}) = 0$ 时，对 9-72 式进行 h 阶差分变换，变换后的模型为

$$\begin{aligned} & Y_i - \gamma_1 Y_{i-1} - \gamma_2 Y_{i-2} - \cdots - \gamma_h Y_{i-h} \\ & = b_0(1 - \gamma_1 - \gamma_2 - \cdots - \gamma_h) \\ & \quad + b_1(X_{i1} - \gamma_1 X_{(i-1)1} - \gamma_2 X_{(i-2)1} - \cdots - \gamma_h X_{(i-h)1} \\ & \quad + b_2(X_{i2} - \gamma_1 X_{(i-1)2} - \gamma_2 X_{(i-2)2} - \cdots - \gamma_h X_{(i-h)2}) + \cdots \\ & \quad + b_k(X_{ik} - \gamma_1 X_{(i-1)k} - \gamma_2 X_{(i-2)k} - \cdots - \gamma_h X_{(i-h)k}) \\ & \quad + (u_i - \gamma_1 u_{i-1} - \gamma_2 u_{i-2} - \cdots - \gamma_h u_{i-h}) \\ & \qquad (h < m) \qquad (9-73) \end{aligned}$$

将 9-73 式的滞后项移至方差右边，可得到 h 个滞后被解释变量作解释变量的模型，即

$$\begin{aligned} Y_i = & \, b_0(1 - \gamma_1 - \gamma_2 - \cdots \gamma_h) + \gamma_1 Y_{i-1} + \gamma_2 Y_{i-2} + \cdots \\ & + \gamma_h Y_{i-h} + b_1(X_{i1} - \gamma_1 X_{(i-1)1} - \gamma_2 X_{(i-2)1} - \cdots \\ & - \gamma_h X_{(i-h)1}) + b_2(X_{i2} - \gamma_1 X_{(i-1)2} - \gamma_2 X_{(i-2)2} - \cdots \\ & - \gamma_h X_{(i-h)2}) + \cdots + b_k(X_{ik} - \gamma_1 X_{(i-1)k} \\ & - \gamma_2 X_{(i-2)k} - \cdots - \gamma_h X_{(i-h)k}) + \varepsilon_i \\ & \qquad (h < m) \qquad (9-74) \end{aligned}$$

9-74 式的随机误差项 ε_i 具有零均值、齐性方差、不存在序

列相关的特点，用普通最小二乘法对其进行估计，便可求出 u_i 的自回归系数的估计值 γ_1^*，γ_2^*，…，γ_n^*，将 γ^* 代入 9-73 式，即可求出回归模型参数的估计值 $\hat{b}_0$，$\hat{b}_1$，$\hat{b}_2$，…，$\hat{b}_k$。

3. 搜索法

求随机误差项 u_i 自回归系数 γ 的估计值的搜索方法很多，其中以希尔德瑞斯（*C.Hildveth*）和卢（*Y.Lu*）1966 年提出的一种搜索法较为完善。以 9-63 式为例，这种方法的应用分三步进行。

第一步，根据 $-1<\gamma<1$，将 γ 的取值分为间隔均为 0.1 的区间，在各区间选择不同的 γ 值。例如选取 $\gamma=-0.9$，-0.8，-0.7，…，-0.1，0.1，0.2，0.3，…，0.7，0.8，0.9。

第二步，将上面选择的不同 γ 值分别代入 9-66 式中，并用普通最小二乘法估计参数，构建样本回归估计值 $Y_i=\hat{b}_0+\hat{b}_1X_i$。因为给定一个不同的 γ 值就有一个相应的估计式，故这样的估计式共有 18 个。利用被解释变量的观测值 Y_i 减去回归值 $\hat{Y}_i$，求出随机误差项 u_i 的估计值 ε_i，再计算 $\sum_{i=1}^{m}\varepsilon_i^2$。显然，$Y_i$ 减去 18 个不同回归式的理论值得出的 ε_i 及 $\sum_{i=1}^{m}\varepsilon_i^2$ 是各不相同的。从中选取可使 $\sum_{i=1}^{m}\varepsilon_i^2$ 达到最小的 γ 值，设这样的 γ 值为 0.2。

第三步，围绕第二步确定的 γ 值的较小范围，重复第一步和第二步的过程，例如选择 $0.1<\gamma<0.3$，以 0.01 为间隔，选取 $\gamma=0.11$，0.12，…，0.29，再进行搜索，直到求出使 $\sum_{i=1}^{m}\varepsilon_i^2$ 达到最小的 γ 值为止。

搜索法求出的随机误差项的自回归系数具有全局优化的特征，但计算工作量特别大。

4. 极大似然性

以一元线性回归模型 9-63 式为例，应用极大似然法估计随机误差项自回归系数 γ 可分五步进行。

第一步，如果误差项 u_i 服从正态分布，可构建似然函数

$$logL = C - (mlog\sigma_{\varepsilon}^2)/2 + [log(1-\gamma^2)]/2 - Q/(2\sigma_{\varepsilon}^2) \tag{9-75}$$

9－75式中，C 为常数，σ_{ε}^2 为差分变换后的模型随机误差项的方差，Q 为差分变换后的模型随机误差项的平方和，即

$$Q = \sum_{i=1}^{m}[(Y_i - \gamma Y_{i-1}) - b_0(1-\gamma) - b_1(X_i - \gamma X_{i-1})]^2 \quad (i=1,\ 2,\ \cdots,\ m) \tag{9-76}$$

对于9－75式，Q 达到最小，并不能保证 $logL$ 一定达到最大，因为还存在 $[log\ (1-\gamma^2)]\ /2$ 一项。因此，要利用搜索法求出 γ 的极大似然估计值，使选择的 γ 值能使 $(mlog\sigma_{\varepsilon}^2)\ /2 - [log\ (1-\gamma^2)]\ /2$ 达到最小。

第二步，将 γ 的取值范围（$-1<\gamma<1$）分为间隔为0.1的区间，在各区间取不同水平的 γ 值。例如，$\gamma=-0.9,\ -0.8,\ \cdots,\ -0.1,\ 0.1,\ \cdots,\ 0.8,\ 0.9$。

第三步，将第二步选择的18个不同水平的 γ 值分别代入差分变换后的模型 $Y_i - \gamma Y_{i-1} = b_0\ (1-\gamma)\ + b_1\ (X_i - \gamma X_{i-1})\ + \varepsilon_i$ 中，用普通最小二乘法进行估计，并求出 ε_i 的方差 σ_{ε}^2。

第四步，将利用不同 γ 值估计差分变换模型所得出的 ε_i 的方差 σ_{ε}^2（亦有18个）代入下式

$$f(\gamma) = (m\ log\ \sigma_{\varepsilon}^2)/2 - [log(1-\gamma^2)]/2 \tag{9-77}$$

中，并从中选出使 $f\ (\gamma)$ 达到最小的 γ 值。

第五步，重复第二、三、四步的过程，直至 $f\ (\gamma)$ 收敛，不可能再减小为止。这时的 γ 值就是要估计的 u_i 的自回归系数。

第十章　解释变量的多重共线性

一、多重共线性释义

经典线性回归模型均假定解释变量对被解释变量独立产生影响，解释变量之间不存在线性相关。但在实际的研究工作中，多元线性回归模型中的解释变量往往存在程度不同的线性相关关系，经典线性回归模型的假设条件难以满足，这就是解释变量的多重共线性问题。

“多重共线性”的概念最早是由 R. 弗瑞希提出的，其本来的含义是指在多元线性回归模型中，某些或全部解释变量存在“完全”或“严格”的线性相关关系。例如，对于包含 k 个解释变量的线性回归模型

$$Y_i = b_0 + b_1 X_{i1} + b_2 X_{i2} + \cdots + b_h X_{ih} + \cdots + b_k X_{ik} + u_i \tag{10-1}$$

当第 h 个解释变量 X_{ih} 可被其余的 $k-1$ 个解释变量按一定的线性规则惟一地确定下来，便称 X_{ih} 存在多重共线性。用数学公式表达即为

$$X_{ih} = C_1 X_{i1} + C_2 X_{i2} + \cdots + C_k X_{ik} \tag{10-2}$$

在 10－2 式中，C_j（$j=1$，2，…，k，$j \neq h$）为常数，且不得同时为零。若 10－2 式成立，则第 h 个解释变量与模型中其余的 $k-1$ 个解释变量的相关系数的绝对值等于 1。

事实上，R. 弗瑞希所描绘的解释变量的“完全”线性相关是一种极端的情况。在大多数情况下，多元线性回归模型中的某些或全部解释变量仅存在“不完全”或“不严格”的线性相关。即它们存在一定程度的线性相关，但不能被其他解释变量按一定线性规则惟一确定下来。用数学公式表达即为

$$X_{ih} = C_1 X_{i1} + C_2 X_{i2} + \cdots + C_k X_{ik} + \varepsilon_i \tag{10-3}$$

10－3式中，$C_j(j=1,2,\cdots,k;j\neq h)$的含义与10－2式相同，$\varepsilon_i$为随机误差项，表示第 h 个解释变量与其余$k-1$个解释变量存在一定程度的线性相关关系，相关系数的绝对值小于1。

多元线性回归模型中解释变量的线性相关的问题，可以用一个假设的三元线性回归模型为例加以说明。对于真实总体关系式

$$Y_i=b_0+b_1X_{i1}+b_2X_{i2}+b_3X_{i3}+u_i \tag{10-4}$$

若解释变量的样本观测值为

X_{i1}	X_{i2}	X_{i3}
5	10	15
8	16	24
12	24	36
16	32	48
21	42	63

便显著地表明，$X_{i3}=X_{i1}+X_{i2}$，　X_{i3}与X_{i1}和X_{i2}存在完全的线性相关关系。

若解释变量的样本观测值为

X_{i1}	X_{i2}	X_{i3}
5	9	17
8	17	25
12	25	33
16	31	50
21	43	65

则表明 X_{i3}与X_{i1}和X_{i2}存在一定程度的线性相关关系，但并不“完全”。这种线性相关可表达为 $X_{i3}=X_{i1}+X_{i2}+\varepsilon_i$。

在多元线性回归模型中，解释变量之间存在不同程度的线性相关关系，是一个较为普遍的现象。一方面，就包含在一个线性回归模型中的多个解释变量而言，它们不可能互不相干，总存在一定的线性相关关系。特别是当解释变量为随机变量时，这种相关关系必然出现。另一方面，即使模型中的解释变量相互之间不存在相关性，但在估计模型参数时所选择的样本观测数据序列之间也可能存在线性相关关系。

二、多重共线性条件下的模型参数估计

解释变量存在多重共线性，违背了经典线性回归模型的基本假定，会对参数估计带来不利影响。对其影响可用二元线性回归模型

$$Y_i = b_0 + b_1 X_{i1} + b_2 X_{i2} + u_i \tag{10-5}$$

进行分析。在这里假定 $E(u_i)=0$（零均值），$Var(u_i)=\sigma^2$（齐性方差），$E(u_i u_{i-1})=0$（不存在序列相关）。

（一）完全多重共线性条件下的参数估计

在 10-5 式中，设第一个解释变量 X_{i1} 与第二个解释变量 X_{i2} 存在完全的线性相关关系，即

$$X_{i1} = cX_{i2} \qquad (c\text{ 为常数，}c\neq 0) \tag{10-6}$$

将 10-5 式用离差形式表示为

$$y_i = b_1 x_{i1} + b_2 x_{i2} + u_i \tag{10-7}$$

从变量总体中随机抽取 m 个样本观测值，应用普通最小二乘法对 10-7 式进行估计，可得

$$\hat{b}_1 = \frac{(\sum_{i=1}^{m} x_{i1} y_i)(\sum_{i=1}^{m} x_{i2}^2) - (\sum_{i=1}^{m} x_{i2} y_i)(\sum_{i=1}^{m} x_{i1} x_{i2})}{(\sum_{i=1}^{m} x_{i1}^2)(\sum_{i=1}^{m} x_{i2}^2) - (\sum_{i=1}^{m} x_{i1} x_{i2})^2} \tag{10-8}$$

$$\hat{b}_2 = \frac{(\sum_{i=1}^{m} x_{i2} y_i)(\sum_{i=1}^{m} x_{i1}^2) - (\sum_{i=1}^{m} x_{i1} y_i)(\sum_{i=1}^{m} x_{i1} x_{i2})}{(\sum_{i=1}^{m} x_{i1}^2)(\sum_{i=1}^{m} x_{i2}^2) - (\sum_{i=1}^{m} x_{i1} x_{i2})^2} \tag{10-9}$$

由于 $X_{i1}=cX_{i2}$，故有 $x_{i1}=cx_{i2}$ 成立。将 $x_{i1}=cx_{i2}$ 代入 10-8 式及 10-9 式中，可得

$$\hat{b}_1 = \frac{c(\sum_{i=1}^{m} x_{i2} y_i)(\sum_{i=1}^{m} x_{i2}^2) - c(\sum_{i=1}^{m} x_{i2} y_i)(\sum_{i=1}^{m} x_{i2}^2)}{c^2(\sum_{i=1}^{m} x_{i2}^2)^2 - c^2(\sum_{i=1}^{m} x_{i2}^2)^2} = \frac{0}{0} \tag{10-10}$$

$$\hat{b}_2 = \frac{c^2(\sum_{i=1}^{m} x_{i2} y_i)(\sum_{i=1}^{m} x_{i2}^2) - c^2(\sum_{i=1}^{m} x_{i2} y_i)(\sum_{i=1}^{m} x_{i2}^2)}{c^2(\sum_{i=1}^{m} x_{i2}^2)^2 - c^2(\sum_{i=1}^{m} x_{i2}^2)^2} = \frac{0}{0} \tag{10-11}$$

10－10 式及 10－11 式表明，在 X_{i1} 与 X_{i2} 存在完全的线性相关条件下，模型参数 b_1 和 b_2 的估计值无法确定。事实上，当 $X_{i1}=cX_{i2}$ 时，将其代入 10－5 式，可得到一个新的一元线性回归模型

$$Y_i = b_0 + (cb_1 + b_2) X_{i2} + u_i \qquad (10-12)$$

由 10－12 式可看出，可以估计出（cb_1+b_2）的值，但不能单独估计出 b_1 及 b_2 的值。

对于利用 10－8 式及 10－9 进行参数估计，其估计值 $\hat{b}_1$ 及 $\hat{b}_2$ 表达式的方差可推导得出

$$\begin{aligned} Var(\hat{b}_1) &= \sigma^2(\sum_{i=1}^{m} x_{i2}^2) / [(\sum_{i=1}^{m} x_{i1}^2)(\sum_{i=1}^{m} x_{i2}^2) - (\sum_{i=1}^{m} x_{i1}x_{i2})^2] \\ &= \sigma^2(\sum_{i=1}^{m} x_{i2}^2)/0 \\ &= \infty \end{aligned} \qquad (10-13)$$

$$\begin{aligned} Var(\hat{b}_2) &= \sigma^2(\sum_{i=1}^{m} x_{i1}^2) / [(\sum_{i=1}^{m} x_{i1}^2)(\sum_{i=1}^{m} x_{i2}^2) - (\sum_{i=1}^{m} x_{i1}x_{i2})^2] \\ &= \sigma^2(\sum_{i=1}^{m} x_{i1}^2)/0 \\ &= \infty \end{aligned} \qquad (10-14)$$

由 10－13 式及 10－14 式可看出，当 X_{i1} 与 X_{i2} 存在完全线性相关的条件下，参数估计值的方差将变得无穷大。很显然，这样的参数估计值是没有意义的。

（二）不完全多重共线性条件下的参数估计

在 10－5 式中，当第一个解释变量 X_{i1} 与第二个解释变量 X_{i2} 存在一定程度的线性相关时，可将其表达为

$$X_{i1} = cX_{i2} + \varepsilon_i \qquad (i=1, 2, \cdots, m) \qquad (10-15)$$

10－15 式中，c 为 X_{i1} 与 X_{i2} 的相关系数，且 $-1<c<1$ 及 $c\neq 0$；ε_i 为随机误差项，且满足 $E(\varepsilon_i)=0$（零均值）、$Var(\varepsilon_i)=\sigma_\varepsilon^2$（齐性方差）、$E(\varepsilon_i\varepsilon_{i-1})=0$（不存在序列相关）、$E(x_{i2}\varepsilon_i)=0$。

由于 $X_{i1}=cX_{i2}+\varepsilon_i$，故有 $x_{i1}=cx_{i2}+\varepsilon_i$ 成立，将其代入 10－8 式及 10－9 式中，并令 $\sum_{i=1}^{m}\varepsilon_i x_{i2}=0$，可得

$$\hat{b}_1=\frac{\left[\sum_{i=1}^{m}(cx_{i2}+\varepsilon_i)y_i\right]\left(\sum_{i=1}^{m}x_{i2}^2\right)-\left(\sum_{i=1}^{m}x_{i2}y_i\right)\left[\sum_{i=1}^{m}(cx_{i2}+\varepsilon_i)x_{i2}\right]}{\left[\sum_{i=1}^{m}(cx_{i2}+\varepsilon_i)^2\right]\left(\sum_{i=1}^{m}x_{i2}^2\right)-\left[\sum_{i=1}^{m}(cx_{i2}+\varepsilon_i)x_{i2}\right]^2}$$

$$=\frac{\left(c\sum_{i=1}^{m}x_{i2}y_i+\sum_{i=1}^{m}\varepsilon_i y_i\right)\left(\sum_{i=1}^{m}x_{i2}^2\right)-\left(\sum_{i=1}^{m}x_{i2}y_i\right)\left(c\sum_{i=1}^{m}x_{i2}^2\right)}{\left(c^2\sum_{i=1}^{m}x_{i2}^2+\sum_{i=1}^{m}\varepsilon_i^2\right)\left(\sum_{i=1}^{m}x_{i2}^2\right)-\left(c\sum_{i=1}^{m}x_{i2}^2\right)^2}$$

$$=\left(\sum_{i=1}^{m}\varepsilon_i y_i\right)/\sum_{i=1}^{m}\varepsilon_i^2 \tag{10-16}$$

$$\hat{b}_2=\frac{\left(\sum_{i=1}^{m}x_{i2}y_i\right)\left[\sum_{i=1}^{m}(cx_{i2}+\varepsilon_i)^2\right]-\left[\sum_{i=1}^{m}(cx_{i2}+\varepsilon_i)y_i\right]\left(c\sum_{i=1}^{m}x_{i2}^2\right)}{\left[\sum_{i=1}^{m}(cx_{i2}+\varepsilon_i)^2\right]\left(\sum_{i=1}^{m}x_{i2}^2\right)-\left[\sum_{i=1}^{m}(cx_{i2}+\varepsilon_i)x_{i2}\right]^2}$$

$$=\frac{\left(\sum_{i=1}^{m}x_{i2}y_i\right)\left(c^2\sum_{i=1}^{m}x_{i2}^2+\sum_{i=1}^{m}\varepsilon_i^2\right)-\left(c\sum_{i=1}^{m}x_{i2}y_i+\sum_{i=1}^{m}\varepsilon_i y_i\right)\left(c\sum_{i=1}^{m}x_{i2}^2\right)}{\left(c^2\sum_{i=1}^{m}x_{i2}^2+\sum_{i=1}^{m}\varepsilon_i^2\right)\left(\sum_{i=1}^{m}x_{i2}^2\right)-\left(c\sum_{i=1}^{m}x_{i2}^2\right)^2}$$

$$=\left(\sum_{i=1}^{m}x_{i2}y_i\right)/\left(\sum_{i=1}^{m}x_{i2}^2\right)-c\left(\sum_{i=1}^{m}\varepsilon_i y_i\right)/\sum_{i=1}^{m}\varepsilon_i^2 \tag{10-17}$$

从 10－16 式及 10－17 式表明，解释变量 X_{i1} 与 X_{i2} 之间存在一定的线性相关关系，模型参数可以进行估计，但估计值受它们的相关系数的影响很大。当相关系数 c 增大时，随机误差项 ε_i 相应减小，而 c 减小时 ε_i 又相应增大，使 $\hat{b}_1$ 及 $\hat{b}_2$ 发生较大变化。

对于利用 10－16 式及 10－17 式求得的参数估计值 $\hat{b}_1$ 和 $\hat{b}_2$ 的方差可表达为

$$Var(\hat{b}_1)=\sigma^2\left(\sum_{i=1}^{m}x_{i2}^2\right)/\left[\left(\sum_{i=1}^{m}x_{i1}^2\right)\left(\sum_{i=1}^{m}x_{i2}^2\right)-\left(\sum_{i=1}^{m}x_{i1}x_{i2}\right)^2\right]$$

$$=\sigma^2/\sum_{i=1}^{m}\varepsilon_i^2 \tag{10-18}$$

$$Var(\hat{b}_2)=\sigma^2\left(\sum_{i=1}^{m}x_{i1}^2\right)/\left[\left(\sum_{i=1}^{m}x_{i1}^2\right)\left(\sum_{i=1}^{m}x_{i2}^2\right)-\left(\sum_{i=1}^{m}x_{i1}x_{i2}\right)^2\right]$$

$$=\sigma^2\left(c^2/\sum_{i=1}^{m}\varepsilon_i^2+1/\sum_{i=1}^{m}x_{i2}^2\right)$$

$$=\sigma^2c^2/\sum_{i=1}^{m}\varepsilon_i^2+\sigma^2/\sum_{i=1}^{m}x_{i2}^2 \tag{10-19}$$

由于真实总体关系式随机误差项 u_i 的方差 σ^2 为常数，故当解

释变量 X_{i1} 与 X_{i2} 的相关系数 c 越大，ε_i 就越小，$\sigma^2/\sum_{i=1}^{m}\varepsilon_i^2$ 及 $c^2/\sum_{i=1}^{m}\varepsilon_i^2$ 就越大，$Var(\hat{b}_1)$ 和 $Var(\hat{b}_2)$ 就越大。当 c 的绝对值接近于1时，ε_i 便趋近于零，这时 $Var(\hat{b}_1)$ 和 $Var(\hat{b}_2)$ 就会变得无穷大。当 c 很小，以至于趋近于零时，ε_i 相应增大，$Var(\hat{b}_1)$ 和 $Var(\hat{b}_2)$ 亦随之减小。

三、存在多重共线性的后果

在多元线性回归模型中，如果某些或全部解释变量存在多重共线性，会给模型参数估计、统计检验及模型估计式的可靠性带来重大影响。这些影响主要体现在五个方面：

（1）在解释变量存在完全多重共线性条件下，无法得到模型参数最小二乘估计量。在解释变量存在不完全多重共线性条件下，虽然可以得到模型参数最小二乘估计量，但随着共线性程度的提高，参数估计值的方差会随之增大，使参数估计值失去最优性。

（2）在解释变量存在不完全多重共线性条件下，由于参数估计值的方差随共线性程度提高而增大，其标准差亦随之增大，造成参数的置信区间变得更大，使区间估计用于判断参数估计值的可靠性失去意义。

（3）在解释变量存在高度（但不是完全）多重共线性条件下，如果不考虑它们所存在的线性相关关系，就会造成参数估计值失准，参数估计值的方差被严重低估，模型随机误差项方差的估计亦会产生重大偏误。这些虚假和错误的信息，使统计检验的结果失去可靠性，并使其可信度大为降低，最终使统计检验失去作用。

（4）在解释变解量存在不完全多重共线性条件下，虽然可以得到模型的最小二乘估计式，但估计式极不稳定，当样本观测数据发生微小变化时，都会造成模型参数估计值的很大变化。解释变量的多重共线性程度越高，模型最小二乘估计式的稳定性就越差。

（5）在解释变量存在高程度多重共线性条件下，模型的最小二乘估计式有一个很高的可决系数 R^2，但各解释变量的参数估计值却往往在统计上都是不显著的。这表明，模型估计式可以反映出存在多重线性的解释变量对被解释变量的总和影响，但不能分别反映出各解释变量对被解释变量的单独影响。

四、多重共线性的检验

在多元线性回归模型中，如果解释变量存在多重共线性，将对参数估计、统计检验及模型估计式的可靠性、稳定性产生不利影响，应当对其认真检验。对多重共线性的检验常用的有五种方法。

（一）解释变量复相关检验法

如果多元线性回归模型中有 k 个解释变量 X_1，X_2，…，X_k，样本容量为 m，便可分别利用 k 个解释变量构建 k 个包含 $k-1$ 个解释变量的线性回归模型。即

$$X_{i1}=f_1(X_{i2},X_{i3},\cdots,X_{ik};\varepsilon_1)$$

$$X_{i2}=f_2(X_{i1},X_{i3},\cdots,X_{ik};\varepsilon_2)$$

$$\vdots \qquad \vdots$$

$$X_{ij}=f_j(X_{i1},X_{i2},\cdots,X_{i(j-1)},X_{i(j+1)},\cdots,X_{ik};\varepsilon_j)$$

$$\vdots \qquad \vdots$$

$$X_{ik}=f_k(X_{i1},X_{i2},\cdots,X_{i(k-1)};\varepsilon_k)$$

根据样本观测值，应用普通最小二乘法对上面的 k 个模型进行估计，并计算各估计式的可决系数 R_1^2，R_2^2，…，R_j^2，…，R_k^2，则 R_j^2 表示解释变量 X_j 与其他 $k-1$ 个解释变量的复相关系数。如果复相关系数 R_j^2 较大（例如大于 0.7），便表明 X_j 与其他 $k-1$ 个解释变量中的一个或多个存在高度的线性相关关系，会导致多元线性回归模型的多重共线性。

这一检验方法实质上是根据多重共线性的定义进行的，是通过验证 10－3 式是否成立来判断多重共线性是否存在。但应当注意，多元线性回归模型中解释变量的简单相关关系 γ_{Lj}（L、$j=1$，2，…，k，$L\neq j$）和偏相关系数的值较大（大于 0.7），只是存在多重共线性的一个充分条件，但不是必要条件。因为在某些场合，虽然解释变量的简单相关系数和偏相关系数虽然不大（小于 0.5），

但仍然可能存在多重共线性。只是在两个解释变量的线性回归模型中，若简单相关系数较大，就一定存在多重共线性。

（二）排除某一解释变量的可决系数检验法

对于包含 k 个解释变量的线性回归模型

$$Y_i = f\ (X_{i1},\ X_{i2},\ \cdots,\ X_{i1};\ u_i) \qquad (10-20)$$

设其样本回归估计式的可决系数为 R^2。再逐次排除 10－20 式中的某一解释变量，建立仅包含 $k-1$ 个解释变量的 k 个线性回归模型。即

$$\begin{aligned} Y_i^{(1)} &= f_1(X_{i2}, X_{i3}, \cdots, X_{ik}, \varepsilon_1) \\ Y_i^{(2)} &= f_2(X_{i1}, X_{i3}, \cdots, X_{ik}, \varepsilon_2) \\ &\vdots \\ Y_i^{(j)} &= f_j(X_{i1}, X_{i2}, \cdots, X_{i(j-1)}, X_{i(j+1)}, \cdots, X_{ik}, \varepsilon_j) \\ &\vdots \\ Y_i^{(k)} &= f_k(X_{i1}, X_{i2}, \cdots, X_{i(k-1)}; \varepsilon_k) \end{aligned}$$

对上述包含 $k-1$ 个解释变量的线性回归模型应用普通最小二乘法进行估计，构建样本回归估计式,并分别求出可决系数 R_1^2, $R_2^2, \cdots, R_j^2, \cdots, R_k^2$。如果排除了 X_j 的含其余 $k-1$ 个解释变量的模型估计式的可决系数 R_j^2,与包含 X_j 在内的 k 个解释变量的模型估计式的可决系数 R^2 十分接近,便表明解释变量 X_j 与其他解释变量存在高度的线性相关关系,在 10－20 式中包含 X_j 就会引起多重共线性问题。这一检验方法的道理是极明显的,因为 X_j 与其他解释变量高度线性相关,X_j 对被解释变量的解释功能就可以由与之相关的其他解释变量所替代,X_j 不包含在模型中对可决系数影响不大。

（三）逐个引进解释变量检验法

这种检验方法是以被解释变量与模型中的某个解释变量的一元线性回归模型为基础，逐一引进模型中其余的 $k-1$ 个解释变量，每引进一个解释变量就建立一个模型估计式，通过对估计式的检验，判断所引进的解释变量是否会引起多重共线性。该检验方法的应用分两步进行。

（1）对于多元线性回归模型（如 10－20 式），将被解释变量分

别与模型中的每一个解释变量单独进行回归，建立 k 个一元线性回归模型。即

$$
\begin{aligned}
&Y_i^{(1)} = f_1(X_{i1}, \varepsilon_1)\\
&Y_i^{(2)} = f_2(X_{i2}, \varepsilon_2)\\
&\vdots \qquad \vdots\\
&Y_i^{(j)} = f_j(X_{ij}, \varepsilon_j)\\
&\vdots \qquad \vdots\\
&Y_i^{(k)} = f_k(X_{ik}, \varepsilon_k)
\end{aligned}
$$

对上述 k 个一元线性模型应用普通最小二乘法进行估计，建立样本回归估计式并进行统计检验，从中选择一个在统计上最为显著的模型作为基本模型，设这样的模型为 $Y_i^{(j)} = f_j$（X_{ij}，ε_j）。

(2) 在基本模型 $Y_i^{(j)} = f_j$（X_{ij}，ε_j）中逐个插入 10－20 式中的其他解释变量，每插入一个解释变量，就对增加了一个解释变量的新模型进行参数估计和统计检验，并做如下分类判断：

①如果引进新的解释变量后，新模型估计式与基本模型估计式相比，可决系数和解释变量参数估计值没有大的变化，只有微小波动，表明新引进的解释变量为多余，不应保留在模型中；

②如果引进新的解释变量后，新模型估计式的可决系数比基本模型有所提高，而参数估计值在统计检验上又是显著的，表明引进的变量是有用的，并且与基本模型中的解释变量不存在共线性问题，应当保留在新模型中；

③如果引进新的解释变量后，新模型估计式与基本模型估计式相比，不仅可决系数发生了较大的变化，而且解释变量参数估计值的符号和大小也发生了改变，便表明引进的变量是一个重要的解释变量，但它与基本模型中的解释变量存在程度较高的线性相关关系，产生了多重共线性问题。

逐个引进解释变量的检验方法，综合考虑了模型的可决系数及统计检验的结果，有利于全面正确判断多重共线性问题。如果仅考虑可决系数达到很高，就有可能忽略参数估计值有错误的符号或较大的方差；如果仅考虑参数估计值的方差，因引起方差变动的因素

较多，多重共线性只是原因之一，有无多重共线性就不能做出结论。但这种检验方法比较繁琐，工作量很大。

（四）*F* 检验和 *t* 检验

这种检验方法是通过计算一个 F 统计量和一个 t 统计量，判断是否存在多重共线性问题，具体应用分三步进行。

1. 计算多元线性回归模型中每一解释变量对其他解释变量的复相关系数

对于多元线性回归模型 10－20 式，建立下述 k 个线性模型，即

$$
\begin{aligned}
X_{i1} &= f_1(X_{i2}, X_{i3}, \cdots, X_{ik}; \varepsilon_1) \\
X_{i2} &= f_2(X_{i1}, X_{i3}, \cdots, X_{ik}; \varepsilon_2) \\
&\vdots \\
X_{ij} &= f_j(X_{i1}, X_{i2}, \cdots, X_{i(j-1)}, X_{i(j+1)}, \cdots, X_{ik}; \varepsilon_j) \\
&\vdots \\
X_{ik} &= f_k(X_{i1}, X_{i2}, \cdots, X_{i(k-1)}; \varepsilon_k)
\end{aligned}
$$

应用普通最小二乘法对上述 k 个模型进行估计，得出各自的样本回归估计式，并计算可决系数 R^2。很显然，以 X_{ij} 为被解释变量的估计式的可决系数 R_j^2，便是模型 10－20 式中的解释变量 X_{ij} 与其余 $k-1$ 个解释变量的复相关系数 $R^2_{X_j \cdot X_1 X_2 \cdots X_{j-1} X_{j+1} \cdots X_k}$（$j=1$，2，…，$k$）。

2. 计算 F 统计量并进行判别

利用所计算的 k 个复相关系数 $R^2_{X_j \cdot X_i X_2 \cdots X_{j-1} X_{j+1} \cdots X_k}$（$j=1$，2，…，$k$），计算 F 统计量

$$
F_j = \frac{R^2_{X_j \cdot X_1 X_2 \cdots X_{j-1} X_{j+1} \cdots X_k} / (k-1)}{(1 - R^2_{X_j \cdot X_1 X_2 \cdots X_{j-1} X_{j+1} \cdots X_k}) / (m-k)} \qquad (10-21)
$$

10－21 式中，m 为样本容量，k 为解释变量个数，j 为解释变量序号。检验假设为

$$H_0: R^2_{X_j \cdot X_1 X_2 \cdots X_{j-1} X_{j+1} \cdots X_k} = 0 \qquad (j=1, 2, \cdots, k)$$

$$H_1: R^2_{X_j \cdot X_1 X_2 \cdots X_{j-1} X_{j+1} \cdots X_k} \neq 0 \qquad (j=1, 2, \cdots, k)$$

在给定显著水平（例如 95%、99% 等）后，可从 F 理论分布

表中查得自由度分别为（$k-1$）和（$m-k$）的临界值 F_0，如果 $F_j > F_0$，拒绝假设 H_0，接受解释变量存在多重共线性；如果 $F_j < F_0$，则拒绝 H_1，接受解释变量不存在多重共线性。

3. 利用 t 检验确认引起多重共线性的解释变量

当用 F 检验确定了模型中的解释变量存在多重共线性后，还应当确认是哪些解释变量引起了多重共线性。为此，需要进行 t 检验。为计算 t 统计量，应先计算10－20式中解释变 X_j 与 X_L（$j,L=1,2,\cdots,k;j\neq L$）的偏相关系数 $\gamma_{X_jX_L\cdot X_1X_2\cdots X_{j-1}X_{j+1}\cdots X_{L-1}X_{L+1}\cdots X_k}$，然后计算 t_{jL}。即

$$t_{jL}=\frac{(\gamma_{X_jX_L\cdot X_1X_2\cdots X_{j-1}X_{j+1}\cdots X_{L-1}X_{L+1}\cdots X_k})\sqrt{m-k}}{\sqrt{1-\gamma^2_{X_jX_L\cdot X_1X_2\cdots X_{j-1}X_{j+1}\cdots X_{L-1}X_{L+1}\cdots X_k}}} \quad (10-22)$$

10－22 式中，m 为样本容量，k 为解释变量个数。检验假设为

$$H_0:\ \gamma_{X_jX_L\cdot X_1X_2\cdots X_{j-1}X_{j+1}\cdots X_{L-1}X_{L+1}\cdots X_k}=0$$

$$H_1:\ \gamma_{X_jX_L\cdot X_1X_2\cdots X_{j-1}X_{j+1}\cdots X_{L-1}X_{L+1}\cdots X_k}\neq 0$$

在给定显著水平（例如 95%、99% 等）后，可从 t 理论分布表中查出自由度为（$m-k$）的临界值 t_0，如果 $t_{jL}>t_0$，拒绝 H_0，接受解释变量 X_{ij} 与 X_{iL} 的偏相关系数显著不为零的假设，这两个解释变量引起了多重共线性；如果出现 $t_{jl}<t_0$。拒绝 H_1，接受解释变量 X_{ij} 与 X_{iL} 偏相关系数显著为零的假设，这两个解释变量不会引起多重共线性。

（五）综合检验法

这种检验方法是通过对解释变量简单相关系数、模型估计式可决系数、模型参数估计值的 t 检验结果进行综合分析，判断是否存在多重共线性。以多元线性回归模型 10－20 式为例，这一方法的应用分四步进行。

第一步，计算模型中 k 个解释变量间的简单相关系数 $\gamma_{X_jX_L}$。

第二步，用普通最小二乘法对 10－20 式进行参数估计，建立样本回归估计式。

第三步，计算样本回归估计式的可决系数 R^2，并对样本回归

估计式中解释变量参数估计值进行 t 检验。

第四步，进行综合分析判断，如果 $\gamma_{X_jX_L}$（j，$L=1$，2，…，k，$j\neq L$）和 R^2 都较高（例如在 0.7 至 1.0 之间取值），但 t 检验在统计上不显著（证明单个解释变量的参数估计值为零的可能性较大），表明存在多重共线性。

五、多重共线性的修正

多元线性回归模型如果存在多重共线性，必须加以修正，以克服其不利影响。对多重共线性的修正方法较多，常用的有以下五种。

（一）省略某个解释变量

在多元线性回归模型中，如果通过检验确认解释变量 X_j 与 X_L 存在较高程度的线性相关关系，最省事的解决办法就是将其中一个重要性相对较低的变量去掉。例如，对于四元线性回归模型

$$Y_i = b_0 + b_1X_{i1} + b_2X_{i2} + b_3X_{i3} + b_4X_{i4} + u_i \quad (10-23)$$

经检验，确认 X_{i3}与 X_{i4}存在高度线性相关关系。经比较，X_{i4}的重要性稍逊于 X_{i3}，便可将 X_{i4}从 10－23 式中去掉，建立一个三元线性回归模型

$$Y_i = a_0 + a_1X_{i1} + a_2X_{i2} + a_3X_{i3} + \varepsilon_i \quad (10-24)$$

10－24 式因去掉了与 X_{i3}高度线性相关的 X_{i4}，不存在多重共线性。但去掉 X_{i4}这一应包含的解释变量，又使其成为一个“不恰当”的模型。所以，去掉 X_{i4}会带来两方面的影响；一方面，因修正了多重共线性，使 10－24 的残差平方和比 10－23 式减小；另一方面，因使用了“不恰当”的模型，使 10－24 式的参数估计值有偏误。

（二）变量变换

这种方法是通过改变模型中变量的定义形式，削弱解释变量之间存在的高度线性相关关系，例如，对于三元线性回归模型

$$Y_i = b_0 + b_1X_{i1} + b_2X_{i2} + b_3X_{i3} + u_i \quad (10-25)$$

经检验，确认 X_{i2}与 X_{i3}存在高度线性相关关系。将 10－25 式滞后

一个时期，得

$$Y_{i-1}=b_0+b_1X_{(i-1)1}+b_2X_{(i-1)2}+b_3X_{(i-1)3}+u_{i-1} \quad (10-26)$$

将 10－25 式减去 10－26 式，得

$$Y_i-Y_{i-1}=b_1(X_{i1}-X_{(i-1)1})+b_2(X_{i2}-X_{(i-1)2}) + b_3(X_{i3}-X_{(i-1)3})+\varepsilon_i \quad (10-27)$$

10－27 式是一阶差分形式的模型，模型中的变量均以差分形式出现，其中的 $\varepsilon_i=u_i-u_{i-1}$。虽然 10－25 式中 X_{i2} 与 X_{i3} 是高度线性相关的，但在 10－27 式中（$X_{i2}-X_{(i-1)2}$）与（$X_{i3}-X_{(i-1)3}$）的线性相关性便会大为降低。一阶差分变换虽然可以削弱多重共线性，但也会带来新的问题。如果 10－25 式中的随机误差项 u_i 不存在序列相关，则 10－27 式的随机误差项 ε_i 在大多数情况下存在序列相关。

（三）增加样本容量

在可能的情况下，增加样本容量可以削弱多重共线性的影响。以二元线性回归模型 10－5 式为例，当 X_{i1} 与 X_{i2} 的相关系数为 c 时，依据 10－18 式和 10－19 式，参数估计值 $\hat{b}_1$ 及 $\hat{b}_2$ 的方差为

$$Var(\hat{b}_1)=\sigma^2/\sum_{i=1}^{m}\varepsilon_i^2$$

$$Var(\hat{b}_2)=\sigma^2c^2/\sum_{i=1}^{m}\varepsilon_i^2+\sigma^2/\sum_{i=1}^{m}x_{i2}^2$$

当样本容量增大时，$\sum_{i=1}^{m}\varepsilon_i^2$ 及 $\sum_{i=1}^{m}x_{i2}^2$ 都会随之增大，但 σ^2（10－5 式随机误差项 u_i 的方差）及 σ^2c^2 却保持不变，故 $Var(\hat{b}_1)$、$Var(\hat{b}_2)$ 都会随之减小，从而提高 $\hat{b}_1$ 和 $\hat{b}_2$ 的精确程度。

（四）利用参数相互关系的已知信息

在多元线性回归模型中，如果某些解释变量之间存在高度的线性相关关系，又可以从样本信息之外的其他途径得到（或确定）这些解释变量待估计参数之间确切的数量关系，就可以利用参数间相互关系的已知信息，对多重共线性进行修正。例如，对于三元线性回归模型 10－25 式，经检验确认 X_{i2} 与 X_{i3} 存在高度的线性相关，

并确知 $b_2=\lambda b_3$（λ 为已知常数），便可直接用 λb_3 代替 b_2，得

$$Y_i=b_0+b_1X_{i1}+\lambda b_3X_{i2}+b_3X_{i3}+u_i$$

即
$$Y_i=b_0+b_1X_{i1}+b_3(\lambda X_{i2}+X_{i3})+u_i \qquad (10-28)$$

很显然，10－28 式不存在多重共线性，应用普通最小二乘法进行估计，便可求出参数的估计值 $\hat{b}_0$、$\hat{b}_1$、$\hat{b}_3$。再依据 $b_2=\lambda b_3$，又可以求出 b_2 的估计量 $\hat{b}_2$。

这种修正方法，在实质上是利用参数相互关系的已知信息，将两个（或多个）线性相关程度较高的解释变量进行归并。通过归并，使线性相关的两个（或多个）变量合并为一个新的解释变量，进而消除多重共线性。

（五）时序资料与截面资料结合应用

某些情况下，在获得模型中某些解释变量时序资料的同时，还能获得另一些解释变量的截面资料，如果模型存在多重共线性，就可将时序资料与截面资料结合应用，使多重共线性得到修正。例如，在研究某种商品消费量 Q_t 与该商品价格 P_t 与居民收入 Y_t（t 为时间）的数量依据关系时，可建立真实总体关系模型。

$$Q_t=b_0P_t^{b_1}Y_t^{b_2}e^{u_t} \qquad (10-29)$$

对 10－29 式两边同时取自然对数，得

$$lnQ_t=lnb_0+b_1lnP_t+b_2lnY_t+u_t \qquad (10-30)$$

在时序资料中，商品的价格与居民收入趋于同时变化，故 10－30 式中的两个解释变量 P_t 与 Y_t 必定是高度共线性的。如果已经掌握了 500 户居民在 30 年中对该商品的消费量、支付的价格，以及家庭收入的分年度资料，便可分两步对 10－30 式的参数进行估计。

第一步，将 500 户居民在某一年度对该商品的消费量 Q_i 与其家庭收入 Y_i（$i=1，2，\cdots，500$）单独进行回归，求出收入弹性的估计值 $\hat{b}_2$。因为某一特定时点（年份），价格 P 不会有大的变化，$\hat{b}_2$ 可以较准确地反映收入对消费量的影响。

第二步，将收入对消费的影响从总消费中减除，剩余部分即为

价格对消费的影响，再将剩余消费对价格进行回归。即

$$Q_t^* = lnb_0 + b_1 lnP_t + u_t \quad (t=1,2,\cdots,30) \quad (10-31)$$

10－31 式中，$Q_t^* = lnQ_t - \hat{b}_2 lnY_t$，$Q_t$ 为 500 户在 t 年对该商品的消费总量，Y_t 为 500 户居民在 t 年的总收入。应用普通最小二乘法进行估计，又可求出估计值 $\hat{b}_0$ 及 $\hat{b}_1$。

将时序资料与截面资料结合应用，为修正多重共线性提供了较为便利的途径。但这里有一个很强的假设，即应用截面资料估计的收入弹性与应用时序资料估计的结果完全一致。而这一假设只有在不同时点的截面估计值保持不变的情况下才能成立。因此，这一方法的应用要充分考虑截面估计值的特点，不能无条件地套用。

第十一章　解释变量为随机变量

一、随机解释变量及随机解释变量模型

在经典回归分析中，都假定模型中的解释变量为非随机变量。提出这一假定，是为了限定解释变量与随机误差项相互独立，不存在相关性。但这是一个十分严格的假定。假如，对于多元线性回归模型

$$Y_i = b_0 + b_1 X_{i1} + b_2 X_{i2} + \cdots + b_k X_{ik} + u_i \qquad (11-1)$$

一旦假定其中的每个解释变量为非随机变量，便要求每一个解释变量必须同时满足以下三个要求：

第一，每个解释变量必须是严格意义上的外生变量，在随机重复抽样条件下，第 j（$=1, 2, \cdots, k$）个解释变量的第 i（$=1, 2, \cdots, m$）个观测值为一个固定的值，不会随抽取的时机而发生改变；

第二，每一个解释变量都与随机误差项相互独立，不存在相关性，即它们的协方差为零，用公式表达，即为 $Cov(u_i, X_{ij}) = 0$，或者 $E(u_i X_{ij}) = 0$；

第三，各解释变量的每一个观测值不存在测定误差。

很明显，上述三个要求中的每一个都是不容易达到的，三个要求同时满足就更难。对于随机的经济变量 Y_i，其发展变化是多种因素综合作用的结果，不仅要受外生变量的影响，也要受到其他内生变量的制约。因此，用于描绘 Y 与相关经济变量依存关系的模型 11－1 式，其解释变量既应包含相关的外生变量，也应包含相关的内生变量，否则，模型就没有正确反映客观经济现实。而作为解释变量的内生变量，在性质上就属于随机变量。从这个意义上讲，在多元线性模型（如 11－1 式）中用随机变量作解释变量，应当带有一定的普遍性。同时，对经济现象的研究不能（或不便）用控制

试验的方法来进行，而是用观测数据进行分析。而观测数据具有较强的随机性，由这些数据反映的经济变量自然具有随机变量的特征，用其作解释变量，便会出现解释变量为随机变量的情形。再者，解释变量的测定误差几乎是不可避免的，这些误差会反映到随机误差项中，造成解释变量与随机误差项的相关性。另外，包含在随机误差项中的其他影响因素可能与解释变量是相关的，这种相关性亦造成解释变量与随机误差项不独立。

由上述分析可知，在多元线性模型中以随机变量作解释变量，是客观经济现象自身特点所决定的，有利于正确反映经济变量之间内在的数量依存关系。如果模型中至少有一个解释变量为随机变量，就将其称为随机解释变量模型，以表示与经典回归模型的区别。在模型中出现随机变量作解释变量，不满足应用普通最小二乘法的基本假定，对模型估计带来困难。

二、解释变量为随机变量时参数估计的渐近特征

在线性回归模型中，如果某些（或全部）解释变量为随机变量，由于它们精确的有限抽样分布是未知的，模型的参数估计只能得到渐进的结果。随着样本容量的增加，参数估计值逐渐接近真实总体参数，具有渐近性特征。

对于 11－1 式，若其解释变量中存在随机变量，可设 $\hat{b}^{(m)}$ 的均值为 $E\ [\hat{b}^{(m)}]$，$\hat{b}^{(m)}$ 的密度函数为 $f\ [\hat{b}^{(m)}]$，$\hat{b}^{(m)}$ 的方差为 $Var\ [b^{(m)}]$。当样本容量分别为 m_1，m_2，…，m_r，且 $m_1 < m_2 < \cdots < m_r$ 时，这些统计量都有不同的结果，并构成各自的随机变量数列。即

$$\{\hat{b}^{(m)}\} = \hat{b}^{(m_1)},\ \hat{b}^{(m_2)},\ \cdots,\ \hat{b}^{(m_r)}$$

$$\{E[\hat{b}^{(m)}]\} = E[\hat{b}^{(m_1)}], E[\hat{b}^{(m_2)}], \cdots, E[\hat{b}^{(m_r)}]$$

$$\{f[\hat{b}^{(m)}]\} = f[\hat{b}^{(m_1)}], f[\hat{b}^{(m_2)}], \cdots, f[\hat{b}^{(m_r)}]$$

$$\{Var[\hat{b}^{(m)}]\} = Var[\hat{b}^{(m_1)}], Var[\hat{b}^{(m_2)}], \cdots, Var[\hat{b}^{(m_r)}]$$

当样本容量 m 趋近于无穷大时，$\hat{b}^{(m)}$趋近于真实总体参数 b，

$E[\hat{b}^{(m)}]$ 在总体平均上代表真实总体参数 b，$Var[\hat{b}^{(m)}]$ 趋近于极小值，而 $f[\hat{b}^{(m)}]$ 会收敛到一定的分布，这种分布称为渐近分布，亦称极限分布。渐近分布可以作如下定义：设函数 $f[\hat{b}^{(m)}]$ 的渐近分布为 $g(b)$，η 是给定的任意小的正数，m_0 为任意大的正整数，当 $m > m_0$ 时，如果 $f[\hat{b}^{(m)}]$ 与 $g(b)$ 之差的绝对值小于 η，便称 $g(b)$ 为 $f[\hat{b}^{(m)}]$ 的渐近分布（或极限分布）。用数学公式表示，即为

$$|f[\hat{b}^{(m)}] - g(b)| < \eta \qquad (m > m_0) \qquad (11-2)$$

根据渐近分布的内涵，可以对解释变量为随机变量的模型参数估计值 $\hat{b}$ 的均值、方差进行定义，其表达式分别为

$$E(\hat{b}) = \lim_{m\to\infty}\{[\hat{b}^{(m)}]\} \qquad (11-3)$$

$$Var(\hat{b}) = E[\hat{b} - E(\hat{b})]^2$$

$$= \lim_{m\to\infty}\{E[\hat{b}^{(m)} - E(\hat{b}^{(m)})]^2\} \qquad (11-4)$$

11－3 式是参数估计值 $\hat{b}$ 的渐近期望值，11－4 是参数估计值 $\hat{b}$ 的渐近方差。在很多情况下，11－4 的极限值为零，是一种退化分布。为避免出现这一情况对参数估计造成的困难，通常将参数估计值的渐近方差重新定义为

$$Var(\hat{b}) = \frac{1}{m}\lim_{m\to\infty}\{\sqrt{m}[\hat{b}^{(m)} - E(\hat{b}^{(m)})]^2\} \qquad (11-5)$$

三、模型参数估计值的无偏性、有效性及一致性

应用回归模型研究经济变量之间内在的数量依存关系，无论经济变量自身的特点如何，都要求模型的参数估计值 $\hat{b}$ 能真正代表真实总体参数 b，$\hat{b}$ 越接近 b 越好。当参数估计值 $\hat{b}$ 与其真实值 b 高度接近时，便称 $\hat{b}$ 为真实总体参数 b 的一致性估计量，或称估计值

$\hat{b}$具有一致性特征。用数学语言表达即为：对于给定的任意小的正数 η 和 α，以及任意大的正整数 m_0，总存在一个充分大的样本容量 m，当 $m > m_0$ 时有下式成立

$$P\left[\left|\hat{b}^{(m)}-b\right|<\eta\right]=1-\alpha \qquad (m>m_0) \qquad (11-6)$$

便称 $\hat{b}^{(m)}$为一致性估计序列。11－6 式的含义是，当样本容量 m 足够大时，参数估计值 $\hat{b}$趋近于真实总体参数 b 的概率接近于 1。用概率极限可表示为

$$P\lim_{m\to\infty}\left(\hat{b}^{(m)}\right)=b \qquad (11-7)$$

或简记为

$$P\lim_{m\to\infty}\left(\hat{b}\right)=b \qquad (11-8)$$

概率极限的概念在分析变量渐近变化时经常使用，其基本的运算规则如下：

①$P\lim\left(X_1X_2\right)=P\lim\left(X_1\right)\cdot P\lim\left(X_2\right)$

②$P\lim\left(X_1/X_2\right)=P\lim\left(X_1\right)/P\lim\left(X_2\right)$

$(P\lim\left(X_2\right)\neq 0)$

③$P\lim\left(C_1X_1+C_2X_2\right)$

$=C_1P\lim\left(X_1\right)+C_2P\lim\left(X_2\right)$

（C_1、C_2 为常数）

④当 $X=C$，$f(X)$ 为 X 的连续性函数时，有

$P\lim\left[f(X)\right]=f(C)$

⑤$P\lim\left(X^{-1}\right)=\left[P\lim\left(X\right)\right]^{-1}$

在引入了概率极限的概念后，便可利用概率极限对模型参数估计值 $\hat{b}$的渐近无偏性、渐近有效性、渐近一致性进行定义。

（1）凡能满足 $$P\lim_{m\to\infty}\left(\hat{b}^{(m)}\right)=b \qquad (11-9)$$

的估计值 $\hat{b}^{(m)}$，称为真实总体参数 b 的渐近无偏估计值。

（2）凡能满足 $$P\lim_{m\to\infty}\left[Var\left(\hat{b}^{(m)}\right)\right]=\frac{1}{m}\lim_{m\to\infty}\left\{\sqrt{m}\left[\hat{b}^{(m)}-E\left(\hat{b}^{(m)}\right)\right]^2\right\}$$

(11－10)

的估计值 $\hat{b}^{(m)}$，称为真实总体参数 b 的渐近有效估计值。

（3）能同时满足 11－9 式和 11－10 式的估计值 $\hat{b}^{(m)}$，称之为真实总体参数 b 的渐近一致估计值。

四、随机变量作解释变量的后果

在回归模型中，若解释变量为随机变量（部分解释变量或全部解释变量为随机变量），会给模型参数估计及统计检验带来极为不利的影响。

（一）随机解释变量对模型参数估计的影响

利用一元线性回归模型，讨论随机解释变量对参数估计的影响，可以使分析的问题高度简化。对于一元线性回归模型

$$Y_i = b_0 + b_1 X_i + u_i \qquad (i=1, 2, \cdots, m) \quad (11-11)$$

设解释变量 X 为随机变量，并设随机误差项 u 满足惯常假定条件，即

$$E(u_i) = 0$$
$$E(u_i u_j) = 0 \quad (i \neq j)$$
$$Var(u_i) = \sigma^2$$

由于 11－11 式中的 X 为随机变量，其有限抽样分布形式为未知，不能对其与随机误差项 u 的相关性做出判断。为此，将 X 与 u 的相互关系设想为所有可能的三种情况：

第一种情况：X 与 u 独立，即 $E(X_i u_i) = 0$；

第二种情况，X 与 u 不独立，但当样本容量很大时，X 与 u 的相关性趋近于零，（X 与 u 协方差的概率极限趋近于零），即存在 $P\left[\lim_{m \to \infty}\left(\sum_{i=1}^{m} X_i u_i / m\right)\right] = 0$；

第三种情况，X 与 u 不独立，且无论样本容量 m 有多大，X 与 u 的相关性也不趋近于零（X 与 u 协方差的概率极限不趋近于零），即 $P\left[\lim_{m \to \infty}\left(\sum_{i=1}^{m} X_i u_i / m\right)\right] \neq 0$；

对 11－11 式进行差分变换，得

$$y_i = b_1 x_i + \varepsilon_i \qquad (i=1, 2, \cdots, m) \qquad (11-12)$$

在 11－12 式中，$y_i = Y_i - \overline{Y}$，$x_i = X_i - \overline{X}$，$\varepsilon_i = u_i - \overline{u}$，$\overline{Y}$、$\overline{X}$、$\overline{u}$ 分别为 11－11 式中 Y_i、X_i、u_i 的平均值。很显然，y_i、x_i、ε_i 分别与 Y_i、X_i、u_i 具有相同的性质。

应用普通最小二乘法对 11－12 式进行估计，得

$$\hat{b}_1 = \sum_{i=1}^{m} x_i y_i / \sum_{i=1}^{m} x_i^2 \qquad (11-13)$$

将 11－12 式代入 11－13 式，得

$$\begin{aligned} \hat{b}_1 &= \sum_{i=1}^{m} (b_1 x_i + \varepsilon_i) x_i / \sum_{i=1}^{m} x_i^2 \\ &= b_1 + \sum_{i=1}^{m} x_i \varepsilon_i / \sum_{i=1}^{m} x_i^2 \qquad (11-14) \end{aligned}$$

对于 11－14 式中的第二项取期望值，得

$$\begin{aligned} E\left(\sum_{i=1}^{m} x_i \varepsilon_i / \sum_{i=1}^{m} x_i^2\right) &= E(x_1\varepsilon_1 + x_2\varepsilon_2 + \cdots + x_m\varepsilon_m) / \sum_{i=1}^{m} x_i^2 \\ &= E(x_1\varepsilon_1) / \sum_{i=1}^{m} x_i^2 + E(x_1\varepsilon_2) / \sum_{i=1}^{m} x_i^2 \\ &\quad + \cdots + E(x_m\varepsilon_m) / \sum_{i=1}^{m} x_i^2 \qquad (11-15) \end{aligned}$$

当上述第一种情况出现时，因为 x_i 与 ε_i 不相关，11－15 式为零，对 11－14 取期望值可得 $E(\hat{b}_1) = b_1$，表明参数估计值 $\hat{b}_1$ 是真实总体参数 b_1 的无偏估计量；当上述第二种情况出现时，虽然 x_i 与 ε_i 不独立，但 $P\left[\lim_{m\to\infty}\left(\sum_{i=1}^{m} x_i\varepsilon_i / m\right)\right] = 0$，对11－14 式取概率极限，可得

$$\begin{aligned} P \lim_{m\to\infty}(\hat{b}_1) &= b_1 + P \lim_{m\to\infty}\left(\sum_{i=1}^{m} x_i\varepsilon_i / \sum_{i=1}^{m} x_i^2\right) \\ &= b_1 + P \lim_{m\to\infty}\left(\frac{1}{m}\sum_{i=1}^{m} x_i\varepsilon_i / \frac{1}{m}\sum_{i=1}^{m} x_i^2\right) \\ &= b_1 + P \lim_{m\to\infty}\left(\sum_{i=1}^{m} x_i\varepsilon_i / m\right) / P \lim_{m\to\infty}\left(\sum_{i=1}^{m} x_i^2 / m\right) \\ &= b_1 \qquad (11-15) \end{aligned}$$

表明参数估计值 $\hat{b}_1$ 是真实总体参数 b 的渐近无偏估计量。

但是，在对实际经济现象的研究中，随机解释变量 X 与随机

误差项 u 不相关的情况极为少见，二者相关、相关性会随样本容量的增大而趋近于零的情况更属偶然。大量的事实是 X 与 u 相关，这种相关性主要有三个来源：随机误差项 u 包含被省略的解释变量，这些被省略的解释变量与模型中独立出现的解释变量 X 相关；随机误差项 u 中包含有 X 的观测误差，造成 u 与 X 相关；当被解释变量的滞后变量作解释变量时，这类解释变量往往与随机误差项相关。一旦出现解释变量 X 与随机误差项 u 相关的情况，靠增加样本容量只能使这种相关性受到一定程度的削弱，但难以对其进行消除。

当 X 与 u 相关，且 $P\left[\lim\limits_{m\to\infty}\left(\sum\limits_{i=1}^{m}x_i\varepsilon_i/m\right)\right]\neq 0$ 时，参数估计值 $\hat{b}_1$ 就会出现复杂的情况。这时，对 $\hat{b}_1$ 取概率极限，可得

$$
\begin{aligned}
P\lim_{m\to\infty}(\hat{b}_1) &= P\lim_{m\to\infty}\left[\sum_{i=1}^{m}(b_1x_i+\varepsilon_i)\ x_i/\sum_{i=1}^{m}x_i^2\right] \\
&= b_1 + P\lim_{m\to\infty}\left(\sum_{i=1}^{m}x_i\varepsilon_i/\sum_{i=1}^{m}x_i^2\right) \\
&= b_1 + P\lim_{m\to\infty}\left(\frac{1}{m}\sum_{i=1}^{m}x_i\varepsilon_i\right)/P\lim_{m\to\infty}\left(\frac{1}{m}\sum_{i=1}^{m}x_i^2\right)
\end{aligned}
$$

在上式中，$P\lim\limits_{m\to\infty}\left(\frac{1}{m}\sum\limits_{i=1}^{m}x_i\varepsilon_i\right)$ 为 x 与 ε 的协方差，$P\lim\limits_{m\to\infty}\left(\frac{1}{m}\sum\limits_{i=1}^{m}x_i^2\right)$ 为 x 的方差。若设 x 的方差为 σ_x^2，ε 的方差为 σ_ε^2，x 与 ε 的相关系数为 ρ，则上式又可表达为

$$
\begin{aligned}
P\lim_{m\to\infty}(\hat{b}_1) &= b_1 + Cov(x,\varepsilon)/Var(x) \\
&= b_1 + \rho\sigma_\varepsilon^2/\sigma_x^2 \qquad (11-16)
\end{aligned}
$$

由 11－16 式可看出，在 x 与 ε 相关的情况下，如果不是 $P\left[\lim\limits_{m\to\infty}\left(\sum\limits_{i=1}^{m}x_i\varepsilon_i/m\right)\right]$ 恰巧等于零，即使增加样本容量，最小二乘估计值 $\hat{b}_1$ 也不是真实总体参数 b_1 的无偏估计。估计值 $\hat{b}_1$ 与真实总体参数 b_1 的偏误为 $\rho\sigma_\varepsilon^2/\sigma_x^2$，当 x 与 ε 的相关性较强时，ρ 趋近于 1，这一偏误不能忽略。参数估计值不具有无偏性，其有效性随之受到影响，这样的估计值肯定不是一个一致的估计量。

(二) 随机解释变量对模型估计式统计检验的影响

仍以一元线性回归模型 11－11 式为例，当 X 为随机变量并与 u 相关时，b_1 的最小二乘估计值 $\hat{b}_1$ 为

$$\begin{aligned}\hat{b}_1 &= \sum_{i=1}^{m} x_i y_i / \sum_{i=1}^{m} x_i^2 \\ &= \sum_{i=1}^{m} (b_1 x_i + \varepsilon_i)\ x_i / \sum_{i=1}^{m} x_i^2 \\ &= b_1 + \sum_{i=1}^{m} x_i \varepsilon_i / \sum_{i=1}^{m} x_i^2 \\ &= b_1 + \left(\frac{1}{m}\sum_{i=1}^{m} x_i \varepsilon_i\right) / \left(\frac{1}{m}\sum_{i=1}^{m} x_i^2\right) \\ &= b_1 + Cov(x, \varepsilon)/Var(x) \\ &= b_1 + \rho\sigma_\varepsilon^2/\sigma_x^2 \end{aligned} \tag{11-17}$$

很显然，$\hat{b}_1$ 是对 b_1 的高估。如果依据 $\hat{b}_1$ 建立估计式，则有

$$\hat{Y}_i = \hat{b}_1 + \hat{b}_1 X_i \tag{11-18}$$

在真实总体参数 b_1 被高估的情况下，对估计式 11－18 式进行统计检验，将会出现一系列问题。

1. 方差分析得不到正确结果

依据 5－1 式，被解释变量 Y 的离差平方和 S_{yy} 可以表示为回归平方和 U 与残差平方和 Q 的总和，即

$$\begin{aligned} S_{yy} &= \sum_{i=1}^{m} (Y_i - \overline{Y})^2 \\ &= \sum_{i=1}^{m} (Y_i - \hat{Y}_i)^2 + \sum_{i=1}^{m} (\hat{Y}_i - \overline{Y})^2 \\ &= Q + U \end{aligned} \tag{11-19}$$

当 b_1 被高估时，$\hat{b}_1$ 必然虚假增加，回归值 $\hat{Y}_i$ 随之虚假增大，造成残差平方和 Q 虚假变小及回归平方和 U 虚假增大，从而使方差分析得不出正确的结果。

2. 拟合优度检验失准

对估计式 11－18 式拟合优度的检验，要通过计算可决系数 R^2 来进行。根据 5－5 式，R^2 的计算公式为

$$R^2 = U/S_{yy}$$

$$=\sum_{i=1}^{m}(\hat{Y}_i-\overline{Y})^2/\sum_{i=1}^{m}(Y_i-\overline{Y})^2 \qquad (11-20)$$

在11－20式中，Y_i 为样本观测值，$\overline{Y}=(\sum_{i=1}^{m}Y_i)/m$，属于既定的值，$R^2$ 的值主要由 $\hat{Y}_i$ 决定。在 $\hat{b}_1$ 虚假增加的情况下，$\hat{Y}_i$ 必然随之增加，从而使 R^2 的值亦虚假提高，失去其准确性，进而造成对模型拟合优度判断失准。

3.*F* 检验失效

对回归模型估计式中各解释变量参数估计值是否同时为零的检验，要利用 F 统计量进行判别。依据5－12式，F 统计量的计算公式为

$$F_{k,m-k-1}=\frac{U/k}{Q/(m-k-1)} \qquad (11-21)$$

在11－21式中，m 为样本容量，k 为模型中解释变量的个数，U 为回归平方和，Q 为残差平方和。由于解释变量参数估计值虚假增加所带来的对 U 的高估和对 Q 的低估，使11－21式既扩大了分子又缩小了分母，其计算结果必然远远大于实际值，造成严重失真，造成 F 检验失效。

4.*t* 检验失去意义

对回归模型估计式中每一解释变量参数估计值是否为零的检验，要利用 t 统计量进行判别。依据5－14式，t 统计量的计算公式为

$$t_j=\hat{b}_j\sqrt{\sum_{i=1}^{m}(X_{ij}-\overline{X}_j)^2}\;/SER \qquad (11-22)$$

在11－22式中，j 为解释变量的序号，m 为样本容量；X_{ij} 为第 j 个解释变量的第 i 个观测值，$\overline{X}_j$ 为第 j 个解释变量的样本平均值，$\overline{X}_j=(\sum_{i=1}^{m}X_{ij})/m$；$\hat{b}_j$ 为第 j 个解释变量的参数估计值；SER 为模型估计式的残差，$SER=\sqrt{Q/(m-k-1)}$（k 为模型中解释变量的个数）。由于解释变量为随机变量并与随机误差项相关，所造成的参数估计值 $\hat{b}_j$ 的虚假增加，以及由此带来的残差平方和 Q 的虚假缩小，使11－22式在分子扩大的同时又使分母缩

小，造成 t_j 计算结果的严重失真，失去了对 $\hat{b}_j$ 是否为零的判别能力。

由上述四个方面的分析可以看出，当回归模型中解释变量为随机变量并与随机误差项相关时，由于模型参数估计值产生偏误，造成对模型估计式统计检验的全面失准。在这种情况下，各种统计检验得到的是虚假的结果，不能作为判别估计式优劣的依据。

五、克服随机解释变量模型参数估计偏误的方法

在线性回归模型中，因解释变量为随机变量并与随机误差项相关，进而造成参数估计发生偏误的问题，应当加以克服。由于参数估计的偏误源于解释变量与随机误差项的相关性，故克服参数估计产生偏误的途径有两种。一种是通过把解释变量与随机误差项的关系由相关转化为不相关，消除产生偏误的原因；另一种是选择可以避开解释变量与随机误差项相关这一问题的新的参数估计方法。由此便产生了克服随机解释变量模型参数估计偏误的两种方法，这就是工具变量法和极大似然法。

（一）工具变量法

工具变量法的基本思路，是寻求一个新变量去替代模型中作解释变量的随机变量，以消除解释变量与随机误差项的相关性。所寻求的新变量称为工具变量，它必须满足三个要求：

第一，必须是有明确经济含义的外生变量；

第二，必须与所替代的随机解释变量高度相关，而又与随机误差项无关；

第三，必须与模型中其他解释变量不存在高度线性相关，若模型中有两个或更多的工具变量，则它们之间也不能存在高度线性相关。

仍以一元线性回归模型 11－11 式为例，说明工具变量法的应用。对 11－11 式经过离差变换，得

$$y_i = b_1 x_i + \varepsilon_i \qquad (i=1,\ 2,\ \cdots,\ m) \quad (11-23)$$

对 11－23 式用普通最小二乘法估计参数，是用 x_i 去乘该式两边并对样本容量加总，得

$$\sum_{i=1}^{m} x_i y_i = b_1 \sum_{i=1}^{m} x_i^2 + \sum_{i=1}^{m} x_i \varepsilon_i \quad (11-24)$$

在 x 与 ε 相关的条件下，$E\left(\sum_{i=1}^{m} x_i \varepsilon_i\right) \neq 0$，普通最小二乘法失效。这时用与 x 高度相关而又与 ε 无关的工具变量 z 去代替 x，用 z 乘 11－23 式并对样本容量加总，可得

$$\sum_{i=1}^{m} z_i y_i = b_1 \sum_{i=1}^{m} z_i x_i + \sum_{i=1}^{m} z_i \varepsilon_i \quad (11-25)$$

由于 z 与 ε 不相关，故有 $E\left(\sum_{i=1}^{m} z_i \varepsilon_i\right) = \sum_{i=1}^{m} \left[E\left(z_i \varepsilon_i\right)\right] = 0$。这时，$b_1$ 的估计值 $\hat{b}_1$ 为

$$\begin{aligned} \hat{b}_1 &= \sum_{i=1}^{m} \left[\left(b_1 x_i + \varepsilon_i\right) z_i\right] / \sum_{i=1}^{m} x_i z_i \\ &= b_1 + \sum_{i=1}^{m} z_i \varepsilon_i / \sum_{i=1}^{m} x_i z_i \end{aligned} \quad (11-26)$$

对 $\hat{b}_1$ 取概率极限，得

$$\begin{aligned} P\lim_{m \to \infty}(\hat{b}_1) &= b_1 + P\lim_{m \to \infty}\left(\sum_{i=1}^{m} z_i \varepsilon_i\right) / P\lim_{m \to \infty}\left(\sum_{i=1}^{m} x_i z_i\right) \\ &= b_1 + P\lim_{m \to \infty}\left(\frac{1}{m}\sum_{i=1}^{m} z_i \varepsilon_i\right) / P\lim_{m \to \infty}\left(\frac{1}{m}\sum_{i=1}^{m} x_i z_i\right) \\ &= b_1 + Cov(z, \varepsilon) / Cov(x, z) \end{aligned} \quad (11-27)$$

在 11－27 式中，因 z 与 ε 不相关及 z 与 x 高度相关，故 $Cov(z, \varepsilon) = 0$，而 $Cov(x, z) \neq 0$，所以有

$$Plim\left(\hat{b}_1\right) = b_1 \quad (11-28)$$

由 11－28 式可知，应用工具变量法得到的 11－11 式的参数估计值 $\hat{b}_1$ 具有渐近无偏的性质。对于参数 b_0 若仍用工具变量法进行估计，其估计值 $\hat{b}_0$ 亦具有类似特征。

根据渐近方差的概念，应用工具变量法得到的 11－11 式的参数估计值 $\hat{b}_0$ 及 $\hat{b}_1$ 的渐近方差可以表示为概率极限：

$$P\lim_{m \to \infty}\left[Var(\hat{b}_0)\right] = P\lim_{m \to \infty}\left\{\sigma_u^2\left[\frac{1}{m} + \left(\bar{X}\sum_{i=1}^{m} z_i^2\right) / \left(\sum_{i=1}^{m} x_i z_i\right)^2\right]\right\} \quad (11-29)$$

$$P\lim_{m\to\infty}[Var(\hat{b}_1)] = P\lim_{m\to\infty}[\sigma_u^2(\sum_{i=1}^{m} z_i^2)/(\sum_{i=1}^{m} x_i z_i)^2] \tag{11-30}$$

由 11－29 式及 11－30 式可知，随着样本容量 m 的增大，$\hat{b}_0$ 及 $\hat{b}_1$ 的方差有一个渐近的概率分布，并随 m 的增大而减小。这表明，用工具变量法得到的模型参数估计值是渐近有效的。

从理论上分析，工具变量法可以得到渐近无偏、渐近有效的参数估计量，在解释变量为随机变量并与随机误差项相关的情况下，使参数估计值达到了渐近一致。但这种方法在实际应用中会遇到一定困难，主要表现在三个方面：

(1) 在解释变量 X 与随机误差项 u 相关的情况下，要寻求一个既与 X 高度相关，又与 u 不相关的工具变量 Z 十分困难。再加上工具变量 Z 要具有明确的经济含义，这就更不容易。

(2) 在能找到符合要求的工具变量条件下，所选择的工具变量不同，模型参数估计值也不会一致，使参数估计出现随意性。工具变量选择得当，参数估计值的质量会高一些；如果工具变量选择不当，参数估计值就会出现较大偏误。到底选择何种工具变量，这是一个难以掌握的技巧问题。

(3) 由于使用了工具变量，有可能产生较高的标准差，不能保证参数估计值的渐近方差一定能达到最小。

（二）极大似然法

极大似然法是处理解释变量与随机误差项相关的一种统计方法。它通过避开解释变量与随机误差项的相关性，求解模型参数。仍用一元线性回归模型说明这一方法的应用。对于一元线性回归模型

$$Y_i = b_0 + b_1\tilde{X}_i + u_i \quad (i=1, 2, \cdots, m) \tag{11-31}$$

设解释变量 X 为随机变量，且与随机误差项 u 相关，$\tilde{X}_i$ 为解释变量的真实值，其观测值为 X_i，二者关系为

$$X_i = \tilde{X}_i + V_i(\text{观测误差}) \quad (i=1,2,\cdots,m) \tag{11-32}$$

当假设解释变量真实值 $\tilde{X}_i$、随机误差项 u_i 及观测误差 V_i 具

有独立正态分布（在大样本条件下，这一假设不失一般性），其均值与方差可分别表达为

$$E(\tilde{X})=T \qquad (\tilde{X}\text{的平均值为 }T)$$
$$E(u)=0 \qquad (\text{随机误差项的均值为零})$$
$$E(V)=0 \qquad (\text{观测误差的均值为零})$$
$$Var(\tilde{X})=\sigma^2 \qquad (\text{解释变量真实值的方差为 }\sigma^2)$$
$$Var(u)=\sigma_u^2 \qquad (\text{随机误差项的方差为 }\sigma_u^2)$$
$$Var(V)=\sigma_v^2 \qquad (\text{观测误差的方差为 }\sigma_v^2)$$

根据上面的假设，可以列出下列样本统计量的计算公式为

$$E(X)=E(\tilde{X})=T$$
$$E(Y)=b_0+b_1T$$
$$\sigma_x^2=E[X-E(X)]^2=E(X-T)^2=\sigma^2+\sigma_v^2 \qquad (11-33)$$
$$\sigma_y^2=E[Y-E(Y)]^2=E[Y-(b_0+b_1T)]^2$$
$$=b_1{}^2\sigma^2+\sigma_u^2$$
$$\sigma_{xy}=E[(X-\bar{X})(Y-\bar{Y})]=b_1\sigma^2$$

由上述五个样本统计量计算公式组成的方程组 11－33 式中，有 b_0，b_1，T，σ^2，σ_u^2，σ_v^2 六个未知数，虽然方程组中每个方程的左边项都可以用样本资料求出，但因为方程组中只有五个方程，无法对六个未知参数求解。如果能设法去掉六个未知数中除 b_0、b_1 之外的某一个，就可以利用方程组 11－33 式对参数求解。最为原始的办法是增加新的信息。例如，假定随机误差项 u 的方差 σ_u^2 与观测误差 V 的方差 σ_v^2 存在一定的比例关系，并利用这一比例关系消去其中的一个。但这一方法在实践中行不通。因为随机误差项 u 中除观测误差外，还包含不确知的随机因素、虽已知但未在模型中独立反映的解释变量等，人们无法事先确知这些因素（或变量）的方差，因而也就不可能对 σ_u^2 与 σ_v^2 的关系做出正确的判断。不过，在计量经济研究中，观测误差的方差 σ_v^2 在很多情况下是已知的，在国民经济统计资料及大量的专门调查中，就往往指出误差的范围。在这种情况下，就可以利用 11－33 式对未知参数进行求

解。

当 σ_v^2 为已知时，先利用样本观测数据求下列统计量

$$E(X)=\bar{X}=(\sum_{i=1}^{m}X_i)/m$$

$$E(Y)=\bar{Y}=(\sum_{i=1}^{m}Y_i)/m$$

$$\sigma_X^2=S_{XX}=[\sum_{i=1}^{m}(X_i-\bar{X})^2]/m$$

$$\sigma_Y^2=S_{YY}=[\sum_{i=1}^{m}(Y_i-\bar{Y})^2]/m$$

$$\sigma_{XY}=S_{XY}=\sum_{i=1}^{m}[(X_i-\bar{X})(Y_i-\bar{Y})]/m$$

将计算得出的 $\bar{X}$，$\bar{Y}$，S_{xx}，S_{yy}，S_{xy}分别代替 11－33 式相关方程的右边项，得出一个含五个未知参数、由五个方程组成的联立方程组。即

$$\begin{cases}\bar{X}=\hat{T}\\ \bar{Y}=\hat{b}_0+\hat{b}_1\hat{T}\\ S_{XX}=\hat{\sigma}^2+\sigma_v^2\\ S_{YY}=\hat{b}_1^2\hat{\sigma}^2+\sigma_u^2\\ S_{XY}=\hat{b}_1\hat{\sigma}^2\end{cases} \tag{11-34}$$

解联立方程组，即可求得

$$\hat{b}_1=S_{XY}/\hat{\sigma}^2=S_{XY}/(S_{XX}-\sigma_v^2) \tag{11-35}$$

$$\hat{b}_0=\bar{Y}-\hat{b}_1\bar{X} \tag{11-36}$$

$$\hat{\sigma}_u^2=S_{YY}-\hat{b}_1S_{XY} \tag{11-37}$$

$\hat{b}_0$、$\hat{b}_1$ 是参数 b_0 和 b_1 的极大似然估计量。极大似然法避开了解释变量为随机变量时，因与随机误差项相关对模型参数估计带来的不利影响，使参数估计的偏误问题得以解决。这一方法也可以用于包含多个解释变量为随机变量的模型参数估计，其工作步骤基本与上述过程类似，只不过求解参数的联立方程组更为复杂。

第十二章　解释变量为滞后变量

一、滞后变量及分布滞后模型

在客观经济现象中，某些经济变量不仅受其他经济变量当期（本期）水平的影响，而且还受这些变量过去水平的制约。例如，居民本期的消费水平，既取决于本期的收入水平，同时也与前期收入水平密切相关；某年固定资产总额不仅与当年固定资产投资相关，同时还与过去多年固定资产投资相联系；农作物的单位面积产量不仅与当年投入的劳力、肥料有关，也与过去多年这些要素的投入水平相关。相对于当期而言，过去时期的变量（如过去的收入、过去的投入等）称为滞后变量，或时间滞后变量。而在解释变量中包含滞后变量的模型，称为分布滞后模型。

对于时间序列模型，如果作为解释变量的滞后变量为外生变量，就将其称为外生滞后变量模型。其表达式为

$$Y_t = a + b_0X_t + b_1X_{t-1} + b_2X_{t-2} + \cdots + b_kX_{t-k} + \cdots + u_t \tag{12-1}$$

如果作为解释变量的滞后变量为内生变量，就将这样的分布滞后模型称之为内生滞后变量模型。当解释变量包含一个或多个被解释变量的滞后变量时，这样的模型就称为自回归模型。其表达式为

$$Y_t = a + b_0X_t + b_1Y_{t-1} + b_2Y_{t-2} + \cdots + b_kY_{t-k} + \cdots + u_t \tag{12-2}$$

无论是 12－1 式或是 12－2 式，滞后变量的长度 k（滞后变量的个数）既可以是有限的，也可以是无限的。如果滞后长度 k 是有限的，就将其称为有限分布滞后模型。如果滞后长度 k 是无限的，则将其称为无限分布滞后模型。但是在一般情况下，为避免滞后变量个数的急剧增加，都要确定一个有限的滞后长度。

在计量经济模型中包含滞后变量，是客观经济现象自身特点

所决定的。任何经济变量的现状，都是在特定条件下由过去的状况发展而来的，是现在和过去多种因素综合作用的结果。经济变量的现状，不仅取决于影响它的各种因素的当期水平，而且也与它在过去的发展基础以及对其发展会产生长远影响的多种重要因素密切相关。经济变量过去的发展水平、影响其当期发展的过去的因素，在计量经济模型中就以滞后变量的形式表现出来。在计量经济模型中包含滞后变量，能够更为真实地反映经济变量的内在依存关系，但也随之带来一些问题。滞后时期的长度以及模型中应当包含的滞后变量难以确定，在实践中这一问题无理论依据可循，只能凭经验判断；滞后变量作解释变量，又往往带来多重共线性问题；滞后内生变量作解释变量，又会造成解释变量与随机误差项的相关性。这些问题的存在，都会对模型参数估计带来不利影响。

二、滞后现象产生的原因

经济变量本期水平受其自身和其他经济变量前期水平的影响，称之为滞后现象。产生滞后现象的原因比较复杂，但主要有五种。

（一）经济变量自身的原因

有些经济变量的发展变化有很强的继往性，当期水平与前期水平有极为密切的关系。例如，t 时期固定资产总量，就与此前多个时期的固定资产投资有关，这些前期的固定资产投资，就成为解释 t 时期固定资产总量的重要变量。有些经济变量对其他经济变量的影响，表现出延续的作用。例如，基本建设投资会对国民收入产生长期影响，一旦建成使用就会在多年内促进国民收入增长；而对耕地的改良投资，会使其在后续时期产出水平提高，产生递延效果。这些前期的投资，便成为后续产出水平提高的因素。

（二）决策者心理上的原因

经济活动的主体在进行决策时，受心理上的习惯影响很大。例如，当低收入者的收入增加时，可能并不会立刻改变其过去的消费习惯；当高收入者的收入减少时，也不一定就马上减少消费。一方面，他们要对收入变化是“长期”或是“短期”做出判断；另一方面，他们在消费习惯上的改变也要经过一个调整和适应的过程。又如，当某种商品的价格下降时，人们也不一定马上增加对这种商品的消费，而是等待观望一定时期，看价格会不会进一步降低。在这些情况下，收入对消费的影响表现出时间滞后的现象。

（三）技术上的原因

随着技术进步、需求的改变、供求关系的变化，经济变量的影响因素亦随之发生改变。但由于技术上的原因，这种改变要经历一个过程，而不可能即期实现。例如，当资本对劳动的替代、新技术对旧技术的替代、新型生产资料对原有生产资料的替代在经济上是合理的，这种替代将会发生，但又不可能立即实现。因为实现这种替代，需要改变发展的条件、更换或改造生产经营设施及设备、更新生产经营工艺技术及管理方式、追加投资、对替代过程的相关知识与技能进行学习等，而要完成这些工作，都需要耗费时间。当替代过程没有完成时，原有的要素仍然发挥作用，这些要素的影响便表现出时间滞后的现象。再如，当商品价格升高时，生产者增加产量会带来良好的经济效益。但增加产量也不是能马上实现的，需要增加生产设施、设备，还需要相关要素的追加投入，完成生产过程也需要时间。在这种条件下，价格对供给的影响也表现出时间滞后的现象。

（四）沉淀成本的原因

从事任何一项经济活动，都需要一定设施、设备及其他基础条件。这些基本建设投资一旦完成，就以固定成本的形式沉淀下来，有些经济活动的基本建设投资巨大，沉淀成本数额惊人。当这部分成本还远未收回的情况下，凡是造成这些基本建设投资失去效用的要素替代、技术变革、经济活动转型等，都会遇到很大的阻力。为了收回原来的投资，人们通常沿袭过去的经验和技术，而不愿轻易进行改变。这时，要素替代、技术进步、结构转型等对经济活动具有重要影响的变量，便难以即期发挥作用，表现出时间滞后的现象。

（五）制度的原因

在现代社会，经济活动都是在一定制度背景下进行的，且存在众多的纷繁复杂的契约关系。制度体系在一定时期内具有稳定性，各种契约对相关主体在一定时期内也具有很强的约束力。而相对于制度安排和契约设定，技术的进步，市场供求关系的变化就要快得多。作为经济活动的主体，对技术进步和市场需求变动需要做出及时灵活的反应，但这种反应却要受到制度和契约的极大约束。例如，当储户的资金作为定期存款存入银行时，在储蓄期内即使有更好的其他投资机会，资金也不能改作他用。又如，当劳动者与雇主签订了劳务合同时，即便有更为优厚的就业机会，在合同期内劳动者也难以流动。再如，当产品供求双方签订了供货合约时，即使生产方或需求方履行合约会带来不利，也不能随意违约。这表明，制度及契约在一定时期内，对经济活动和资源、要素有较强的“锁定”功能，使它们的作用表现出滞后的特征。

三、分布滞后模型的序贯估计法

对于未确定滞后长度的外生滞后变量模型

$$Y_t = a + b_0X_t + b_1X_{t-1} + b_2X_{t-2} + b_3X_{t-3} + \cdots + u_t \tag{12-3}$$

因假定 X_t 为非随机变量、与随机误差项 u_t 不相关，所以其滞后变量 X_{t-1}，X_{t-2}，X_{t-3}，……亦为非随机变量，也与随机误差项独立。鉴于此，12－3 式在原则上可以用普通最小二乘法进行估计。阿尔特与丁伯根对这类分布滞后模型提出了一种序贯估计方法，这种方法的应用分两步进行。

（一）对分布滞后模型进行序贯估计

对于 11－3 式，先将 Y_t 对 X_t 进行回归，再将 Y_t 对 X_t 和 X_{t-1}进行回归，然后再将 Y_t 对 X_t 和 X_{t-1}、X_{t-2}进行回归，并依此类推，建立包含不同解释变量的估计式。即

$$\hat{Y}_t^{(0)} = \hat{a}_0^{(0)} + \hat{b}_0^{(0)}X_t \tag{12-4}$$

$$\hat{Y}_t^{(1)} = \hat{a}^{(1)} + \hat{b}_0^{(1)}X_t + \hat{b}_1^{(1)}X_{t-1} \tag{12-5}$$

$$\hat{Y}_t^{(2)} = \hat{a}^{(2)} + \hat{b}_0^{(2)} X_t + \hat{b}_1^{(2)} X_{t-1} + \hat{b}_2^{(2)} X_{t-2} \qquad (12-6)$$

$$\hat{Y}_t^{(3)} = \hat{a}^{(3)} + \hat{b}_0^{(3)} X_t + \hat{b}_1^{(3)} X_{t-1} + \hat{b}_2^{(3)} X_{t-2} + \hat{b}_3^{(3)} X_{t-3} \qquad (12-7)$$

……

（二）对估计式进行检验与优选

对于上面的估计式，每建立一个就进行统计检验。如果某个滞后变量 X_{t-j} 引进模型后，其参数估计值 $\hat{b}_j^{(k)}$ 在统计上是不显著的，便表明 X_{t-j} 及其后续的滞后变量不应该进入模型，模型中包含滞后变量应该到 X_{t-j+1} 为止。例如，当 12－7 式中 $\hat{b}_3^{(3)}$ 经检验在统计上是不显著的，则 X_{t-3} 及其后续的滞后变量 X_{t-4}、X_{t-5} 等就不应进入模型，就应当选择 12－6 式作为 12－3 式的估计式。如果某个滞后变量引进模型后，至少引起了一个其他滞后变量参数估计值的符号发生了改变（由正变为负或由负变为正），则参数符号发生改变的滞后变量及其后续的滞后变量都不应包含在模型中。例如，当 12－7 式引进了 X_{t-3} 后，该式中 X_{t-2} 的参数估计值 $\hat{b}_2^{(3)}$ 与 12－6 式中式中 X_{t-2} 的参数估计值 $\hat{b}_2^{(2)}$ 的符号相反，则 X_{t-2} 及其后续的滞后变量 X_{t-3}、X_{t-4} 等便不应进入模型。

分布滞后模型的序贯估计方法虽然具有简单明了的优点，但在应用中存在严重的缺陷。其表现主要反映在三个方面：

第一，模型中滞后变量的长度（应包含的滞后变量的个数），应当依据一定的经济理论或经验进行确定，但这种方法没有遵循这一原则，从而使滞后长度的确定既缺乏理论的指引，又缺乏经验的说明。

第二，在进行序贯估计的过程中，随模型中引进的滞后变量的增加，自由度会越来越小，使统计检验的可靠性受到不利影响。在样本观测数据不够多的情况下，这种影响较大。而在实际的研究中，样本观测数据往往并不“丰富”。

第三，在分布滞后模型中，解释变量之间一般都存在高度的相关性（如 12－3 式中的 X_t，X_{t-1}，X_{t-2}，X_{t-3} 等就是高度相关的），多重共线性问题严重存在。在这种情况下，参数估计值失去最优性（不具最小方差）甚至失准，并进而造成统计检验的不可靠。

鉴于上述原因，序贯估计方法的实用性较差，一般不宜采用。对于分布滞后模型的估计，还应别求他途。

四、外生滞后变量模型的变换及估计

为克服序贯估计法的缺陷，对外生滞后变量模型的估计，需要解决解释变量的多重共线性及滞后长度的确定这两个关键问题。由于处理思路上的差异，便产生了对外生滞后变量模型估计的不同方法，但最常用也是较为有效的是经验权数法和阿尔蒙多项式方法。

（一）经验权数估计法

这种方法的基本思路是设法减少模型中被估计的参数个数。模型中参数的个数主要由解释变量的个数来决定，要减少模型中被估计参数的个数，就要对解释变量进行归并，并通过解释变量的归并，消除或削弱多重共线性问题。这一方法的应用分四步进行。

1．确定滞后长度

对于未给定滞后长度的外生滞后变量模型 12－3 式，可以根据解释变量 X 对被解释变量 Y 的作用机制和特征，依照经济理论的说明，或技术经济参数和惯常的实际经验，确定出 X 的滞后长度。例如，经济学对制度及要素的作用机理分析、固定资产折旧的有关规定、基础设施的使用寿命等，都可以作为确定滞后长度的依据。设解释变量的滞后长度为 k，则 12－3 式便可变成一个有限滞后的模型。即

$$Y_t = a + b_0X_t + b_1X_{t-1} + b_2X_{t-2} + \cdots + b_jX_{t-j} + \cdots + b_kX_{t-k} + u_t \quad (12-8)$$

2．研究滞后变量的结构特征

作为解释变量的滞后变量，对被解释变量的作用（用 h 表示）大小，因所研究的问题不同而表现出不同的特征。有的滞后变量随滞后时间（用 t 表示）的延长，对被解释变量的影响能力越来越

弱，其作用由大变小（如消费模型中居民收入变量就属于这一类），称为递减滞后结构（如图 12-1）。有的滞后变量随滞后时间的延长，对被解释变量的影响能力由弱变强再变弱，其作用由小到大再到小（如经济增长模型中的固定资产投资变量就属于这一类），称为∧型滞后结构（如图 12-2）。有的滞后变量随滞后时间的延长，对被解释变量的影响能力不发生改变，其作用保持不变，称为不变滞后结构。

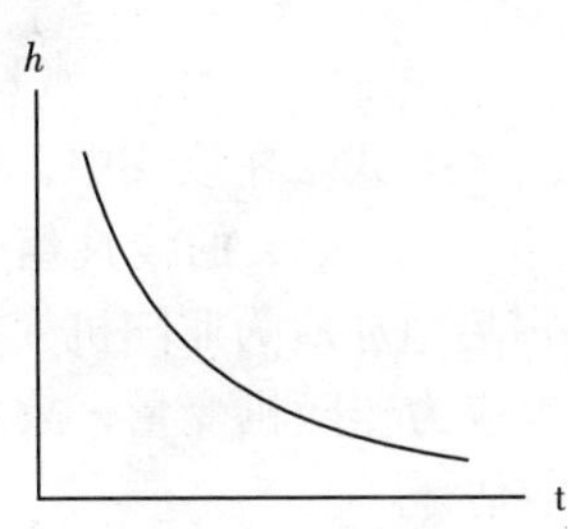

图 12-1　递减滞后结构　　　　**图 12-2　∧型滞后结构**

3. 给滞后变量指定权重

根据滞后变量的结构特征，给分布滞后模型中的各解释变量指定权重，例如，对于确定了滞后长度的外生滞后变量模型 12－8 式，分别为 X_t，X_{t-1}，X_{t-2}，…，X_{t-j}，…，X_{t-k} 指定权重 λ_0，λ_1，λ_2，…，λ_j，…，λ_k（$0<\lambda<1$）。滞后变量 X 的结构不同，所指定的权重 λ 的分布形式也不一样。当 X 为递减滞后结构，则 λ 为递减数列，即

$$\lambda_0>\lambda_1>\lambda_2>\cdots>\lambda_j>\lambda_{j+1}>\cdots>\lambda_k \qquad (j<k)$$

如果 X 为∧型滞后结构，则 λ 为一个先递增后递减的数列，即

$$\lambda_0<\lambda_1<\lambda_2\cdots<\lambda_j>\lambda_{j+1}>\cdots>\lambda_k \qquad (j<k)$$

如果 X 为不变滞后结构，则 λ 为一个相同数值组成的数列，即

$$\lambda_0=\lambda_1=\lambda_2=\cdots=\lambda_j=\lambda_{j+1}=\cdots=\lambda_k$$

4. 建立单一解释变量的模型

在对滞后变量指定了权重之后，用权重将 12－8 式中的 $k+1$ 个解释变量综合为一个新的变量 Q_t。即

$$Q_t=\lambda_0X_t+\lambda_1X_{t-1}+\lambda_2X_{t-2}+\cdots+\lambda_jX_{t-j}+\lambda_{j+1}X_{t-j-1}+\cdots+\lambda_kX_{t-k} \quad (12-9)$$

显然，变量 Q_t 可以起到 12－8 式中的 X_t，X_{t-1}，X_{t-2}，…，X_{t-j}，…，X_{t-k}的作用，用 Q_t 替代它们对 Y_t 进行回归，可建立仅具单一解释变量的新模型。即

$$Y_t=\alpha+\beta Q_t+u_t \quad (12-10)$$

由此，便将 12－8 式转换成了 12－10 式。在该式中，解释变量 Q_t 为 X_t，X_{t-1}，X_{t-2}，…，X_{t-j}，…，X_{t-k}的线性组合。因为 X_t 已设定为非随机变量，故其各滞后值亦应为非随机变量，它们的线性组合（12－9 式所示）Q_t 也应为非随机变量，故可以用普通最小二乘法对 12－10 式进行参数估计。

经验权数法通过解释变量的归并，解决了模型的多重共线性及参数估计中的自由度损失问题，且简便易行。但这种方法不具有充分的客观性，而带有很强主观判断色彩。一是解释变量的滞后结构类型最终是主观决定（尽管要找到一定的客观依据），二是滞后变量的权重也是主观指定的。很显然，对这两个问题主观判断的正确性，会对模型估计造成重大影响，从而使这一方法的应用带有一定的风险。

（二）阿尔蒙多项式估计法

阿尔蒙多项式估计法的基本思路，仍然是通过减少分布滞后模型中解释变量的个数，去削弱多重共线性及参数估计中的自由度损失。这种方法的应用分五步进行。

1. 确定滞后长度

如果外生滞后变量模型未给定滞后长度（如 12－3 式），可依据经济理论的说明、实际经验的分析或技术经济的论证，确定出模型中滞后变量的长度。对于 12－3 式，设解释变量 X 的滞后长度为 k，则这一无限滞后模型可变为有限滞后模型。即

$$Y_t=a+b_0X_t+b_1X_{t-1}+b_2X_{t-2}+\cdots+b_jX_{t-j}$$

$$+ b_{j+1}X_{t-j-1} + \cdots + b_kX_{t-k} + u_t \qquad (12-11)$$

对于滞后长度为 k 的分布滞后模型 12－11 式，又可用和式表达为

$$Y_t = a + \sum_{j=0}^{k} b_jX_{t-j} + u_t \qquad (j=0,1,2,\cdots,k) \qquad (12-12)$$

2. 建立解释变量参数的表达式

对于某些经济问题，如 12－12 式中解释变量的参数 b_j（$j=0$，1，2，…，k）可以用一个多项式近似地描绘。在这种场合，b_j 的表达式一般为 j 的 L 阶多项式。即

$$b_j = a_0j^0 + a_1j^1 + a_2j^2 + \cdots + a_Lj^L \qquad (12-13)$$

在 12－13 式中，a_0，a_1，a_2，…，a_L 为新设置的模型参数，有待估计；j 为参数 b 的序号，亦为解释变量的滞后期；L 为 j 的最大阶数，一定要小于滞后长度 k（即 $L<k$），否则便不可能起到减少解释变量个数的作用。例如，当令 $L=2$ 时，12－12 式中参数 b_j 的表达式便为

$$b_j = a_0 + a_1j + a_2j^2 \qquad (12-14)$$

3. 对解释变量进行变换

将分布滞后模型解释变量的参数 b_j 用其表达式替代，可得到一个变换模型。例如，将 12－14 式代入 12－11 式中，可得

$$\begin{aligned}
Y_t &= a + b_0X_t + b_1X_{t-1} + b_2X_{t-2} + \cdots + b_jX_{t-j} \\
&\qquad + b_{j+1}X_{t-j-1} + \cdots + b_kX_{t-k} + u_t \\
&= a + (a_0 + a_1\cdot 0^1 + a_2\cdot 0^2)X_t \\
&\quad + (a_0 + a_1\cdot 1^1 + a_2\cdot 1^2)X_{t-1} \\
&\quad + (a_0 + a_1\cdot 2^1 + a_2\cdot 2^2)X_{t-2} + \cdots \\
&\quad + (a_0 + a_1\cdot k^1 + a_2\cdot k^2)X_{t-k} + u_t \\
&= a + a_0(X_t + X_{t-1} + X_{t-2} + \cdots + X_{t-k}) \\
&\quad + a_1(0^1X_t + 1^1X_{t-1} + 2^1X_{t-2} + \cdots + k^1X_{t-k}) \\
&\quad + a_2(0^2X_t + 1^2X_{t-1} + 2^2X_{t-2} + \cdots + k^2X_{t-k}) + u_k \\
&= a + a_0\sum_{j=0}^{k} j^0X_{t-j} + a_1\sum_{j=0}^{k} j^1X_{t-j} + a_2\sum_{j=0}^{k} j^2X_{t-j} + u_t
\end{aligned}$$

推而广之，当 j 的最大阶数为 L 时，将 12－13 式代入 12－11 式，可得到表达式

$$Y_t = a + a_0\sum_{j=0}^{k} j^{0} X_{t-j} + a_1\sum_{j=0}^{k} j^{1} X_{t-j} + a_2\sum_{j=0}^{k} j^{2} X_{t-j} + \cdots + a_L\sum_{j=0}^{k} j^{L} X_{t-j} + u_t \qquad (12-15)$$

对于 12－15 式，令

$$Z_{0t} = \sum_{j=0}^{k} j^{0} X_{t-j}$$

$$Z_{1t} = \sum_{j=0}^{k} j^{1} X_{t-j}$$

$$Z_{2t} = \sum_{j=0}^{k} j^{2} X_{t-j}$$

$$\vdots \qquad \vdots$$

$$Z_{Lt} = \sum_{j=0}^{k} j^{L} X_{t-j}$$

则 11－15 式可变为

$$Y_t = a + a_0 Z_{0t} + a_1 Z_{1t} + a_2 Z_{2t} + \cdots + a_L Z_{Lt} + u_t \qquad (12-16)$$

上面变换称为阿尔蒙多项式变换。经过这一变换，将原来以 X 为解释变量的分布滞后模型，转换为以 Z 为解释变量的模型。解释变量也由原有模型（12－11 式）的 $k+1$ 个，变成了新模型（12－16 式）的 $L+1$ 个。

4. 对变换后的模型进行估计

对于变换后的模型 12－16 式，因为其解释变量 Z 是 X 的线性组合，而 X 为非随机变量，故 Z 亦应为非随机变量，且与随机误差项 u_t 独立。如果随机误差项 u_t 满足 $E(u_t)=0$（零均值）、$Var(u_t)=\sigma^2$（齐性方差）、$E(u_t u_{t-j})=0$（不存在序列相关），便可应用普通最小二乘法对 12－16 式进行估计，求出其参数估计值 $\hat{a}$，$\hat{a}_0$，$\hat{a}_1$，$\hat{a}_2$，…，$\hat{a}_L$。如果随机误差项 u_t 存在异方差或序列相关，则应在加以克服之后，再应用普通最小二乘法进行估计，得出参数估计值。

5. 求分布滞后模型的参数估计值

在求出 12－16 式的参数估计值之后，便可利用 12－13 式计算分布滞后模型 12－11 式的参数估计值。即

$$\hat{a}=\hat{a}$$

$$\hat{b}_0=\hat{a}_0$$

$$\hat{b}_1=1^0\cdot\hat{a}_0+1^1\cdot\hat{a}_1+1^2\cdot\hat{a}_2+\cdots+1^L\cdot\hat{a}_L$$

$$\hat{b}_2=2^0\cdot\hat{a}_0+2^1\cdot\hat{a}_1+2^2\cdot\hat{a}_2+\cdots+2^L\cdot\hat{a}_L$$

$$\vdots \qquad \vdots \qquad \vdots \qquad \vdots$$

$$\hat{b}_k=k^0\cdot\hat{a}_0+k^1\cdot\hat{a}_1+k^2\cdot\hat{a}_2+\cdots+k^L\cdot\hat{a}_L$$

由上面的分析可知，阿尔蒙多项式估计法的应用必须具备两个先决条件，一是滞后长度 k 要事先确定，二是要确定多项式最大的阶数 L。对于 k 的确定前面已有说明，而 L 的确定较为困难。从理论上讲，多项式最大的阶 L 应该等于 b_j 与 j 相关曲线拐点的个数加 1。但因 b_j 为待估计未知量，拐点个数自然是未知的，为 L 的确定设置了障碍。鉴于此，有的学者（如科苏扬尼斯）建议用较低阶的多项式（例如 $L=3$ 或 $L=4$）进行试验，若能使 11－16 式的估计式达到最优的 L 值，即为多项式最大的阶数。

五、自回归模型的变换

经验权数法和阿尔蒙多项式方法有一个共同的特点，外生滞后变量模型经变换后，解释变量仍为外生变量。这两种方法虽然都可以对分布滞后模型中的解释变量实现归并，但归并的能力有限，且过程较复杂。研究表明，如果将外生滞后变量模型转换为自回归模型，将会使分布滞后模型的估计变得更为简便。

（一）柯依克变换

对于无限分布滞后模型

$$Y_t=a+b_0X_t+b_1X_{t-1}+b_2X_{t-2}+\cdots+b_kX_{t-k}+\cdots+u_t \qquad (12-17)$$

如果同时满足下面两个条件：

①解释变量的参数 b_0，b_1，b_2，…，b_k，……的符号相同

②解释变量的参数 b_0，b_1，b_2，…，b_k，……按几何级数递减，就可以用柯依克方法对 12－17 式进行变换。

设 12－17 式中解释变量的参数 b_0，b_1，b_2，…，b_k，……按几何级数 C 递减，而 $0<C<1$（C 在 0 和 1 的区间内取值），C 称为分布滞后降低率（或衰减率），$(1-C)$ 称调节速度，便有

$$b_0 = b_0C^0$$

$$b_1 = b_0C^1$$

$$b_2 = b_0C^2$$

$$\vdots \quad \vdots$$

$$b_k = b_0C^k$$

$$\vdots \quad \vdots$$

将上述 b_j（$j=0$，1，2，…，k，……）的表达式代入 12－17 式中，得

$$Y_t = a + b_0X_t + b_0CX_{t-1} + b_0C^2X_{t-2} + \cdots + b_0C^kX_{t-k} + \cdots + u_t \tag{12-18}$$

12－18 式又可用和式表达为

$$Y_t = a + b_0\sum_{j=0}^{\infty}C^jX_{t-j} + u_t \tag{12-19}$$

对 12－18 式滞后一个时期，得

$$Y_{t-1} = a + b_0X_{t-1} + b_0CX_{t-2} + b_0C^2X_{t-3} + \cdots + b_0C^kX_{t-k-1} + \cdots + u_t \tag{12-20}$$

对 12－20 式两边同乘 C，得

$$CY_{t-1} = aC + b_0CX_{t-1} + b_0C^2X_{t-2} + b_0C^3X_{t-3} + \cdots + b_0C^{k+1}X_{t-k-1} + \cdots + Cu_{t-1} \tag{12-21}$$

将 12－18 式减去 12－21 式，得

$$Y_t - CY_{t-1} = a(1-C) + b_0X_t + (u_t - Cu_{t-1})$$

令 $u_t - Cu_{t-1} = \varepsilon_t$，并将被解释变量的滞后项移至函数右边，得

$$Y_t = (1-C)\ a + b_0X_t + CY_{t-1} + \varepsilon_t \qquad (12-22)$$

上述变换称为柯依克变换，所得的 12－22 式是一个自回归模型，称为柯依克模型。这一变换方法不仅极为简单方便，而且将原来分布滞后模型的解释变量由无穷多个减少到两个，使变换后的模型高度简化。但这一变换也带来了一些新的问题，主要表现在三个方面：

第一，在 12－22 式中，因为 Y_t 为随机变量，其滞后变量 Y_{t-1}亦为随机变量，在模型中作为解释变量，与随机误差项 ε_t 不独立，不满足应用普通最小二乘法估计参数的条件。

第二，在 12－22 式中，随机误差项 ε_t 为原始模型（12－17 式）随机误差项 u_t 及其滞后值 u_{t-1}的加权和，类似于移动平均。很显然，ε_t 与ε_{t-1}是存在序列相关的。这又给直接应用普通最小二乘法估计 11－22 的参数带来困难。

第三，由于随机变量 Y_{t-1}在 12－22 式中充当解释变量，使 12－22 式的估计式在统计检验上发生困难，或提供虚假的信息。

（二）修改期望值变换

在研究居民消费时，预期消费取决于预期收入，它们的依存关系可表达为

$$Y_t = a + bX_t^* + u_t \qquad (12-23)$$

12－23 式中，Y_t 为 t 时期的预期消费，X_t^* 为 t 时的预期收入。显然，X_t^* 是未来才会发生的，不能被观测，需要应用一定的方法去替代。如果假设 t 时期期望收入的变动量（$X_t^* - X_{t-1}^*$）是 t 时期实际收入X_t 与前期（$t-1$ 时期）期望收入 X_{t-1}^*差额的 γ 倍（γ 为期望系数，$0\leqslant\gamma\leqslant1$），则有下式成立：

$$X_t^* - X_{t-1}^* = \gamma\ (X_t - X_{t-1}^*) \qquad (12-24)$$

对 12－24 式进行同解变换，又可将其表达为

$$X_t^* = \gamma X_t + \ (1-\gamma)\ X_{t-1}^* \qquad (12-25)$$

12－25 式表明，t 时期的期望收入X_t^*，是 t 时期实际收入X_t 与前期期望收入X_{t-1}^*的加权和。当 $\gamma=1$ 时，$X_t^* = X_t$，期望收入

完全被实现；当 $\gamma=0$ 时，$X_t^*=X_{t-1}^*$，期望收入未发生变化，仍保持在前期水平上。但在实际应用中，t 时期的实际收入 X_t 也是未知的，可由最接近的 $t-1$ 时期的实际收入 X_{t-1}来代替。亦即，可以把 t 时期的期望收入X_t^*，视为前期实际收入 X_{t-1}与前期期望收入 X_{t-1}^*的加权和。即

$$X_t^*=\gamma X_{t-1}+(1-\gamma)X_{t-1}^* \tag{12-26}$$

或写为

$$X_t^*=X_{t-1}^*+\gamma(X_{t-1}-X_{t-1}^*) \tag{12-27}$$

将 12－27 式代入 12－23 式，可得

$$Y_t=a+b(1-\gamma)X_{t-1}^*+b\gamma X_{t-1}+u_t \tag{12-28}$$

再将 12－23 式滞后一个时期，并对其两边同乘以（$1-\gamma$），可得

$$(1-\gamma)Y_{t-1}=(1-\gamma)a+b(1-\gamma)X_{t-1}^*+(1-\gamma)u_{t-1} \tag{12-29}$$

将 12－28 式减去 12－29 式并整理，得

$$Y_t=\gamma a+b\gamma X_{t-1}+(1-\gamma)Y_{t-1}+[u_t-(1-\gamma)u_{t-1}] \tag{12-30}$$

12－30 式是一个通过修改期望值变换得到的类似于柯依克变换的自回归模型，称为修改期望值模型。这一模型与柯依克模型有相似的形式和特征，但因变换方式不同，也存在一些区别，主要有两点：

①柯依克模型以当期（t 时期）的 X 与前期（$t-1$ 时期）的 Y 作解释变量，而修改期望值模型以前期的 X 与前期的 Y 作解释变量。

②柯依克模型两个解释变量的参数为独立（单一）参数，而修改期望值模型两个解释变量的参数为复合参数。

（三）部分调整变换

在研究物资储备时，期望储备量 Y_t^* 可以表示为物资生产量 X_t 的线性函数。即

$$Y_t^*=a+bX_t+u_t \tag{12-31}$$

12－31 式中的期望储备 Y_t^* 不能直接观测，需要通过对实际

储备的部分调整来推测。设 t 时期的实际储备为 Y_t，$t-1$ 时期的实际储备为 Y_{t-1}，调整系数为 d（$0 \leqslant d \leqslant 1$），则可建立下式

$$Y_t - Y_{t-1} = d\ (Y_t^* - Y_{t-1}) \qquad (12-32)$$

对于 12－32 式，（$Y_t - Y_{t-1}$）表示实际储备量的变化，（$Y_t^* - Y_{t-1}$）表示期望储备量的变化，该式表示 t 时期实际储备的变动量，是同期期望储备变动量的一部分（d 倍），如果 $d=1$，实际储备等于期望储备量（即 $Y_t = Y_t^*$），表示实际储备量在同期便调节到理想水平。如果 $d=0$，t 时期的实际储备量与前期（$t-1$ 时期）储备量相比，没有发生任何改变。由于物资储备的调整需要时间，同时还要受到行为习惯、相关制度、契约及技术的制约，往往不能在即期达到理想水平。故调整系数 d 一般也不大可能取极端值 0 或者 1，而只能在 0 与 1 之间取值。当 d 在大于 0 而又小于 1 的区间变动时，便可实现对物资的储备部分调整。

将 12－32 式移项并整理，可得到另一表达形式

$$Y_t = dY_t^* + (1-d)\ Y_{t-1} \qquad (12-33)$$

12－33 式表示 t 时期的物资实际储备量是同期期望储备量与前期实际储备量的加权和。将 12－31 式代入 12－33 式，得

$$\begin{aligned} Y_t &= d\ (a + bX_t + u_t) + (1-d)\ Y_{t-1} \\ &= da + bdX_t + (1-d)\ Y_{t-1} + du_t \qquad (12-34) \end{aligned}$$

12－34 式是通过部分调整变换得到的类似于柯依克变换的自回归模型，称为部分调整模型。这一模型也与柯依克模型具有相同的形式和某些类似的特点，但它与柯依克模型有两个重要区别：

①柯依克模型解释变量的参数为独立（单一）参数，而部分调整模型解释变量的参数为复合参数。

②柯依克模型的随机误差项 ε_t 为原始模型（12－17 式）随机误差项 u_t 与 Cu_{t-1} 的差分值（移动平均值），即使 u_t 不存在序列相关，ε_t 也会是序列相关的。而部分调整模的随机误差 du_t 是原始模型（12－31 式）随机误差项 u_t 的一部分（d 倍），只要 u_t 不存在序列相关，du_t 亦不存在序列相关问题。

（四）帕斯卡洛变换

在分布滞后模型中，如果外生滞后变量对被解释变量的影响作用，有一个由弱到强再到弱的过程，呈∧型滞后结构，就可以应用帕斯卡洛方法对模型进行变换。这一变换过程分三步进行。

1. 确定滞后长度

对于未确定滞后长度的外生滞后变量模型

$$Y_t = a + b_0X_t + b_1X_{t-1} + b_2X_{t-2} + \cdots + b_jX_{t-j} + \cdots + u_t \qquad (12-35)$$

可以根据经济理论的说明，实际经验的分析或其他已知信息，确定解释变量 X 的滞后长度。若 X 的滞后长度为 k，则 12－35 式可表达为一个有限滞后的模型。即

$$Y_t = a + b_0X_t + b_1X_{t-1} + b_2X_{t-2} + \cdots + b_jX_{t-j} + \cdots + b_kX_{t-k} + u_t \qquad (12-36)$$

2. 建立解释变量权重的表达式

设 12－36 式中各解释变量的权重分别为 λ_0，λ_1，λ_2，…，λ_j，λ_{j+1}，…，λ_k，则权重组成的数列有由小到大再到小的变动过程，即

$$\lambda_0<\lambda_1<\lambda_2<\cdots<\lambda_j>\lambda_{j+1}>\cdots>\lambda_k \qquad (12-37)$$

如果用 λ_g（$g=0$，1，2，…，k）表示滞后变量 X_{t-g}的权重，可以用下面的表达式来描绘 λ_g 的动态变化。即

$$\lambda_g = \frac{(g+n-1)!}{g!(n-1)!}(1-C)^nC^g \qquad (g=0,1,2,\cdots,k) \qquad (12-38)$$

在 12－38 式中，n 为给定的正整数，g 为解释变量的滞后期，C 为待估计参数（其经济含义与柯依克变换中 C 的经济意义相同），在该式中，n 的取值大小由解释变量 X 的滞后特征决定。如果 X 对 Y 的影响作用由弱变强、再由强变弱的滞后期越短，呈现大起大落的情况，n 的取值就应当小（例如令 n 等于 2）。在相反的情况下，n 的取值就应当增大。当 n 取值为 1 时，帕斯卡变换就简化为柯依克变换。

3. 建立变换模型

利用 X_{t-g} 的权重 λ_g 将 $k+1$ 个解释变量的作用综合起来，形成一个综合变量 Q_t，则 Q_t 可表达为

$$Q_t = \lambda_0 X_t + \lambda_1 X_{t-1} + \lambda_2 X_{t-2} + \cdots + \lambda_k X_{t-k} \quad (12-39)$$

建立 Y_t 与 Q_t 的回归模型，可得

$$Y_t = a + bQ_t + u_t \quad (12-40)$$

将 12－39 式代入 12－40 式中，得

$$Y_t = a + b(\lambda_0 X_t + \lambda_1 X_{t-1} + \lambda_2 X_{t-2} + \cdots + \lambda_k X_{t-k}) + u_t \quad (12-41)$$

12－41 式从新的角度反映了解释变量 X 与被解释变量 Y 的关系，因此它是原模型 12－36 式的另一种表达形式。将 12－38 式代入 12－41 式中，得

$$Y_t = a + b(1-C)^n \left[X_t + nCX_{t-1} + \frac{n(n+1)}{2} C^2 X_{t-2} + \cdots + \frac{(k+n-1)!}{k!(n-1)!} C^k X_{t-k} \right] + u_t \quad (12-42)$$

当给定 n 的值，便可将 12－42 式化简。例如 $n=2$ 时，12－42 式即为

$$Y_t = a + b(1-C)^2 [X_t + 2CX_{t-1} + 3C^2 X_{t-2} + \cdots + (k+1)C^k X_{t-k}] + u_t \quad (12-43)$$

对 13－43 式滞后一个时期并乘以 $2C$，得

$$2CY_{t-1} = 2Ca + 2bC(1-C)^2 (X_{t-1} + 2CX_{t-2} + 3C^2 X_{t-3} + \cdots + kC^{k-1} X_{t-k-1}) + 2Cu_{t-1} \quad (12-44)$$

对 12－43 式滞后两个时期并乘以 C^2，得

$$C^2 Y_{t-2} = C^2 a + bC^2 (1-C)^2 [X_{t-2} + 2CX_{t-3} + \cdots + (k-1)C^{k-2} X_{t-k-2}] + C^2 u_{t-2} \quad (12-45)$$

将 12－43 式减去 12－44 式后再加上 12－45 式，可得

$$Y_t - 2CY_{t-1} + C^2 Y_{t-2} = a(1-C)^2 + b(1-C)^2 X_t + (u_t - 2Cu_{t-1} + C^2 u_{t-2}) \quad (12-46)$$

若令 $u_t - 2Cu_{t-1} + C^2 u_{t-2} = \varepsilon_t$，并对12－46进行整理，即得

$$Y_t = a(1-C)^2 + b(1-C)^2 X_t + 2CY_{t-1} - C^2 Y_{t-2} + \varepsilon_t \tag{12-47}$$

12－47 式就是通过帕斯卡洛变换得的自回归模型，称为帕斯卡洛模型。这一变换将原来分布滞后模型的 $k+1$ 个解释变量减少到 3 个，使其得到极大简化。但这一变换与柯依克变换相类似，也带来了一些新的问题，主要反映在四个方面：

第一，在 12－47 式中，Y_t 的滞后变量 Y_{t-1} 及 Y_{t-2} 为随机变量，它们在模型中作解释变量，与随机误差项 ε_t 不独立，使模型不满足应用普通最小二乘法估计参数的条件。

第二，在 12－47 式中，随机误差项 ε_t 为原始模型 11－36 式随机误差项 u_t 及滞后值 u_{t-1}、u_{t-2} 的加权和，亦类似于移动平均。即使 u_t 不存在序列相关，ε_t 也存在序列相关，给应用普通最小二乘法估计模型参数造成困难。

第三，在 12－47 式中，以随机变量 Y_{t-1} 及 Y_{t-2} 作解释变量，不仅可能造成参数估计的偏误，还可能给统计检验带来困难，甚至造成统计检验的失效。

第四，在 12－47 式中，两个作解释变量的随机滞后变量 Y_{t-1} 及 Y_{t-2} 存在较强的相关性，使模型又产生了多重共线性问题，对模型参数估计与检验带来不利影响。

六、自回归模型的估计

（一）自回归模型的一般表达

通过对外生变量滞后模型应用不同的方法进行变换，得到了下列四种模型：

（1）柯依克模型

$$Y_t = (1-C)a + b_0 X_t + CY_{t-1} + (u_t - Cu_{t-1}) \tag{12-48}$$

（2）修改期望值模型

$$Y_t = \gamma a + b\gamma X_{t-1} + (1-\gamma) Y_{t-1} + [u_t - (1-\gamma) u_{t-1}] \tag{12-49}$$

(3) 部分调整模型

$$Y_t = da + bdX_t + (1-d)Y_{t-1} + du_t \qquad (12-50)$$

(4) 帕斯卡洛模型（当 $n=2$）

$$Y_t = a(1-C)^2 + b(1-C)^2X_t + 2CY_{t-1} - C^2Y_{t-2} + (u_t - 2Cu_{t-1} + C^2u_{t-2}) \qquad (12-51)$$

上面的四种模型虽各有区别，但如果加以抽象与概括，实际上可以用一个共同的函数形式加以表达。即为

$$Y_t = \beta_0 + \beta_1 X_t + \beta_2 Y_{t-1} + V_t \qquad (12-52)$$

12－52式是自回归模型的一般表达式，反映了自回归模型的基本特征。应用该式对自回归模型的相关问题进行研究，具有很强的代表性。

（二）自回归模型的参数估计

对于如12－52式的自回归模型的参数估计，有两个问题妨碍了普通最小二乘法的直接应用。其一，模型中第二个解释变量 Y_{t-1}为随机变量，它与随机误差项不独立。其二，模型中的随机误差项 V_t（部分调整模型12－50式的随机误差 du_t 除外）存在序列相关。自回归模型中滞后被解释变量作解释变量且与随机误差项相关，所造成的参数估计的偏误问题，可以用工具变量法对其参数进行估计。

对于自回归模型12－52式，设样本容量为 m，如果直接用普通最小二乘法估计参数，其正规方程为：

$$\begin{cases} \sum_{t=1}^{m} Y_t = m\hat{\beta}_0 + \hat{\beta}_1 \sum_{t=1}^{m} X_t + \hat{\beta}_2 \sum_{t=1}^{m} Y_{t-1} + \sum_{t=1}^{m} V_t \\ \sum_{t=1}^{m} X_t Y_t = \hat{\beta}_0 \sum_{t=1}^{m} X_t + \hat{\beta}_1 \sum_{t=1}^{m} X_t^2 + \hat{\beta}_2 \sum_{t=1}^{m} X_t Y_{t-1} + \sum_{t=1}^{m} X_t V_t \\ \sum_{t=1}^{m} Y_t Y_{t-1} = \hat{\beta}_0 \sum_{t=1}^{m} Y_{t-1} + \hat{\beta}_1 \sum_{t=1}^{m} X_t Y_{t-1} + \hat{\beta}_2 \sum_{t=1}^{m} Y_{t-1}^2 + \sum_{t=1}^{m} Y_{t-1} V_t \end{cases} \qquad (12-53)$$

12－53式中第一、第二个方程右边第四项取期望值为零，但第三个方程右边第四项因 Y_{t-1}与 V_t 相关，取期望值不为零，会造成参数估计的偏误。这时，可以用一个与 Y_{t-1}高度相关而与 V_t 不相关，且与 X_t 不存在高度线性相关的外生变量 Z_t 作为工具变量，

代替 12 - 52 式中的 Y_{t-1}建立正规方程。即

$$\begin{cases} \sum_{t=1}^{m} Y_t = m\hat{\beta}_0 + \hat{\beta}_1 \sum_{t=1}^{m} X_t + \hat{\beta}_2 \sum_{t=1}^{m} Y_{t-1} + \sum_{t=1}^{m} V_t \\ \sum_{t=1}^{m} X_t Y_t = \hat{\beta}_0 \sum_{t=1}^{m} X_t + \hat{\beta}_1 \sum_{t=1}^{m} X_t^2 + \hat{\beta}_2 \sum_{t=1}^{m} X_t Y_{t-1} + \sum_{t=1}^{m} X_t V_t \\ \sum_{t=1}^{m} Y_t Z_t = \hat{\beta}_0 \sum_{t=1}^{m} Z_t + \hat{\beta}_1 \sum_{t=1}^{m} X_t Z_t + \hat{\beta}_2 \sum_{t=1}^{m} Y_{t-1} Z_t + \sum_{t=1}^{m} Z_t V_t \end{cases} \tag{12-54}$$

对比 12 - 53 式和 12 - 54 式，两者只是第三个方程不同。由于用工具变量 Z_t 代替 Y_{t-1}，消除了解释变量与随机误差项的相关性，使 12 - 54 式中第三个方程右边第四项的期望值为零。求解 12 - 52 式这一联立方程组，即可求出 $\hat{\beta}_0$、$\hat{\beta}_1$ 及 $\hat{\beta}_2$。

七、自回归模型随机误差项的序列相关检验

对于自回归模型的一般表达式 12 - 52，若为柯依克模型，其随机误差 V_t 为 $[u_t - (1-\gamma) u_{t-1}]$；若为帕斯卡洛模型，其随机误差项 V_t 为 $(u_t - 2Cu_{t-1} + C^2 u_{t-2})$。很显然，即使原始模型中的随机误差项 u_t 不存在序列相关，经变换后的模型的随机误差项 V_t 也可能存在序列相关。因此，需要对自回归模型 12 - 52 式的随机误差项 V_t 是否存在序列相关进行检验。

如第九章所述，线性模型随机误差项是否存在序列相关，可以通过计算 DW 统计量进行检验。但对于自回归模型 12 - 52 式，所估计的 DW 统计量通常有趋近于 2 的偏向，可能造成对随机误差项 V_t 是否存在序列相关做出错误判断。因此，DW 检验对于自回归模型不太有效。鉴于此，杜宾提出了一个自回归模型随机误差项 V_t 一阶序列相关的大样本检验方法，称为 h 检验。这种方法是求出一个 h 统计量

$$h = \hat{\rho}\sqrt{m / \{1 - m\ [Var\ (\hat{\beta}_2)]\}} \tag{12-55}$$

在 12 - 55 式中，m 为样本容量，$Var\ (\hat{\beta}_2)$ 为 12 - 52 式中滞后变量 Y_{t-1}的参数估计值 $\hat{\beta}_2$ 的方差，$\hat{\rho}$为 12 - 52 式中随机误差项

V_t 的一阶序列相关系数估计值。对于大样本，如果 $\hat{\rho}\neq 0$，则统计量 h 服从均值为 0、方差为 1 的标准正态分布。据此，可以方便地利用标准正态表对估计的 h 统计量的显著性作出判断。

由于随机误差项的一阶序列相关系数 $\hat{\rho}$ 与 DW 统计量存在如下关系

$$\hat{\rho}=1-DW/2 \tag{12-56}$$

故 12－56 式又可表达为

$$h=(1-DW/2)\sqrt{m/[1-mVar(\hat{\beta}_2)]} \tag{12-57}$$

对 h 统计量的计算，分以下步骤进行：

第一步，不考虑估计上的任何问题，应用普通最小二乘法对 12－52 式进行估计；

第二步，计算滞后变量 Y_{t-1} 参数估计值 $\hat{\beta}_2$ 的方差 $Var(\hat{\beta}_2)$；

第三步，计算 DW 统计量，并利用 12－56 式计算出 $\hat{\rho}$；

第四步，利用 12－55 式或 12－57 式计算 h 统计量，如果样本足够大，则

$$h\sim N(0,1) \tag{12-58}$$

由标准正态分布可知，统计量 h 落在 -1.96 与 1.96 之间的概率为 95%，即

$$P(-1.96\leqslant h\leqslant 1.96)=0.95 \tag{12-59}$$

依据 12－59 式，可以利用估计的 h 统计量，对 12－52 式随机误差项 V_t 是否存在一阶序列相关进行判别，其规则为：

①如果 $h>1.96$，表明 V_t 存在正的一阶序列相关；

②如果 $h<-1.96$，表明 V_t 存在负的一阶序列相关；

③如果 $-1.96\leqslant h\leqslant 1.96$，表明 V_t 不存在一阶序列相关。

应用 h 检验时，应当注意以下三个问题：

第一，无论模型包含的外生变量 X 与被解释变量 Y 的滞后变量有多少个，这种方法都可以应用，但计算 h 值时只需考虑滞后变量参数估计值的方差；

第二，当样本容量 m 与滞后变量参数估计值方差之积［例如

$mVar(\hat{\beta}_2)$］大于 1，则 h 检验便不适用，但这种情况较为少见；

第三，这种检验方法只有在大样本条件下才具有好的效果，在小样本条件下不宜使用。

第三篇 3

虚拟变量模型与时间序列模型

第十三章　虚拟解释变量模型

一、定性变量与虚拟变量

在形形色色的经济变量中，有些变量可以用一定的计量单位对其进行明确的量度，如产量、产值、收入、成本、价格等，这类变量称为定量变量；有些变量则不能用任何天然的计量单位进行明确量度，如传统、信仰、种族、性别、政策、制度、偏好等，这类变量称为定性变量，又称指标变量、范畴变量。定性变量在社会经济活动中作用巨大，对很多其他经济变量发生重大影响，对定性变量的作用不可忽视。

定性变量根据其内涵和作用，又分为不同的类型。有的定性变量表示研究对象的性质，如性别变量表示男女，种族变量表示不同人种，社会环境变量表示综合条件的优劣。有的定性变量表示事件或行为的状态，如灾害变量表示有灾或无灾，政策状态变量表示政策的稳定或调整。有的定性变量表示事物的程度、层次、水平，如学历变量表示接受了何种程度的教育，灾情变量表示受灾的严重程度。定性变量对客观经济现象的描绘，在某些场合是清晰明了的，如性别变量、表示事件和行为是否发生的变量就是如此。但在很多场合，定性变量对客观经济现象的反映具有描绘性、相对性、模糊性，如偏好变量反映的对特定消费品的喜好、宏观形势变量反映的社会经济发展态势，传统及价值观这些变量对社会经济发展的影响等，只能得到一个大致的不精确的结果。

定性变量有时反映的是一个经济变量的两种情况或类别，这两种情况和类别有非此即彼的特征。如性别变量只能表示男女，要么为男，要么为女，二者只能居其一；灾害变量表示灾害是否发生，要么发生，要么不发生，也是二者必居其一。这类定性变量称为二分变量，二分变量可以用 0 和 1 表示其类别，如用 1 表示男性，则

0 就表示女性。有的定性变量反映一个经济变量的多种情况、类别或层次，如偏好这一定性变量就可以表示专一爱好、喜欢但不强求、偏爱倾向等不同类别，受教育程度可以分为研究生、大学、中学、小学等不同层次。这类定性变量称为多分变量，多分变量不能直接用数字表示其类别，但多分变量可以分解为二分变量，分解后的二分变量可以用 0 和 1 表示其类别。

虚拟变量就是模型中的二分定性变量。由于定性变量无法用一定的计量单位直接量度，进入计量经济模型后不能数字化，就用具有二分性质的虚拟变量代替。对于二分定性变量，它自身就是一个虚拟变量，可以直接进入回归模型。对于多分定性变量，可以将其分解为多个二分变量，将每个二分变量都作为虚拟变量进入计量经济模型。因为虚拟变量只表示经济变量的两个类别，故可以对其类别分别用 0 和 1 来表示，进而使进入计量经济模型的定性变量被间接数字化，用于参数的估计。

二、虚拟解释变量模型

在对经济变量依存关系的研究中，有很多变量的发展变化不仅受其他定量变量的影响，同时还受其他定性变量的制约。例如，农作物的产量不仅受投入的资金、肥料、劳力的影响，同时还受到天气状况的巨大制约；一个产业的发展不仅受市场需求、技术发展水平及投资的影响，而且还受到国家或地区一系列政策的强烈干预。当应用计量经济模型分析被解释变量发展变化的规律时，就应当把对被解释变量具有重要影响和制约作用的定量变量和定性变量一并包含在模型中，这便产生了虚拟变量在计量经济模型中充当解释变量的问题。虚拟变量充当解释变量的模型称为虚拟解释变量模型。

在计量经济模型中包含虚拟解释变量，能够全面真实地反映客观经济活动的现实，可以准确地描绘不同类型经济变量之间的内在关联关系。但是，虚拟变量的引入，使解释变量由单一的定量类型，变成了既有定量变量又有定性变量的两种类型，这对解释变量的分析、处理带来了复杂性，同时也对模型估计值内在涵义的解释带来了一些新的问题。

计量经济模型中的解释变量可以纯粹由虚拟变量充当，这样的模型称为方差分析模型（简记为 *ANOVA*）。例如

$$Y_i = b_0 + b_1 D_i + u_i \tag{13-1}$$

13－1 式中，Y_i 表示每个工人在一个工作日生产的零件数，D_i 表示工人的性别，$D_i=1$ 时表示男性，$D_i=0$ 时表示女性。该模型可以分析在其他条件相同的情况下，性别是否引起劳动生产效率的差异。如果随机误差项 u_i 满足经典回归模型的基本假定，由这一模型可以得出两个结论：

①女工每工作日平均生产的零件数为 $E（Y_i|_{D_i=0}）=b_0$

②男工每工作日平均生产的零件数为

$$E（Y_i|_{D_i=1}）=b_0+b_1$$

很明显，13－1 式从形式到内容都是一个一元线性回归模型，只不过解释变量 D_i 为虚拟变量，而非定量变量。这一模型的截距 b_0 表示女工每工作日平均生产的零件数，而斜率 b_1 则表示男工与女工每工作日生产零件数的平均差额，截距与斜率之和 b_0+b_1 表示男工每个工作日平均生产的零件数。在对 13－1 式进行估计后再进行统计检验，如果 b_1 在 t 检验基础上显著，便表明性别引起了劳动生产效率的差异。否则，便说明性别对于该工种并不存在劳动生产效率上的差别。

计量经济模型中的解释变量也可以既有定量变量又有虚拟变量，这种模型是一种混合型解释变量的计量经济模型。例如，

$$Y_i = b_0 + b_1 X_i + b_2 D_i + u_i \tag{13-2}$$

13－2 式中，Y_i 表示家庭日常生活消费支出，X_i 表示家庭可支配收入，D_i 表示家庭是否已购买住房，$D=1$ 时表示已购买了住房并付清了房款，$D=0$ 时表示未购买住房。该式是一个二元线性模型，第一个解释变量 X_i 为定量变量，第二个解释变量 D_i 为虚拟变量。这一模型可以分析家庭可支配收入和是否拥有住房对日常生活消费的影响，并比较有房家庭与无房家庭在日常生活消费上的差异。在这里，假定不同的家庭除可支配收入及是否拥有住房两方面存在差别外，在其他方面的情况是类同的。并且还假定随机误差

项 u_i 满足经典回归模型的基本要求。

虚拟变量属于非随机变量，用它作解释变量与用定量的非随机变量作解释变量的情况类似，对于 13－2 式，如果满足：

①$E(u_i)=0, Cov(u_i,u_j)=0(i\neq j), Var(u_i)=\sigma^2$;

②$Cov(X_i,u_i)=0, Cov(X_i,D_i)=0$;

③X_i、D_i 均为非随机变量，X_i 无测定误差，且 X_i 与 D_i 不存在高度线性相关关系；

④$E(Y_i)=b_0+b_1X_i+b_2D_i, Var(Y_i)=Var(u_i)=\sigma^2$;

⑤变量的分解或归并正确，且模型设定无误差。

便可用普通最小二乘法对其进行参数估计，并可对估计式进行常规的统计检验。

三、一个定量变量和一个两分定性变量的计量经济模型

这类模型包含有一个定量的解释变量和一个两分的定性解释变量（该定性变量只能区分为两个类别或两种状态，可以用一个虚拟变量表达），属于含有定量和定性两类解释变量的二元线性计量经济模型。13－2 式是这类模型的典型例子，即

$$Y_i=b_0+b_1X_i+b_2D_i+u_i \tag{13-3}$$

13－3 式是 13－2 式的重复，式中各变量的含量与 13－2 式完全相同。如果满足 $E(u_i)=0$，便可得出未购买住房家庭的年均日常生活消费支出函数为：

$$E(Y_i|_{X_i,D_i=0})=b_0+b_1X_i \tag{13-4}$$

已购买住房家庭的年均日常生活消费支出函数为

$$E(Y_i|_{X_i,D_i=1})=(b_0+b_2)+b_1X_i \tag{13-5}$$

当 $b_0>0$ 时，可以在同一平面坐标中绘制出 13－4 式及13－5 式的示意图，用其表达未购买住房和已购买住房两类家庭年均日常生活消费支出 Y_i 与其年均可支配收入 X_i 的关系（如图 13-1）。

13－4 式、13－5 式及其示意图 13-1 均表明，未购买住房家庭和已购买住房家庭的年日常生活消费支出作为年可支配收入的函数，两者具有相同的斜率，但具有不同的截距。亦即未购买住房

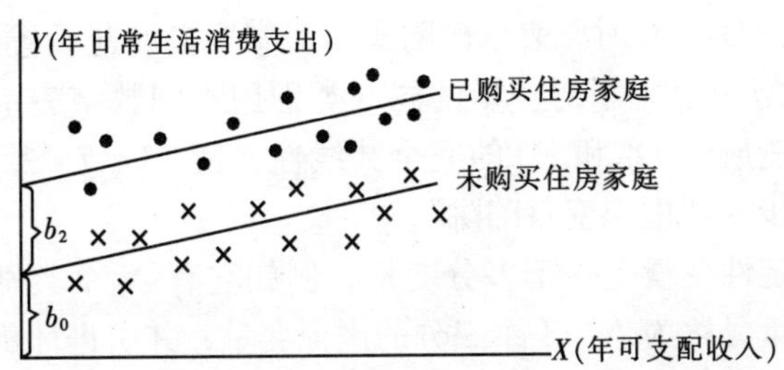

图 13-1 家庭日常生活消费支出与可支配收入关系示意图

家庭与已购买住房家庭在年均日常生活消费支出上相差 b_2，但年平均日常生活消费支出对年平均可支配收入的变化率是相同的。

在对虚拟解释变量 D_i 进行了上述分析之后，如果被解释变量 Y_i、定量解释变量 X_i、随机误差项 u_i 是满足惯常假定的，就可以用样本观测数据对 13－3 式应用普通最小二乘法进行估计，得出估计式

$$\hat{Y}_i=\hat{b}_0+\hat{b}_1X_i+\hat{b}_2D_i \tag{13-6}$$

对 13－6 式进行统计检验，如果 $\hat{b}_1$、$\hat{b}_2$ 在统计上是显著的，就表明家庭日常生活消费支出不仅受可支配收入的影响，还受是否已购买住房这一因素的制约。如果 $\hat{b}_1$ 在统计上显著、而 $\hat{b}_2$ 在统计上不显著，则表明家庭日常生活消费支出仅受可支配收入的影响，与是否已购买住房这一因素无关。

在回归模型中使用虚拟变量作解释变量，有四个问题应当特别注意。

（一）根据定性变量可划分的类别（或标准、状态等）确定虚拟变量的个数

如果定性变量自身是一个二分变量，用一个虚拟变量就可以区分出它的两个类别，而无须用两个虚拟变量来表示。例如若将 13－3 式改为

$$Y_i=b_0+b_1X_i+b_2D_{i1}+b_3D_{i2}+u_i \tag{13-7}$$

11－7 式中，Y_i 和 X_i 的含义如前；$D_{i1}=1$ 时，表示已购买住

房家庭，$D_{i1}=0$ 时表示未购买住房家庭；$D_{i2}=1$ 时，表示未购买住房家庭，$D_{i2}=0$ 时，表示已购买住房家庭。如此设置虚拟变量，不仅在模型中出现了对变量的同一类别用不同数字表示的混乱局面，还会造成因 D_{i1}和 D_{i2}的完全共线性，使 13－7 式无法进行估计，从而步入“虚拟变量陷阱”。

如果定性变量是一个多分变量，例如它有 N 个类别，就应当将这一变量分解为 $N-1$ 个二分的虚拟变量，并引进计量经济模型替代该定性变量的作用。

（二）正确理解虚拟解释变量模型的估计结果

对虚拟解释变量的两个类别，某个类别是用 0 表示或是用 1 表示是随意的。在 13－3 式中，选择的是已购买住房家庭取 $D_i=1$，未购买住房家庭 $D_i=0$，也可反过来，已购买住房家庭取 $D_i=0$、未购买住房家庭取 $D_i=1$。这时，未购买住房家庭的年均日常生活消费支出函数为

$$E(Y_i|_{X_i,D_i=1})=(b_0+b_2)+b_1X_i \tag{13-8}$$

已购买住房家庭年均日常生活消费支出函数为

$$E(Y_i|_{X_i,D_i=0})=b_0+b_1X_i \tag{13-9}$$

与 13－4 式和 13－5 式比较，b_2 仍然表示未购买住房家庭与已购买住房家庭在年均日常生活消费支出上的差异。如果这种差异存在，则 13－5 式中的 b_2 为正值，而 13－8 式中的 b_2 为负值。因此，在解释包含虚拟解释变量模型估计式内在含义时，应当特别注意虚拟变量的两个类别是如何用 0 和 1 表示的。

（三）注意比较的基础（基底）

对虚拟变量两个类别赋值为 0 的那个类别，常被称为基底，或称为基准、对照。之所以称其为基底，是因为它是用以与虚拟变量的另一个类别进行比较的基础（参照）。例如，在 13－2 式中就是将未购买住房家庭作基底。在该式中，公共截距 b_0 就是基底类别的截距。应当注意的是，选择虚拟变量的哪一个类别作基底，在一般情况下是随意的，但要考虑与另一类别对比的方便。

（四）正确认识虚拟解释变量系数的含义

回归模型中虚拟解释变量的系数（例如 13－2 式中 D_i 的系数

b_2)，称为级差截距系数。它表示虚拟变量用 1 表示的类别的截距与基底类别的截距之间的差额。

四、一个定量变量和一个多分定性变量的计量经济模型

应用截面资料，可以研究不同技术职称人员文化消费与收入的关系。这时，要将个人文化消费对个人收入和技术职称进行回归。职称是一个定性变量，按常规可以分为相互独立的三个层次，即高级职称、中级职称、初级职称。显然，职称这一定性变量在这里是一个多分变量，有三个层次。根据虚拟变量的个数比定性变量类别少一的规则，应当用两个虚拟变量来表达职称的三个不同层次。据此，可以建立下面的模型

$$Y_i = b_0 + b_1X_i + b_2D_{i1} + b_3D_{i2} + u_i \tag{13-10}$$

在 13－10 式中，Y_i 表示个人年度文化消费支出，X_i 表示个人年度收入；D_{i1}表示是否具有中级职称，$D_{i1}=1$ 时表示具有中级职称，$D_{i1}=0$ 时表示仅具初级职称，D_{i2}表示是否具有高级职称，$D_{i2}=1$ 时表示具有高级职称，$D_{i2}=0$ 时表示不具有高级职称。在对两个虚拟变量的不同类别的赋值中，习惯地将“具有初级职称”作为基底类别。参数 b_0 代表基底类别的截距，b_2 和 b_3 则表示“具有中级职称”和“具有高级职称”两个类别的截距与基底类别截距的差异。

当 $E(u_i)=0$ 时，可以通过 13－10 式表达具有不同层次技术职称人员的年均文化消费支出函数。

①具有初级职称人员年均文化消费支出函数

$$E(Y_i|_{X_i,D_{i1}=0,D_{i2}=0}) = b_0 + b_1X_i \tag{13-11}$$

②具有中级职称人员年均文化消费支出函数

$$E(Y_i|_{X_i,D_{i1}=1,D_{i2}=0}) = (b_0 + b_2) + b_1X_i \tag{13-12}$$

②具有高级职称人员年均文化消费支出函数

$$E(Y_i|_{X_i,D_{i1}=0,D_{i2}=1}) = (b_0 + b_3) + b_1X_i \tag{13-13}$$

如果 $b_3>b_2$（按常理应当如此），且 13－11 式、13－12 式及 13－13 式的斜率相同，则它们的几何意义可以用图 13-2 表达。

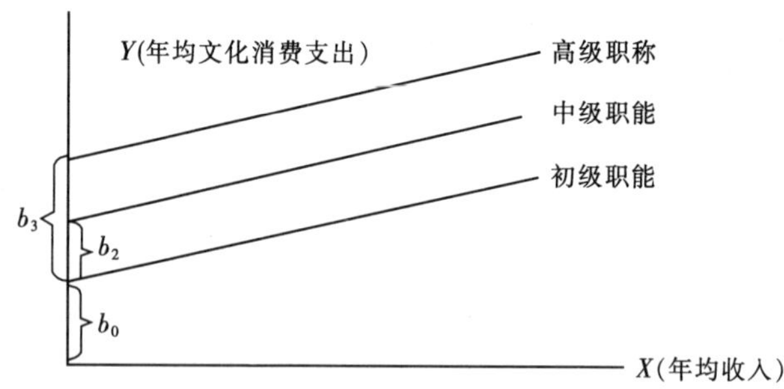

图 13-2 文化消费支出与收入关系示意图

对于 13－10 式，虚拟变量 D_{i1} 和 D_{i2} 为非随机变量，若 X_i 亦为非随机变量，X_i、D_{i1}、D_{i2} 之间不存在高度的线性相关，随机误差 u_i 满足零均值、齐性方差、不存在序列相关的要求，就可以应用普通最小二乘法求出样本估计式

$$\hat{Y}_i = \hat{b}_0 + \hat{b}_1 X_i + \hat{b}_2 XD_{i1} + \hat{b}_3 D_{i2} \tag{13-14}$$

对样本估计式 13－14 式进行 F 检验，如果 $\hat{b}_1$、$\hat{b}_2$、$\hat{b}_3$ 不同时为零，表明个人文化消费支出不仅与收入有关，还受其技术职称这一因素的重要影响。再对 13－14 式进行 t 检验，如果 $\hat{b}_2$ 和 $\hat{b}_3$ 都不为零，表明不同技术职称在文化消费上存在差异，在个人年均文化消费支出水平上，中级职称与初级职称人员相差 $\hat{b}_2$、高级职称与初级职称人员相差 $\hat{b}_3$。

五、一个定量变量与两个定性变量的计量经济模型

虚拟变量是表达定性变量的有效工具，不仅可以在计量经济模型中明晰地表达一个定性变量，也可以对模型中的多个定性变量进行有效的处理。计量经济模型中包含两个或多个定性变量的情形较多，可以用不同地域、不同性别的个人年均服装消费支出与家庭人均年收入的关系为例，来分析这类模型的特点。地域这一定性变量可以设定为北方和南方两个类别，性别这一定性变量只能分为男女

两个类别，它们都是二分变量，只需在模型中引进两个虚拟变量便可对其表达。据此，建立回归模型

$$Y_i = b_0 + b_1 X_i + b_2 D_{i1} + b_3 D_{i2} + u_i \quad (13-15)$$

13－15 式中，Y_i 表示人均年服装消费支出，X_i 表示人均年收入；D_{i1}表示性别，当 $D_{i1}=1$ 表示女性，$D_{i1}=0$ 时表示男性；D_{i2} 表示地域，当 $D_{i2}=1$ 时表示北方，$D_{i2}=0$ 时表示南方。在这里，是以“南方男性”作为基底类别的，对计算结果的分析，都应以南方男性作为基准和参照。

当假设 $E(u_i)=0$ 成立时，可从 13－15 式得出不同地域的男性和女性年均服装消费支出函数：

①南方男性年均服装消费支出函数

$$E(Y_i|_{X_i, D_{i1}=0, D_{i2}=0}) = b_0 + b_1 X_i \quad (13-16)$$

②南方女性年均服装消费支出函数

$$E(Y_i|_{X_i, D_{i1}=1, D_{i2}=0}) = (b_0 + b_2) + b_1 X_i \quad (13-17)$$

③北方男性年均服装消费支出函数

$$E(Y_i|_{X_i, D_{i1}=0, D_{i2}=1}) = (b_0 + b_3) + b_1 X_i \quad (13-18)$$

④北方女性年均服装消费支出函数

$$E(Y_i|_{X_i, D_{i1}=1, D_{i2}=1}) = (b_0 + b_2 + b_3) + b_1 X_i \quad (13-19)$$

对于 3－16 式、3－17 式、3－18 式、3－19 式，仍然假定它们有相同的斜率和不同的截距，即无论是在南方或是北方，无论是男性或是女性，他们的年均服装消费支出对家庭人均年收入的变化率都是相同的。

用普通最小二乘法对 13－15 式进行估计，可得样本模型估计式

$$\hat{Y}_i = \hat{b}_0 + \hat{b}_1 X_i + \hat{b}_2 D_{i1} + \hat{b}_3 D_{i2} \quad (13-20)$$

对 13－20 式进行统计检验，若 $\hat{b}_2$ 在统计上是显著的，表明性别影响服装消费支出；若 $\hat{b}_3$ 在统计上是显著的，表明地域也是影响人们服装消费支出的重要因素；如果 $\hat{b}_2$、$\hat{b}_3$ 在统计上都是显著的，表明性别和地域都是决定服装消费支出的重要因素。

在本例中，模型包含的两个定性变量都只有两个类别，因此用两个虚拟变量就可以表达。如果模型包含的定性变量有多个类别，就应按类别个数减 1 的规则设置虚拟变量。当研究不同技术职称人员文化消费与收入的关系时，加进一个性别因素，这时模型中就出现了两个定性变量，一个是可分为高级、中级、初级三个类别的职称变量，另一个是表示男女的性别变量。若用 D_{i3}表示性别，则模型 13－10 式就应变为

$$Y_i = b_0 + b_1X_i + b_2D_{i1} + b_3D_{i2} + b_4D_{i3} + u_i \quad (13-21)$$

在 13－21 式中，Y_i 与 X_i 的含义与 13－10 式相同，分别表示个人年度文化消费支出和年均收入；D_{i1}表示是否具有中级职称，$D_{i1}=1$ 表示具备，$D_{i1}=0$ 时表示不具备；D_{i2}表示是否具备高级职称，$D_{i2}=1$ 时表示具备，$D_{i2}=0$ 表示不具备；D_{i3}表示性别，$D_{i3}=1$ 时表示男性，$D_{i3}=0$ 时表示女性。在这里以不具备中级职称的女性为基底类别。

如果 $E(u_i)=0$，可利用 13－21 式得出具有不同职称的男女个人的年均文化消费支出函数：

①不具有中级职称的女性个人年均文化消费支出函数

$$E(Y_i|_{X_i,D_{i1}=0,D_{i2}=0,D_{i3}=0}) = b_0 + b_1X_i \quad (13-22)$$

②不具有中级职称的男性个人年均文化消费支出函数

$$E(Y_i|_{X_i,D_{i1}=0,D_{i2}=0,D_{i3}=1}) = (b_0 + b_4) + b_1X_i \quad (13-23)$$

③具有中级职称的女性个人年均文化消费支出函数

$$E(Y_i|_{X_i,D_{i1}=1,D_{i2}=0,D_{i3}=0}) = (b_0 + b_2) + b_1X_i \quad (13-24)$$

④具有中级职称的男性个人年均文化消费支出函数

$$E(Y_i|_{X_i,D_{i1}=1,D_{i2}=0,D_{i3}=1}) = (b_0 + b_2 + b_4) + b_1X_i \quad (13-25)$$

⑤具有高级职称的女性个人年均文化消费支出函数

$$E(Y_i|_{X_i,D_{i1}=0,D_{i2}=1,D_{i3}=0}) = (b_0 + b_3) + b_1X_i \quad (13-26)$$

⑥具有高级职称的男性个人年均文化消费支出函数

$$E(Y_i|_{X_i,D_{i1}=0,D_{i2}=1,D_{i3}=1}) = (b_0 + b_3 + b_4) + b_1X_i \quad (13-27)$$

对于上面的六个函数式，仍然假定它们具有相同的斜率和不同的截距。应用普通最小二乘法对 13－21 式进行估计，可得样本模型估计式

$$\hat{Y}_i = \hat{b}_0 + \hat{b}_1 X_i + \hat{b}_2 D_{i1} + \hat{b}_3 D_{i2} + \hat{b}_4 D_{i3} \qquad (12-28)$$

对于 13－28 式进行统计检验，若 $\hat{b}_2$、$\hat{b}_3$、$\hat{b}_4$ 在统计上均是显著的，表明职称和性别都是文化消费支出的重要影响因素。同时，还可以根据参数的估计值分析不同职称、不同性别人员在年均文化消费支出上的差异。

六、定性变量对斜率的影响及处理方法

在本章此前的分析中，都假定模型中的定性变量及其不同的类别，只影响各类别函数式的截距，而不影响其斜率。例如，对包含一个定性变量的 13－3，在分析两类不同家庭日常生活消费支出与可支配收入的关系时，假设未购买住房和已购买住房家庭的日常生活消费支出对可支配收入的变动率是相同的。反映在模型上，就是两个不同类别的函数 13－4 式和 13－5 式都有相同的斜率系数 b_1。又如，对包含两个定性变量的 13－15 式，在分析不同性别、不同地域的人服装消费支出与收入的关系时，也是假定性别和地域的差异不改变服装消费支出对收入的变动率。反映在模型上，就是两个定性变量的四个类别的函数式 13－16 式、13－17 式、13－18 式、13－19 式具有相同的斜率系数 b_1。

从理论上讲，定性变量及其类别不影响类别模型斜率的假定存在严重缺陷。未购买住房的家庭为筹集房款，更倾向于节省日常生活费支出。而已购买住房家庭因不再有购房负担，更倾向于日常生活的改善而增加支出。这两类家庭日常生活消费支出对收入的变动率不应该是相等的，现实生活中的众多事实也证明了这一点。南方与北方气候特点不同，对服装的类型要求也不一样（如南方需要更多的夏装，而北方需要更多的冬装等），南方人与北方人服装消费支出对收入的变动率不可能完全一致。女性一般比男性更加注重衣着，服装消费支出占收入的比重一般也高于男性，两者的服装消费

支出对收入的变动率自然有较大差异。在一般情况下，定性变量及其类别不仅影响类别模型的截距，也会不同程度地影响其斜率，不同类别的模型往往不具有相同的斜率。例如，依据 13－3 式建立的一个定性变量的两个类别模型 13－4 式与 13－5 式的斜率系数可能并不相等,依据13－15式建立的两个定性变量的四个类别模型13－16式、13－17 式、13－18 式、13－19 式的斜率系数可能也各不相同，出现如图13-3 及13-4 反映的情况，而不是如图 13－1 及图 13－2 所描绘的情形。

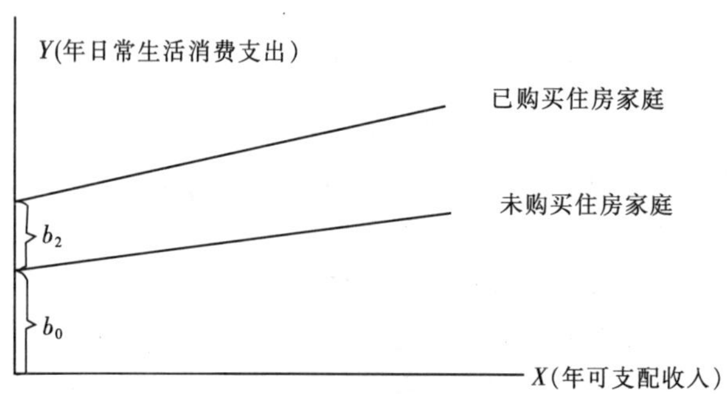

图 13-3 家庭日常生活消费支出与可支配收入关系示意图

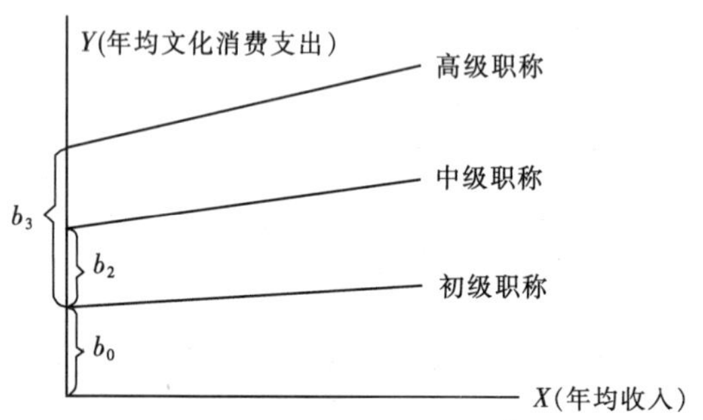

图 13-4 文化消费支出与收入关系示意图

鉴于定性解释变量及其类别对各类别模型截距和斜率的双重影响，就应当使这两种影响在模型中得到充分反映。前述方法使定性解释变量及其类别，对不同类别的模型的截距差异得到反映，但不能体现可能存在的斜率上的差别。鉴于此，有人主张将包含在一个模型中的每个定性解释变量及其不同的类别单独分开，再按不同的类别分头建立模型。例如，对 13－3 式，不用 D_i 这一虚拟变量反映两类不同家庭，而是用两类不同家庭的资料分别建立模型。即

①未购买住房家庭日常生活消费支出与可支配收入的关系模型

$$Y_i = \alpha_0 + \alpha_1 X_i + \varepsilon_i \tag{13-29}$$

②已购买住房家庭日常生活消费支出与可支配收入的关系模型

$$Y_i = \beta_0 + \beta_1 X_i + v_i \tag{13-30}$$

这种处理办法的优点，可以针对定性变量的不同类别，分别估计被解释变量与定量解释变量的数量依存关系，并揭示不同类别的模型在截距和斜率上的差异。但这一办法的缺陷也是明显的，主要表现在：

第一，将多个定性解释变量或一个定性解释变量的不同类别从一个模型中分离开来，分类别建立多个模型，所建立的类别模型只能反映客观经济现象的一个侧面，不能反映全貌；

第二，按定性解释变量的类别建立模型，割断了应当包含在一个模型中的定性解释变量之间、定性解释变量与定量解释变量之间、定性解释变量不同类别之间的直接联系，忽视了这种联系带来的综合影响；

第三，按这种办法，模型包含的定性解释变量一共有多少个类别，就需要建立并估计多少个类别模型，十分繁琐、复杂。

针对分类别建立模型的缺陷，应当寻求能反映类别模型斜率差异的新途径。通过对 13－3 式及 13－15 式的分析可以发现，原来的建模方法，只考虑了定量解释变量对模型斜率的影响，而没有考虑定性解释变量对模型斜率的影响。如果在将定性解释变量引进模型时，同时考虑它对斜率的影响，问题就解决了。一个可行的办法，是将引进模型的用虚拟变量表达的定性解释变量，与模型中的定量解释变量相乘，组成复合型的解释变量并进入模型，用以反映定性解释变量对模型斜率的影响。这一做法的道理是极其明显的，在包含一个定性解释变量的 13－3 式和包含两个定性解释变量的 13－15 式中，斜率 b_1 都是定量解释变量的系数，要反映定性解释

变量对斜率的影响，就需要构造一个使定性解释变量和定量解释变量能够同时起影响作用的新变量来达此目的。

对于 13－3 式，引进模型的定性解释变量为 D_i（家庭类别变量），模型中的定量解释变量为 X_i，将与 X_i 与 D_i 相乘组成一个新的复合解释变量 X_iD_i，并将其引进模型，使 13－3 式变为

$$Y_i = b_0 + b_1X_i + b_2D_i + b_3(X_iD_i) + u_i \qquad (13-31)$$

在 13－31 式中，Y_i、X_i、D_i 的含义与 13－3 式相同，D_i 两个类别的赋值也不变，X_iD_i 为新的复合解释变量。当 $E(u_i)=0$，可得

$$E(Y_i|_{X_i,D_i=0}) = b_0 + b_1X_i \qquad (13-32)$$

$$E(Y_i|_{X_i,D_i=1}) = (b_0 + b_2) + (b_1 + b_3)X_i \qquad (13-33)$$

13－32 式为未购买住房家庭的年均日常生活消费支出函数，13－33 式为已购买住房家庭的年均日常生活消费支出函数。当 $b_0=\alpha_0$、$b_1=\alpha_1$ 时，13－32 式等价于 13－29 式。当 $(b_0+b_2)=\beta_0$、$(b_1+b_3)=\beta_1$ 时，13－33 式等价于 13－30 式。因此，估计加进了复合型解释变量（X_iD_i）的 13－31 式，与分别估计定性解释变量 D_i 的两个类别函数 13－29 式和 13－30 式是等效的。

对 13－32 式和 13－33 式进行对比分析，其截距差异为 b_2，斜率差异为 b_3。但在 13－31 式中，b_2 是 D_i 的系数，b_3 是（X_iD_i）的系数。由此可见，以相加形式引进模型的定性解释变量，决定类别模型的截距差异；而以乘积形式引进模型的定性解释变量，则决定类别模型的斜率差异。

当模型中应该包含的表达定性解释变量的虚拟变量有两个或多个时，除将这些虚拟变量以相加的形式引进模型外，还应将每个虚拟变量与定量解释变量相乘，组成新的复合型解释变量并引入模型中。例如，对于 13－15 式，包含有两个虚拟变量 D_{i1}与 D_{i2}表达的两个定性解释变量，包含一个定量解释变量 X_i，将 D_{i1}与 D_{i2}与 X_i 相乘，组成两个复合型解释变量（X_iD_{i1}）和（X_iD_{i2}），并引进模型。由此，13－15 式即变为

$$Y_i = b_0 + b_1X_i + b_2D_{i1} + b_3D_{i2} + b_4(X_iD_{i1})$$

$$+ b_5 (X_i D_{i2}) + u_i \quad (13-34)$$

应用上述的虚拟变量处理技术，其优点是十分明显的。主要表现在以下四个方面：

第一，对于被解释变量与定量及定性解释变量的数量依存关系，只需要用一个总的模型来反映，各类别模型可以由这一总的模型推导得出；

第二，应用所建立的总的模型，便于同时进行各种检验。通过对模型的 F 检验，可以判定模型中解释变量（定性与定量两类）选择的正确性。通过 t 检验，可以判定每一个解释变量的系数在统计上是否显著，并进而判断各类别模型是否存在差异；

第三，通过对总的模型的估计及检验，可以推导得出各类别模型的截距和斜率，并可以据此判断出它们是否存在着差异及差异的大小；

第四，由于将相关的变量放在一个模型中进行分析，综合考虑了各变量直接和间接的相互关系，加之样本资料合在一起应用增加了自由度，可以提高模型参数估计的质量。

七、定性解释变量的交互作用效应

当计量经济模型中出现两个或两个以上用虚拟变量表达的定性解释变量，则两个定性解释变量之间可能存在交互作用。例如前面所举个人年均服装消费支出与家庭人均年收入的例子，其模型13－15 式为

$$Y_i = b_0 + b_1 X_i + b_2 D_{i1} + b_3 D_{i2} + u_i \quad (13-35)$$

在该式中，各变量仍保持原意，即 Y_i 表示个人年均服装消费支出，X_i 表示家庭人均年收入；D_{i1}表示性别，$D_{i1}=1$ 女性，$D_{i1}=0$ 时表示男性；D_{i2}表示地域，$D_{i2}=1$ 表示北方，$D_{i2}=0$ 时表示南方。

对于 13－35 式（即 13－15 式），有一个隐含的假设；如果女性年均服装消费支出高于男性，则无论是在北方或者是在南方都应如此；如果北方人年均服装消费支出比南方高，则无论是男性或女性都是如此。这一假定在很多场合是不正确的，一方面南方的女性

年均服装消费支出有可能比北方男性高，另一方面南方男性与女性在年均服装消费支出上的差异也与北方的情况不可能完全相同。这说明，模型 13－35 式中包含的两个定性解释变量 D_{i1}和 D_{i2}之间会产生交互作用，且这种交互作用对被解释变量 Y 的均值会造成影响。会产生交互作用的虚拟变量称为交互作用虚拟变量，这类变量对被解释变量的影响，既包括交互双方各自独立的影响，也包括交互双方的共同影响。交互作用虚拟变量的独立影响，将其用相加的形式引进模型来体现。交互作用虚拟变量的共同影响，则是通过将两个交互的虚拟变量相乘，组成新的复合型解释变量引进模型来体现。按这一思路，可将 13－35 式改为

$$Y_i = b_0 + b_1 X_i + b_2 D_{i1} + b_3 D_{i2} + b_4 (D_{i1} D_{i2}) + u_i \tag{13-36}$$

如果 $E(u_i)=0$，由 13－36 式可得出南方和北方不同性别人员年均服装消费支出函数。

①南方男性年均服装消费支出函数

$$E(Y_i|_{X_i, D_{i1}=0, D_{i2}=0}) = b_0 + b_1 X_i \tag{13-36}$$

②南方女性年均服装消费支出函数

$$E(Y_i|_{X_i, D_{i1}=1, D_{i2}=0}) = (b_0 + b_2) + b_1 X_i \tag{13-37}$$

③北方男性年均服装消费支出函数

$$E(Y_i|_{X_i, D_{i1}=0, D_{i2}=1}) = (b_0 + b_3) + b_1 X_i \tag{13-38}$$

④北方女性年均服装消费支出函数

$$E(Y_i|_{X_i, D_{i1}=1, D_{i2}=1}) = (b_0 + b_2 + b_3 + b_4) + b_1 X_i \tag{13-39}$$

将上述四个类别模型与依据不含（$D_{i1}D_{i2}$）这一项的 13－15 式推导的四个类别模型对比，两个虚拟变量（D_{i1}和 D_{i2}）的交互影响作用体现在 13－39 式中。该式表明，作为北方女性的年均服装消费支出函数的截距，分别比南方男性、南方女性、北方男性年均服装消费支出函数相差（$b_2+b_3+b_4$）、（b_3+b_4）、（b_2+b_4）。

上面仅分析了定性解释变量及其类别对类别回归模型截距的影响，如果要同时分析对类别模型斜率的影响，则还应在 13－36 式

中引进（X_iD_{i1}）和（X_iD_{i2}）两项。即

$$Y_i = b_0 + b_1X_i + b_2D_{i1} + b_3D_{i2} + b_4(D_{i1}D_{i2}) + b_5(X_iD_{i1}) + b_6(X_iD_{i2}) + u_i \quad (13-40)$$

八、虚拟解释变量应用中的几个技术问题

（一）避免虚拟变量陷阱的另类方法

对于计量经济模型中表达定性解释变量的虚拟变量，是按定性解释变量类别的个数减1设置的（例如13－2式），以避免按定性解释变量类别个数设置（例如13－7式）所遇到的虚拟变量陷阱(虚拟变量之间的完全共线性)。其实，虚拟变量也可以按定性变量类别的个数设置，但要把模型中的截距项去掉。例如，对于13－7式，去掉截距项 b_0 后变为

$$Y_i = b_1X_i + b_2D_{i1} + b_3D_{i2} + u_i \quad (13-41)$$

由于去掉了共同的截距项，在13－41式中的 D_{i1}和 D_{i2}不再是完全共线性的，不会出现虚拟变量陷阱。应用这一处理方法，需要对两个虚拟变量的系数 b_2、b_3 做不同的解释。因为不再有基底类别的截距项，b_2、b_3 便直接给出定性变量两个不同类别模型的截距估计值。在本例中，b_2 给出已购买住房家庭日常生活消费支出函数的截距，b_3 给出未购买住房家庭日常生活消费支出函数的截距。应当注意的是，这种方法在去掉了公共截距项后，得到的是一个无截距模型（如13－41式），应该用无截距模型的估计方法进行估计。

与按定性解释变量类别个数减1设置虚拟变量的方法相比，按定性解释变量类别个数设置虚拟变量的方法因去掉了公共截距项，失去了比较的基底截距，使不同类别模型的差异比较失去了共同的基础，同时也使建立的如13－41式的模型无法进行 R^2 检验（因为无截距模型的 R^2 检验有时无意义）。

（二）虚拟解释变量与随机误差项的异方差

在前面的分析中，都假定引进虚拟解释变量的计量经济模型的随机误差项具有齐性方差。例如对13－3式就假定 $Var(u_i)$ ＝

σ^2，这意味着对 13－3 式的两个类别模型 13－29 式及 13－30 式，其随机误差项 ε_i 和 V_i 的方差是相等的，即 $Var(\varepsilon_i) = Var(V_i)$。由于未购买住房家庭与已购买住房家庭在收入及日常生活消费支出上的差异较大，两类家庭日常生活消费支出函数的随机误差项 ε_i 与 V_i 也会呈现不同情况，其方差也不一定相等。而当 $Var(\varepsilon_i) \neq Var(V_i)$ 时，就会出现类别模型的参数估计值在统计上不显著，但总的模型（即 13－3 式）中虚拟变量的参数估计值在统计上却是显著的。因此，在计量经济模型中应用虚拟变量时，应当注意随机误差项的异方差问题，如果存在异方差，要用相应的方法加以克服。

（三）虚拟解释变量与随机误差项的序列相关

在包含虚拟解释变量的计量经济模型中，有时也会遇到随机误差项存在序列相关的问题。例如，研究我国改革开放前 12 年（1979—1990）和后 12 年（1991—2002）的 24 年间国内生产总值 Y_t 与固定资产投资 X_t 的数量依存关系，可以引进时段变量 D_t，当 $D_t = 0$ 时代表前 12 年，当 $D_t = 1$ 时代表后 12 年。据此，可建立模型

$$Y_t = b_0 + b_1 X_t + b_2 D_t + b_3 (X_t D_t) + u_t \qquad (13-42)$$

在 13－42 式中，假设随机误差项 u_i 存在一阶序列相关，即

$$u_t = \rho u_{t-1} + \varepsilon_t \quad （\varepsilon_t \text{ 满足惯常假定}） \qquad (13-43)$$

如果 13－43 式的 ρ 为已知或被估计出来，可以用差分法对被解释变量 Y_t 进行变换，用 $(Y_t - \rho Y_{t-1})$ 作新的被解释变量。也可以用差分法对定量解释变量 X_t 进行变换，以 $(X_t - \rho X_{t-1})$ 作新的定量解释变量。但虚拟变量 D_t 只是把观测值划分为两个不同的时段，无法用变换 Y_i 和 X_i 的方法进行变换。对此马达拉提出了一个便捷的变换方法，其要点是：

第一，对被解释变量 Y_t 及定量解释变量 X_t 进行差分变换，即 $(Y_t - \rho Y_{t-1})$、$(X_t - \rho Y_{t-1})$；

第二，在 13－42 式中，对前 12 年（1979—1990），D_t 全部取值为零；对后 12 年（1991—2002），第一个 D_t 的值（即 1991 年的

D_t）取值为 $1/(1-\rho)$，其余的 D_t 取值均为 1。

第三，对前 12 年（1979—1990），D_tX_t 的取值全为零；对后 12 年（1991—2002）第一个 X_tD_t 取值为 X_t，其余的 X_tD_t 取值为 $(X_t-\rho X_{t-1})$。

马达拉提出的变换方法，关键是对后一个时期第一个 D_t 值及 X_tD_t 值的处理。解决了这个问题，对虚拟解释变量的变换就不存在困难，随机误差项 u_i 的一阶序列相关问题亦随之得到解决。

第十四章　虚拟被解释变量模型

一、虚拟被解释变量

在此前对计量经济模型的研究中，无论解释变量是定量的、或是定性的、或是定性和定量结合的，都假定被解释变量是定量的。但这并不意味着计量经济模型的被解释变量必须是定量变量，也不表示定性变量不能充任计量经济模型的被解释变量。实际上，计量经济模型中的被解释变量也可以是定性变量，很多具有二分性质的定性变量都可以作计量经济模型的被解释变量。这表明，不仅定量变量可以用其他定量变量和定性变量加以解释，而且定性变量也可以用定量变量和其他定性变量进行说明。

定性变量充当计量经济模型的被解释变量，是由客观经济现象所决定的。在现时的社会经济活动中，有很多定性变量是由若干个定量变量和定性变量决定的，反映在计量经济模型中，定性变量就成了被解释变量。例如，某类经济组织、社会组织的成员资格就是众多定性和定量变量的函数，家庭是否拥有住房、汽车等也是众多经济变量的函数，某一经济事件是否发生更是多种因素综合作用的结果。凡此种种，表明定性变量充当被解释变量为事出必然，定性变量不仅可能而且完全可以用定量变量和其他定性变量进行解释。

充当被解释变量的定性变量，往往用来表达某一经济现象有或无、某一经济事件发生或不发生，某一经济问题存在或不存在，具有典型的二分性质。这种性质的定性变量就是虚拟变量，以二分定性变量作为被解释变量的模型，就是虚拟被解释变量模型。

虚拟被解释变量模型有不同的类型，有代表的是线性概率模型、对数单位模型、概率单位模型、托宾单位模型四种。各类虚拟被解释变量模型由其自身特点所决定，在参数估计及统计推断上存在一定差别。

二、线性概率模型

线性概率模型，是一类重要的虚拟被解释变量模型，简记为 LPM。

（一）线性概率模型释义

当研究居民家庭收入与是否拥有私人轿车的关系时，可以建立下述简单模型

$$Y_i = b_0 + b_1 X_i + u_i \qquad (14-1)$$

在 14－1 式中，X_i 为家庭年收入，Y_i 为表示是否拥有私人轿车的定性变量。当 $Y_i = 1$ 时，表示家庭拥有私人轿车；当 $Y_i = 0$ 时，表示家庭不拥有私人轿车。该式将二分定性变量 Y_i 表示为解释变量 X_i 的函数，是一个线性概率模型的典型表达式。在这里，虚拟被解释变量 Y_i 在给定 X_i 下的条件期望值 $E(Y_i|x_i)$，可视为在给定 X_i 下 Y_i 将发生的条件概率 $P_i(Y_i = 1|x_i)$ 或 $P_i(Y_i = 0|x_i)$。本例中，即表示条件期望值 $E(Y_i|x_i)$，给出了一个在家庭收入为 X_i 的条件下，拥有私人轿车的概率。

将 14－1 这样的模型称为线性概率模型，是由这一模型自身特点所决定的。当假设 $E(u_i)=0$ 时，由 14－1 式可得

$$E(Y_i|x_i) = b_0 + b_1 X_i \qquad (14-2)$$

当令概率为 $P_i = 1$ 时，表示家庭拥有私人轿车，这时 $Y_i = 1$；当令概率为 $1 - P_i$ 时，表示家庭不拥有私人轿车，$Y_i = 0$。在这两种情况下，Y_i 的分布为：

Y_i 的取值	0	1
Y_i 发生的概率	$1-P_i$	P_i

由数学期望的定义，可以依据上述分析计算 Y_i 的期望值。即

$$E(Y_i) = 0 \times (1-P_i) + 1 \times P_i = P_i \qquad (14-3)$$

对比 14－3 式和 14－2 式，可得

$$E(Y_i|x_i) = b_0 + b_1 X_i = P_i \qquad (14-4)$$

14－4 式表明，14－1 式的条件期望值 $E(Y_i|x_i)$，在事实上就是 Y_i 的条件概率。加之该式是线性的，故将其称为线性概率模

型。

由于概率 P_i 必须在 0 与 1 之间取值，对于线性概率模型必然存在约束条件

$$0 \leqslant E(Y_i | X_i) \leqslant 1 \tag{14-5}$$

（二）线性概率模型的参数估计

线性概率模型从形式上看，与一般计量经济模型相同。但由于被解释变量为二分定性变量，使这类模型应用普通最小二乘法进行参数估计遇到一些障碍，需要对这些障碍进行分析与处理。

1. 随机误差项 u_i 的分布

应用普通最小二乘法对模型进行参数估计，不要求模型的随机误差项一定要服从正态分布。但为了对模型样本估计式进行统计检验，要求模型的随机误差项服从正态分布。在线性概率模型 14－1 式中，被解释变量 Y_i 只取 0 或 1 两个值，不可能服从正态分布，而随机误差项 u_i 与 Y_i 的分布形式相同，故 u_i 也不服从正态分布。对于 u_i 的分布形式，可以从 14－1 式分析说明。依据 14－1 式，有下式成立

$$u_i = Y_i - b_0 - b_1 X_i \tag{14-6}$$

由 14－6 式可推导得出：

①当 $Y_i = 0$ 时，$u_i = -b_0 - b_1 X_i$

②当 $Y_i = 1$ 时，$u_i = 1 - b_0 - b_1 X_i$

很明显，u_i 是不可能服从正态分布的，而是服从二项分布的。但 u_i 不服从正态分布，并不影响参数估计值的无偏性。同时，随着样本容量的无穷增大，随机误差项 u_i 不服从正态分布对统计检验的不利影响也会削弱。因此，线性概率模型随机误差项不服从正态分布，不影响普通最小二乘法的应用。

2. 随机误差项 u_i 的异方差

在线性概率模型中，即使随机误差项的均值为零、不存在序列相关，也不能肯定它就具有齐性方差。对于 14－6 式，随机误差项 u_i 有如下概率分布：

①当 $Y = 0$ 时，$u_i = -b_0 - b_1 X_i$，发生概率为 $1 - P_i$；

②当 $Y=1$ 时，$u_i=1-b_0-b_1X_i$，发生概率为 P_i。

当 $E(u_i)=0$ 时，u_i 的方差为

$$Var(u_i)=E[u_i-E(u_i)]^2=E(u_i^2)$$

利用上面 u_i 的概率分布，可以列出随机误差项 u_i 的方差表达式。即

$$\begin{aligned}Var(u_i) &= E(u_i^2)\\ &= (-b_0-b_1X_i)^2(1-P_i)+\\ &\quad (1-b_0-b_1X_i)^2P_i\\ &= (-b_0-b_1X_i)^2(1-b_0-b_1X_i)\\ &\quad +(1-b_0-b_1X_i)^2(b_0+b_1X_i)\\ &= (b_0+b_1X_i)(1-b_0-b_1X_i) \qquad (14-7)\end{aligned}$$

由于 $(b_0+b_1X_i)=E(Y_i|X_i)$，故 14－7 式又可表达为

$$Var(u_i)=E(Y_i|X_i)[1-E(Y_i|X_i)] \qquad (14-8)$$

又因为 $E(Y_i|X_i)$ 为给定 X_i 下 Y_i 的条件概率，$E(Y_i|X_i)=P_i$，所以 14－8 式又可表达为

$$Var(u_i)=P_i(1-P_i) \qquad (14-9)$$

14－9 式表明，线性概率模型 14－1 式随机误差项 u_i 具有异方差性。因为在该式中，u_i 的方差随 Y_i 的条件期望值而变化，而 Y_i 的条件期望值又随 X_i 的变化而变化，故 u_i 的方差最终依赖于解释变量 X_i 的变化，从而不具有齐性方差。在这种情况下，如果应用普通最小二乘法对 14－1 式进行参数估计，估计值虽然是无偏的，但却不是有效的（不具有最小方差）。

对于线性概率模型随机误差项的异方差，必须加以克服。较为便捷的克服方法，是用随机误差项的标准差除原模型，使原模型随机误差项由异方差变为齐性方差。对于 14－1 式，两边同时除以 $\sqrt{P_i(1-P_i)}$，即得

$$\begin{aligned}Y_i/\sqrt{P_i(1-P_i)} &= (b_0+b_1X_i)/\sqrt{P_i(1-P_i)}\\ &\quad +u_i/\sqrt{P_i(1-P_i)} \qquad (14-10)\end{aligned}$$

在 14－10 式中，随机误差项 $u_i/\sqrt{P_i(1-P_i)}$ 的方差为

$$\begin{aligned} Var[u_i/\sqrt{P_i(1-P_i)}] &= E\left\{[u_i/\sqrt{P_i(1-P_i)}] - E[u_i/\sqrt{P_i(1-P_i)}]\right\}^2 \\ &= E[u_i^2/P_i(1-P_i)] \\ &= Var(u_i)/P_i(1-P_i) \\ &= 1 \end{aligned} \tag{14-11}$$

由 14－11 式知，14－10 式的随机误差项的方差具有齐性，可以用普通最小二乘法对参数进行估计。但在一般情况下，原模型随机误差项 u_i 的标准差$\sqrt{P_i(1-P_i)}$是未知的，就需要先对$\sqrt{P_i(1-P_i)}$进行估计。这时，对 14－1 式的估计就要分两步完成。

第一步，对 14－1 式先撇开随机误差项 u_i 的异方差问题，直接用普通最小二乘法对其估计，得到 $Y_i=1$ 时的估计值 $\hat{Y}_i=E(Y_i|X_i)$，并据此求出随机误差项 u_i 的标准差$\sqrt{P_i(1-P_i)}$的估计值$\sqrt{\hat{Y}_i(1-\hat{Y}_i)}$。

第二步，用$\sqrt{P_i(1-P_i)}$的估计值$\sqrt{\hat{Y}_i(1-\hat{Y}_i)}$去除 14－1 式，即得

$$\begin{aligned} & Y_i/\sqrt{\hat{Y}_i(1-\hat{Y}_i)} \\ &= (b_0+b_1X_i)/\sqrt{\hat{Y}_i(1-\hat{Y}_i)} \\ &\quad + u_i/\sqrt{\hat{Y}_i(1-\hat{Y}_i)} \end{aligned} \tag{14-12}$$

再用普通最小二乘法对 14－12 式进行估计，即可得出参数无偏有效估计量。

（三）条件概率的取值

在线性概率模型中，$E(Y_i|X_i)$ 是给定 X_i 下 Y_i 发生的条件概率。从理论上讲，$E(Y_i|X_i)$］应在 0 和 1 之间取值，即 $0 \leqslant E(Y_i|X_i) \leqslant 1$。但这仅仅是理论上的界定，在实际问题的研究中，无法保证 $E(Y_i|X_i)$］的估计量 $\hat{Y}_i$ 一定能满足这一约束条件，有

时会出现估计值 $\hat{Y}_i$ 小于零或大于 1 的情况，这是线性概率模型应用普通最小二乘法进行估计遇到的难题。对这一问题有两种方法解决。一种是用普通最小二乘法估计经过如 14－10 式变换后的线性概率模型，看 Y_i 的估计值 $\hat{Y}_i$ 是否在 0 与 1 之间；如果 $\hat{Y}_i$ 小于零(取负值)，则取 $\hat{Y}_i=0$；如果 $\hat{Y}_i$ 大于 1，则取 $\hat{Y}_i=1$。另一种是采用新的估计技术，保证 Y_i 的估计值 $\hat{Y}_i$ 必定在 0 与 1 之间取值，这一新的估计技术将在研究对数单位模型和概率单位模型时介绍。

（四）模型拟合优度的判定

在二分定性变量作被解释变量的计量经济模型中，可决系数 R^2 对模型估计式拟合优度的判断作用是很有限的。从这类模型的图形（图 14-1）看，对于给定的 X_i，Y_i 不是 0 就是 1，所有的 Y 值不是落在 X 轴上，就是落在 $Y=1$ 的直线上。在这种无论 X_i 如何变化 Y_i 都只能取两个极端值的情况下,不能指望任何一个线性概率模型能够很好拟合这类散布点,无论是有无约束的这类模型都是如此,如图14-1（a）、（b）所示。因此，对这类模型按常规计算出的可决系数 R^2，在一般情况下要比 1 小得多，在很多实例中 R^2 小于0.5。只有当散布点密集在 A、B 两点（如图 14-1（c）所示）

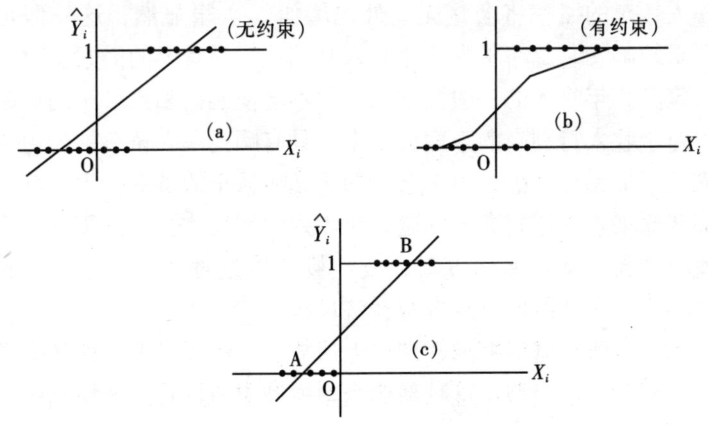

图 14-1　线性概率模型示意图

时，R^2 的值才会较大，因为这时通过连接 A、B 两点就可以把直线的位置固定下来。这时，Y_i 的估计值 $\hat{Y}_i$ 就十分靠近 0 或 1。

鉴于上述原因，使用可决系数 R^2 判别线性概率型的拟合优度，不大适应这类模型的特点，有可能得出错误的结论。正因为如此，如丁·奥尔德里奇、F·纳尔逊等学者提出，对线性概率模型不宜使用可决系数 R^2 这一统计量。

三、累积分布函数（CDF）模型

从本章第二部分的分析可知，线性概率模型存在随机误差项不服从正态分布和存在异方差、Y_i 的估计值 $\hat{Y}_i$ 有可能不在 0 与 1 之间取值、可决系数 R^2 的值一般较低等问题。这些问题虽然可以用相应的方法加以克服，但仍然不能解决这类模型在逻辑上（理论上）的缺陷。

对于如 14－1 式的线性概率模型，假定了条件概率 $P_i = E(Y_i = 1 | X_i)$ 时，会随 X_i 的增加而线性地增加，即假设 X 的边际效应（或增补效应）一直保持不变。若 14－1 式的样本模型估计式为 $\hat{Y}_i = \hat{b}_0 + \hat{b}_1 X_i$，就意味着家庭年收入 X_i 每增加一个单位，拥有私人轿车的概率将会毫无例外地增加 $\hat{b}_1$。很显然，这一假定存在严重缺陷，它忽略了家庭年收入基础这一最重要的因素。对于低收入家庭，年收入的一般性增加，并不会使购买私人轿车的概率增大；对于收入特别高的家庭，本来就具有购买私人轿车的能力，年收入的增加无论多少，也不会对购买私人轿车的概率产生影响；只有那些原来收入比较高的家庭，年收入的增加才会使购买私人轿车的概率增大。从这一角度看，线性概率模型对二分定性变量的描绘，不能真实全面地反映客观经济过程。

为克服线性概率模型在理论上的缺失，需要寻求一种新的具有二分性质的概率模型，这种新的概率模型应当具有两个特点：

第一，条件概率 $P_i = E(Y_i = 1 | X_i)$ 随 X_i 的增加而增加，但 P_i 永远不会在由 0 到 1 这一区间之外取值；

第二，条件概率 P_i 与解释变量 X_i 之间属于非线性关系，当 X_i 逐渐变得无穷小时，P_i 趋近于零的速度越来越慢；而当 X_i 逐渐变得无穷大时，P_i 趋近于 1 的速度也越来越慢。

根据对新的概率模型的要求，这一模型的图形应该是一条曲线（因为 P_i 与 X_i 为非线性关系），它跨越一、二象限（因为 X_i 由负无穷大到正无穷大），它的最低点应接近横坐标轴（因为下限值为零）、最高点应接近取值为 1 的与横坐标轴平行的直线。据此，可做出这类模型的示意图 14-2。

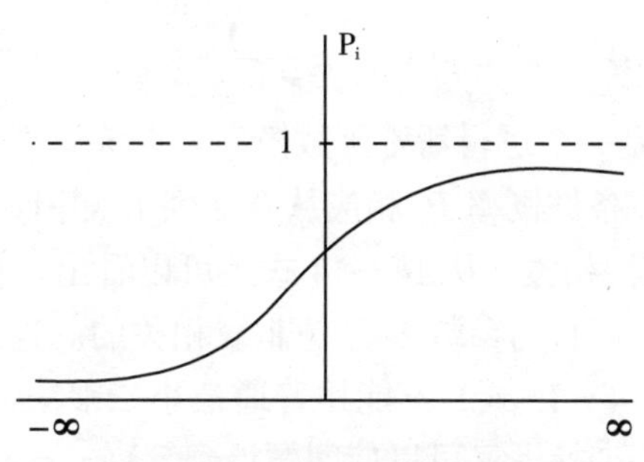

图 14-2　累积分布函数示意图

从图 14-2 可看出，新的概率模型的图形是一条 S 曲线，这条曲线是一个随机变量的累积分布函数（*CDF*）。由此可以得出结论：当计量经济模型的被解释变量为取值 0 或 1 的二分定性变量时，用累积分布函数模型可以较为真实全面地描绘其变化过程。但仅有这一结论还不够，因为 *CDF* 有很多种类型，对于每一个具体研究对象到底用哪一类 *CDF* 还没有确定。经过众多实际研究和应用的积累和总结，通常用逻辑斯蒂函数模型和正态函数模型，来描绘取值为 0 或 1 的二分定性被解释变量。由此便产生了两类新的概率模型：由逻辑斯蒂函数给出对数单位模型，由正态函数给出概率单位（正态单位）模型。

四、对数单位模型

（一）对数单位模型释义

仍以上述家庭年收入与是否拥有私人轿车的关系为例，说明对数单位模型的内在含义。在假定是否拥有私人轿车与家庭收入存在线性关系时，线性概率模型对条件概率 P_i 的表达是：

$$P_i = E(Y_i = 1 | X_i) = b_0 + b_1 X_i \quad (14-13)$$

很显然，14－13 式不能正确反映家庭年收入与是否拥有私人轿车的内在关系。为避免这一缺陷，选择 *CDF* 中的逻辑斯蒂函数来表达条件概率 P_i。即

$$P_i = E(Y_i = 1 | X_i) = \frac{1}{1 + e^{-(b_0 + b_1 X_i)}} \quad (14-14)$$

若令 $(b_0 + b_1 X_i) = A_i$，则 14－14 式可写为

$$P_i = E(Y_i = 1 | X_i) = \frac{1}{1 + e^{-A_i}} \quad (14-15)$$

14－15 式是一个逻辑斯蒂函数模型。在该模型中，当 A_i 从 $-\infty$ 变到 $+\infty$ 时，条件概率 P_i 相应从 0 变到 1，并且 P_i 与 A_i、进而与 X_i 存在非线性相关。从 14－14 式还可以看出，P_i 不仅与 X_i 存在非线性相关，而且与参数 b 也是非线相关的。这从形式上表明，14－14 式（或 14－15 式）不能用普通最小二乘法估计参数。但当对模型进行适当变换，又可以使问题得到解决。

如果用 P_i 表示拥有私人轿车的概率，则 $(1 - P_i)$ 即表示不拥有私人轿车的概率，这一概率可表达为

$$1 - P_i = \frac{1}{1 + e^{A_i}} \quad (14-16)$$

当用 14－15 式除以 14－16 式时，可得到两个概率的比值

$$\frac{P_i}{1 - P_i} = \frac{1 + e^{A_i}}{1 + e^{-A_i}} = e^{A_i} \quad (14-17)$$

$P_i/(1 - P_i)$ 称为有利于事件为真的机会比率。在本例中，是有利于拥有私人轿车的机会比率，表示一个家庭拥有私人轿车的概率与不拥有私人轿车的概率之比。

对 14－17 式取自然对数，可得

$$G_i = ln\left(\frac{P_i}{1 - P_i}\right) = A_i = b_0 + b_1 X_i \quad (14-18)$$

由 14－18 式可看出，机会比率 $P_i/(1 - P_i)$ 的自然对数 G_t，不仅与 X_i 是线性相关的，而且与参数 b 也是线性相关的。G_t 称为

对数单位，如 14－18 式的模型称为对数单位模型。

（二）对数单位模型的特点

对数单位模型是逻辑斯蒂函数模型经变换给出的，但它与逻辑斯蒂函数模型本身是不相同的。对数单位模型是一种概率模型，但它与线性概率模型（*CPM*）又有很大的不同。这类模型有其自身特点，主要表现在五个方面：

（1）随着 A_i（$b_0+b_1X_i$）从 $-\infty$ 变到 $+\infty$，条件概率 P_i 从 0 变到 1，对数单位 G_i 相应从 $-\infty$ 变到 $+\infty$。这表明，无论解释变量 X_i 如何变化，条件概率 P_i 始终在 0 与 1 之间变动，不会与自身取值的约束条件（$0\leqslant P_i\leqslant 1$）相违背，但同时又不会对对数单位 G_i 的取值施加约束。

（2）对数单位 G_i 与解释变量 X_i 保持线性相关，为应用普通最小二乘法估计模型参数创造了便利条件。而条件概率 P_i 与解释变量为非线性关系，又使这类模型克服了线性概率模型的缺陷，达到了对客观经济现象的真实描绘。

（3）与线性概率模型假定条件概率 P_i 与解释变量 X_i 为线性相关相类似，对数单位模型假定机会比率的对数 A_i 与解释变量 X_i 为线性相关，这一假定的成立是该类模型应用的前提。

（4）对数单位模型（如 14－18 式）的斜率系数表示解释变量 X_i 变化一单位，机会比率的对数的变化值。在本例中，b_1 即为家庭收入变化一单位（例如10 000元），有利于拥有私人轿车的机会比率的自然对数值的变动量。而截距系数则表示当解释变量 X_i 为零时，机会比率的对数值。

（5）应用对数单位模型的目的是为了估计条件概率 P_i，但 P_i 的估计要以 b_0、b_1 的估计为基础，只要求出了估计值 $\hat{b}_0$ 及 $\hat{b}_1$，就可以依据 14－14 式求出 P_i 的估计值。因此，正确地估计 b_0 及 b_1，是成功应用对数单位模型的关键。

（三）对数单位模型的估计

仍沿用是否拥有私人轿车与家庭收入关系的例子，说明对数单位模型的参数估计。对于 14－18 式，为进行参数估计，在右边加

上一个随机误差项，将其改写为

$$G_i = ln\ \frac{P_i}{1-P_i} = b_0 + b_1 X_i + u_i \qquad (14-19)$$

对于 14－19 式这一线性回归模型，解释变量 X_i 为家庭年收入，可以用随机抽样的方法得到样本观测值。但是被解释变量 G_i（对数单位）是未知的，并且难以用样本资料对每一个家庭的数据进行推算。因为对每一个家庭而言，如果拥有私人轿车则 $P_i=1$，如果不拥有私人轿车则 $P_i=0$，当把这些数据直接代入 $G_i = ln$ $[P_i/(1-P_i)]$ 中，就会得到：

拥有私人轿车家庭的对数单位　　$G_i = ln\ (1/0)$

不拥有私人轿车家庭的对数单位　$G_i = ln\ (0/1)$

很显然，上述两个表达式是没有意义的，对 14－19 式的参数估计没有帮助。这表明，应用每一个家庭单独的观测数据，不可能求出 14－19 式中对数单位 G_i 的估计值。但是，如果将每个家庭的观测数据，按收入水平的高低进行分组，统计出不同收入组别的家庭个数及拥有轿车的家庭个数，整理成表 14-1。

表 14-1　　按家庭年收入水平划分的样本分组表

家庭年收入分组水平 X_i（万元）	组内家庭个数 N_i（户）	组内拥有私人轿车家庭个数 n_i（户）
5	50	7
7	60	12
9	70	18
12	90	29
14	120	48
18	80	45
21	70	42
25	40	26
30	30	23
35	20	17

在表 14-1 中，将 630 个样本家庭按年收入水平分为了 10 个组，相对于每个收入水平 X_i 所在的组有 N_i 个家庭，这 N_i 个家庭中拥有私人轿车的家庭又有 n_i 个（$n_i \leqslant N_i$）。根据表 14－1 的数

据，可以计算

$$\hat{P}_i = n_i / N_i \tag{14-20}$$

$\hat{P}_i$ 称为相对频率，是对应的 X_i 所在组条件概率真实值 P_i 的估计量。如果组内样本个数 N_i 相当大，$\hat{P}_i$ 便是 P_i 很好的估计量。利用估计量 $\hat{P}_i$，可以计算对数单位 G_i 的估计量 $\hat{G}_i$。即

$$\hat{G}_i = ln\ [\hat{P}_i / (1 - \hat{P}_i)] = \hat{b}_0 + \hat{b}_1 X_i \tag{14-21}$$

如果一定水平 X_i 所在组的样本容量 N_i 足够大，用 14－21 式计算的 $\hat{G}_i$ 将是对数单位 G_i 很好的估计量。

当对 G_i 做出估计后，14－19 式中的被解释变量便有了与 X_i 相对应的观测数据，为该式的参数估计创造了条件。但该式能不能用普通最小二乘法估计参数，还需要对随机误差项 u_i 的性质加以说明。如果一定水平 X_i 所在组的样本容量 N_i 相当大、且该组内的每一次观测均可视同为独立分布的二分性变量，则随机误差项 u 便服从均值为零，方差为 $1/[N_i P_i(1-P_i)]$ 的正态分布。即

$$u_i \sim N\left[0,\quad \frac{1}{N_i P_i (1-P_i)}\right] \tag{14-22}$$

由 14－22 式可看出，随机误差项 u_i 的方差 $1/[N_i P_i (1-P_i)]$ 会随 N_i 与 P_i 的变化而发生改变，不具有齐性。因此，应当通过对 14－19 式进行加权变换，消除随机误差项的异方差性，再用普通最小二乘法估计参数。为实施加权变换，应当用 $\hat{P}_i$ 去代替 P_i，估计出随机误差项 u_i 的方差。即

$$\hat{\sigma}^2_{u_i} = 1/[N_i \hat{P}_i (1 - \hat{P}_i)] \tag{14-23}$$

相应地可求出随机误差项 u_i 的标准差 S_i，即

$$S_i = 1/\sqrt{N_i \hat{P}_i (1 - \hat{P}_i)} \tag{14-24}$$

在做了上述各项准备工作之后，就可以进行对数单位模型的参数估计，具体操作分五步进行：

第一步，对按不同家庭收入水平 X_i 划分的每一个组，分别计

算拥有私人轿车家庭的概率估计值 $\hat{P}_i = n_i/N_i$。

第二步，对按不同家庭收入水平 X_i 划分的每一组，计算对数单位 G_i 的估计值 $\hat{G}_i$，即

$$\hat{G}_i = ln\left[\hat{P}_i/(1-\hat{P}_i)\right] \tag{14-25}$$

第三步，对 14－19 式，用 $\hat{G}_i$ 代替 G_i，并用随机误差项 u_i 的标准差 S_i 除该式两边，得到加权变换后的模型

$$\hat{G}_i/S_i = b_0/S_i + b_1X_i/S_i + u_i/S_i \tag{14-26}$$

将 $S_i = 1/\sqrt{N_i\hat{P}_i(1-\hat{P}_i)}$ 代入 14－26 式，得

$$\hat{G}_i\sqrt{N_i\hat{P}_i(1-\hat{P}_i)} = b_0\sqrt{N_i\hat{P}_i(1-\hat{P}_i)} + b_1X_i\sqrt{N_i\hat{P}_i(1-\hat{P}_i)} + u_i\sqrt{N_i\hat{P}_i(1-\hat{P}_i)}$$

令 $\hat{G}_i\sqrt{N_i\hat{P}_i(1-\hat{P}_i)} = G_i^*$、$X_i\sqrt{N_i\hat{P}_i(1-\hat{P}_i)} = X_i^*$ 以及 $u_i\sqrt{N_i\hat{P}_i(1-\hat{P}_i)} = u_i^*$，则上式可表达为

$$\hat{G}_i^* = b_0\sqrt{N_i\hat{P}_i(1-\hat{P}_i)} + b_1X_i^* + u_i^* \tag{14-27}$$

14－27 式的随机误差项 u_i^* 的方差为

$$\begin{aligned} \mathrm{Var}(u_i^*) &= E\left[u_i^* - E([u_i^*)\right]^2 \\ &= E\left[\sqrt{N_i\hat{P}_i(1-\hat{P}_i)}\,u_i\right]^2 \\ &= N_i\hat{P}_i(1-\hat{P}_i)\cdot Var(u_i) \\ &= 1 \end{aligned} \tag{14-28}$$

14－28 式表明，u_i^* 具有齐性方差，14－27 式满足应用普通最小二乘法估计参数的假设条件。

第四步，对于变换后的模型 14－27 式，应用无截距模型的估计方法进行参数估计，得出 b_0、b_1 的估计值 $\hat{b}_0$ 及 $\hat{b}_1$。应当指出

的是，14－27 式右边第一项是参数 b_0 和变量$\sqrt{N_i\hat{P}_i(1-\hat{P}_i)}$所构成的，$b_0$ 应视为变量$\sqrt{N_i\hat{P}_i(1-\hat{P}_i)}$的系数，故 14－27 式是一个无截距线性模型。

第五步，对于 14－27 式的样本估计式

$$\hat{G}_i^* = \hat{b}_0\sqrt{N_i\hat{P}_i(1-\hat{P}_i)} + \hat{b}_1 X_i \tag{14-29}$$

可以应用线性模型惯常的方法进行检验。当不同水平 X_i 所在组的样本个数N_i 足够大，参数估计值 $\hat{b}_0$、$\hat{b}_1$ 及各项检验结果才具有正确性和有效性。如果 N_i 是小样本，对估计和检验结果则需要慎重对待。

五、概率单位模型

在对具有二分性的定性被解释变量的分析中，应用逻辑斯蒂函数建立的概率模型（对数单位模型）是一个有效的工具。但实际的研究证明，应用正态累积分布函数建立的概率模型，对分析二分定性被解释变量，也具有很好的功能。应用正态累积分布函数建立的概率模型称为概率单位模型（有时也称为正态单位模型）。在原则上，概率单位模型可以套用对数单位模型的估计方法。但为体现概率单位模型的特点，将介绍麦克法登（*D.Mcfadden*）提出的以效用理论或行为理性选择理论为依据的新的估计方法。

对于前面所举家庭收入与是否拥有私人轿车的关系的例子，现假设第 i 个家庭是否决定拥有私人轿车，由一种不可直接观测的效用指数 H_i 决定，而效用指数 H_i 又由某些解释变量（例如家庭收入 X_i）决定。据此，可以建立效用指数 H_i 与对其有决定作用的解释变量 X_i 之间的函数式。即

$$H_i = b_0 + b_1 X_i \tag{14-30}$$

14－30 式中，H_i 为效用指数，X_i 为家庭年收入。对于第 i 个家庭，H_i 的值越大，拥有私人轿车的概率 P_i 也就越大。在这里，H_i 与 P_i 之间只是一个理论上的关联关系。H_i 如何实际影响 P_i 还需要进一步分析。对于表达是否拥有私人轿车的二分定性变量 Y_i

与家庭收入 X_i 之间关系的 14－1 式，当 $Y_i=1$ 时表示第 i 个家庭拥有私人轿车，则 $Y_i=0$ 时正好表示相反的情况。现在假定对每一个家庭都存在一个效用指数的阈值 H_i^*（H_i^* 与 H_i 一样是不可直接观测的），如果 H_i 超过 H_i^*，该家庭拥有私人轿车，否则便不拥有。虽然 H_i 及 H_i^* 不可直接观测，但如果对于每个 i，H_i 及 H_i^* 是具有相同均值与方差的正态变量，就可以估计 14－30 式的参数，并得到 H_i 及 H_i^* 的相关信息。

在给定 H_i 及 H_i^* 为正态变量前提下，$H_i^*\leqslant H_i$ 的概率可以由标准正态累积分布函数进行计算。即

$$\begin{aligned}P_i &= P_\gamma(Y=1)=P_\gamma(H_i\geqslant H_i^*)\\ &= F(H_i)\\ &= \frac{1}{\sqrt{2\pi}}\int_{-\infty}^{H_i} e^{-Q^2/2}dQ\\ &= \frac{1}{\sqrt{2\pi}}\int_{-\infty}^{b_0+b_1X_i} e^{-Q^2/2}dQ \end{aligned}\tag{14－31}$$

在 14－31 式中，Q 为标准化正态变量，即 Q～（0，1）；P_i 为事件发生的概率，在本例中表示拥有私人轿车的概率，可以由标准正态曲线下由 $-\infty$ 到 H_i 所围成的面积表示，如图 14-3 所示。

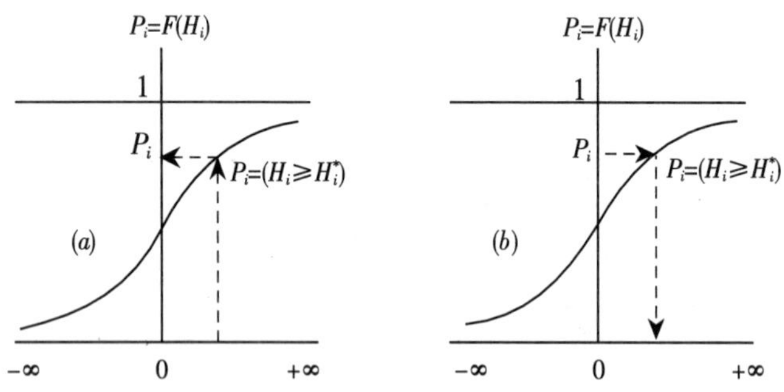

图 14-3 标准正态曲线下概率单位示意图

由图 14-3 可直观看出，当效用指数 H_i 在横坐标上确定时，就可以在纵坐标上确定相应的概率 P_i（如图 14-3（a））；当概率 P_i

在纵坐标上确定时，又可以在横坐标上确定相应的效用指数 H_i［如图 14-3（b）］。

为了获取效用指数 H_i 及参数 b_0、b_1 的相关信息，对 14－31 式取反函数，可得

$$H_i = F^{-1}(P_i) = b_0 + b_1 X_i \tag{14-32}$$

由 14－32 式可知，效用指数 H_i 与概率 P_i 是反函数关系，而 H_i 又被假定为服从正态分布，P_i 为标准正态累积分布函数的计算值，故可以用 P_i 去估计 H_i。在本例中，已有如表 14－1 的分组数据，可据此计算出不同水平所在组拥有私人轿车家庭的比率 P_i（$P_i = n_i/N_i$），并将其作为概率的估计值。再依据 P_i 的值在标准正态分布表中查出其反函数 $F^{-1}(P_i)$ 的值，则 $F^{-1}(P_i)$ 即为效用指数 H_i 的估计量。这一工作过程的结果如表 14-2 所示。

表 14-2　　应用标准正态累积分布函数估计的 H_i

家庭年收入分组水平 X_i（万元）	组内拥有私人轿车家庭比率 $P_i = n_i/N_i$	效用指数估计值 $H_i = F^{-1}(P_i)$
5	0.14	−1.08
7	0.20	−0.84
9	0.26	−0.64
12	0.32	−0.47
14	0.40	−0.25
18	0.56	0.15
21	0.60	0.25
25	0.65	0.39
30	0.76	0.71
35	0.85	1.04

在表 14-2 中，所列示的效用指数 H_i 又称正态等效离差（可用 $n \cdot e \cdot d$ 表示），或称正态单位。因为当 $P_i < 0.5$ 时，正态等效离差 $n \cdot e \cdot d$ 为负数，在实际应用中把数值 5 加到 $n \cdot e \cdot d$ 上，二者之和称为概率单位（用 Pr_i 表示）。即

$$P_{ri} = n \cdot e \cdot d + 5 = H_i + 5 \tag{14-33}$$

进行了上述各项工作后，便可对概率单位模型进行估计。估计的步骤如下：

第一步，将 14－30 式改写成

$$H_i = b_0 + b_1 X_i + u_i \tag{14-34}$$

在 14－34 式中，H_i 为效用指数（正态等效离差），X_i 为家庭年收入，u_i 为随机误差项。

第二步，依据如表 14－1 中的样本分组数据，计算出每一收入水平 X_i 所在组拥有私人轿车家庭所占的比率 P_i，并将作为家庭年收入为 X_i 水平时拥有私人轿车的概率估计值。

第三步，依据第二步求得的 P_i，从标准正态累积分布函数表中查出其反函数 F^{-1}（P_i）的值 H_i，H_i 即为效用指数（正态等效离差），并将其作为 14－34 式被解释变量的观测值。也可以把 H_i 与数值 5 相加得出概率单位 P_{γ_i}（$=H_i+5$），用概率单位作为 14－34 式被解释变量的观测值。

第四步，14－34 式的随机误差项 u_i 存在异性方差，应对其进行加权变换，使新的随机误差项具有齐性方差。对变换后的模型应用普通最小二乘法进行估计，即可得到参数估计值 $\hat{b}_0$、$\hat{b}_1$。在参数估计过程中，被解释变量既可用效用指数（正态等效离差）H_i，也可用概率单位 P_{γ_i}，其估计结果斜率系数估计值 $\hat{b}_1$ 保持一致，但截距系数估计值 $\hat{b}_0$ 将不会相同。

第五步，与对数单位模型的情况相类似，只有当不同水平 X_i 所在组的样本个数 N_i 足够大，参数估计值 $\hat{b}_0$、$\hat{b}_1$ 及各项检验结果才具有正确性和有效性。如果 N_i 为小样本，对估计及检验结果应慎重对待。同时，这类模型估计式的可决系数 R^2 不宜作为判断估计式拟合优度的依据。

六、托宾单位模型

托宾单位模型是概率单位模型的延伸，由托宾（*J . Tobin*）推演得出，简称托比模型。为解释这类模型的含义，仍以是否拥有私人轿车与家庭收入的关系为例。如果已经掌握 N 个家庭有关年收入 X_i（$i=1, 2, \cdots, N$）及是否已购买轿车的资料，就会发现这些家庭可以分为两大类。一类是已经购买了轿车的家庭，设数量为 n_1 户，其年家庭收入和购车支出的资料均为可得。另一类是没有购买轿车的家庭，设数量为 n_2 户，其年家庭收入的资料可得，但购车支出均为零，即购车支出资料不可得。很显然，$N = n_1 + n_2$。当研究家庭收入与购买轿车支出的关系时，后一类家庭的资料中只有解释变量（年收入 X_i）的数据，而没有对应的被解释变量的非零数据，这样的样本称之为截取样本。包含截取样本的概率单位模型就是托宾单位模型，又称为截取模型。由于被解释变量的取值受到限制，有人又将这类模型称为限值被解释变量模型。

托宾单位模型的表达式为

$$\begin{aligned} Y_i &= b_0 + b_1 X_i + u_i \qquad \text{（若右侧大于 0）} \\ &= 0 \qquad\qquad\qquad\quad \text{（若右侧不大于 0）} \end{aligned} \tag{14-35}$$

对于 14－35 式，如果仅用已购轿车家庭的 n_1 个样本观测资料进行估计，则从这一子样本得到的参数最小二乘估计值，既是有偏的，也是不一致的。关于这一点，很容易从散布图上看出。对于 n_1 个已购买轿车家庭，相对于家庭年收入 X_i 的购车支出 Y_i 的观测点将落在 $X-Y$ 平面上。对于 n_2 个未购买轿车家庭，相对于家庭年收入 X_i 的购车支出 Y_i 全为零，观测点全部落在 X 轴上，可以从直观上判断，如果仅用已购买轿车的 n_1 个观测值估计回归式，所得到截距和斜率估计值，肯定与用 $n_1 + n_2$ 个观测值估计的结果不同。

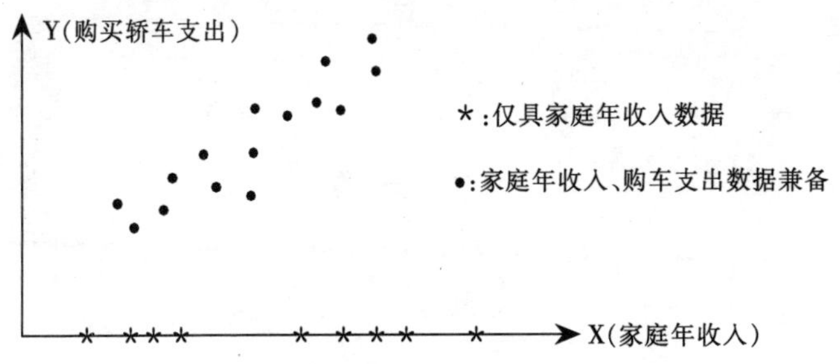

图 14-4　相对家庭年收入的购车支出散布点

托宾单位模型中，有一部分样本资料只有解释变量 X_i 的数据，而与之对应的被解释变量 Y_i 的数据均为零，这对应用普通最小二乘法估计参数造成了实质性困难。对这类模型一般应用极大似然法估计参数（极大似然法已在第十一章中有介绍，这里不再赘述）。

第十五章　时间序列的平滑与外推

一、时间序列

时间序列是按时间顺序排列的数据序列，是经济分析中使用的两类重要数据之一（另一类是截面数据）。在对客观经济现象的分析研究中，所用的有关经济变量的数据资料，有很多都是按年、按月、按旬、按日排列的。如按年排列的国民生产总值、耕地面积、人口数量、工农业产品产量，按月排列的工业产值、固定资产投资、进出口总额、居民消费支出，按旬或按日排列的商品零售额、商品价格等。时间序列反映了经济变量在过去某一时期的变动过程和变动趋势，是对经济变量发展变化的一种直观的历史性描述。

二、时间序列的平滑

时间序列的平滑，就是对时间序列的数据进行平均化处理。平滑可以消除或减小时间序列的短期波动，使其变动趋势更加明显和直观，能借以观察和分析相关经济变量的历史演进过程和发展变化规律。

时间序列一般用 Y_1，Y_2，…，Y_{T-1}，Y_T表示，对时间序列的平滑，通常有五种方法可供选用。

（一）简单移动平均法

这种平滑方法是依据已知时间序列，依次计算 N 项简单平均数 $\hat{Y}_t$，其模型为

$$\hat{Y}_t = (Y_t + Y_{t-1} + \cdots + Y_{t-N+1})/N$$

$$(t=1, 2, \cdots, T, t \geqslant N) \quad (15-1)$$

对时间序列 N 项简单平均数 $\hat{Y}_t$ 的计算是一个递进过程，$\hat{Y}_1$

是时间序列第 1 项至第 N 项的简单平均数，$\hat{Y}_2$ 是时间序列第 2 项至 $N+1$ 项的简单平均数，余者类推。由 $\hat{Y}_t$ 也又可组成一个新的时间序列 $\hat{Y}_1$，$\hat{Y}_2$，…，$\hat{Y}_{T-1}$，称为原时间序列的简单移动平均数序列。很显著，简单移动平均数序列要比原时间序列少一项，如原时间序列为 T 项，则简单移动平均数序列就只有 $T-1$ 项。经过简单移动平均处理，新形成的时间序列比原时间序列波动小，能更直观更清晰地显现经济变量的变动趋势。

（二）加权移动平均法

这种平滑方法是依据已知时间序列，依次计算 N 项加权平均数 $\hat{Y}_{t\alpha}$，其模型为

$$\hat{Y}_{t\alpha}=(\alpha_0 Y_t+\alpha_1 Y_{t-1}+\cdots+\alpha_{N-1} Y_{t-N+1})/N \quad (t>N) \quad (15-2)$$

15－2 式中，α_j（$j=0, 1, 2, \cdots, N-1$）为权重，并满足

$$\left(\sum_{j=0}^{N-1}\alpha_j\right)/N=1 \quad (15-3)$$

对 N 项加权平均数的计算也是一个递进的过程，$\hat{Y}_{1\alpha}$是时间序列第 1 项至第 N 项的加权平均数，$\hat{Y}_{2\alpha}$是时间序列第 2 项至 $N+1$ 项的加权平均数，余者类推。由加权平均数 $\hat{Y}_{t\alpha}$也可组成一个新的时间序列，称为原时间序列的加权平均数序列，与简单移动平均数序列一样，加权移动平均数序列也比原时间序列少一项。这种方法也可以有效地消除或削弱原时间序列的短期波动，更清晰明确地反映经济变量发展变化的趋势与规律。同时，还可以根据原时间序列的特点，选择不同的权重 α_j，使近期数据发挥更重要的作用。

（三）二次简单移动平均法

这种方法是对简单移动平均数序列再进行移动平均处理，亦即对 15－1 式计算得出的 $\hat{Y}_1$，$\hat{Y}_2$，…，$\hat{Y}_{T-1}$，再进行一次简单移动平均。其模型为

$$\hat{Y}_t^*=(\hat{Y}_1, \hat{Y}_2, \cdots, \hat{Y}_{t-N+1})/N \quad (t>N) \quad (15-4)$$

对 $\hat{Y}_t^*$ 的计算仍需递次进行，$\hat{Y}_1^*$ 是简单移动平均数序列第 1 项至第 N 项的简单平均数，$\hat{Y}_2^*$ 是简单移动平均数序列第 2 项至第 $N+1$ 项的简单平均数，余类推。$\hat{Y}_t^*$ 又形成一个新的时间序列，称为二次简单移动平均数序列。

二次简单移动平均法主要用于波动较大、经简单移动平均处理后其变动趋势仍不明显的时间序列，经二次简单移动平均，可以进一步削弱短期波动，使原时间序列的变动趋势和周期变动特征直观地显现出来。

（四）指数加权平滑法

这种平滑方法依据已知时间序列，依次对各期及之前所有时期的时间序列求加权和 $\hat{Y}_t$，其模型为

$$\hat{Y}_t = \alpha Y_t + \alpha(1-\alpha)Y_{t-1} + \alpha(1-\alpha)^2 Y_{t-2} + \cdots \tag{15-5}$$

15－5 式中，α 为 Y_t 的权重，α（$1-\alpha$）为 Y_{t-1}的权重，$\alpha(1-\alpha)^2$ 为 Y_{t-2}的权重，$\hat{Y}_t$ 是原时间序列第 t 项及之前各项的加权和。与 15－5 式相类似，$\hat{Y}_{t-1}$可表达为

$$\hat{Y}_{t-1} = \alpha Y_{t-1} + (1-\alpha)Y_{t-2} + \cdots \tag{15-6}$$

将 15－6 式两边同乘（$1-\alpha$），可得

$$(1-\alpha)\hat{Y}_{t-1} = \alpha(1-\alpha)Y_{t-1} + \alpha(1-\alpha)^2 Y_{t-2} + \cdots \tag{15-7}$$

将 15－5 式减去 15－7 式并整理，又得到 $\hat{Y}_t$ 的另一个表达式

$$\hat{Y}_t = \alpha Y_t + (1-\alpha)\hat{Y}_{t-1} \tag{15-8}$$

15－8 式使 $\hat{Y}_t$ 的计算十分简便。但应当注意的是，α 取值越接近于 1，现值 Y_t 的作用就越大；α 取值越小，时间序列的平滑程度就越高。由 $\hat{Y}_t$ 可形成一个新的时间序列，这个时间序列比原时间序列有较好的光滑程度，能更为明显地反映原时间序列的变动

趋势，但它比原时间序列要少一项。

（五）二次指数加权平滑法

有时因为时间序列本身波动性较大，以致经指数加权平滑处理后其变动趋势仍不明显，或因对时间序列光滑程度要求较高，又不能对历史数据加权过重，就需要对时间序列进行二次指数加权平滑。这种方法是对原时间序列经 15－8 式平滑处理后的 $\hat{Y}_t$，再一次进行指数加权平滑。其模型为

$$\hat{Y}_t^* = \alpha \hat{Y}_t + (1-\alpha)\hat{Y}_{t-1}^* \qquad (15-9)$$

利用 15－9 式计算的 $\hat{Y}_t^*$ 又可以形成一个新的时间序列，即便使用较大的 α 值，这一新的时间序列的光滑程度也较高。$\hat{Y}_t^*$ 所形成的时间序列，要比 $\hat{Y}_t$ 形成的时间序列少一项，比原时间序列少两项。

三、时间序列的季节调整

季节调整是平滑的一种特殊形式，主要用于消除时间序列的季节波动或周期波动，而不是用于消除无规律的短期波动。季节调整是通过对季节指数的计算，量度时间序列中的季节变化，并利用季节指数剔除时间序列中的季节波动。

季节调整方法的设计，基于一个基本的假定，即时间序列可以表达为四个因子的乘积，即

$$Y_t = L \times S \times C \times I \qquad (15-10)$$

15－10 式中，右边各因子含义分别为：L 为时间序列的长期趋势值，S 为时间序列的季节变动数值，C 为时间序列的长期循环变动数值，I 为时间序列的不规则变动数值。

季节调整的目的是消除季节变动因子 S，为达此目的，可以考虑首先分离出长期变动趋势与循环变动的结合项 $L \times C$，但这难以准确做到。鉴于此，转而采用一种专门的平滑技术，从原始时间序列 Y_t 中尽可能消除季节和不规则变动的结合项 $S \times I$ 是较为可行的。例如，当 Y_t 为月度资料时，就可以计算 12 期中位移动平均

数 $\hat{Y}_t$，即

$$\hat{Y}_t = (Y_{t-5} + \cdots + Y_{t-1} + Y_t + \cdots + Y_{t+6})/12 \quad (15-11)$$

由于 $\hat{Y}_t$ 是对 Y_t 进行年度月份数（12 个月份）为周期的移动平均，已消除季节和不规则波动，可将其视为 $L \times C$ 的估计值。即

$$\hat{Y}_t = L \times C \quad (15-12)$$

将 15－10 式除以 15－12 式，得

$$Y_t / \hat{Y}_t = (L \times S \times C \times I)/(L \times C) = S \times I = Z_t \quad (15-13)$$

对于 Z_t 应当尽量消除不规则变动 I 的影响，从而得到季节指数。为此，需要对 $S \times I$ 同一月份的数据进行平均。假设 Z_1，Z_2，…，Z_{12}分别对应于 1 至 12 月份，总共有 60 个月的资料，可分别计算出：

$$\begin{aligned} \hat{Z}_1 &= (Z_1 + Z_{13} + Z_{25} + Z_{37} + Z_{49})/5 \\ \hat{Z}_2 &= (Z_2 + Z_{14} + Z_{26} + Z_{38} + Z_{50})/5 \\ &\vdots \qquad\qquad \vdots \\ \hat{Z}_{12} &= (Z_{12} + Z_{24} + Z_{36} + Z_{48} + Z_{60})/5 \end{aligned} \quad (15-14)$$

15－14 式对同一月份的季节和不规则变动的结合项 Z_t 进行平均（如果数据是季度资料就在同一季度内平均），所得到的估计值 $\hat{Z}_t$ 基本消除了不规则变动的影响。因此，十二个估计值 $\hat{Z}_1$，$\hat{Z}_2$，…，$\hat{Z}_{12}$，便可作为季节指数的估计值。按 15－14 式计算的这十二个估计值的总和应当接近 12，但若时间序列有任何长期趋势存在就不会正好等于 12。当 $\hat{Z}_1 + \hat{Z}_2 + \cdots + \hat{Z}_{12} = 11.5$ 时，就用 12/11.5 分别去乘 $\hat{Z}_1$，$\hat{Z}_2$，…，$\hat{Z}_{12}$，这样调整后的季节指数的和将为 12。调整后的季节指数设为 $\hat{Z}_1^*$，$\hat{Z}_1^*$，…，$\hat{Z}_2^*$，它们是最终的季节指数。

在求得1月至12月各月份季节指数 $\hat{Z}_1^*$，$\hat{Z}_2^*$，…，$\hat{Z}_{12}^*$之后，便可对原始时间序列进行季节调整。具体的调整方法，是将原始时间序列某月份的观测值除以对应月份的季节指数。例如，当原始时间序列60个月的资料是从某年1月份开始依次排列，1月至12月份的季节指数分别为 $\hat{Z}_1^*$，$\hat{Z}_2^*$，…，$\hat{Z}_{12}^*$，则经季节调整后的时间序列 $\hat{Y}_t^*$ 应为：$\hat{Y}_1^* = Y_1/\hat{Z}_1^*$，$\hat{Y}_2^* = Y_2/\hat{Z}_2^*$，…，$\hat{Y}_{12}^* = Y_{12}/\hat{Z}_{12}^*$，$\hat{Y}_{13}^* = Y_{13}/\hat{Z}_1^*$，$\hat{Y}_{14}^* = Y_{14}/\hat{Z}_2^*$，…，$\hat{Y}_{59}^* = Y_{59}/\hat{Z}_{11}^*$，$\hat{Y}_{60}^* = Y_{60}/\hat{Z}_{12}^*$。由 $\hat{Y}_t^*$ 又可形成一个新的时间序列，它已经消除了季节变动的影响，且新的时间序列与原始时间序列的项数相同。

四、移动平均模型

当时间序列表现出某种变动趋势，例如存在向上、向下或平稳的态势，便可用移动平均模型对经济变量进行预测。移动平均模型是一种确定性模型，主要有两种类型，一类是简单移动平均模型，另一类是指数加权移动平均模型。

简单移动模型可用于近期的预测，其基本思路是下一时期的值是若干前期值的平均数。例如，有一个1至 t 月的月份资料的时间序列，要预测 $t+1$ 月的数值 $\hat{Y}_{t+1}^*$，就可以用下式进行计算

$$\hat{Y}_{t+1}^* = (Y_t + Y_{t-1} + \cdots + Y_{t-11})/12 \tag{15-15}$$

15－15式表示第 $t+1$ 月的数值是其前期12个月的平均值。然而，用若干前期值的平均数预测下一时期的数值，存在一些缺陷。因为在一般情况下，时间序列中的近期值比早期值更重要，对未来时期影响更大。因此，近期值在移动平均时应当有更大的权重，而前期值的情况正好与此相反。这时，指数加权移动平均模型就可发挥这一作用，其表达式为

$$\begin{aligned}\hat{Y}_{t+1}^* &= \alpha Y_t + \alpha(1-\alpha)Y_{t-1} + \alpha(1-\alpha)^2 Y_{t-2} + \cdots\cdots \\ &= \alpha \sum_{j=0}^{\infty} [(1-\alpha)^j Y_{t-j}]\end{aligned} \tag{15-16}$$

15－16 式中的 α 是 0 与 1 之间的数，即 $0\leqslant\alpha\leqslant1$，表明时间序列近期值的权重比早期值的权重大。$\alpha$ 的值越接近于 1，近期值的作用越大。α 的值越近于 0，早期值的重要性便相应增加。值得注意的是，由于

$$\alpha\sum_{j=0}^{\infty}(1-\alpha)^{j}=\alpha/[1-(1-\alpha)]=1 \qquad (15-17)$$

表明权重的总和为 1，15－16 式计算的 $\hat{Y}_{t+1}$是一个真正的加权平均数。

应用指数加权移动平均模型进行预测，具有操作简单方便的优点，但也存在一些问题。由于这一模型是通过对时间序列进行加权平均而得出预测值 $\hat{Y}^{*}_{t+1}$，如果原始时间序列存在平稳增长的趋势，平均化的结果将使预测值 $\hat{Y}^{*}_{t+1}$比最近期的 Y_t 要小，当时间序列在未来仍保持平稳增长，预测值 $\hat{Y}^{*}_{t+1}$将比实际值 Y_{t+1}低；如果原始时间序列存在平稳下降的趋势，平均化的结果又会使预测值 $\hat{Y}^{*}_{t+1}$比最近期的 Y_t 要大，若时间序列在未来仍保持平稳下降态势，预测值 $\hat{Y}_{t+1}$，将比实际值 Y_{t+1}要高。这便造成了应用指数加权移动平均模型预测对未来值过低或过高的估计。为解决这一问题，在应用指数加权移动平均模型进行预测之前，应当先列出时间序列的变动趋势，再用该模型计算出初步的无趋势预测值，然后再加上趋势项即可得到最终预测值。这一点可以通过对 15－5 式加入时间序列的趋势平均变化进行修正来实现。对于 15－5 式，又可表达为

$$\begin{aligned}\hat{Y}_{t}&=\alpha Y_{t}+\alpha(1-\alpha)Y_{t-1}+\alpha(1-\alpha)^{2}Y_{t-2}+\cdots\cdots\\&=\alpha Y_{t}+(1-\alpha)\hat{Y}_{t-1}\end{aligned} \qquad (15-18)$$

若令 α 与 γ 均是介于 0 与 1 之间的数，V_t 代表指数平滑后的新的时间序列的平均增长速度，则被平滑的时间序列是从下述两个方程中求出，且依赖于两个平滑因子 α 与 γ（α 与 γ 越小，序列的光滑程度就越高）。

$$\hat{Y}_t = \alpha Y_t + (1-\alpha)(\hat{Y}_{t-1} + V_{t-1}) \qquad (15-19)$$

$$V_t = \gamma(\hat{Y}_t - \hat{Y}_{t-1}) + (1-\gamma)V_{t-1} \qquad (15-20)$$

利用 15－19 式计算平滑序列 $\hat{Y}_t$ 时，在 $\hat{Y}_{t-1}$ 上加上趋势项 V_{t-1}，可以避免 $\hat{Y}_t$ 偏离原始时间序列 Y_t 的当期值太远。从 15－19 式和 15－20 式可以得到 $t+L$ 期的预测值，$\hat{Y}^*_{t+L}$：

$$Y^*_{t+L} = \hat{Y}_t + LV_t \qquad (15-21)$$

15－21 式表明，$t+L$ 期的预测值，就是原始时间序列最近一期的平滑值 $\hat{Y}^*_t$ 与平滑后新的时间序列长期趋势的预期增量 LV_t 的和。

需要特别指出，虽然移动平均模型对预测，尤其是对近期预测是有用的，但这种方法受平滑期的选择、平滑因子 α 及 γ 的确定等主观因素的影响较大，带有一定的随意性。同时，由于不能计算标准差，也不能对时间序列的随机部分进行描绘与解释，所以无法对预测误差进行判定，更不可能确定预测的置信区间。所以，用这种方法进行预测，其结果有很大的局限性。

五、趋势外推模型

时间序列 Y_t 有一个基本特点，就是它具有某种长期变动的趋势，或向上增长，或逐渐下降，或相对平稳。如果时间序列存在向上增长的趋势并将延续下去，就可建立反映这一趋势的简单外推模型，对未来的情况进行预测。趋势外推模型主要有以下五类。

（一）线性趋势模型

如果时间序列在每个时期上的增长量是一个常数，就可以用线性趋势模型来描绘这一变动过程。其模型的表达式为

$$Y_t = b_0 + b_1 t \qquad (t=1, 2, \cdots, T) \qquad (15-22)$$

15－22 式中，Y_t 是 Y 在 t 时期的值，t 表示时间。在一般情况下，时间序列的基数（第一个观测值）的时间定为 1，每增加一个时期 t 便增加 1。对于 15－22 式，可以用回归方法估计参数，

建立样本模型估计式

$$\hat{Y}_t = \hat{b}_0 + \hat{b}_1 t \tag{15-23}$$

利用 15－23 式，将相应的 t 值代入后，即可求 t 时期的预测值 $\hat{Y}_t$。

（二）指数增长模型

如果时间序列在每个时期都以相同的速度增长，则可以用指数增长模型来描绘这一变动过程。其模型的表达式为

$$Y_t = b_0\, e^{b_1 t} \tag{15-24}$$

对 15－24 式进行线性化，可得

$$lnY_t = lnb_0 + b_1 t \tag{15-25}$$

利用回归方程对 15－25 式进行估计，可求出 b_0、b_1 的估计值 $\hat{b}_0$ 及 $\hat{b}_1$，并建立 15－24 式的回归估计式

$$\hat{Y}_t = \hat{b}_0 e^{\hat{b}_1 t} \tag{15-26}$$

将相应的 t 值代入 15－26 式，即可得 t 时期的预测值 $\hat{Y}_t$。

（三）自回归趋势模型

对于具有向上增长趋势、但每个时期增长量和增长速度并不相等的时间序列，可以用自回归趋势模型来描绘这一变动趋势。简单的自回归趋势模型的表达式为

$$Y_t = b_0 + b_1 Y_{t-1} \qquad (t=1,\ 2,\ \cdots,\ T) \tag{15-27}$$

应用回归方法可以估计 b_0 和 b_1，并建立样本模型估计式

$$\hat{Y}_t = \hat{b}_0 + \hat{b}_1 Y_{t-1} \tag{15-28}$$

将时间序列 $t-1$ 时期的值 Y_{t-1}代入 15－28 式，即可求出 t 时期 Y 的估计值 $\hat{Y}_t$。

对于 15－27 式，如果 $b_0=0$，则 b_1 代表时间序列 Y 的增长速度。当 $b_0 \neq 0$，且 $b_1=1$ 时，便表明时间序列在每个时期都有相同的绝对增长量。15－27 式还有一个变化形式，就是对数自回归趋势模型，其表达式为

$$logY_t = b_0 + b_1 logY_{t-1} \tag{15-29}$$

在 15－29 式中，如果 $b_0=0$，则 b_1 表示时间序列的复合增长速度。用回归方法同样可以建立其样本估计式，并用于预测。

（四）二次曲线趋势模型

二次曲线趋势模型的表达式为

$$Y_t=b_0+b_1t+b_2t^2 \quad (t=1,\ 2,\ \cdots,\ T) \qquad (15-30)$$

在 15－30 式中，当 $b_0>0$，且 $b_1>0$、$b_2>0$ 时，Y_t 会不断增长，并随时间推移而加速增长；当 $b_0>0$，但 $b_1<0$、$b_2>0$ 时，Y_t 是先递减而后递增；当 $b_0>0$，而 $b_1<0$、$b_2<0$ 时，Y_t 总是递减的。由此可见，15－30 式可以对不断递增、不断递减和先递减后递增三类时间序列进行描绘。二次曲线趋势模型描绘的几种情况如图 15-1 所示。

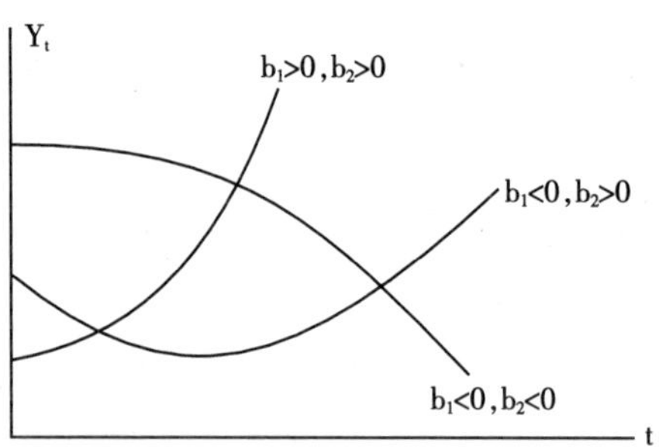

图 15－1 二次曲线趋势模型

利用回归方法可以对 15－30 式的参数进行估计，并建立样本模型估计式

$$\hat{Y}_t=\hat{b}_0+\hat{b}_1t+\hat{b}_2t^2 \qquad (15-31)$$

将相应的 t 值代入 15－31 式，即可得出 t 时期 Y 的估计值 $\hat{Y}_t$。

（五）成长曲线模型

如果时间序列有一个由高速增长到低速增长（或相反）并最终接近某一极限值的变动趋势，就可以用成长曲线模型对这一过程进行描绘。成长曲线模型有多种类型，最常用的是逻辑成长曲线模型

和龚珀兹成长曲线模型，它们的表达式分别是

$$Y_t = K/(1 + b_0 e^{-b_1 t}) \qquad (t = 1,2,\cdots,T) \qquad (15-32)$$

$$Y_t = e^{(K + b_0 b_1^t)} \qquad (t = 1,2,\cdots,T) \qquad (15-33)$$

成长曲线模型的函数图形如图 15-2 所示。龚珀兹曲线过原点

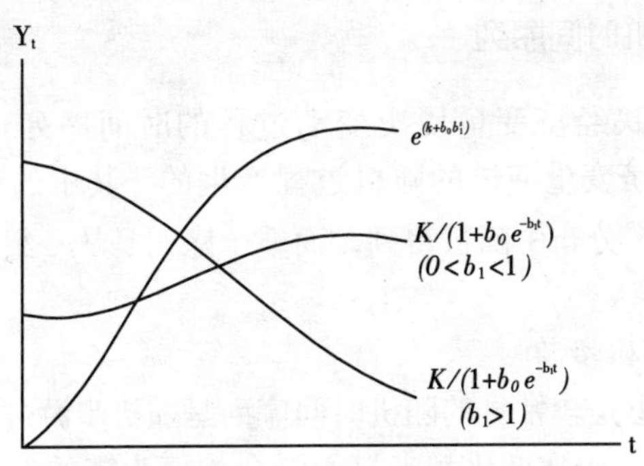

图 15-2 成长曲线模型

且增长速度快，逻辑成长曲线不过原点且增长速度较慢。在 15－32 式及 15－33 式中，K 为极限值，可以依据经济理论或经验事先确定；b_0 和 b_1 是模型待定参数，可以用回归方法进行估计。当求得 b_0 和 b_1 的估计值之后，可分别建立两个模型的样本估计式

$$\hat{Y}_t = K/(1 + \hat{b}_0 e^{-\hat{b}_1 t}) \qquad (15-34)$$

$$\hat{Y}_t = e^{(K + \hat{b}_0 \hat{b}_1^t)} \qquad (15-35)$$

将相应的 t 值代入样本估计式，即可求出 t 时期 Y 的预测值 $\hat{Y}_t$。

上面五类模型都是基于时间序列过去的变动趋势进行预测，由于这些模型不反映时间序列的随机性质，所以它们都属于确定性模型。虽然这几类模型并不十分严密，在预测精度上也达不到随机时间序列模型的高度，但由于其简便易行，省时省费的特点，多年来一直被经济和商业预测所采用。

第十六章　随机时间序列的特征

一、随机时间序列

对于反映经济变量历史变动过程的时间序列 Y_1，Y_2，…，Y_t，是由经济变量演进的随机过程产生的，其中的每一个数值都是从一个概率分布中随机得到，而整个序列是从一组联合分布的随机变量获得。

（一）随机步游

最简单也是较常见的随机时间序列是随机步游过程，在这一过程中，Y_t 的每一次变化都来自于一个均值为零的独立同分布。故 Y_t 由

$$Y_t = Y_{t-1} + u_t \tag{16-1}$$

决定。其中 $E(u_t)=0$，当 $i \neq j$ 时，$E(u_i u_j)=0$，且 $\sigma_{u_i}^2 = \sigma_{u_j}^2 = \sigma_u^2$。

如果对这样的随机步游过程进行预测，则 $t+1$ 时期的预测值 $\hat{Y}_{t+1}$为

$$\begin{aligned}\hat{Y}_{t+1} &= E(Y_{t+1} \mid Y_t, Y_{t-1}, \cdots, Y_1) \\ &= E(Y_t + u_{t+1}) \\ &= Y_t \end{aligned} \tag{16-2}$$

该随机步游过程 $t+2$ 时期的预测值 $\hat{Y}_{t+2}$为

$$\begin{aligned}\hat{Y}_{t+2} &= E(Y_{t+1} + u_{t+2}) \\ &= E(Y_t + u_{t+1} + u_{t+2}) \\ &= Y_t \end{aligned} \tag{16-3}$$

类似地可推导在 $t+L$ 时期该随机步游过程的预测值 $\hat{Y}_{t+L}$亦

为 Y_t。虽然无论 L 多大，$t+L$ 期的预测值 $\hat{Y}_{t+L}$ 都为 Y_t，但不同时期预测误差的方差是不相同的，它会随 L 的增大而增大。$t+1$ 时期的预测标准误差 e_1 及其方差 $E(e_1^2)$ 为

$$e_1 = Y_{t+1} - \hat{Y}_{t+1}$$
$$= Y_t + u_{t+1} - Y_t$$
$$= u_{t+1}$$
$$E(e_1^2) = E(u_{t+1}^2) = \sigma_u^2 \qquad (16-4)$$

$t+2$ 时期的预测标准误差 e_2 及其方差 $E(e_2^2)$ 为

$$e_2 = Y_{t+2} - \hat{Y}_{t+2}$$
$$= Y_t + u_{t+1} + u_{t+2} - Y_t$$
$$= u_{t+1} + u_{t+2}$$
$$E(e_2^2) = E[(u_{t+1} + u_{t+2})^2]$$
$$= E(u_{t+1}^2) + E(u_{t+2}^2) + 2E(u_{t+1}u_{t+2})$$
$$= 2\sigma_u^2 \qquad (16-5)$$

同样方法可以推导出 $t+L$ 时期预测误差的方差为 $L\sigma_u^2$。这表明，对于如 16-1 式的随机步游过程，预测的标准误差将是 L 平方根的倍数，而其方差则为 L 的倍数。就预测的置信区间而言，将随 L 的增加而加宽，图 16-1 表明了这一特点。

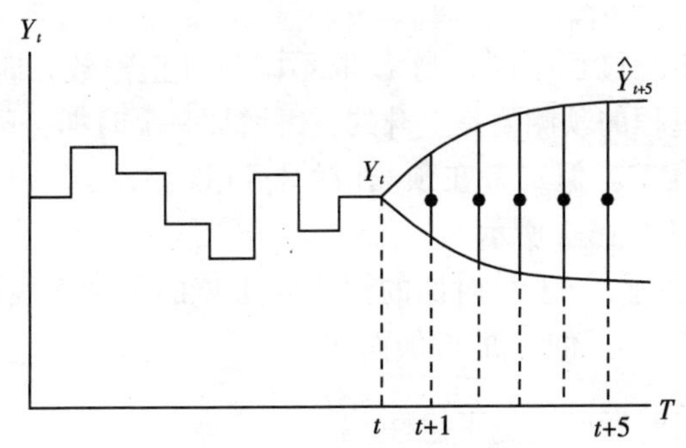

图 16-1 随机步游过程的预测

对随机步游过程的预测可以确定置信区间，判断预测误差的范围，是随机时间序列模型 16-1 式的一个优点，因为知道了预测误

差的范围，就可以对预测结果的可信度做出评价。

（二）带位移随机步游

随机步游的一个简单推广就是带位移的随机步游过程。这一过程包括时间序列 Y_t 向上或同下的发展趋势，可以在预测中加进趋势变动的因素。带位移的随机步游过程的表达，只需在 16－1 式基础上加进趋势项 V 即可，故 Y_t 为

$$Y_t = Y_{t-1} + V + u_t \tag{16-6}$$

对于 16－6 式，如果 $V>0$，表示时间序列平均而言是向上移动的。在这种情况下，$t+1$ 时期的预测值 $\hat{Y}_{t+1}$为

$$\begin{aligned}\hat{Y}_{t+1} &= E(Y_{t+1} \mid Y_t,\ Y_{t-1},\ \cdots,\ Y_1)\\ &= E(Y_t + V + u_{t+1})\\ &= Y_t + V\end{aligned} \tag{16-7}$$

$t+L$ 时期的预测值 $\hat{Y}_{t+L}$为

$$\hat{Y}_{t+L} = Y_t + LV \tag{16-8}$$

带位移的随机步游过程预测的标准差与随机步游的相同。$t+1$ 时期的标准误差 e_1 为

$$\begin{aligned}e_1 &= Y_{t+1} - \hat{Y}_{t+1}\\ &= Y_t + V + u_{t+1} - Y_t - V\\ &= u_{t+1}\end{aligned} \tag{16-9}$$

与随机步游过程不同，当 L 取不同值（正整数）时，带位移的随机步游过程的预测值是上升的，每增加一个时期，预测值就增加一个趋势值 V。但二者在预测值的标准误差及方差方面的情况是相同的，如图 16-2 所示。

图 16-2 显示，$t+L$ 时期的预测值随 L 的增加而线性地增加，预测值的标准误差随$\sqrt{L}$的增加而增加。

二、随机时间序列的平稳性

（一）随机时间序列平稳性的含义

时间序列是由一个随机过程生成的，如果这一随机过程的随机

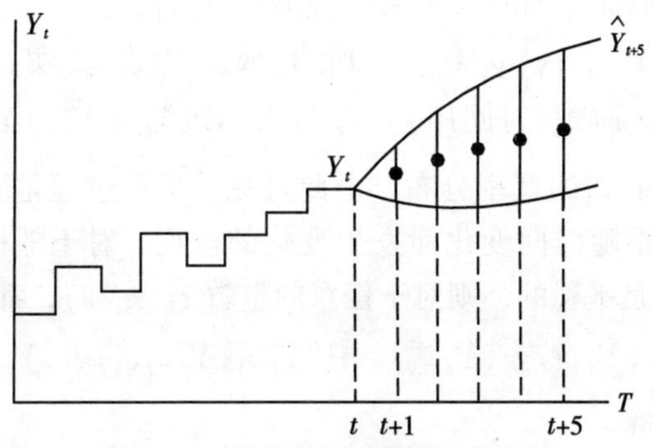

图 16-2 带位移随机步游过程预测

特征不随时间的变化而发生改变，则这一过程称为平稳随机过程，由这一过程生成的时间序列称为平稳随机时间序列；如果这一随机过程的随机特征随着时间的变化而改变，则这一过程称为非平稳随机过程，由这一过程生成的时间序列称为非平稳随机时间序列。对于平稳随机时间序列，可以用确定系数方程将其模型化，并可利用时间序列过去的数据对系数进行估计（与单一方程回归模型相类似）。而对于非平稳随机时间序列，则很难用一个数学模型反映其过去与未来。

在社会经济活动中，很多过程不仅具有随机性，而且具有非平稳性，由其生成的随机时间序列亦具有非平稳性。例如，在大多数情况下，国民生产总值、主要工农业产品产量、社会商品零售总额、居民收入等会随时间而稳定增长，而决定它们发展变化的过程在不同时期的随机特点是各不相同的，由此造成反映这些经济变量发展变化的随机时间序列不具有平稳性。随机时间序列的非平稳性带有普遍性，它在客观反映经济活动现实的同时，也带来了应用数学模型描绘经济变量变动过程的困难。但对于非平稳随机过程，可以应用一定的方法将其转化为平稳和近似平稳的随机过程。

（二）平稳随机过程的性质

如前所述，任何一个随机时间序列 Y_1，Y_2，…，Y_t 都是由一组联合分布随机变量所生成，即 Y_1，Y_2，…，Y_t 代表联合概率分布函数 P（Y_1，Y_2，…，Y_t）的某一特定结果。与此相类

似，该随机时间序列的一个未来观测值 Y_{t+1}，是由条件概率分布函数 $P(Y_{t+1}|_{Y_1,Y_2,\cdots,Y_t})$ 所生成。这也表明，$P(Y_{t+1}|_{Y_1,Y_2,\cdots,Y_t})$ 是随机时间序列 Y_t 过去的观测值 Y_1，Y_2，…，Y_t 给定条件下 Y_{t+1}的概率分布。由此可见，平稳过程是联合分布和条件分布均不随时间变化而发生变化的过程。对于随机时间序列 Y_t，如果它是平稳的，则对于任意的整数 t、k 和 j，都有

$$P(Y_t,Y_{t+1},\cdots,Y_{t+k})=P(Y_{t+j},Y_{t+j+1},\cdots,Y_{t+k+j}) \tag{16-10}$$

且

$$P(Y_t)=P(Y_{t+k}) \tag{16-11}$$

如果随机时间序列 Y_t 是平稳的，则该序列的期望值（均值）

$$\mu_Y=E(Y_t) \tag{16-12}$$

也是稳定的，对于任意的 t 和 k，都有 $E(Y_t)=E(Y_{t+k})$ 成立。而该随机时间序列的方差

$$\sigma_Y^2=E[(Y_t-\mu_Y)^2] \tag{16-13}$$

也是稳定的，对于任意的 t 和 k，均有 $E[(Y_t-\mu_Y)^2]=E[(Y_{t+k}-\mu_Y)^2]$ 成立。

再者，对于任意滞后长度 k，该随机时间序列的协方差

$$\begin{aligned}S_K&=Cov(Y_t,Y_{t+k})\\&=E[(Y_t-\mu_Y)(Y_{t+k}-\mu_Y)]\end{aligned} \tag{16-14}$$

也是稳定的，对于任意的 t、k 及 j，都有 $Cov(Y_t,Y_{t+k})=Cov(Y_{t+k},Y_{t+k+j})$ 成立。

当随机时间序列 Y_t 是平稳的，则概率分布 $P(Y_t)$ 对于所有的 t 都是相同的，该序列的性质一般能够用观测数据 Y_1，Y_2，…，Y_t 进行推断。其期望值 μ_Y 可以由序列的样本均值

$$\overline{Y}=(\sum_{t=1}^{T}Y_t)/T \tag{16-15}$$

来估计。而其方差 σ_Y^2 可以由样本方差

$$\hat{\sigma}_Y^2=[\sum_{t=1}^{T}(Y_t-\overline{Y})^2]/T \tag{16-16}$$

进行估计。

（三）随机时间序列的趋势平稳与差分平稳

在随机时间序列的分析中，趋势平稳过程（简记为 *TSP*）和差分平稳过程（简记为 *DSP*）是两个重要的概念。趋势平稳（*TS*）和差分平稳（*DS*）是随机时间序列平稳的两种类型，反映了不同类型的平稳随机时间序列的形态和特征。

对于随机时间序列 Y_t，如果

$$Y_t = b_0 + b_1 t + u_t \tag{16-17}$$

成立，其中的 u_t 是稳定的，且满足 $E(u_t)=0$、$Var(u_t)=\sigma_u^2$、$Cov(u_t, u_j)=0$ $(t \neq j)$，则该随机时间序列就是一个趋势平稳过程。当从 16-17 式中减去趋势项 $b_0 + b_1 t$，并令 $Y_t - (b_0 + b_1 t) = Y_t^*$，可得

$$Y_t^* = u_t \tag{16-18}$$

16-18 式中的 Y_t^* 是 Y_t 去掉趋势项后的新随机时间序列。由于 u_t 具有稳定性，故去掉趋势的结果 Y_t^* 是一个平稳过程。

对于随机时间序列 Y_t，如果

$$Y_t - Y_{t-1} = A + u_t \tag{16-19}$$

成立，其中的 A 为常数，u_t 是平稳的，并满足 $E(u_t)=0$，$Var(u_t)=\sigma_u^2$，$Cov(u_t, u_j)=0$　$(t \neq j)$，则该随机时间序列就是一个差分平稳过程。因为式中的 $Y_t - Y_{t-1} = \triangle Y_t$，是 Y_t 的一阶差分，故 16-19 式又可表达为

$$\triangle Y_t = A + u_t \tag{16-20}$$

依据上述分析可以看出，对于一个平稳的随机时间序列，可以用一个趋势平稳过程作为它的模型（用趋势平稳过程进行描绘）；而一个非平稳的随机时间序列，则代表一个差分平稳过程。鉴于此，霍尔登（*Holden*）和汤普森（*Thompson*）认为：对于一个确定性趋势，即可通过在回归中包含一个时间变量而把变量变为平稳的，也可以预先对时间做一回归，同时把所估计的趋势减去。从随机时间序列趋势平稳与差分平稳的特点分析和比较，可以得到一个不十分严密但却是正确的结论，从一个趋势平稳过程做出的长期预测将是更为可靠的，但从一个差分平稳过程做出的长期预测则是靠

不住的，有时甚至是冒险的。正如 N·波尔可所说："随机性趋势的出现意味着，时间序列的波动不仅是短暂或周期性成分，而且是长期趋势成分冲击的结果"。

三、随机时间序列的自相关系数及单位根

（一）随机时间序列的自相关系数

随机时间序列的自相关系数，是测度随机时间序列两个不同时期数据之间相关程度的统计量。若随机时间序列在 t 时期的数据为 Y_t，滞后 k 时期的数据为 Y_{t+k}，则滞后期为 k 的自相关系数 ρ_k 可以用函数表达为：

$$\rho_k = \frac{E\{[Y_t - E(Y)][Y_{t+k} - E(Y)]\}}{\sqrt{E[Y_t - E(Y)]^2 \cdot E[Y_{t+k} - E(Y)^2]}} \qquad (16-21)$$

对于平稳过程，第 t 期的方差与第 $t+k$ 期的方差相等，16－21 式的分母正好是随机过程的方差 σ_Y^2。因此，16－21 式又可表达为

$$\rho_k = E\{[Y_t - E(Y)][Y_{t+k} - E(Y)]\}/\sigma^2 \qquad (16-22)$$

在 16－21 式中，分子为 Y_t 与 Y_{t+k}的协方差，令其为 S_k；分母为随机过程的方差，令其为 S_0^2。于是，滞后期为 k 的自相关系数 ρ_k 又可表达为

$$\rho_k = S_k / S_0^2 \qquad (16-23)$$

很显然，当滞后期 k 为零时，$\rho_0 = 1$ 对任何随机过程均成立。

当随机过程是

$$Y_t = u_t \qquad (t=1, 2, \cdots, T) \qquad (16-24)$$

其中的 u_t 是均值为零的独立同分布随机变量，则可从 16－21 式中得出这样的结论：$\rho_0 = 1$，且当 $k>0$ 时，$\rho_k = 0$ 成立，16－23 式描绘的随机过程称为白噪声，白噪声过程是一个平稳过程，如果对于所有的 $k>0$，随机时间序列的自相关系数为零或近似为零，便没有必要利用模型预测该序列。

应当指出，16－21 式只是一个理论性的自相关函数式。事实

上，对于一个随机时间序列，通常只存在有限个观测值。因此，在实际应用中，只能用观测值对自相关函数进行估计。设观测值的个数为 T、观测值的均值为 $\overline{Y}$，则滞后 k 时期的自相关系数的估计值 $\hat{\rho}_k$ 为

$$\hat{\rho}_k = \sum_{t=1}^{T-k}[(Y_t - \overline{Y})(Y_{t+k} - \overline{Y})]/\sum_{t=1}^{T}(Y_t - \overline{Y})^2 \quad (16-25)$$

由 16－21 式和 16－25 式容易看出，理论自相关函数和估计自相关函数都是对称的，亦即正时间位移与负时间位移的相关系数是相等的，故有

$$\rho_k = \rho_{-k} \quad (16-26)$$

（二）随机时间序列的单位根

对于随机时间序列 Y_t（$t=1$，2，…，T），如果 t 时期的值 Y_t 与 $t-1$ 时期的值 Y_{t-1}可以建立回归式

$$Y_t = bY_{t-1} + u_t \quad (16-27)$$

且满足 E（u_t）$=0$、Var（u_t）$=\sigma_u^2$、Cov（u_t，u_j）$=0$（$t \neq j$），以及 $b=1$，便称 Y_t 有一个单位根。在计量经济学中，一个有单位根的时间序列称为随机步游时间序列，它属于典型的非平稳时间序列。

当对 16－27 式两边同时减去 Y_{t-1}，并令 $Y_t - Y_{t-1} = \triangle Y_t$，可得

$$\triangle Y_t = (1-b)\ Y_{t-1} + u_t \quad (16-28)$$

由于 $b=1$，故（$1-b$）$=0$，则上式即变为

$$\triangle Y_t = u_t \quad (16-29)$$

若 u_t 仍满足零均值、齐性方差、不存在自相关，它便是一个白噪声随机误差项，16－29 式便是描绘的一个白噪声过程，该过程是平稳的。

（三）齐次非平稳过程

在实际研究中所遇到的随机时间序列，只有极少数属于平稳序列。研究表明，对于绝大多数非平稳的随机时间序列，通过一次或多次差分后可以成为平稳序列，凡具有这一特征的非平稳序列，便

称为齐次随机过程。原来的非平稳序列变换为平稳序列所需要的差分次数称为齐次的阶数。如果随时间序列 Y_t 为一阶齐次非平稳过程，则序列

$$\triangle Y_t = Y_t - Y_{t-1} \tag{16-30}$$

就是平稳的。如果随机时间序列 Y_t 为二阶齐次非平稳过程，则序列

$$\triangle^2 Y_t = \triangle Y_t - \triangle Y_{t-1} \tag{16-31}$$

就是平稳的。

一阶齐次非平稳过程的一个典型例子，就是如 16－27 式描绘的简单随机步游过程。这个过程的方差 S_0^2 为

$$\begin{aligned} S_0^2 &= E\ (Y_t^2) \\ &= E\ [\ (bY_{t-1} + u_t)^2] \end{aligned} \tag{16-32}$$

因为 $b=1$，$Var\ (u_t)\ =\sigma_u^2$，故有

$$\begin{aligned} S_0^2 &= E\ [\ (Y_{t-1} + u_t)^2] \\ &= E\ (Y_{t-1}^2)\ + E\ (u_t^2)\ + 2E\ (Y_{t-1}u_t) \\ &= E\ (Y_{t-1}^2)\ + \sigma_u^2 \end{aligned} \tag{16-33}$$

$$\vdots \qquad \vdots$$

$$S_0^2 = E\ (Y_{t-k}^2)\ + k\sigma_u^2 \tag{16-34}$$

上述迭代过程表明，方差 S_0^2 为无限大，无法进行定义。对于协方差 S_1，也与方差的情况相类似。即

$$\begin{aligned} S_1 &= E\ (Y_t,\ Y_{t-1}) \\ &= E\ [\ (Y_{t-1} + u_t)\ Y_{t-1}] \\ &= E\ (Y_{t-1}^2 + Y_{t-1}u_t) \\ &= E\ (Y_{t-1}^2) \end{aligned} \tag{16-35}$$

由上述分析可知，对于简单随机步游过程的一次差分序列 $\triangle Y_t$，存在

$$\triangle Y_t = Y_t - Y_{t-1} = u_t \tag{16-36}$$

因为 u_t 满足零均值、齐性方差、不存在自相关的假设，所以 $\triangle Y_t$ 是一个白噪声过程，具有平稳性，它的自相关函数 $\rho_0 = 1$，

且对于任何 $k>0$，$\rho_k=0$。由此可见，简单随机步游过程是一阶齐次非平稳过程。

如果一个随机非平稳时间序列经一次差分就变成平稳的，该随机时间序列就是一阶求积（或一阶求和）序列，简记为 I（1）。如果一个随机非平稳时间序列经两次差分才能变成平稳，则原始序列就是二阶求积（或二阶求和）序列，简记为 I（2）。依次类推，如果一个随机非平稳时间序列经 d 次差分才能变成平稳，则它就是 d 阶求积（或 d 阶求和）序列，简记为 I（d）。因此，如果一个随机时间序列是一阶或高阶的求积序列，它就是一个非平稳序列。按照这一逻辑关系，当 $d=0$ 时，其结果 I（0）过程便代表一个随机平稳时间序列。据此，平稳过程与 I（0）过程的意义是相同的。

四、随机时间序列的平稳性检验

（一）平稳性的自相关函数检验

根据随机时间序列自相关函数（16－20 式）的分析知，当 $\rho_0=1$，且对于任何 $k>0$ 均有 $\rho_k=0$ 时，该序列就是平稳的。因此，在 $k>0$ 的情况下，ρ_k 是否为零就成为判别序列平稳性的标准。对于一个随机时间序列，如果自相关函数 ρ_k 随滞后期 k 的增加迅速下降为零，则该序列就是平稳的；如果自相关函数 ρ_k 随滞后期 k 的增加并不迅速下降为零，则该序列就是非平稳的。对于一个进行差分处理的随机时间序列，对每次差分后得到的序列的自相关函数进行考察，如果经 N 次差分后的序列的自相关函数，随滞后期 k 的增加而迅速下降为零，就可以判定原随机时间序列为 N 阶齐次非平稳过程。

这一检验的具体办法是，利用 16－24 式对随机时间序列（或差分后的序列）的自相关函数进行估计，得出不同滞后期 k 的估计值 $\hat{\rho}_k$，再以 k 为横轴，$\hat{\rho}_k$ 为纵轴绘制坐标图（如图 16-3 和图 16-4），根据自相关函数的变动趋势，对原随机时间序列的平稳性做出判定。

为了检验全部自相关系数 ρ_k 是否同时为零，可以应用博克斯

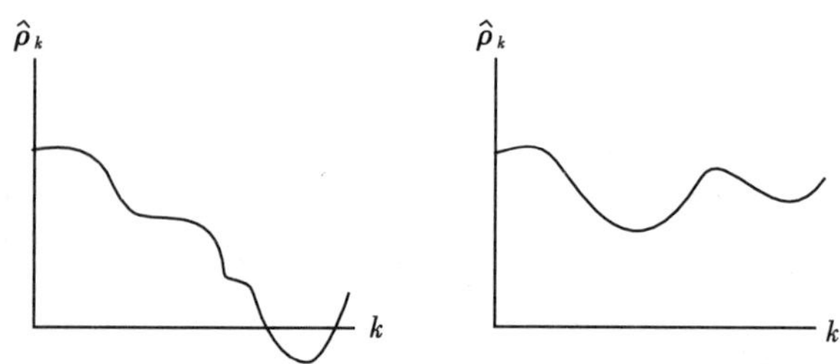

图 16-3 随机平稳时间序列　图 16-4 随机非平稳时间序列

（*Box*）和皮尔斯（*Pierce*）推导的 Q 统计量。若随机时间序列的样本容量为 T，滞后长度为 m，滞后 k 时期的自相关系数估计值为 $\hat{\rho}_k$，则 Q 统计量可由下式得出

$$Q = T\sum_{k=1}^{m}\hat{\rho}_k^2 \tag{16-37}$$

在大样本情况下，Q 统计量近似地遵从于 m 个自由度的 χ^2 分布。当计算的 Q 值大于选定显著水平的 χ^2 表中的临界值 Q_0，就表明全部的 ρ_k 不可能同时为零，至少其中的某些 ρ_k 是非零的，原随机时间序列是非平稳的。当计算的 Q 值小于选定显著水平的 χ^2 表中的临界值 Q_0，便表明全部的 ρ_k 同时为零，原随机时间序列是平稳的。很显然，与图 16-3 和图 16-4 的检验相比，Q 统计量的检验考虑得更全面，结果也更准确。

在小样本条件下，杨—博克斯（*L.jung-Box*）的 LB 统计量，用于检验全部自相关系数 ρ_k 是否同时为零，会有更好的效果。仍设随机时间序列的样本容量为 T，滞后长度为 m，滞后时期的自相关系数估计值为 $\hat{\rho}_k$，自由度为 m 的 χ^2 表中的临界值为 Q_0，则 LB 统计量由下式给出

$$LB = T(T+2)\sum_{k=1}^{m}[\hat{\rho}_k/(T-k)] - Q_0 \tag{16-38}$$

LB 统计量亦近似遵从于自由度为 m 的 χ^2 分布。计算 LB 之后，将其与给定显著水平的 χ^2 表中的临界值 Q_0 进行比较。如果 $LB > Q_0$，则 ρ_k 不可能同时为零，原随机时间序列是非平稳的；如果 $LB < Q_0$，则 ρ_k 同时为零，原随机时间序列是平稳的。

（二）平稳性的单位根检验

根据单位根的概念，要判定一个随机时间序列 Y_t 是否具有平稳性，可以通过对 16－27 式进行估计，看 b 的估计值 $\hat{b}$ 在统计上是否等于 1。或者令 $1-b=a$，将 16－28 式表达为

$$\triangle Y_t = aY_{t-1} + u_t \qquad (16-39)$$

后，对其进行估计，并在 t 统计量基础上判别 a 的估计值 $\hat{a}$ 是否为零。但问题在于，估计量 $\hat{a}$ 的 t 检验值在给定样本容量（例如 T）下不一定遵从 t 分布，给 $\hat{a}$ 是否为零的判定带来困难。

在 $b=1$ 的假设条件下，通常把 t 检验值称为 τ 统计量。迪基和富勒曾计算出一个 τ 统计量临界值表，故文献中将 τ 检验称为迪基—富勒检验（DF 检验）。如果前提假设 $b=1$ 不成立，则应采用惯常的 t 检验。

τ 检验的具体做法是：对 16－27 式进行估计，求出 b 的估计值 $\hat{b}$，再用 $\hat{b}$ 除以它的标准差 $S_{\hat{b}}$，得出迪基—富勒统计量 τ（即 $\tau=\hat{b}/S_{\hat{b}}$）；将计算的 τ 的绝对值 $|\tau|$，与迪基—富勒临界值表（DF）或麦金农临界值表（DF 表的扩充）中的临界值 τ 的绝对值 $|\tau_0|$ 进行比较；当 $|\tau|>|\tau_0|$，则 $b=1$，原随机时间序列是平稳的；当 $|\tau|<|\tau_0|$，则 $b\neq1$，原随机时间序列是非平稳的。

在实际的应用中，迪基—富勒检验除应用 16－39 式这样的模型外，还利用另外两种模型

$$\triangle Y_t = b_0 + aY_{t-1} + u_t \qquad (16-40)$$

$$\triangle Y_t = b_0 + b_1 t + aY_{t-1} + u_t \qquad (16-41)$$

在 16－39 式、16－40 式及 16－41 式中，都假定 $a=0$，即存在一个单位根。与 16－39 式相比，16－40 式多了一个截距项（常数项）b_0；而 16－41 式不仅多了一个截距项 b_0，还多了一个时间（或趋势）项 t。

当随机误差项 u_t 存在自相关时，16－41 式应修改成如下形式

$$\triangle Y_t = b_0 + b_1 t + a_j \sum_{i=1}^{m} \triangle Y_{t-j} + \varepsilon_t \qquad (16-42)$$

在 16－42 式中，$\triangle Y_{t-1}=Y_{t-1}-Y_{t-2}$，$\triangle Y_{t-2}=Y_{t-2}-Y_{t-3}$，余者类推。在模型中使用了滞后的差分项，差分项的个数往往由经验决定，足够多的滞后差分项可以使 16－42 式中的随机误差项 ε_t 不存在自相关（在序列上保持独立）。当 DF 检验用于 16－42 式时，就被称为扩充迪基—富勒（ADF）检验。ADF 检验统计量与 DF 统计量有相同的渐进分布，可以用同样的临界值。

五、谬误回归

在对经济变量间内在数量依存关系的分析中，有时需要用一个时间序列数据去回归另一个时间序列数据。这时，不仅可以得到模型参数的估计值，而且经过常规的统计检验（F 检验、t 检验、DW 检验等），还能得到一个在表面上看来是十分理想的结果。但如果进一步审查，模型的估计结果可能是谬误的或者是可疑的。这就是谬误回归问题，凡是涉及时间序列数据的回归，都存在出现这一问题的可能性。

例如，时间序列 Y_t（Y_1，Y_2，…，Y_T）与另一时间序列 X_t（X_1，X_2，…，X_T）存在线性依存关系，可建立二者的回归模型

$$Y_t=b_0+b_1X_t+u_t \qquad (16-43)$$

利用 Y_t 与 X_t 的样本资料对 16－43 式进行估计，可得到估计式

$$\hat{Y}_t=\hat{b}_0+\hat{b}_1X_t \qquad (16-44)$$

对 16－44 式进行检验，如果可决系数 R^2 很高（接近于 1）、X_t 的参数估计量 $\hat{b}_1$ 的 t 检验值极高、杜宾—沃森检验的 DW 值偏低，则该回归估计式就可能是一个谬误的结果。葛兰杰和纽博尔德曾提出一个经验性规则：当 $R^2>DW$ 时，所估计的回归式就有谬误回归之嫌。

对于 16－44 式，如果 $R^2>DW$ 成立，可以通过分析时间序列 Y_t 与 X_t 的平稳性，找出产生谬误的原因。分别建立并估计 Y_t 和 X_t 的一阶差分与其滞后值的回归式，可得

$$\triangle Y_t = \hat{\alpha}_0 + \hat{\alpha}_1 Y_{t-1} \tag{16-45}$$

$$\triangle X_t = \hat{\beta}_0 + \hat{\beta}_1 X_{t-1} \tag{16-46}$$

当利用 $\hat{\alpha}_1 / S_{\hat{\alpha}_1}$ 及 $\hat{\beta}_1 / S_{\hat{\beta}_1}$ 计算出滞后 Y 和滞后 X 的 τ 值，并取绝对值后与麦金农临界值表中一定显著水平的临界值的绝对值 $|\tau_0|$ 对比，就会发现 $|\tau| < |\tau_0|$。由此可出结论：时间序列 Y_t 与 X_t 都存在单位根，它们都是非平稳的。

由上述分析可知，在建立 16－44 式时，是用一个非平稳时间序列对另一个非平稳时间序列进行回归。在这种情况下，惯常的 F 检验与 t 检验是失效的，并使估计式变为谬误。

由于时间序列 Y_t 与 X_t 存在单位根，它们的一阶差分 $\triangle Y_t$ 和 $\triangle X_t$ 都应当是平稳的。但这并不意味着可以通过 $\triangle Y_t$ 与 $\triangle X_t$ 的回归，去代替 Y_t 与 X_t 的回归，以解决非平稳性、随机趋势及其他有关的问题。因为在对时间序列 Y_t 与 X_t 取一阶或高阶差分时，可能把由 Y 及 X 两个变量的水平值所决定的有价值的长期关系丢掉。正因为如此，大多数经济理论都是以变量之间的水平形式给出的，而不用变量之间的差分形式加以表达与说明。

六、协整时间序列

（一）协整时间序列释义

由前面的分析知，随机步游是典型的随机非平稳时间序列，如果将一个随机步游变量对另一个随机步游变量进行回归（如 16－43 式），就可能导致谬误的结果。而对随机步游变量进行差分处理，虽可解决非平稳问题，但又会导致两个变量有关长期关系信息的丢失。在这种情况下，应当寻求对两个随机步游变量进行回归又不会导致谬误结果的新思路。

研究表明，两个随机步游的变量虽然分别都是非平稳的，但它们的线性组合有可能是平稳的。例如，对于 16－43 式，Y_t 与 X_t 这两个随机步游变量都是非平稳的，但它们的线性组合

$$u_t = Y_t - b_0 - b_1 X_t \tag{16-47}$$

可能是平稳的，即 u_t 是 I（0）。这时便称随机步游变量 Y_t 与 X_t 是协整的（协积的），或称二者具有协整关系（协积关系），b_1 称为协整（协积）参数，16－43 式为协整（协积）回归。当 16－47 式中的 u_t 是 I（0）时，表明 Y_t 与 X_t 驾驭变量变动相同的波长，二者变动的趋势互相抵消。如果随机非平稳时间序列 Y_t 及 X_t 是同阶求积（求和）的，则它们将驾驭相同的波长。因此，当序列 Y 是 I（d）、而序列 X 也是 I（d）时，只要 d 为同数值，则 Y 与 X 就可能是协整的（协积的）。对两个存在协整（协积）关系的随机非平稳时间序列进行回归不会造成谬误，用它们的一阶差分进行回归也不会丢失任何有价值的长期信息。

由于 16－47 式中的 u_t 是 16－43 式的随机误差项，如果能证明 u_t 是平稳的，即 u_t 是 I（0），便证明了 Y_t 与 X_t 存在协整（协积）关系，传统的回归方法（包括 F 检验和 t 检验）就可用于对其研究。单位根、协整（协积）概念的重要意义在于：通过对回归残差 u_t 是否平稳［是否是 I（0）］的检验，证明进行回归的两个随机非平稳时间序列是否存在协整（协积）关系，并进而对用一个随机非平稳时间序列去回归另一个随机非平稳时间序列时产生谬误的可能性作出判断。

（二）协整回归的恩格尔—葛兰杰（*EG*）及扩充恩格尔—葛兰杰（*AEG*）检验

对协整回归 16－43 式中随机误差项 u_t 是否平稳的检验，可以应用已介绍的 DF 或 ADF 单位根检验来进行。应用普通最小二乘法对 16－43 式进行估计，可得出样本回归估计式 16－44 式。利用 $Y_t-\hat{Y}_t$ 可以求出 u_t 的估计值 $\hat{u}_t$，应用 $\hat{u}_t$ 又可建立其一阶差分与滞后项的回归模型。即

$$\triangle\hat{u}_t=\gamma\hat{u}_{t-1}+\varepsilon_t \tag{16-48}$$

对 16－48 式进行估计，可得到估计式

$$\triangle\hat{u}_t=\hat{\gamma}\hat{u}_{t-1} \tag{16-49}$$

由于随机误差项 u_t 的估计值 $\hat{u}_t$，是以估计的协整参数 $\hat{b}_1$ 为依

据的，所以直接使用 ADF 的临界值对 16－49 式中的参数 $\hat{\gamma}$ 进行检验不太适合。为此，恩格尔—格兰杰曾经另行计算出这些临界值(可从相关文献查知)，利用这些新的临界值进行的 DF 或 ADF 检验，就称为恩格尔—葛兰杰（EG）检验或扩充恩格尔—葛兰杰（AEG）检验。

当估计出 16－49 式后，利用 $|\hat{\gamma}/S_{\hat{\gamma}}|$ 求出 $|\tau|$ 统计量，再将其与恩格尔—葛兰杰一定显著水平的临界值的绝对值 $|\tau_0|$ 进行比较。如果 $|\tau|>|\tau_0|$，表明 u_t 是平稳的，16－43 式中的两个随机非平稳时间序列 Y_t 与 X_t 具有协整（协积）关系；如果 $|\tau|<|\tau_0|$，则表明 u_t 是非平稳的，Y_t 与 X_t 不具有协整（协积）关系。

（三）协整回归的杜宾—沃森（*CRDW*）检验

对协整回归 16－43 式中随机误差项 u_t 是否平稳的检验，还可用 DW 统计量便捷地进行。当对 16－43 式进行估计得出 16－44 式后，即可利用 $Y_t-\hat{Y}_t$ 求出 u_t 的估计量 $\hat{u}_t$，再依据 $\hat{u}_t$ 可以计算 DW 统计量。即

$$DW=\sum_{t=2}^{T}(\hat{u}_t-\hat{u}_{t-1})^2/\sum_{t=1}^{T}\hat{u}_t^2$$

（T 为样本容量）(16－50)

如果 $\hat{u}_t$ 是平稳的随机时间序列，则 $\hat{u}_t-\hat{u}_{t-1}$ 的期望值就应该等于零。因此，在计算出 DW 值之后，只要判别出它为零的可能性大小，就能对其是否是平稳的问题做出结论。萨根和巴加瓦根据模拟计算，得出了样本容量为 100 时，$CRDW$ 检验在显著水平为 1%、5%、10% 的临界值分别为 0.511、0.386、0.322。当依据 16－50 式计算的 DW 值小于临界值时，表明 $\hat{u}_t$ 进而 u_t 是非平稳的，16－43 式中的两个随机非平稳时间序列 Y_t 与 X_t 不具有协整(协积) 关系；当计算的 DW 值大于临界值时，表明 $\hat{u}_t$ 是平稳的，Y_t 与 X_t 具有协整（协积）关系。

（四）协整（协积）与误差纠正方法（*ECM*）

对于 16－43 式，如果随机非平稳时间序列 Y_t 与 X_t 具有协整

（协积）关系，则二者之间在长期是均衡的。但长期均衡并不能保证短期均衡，在短期内二者又可能是失衡的。据此，可以把 16－47 式中的误差项 u_t 作为均衡误差，并利用它将 Y 的短期行为与长期行为联系起来。萨根、恩格尔、葛兰杰对短期失衡问题提出了一种纠正方法，简称为 *ECM*。现以 16－43 式为例，说明这种纠正方法。如果 Y_t 与 X_t 存在短期失衡的协整（协积）关系，可以建立下面的模型

$$\triangle Y_t = A_0 + A_1 \triangle X_t + A_2 \hat{u}_{t-1} + \varepsilon_t \qquad (16-51)$$

在 16－51 式中，$\triangle Y_t$ 与 $\triangle X_t$ 分别为 Y_t 与 X_t 的一阶差分；$\hat{u}_{t-1}$ 是 16－43 式随机误差项 u_{t-1} 的估计量，是对均衡误差项的经验估计值；ε_t 是满足惯常假定的新的随机误差项。该式将 Y 的变化和 X 的变化以及“前期”的“均衡”误差联系在一起，$\triangle X_t$ 表示 X 变化中的短期波动，而 $\hat{u}_{t-1}$ 则表示向长期均衡的调整。利用相关数据可以对 16－51 式进行估计，并得到估计式

$$\triangle \hat{Y}_t = \hat{A}_0 + \hat{A}_1 \triangle X_t + \hat{A}_2 \hat{u}_{t-1} \qquad (16-52)$$

如果 16－52 式能够达到统计检验的显著水平，则参数估计值 $\hat{A}_1$ 表示 X 的短期变化对 Y 的影响方向和程度，$\hat{A}_2$ 则表示 Y 在一个时期的失衡有多大的比例可以在下一个时期得到纠正。

第十七章　随机时间序列模型及预测

一、自回归（AR）模型

如果时间序列遵循自回归过程，则它在 t 时期的值 Y_t 是前一期至前 P 期观测值的加权平均，再加上当期随机误差项。将这类过程记为 AR（P），其表达式为

$$Y_t = A_0 + a_1 Y_{t-1} + a_2 Y_{t-2} + \cdots + a_p Y_{t-p} + u_t \quad (t=1,\ 2,\ \cdots,\ T;\ t > p) \qquad (17-1)$$

17－1 式是自回归模型的一般表达式，凡遵循自回归过程的时间序列，只要确定了自回归的阶 P 的值，就可用该式进行具体描绘与表达。式中的 A_0 为常数，它与时间序列的均值有关。而随机误差项 u_t 满足零均值，齐性方差、不存在序列相关的要求。

（一）自回归模型的性质

如果自回归过程是平稳的，它在各时期的均值 μ 应当是一个常数，即

$$E(Y_t) = E(Y_{t-1}) = \cdots = \mu$$

进而有　$$\mu = A_0 + a_1\mu + a_2\mu + \cdots + a_p\mu \qquad (17-2)$$

或　$$\mu = A_0 / (1 - a_1 - a_2 - \cdots - a_p) \qquad (17-3)$$

17－3 式给出了一个时间序列平稳性的条件，如果过程是平稳的，则式中的均值 μ 一定是有限的，否则，过程会漂移到离固定参照点极远。当 μ 为有限的量，则必然有

$$a_1 + a_2 + \cdots + a_p < 1 \qquad (17-4)$$

17－4 式是时间序列平稳的一个基本条件，虽然 AR（P）过程平稳还有其他必要条件，如果这一基本条件不满足，过程肯定不是平稳的。

通过考察自回归过程的均值、方差与协方差，可以对其性质有

一个较好的了解。

对于一阶自回归过程 AR（1）

$$Y_t = A_0 + a_1 Y_{t-1} + u_t \qquad (t=1,2,\cdots,T) \qquad (17-5)$$

其均值为

$$\mu = A_0 /\ (1 - a_1) \qquad (17-6)$$

在 17－6 式中，如果$|a_1|<1$，则过程是平稳的。带漂移的随机步游过程虽然也是一阶自回归过程，但它不是平稳的。因为当 $a_1=1$ 时，它的方差会随时期的推移而不断增大。

假设一阶自回归过程平稳，并通过 $Y_t^* = Y_t - \mu$ 使过程均值为零，进而使 $A_0=0$，即在$|a_1|<b$，$A_0=0$ 的条件下，过程的方差 S_0 为

$$\begin{aligned} S_0 &= E[(a_1 Y_{t-1}^* + u_t)^2] \\ &= E(a_1^2 Y_{t-1}^{*^2} + u_t^2 + 2a_1 Y_{t-1}^* u_t) \\ &= a_1^2 S_0 + \sigma_u^2 \end{aligned}$$

故有 $$S_0 = \sigma_u^2 /\ (1 - a_1^2) \qquad (17-7)$$

Y_t 与其前一期 Y_{t-1}及前二期 Y_{t-2}的协方差 S_1 和 S_2 分别为

$$\begin{aligned} S_1 &= E[Y_{t-1}^*(a_1 Y_{t-1}^* + u_t)] \\ &= a_1 \sigma_u^2 / (1 - a_1^2) \qquad (17-8) \end{aligned}$$

$$\begin{aligned} S_2 &= E[Y_{t-2}^*(a_1^2 Y_{t-2}^* + a_1 u_{t-1} + u_t)] \\ &= a_1^2 \sigma_u^2 / (1 - a_1^2) \qquad (17-9) \end{aligned}$$

与上述相类似，时期差为 k 的 Y_t 的协方差 S_k 为

$$S_k = a_1^k \sigma_u^2 /\ (1 - a_1^2) \qquad (17-10)$$

由 17－7 式及 17－10 式可推导出 AR（1）过程的自相关函数 ρ_k，即

$$\rho_k = S_k / S_0 = a_1^k \qquad (17-11)$$

从 17－11 式可看出，对于一阶自回归过程，自相关函数从 $\rho_0=1$ 开始，随时期差 k 的增大，呈几何级数下降。

对于二阶自回归过程 AR（2）

$$Y_t = A_0 + a_1 Y_{t-1} + a_2 Y_{t-2} + u_t \qquad (17-12)$$

其均值为　$\mu=A_0/(1-a_1-a_2)$　　(17－13)

与 AR（1）过程类似，当$|a_1+a_2|<1$时，AR（2）过程才是平稳的。若此条件成立，并通过 $Y_t^*=Y_t-\mu$ 使过程均值为零，进而使 $A_0=0$，则 AR（2）过程的方差 S_0、时期差为1、为2及为 k 的协方差S_1、S_2 和 S_k 分别为

$$S_0=E[Y_t^*(a_1Y_{t-1}^*+a_2Y_{t-2}^*+u_t)]$$
$$=a_1S_1+a_2S_2+\sigma_u^2 \tag{17-14}$$
$$S_1=E[Y_{t-1}^*(a_1Y_{t-1}^*+a_2Y_{t-2}^*+u_t)]$$
$$=a_1S_0+a_2S_1 \tag{17-15}$$
$$S_2=E[Y_{t-2}^*(a_1Y_{t-1}^*+a_2Y_{t-2}^*+u_t)]$$
$$=a_1S_1+a_2S_0 \tag{17-16}$$
$$S_k=E[Y_{t-k}^*(a_1Y_{t-1}^*+a_2Y_{t-2}^*+u_t)]$$
$$=a_1S_{k-1}+a_2S_{k-2}\qquad(k>2) \tag{17-17}$$

由17－15式可得

$$S_1=a_1S_0/(1-a_2) \tag{17-18}$$

将17－16式代入17－14式可得

$$S_0=a_1S_1+a_1a_2S_1+a_2^2S_0+\sigma_u^2 \tag{17-19}$$

将17－18式代入17－19式，即得

$$S_0=a_1^2S_0/(1-a_2)+a_1^2a_2S_0/(1-a_2)$$
$$+a_2^2S_0+\sigma_u^2$$

整理后得

$$S_0=\frac{(1-a_2)\sigma_u^2}{(1+a_2)[(1-a_2)^2-a_1^2]} \tag{17-20}$$

利用 S_0、S_1、S_2、S_k 的表达式，可分别得到自相关函数 ρ_1、ρ_2 及 ρ_k。即

$$\rho_1=a_1/(1-a_2) \tag{17-21}$$
$$\rho_2=a_2+a_1^2/(1-a_2) \tag{17-22}$$
$$\rho_k=a_1\rho_{k-1}+a_2\rho_{k-2}\qquad(k>2) \tag{17-23}$$

17－21式和17－22式称为 *Yule-Walker* 方程。当有一个二阶

自回归时间序列的样本自回归函数，就可以将公式中 ρ_1 与 ρ_2 用样本估计的 $\hat{\rho}_1$ 与 $\hat{\rho}_2$ 代替，并将 17－21 式与 17－22 联立，解出自回归模型 17－12 式的参数估计值 $\hat{a}_1$ 及 $\hat{a}_2$。

（二）偏自相关函数

构建自回归模型，需要识别随机过程自回归的阶数 P。虽然时间序列的自相关函数可以提供有关 P 的信息，但不如偏自相关函数提供的信息全面和丰富。

对于随机时间序列 Y_t（$t=1, 2, \cdots, T$），偏自相关就是 Y_t 和 Y_{t-k}之间的、除去居中的诸 Y（即 Y_{t-1}，Y_{t-2}，$\cdots$，Y_{t-k+1}）的影响后的相关。为更好理解偏自相关函数并掌握其应用方法，有必要对 P 阶自回归过程的协方差和自相关函数进行考察。以 17－1 式为例，设常数项 $A_0=0$，时期差为 k 的协方差 S_k 为

$$S_k=E[Y_{t-k}^{*}(a_1Y_{t-1}^{*}+a_2Y_{t-2}^{*}+\cdots+a_pY_{t-p}^{*}+u_t)]$$

（Y_{t-k}^{*}为 Y_{t-k}的关于均值的离差）（17－24）

当令 $k=0, 1, 2, \cdots, P$ 时，可得下列 $P+1$ 个方程

$$\left.\begin{aligned} S_0&=a_1S_1+a_2S_2+\cdots+a_pS_p+\sigma_u^2\\ S_1&=a_1S_0+a_2S_1+\cdots+a_pS_{p-1}\\ S_2&=a_1S_1+a_2S_0+\cdots+a_pS_{p-2}\\ &\vdots\\ S_p&=a_1S_{p-1}+a_2S_{p-2}+\cdots+a_pS_0 \end{aligned}\right\}\qquad(17-25)$$

将上述 $P+1$ 个方程联立，可解出协方差 S_0，S_1，S_2，$\cdots$，S_P。当 $k>p$ 时，协方差 S_k 为

$$S_k=a_1S_{k-1}+a_2S_{k-2}+\cdots+a_pS_{k-p}\qquad(17-26)$$

对 17－25 式中的第 2 至第 $P+1$ 个方程两边同时除以 S_0，便可解出自相关函数的 P 个方程

$$\left.\begin{aligned} \rho_1&=a_1+a_2\rho_1+\cdots+a_p\rho_{p-1}\\ \rho_2&=a_1\rho_1+a_2+\cdots+a_p\rho_{p-2}\\ &\vdots\\ \rho_p&=a_1\rho_{p-1}+a_2\rho_{p-2}+\cdots+a_p \end{aligned}\right\}\qquad(17-27)$$

对 17-26 式两边同时除以 S_0，可得当 $k>P$ 的自相关函数

$$\rho_k = a_1\rho_{k-1} + a_2\rho_{k-2} + \cdots + a_p\rho_{k-p} \qquad (17-28)$$

17-27 式称为 *Yule-Walker* 方程组，当 ρ_1，ρ_2，…，ρ_p 已知时，可用该方程组解出 a_1，a_2，…，a_p。但要达此目的，必须知道自回归过程的阶数。为此，可以对 P 赋不同的值去求解 17-27 式。首先可设 $P=1$，则 17-27 式变为 $P_1=a_1$，利用样本自相关函数可得到 a_1 的估计值 $\hat{a}_1=\hat{\rho}_1$，如果 a_1 显著地不为零，就可以肯定自回归过程的阶数至少为 1，并记 $\hat{a}_1$ 为 γ_1。接着可设 $P=2$，从 17-27 式中可解出 a_1 和 a_2，再利用样本自相关函数求出它们的估计值 $\hat{a}_1$ 和 $\hat{a}_2$，如果 a_2 显著地不为零，便可断定自回归过程的阶数至少为 2，并记 $\hat{a}_2$ 为 γ_2。再对 P 取值为 3，得到 a_3 的估计值 $\hat{a}_3$，记为 γ_3。如此对 P 连续取值并重复上述步骤，即可得到序列 γ_1，γ_2，γ_3，…，这一序列便称为偏自相关函数。很显然，如果自回归过程的阶数为 P，则对于 $j>P$，应当有 $\gamma_j=0$。据此，可以用偏自相关函数推测自回归过程的阶数。

偏自相关函数 γ_j 近似地遵从均值为 0，方 差为 0.25 的正态分布。可以在 5% 显著水平下，考察 γ_j 的绝对值是否大于 $2/\sqrt{T}$（T 为时间序列样本个数），如果 $|\gamma_j|>2/\sqrt{T}$，则 γ_j 显著不为零。否则，γ_j 便显著地为零。

二、移动平均模型

如果时间序列遵循 q 阶移动平均过程，则它在 t 时期的值 Y_t 是当期随机误差项与其直至 q 期的滞后随机误差项的加权平均。这类过程记为 MA（q），其表达式为

$$Y_t = B_0 + u_t - b_1u_{t-1} - b_2u_{t-2} - \cdots - b_qu_{t-q} \qquad (17-29)$$

7-29 式是移动平均模型的一般表达式，凡遵循移动平均过程的时间序列，只要明确了移动的阶 q 的值，就可以用该式进行具体表达。式中的 B_0 为常数，参数 b_1，b_2，…，b_q 既可以是正数，

也可以取负值。

对于移动平均模型 7-29 式，假定不同时期的随机误差项是均值为零、方差为 σ_u^2、不存在序列相关的正态随机变量，即由白噪声生成。移动平均过程的均值与时间无关，因为 $E(Y_t)=B_0$，为常数。假定每一个随机误差项 u_t 都由一个同样的白噪声过程产生，便有 $E(u_t)=0$、$E(u_t^2)=\sigma_u^2$、$E(u_t,u_{t-k})=0(k\neq0)$。因此，$MA(q)$ 过程可以用均值 B_0、随机误差项的方差 σ_u^2 及滞后随机误差项的参数 b_1，b_2，…，b_q 进行描绘。

q 阶移动平均过程的方差 $Var(Y_t)$ 为 S_0，S_0 由下式计算

$$
\begin{aligned}
S_0 &= E[(Y_t-B_0)^2] \\
&= E[(u_t^2+b_1^2u_{t-1}^2+b_2^2u_{t-2}^2+\cdots+b_q^2u_{t-q}^2) \\
&\quad -(2b_1u_tu_{t-1}+2b_2u_tu_{t-2}+\cdots-2b_1b_2u_{t-1}u_{t-2} \\
&\quad -\cdots-2b_{q-1}b_qu_{t-q+1}u_{t-q})] \\
&= \sigma_u^2+b_1{}^2\sigma_u^2+b_2{}^2\sigma_u^2+\cdots+b_q^2\sigma_u^2 \\
&= \sigma_u^2(1+b_1^2+b_2^2+\cdots+b_q^2)
\end{aligned}
\qquad (17-30)
$$

17-30 式中，Y_t 被假设为一个平稳过程，其方差 $Var(Y_t)$ 就应当是一个有限的量。因为平稳过程要求其结果偏离参照点的任一距离的概率均与时间无关，不随时间的推移而增大。在 σ_u^2 为定值的条件下，便对参数 b_1，b_2，…，b_q 施加了一个约束条件，即

$$\sum_{i=1}^{q}b_i^2<\infty \qquad (17-31)$$

在一般情况下，7-29 式中的 q 是有限的，因而参数 b 也只能是有限个，故其平方和也是有限的。但多数随机过程的完整模型，需要用无限期滞后随机误差项进行表达，这时移动平均过程的阶数就可能变为无穷大，必须要求 $\sum_{i=1}^{q}b_i^2<\infty$ 收敛。如果随着 i 的增大，b 变得越来越小，该和式一定会收敛。所以，当用一个 q 阶移动平均模型描绘平稳随机过程时，参数 b 会随 i 的增大而变小。这也意味着该随机过程的自相关系数 ρ_k 将随 k 的增加而变得越来越小。

对于一阶移动平均过程，记为 $MA(1)$，其模型表达式为

$$Y_t=B_0+u_t-b_1u_{t-1} \qquad (17-32)$$

17－32 式表明，这一过程的均值为 B_0，方差 $S_0=\sigma_u^2$（$1+b_1^2$），时期差为 1 的协方差 S_1 为

$$
\begin{aligned}
S_1 &= E[(Y_t-B_0)(Y_{t-1}-B_0)] \\
&= E[(u_t-b_1u_{t-1})(u_{t-1}-b_1u_{t-2})] \\
&= -b_1\sigma_u^2 \qquad (17-33)
\end{aligned}
$$

对于时期差为 k（$k>1$）时，Y_t 的协方差 S_k 为

$$
\begin{aligned}
S_k &= E[(Y_t-B_0)(Y_{t-k}-B_0)] \\
&= E[(u_t-b_1u_{t-1})(u_{t-k}-b_1u_{t-k-1})] \\
&= 0 \qquad (k>1) \quad (17-34)
\end{aligned}
$$

由 17－34 式可看出，对于 MA（1）过程，只有一期记忆力，时期差大于 1 的协方差都等于零，即任何一阶 Y_t 的值都只与 Y_{t-1} 和 Y_{t+1}相关而与序列其他值无关。这表明移动平均模型只能用于未来有限期内的预测。

依据一阶移动平均序列 S_0、S_1 及 S_k 的值，可以确定MA（1）的自相关函数。当 $k=1$ 时，自相关函数 ρ_1 为

$$
\begin{aligned}
\rho_1 &= -b_1\sigma_u^2/[\sigma_u^2(1+b_1^2)] \\
&= -b_1/(1+b_1^2) \qquad (17-35)
\end{aligned}
$$

当 $k>1$ 时，自相关函数 ρ_k 为

$$\rho_k=0/\sigma_u^2\ (1+b_1^2)\ =0 \qquad (17-36)$$

对于二阶移动平均过程，记为 MA（2），其模型表达式为

$$Y_t=B_0+u_t-b_1u_{t-1}-b_2u_{t-2} \qquad (17-37)$$

二阶移动平均过程的均值为 B_0，方差 $S_0=\sigma_u^2$（$1+b_1^2+b_2^2$）。时期差为 1 的协方差 S_1 为

$$
\begin{aligned}
S_1 &= E[(u_t-b_1u_{t-1}-b_2u_{t-2})(u_{t-1}-b_1u_{t-2}-b_2u_{t-3})] \\
&= -b_1\sigma_u^2+b_1b_2\sigma_u^2 \\
&= -b_1\ (1-b_2)\ \sigma_u^2 \qquad (17-38)
\end{aligned}
$$

时期差为 2 的协方差 S_2 为

$$
\begin{aligned}
S_2 &= E[(u_t-b_1u_{t-1}-b_2u_{t-2})(u_{t-2}-b_1u_{t-3}-b_2u_{t-4})] \\
&= -b_2\sigma_u^2 \qquad (17-39)
\end{aligned}
$$

当时期差 $k>2$ 时，协方差 S_k 为

$$S_k=E[(u_t-b_1u_{t-1}-b_2u_{t-2})(u_{t-k}-b_1u_{t-k-1}-b_2u_{t-k-2})]$$
$$=0 \tag{17-40}$$

依据二阶移动平均序列 S_0、S_1、S_2、S_k 的值，可确定 MA（2）的自相关函数。当时期差 k 分别为 1、2 及 k（$k>2$）时，自相关函数分别为

$$\rho_1=-b_1(1-b_2)/(1+b_1^2+b_2^2) \tag{17-41}$$

$$\rho_2=-b_2/(1+b_1^2+b_2^2) \tag{17-42}$$

$$\rho_k=0 \qquad (k>2) \tag{17-43}$$

二阶移动平均过程时期差大于 2 的协方差都等于零，这表明 MA（2）过程只有两期记忆力，Y_t 的值只受本期、上期及再上期的影响，而与其他时期的值无关。

对于 q 阶移动平均过程 MA（q），具有 q 期记忆力。当 $k\leqslant q$ 时，其自相关函数 ρ_k 为

$$\rho_k=\frac{b_k+b_1b_{k+1}+\cdots+b_{q-k}b_q}{1+b_1^2+b_2^2+\cdots+b_q^2}$$
$$(k=1,2,\cdots,q) \tag{17-44}$$

当 $k>q$ 时 $\qquad \rho_k=0 \qquad (k>q)$ $\qquad$ (17－45)

由 17－44 式及 17－45 式可知，q 阶移动平均过程 MA（q）的自相关函数有 q 个非零的值，当 $k>q$ 时，自相关函数 ρ_k 必定为零。

三、混合自回归—移动平均模型

有些平稳的随机过程，兼具自回归过程与移动平均过程的双重特点，这类过程称为混合自回归—移动平均过程，记为 $ARMA$（p，q），可用下面的模型进行表达

$$Y_t=Q_0+a_1Y_{t-1}+a_2Y_{t-2}+\cdots+a_pY_{t-p}+u_t$$
$$-b_1u_{t-1}-b_2u_{t-2}-\cdots-b_qu_{t-q} \tag{17-46}$$

17－46 式中，Q_0 为常数，与过程的均值有关。由于已假定该过程是平稳的，所以它的均值 μ 不随时间而变化，且有

$$\mu = a_1\mu + a_2\mu + \cdots + a_q\mu + Q_0$$

或 $$\mu = Q_0 / (1 - a_1 - a_2 - \cdots - a_q) \quad (17-47)$$

由 17－47 式可以得出一个过程平稳的必要条件，即

$$a_1 + a_2 + \cdots + a_q < 1 \quad (17-48)$$

对于最简单的混合自回归—移动平均过程 *ARMA*（1，1），其模型为

$$Y_t = Q_0 + a_1 Y_{t-1} + u_t - b_1 u_{t-1} \quad (17-49)$$

当假定 17－49 式中的常数项 $Q_0 = 0$ 时，*ARMA*（1，1）的方差 S_0 由下列得出（式中 Y^*_{t-j} 为 Y_{t-j} 关于均值的离差）

$$\begin{aligned} S_0 &= E[Y^*_t (a_1 Y^*_{t-1} + u_t - b_1 u_{t-1})] \\ &= E[(a_1 Y^*_{t-1} + u_t - b_1 u_{t-1})^2] \\ &= E(a_1^2 Y^{*2}_{t-1} + u_t^2 + b_1^2 u_{t-1}^2 + 2a_1 Y^*_{t-1} u_t \\ &\quad - 2a_1 b_1 Y^*_{t-1} u_{t-1} - 2b_1 u_t u_{t-1}) \\ &= a_1^2 S_0 + \sigma_u^2 + b_1^2 \sigma_u^2 - 2a_1 b_1 E(Y^*_{t-1} u_{t-1}) \end{aligned}$$

因为 $E(Y^*_{t-1} u_{t-1}) = \sigma_u^2$，故上式为

$$S_0 = a_1^2 S_0 + \sigma_u^2 + b_1^2 \sigma_u^2 - 2a_1 b_1 \sigma_u^2$$

$$S_0 = \sigma_u^2 (1 + b_1^2 - 2a_1 b_1) / (1 - a_1^2) \quad (17-50)$$

仍然假定 17－49 式的常数项 $Q_0 = 0$，*ARMA*（1，1）过程的协方程 S_1，S_2，…，S_k 可依次递推得出（式中 Y^*_{t-j} 为 Y_{t-j} 关于均值的离差）。

$$\begin{aligned} S_1 &= E[Y^*_{t-1} (a_1 Y^*_{t-1} + u_t - b_1 u_{t-1})] \\ &= a_1 S_0 - b_1 \sigma_u^2 \\ &= \sigma_u^2 a_1 (1 + b_1^2 - 2a_1 b_1) / (1 - a_1^2) - b_1 \sigma_u^2 \\ &= \sigma_u^2 (1 - a_1 b_1)(a_1 - b_1) / (1 - a_1^2) \quad (17-51) \end{aligned}$$

$$\begin{aligned} S_2 &= E[Y^*_{t-2} (a_1 Y^*_{t-1} + u_t - b_1 u_{t-1})] \\ &= a_1 S_1 \quad (17-52) \end{aligned}$$

类似地 $$S_k = a_1 S_{k-1} \quad (k \geqslant 2) \quad (17-53)$$

依据 S_0、S_1、S_k 的值，可以计算 *ARMA*（1，1）的自相关函数。当时期差为 1 时，自相关函数 ρ_1 为

$$\rho_1 = S_1/S_0 = (1-a_1b_1)(a_1-b_1)/(1+b_1^2-2a_1b_1) \quad (17-54)$$

对于时期差为 k，且 $k\geqslant 2$ 时，自相关函数 ρ_k 为

$$\rho_k = a_1\rho_{k-1} \quad (k\geqslant 2) \quad (17-55)$$

对于高阶混合自回归—移动平均过程 *ARMA*（p，q），其方差、协方差及自相关函数是差分方程的解，推导比较复杂。当时期差 $k\geqslant q+1$ 时，其协方差 S_k 及自相关函数 ρ_k 分别为

$$S_k = a_1S_{k-1} + a_2S_{k-2} + \cdots + a_pS_{k-\rho} \quad (17-56)$$

$$\rho_k = a_1\rho_{k-1} + a_2\rho_{k-2} + \cdots + a_p\rho_{k-\rho} \quad (17-57)$$

应当指出，*ARMA*（p，q）过程的移动平均部分只有 q 期记忆力，当 $k\geqslant q+1$ 时，自相关函数和协方差便只能纯粹反映自回归性质。

四、自回归求积移动平均模型

在上面讨论 *AR*（P）过程、*MA*（q）过程、*ARMA*（p，q）过程及模型构建时，都假设所考察的随机时间序列是平稳的。一个平稳的随机时间序列的均值及方差都是常数，故可以用 17－46 式进行表达，并可确定其中的随机误差项为白噪声（零均值、齐性方差、不存在序列相关）。但事实上，很多经济变量的时间序列并不具有平稳性，而是非平稳的，这就对应用 *AR*（p）、*MA*（q）、*ARMA*（p，q）模型描绘与分析序列过程带来困难。

由十六章的分析可知，如果一个时间序列是一阶求积的［它是 I（1）］，则它的一阶差分就是平稳的［一阶差分是 I（0）］；如果一个时间序列是 d 阶求积的［它是 I（d）］，则它的 d 阶差分就是平稳的［d 阶差分是 I（0）］。并且，很多不平稳的时间序列，经一次或多次差分处理，都可变为平稳或弱平稳。

当一个随机时间序列须经 d 次差分才能变为平稳，且 d 次差分后的新序列可以用自回归—移动平均模型，即 *ARMA*（p，q）进行描绘和表达，便称原来的随机时间序列是一个自回归求积移动

平均过程，记为 $ARIMA$（p，d，q）。其中的 p 表示自回归的项数，d 表示原时间序列变为平稳前必须进行差分的次数，q 表示移动平均项数。例如，一个 $ARIMA$（2，2，3）时间序列，表示原序列必须经两次差分才能变为平稳，两次差分后的新序列可以用一个 $ARMA$（2，3）模型进行表达，表达式中有两个自回归项和三个移动平均项。当 $d=0$ 时，表示原时间序列本来是平稳的，自回归求积移动平均过程就变为自回归—移动平均过程，即 $ARIMA$（p，o，q）$=ARMA$（p，q）；而一个 $ARIMA$（p，o，o）过程，就是一个纯粹的 AR（p）平稳过程；而一个 $ARIMA$（o，o，q）过程，就是一个纯粹的 MA（q）平稳过程。只要确定了 $ARIMA$（p，d，q）中 p，d，q 的值，就能方便地判定模型所描绘的时间序列应属于什么类型的过程。与此相对应，只要知道了序列过程的类型，也就可以方便地应用相应的模型对其进行描绘与表达。

五、博克斯—詹金斯（BJ）方法

对于一个随机时间序列，如何判定它是遵循纯粹自回归过程，或是纯粹移动平均过程，或是混合自回归—移动平均过程，亦或自回归求积移动平均过程，如何确定自回归的阶 p、移动的平均的阶 q、差分次数 d，如何构建一个能很好反映序列变动发展内在规律的模型并将其用于分析与预测，都是至关重要的问题。博克斯－詹金斯（BJ）方法为解决这些问题提供了一个有效的工具。

（一）博克斯—詹金斯（BJ）方法的应用步骤

博克斯—詹金斯方法（或称 BJ 方法论），是通过对平稳时间序列（若原序列不平稳，则经过一次或多次差分后变为平稳）进行辨识，建立并估计一个反映序列变动规律的统计模型，并将通过检验的模型用于经济分析与预测。这一方法的应用分四步进行。

第一步，识别。即辨别随机时间序列所遵循的是一个什么样的过程。若遵循纯 AR 过程，应确定 p 取什么值；若遵循纯 MA 过程，应确定 q 取什么值；若遵循 $ARMA$ 过程，应同时确定 p 与 q

各取什么值；若遵循的是 *ARIMA* 过程，则应同时确定 p，d，q 各取什么值。识别就是要找出适当的 p，d，q 的值，以确定序列过程的类型，并用相应的模型进行描绘与表达。

第二步，估计。对通过识别建立起来的描绘时间序列变动过程的模型，应用普通最小二乘法或非线性估计方法，对模型所包含的自回归项及移动平均项的参数进行估计，求出参数估计值，建立模型样本估计式。

第三步，诊断（检验）。对选定的 *ARIMA* 模型完成参数估计之后，对模型拟合时间序列数据的优劣进行评价。由于在模型选择过程中带有主观判断的成分，有可能存在另一个效果与此相当或更好的模型。就此而言，博克斯—詹金斯 *ARIMA* 建模方法与其说是一门科学，不如说是一门艺术。对选定的模型最简单的检验，就是看该模型估计出的残差（模型随机误差项的估计值）是否为白噪声（零均值、齐性方差、不存在序列相关）。如果残差为白噪声，这个模型及估计式就是可接受的；如果残差不是白噪声，则应重新建立并估计新的模型，直至残差估计值为白噪声为止。鉴于此，博克斯—詹金斯（*BJ*）方法是一个反复的过程。

第四步，分析与预测。估计的 *ARIMA* 模型经检验，其正确性和可靠性得到证实后，就可以用于经济分析与预测。应用的实践证明，这一方法所做出的预测，比传统计量经济模型做出的预测更为可靠，在短期预测上表现尤为突出。

（二）*ARIMA* 模型的识别

1. 差分次数 d 的确定

对于一个随机时间序列 Y_t（$t=1, 2, \cdots, T$），首先应判别它是否平稳。对原时间序列逐次计算其自相关函数 ρ_k（$k=0, 1, 2, \cdots, T-1$），如果出现 $\rho_0=1$，且对于任何 $k>0$ 均有 $\rho_k=0$，或 $\rho_0=1$、ρ_k 随 k 的增大而迅速下降为零，便表明该序列是平稳的，$d=0$。否则，原时间序列就是非平稳的，必须进行差分处理。如果原时间序列经过一次差分，差分后产生的新序列 $\triangle Y_t$ 经自相关函数检验，证明已经变为平稳，便表明时间序列是一阶求积的，$d=1$。依此类推，原时间序列经两次差分后变为平稳，则它是一个二阶求积序列，$d=2$；原时间序列经 h 次差分后变为平稳，它就是一个 h 阶求积序列，$d=h$。由此，便能对 $ARIMA$ 模型中的 d 值做出判定。

2. 自回归阶数 P 的确定

对一个本来就是平稳或经过 d 次差分后变为平稳的时间序列，其自回归阶数 p 的确定，要通过连续的试验选择才能完成。具体的做法是：设 $p=1, 2, 3, \cdots$，利用 17-27 式求解参数 a_1，a_2，a_3，…，的估计值 $\hat{a}_1$，$\hat{a}_2$，$\hat{a}_3$，…，分别记为 γ_1，γ_2，γ_3，…，组成偏自相关系数。对偏自相关系数 γ_j 是否为零进行检验，如果 γ_p（即 $\hat{a}_p$）显著地不为零，而 γ_{p+1}（即 $\hat{a}_{p+1}$）显著为零或接近于零，则平稳时间序列自回归的阶数就是 p。由于这一过程要经过计算时间序列的方差、协方差、自相关系数才能完成，要利用时间序列的众多信息，考虑比较全面，因而这种确定 p 的方法较为可靠。

3. 移动平均项 q 的确定

对于一个本来就是平稳或经过 d 次差分后变为平稳的时间序列，其移动平均项 q 的确定，可以依据该序列自相关系数来进行。首先求出该序列的方差与协方差，再依据方差与协方差求出自相关系数，然后对自相关系数是否为零进行检验，并对 q 的值做出判定。如果经检验 ρ_q 显著地不为零，而 ρ_{q+1} 显著地为零或接近于零，则平稳时间序列的移动平均项为 q。这一确定 q 的方法，依据了 MA（q）过程当 $k \leqslant q$ 时 ρ_k 大于零，当 $k > q$ 时，$\rho_k=0$ 的这一特征。

应当指出，对自回归求积移动平均模型 $ARIMA$（p，d，q）的识别是比较复杂的。在确定 d 之后，低阶过程的识别比较容易，p 和 q 可以根据对自相关系数的分析方便地加以确定。但如果 $ARMA$ 过程是高阶的，则 p 和 q 的确定比较困难，应当对自相关系数和偏自相关系数进行认真研究与分析。在这种情况下，往往对 p 与 q 进行猜测，即对 p 和 q 取不同的值建立“试验性”模型，并估计参数和进行检验，如果能通过检验便表明 p、q 取值正确，如果不能通过检验则表明 p、q 取值错误，应当重新取值。如此反复试验，最终确定 p、q 的正确取值。

（三）*ARIMA* 模型的估计

1. *ARIMA* 模型的简化表达

为了表达的方便，引进向后位移算子 D 表示时间滞后。当 D 作用于某一变量时，就表示该变量滞后一期。例如，$DY_t = Y_{t-1}$，$D^2Y_t = Y_{t-2}$，…，$D^kY_k = Y_{t-k}$，　$Du_t = u_{t-1}$，$D^2u_t = u_{t-2}$，…，$D^ku_t = u_{t-k}$等。据此，可以把 AR（p）模型重新表达为

$$Y_t = A_0 + (a_1D + a_2D^2 + \cdots + a_pD^p)Y_t + u_t \quad (17-58)$$

将 MA（q）模型重新表达为

$$Y_t = B_0 + (1 - b_1D - b_2D^2 - \cdots - b_qD^q)u_t \quad (17-59)$$

将 $ARMA$（p，q）模型重新表达为

$$\begin{aligned} Y_t &= Q_0 + (a_1D + a_2D^2 + \cdots + a_pD^p)Y_t \\ &\quad + (1 - b_1D - b_2D^2 - \cdots - b_qD^q)u_t \end{aligned} \quad (17-60)$$

对于一个随机时间序列 Y_t，如果须经过 d 次差分后才能变为平稳，则差分后的新的平稳序列可用$\triangle^dY_t$ 表示，并令$\triangle^dY_t = W_t$。当 W_t 是一个 $ARMA$（p，q）过程，则序列 Y_t 就是一个 $ARIMA$（p，d，q）过程，可以用向后位移算子将其模型表达为

$$\begin{aligned} \triangle^dY_t &= \delta + (a_1D + a_2D^2 + \cdots + a_pD^p)\triangle^dY_t \\ &\quad + (1 - b_1D - b_2D^2 - \cdots - b_qD^q)\varepsilon_t \end{aligned} \quad (17-61)$$

或

$$\begin{aligned} &(1 - a_1D - a_2D^2 - \cdots - a_pD^p)\triangle^dY_t \\ &\quad = \delta + (1 - b_1D - b_2D^2 - \cdots - b_qD^q)\varepsilon_t \end{aligned} \quad (17-62)$$

如果令

$$1 - a_1D - a_2D^2 - \cdots - a_pD^p = a\ (D) \quad (17-63)$$

$$1 - b_1D - b_2D^2 - \cdots - b_qD^q = b\ (D) \quad (17-64)$$

则 17－62 式可表达为

$$a(D)\cdot\triangle^dY_t = \delta + b(D)\cdot\varepsilon_t \quad (17-65)$$

在 17－65 式中，a（D）称为自回归算子，b（D）称为移动平均算子，δ 为常数项。$\triangle^dY_t = W_t$ 的均值为

$$\mu=\delta/(1-a_1-a_2-\cdots-a_p) \qquad (17-66)$$

为分析上的简便，可设 $\delta=0$，即 $\triangle^d Y_t$ 的均值为零。由此，又可将 *ARIMA*（p，d，q）模型（17－65 式）简化表达为

$$a(D)\cdot\triangle^d Y_t=b(D)\cdot\varepsilon_t \qquad (17-67)$$

2．*ARIMA* 模型的参数估计

如果对时间序列 Y_t 已经选择了 *ARIMA*（p，d，q）模型进行描绘，即

$$a(D)\cdot W_t=a(D)\cdot\triangle^d Yt=b(D)\cdot\varepsilon_t \qquad (17-68)$$

其中的 p，d，q 已被确定，且

$$a(D)=1-a_1D-a_2D^2-\cdots-a_pD_p$$

$$b(D)=1-b_1D-b_2D^2-\cdots-b_qD^q$$

便可应用一定的方法对 17－68 式的参数进行估计。与前述回归模型的参数估计相类似，需要利用样本数据求出 p 个自回归参数 a_1，a_2，…，a_p 及 q 个移动平均参数 b_1，b_2，…，b_q 的估计值，使时间序列的实际值 $W_t=\triangle^d Y_t$ 与拟合值 $\hat{W}_t$ 之差的平方和达到最小。

若将 17－68 式用另一种形式表达，即

$$\varepsilon_t=b^{-1}(D)\cdot a(D)\cdot W_t \qquad (17-69)$$

参数估计的目标是找出一组恰当的自回归参数 a_1，a_2，…，a_p 及一组恰当的移动平均参数 b_1，b_2，…，b_q，使随机误差的平方和

$$F(a_1,a_2,\cdots,a_p,b_1,b_2,\cdots,b_q)=\sum\varepsilon_t^2 \qquad (17-70)$$

达到最小。如果设可使 17－70 式达到最小的参数为 $\hat{a}_1$，$\hat{a}_2$，…，$\hat{a}_p$ 及 $\hat{b}_1$，$\hat{b}_2$，…，$\hat{b}_q$，并设与这些参数相对应的残差为 $\hat{\varepsilon}_t$，则有

$$\hat{\varepsilon}_t=\hat{b}^{-1}(D)\cdot\hat{a}(D)\cdot W_t \qquad (17-71)$$

$$F(\hat{a}_1,\hat{a}_2,\cdots,\hat{a}_p,\hat{b}_1,\hat{b}_2,\cdots,\hat{b}_q)=\sum\hat{\varepsilon}_t^2 \qquad (17-72)$$

当 *ARIMA* 模型中存在移动平均项时，17－69 式对于待估计参数是非线性的，因而 17－70 式的最小化 应当使用非线性估计方法，这无疑增大了参数估计的难度。还有一个困难来自时间序列的

第一个随机误差项 ε_1，它依赖于过去的和不能观测的 W_0，W_{-1}，…，W_{-p+1}及 ε_0，ε_{-1}，…，ε_{-q+1}这些数值，这又带来应用相应方法对时间序列进行初始化（选择不可观测量的数值）的必要。

假设一个原始非平稳时间序列经 d 次差分后变为平稳，它有 $T+d$ 个观测值，即 Y_{-d+1}，Y_{-d+2}，…，Y_0，Y_1，Y_2，…，Y_T。经 d 次差分后得到的平稳序列为 W_t（1，2，…，T）。要估计这个 $ARMA$（p，q）模型的参数，应当利用 ε_1，ε_2，…，ε_T 是均值为0、方差为 σ_ε^2 的独立正态分布变量的假设。有了这一假设，就可以建立关于参数（a_1，a_2，…，a_p，b_1，b_2，…，b_q，σ_ε）的条件对数似然函数 L

$$L=-T(\log\sigma_\varepsilon)-\frac{F(a_1,a_2,\cdots,a_p,b_1,b_2,\cdots,b_q)}{2\sigma_\varepsilon^2} \quad (17-73)$$

并可通过使 L 达到极大，估计自回归参数和移动平均参数。之所以将 L 称为条件对数似然函数，是因为17－73式中的误差平方和 F 依赖于过去的不可观测的值 W_0，W_{-1}，…，W_{-p+1}和 ε_0，ε_{-1}，…，ε_{-q+1}。关于这一点可以从第一个随机误差项在17－69式中的表达看出

$$\varepsilon_1=W_1-a_1W_0-a_2W_{-1}-\cdots-a_pW_{-p+1}+b_1\varepsilon_0+b_1\varepsilon_{-1}+\cdots+b_q\varepsilon_{-q+1} \quad (17-74)$$

由17－73式可看出，在假定 σ_ε^2 为固定常数的条件下，只有误差平方和 F 达到最小，才能使似然函数 L 达到极大。因此，能使似然函数 L 达到极大的参数估计值，也就是使误差平方和 F 达到最小的参数估计值。从这一角度看，在误差正态分布假定下，应用极大似然法（17－73式）和最小二乘法（17－70式）都可以对 $ARIMA$ 模型参数进行估计，且两种方法的估计结果是相同的。

3. 时间序列初始值的选择

从上面的分析可知，用于参数估计的误差平方和函数 F 的

极小化以及似然函数L的极大化，都必须以W_t和ε_t过去的不可观测的值（W_0，W_{-1}，…，W_{-p+1}，ε_0，ε_{-1}，…，ε_{-q+1}）为条件。要对参数进行估计，首先应当对W_t和ε_t过去的不可观测的值W_0，W_{-1}，…，W_{-p+1}，ε_0，ε_{-1}，…，ε_{-q+1}的初始值进行选择。

对W_t和ε_t过去的不可观测的值的初始值，一般都以它们无条件期望值为准。随机误差项ε_t的无条件期望值为0，ε_0，ε_{-1}，…，ε_{-q+1}的初始值都应当为0；在17－65式中常数项δ为零的情况下，W_t的无条件期望值也为0，所以W_0，W_{-1}，…，W_{-p+1}的初始值也都应当为0。当自回归参数a_1，a_2，…，a_p的实际值不接近于1，自回归的阶数p和移动平均阶数q又远远小于观测值个数T时，这一选择W_t和ε_t初始值的方法，既简便也十分可行。

4. *ARIMA*模型参数的非线性估计方法

在W_t和ε_t初始值已经确定（设全为0）、时期范围是1至T条件下，模型参数估计就是选择$\hat{a}_1$，$\hat{a}_2$，…，$\hat{a}_p$和$\hat{b}_1$，$\hat{b}_2$，…，$\hat{b}_q$，使

$$F=\sum_{t=1}^{T}[\varepsilon_t|\hat{a}_1,\hat{a}_2,\cdots,\hat{a}_p,\hat{b}_1,\hat{b}_2,\cdots,\hat{b}_q]^2 \qquad (17-75)$$

达到最小。

如果时间序列W_t是单纯的自回归过程，其模型形式为

$$a(D)\ W_t=\varepsilon_t \qquad (17-76)$$

或

$$W_t=a_1W_{t-1}+a_2W_{t-2}+\cdots+a_pW_{t-p}+\varepsilon_t \qquad (17-77)$$

17－77式是一个线性回归模型，可以用线性回归方法进行参数估计。

如果时间序列W_t是一个混合的自回归—移动平均过程，则模型即变为

$$b^{-1}(D)\cdot a(D)\cdot W_t=\varepsilon_t \qquad (17-78)$$

很显然，17－78式对于参数不是线性的，不能直接用普通最小二乘法进行参数估计。对这一模型只有应用非线性迭代方法才

能进行估计。具体做法是：用泰勒展开式的前两项将 17－78 式在参数初始值处线性化，得到一个线性方程；对该性方程应用普通最小二乘法得到 a_1，a_2，…，a_p，b_1，b_2，…，b_q 的第一次估计值；再对 17－78 式在参数第一次估计值处进行新的线性化（即将第一次估计值作为新的初始值进行线性化），用普通最小二乘法得到参数的第二次估计值；重复上述过程，直至参数估计值收敛为止。

5. 参数初始值的选择

在对 17－78 式进行非线性估计之前，必须对参数选择初始值，才能对其线性化并估计参数。初始值选择适当，接近于真实参数，参数估计就会很快收敛。如果初始值选择不当，迭代过程可能不会收敛。

序列的自相关系数可以为参数初始值的选择提供一些帮助，对低阶的时间序列模型尤有较好效果。例如，对 *AR*（1）和 *MA*（1）过程，只要利用样本观测值计算出自相关系数 ρ_1，就能方便地确定 a_1 及 b_1 的初始值。但是对于高阶的时间序列模型，自相关系数对参数初始值的确定作用十分有限。对于 p 阶自回归过程，虽然可以利用 *Yule－Walker* 方程（17－27 式）解出 a_1，a_2，…，a_p，并将其作为初始值。但由于纯自相关模型的参数可以直接用普通最小二乘法估计，而不需要初始值。加之自相关系数的计算仅使用了时间序列的部分信息，并存在一定偏误，*Yule－Walker* 方程解出的自回归参数误差亦较大，故也不适宜作为初始值。至于 q 阶移动平均过程，参数初始值的估计，要求解 q 个联立非线性方程，比较困难。

鉴于上述原因，参数的初始值通常都采用尝试的办法进行选择。即采用几种不同的参数初始值进行试验，再对参数估计的收敛结果进行比较。在一般情况下，若选择的初始值能使估计尽快地得到收敛结果，则参数初始值的选择就是恰当的。

（四）*ARIMA* 模型估计式的检验

时间序列模型在完成了参数估计之后，对所建立的样本估计模型应当进行检验，以对估计式的正确性做出评价。模型估计式的检验分两步进行：

第一步，将估计式生成的理论序列的自相关系数与样本观测序列的自相关系数进行对比。如果两个序列的自相关系数差异很大，表明模型估计式的有效性差，应予舍弃而重新建立模型。如果两个序列的自相关系数没有显著差异，便可进行第二步检验。

第二步，检验残差序列 $\hat{\varepsilon}_t$ 的自相关系数。依据模型估计式，可计算出模型的残差 $\hat{\varepsilon}_t$ 为

$$\hat{\varepsilon}_t = \hat{b}^{-1}(D) \cdot \hat{a}(D) \cdot W_t \qquad (17-79)$$

将残差序列 $\hat{\varepsilon}_t$ 的自相关系数记为 $\hat{R}_k$，则

$$\hat{R}_k = \sum \hat{\varepsilon}_t \hat{\varepsilon}_{t-k} / \sum \varepsilon_t^2 \qquad (17-80)$$

当 $k \geqslant 1$ 时，如果 $\hat{R}_k$ 的值为 0 或接近于 0，表明残差 $\hat{\varepsilon}_t$ 是一个白噪声序列，模型估计式是有效的；如果 $\hat{R}_k$ 的值显著地不为 0，表明残差 $\hat{\varepsilon}_t$ 不是一个独立的正态分布变量，模型估计式是无效的。为考察残差序列 $\hat{\varepsilon}_t$ 的 k 个自相关系数是否同时为 0，还应当应用 *Box-Pierce* 的 Q 统计量进行检验，Q 的表达式为

$$Q = T \sum_{j=1}^{k} \hat{R}_j^2 \qquad (j=1, 2, \cdots, k) \qquad (17-81)$$

Q 统计量近似地服从自由度为（$k-p-q$）的 χ^2 分布。在计算出 Q 值后，将其与 χ^2 分布表中一定显著水平（5% 或 10%）的自由度为（$k-p-q$）的临界值进行比较。如果 Q 大于临界值，表明 $\hat{R}_j$ 不同时为 0，$\hat{\varepsilon}_t$ 不是一个独立分布正态变量，模型估计式是无效的；如果 Q 小于临界值，表明 $\hat{R}_j$ 同时为 0，$\hat{\varepsilon}_t$ 是一白噪声序列，模型估计式是有效的。

在建立时间序列模型的过程中，往往要用几种不同的模型进行试验性估计，有可能有两个或多个模型估计式通过上述检验。在这种情况下，应当选择平均拟合误差最小的模型作为估计

式。

六、预测

（一）*ARIMA* 模型预测的原则

通过检验的 *ARIMA* 模型，便可用于对时间序列未来值进行预测。与其他方法的预测相类似，*ARIMA* 模型预测的目标也是预测误差达到最小。若设时间序列 $T+L$ 期的观测值为 Y_{T+L}，预测值为 $\hat{Y}_T$（L），预测误差为 e_T（L），则最好预测结果应当使 $E\left[e_T^2(L)\right]=E\left\{\left[Y_{T+L}-\hat{Y}_T(L)\right]^2\right\}$ 达到最小。这时的预测值 $\hat{Y}_T$（L）应当是 Y_{T+L}的条件期望值，即

$$\hat{Y}_T(L)=E(Y_{T+L}|_{Y_T,Y_{T-1},\cdots,Y_1}) \tag{17-82}$$

为证明 17－82 式，将 17－67 式的 *ARIMA* 模型在形式上作些改变。因为△＝1－D，故 17－67 式又可表达成

$$a(D)\cdot(1-D)^dY_t=b(D)\cdot\varepsilon_t \tag{17-83}$$

即
$$Y_t=a^{-1}(D)\cdot(1-D)^{-d}\cdot b(D)\cdot\varepsilon_t \tag{17-84}$$

当令 $a^{-1}(D)\cdot(1-D)^{-d}\cdot b(D)=\theta(D)$时，17－84 式便为

$$Y_t=\theta(D)\cdot\varepsilon_t \tag{17-85}$$

因为任何一个 *ARIMA* 过程均可等价地表达为一个单纯的移动平均过程或单纯的自回归过程，所以可将 17－85 式的 *ARIMA* 表示为无限阶移动平均过程，即

$$Y_t=\sum_{j=1}^{\infty}\theta_j\varepsilon_{t-j} \tag{17-86}$$

对于 $T+L$ 期的值 Y_{T+L}，则有

$$\begin{aligned}Y_{T+L}&=\theta_0\varepsilon_{T+L}+\theta_1\varepsilon_{T+L-1}+\theta_2\varepsilon_{T+L-2}+\cdots\\&\quad+\theta_L\varepsilon_T+\theta_{L+1}\varepsilon_{T-L}+\cdots\\&=\theta_0\varepsilon_{T+L}+\theta_1\varepsilon_{T+L-1}+\theta_2\varepsilon_{T+L-2}+\cdots\\&\quad+\theta_{L-1}\varepsilon_{T+1}+\sum_{j=0}^{\infty}\theta_{L+j}\varepsilon_{T-j}\end{aligned} \tag{17-87}$$

17－87 式将无限移动平均过程分解为两部分，用和式表示的

部分从 $\theta_L \varepsilon_T$ 开始，所描述的是直到第 T 期（含第 T 期）的信息。预测 $T+L$ 期的值可以利用直至第 T 期（含第 T 期）的信息来进行。其目的在于将预测值 $\hat{Y}_T$（L）与 17－87 式中的实际值 Y_{T+L} 进行比较。为此，须将预测值表示为误差项 ε_T，ε_{T-1}，ε_{T-2}，……的加权和，即

$$\hat{Y}_T(L)=\sum_{j=0}^{\infty}\theta_{L+j}^{*}\varepsilon_{T-j} \tag{17-88}$$

其中的 θ_{L+j}^{*} 是使均方预测误差达到最小的最佳权重。利用 17－87 式和 17－88 式可以将预测误差 e_T（L）表示为

$$\begin{aligned} e_T(L) &= Y_{T+L}-\hat{Y}(L) \\ &= \theta_0\varepsilon_{T+L}+\theta_1\varepsilon_{T+L-1}+\cdots+\theta_L\varepsilon_T+\theta_{L-1}\varepsilon_{T+1} \\ &\quad +\sum_{j=0}^{\infty}\left[(\theta_{L+j}-\theta_{L+j}^{*})\varepsilon_{T-j}\right] \end{aligned} \tag{17-89}$$

因为已假定随机误差项 ε 不存在序列相关，即当 $i\neq j$ 时有 $E(\varepsilon_i\varepsilon_j)=0$，所以均方预测误差的期望值 $E[e_T^2(L)]$ 为

$$\begin{aligned} E[e_T^2(L)] &= (\theta_0^2+\theta_1^2+\cdots+\theta_{L-1}^2)\sigma_\varepsilon^2 \\ &\quad +\sum_{j=0}^{\infty}[(\theta_{L+j}-\theta_{L+j}^{*})^2\sigma_\varepsilon^2] \end{aligned} \tag{17-90}$$

对于 17－90 式，当权重 θ_{L+j}^{*} 与实际权重 θ_{L+j} 相等时（$j=0$，1，2，……），可以达到最小。这时，最佳的预测值 $\hat{Y}_T$（L）就是 Y_{T+L} 的条件期望值。这一结论也可从 17－87 式直接得出，对该式取条件期望值，因为 ε_{T+L}，ε_{T+L-1}，…，ε_{T+1} 的期望值均为零，而 ε_T，ε_{T+1}，……的期望值正好为模型估计式的残差，故有

$$\begin{aligned} \hat{Y}_T(L) &= \sum_{j=0}^{\infty}\theta_{L+j}\hat{\varepsilon}_{T-j} \\ &= E(Y_{T+L}\mid_{Y_T,Y_{T-1},\cdots,Y_1}) \end{aligned} \tag{17-91}$$

17－91 式就是 *ARIMA* 模型计算预测值的基本原则，利用这一公式便可对 *ARIMA* 过程第 $T+L$ 期的值进行预测。

（二）*ARIMA* 模型预测的方法

在 *ARIMA* 模型已经估计并通过检验的前提下，时间序列第

$T+L$ 期的预测值 $\hat{Y}_T$（L）可以利用所估计的模型进行迭代计算。先计算 $T+1$ 期的预测值，再利用这一预测值计算 $T+2$ 期的预测值，依此类推最后计算出 $T+L$ 期的预测值。对于 $ARIMA$（p，d，q）模型可以写成

$$W_t = \delta + a_1 W_{t-1} + a_2 W_{t-2} + \cdots + a_q W_{t-p} + \varepsilon_t - b_1 \varepsilon_{t-1} - b_2 \varepsilon_{t-2} - \cdots - b_q \varepsilon_{t-q} \quad (17-92)$$

为了计算 $T+L$ 期的预测值 $\hat{Y}_T$（L），应当先计算 W_t 第 $T+1$ 期的预测值 $\hat{W}_T$（1）。在 17－92 式已被估计，即 a_1，a_2，…，a_p 和 b_1，b_2，…，b_q 均已确知情况下，将 17－92 式的时期进行调整，可得

$$W_{T+1} = \delta + a_1 W_T + a_2 W_{T-1} + \cdots + a_p W_{T-p+1} + \varepsilon_{T+1} - b_1 \varepsilon_T - b_2 \varepsilon_{T-1} - \cdots - b_q \varepsilon_{T-q+1} \quad (17-93)$$

17－93 式两边取条件期望值，可得 $T+1$ 期的预测值 $\hat{W}_T$，即

$$\begin{aligned} \hat{W}_T(1) &= E(W_{T+1} | _{W_T, W_{T-1}, \cdots}) \\ &= \delta + a_1 W_T + a_2 W_{T-1} + \cdots + a_p W_{T-p+1} \\ &\quad - b_1 \hat{\varepsilon}_T - b_2 \hat{\varepsilon}_{T-1} - \cdots - b_q \hat{\varepsilon}_{T-q+1} \end{aligned} \quad (17-94)$$

其中的 $\hat{\varepsilon}_T$，$\hat{\varepsilon}_{T-1}$，……为残差估计量，因 E（ε_{T+1}）$=0$，故该项在 17－94 式中不再出现，利用 $T+1$ 期的预测值 $\hat{W}_T$（1），可对 $T+2$ 期的预测值 $\hat{W}_T$（2）进行计算。即

$$\begin{aligned} \hat{W}_T(2) &= E(W_{T+2} | _{W_T, W_{T-1}, \cdots}) \\ &= \delta + a_1 \hat{W}_T(1) + a_2 W_T + \cdots + a_q W_{T-q+2} \\ &\quad - b_2 \hat{\varepsilon}_T - b_3 \hat{\varepsilon}_{T-1} - \cdots - b_q \hat{\varepsilon}_{T-q+2} \end{aligned} \quad (17-95)$$

重复上面的过程，可依据 $\hat{W}_T$（3），直至依据 $\hat{W}_T$（$L-1$）计算出 $T+L$ 期的预测值 $\hat{W}_T$（L）

$$\hat{W}_T(L)=a_1\hat{W}_T(L-1)+a_2\hat{W}_T(L-2)+\cdots+a_LW_T+\cdots$$
$$+a_pW_{T-p+L}-b_1\hat{\varepsilon}_T-b_2\hat{\varepsilon}_{T-1}-\cdots$$
$$-b_q\hat{\varepsilon}_{T-q+L}+\delta \qquad (17-96)$$

当 $L>p$，$L>q$ 同时成立，则上式为

$$\hat{W}_T(L)=a_1\hat{W}_T(L-1)+a_2\hat{W}_T(L-2)+\cdots$$
$$+a_p\hat{W}_T(L-p) \qquad (17-97)$$

在完成差分后的序列 W_t 的预测之后，对 W_t 进行求和便可计算出原始序列 Y_t 的预测值。若差分次数为 d，则对 W_t 求和 d 次。当 $d=1$ 时，Y_t 的 $T+L$ 期预测值为

$$\hat{Y}_T(L)=Y_T+\hat{W}_T(1)+\hat{W}_T(2)+\cdots+\hat{W}_T(L) \qquad (17-98)$$

当 $d=2$ 时，则 Y_t 的 $T+L$ 期预测值为

$$\hat{Y}_T(L)=Y_T+[\triangle Y_T+\hat{W}_T(1)]+[\triangle Y_T+\hat{W}_T(1)$$
$$+\hat{W}_T(2)]+\cdots+[\triangle Y_T+\hat{W}_T(1)$$
$$+\hat{W}_T(2)+-+\hat{W}_T(L)]$$
$$=Y_t+L\cdot\triangle Y_T+L\hat{W}_T(1)+(L-1)\hat{W}_T(2)$$
$$+\cdots+\hat{W}_T(L) \qquad (17-99)$$

对于 $d\geqslant 3$ 的情况，原始序列第 $T+L$ 期的预测值 $\hat{Y}_T$（L）的计算可以此类推。

（三）*ARIMA* 模型预测的误差

如前述，*ARIMA* 模型可等价地表达为一个单纯的自回归过程或移动平均过程。若将其表达为无限阶移动平均过程，则原始序列 Y_t 第 $T+L$ 期预测值的误差 e_T（L）为

$$e_T(L)=Y_{T+L}-\hat{Y}_T(L)$$
$$=\theta_0\varepsilon_{T+L}+\theta_1\varepsilon_{T+L-1}+\cdots+\theta_{L-1}\varepsilon_{T+1} \qquad (17-100)$$

在 17－100 式中，权重 θ_j 是由

$$\theta(D)=a^{-1}(D)\cdot(1-D)^{-d}\cdot b(D) \tag{17－101}$$

确定的，若 a_1，a_2，…，a_p 及 b_1，b_2，…，b_q 为已知，则 θ_0，θ_1，…，θ_{L-1}亦可确知。在这种情况下，预测误差的方差为

$$E[e_T^2(L)] = (\theta_0^2+\theta_1^2+\theta_2^2+\cdots+\theta_{L-1}^2)\ \sigma_\varepsilon^2 \tag{17－102}$$

对于 *ARIMA* 模型预测的误差，有三点应当注意：

第一，由 17－100 式及 17－102 式可看出，预测误差 $e_T(L)$及预测误差的方差 $E[e_T^2(L)]$都由已经确认的 *RAIMA* 模型所决定。模型确认正确，$e_T(L)$及 $E[e_T^2(L)]$便较小，反之就大。

第二，由于差分后的序列 $W_t = a_1W_{t-1} + a_2W_{t-2} + \cdots + a_pW_{t-p}+\varepsilon_t-b_1\varepsilon_{t-1}-b_2\varepsilon_{t-2}-\cdots-b_q\varepsilon_{t-q}$（设均值为零），右边唯一的非滞后项为 ε_t，且 ε_t 的权重为 1。因此，在 17－86 式中，θ_0 必然等于 1。鉴于此，对于任何一个已被确认的 *RAIMA* 模型，$T+1$ 期的预测误差 e_T（1）$=\varepsilon_{T+1}$，方差为 σ_ε^2，即预测误差的方差是随机误差项的方差。

第三，预测误差是依据模型参数 a_1，a_2，…，a_p 及 b_1，b_2，…，b_q 估算出来的，但参数是通过非线性最小二乘法得到的，参数估计量为随机变量，有均值和方差。故实际预测误差的方差大于上述计算的方差。为确知实际预测误差的方差大小，需要知道模型参数估计量的方差。由于参数为非线性估计量，所以只能计算非线性估计最后一次迭代的标准差。问题在于最后一次迭代的线性化方程产生的标准差，不一定是参数估计量的标准差。在实际应用中，可以选择最后一次迭代的标准差，或直接用 17－102 式计算预测误差的方差。

（四）*ARIMA* 模型预测的置信区间

计算 *ARIMA* 模型预测的置信区间，应当首先对随机误差项 ε 的方差 σ_ε^2 进行估计。σ_ε^2 可用下式求得

$$\sigma_\varepsilon^2=\sum_{t=1}^{T}\hat{\varepsilon}_t^2/(T-p-q) \tag{17－103}$$

在 17－103 式中，$T-p-q$ 为自由度。因为 17－102 式中的 $\theta_0=1$，故 $T+L$ 期预测值 $\hat{Y}_T$（L）在 N 个标准差范围的置信区间为

$$\left[\hat{Y}_T(L)-N\hat{\sigma}_{\varepsilon}\sqrt{1+\sum_{j=1}^{L-1}\theta_j^2}\right]\leqslant Y_N$$

$$\leqslant\left[\hat{Y}_T(L)+N\hat{\sigma}_{\varepsilon}\sqrt{1+\sum_{j=1}^{L-1}\theta_j^2}\right] \qquad (17-104)$$

由 17－104 式可知，置信区间的大小与权重 θ_j 关系极大，且随 L 的增大而增大。

第四篇 4

联立方程模型

第十八章　联立方程模型

一、联立方程模型概述

（一）经济变量的双向依存关系

经济变量之间数量依存关系十分复杂，但从因果的角度考察，这种关系表现为单向联系和双向联系两种类型。对于单向的联系，表现为某一经济变量（例如 Y）的变动受另一个经济变量（例如 X）或另一些经济变量（例如 $X_1, X_2, \cdots, X_k$）的影响和制约，而不是相反。在这里，前者是变动的结果，后者是变动的原因，前者的变动由后者解释，二者不可颠倒。这种关系可用一个函数式表示为

$$Y = f(X, u) \tag{18-1}$$

前面各章所列不同类别的计量经济模型中，解释变量与被解释变量的关系就属于这种类型。对于双向的联系，表现为某一经济变量（例如 Y）与另一个经济变量（例如 X）或另一些经济变量（例如 X_1，X_2，$\cdots$，X_k）相互影响、相互制约，前者的变动由后者解释，而后者的变动又由前者解释，互为因果。这种关系可以用两个联立的函数式表示为

$$\begin{cases} Y = f(X, u) & (18-2) \\ X = \varphi(Y, \varepsilon) & (18-3) \end{cases}$$

经济变量之间双向的依存关系十分普遍，可以找出很多事例。商品需求量与价格的关系就是一种典型的例子。设商品需求量为 Q，其价格为 P_1，替代品或补充品的价格为 P_2，居民收入为 Y，则 Q 是P_1、P_2 及 Y 的函数，即

$$Q = f(P_1, P_2, Y, u) \tag{18-4}$$

但商品的价格 P_1 又受需求量 Q、替代品或补充品价格 P_2 的影响，P_1 又是 Q 与P_2 的函数，即

$$P_1 = \varphi\ (P_2,\ Q,\ \varepsilon) \tag{18-5}$$

要全面反映商品需求量 Q 与其价格 P_1 的依存关系，就需要将 18－4 式与 18－5 式联立，以正确描绘二者之间双向的关联关系，即

$$\begin{cases} Q = f\ (P_1,\ P_2,\ Y,\ u) \\ P_1 = \varphi\ (P_2,\ Q,\ \varepsilon) \end{cases} \tag{18-6}$$

另一个典型例子是粮食生产量 X 与生猪饲养量 Y 的关系。粮食生产多带来饲料供给增加，生猪饲养量相应增加，Y 是 X 的函数，即 $Y = F_1\ (X,\ u_1)$。反过来，生猪饲养量的增加会带来有机肥的增加，可以促进粮食产量的增加，X 又是 Y 的函数，即 $X = F_2\ (Y,\ u_2)$。粮食生产量与生猪饲养量的这种双向依存关系，就需要用两个联立的函数式来表达，即

$$\begin{cases} Y = F_1\ (X,\ u_1) \\ X = F_2\ (Y,\ u_2) \end{cases} \tag{18-7}$$

应当指出的是，经济变量之间的双向依存关系主要是针对内生变量（随机变量）而言的，内生变量的相互影响和制约，使它们可以相互解释。对于外生变量，它是一个确定性的一般变量，可以用于解释内生变量的发展变化，但不需要用别的变量对其加以解释。因此，外生变量与内生变量之间仅存在单向依存关系，外生变量之间不存在相互解释的问题。

（二）联立方程模型

如果经济变量之间仅存在单向的依存关系，则这种关联关系可以用一个函数式进行描绘。例如，内生变量 Y_1 受另一内生变量 Y_2 和外生变量 X_1、X_2 的影响和制约，它们之间存在非确定性线性关系，就可以用单一方程模型

$$Y_{i1} = b_0 + a_1 Y_{i2} + b_1 X_{i1} + b_2 X_{i2} + u_i \tag{18-8}$$

加以描绘。

如果经济变量之间存在双向的依存关系，则这种关联关系需要用一个联立方程组进行描绘。当存在双向依存关系的内生变量个数较少时，联立方程组中的方程个数亦较少。例如，内生变量 Y_1 与

Y_2 存在双向依存关系，同时亦受外生变量 X_1 和 X_2 的影响和制约，并均表现为非确定性线性关系，就可以用两个线性方程组成的联立方程组

$$\begin{cases} Y_{i1} = b_{10} + a_{11} Y_{i2} + b_{11} X_{i1} + b_{12} X_{i2} + u_{i1} \\ Y_{i2} = b_{20} + a_{21} Y_{i1} + b_{21} X_{i1} + b_{22} X_{i2} + u_{i2} \end{cases} \tag{18-9}$$

进行描绘。当存在双向依存关系的内生变量个数较多时，联立方程组中的方程个数相应增加。例如，在一个经济系统中有 G 个内生变量 Y_1，Y_2，…，Y_G，它们之间相互影响、互为制约，同时还受 k 个外生变量 X_1，X_2，…，X_k 的影响和制约，并均表现为非确定性线性关系，要全面反映该系统中内生变量与内生变量之间、内生变量与外生变量之间的数量依存关系，就需要用 G 个方程组成的方程组

$$\begin{cases} Y_{i1} = b_{10} + a_{12} Y_{i2} + \cdots + a_{1G} Y_{iG} + b_{11} X_{i1} + \cdots + b_{1k} X_{ik} + u_{i1} \\ Y_{i2} = b_{20} + a_{21} Y_{i1} + \cdots + a_{2G} Y_{iG} + b_{21} X_{i1} + \cdots + b_{2k} X_{ik} + u_{i2} \\ \vdots \quad \vdots \quad \vdots \quad \vdots \quad \vdots \quad \vdots \quad \vdots \\ Y_{iG} = b_{G0} + a_{G1} Y_{i1} + \cdots + a_{G-1,G} Y_{iG-1} + b_{G1} X_{i1} + \cdots + b_{Gk} X_{ik} + u_{iG} \end{cases} \tag{18-10}$$

进行描绘。

18－9 式和 18－10 式就是联立方程模型。由这两式可看出，所谓联立方程模型，就是描绘经济系统中变量之间内在数量依存关系的方程组。18－9 式是一个简单的联立方程模型，其中包含两个内生变量、两个外生变量，由两个线性方程组成。18－10 式是一个复杂的联立方程模型，其中包含 G 个内生变量、k 个外生变量，由 G 个线性方程组成。由于内生变量之间一般都存在双向的依存关系，故联立方程模型中方程的个数应当与内生变量的个数相等。从理论上讲，联立方程模型中的方程可以是线性的，也可以是非线性的。但由于非线性方程在参数估计和检验上存在的诸多困难，在这里只考虑方程为线性的情况，或方程虽为非线性但可以线性化的情况。

与单一方程模型相比，联立方程模型显得很复杂。这种复杂性

不仅反映在包含的方程个数的差异上，更重要的是反映在对变量依存关系的描绘上。正是联立方程模型对经济系统中变量依存关系的全面描绘，使其具备更强的分析功能、成为计量经济学中应用更广和更为有用的工具。

（三）联立关系的后果

无论是由两个方程组成的简单联立方程模型（如 18－9 式），或是由多个方程组成的复杂联立方程模型（如 18－10 式），由于联立的结果，都会产生以下三个问题：

第一，模型中的每一个方程，都含有一个被解释变量和若干个解释变量。对每一个特定方程，被解释变量与解释变量的界限十分清楚。但对于整个模型而言，某个特定方程的解释变量是另一特定方程的被解释变量，或者相反，被解释变量与解释变量的界限不清。

第二，模型中每一个特定方程的解释变量既有内生变量，又有外生变量，由于内生变量之间的双向依存关系，它们是互不独立的。而内生变量又受外生变量的影响和制约，因而作解释变量的内生变量与同一方程中的外生解释变量也是不独立的。带来方程中解释变量之间的高度线性相关，即多重共线性。

第三，模型中的特定方程包含内生变量作解释变量，而这些内生变量，一般与随机误差项不独立，造成解释变量与随机误差项的相关。同时，由于模型中两个或多个方程同时依赖某些变量，出现联合决定的情况，使某一特定方程的参数估计必须充分考虑模型中其他方程所提供的信息。

鉴于上述原因，如果应用普通最小二乘法对联立模型中每一个方程的参数分别进行估计，必然出现参数估计值的有偏性和不一致性。这一偏倚因为是方程联立造成的，故称为联立方程偏倚。对于联立方程偏倚的产生，可以用下面的一个简例加以说明。

设有一简单的联立方程模型

$$\begin{cases} Y_1 = b_0 + b_1 Y_2 + u & (18-11) \\ Y_2 = a_0 + a_1 Y_1 + a_2 X + \varepsilon & (18-12) \end{cases}$$

其中，Y_1 和 Y_2 为内生变量，X 为外生变量。并假设 $E(u)=$

0，$E(\varepsilon)=0$，$Var(u)=\sigma_u^2$，$Var(\varepsilon)=\sigma_\varepsilon^2$，$E(u_iu_j)=0$，$(i\neq j)$，$E(\varepsilon_i\varepsilon_j)=0$ $(i\neq j)$ 以及 $E(u\varepsilon)=0$。这是一个包含两个内生变量、由两个方程组成的完整模型。将 18－11 式代入18－12 式，得

$$Y_2=a_0+a_1(b_0+b_1Y_2+u)+a_2X+\varepsilon$$

$$Y_2=a_0+a_1b_0+a_1b_1Y_2+a_1u+a_2X+\varepsilon$$

整理后得

$$Y_2=\frac{a_0+a_1b_0}{1-a_1b_1}+\frac{a_2}{1-a_1b_1}X+\frac{a_1u+\varepsilon}{1-a_1b_1} \qquad (18-13)$$

从 18－13 式可看出，Y_2 与 u 相关。因此在方程 18－11 式中解释变量 Y_2 与随机误差项 u 不独立。这一结论也可从 Y_2 与 u 的协方差得到证明。依定义，Y_2 与 u 的协方差为

$$\begin{aligned}E(Y_2u)&=E\{[Y_2-E(Y_2)][u-E(u)]\}\\&=E\{u[Y_2-E(Y_2)]\}\end{aligned}$$

但因为

$$Y_2=[(a_0+b_1b_0)+a_2X+(a_1u+\varepsilon)]/(1-a_1b_1)$$

$$E(Y_2)=[(a_0+a_1b_0)+a_2X]/(1-a_1b_1)$$

故有

$$\begin{aligned}E(Y_2u)&=E[u(a_1u+\varepsilon)/(1-a_1b_1)]\\&=E[(a_1u^2+u\varepsilon)/(1-a_1b_1)]\\&=a_1\sigma_u^2/(1-a_1b_1)\end{aligned} \qquad (18-14)$$

很显然,18－14式不为零,表明 Y_2与 u 不独立。在这种情况下,如果用普通最小二乘法对18－11式进行估计,得到的参数估计值将是有偏的和不一致的。其偏倚大小可以用下述方法测定。

对于 18－11 式，可先用离差形式表示为 $y_1=b_1y_2+u$，两边同乘以 y_2 再对样本容量加总，得

$$\sum y_1y_2=b_1\sum y_2^2+\sum y_2u \qquad (18-15)$$

对 18－15 式两边同时除以$\sum y_2^2$，再取期望值，得

$$E(\sum y_1y_2/\sum y_2^2)=E(b_1+\sum y_2u/\sum y_2^2)$$

即

$$E(\hat{b}_1) = b_1 + E(\sum y_2 u) / \sum y_2^2$$

$$\text{偏倚} = E(\hat{b}_1) - b_1 = E(\sum y_2 u) / \sum y_2^2 \qquad (18-16)$$

上述偏倚不为零。当样本容量增大时，$\sum y_2 u$ 与 $\sum y_2^2$ 也趋向于同时增大，不会趋近于某个极小值，也不能达到渐近无偏。

（四）解决联立方程偏倚的方法

由上述分析可知，如果对联立方程模型中的每一个方程分别用普通最小二乘法进行参数估计，其估计值将是有偏的、不一致的。为解决这一问题，需要寻求能解决联立偏倚的参数估计方法，使得到的参数估计值具有较高的无偏性、有效性和一致性。适合联立方程模型参数估计的方法最常见的有以下八种：

（1）简化型方法，又称间接最小二乘法（简称 *ILS* 方法）；

（2）工具变量法（简称 *IV* 方法）；

（3）两段最小二乘法（简称 2*SLS* 方法）；

（4）混合估计法；

（5）主分量法；

（6）有限信息极大似然法（简称 *LIML* 方法）；

（7）完全信息极大似然法（简称 *FIML* 方法）；

（8）三段最小二乘法（简称 3*SLS* 方法）。

在这八种参数估计方法中，前六种方法每次只能估计联立方程模型中某一个方程的参数，称为单一方程方法；后两种方法可以同时估计联立方程模型中所有方程的参数，称为方程体系法。

二、联立方程模型的变量分类

在单一方程模型中，变量可以明确地分为被解释变量和解释变量两类。被解释变量由内生变量充任，而解释变量既可以是外生变量，也可以是内生变量，还可以是滞后内生变量。但在联立方程模型中，由于某一方程的解释变量可能为另一方程的被解释变量，而另一方程的被解释变量又可能为其他方程的解释变量，就整个模型而言，解释变量与被解释变量不能明确区分，变量只能分为内生变量、外生变量、滞后内生变量。为方便起见，一般又把外生变量与滞后内生变量合称为前定变量。然而，在联立方程模型的每一个方程中，变量仍可以分为被解释变量和解释变量，被解释变量为内生变量，解释变量为外生变量、内生变量、滞后内生变量。由于联立方程模型中所有的内生变量都由整个模型共同决定，故将其称为联合被解释变量。单一方程模型和联立方程模型中变量分类的区别与联系，可用下表说明。

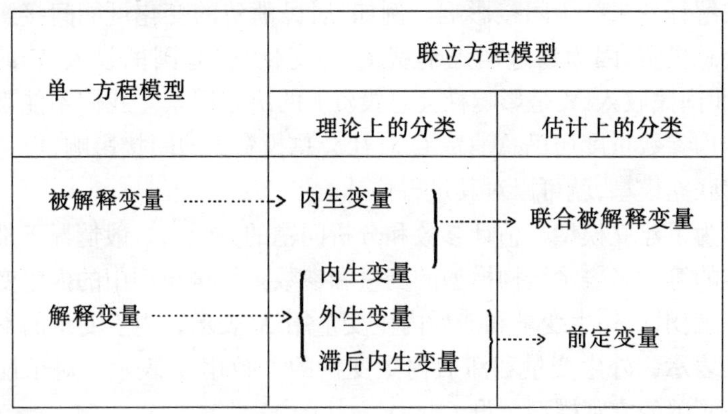

单一方程模型	联立方程模型	
	理论上的分类	估计上的分类
被解释变量 ┈┈→	内生变量	┈┈→ 联合被解释变量（内生变量、内生变量）
解释变量 ┈┈→	内生变量 外生变量 滞后内生变量	┈┈→ 前定变量（外生变量、滞后内生变量）

三、联立方程结构模型

联立方程结构模型，是描绘经济系统中变量之间内在相互依存关系的方程组。建立结构模型的目的在于，将经济系统中的内生变量表示为其他内生变量、前定变量和随机误差项的函数。下面以一个封闭经济系统的简单宏观模型为例说明结构模型。

$$\begin{cases} C_t = a_0 + a_1 Y_t + u_1 & (18-17) \\ I_t = b_0 + b_1 Y_t + b_2 Y_{t-1} + u_2 & (18-18) \\ Y_t = C_t + I_t + G_t & (18-19) \end{cases}$$

模型中包含居民总消费 C_t、社会总投资 I_t 和国民收入 Y_t 三个内生变量，滞后国民收入 Y_{t-1}及公共消费 G_t 两个前定变量。模型中有三个方程，第一方程为消费方程，表示居民总消费是国民收入的函数；第二个方程是投资方程，表示社会总投资是国民收入和滞后国民收入的函数；第三个方程是平衡方程，表示居民总消费、社会总投资、公共消费的总和应当与国民收入保持平衡。为了分析问题的方便，一般将结构方程中的常数项略去。

结构模型中各单一方程解释变量的系数称为结构参数，各方程的结构参数都有特定的经济含义，或表示边际值，或表示弹性，或表示倾向，反映各解释变量对被解释变量的直接影响。解释变量对被解释变量的间接影响,不能从个别方程的结构参数中得出。在联立方程模型中,在某一特定方程中不出现的解释变量,可能对该方程的被解释变量产生间接影响。例如,居民消费的变化可能间接影响社会总投资,因为通过居民消费 C 的变化,引起国民收入 Y 的变化,而国民收入 Y 是影响社会总投资 I 的决定因素。我们不能直接用结构参数量度居民总消费 C 对社会总投资 I 的间接影响,但通过求解联立模型,就可以对其进行估计。

为了建立模型、估计参数和分析问题的方便，一般情况下都用标准的符号来表示结构模型的变量和参数。结构模型中的内生变量用 Y 表示，外生变量和滞后内生变量用 X 表示，内生变量的参数用 β 表示，外生变量和滞后内生变量的参数用 γ 表示。对于前面所列简单的宏观模型，设 $C_t=Y_1$，$I_t=Y_2$，$Y_t=Y_3$，$Y_{t-1}=X_1$，$G_t=X_2$，$a_1=\beta_{13}$，$b_1=\beta_{23}$，$b_2=\gamma_{21}$，在略去常数项后，便可以将其表示为

$$\begin{cases} Y_1=\beta_{13}Y_3+u_1 & (18-20) \\ Y_2=\beta_{23}Y_3+\gamma_{21}X_1+u_2 & (18-21) \\ Y_3=Y_1+Y_2+X_2 & (18-22) \end{cases}$$

将该表达式中可观测的项全部移至左边，方程中未包含的变量令其参数为零，并在相应的位置列示，便可得到完整的结构模型

$$\begin{cases} Y_1+0Y_2-\beta_{13}Y_3+0X_1+0X_2=u_1 & (18-23) \\ 0Y_1+Y_2-\beta_{23}Y_3-\gamma_{21}X_1+0X_2=u_2 & (18-24) \\ -Y_1-Y_2+Y_3+0X_1-X_2=0 & (18-25) \end{cases}$$

结构模型的这一表达形式，是一种标准的表达方式，这种表达形式可以为列示结构参数表提供方便。根据上述标准表达式，该结

构模型的结构参数表如下：

方程＼变量	内生变量参数			前定变量参数	
	Y_1	Y_2	Y_3	X_1	X_2
18-23	1	0	$-\beta_{13}$	0	0
18-24	0	1	$-\beta_{23}$	$-\gamma_{21}$	0
18-25	-1	-1	1	0	-1

结构参数表在判别联立模型识别状态时十分有用，在列示时参数与变量的对应关系必须正确，为零的参数也要列在相应位置上，不能省略。

四、简化型模型

（一）简化型模型概述

结构方程的简化型模型，就是把经济系统的内生变量仅仅表示为外生变量和滞后内生变量的函数。这就意味着，在联立方程模型中的每一个方程，只能用外生变量和滞后内生变量作解释变量。简化型模型可以用两种方法求得：第一种方法，是直接将模型中的内生变量表示为前定变量的函数；第二种方法，是利用结构参数、前定变量、随机误差项求解内生变量的结构体系，将内生变量表示为结构参数、前定变量、随机误差项的函数。

对于上面所列封闭经济系统简单宏观模型，内含三个内生变量 Y_1、Y_2、Y_3 及两个前定变量 X_1、X_2，设简化型参数为 π_{ij}，则利用第一种方法建立的简化型模型为

$$\begin{cases} Y_1 = \pi_{11}X_1 + \pi_{12}X_2 + \varepsilon_1 \\ Y_2 = \pi_{21}X_1 + \pi_{22}X_2 + \varepsilon_2 \\ Y_3 = \pi_{31}X_1 + \pi_{32}X_2 + \varepsilon_3 \end{cases} \tag{18-26}$$

用第一种方法建立简化型模型，不考虑结构方程中变量之间的依存关系，只需要了解模型中有多少个内生变量和前定变量，直接将内生变量表示为前定变量的函数就行了。

用第二种方法建立简化型模型，要充分考虑结构方程所提供的

变量之间相互依存的相关信息，利用结构模型中各方程之间的迭代，将内生变量表示为结构参数、前定变量、随机误差项的函数。仍以上面所列简单宏观经济模型的例子，说明第二种建立简化型模型的方法。对于由 18－17 式、18－18 式、18－19 式组成的结构模型，在略去常数项 a_0 及 b_0 后，将 18－17 式和 18－18 式代入 18－19 式，得

$$Y_t = \frac{b_2}{1-a_1-b_1}Y_{t-1} + \frac{1}{1-a_1-b_1}G_t + \frac{u_1+u_2}{1-a_1-b_1} \tag{18-27}$$

将 18－27 式代入 18－17 式，得

$$C_t = \frac{a_1 b_1}{1-a_1-b_1}Y_{t-1} + \frac{a_1}{1-a_1-b_1}G_t + \frac{u_1+a_1u_2-b_1u_1}{1-a_1-b_1} \tag{18-28}$$

将 18－27 式代入 18－18 式，得

$$I_t = \frac{b_2(1-a_1)}{1-a_1-b_1}Y_{t-1} + \frac{b_1}{1-a_1-b_1}G_t + \frac{b_1u_1+u_2-a_1u_2}{1-a_1-b_1} \tag{18-29}$$

18－27 式是 18－19 式的简化型方程，18－28 式是 18－17 式的简化型方程、18－29 式是 18－18 式的简化型方程，将这三个方程按结构模型的顺序排列，便可得到简化型模型

$$\begin{cases} C_t = \dfrac{a_1 b_1}{1-a_1-b_1}Y_{t-1} + \dfrac{a_1}{1-a_1-b_1}G_t + \dfrac{u_1+a_1u_2-b_1u_1}{1-a_1-b_1} \\ I_t = \dfrac{b_2(1-a_1)}{1-a_1-b_1}Y_{t-1} + \dfrac{b_1}{1-a_1-b_1}G_t + \dfrac{b_1u_1+u_2-a_1u_2}{1-a_1-b_1} \\ Y_t = \dfrac{b_2}{1-a_1-b_1}Y_{t-1} + \dfrac{1}{1-a_1-b_1}G_t + \dfrac{u_1+u_2}{1-a_1-b_1} \end{cases} \tag{18-30}$$

很显然，对于同一个结构模型应用两种方法建立的简化型模型 18－26 式和 18－30 式应该是一致的。因此，18－26 式与 18－30 式中相对应的参数应当相等，即存在以下对等的关系

$$\begin{cases}\pi_{11}=a_1b_1/(1-a_1-b_1)\\ \pi_{12}=a_1/(1-a_1-b_1)\\ \pi_{21}=b_2(1-a_1)/(1-a_1-b_1)\\ \pi_{22}=b_1/(1-a_1-b_1)\\ \pi_{31}=b_2/(1-a_1-b_1)\\ \pi_{32}=1/(1-a_1-b_1)\end{cases} \tag{18-31}$$

简化型参数 π 是在综合考虑了有关内生变量之间的相互依存和影响之后，用来量度前定变量的变化对内生变量的总影响。这种总影响既包含直接影响，又包含间接影响，而结构参数只能表示单一方程中前定变量对内生变量的直接影响。例如，简化型参数 π_{21} 能量度滞后国民收入 Y_{t-1} 每增加一单位时，对社会总投资的总影响，这一影响可以分解为两个部分，即

$$\begin{aligned}\pi_{21}&=\frac{b_2(1-a_1)}{1-a_1-b_1}\\ &=\frac{b_2[(1-a_1-b_1)+b_1]}{1-a_1-b_1}\\ &=b_2+\frac{b_1b_2}{1-a_1-b_1}\end{aligned} \tag{18-32}$$

在 18－32 式中，第一项 b_2 是 18－18 式中滞后国民收入 Y_{t-1} 的系数，表示滞后国民收入对社会总投资的直接影响；第二项 $b_1b_2/(1-a_1-b_2)$ 表示滞后国民收入 Y_{t-1} 的变动对社会总投资 I_t 造成影响之后的连锁反应，即滞后国民收入 Y_{t-1} 的变动引起社会总投资 I_t 的变动，I_t 的变动又引起国民收入 Y_t 的变动，Y_t 的变动相应引起居民消费 C_t 的变动，而 C_t 的变动又会引起国民收入 Y_t 的变动，Y_t 的变动又进一步引起社会总投资的变动，这一连串影响的总和，就是滞后国民收入 Y_{t-1} 对社会总投资 I_t 的间接影响。

（二）简化型模型的参数估计

建立简化型模型的方法有两种，与此相对应，简化型模型的参数估计方法也有两种。一种是直接估计法，一种是间接估计法。

1. 参数的直接估计法

简化型模型参数的直接估计法又称为无约束最小二乘法

（$LSNR$），它是将结构模型中的内生变量直接表示为前定变量的函数，再对函数的参数进行估计。若以上述简单宏观模型为例，直接估计法分为两步进行。

第一步，明确结构模型中的内生变量和前定变量，将每一个内生变量表示为所有前定变量的函数。在该模型中有三个内生变量，居民总消费 Y_1、社会总投资 Y_2、国民收入 Y_3；有两个前定变量，滞后国民收入 X_1、公共消费 X_2。将 Y_1、Y_2、Y_3 分别表示为 X_1 与 X_2 的函数：

$$\begin{cases} Y_{i1} = \pi_{11}X_{i1} + \pi_{12}X_{i2} + \varepsilon_{i1} \\ Y_{i2} = \pi_{21}X_{i1} + \pi_{22}X_{i2} + \varepsilon_{i2} \\ Y_{i3} = \pi_{31}X_{i1} + \pi_{32}X_{i2} + \varepsilon_{i3} \end{cases} \tag{18-33}$$

第二步，对所建立的简化型模型中的每一个方程分别估计参数。即对 18－33 式中的三个简化型方程，分别应用普通最小二乘法估计参数，便可求出简化型模型 18－33 式的参数估计值 $\hat{\pi}_{11}$、$\hat{\pi}_{12}$、$\hat{\pi}_{21}$、$\hat{\pi}_{22}$、$\hat{\pi}_{31}$、$\hat{\pi}_{32}$。

简化型模型参数的直接估计法，不考虑结构模型中结构参数的任何信息，亦即不考虑由结构模型形式所施加的任何约束条件。例如，不包含在结构方程中的变量其系数为零，采用直接估计法就不考虑这些。应用这种方法不需要全面掌握结构模型的全部信息，只需要了解结构模型中所包含的内生变量和前定变量。

2. 参数的间接估计法

这种参数估计方法的基本思路是，简化型模型的参数与结构模型的参数之间存在确定性的函数关系，只要用恰当的计量经济方法求出了结构参数的估计值，就可以根据其与简化型参数的函数关系，间接地求出简化型参数的估计值。仍旧用上述简单宏观模型作为例子，说明这一方法的应用。

第一步，建立简化型参数与结构参数的关系式体系。将用标准符号表示的结构模型 18－20 式、18－21 式及 18－22 式，通过变量的连续代换，即用第二种方法建立简化型模型

$$\begin{cases} Y_1=\dfrac{\beta_{13}\beta_{23}}{1-\beta_{13}-\beta_{23}}X_1+\dfrac{\beta_{13}}{1-\beta_{13}-\beta_{23}}X_2+\dfrac{u_1+\beta_{13}u_2-\beta_{23}u_1}{1-\beta_{13}-\beta_{23}} \\ Y_2=\dfrac{\gamma_{21}(1-\beta_{13})}{1-\beta_{13}-\beta_{23}}X_1+\dfrac{\beta_{23}}{1-\beta_{13}-\beta_{23}}X_2+\dfrac{\beta_{23}u_1+u_2-\beta_{13}u_2}{1-\beta_{13}-\beta_{23}} \\ Y_3=\dfrac{\gamma_{21}}{1-\beta_{13}-\beta_{23}}X_1+\dfrac{1}{1-\beta_{13}-\beta_{23}}X_2+\dfrac{u_1+u_2}{1-\beta_{13}-\beta_{23}} \end{cases} \tag{18-34}$$

对比 18－33 式和 18－34 式，可建立结构参数 β、γ 与简化型参数 π 的关系式体系：

$$\begin{cases} \pi_{11}=\beta_{13}\beta_{23}/(1-\beta_{13}-\beta_{23}) \\ \pi_{12}=\beta_{13}/(1-\beta_{13}-\beta_{23}) \\ \pi_{21}=\gamma_{21}(1-\beta_{13})/(1-\beta_{13}-\beta_{23}) \\ \pi_{22}=\beta_{23}/(1-\beta_{13}-\beta_{23}) \\ \pi_{31}=\gamma_{21}/(1-\beta_{13}-\beta_{23}) \\ \pi_{32}=1/(1-\beta_{13}-\beta_{23}) \end{cases} \tag{18-35}$$

第二步，求结构参数的估计值。选择任何一种恰当的计量经济方法分别对 18－20 式和 18－21 式进行估计，求出结构参数 β_{13}、β_{23}、γ_{21}的估计值 $\hat{\beta}_{13}$、$\hat{\beta}_{23}$及 $\hat{\gamma}_{21}$。

第三步，利用结构参数的估计值计算简化型参数的估计值。在计算出结构参数估计值 $\hat{\beta}_{13}$、$\hat{\beta}_{23}$及 $\hat{\gamma}_{21}$之后，将其代入 18－35 式的各关系式中，即可求出简化型参数的估计值 $\hat{\pi}_{11}$、$\hat{\pi}_{12}$、$\hat{\pi}_{21}$、$\hat{\pi}_{22}$、$\hat{\pi}_{31}$、$\hat{\pi}_{32}$。

用间接法求简化型参数虽然比较复杂，但与直接法相比它有很多优点。首先，利用结构参数 β 和 γ 求简化型参数 π，必须建立如 18－35 式的参数关系式体系，而建立这一参数关系体系的过程中，要考虑各变量之间的直接及间接影响，从而使最终估计的简化型参数 π 更加准确和有效。其次，利用结构参数 β 和 γ 求简化型参数 π，需要先估计 β 及 γ，而估计 β 与 γ 要用到结构模型中提供的大量信息，进而使简化型参数 π 的估计获得更加满意的结果。再次，随着时间的推移，反映经济系统现实的结构模型会不断发生变化，如果知道了结构参数 β 和 γ 的变化，就可以便捷地计算出简化型参数 π。因为用直接法估计简化型参数不需要建立参数关系式体系，不必先估计结构参数，所以它在这三个方面都存在缺陷。

五、递归模型

递归模型是一种特殊类型的联立方程模型。在这种模型中，结构方程按下述方式排列：第一个方程的解释变量全部为前定变量，第二个方程的解释变量包含前定变量和第一个方程的内生变量（即第一个方程的被解释变量），第三个方程的解释变量包含前定变量及第一个方程与第二个方程的内生变量，等等。凡是结构方程按这种形式排列的联立方程模型，就称之为递归模型。例如

$$\begin{cases} Y_1 = f_1(X_1, X_2, \cdots, X_k; u_1) \\ Y_2 = f_2(X_1, X_2, \cdots, X_k; Y_1; u_2) \\ Y_3 = f_3(X_1, X_2, \cdots, X_k; Y_1, Y_2; u_3) \\ \cdots\cdots \end{cases} \tag{18-36}$$

就是一个典型的递归模型。

如果递归模型中每一个结构方程的随机误差项 u 均可满足 $E(u)=0$、$E(u_iu_j)=0$ $(i\neq j)$、$E(uX)=0$、$Var(u)=\sigma_u^2$，则可用普通最小二乘法对模型中的每一个结构方程进行参数估计，而不会产生联立偏倚。

递归模型又称为三角形体系，因为模型中的内生变量的参数 β 可以形成一个下三角形阵列，主对角线上的参数全为 1，主对角线之上不出现非零参数。例如，有一个含四个内生变量、五个前定变量的递归模型。

$$\begin{cases} Y_1 = \gamma_{11}X_1 + \gamma_{12}X_2 + u_1 \\ Y_2 = \beta_{21}Y_1 + \gamma_{21}X_1 + \gamma_{22}X_2 + \gamma_{23}X_3 + u_2 \\ Y_3 = \beta_{31}Y_1 + \beta_{32}Y_2 + \gamma_{32}X_2 + \gamma_{34}X_4 + u_3 \\ Y_4 = \beta_{41}Y_1 + \beta_{42}Y_2 + \beta_{43}Y_3 + \gamma_{44}X_4 + \gamma_{45}X_5 + u_4 \end{cases} \tag{18-37}$$

将其写成标准表达形式，即为

$$\begin{cases} Y_1+0Y_2+0Y_3+0Y_4-\gamma_{11}X_1-\gamma_{12}X_2+0X_3+0X_4+0X_5=u_1 \\ -\beta_{21}Y_1+Y_2+0Y_3+0Y_4-\gamma_{21}X_1-\gamma_{22}X_2-\gamma_{23}X_3+0X_4+0X_5=u_2 \\ -\beta_{31}Y_1-\beta_{32}Y_2+Y_3+0Y_4+0X_1-\gamma_{32}X_2+0X_3-\gamma_{34}X_4+0X_5=u_3 \\ -\beta_{41}Y_1-\beta_{42}Y_2-\beta_{43}Y_3+Y_4+0X_1+0X_2+0X_3-\gamma_{44}X_4-\gamma_{45}X_5=u_4 \end{cases} \tag{18-38}$$

将 18－38 式的结构参数列为下面的阵列

变量 / 方程	内生变量的参数 β				前定变量的参数 γ				
	Y_1	Y_2	Y_3	Y_4	X_1	X_2	X_3	X_4	X_5
第一个方程	1	0	0	0	$-\gamma_{11}$	$-\gamma_{12}$	0	0	0
第二个方程	$-\beta_{21}$	1	0	0	$-\gamma_{21}$	$-\gamma_{22}$	$-\gamma_{23}$	0	0
第三个方程	$-\beta_{31}$	$-\beta_{32}$	1	0	0	$-\gamma_{32}$	0	$-\gamma_{34}$	0
第四个方程	$-\beta_{41}$	$-\beta_{42}$	$-\beta_{43}$	1	0	0	0	$-\gamma_{44}$	$-\gamma_{45}$

由上表可看出，该模型内生变量的参数形成的是一个下三角形阵列，这是一个递归模型。要判定一个联立模型是否为递归模型，只要将其内生变量的参数 β 排列成上表的形式，若主对角线上的系数均为 1，而右上方的各系数均为零，则模型就是递归模型，否则就不是。

第十九章　联立方程模型的识别

一、联立方程模型识别的意义

从直观上理解，联立方程模型的识别就是联立方程模型的参数估计。对于联立方程模型，可识别性包含两个方面的含义，一方面是指模型本身能否用惟一的函数形式加以表达，另一方面是指能否用模型所包含变量的样本观测值求出模型参数的惟一估计量。如果能同时满足这两个方面的要求，模型就是可以识别的。否则，模型就不具备可识别性。

在联立方程模型中，函数形式不同或包含的变量不同的方程称为相互独立的方程。如果模型中独立方程的个数至少与内生变量的个数相等，则该模型就是一个完整的模型。对于联立方程模型的识别而言，只有模型具有完整性，并且每一个独立方程都是可识别的，整个模型才具有可识别性。下面用商品供需平衡的例子说明联立方程模型识别的意义。

设商品的需求量为 D，供给量为 S，供需平衡的均衡价格为 P，则可以用以下简化的模型来描绘该商品的供需平衡问题。

$$\begin{cases} D = b_0 + b_1 P + u_1 & (19-1) \\ S = a_0 + a_1 P + u_2 & (19-2) \\ D = S & (19-3) \end{cases}$$

在该模型中，19－1 式为需求函数，表示商品需求量 D 是其价格 P 的线性函数；19－2 式为供给函数，表示商品供给量 S 是其价格 P 的线性函数；19－3 式为市场均衡条件（供需平衡）。整个模型有三个内生变量 D、S、P，有三个方程，表面上看是一个完整的模型。

假设有一组关于商品价格为 P_i 时的销售量为 Q_i 的资料，因为 P_i 为市场均衡价格，故销售量 Q 既表示需求量 D，又表示供给量

S。这时，若用价格 P 对销售量 Q 进行回归，所得到的函数式 $Q=f(P, u)$ 到底是需求函数或是供给函数便不能确定。在这种情况下，观测数据的散布图也不能提供明确可靠的结论。如果以价格 P 为纵轴、销售量 Q 为横轴作散布图，样本观测数据在平面坐标中的分布无非是下面三种状况中的一种（见图 19-1、图 19-2、图 19-3）。

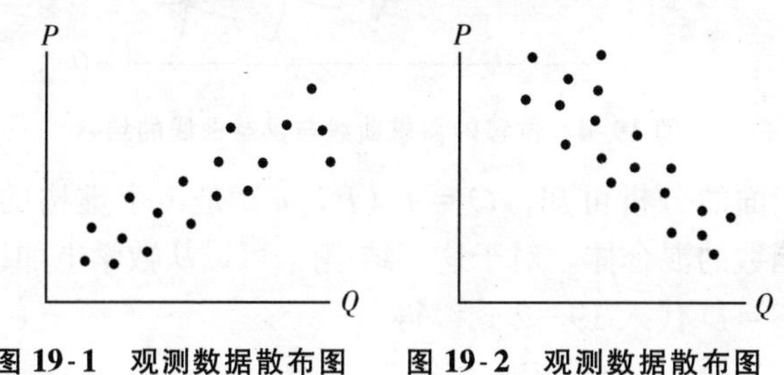

图 19-1　观测数据散布图　　**图 19-2　观测数据散布图**

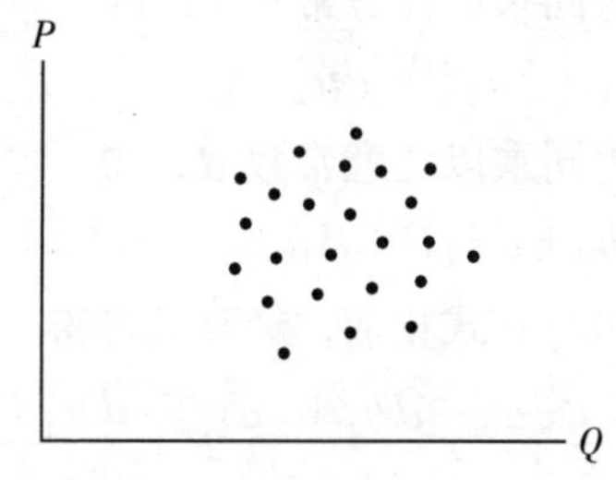

图 19-3　观测数据散布图

当散布图为 19－1 时，不能做出它表示供给函数的结论，因为商品供给量除受价格因素影响外，还受技术、投资等多种因素的影响。当散布点为 19－2 时，也不能决定它就是表示需求函数，因为商品需求量除受价格因素的影响外，还受收入、偏好等其他因素的影响。当散布点为 19－3 时，更不能从这种无序分布点阵得出什么结论。很显然，由于商品的需求和供给受多种因素的影响和制约，仅仅知道价格 P 是不够的。众多经济因素都会引起需求曲线和供给曲线的位移，出现多条需求曲线和供给曲线，我们所得到的样本观测数据，实际上是位移的需求曲线与供给曲线的交叉点所生成的，既代表需求量，又代表供给量。如图 19-4。

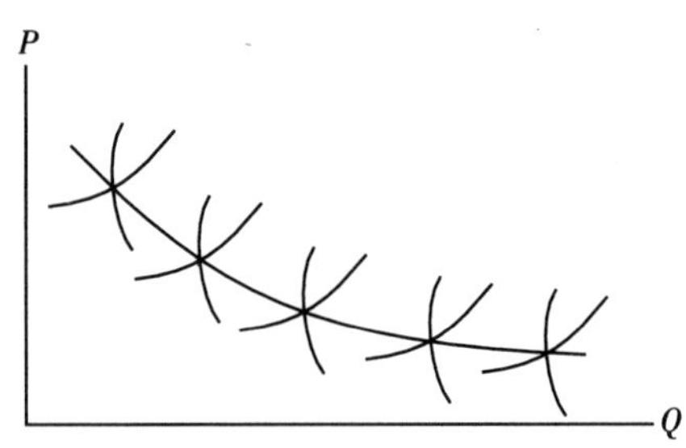

图 19-4 位移的需求曲线与供给曲线的结合

从上面的分析可知，$Q=f(P, u)$ 是一个虚构的需求函数和供给函数的混合体。对于这一结 论，可以从数学上加以证明。

将 $S=D$ 代入 19－2 式，得

$$D=a_0+a_1P+u_2 \tag{19-4}$$

将 19－4 式两边同乘以任意常数 c，得

$$cD=ca_0+ca_1P+cu_2 \tag{19-5}$$

将 19－1 式两边同乘以任意常数 d，得

$$dD=db_0+db_1P+du_1 \tag{19-6}$$

将 19－5 式与 19－6 式相加，经整理可得

$$D=\frac{db_0+ca_0}{c+d}+\frac{db_1+ca_1}{c+d}P+\frac{du_1+cu_2}{c+d} \tag{19-7}$$

当令 $\beta_0=(db_0+ca_0)/(c+d)$

$\beta_1=(db_1+ca_1)/(c+d)$

$u=(du_1+cu_1)/(c+d)$

时，可以将 19－7 式改写为

$$D=\beta_0+\beta_1P+u \tag{19-8}$$

19－8 式与模型中的需求函数 19－1 式所包含的变量完全相同，函数形式也完全一样，但它的参数却是需求函数、供给函数的参数以及任意常数（c，d）的线性组合。所以，通过模型结构关系式的运算，所得出的是一个虚构的方程，它既不是需求函数，也不是供给函数，而是二者的混合物。用同样的方法对供给函数进行

类似分析，得到的结论与此完全相同。对于这样的模型，利用上述样本观测数据建立的方程 $Q=f\ (P,\ u)$，就不能确定它是需求函数，或是供给函数，使 19－1 式和 19－2 式不可识别，进而造成整个模型不可识别。之所以出现这一情况，是因为模型中的 19－1 式和 19－2 式的解释变量完全相同（均为 P)、函数形式也完全一样(均为一元线性函数)，不是两个独立的方程，从而无法对它们之中任何一个进行统计测定。

由上述简例分析可以得出两条初步结论：第一，对联立模型的识别，最终要归结为对模型所包含的每一个方程的识别上，每一个方程的可识别性对整个模型的可识别性都有决定性影响；第二，如果能够证明模型中某一个方程的函数形式是惟一的，则该方程的可识别性便可以肯定。

二、联立方程模型的识别状态

在计量经济学中，把联方程模型中某一方程的识别状态分为两种类型：一种类型是不可识别，或称为识别不足；第二种类型是能够识别，或称为可识别。对于可识别的方程又有两种情况，一种是适度识别的，另一种是过度识别的。

如果联立方程模型中某个（或某些）方程的函数形式（包含的变量及函数的数学表达形式）不是惟一的，即不是独立方程，则这个（或这些）方程就是不可识别的，或识别不足的。模型中某个(或某些）方程是识别不足的，则整个模型就是不可识别的。对于不可识别的模型，不能用任何计量经济方法对其参数进行估计。

如果联立方程模型中某个（或某些）方程的函数形式（包含的变量及函数的数学表达形式）是惟一的，即为独立方程，则这个(或这些）方程就是可识别的。当模型中包含的每一个方程都是可识别的，则整个模型就是可识别的。对于可识别的模型，在一般情况下，能够用一定的计量经济方法估计出它的参数。对于适度识别的模型，最适宜的参数估计方法是间接最小二乘法；对于过度识别的模型，最相宜的参数估计方法是两段最小二乘法。

在联立方程模型的识别中，只有那些对其参数必须进行估计的方程才会产生识别问题，对这类方程的识别状态才需要进行判别。对于模型中的定义方程、恒等式或均衡条件方程，因为不需要进行参数估计，所以并不存在识别问题。

三、利用结构模型对联立方程识别状态的考察

在对联立方程模型识别状态进行考察时，应当将模型中各方程的常数项略去。如果要保留常数项，则必须在方程的解释变量中加进一个永远取值为 1 的虚拟变量 X_0。就模型可识别状态的判定结果而言，这两种处理方法所得到的最后结论完全一致。为求简便，最好是略去常数项。

由前面的分析知，对联立方程模型可识别性的判定，最后要归结为对模型中每一个方程可识别性的判定。因此，对模型可识别条件的分析，也要归结为对模型中每个单一方程识别条件的分析。在结构模型中，方程具有可识别性必须同时具备下述两个条件：

（一）单一方程可识别的阶条件（必要条件）

对于联立方程结构模型中一个要识别的方程，可识别的阶条件为：联立模型中有的但不包含在该方程中的变量（内生变量和前定变量）总数，必须大于或等于模型中内生变量的个数减 1。因为一个完整的模型（如为非完整模型，则该模型肯定不可识别）中的内生变量数目与模型中的方程个数相等，所以方程可识别的阶条件又可表达为：对于一个要识别的方程，不包含在该方程中但包含在模型其他方程中的变量总数，至少必须等于（大于等于）联立模型中方程的个数减 1。

如果设

G = 联立方程模型中方程总个数(亦为内生变量总个数)

Q = 联立方程模型中变量总个数（内生变量个数 + 前定变量个数）

L = 某一特定方程中所包含的内生变量和前定变量个数

则模型中这一特定方程可识别的阶条件可表示为

$$(Q-L) \geqslant (G-1) \tag{19-9}$$

例如，有一个联立方程模型包含由 10 个变量组成的 6 个方程，

变量中有 6 个内生变量，4 个前定变量。模型中有一个方程包含 5 个变量，有一个方程包含 7 个变量，还有一个方程包含 4 个变量。利用 19－9 式就可以分析这三个方程识别的阶条件。

对于第一个方程，$G=6$，$Q=10$，$L=5$，$Q-L=10-5=5$，$G-1=6-1=5$，可以满足（$Q-L$）＝（$G-1$），满足可识别的阶条件。

对于第二个方程，$G=6$，$Q=10$，$L=7$，$Q-L=10-7=3$，$G-1=6-1=5$，出现了（$Q-L$）＜（$G-1$），不满足可识别的阶条件。

对于第三个方程，$G=6$，$Q=10$，$L=3$，$Q-L=10-3=7$，$G-1=6-1=5$，可满足（$Q-L$）＞（$G-1$），满足可识别的阶条件。

就联立方程结构模型中一个要识别的方程，可识别的阶条件是必要条件。不满足阶条件的方程肯定是不可识别的，模型中如有一个或多个方程不满足识别的阶条件，整个模型也是不可识别的。但阶条件还不是方程可识别的充分条件，满足阶条件的方程仅具备了可识别的基本条件，仍然存在能够识别和识别不足两种可能性。

（二）单一方程可识别的秩条件（充分条件）

对于联立方程结构模型中一个要识别的方程，可识别的秩条件为：在一个有 G 个方程的联立方程模型中，当且仅当在该特定方程中不包含、但却包含在模型其他方程中的变量（内生变量与前定变量）的结构参数至少能构成一个非零的（$G-1$）阶行列式，则该方程就是可识别的。这个条件之所以称为秩条件，因为它是指不包含在被判定方程中的变量的结构参数矩阵的秩，也就是由这个矩阵构成的最大非零行列式的阶数。鉴于此，某一方程可识别的秩条件又可表述为：联立方程模型中某一特定方程可识别的充分条件是，不包含在这一方程中的变量（内生变量和前定变量）的结构参数矩阵的秩等于（$G-1$）。

对联立方程模型中某一特定方程识别秩条件的判别分四步进行：

第一步，将结构模型中所有方程的参数列入一个单独的表格中，方程未包含的变量令其参数为零，为零的参数也要列在相应位置上，不能省略。

例如，有一个由 3 个内生变量、3 个前定变量构成的 3 个方程组成的结构模型

$$\begin{cases} Y_1 = 3Y_2 - 2X_1 + X_2 + u_1 \\ Y_2 = Y_3 + X_3 + u_2 \\ Y_3 = Y_1 - Y_2 - 2X_3 + u_3 \end{cases} \tag{19-10}$$

19－10 式中，Y 为内生变量，X 为前定变量，u 为随机误差项。可将其改写为

$$\begin{cases} Y_1 - 3Y_2 + 0Y_3 + 2X_1 - X_2 + 0X_3 = u_1 \\ 0Y_1 + Y_2 - Y_3 + 0X_1 + 0X_2 - X_3 = u_2 \\ -Y_1 + Y_2 + Y_3 + 0X_1 + 0X_2 + 2X_3 = u_3 \end{cases} \tag{19-11}$$

将 19－11 式中各方程变量的结构参数列入下表（表 19-1）

表 19-1　　结构模型变量参数表

方程＼变量	内生变量			前定变量		
	Y_1	Y_2	Y_3	X_1	X_2	X_3
第一个方程	1	－3	0	2	－1	0
第二个方程	0	1	－1	0	0	－1
第三个方程	－1	1	1	0	0	2

第二步，从结构模型变量参数表中，删去对其识别条件进行判别的方程所在行的参数。例如，要对第二个方程识别的秩条件进行判别，就删去表 19-1 中第二行的参数。

第三步，从结构模型变量参数表中，删去对其识别条件进行的判别的方程参数行中非零参数所在列的参数。例如要对第二个方程识别的秩条件进行判别，该方程参数行（第二行）中第二列、第三列、第六列的参数不为零，就将表19-1中第二、三、六列的参数全部删去。

第四步，将结构模型变量参数表经第二步和第三步删除后的剩余参数重新排列，列出剩余参数表。并利用剩余参数表中的参数构建$(G-1)$行列式，依据行列式的值对秩条件是否满足做出判定。例如

要对第二个方程识别的秩序条件进行判别，在对表19-1删去第二行和第二、三、六列后，剩余参数所组成的参数表为

表 19-2 **结构模型剩余参数表**

行序列 \ 变量	Y_1	X_1	X_2
第一行	1	2	-1
第三行	-1	0	0

由表 19-2 可看出，表中的三个变量就是不包含在第二个方程但却包含在第一和第三个方程中的变量，表中的六个参数就是在去除了包含在第二个方程中的变量参数后剩余的参数（即不包含在第二个方程的变量的参数）。

在结构模型 19-10 式中，方程个数（内生变量个数）为 3，故 $G-1=3-1=2$。利用表 19-2 中的 6 个结构参数可构建三个二阶行列式，即

$$\triangle_1=\begin{vmatrix}1 & 2\\ -1 & 0\end{vmatrix}=2$$

$$\triangle_2=\begin{vmatrix}1 & -1\\ -1 & 0\end{vmatrix}=-1$$

$$\triangle_3=\begin{vmatrix}2 & -1\\ 0 & 0\end{vmatrix}=0$$

利用剩余结构参数构建的三个二阶行列式有两个不为零，模型 19-10 式中第二个方程可识别的秩条件满足。

（三）联立方程模型识别状态的考察程序

在对联立方程模型中单一方程可识别的阶条件和秩条件分析之后，可以对联立方程模型识别状态的考察进行总结。利用结构模型考察联立方程的识别状态，可以分三步进行。

第一步，对联立模型中的每一个方程（定义方程、恒等式除外）的阶条件逐一进行判别。如果模型中的每一个方程都能满足 $(Q-L)\geqslant(G-1)$ 的要求，表明模型具备可识别的必要条件。如果在对模型方程阶条件的逐一判别中，发现某一方程不满足 $(Q-L)\geqslant(G-1)$ 的要求，便表明该方程不具备可识别的必要条件，

进而造成整个联立方程模型不可识别，考察工作到此为止。

第二步，对满足可识别阶条件的联立方程模型中的每一个方程，逐一进行秩条件的判别。如果模型中的每一个方程都满足可识别的秩条件，则整个模型就是可识别的。如果在对模型方程秩条件的逐一判别中，发现某一方程不满足可识别的秩条件，便表明该方程是不可识别的，并进而造成整个模型不可识别，考察工作就此终止。

第三步，确定可识别模型中每一方程的识别类型。对于既满足可识别阶条件又满足可识别秩条件的联立方程模型，应当对其中的每一个方程的可识别类型进行判定。如果方程满足（$Q-L$）>（$G-1$），它就是过度识别的。如果方程满足（$Q-L$）=（$G-1$），它就是适度识别的。确立每一方程的可识别的类型，对于选择相宜的参数估计方法是极为重要的。

四、利用简化型模型对联立方程识别状态的考察

利用简化型模型对联立方程的识别状态进行考察，也要通过对模型中每个方程的识别状态的判别来完成。在简化型模型中，方程的可识别性也必须同时满足阶条件和秩条件。

（一）单一方程可识别的阶条件（必要条件）

对简化型模型中单一方程可识别阶条件的分析，仍然用结构模型来进行，且判别规则也完全一致。这一规则可表述为：联立方程模型（结构模型）中有的但不包含在某一特定方程中的变量（内生变量和前定变量）总数，必须大于或等于模型中内生变量的个数减1。也可表述为：对联立模型中一个要识别的方程，不包含在该方程中但却包含在模型其他方程中的变量总数，至少必须等于（大于等于）联立模型中方程的个数减1。用数学表达式描述即为

$$(Q-L) \geqslant (G-1)$$

其中

G=联立方程模型中方程总个数（内生变量总个数）

Q=联立方程模型中变量总个数（内生变量个数+前定变量个数）

L = 某一特定方程（结构方程）中所包含的内生变量和前定变量总个数

（二）单一方程可识别的秩条件（充分条件）

对于联立方程简化型模型中一个要识别的方程，可识别的秩条件为：一个在结构模型中包含 G^* 个内生变量的方程，当且仅当其结构式未包含的前定变量的简化型系数至少能建立一个（G^*-1）阶非零行列式，则该方程就是可识别的。

利用简化型模型分析单一方程可识别的秩条件，要通过四个步骤才能完成。

第一步，求出结构模型的简化型。仍以 19－10 式为例，其结构模型表达式为

$$\begin{cases} Y_1 = 3Y_2 - 2X_1 + X_2 + u_1 \\ Y_2 = Y_3 + X_3 + u_2 \\ Y_3 = Y_1 - Y_2 - 2X_3 + u_3 \end{cases} \tag{19-12}$$

经过变量反复代换，并省略随机误差项（对模型方程可识别秩条件的判别而言，保不保留随机误差项，对判别结果没有影响），可建立结构模型 19－12 式的简化型模型。即

$$\begin{cases} Y_1 = 4X_1 - 2X_2 + 3X_3 \\ Y_2 = 2X_1 - X_2 + X_3 \\ Y_3 = 2X_1 - X_2 \end{cases} \tag{19-13}$$

第二步，根据简化型模型，列出模型中前定变量的参数表。对于简化型模型 19－13 式，有三个方程，内含 X_1、X_2、X_3 三个前定变量，其参数表为

表 19-3　　简化型模型前定变量参数表

方程 \ 变量	前定变量		
	X_1	X_2	X_3
第一个方程（Y_1）	4	－2	3
第二个方程（Y_2）	2	－1	1
第三个方程（Y_3）	2	－1	0

第三步，在简化型模型的前定变量参数表中，删去被考察方程

结构关系式中未包含的内生变量所在行的参数和所包含的前定变量所在列的参数。例如被考察的是第二个方程，该方程在19－12式中的结构关系式不包含内生变量 Y_1，包含了前定变量 X_3，所以应删去表 19－3 中的第一行（Y_1 所在行）和第三列（X_3 所在列）的参数。

第四步，将经第三步处理后的简化型模型前定变量参数表的剩余参数重新排列，列出剩余参数表，并利用剩余参数表中的参数构建（G^*-1）阶行列式，依据行列式的值对秩条件是否满足做出判定。例如仍对第二个方程识别的秩条件进行判别，在对表 19-3 删去第一行和第三列之后，剩余参数表为

表 19-4　　　　简化型模型前定变量剩余参数表

变量 / 行序号	X_1	X_2
第二行	2	－1
第三行	2	－1

表 19-4 中的参数，就是不包含在第二个结构方程中的前定变量 X_1 与 X_2 在简化型模型中第二、第三个方程中的参数。第二个方程的结构关系式包含两个内生变量（Y_2 和 Y_3），故有 $G^*=2$，$G^*-1=1$。利用表 19-4 中的参数可以构建四个一阶非零行列式，所以第二个方程满足可识别的秩条件，是可以识别的。

利用简化模型对每一个方程识别阶条件和秩条件进行判别的过程中，也需要对整个联立方程模型的可识别性进行全面考察，其工作程序与应用结构模型所采用的步骤完全一致。

对联立方程模型可识别性的考察，以下三个问题应当引起高度重视。

第一，由于多种原因，有些联立方程模型是可以识别的，有些联立方程模型是不可识别的。在对模型参数进行估计之前，对模型的可识别性进行准确判别是十分必要的。这不仅可以避免对不可识别模型中某些方程进行估计所造成的时间与精力的浪费，也可以为可识别模型的参数估计选择正确的方法提供依据。

第二，在传统上，联立方程模型的识别状态是用简化型模型进行考察的，但这种方法在概念上易于混淆，在计算上也比较麻烦。鉴于此，人们更习惯于直接用结构模型考察联立方程模型的可识别状态。这两种方法考察的结论完全一致，都可以采用。但应用结构模型进行考察，较为简单便捷，更不易出错。

第三，上述关于判别联立方程模型中单一方程可识别性阶条件和秩条件的规则，只适用于变量和参数均为线性的方程，对非线方程不适用。然而在现实的经济研究中，联立方程模型中有些方程是非线性的，对这类方程可识别性的判别，目前还没有十分完备的理论与方法。

五、联立性检验

联立方程模型的识别，涉及到参数估计方法的选择。如果没有联立性问题，应用普通最小二乘法就可以得到模型参数一致而有效的估计量。但当存在联立性时，普通最小二乘法失效，应转而采用其他相宜的估计方法。

模型的联立性问题之所以产生，是因模型中的方程的一些解释变量为内生变量，并由此产生与随机误差项的可能相关。如果模型方程的解释变量与随机误差项存在相关性，便存在联立性问题。联立性检验，实质上是检验内生解释变量是否与随机误差项相关。当检验证明联立性不存在时，就可以直接应用普通最小二乘法对模型参数进行估计。当检验证明联立性存在时，就应选择其他计量经济方法对模型参数进行估计。

为了确定模型是否存联立性问题，豪斯曼设定的一种误差检验方式提供了有用的手段。下面用一个例子说明这一检验方法。

设在 t 时期商品的需求量为 D_t，供给量为 S_t，价格为 P_t，居民收入为 Y_t，居民滞后收入为 Y_{t-1}，当供需平衡时 $D_t=S_t=Q_t$，据此可建立联立方程模型

$$\begin{cases} Q_t = a_0 + a_1 P_t + a_2 Y_t + a_3 Y_{t-1} + u_1 & (19-14) \\ Q_t = b_0 + b_1 P_t + u_2 & (19-15) \end{cases}$$

在该模型中，Q_t 与 P_t 为内生变量，Y_t 与 Y_{t-1} 为前定变量；

19－14 式为需求函数，19－15 式为供给函数。对于 19－15 式，如果不存在联立性问题，则 P_t 与 u_2 应当是不相关的；如果存在联立性问题，则 P_t 与 u_2 相关。为判明 P_t 与 u_2 是否相关，豪斯曼提出了以下检验程序：

第一步，依据结构模型建立简化型模型。结构模型中内生变量为 Q_t、P_t，前定变量为 Y_t 及 Y_{t-1}，将 Q_t 与 P_t 直接表示为 Y_t 及 Y_{t-1} 的函数，即得简化型模型

$$\begin{cases} Q_t = \pi_{11} Y_t + \pi_{12} Y_{t-1} + V_1 & (19-16) \\ P_t = \pi_{21} Y_t + \pi_{22} Y_{t-1} + V_2 & (19-17) \end{cases}$$

模型中 π 为简化型参数，V 为简化型方程的随机误差项。

第二步，用普通最小二乘法对简化型方程进行估计。在本例中要判断 P_t 与 u_2 是否相关，故利用 P_t、Y_t、Y_{t-1} 的样本观测值对 19－17 式进行估计，可得

$$\hat{P}_t = \hat{\pi}_{21} Y_t + \hat{\pi}_{22} Y_{t-1} \tag{19-18}$$

根据 $P_t - \hat{P}_t$ 可计算出随机误差项 V_2 的估计值 $\hat{V}_2$，并可建立关系式

$$P_t = \hat{P}_t + \hat{V}_2 \tag{19-19}$$

第三步，将作解释变量的内生变量表达式代入相应的结构方程并进行估计。将 19－19 式代入 19－15 式中，可得到新的结构方程

$$Q_t = b_0 + b_1 \hat{P}_t + b_1 \hat{V}_t + u_2 \tag{19-20}$$

对 19－20 式，利用 Q_t 的观测数据及 P_t 与 V_t 的估计数据，应用普通最小二乘法进行估计，求出解释变量 $\hat{V}_t$ 的参数估计值 $\hat{b}_1$。然后进行 t 检验，如果 $\hat{V}_t$ 的参数估计量 $\hat{b}_1$ 在统计上为零的可能性很大，就表明 P_t 与 u_2 不相关，联立性问题不存在；如果 $\hat{V}_t$ 的参数估计值 $\hat{b}_1$ 在统计上为零的可能性很小，便表明 P_t 与 u_2 相关，联立性问题是存在的。

六、模型变量的外生性检验

正确区分联立方程模型所包含的变量属于内生变量或是外生变

量，对于识别状态的判别及模型参数估计方法的选择，均具有极为重要的作用。在一般情况下，模型中的变量哪些属内生变量，哪些属外生变量，是由研究者根据自己所考虑的问题，依据先验信息（理论的说明或经验的提示）确定的。这种办法虽简便易行，但带有一定的主观判断色彩，有可能出现判别失误。为避免这一问题的产生，可以通过一定的程序对模型变量的外生性进行检验，下面用一简例说明这一检验方法。

设有一简单宏观模型为

$$\begin{cases} C_t = a_0 + a_1 Y_t + a_2 P_t + u_1 & (19-21) \\ I_t = b_0 + b_1 Y_t + b_2 Y_{t-1} + u_2 & (19-22) \end{cases}$$

模型中的 C_t 为总消费，I_t 为总投资，Y_t 为总收入，Y_{t-1}为滞后收入，P_t 为物价指数；19－21 式为消费函数，19－22 式为投资函数；C_t 和 I_t 属内生变量，P_t 及 Y_{t-1}为外生变量，Y_t 属内生变量或是外生变量不能确定，需要检验。对 Y_t 所属类型的检验分三步进行:

第一步，建立被检验变量的简化型方程，并用普通最小二乘法进行估计。即将 Y_t 直接表示为模型中两个外生变量 P_t 和 Y_{t-1}的函数

$$Y_t = \pi_0 + \pi_1 P_t + \pi_2 Y_{t-1} + V_t \quad (19-23)$$

并利用 Y_t、P_t、Y_{t-1}的样本观测数据，应用普通最小二乘法进行估计，得

$$\hat{Y}_t = \hat{\pi}_0 + \hat{\pi}_1 P_t + \hat{\pi}_2 Y_{t-1} \quad (19-24)$$

第二步，将被检验变量的估计值作为一个新的解释变量，引进结构方程中并进行估计。在该例中，是将 $\hat{Y}_t$ 作为新的解释变量引进 19－21 式中，得到一个新的结构方程

$$C_t = a_0 + a_1 Y_t + a_2 P_t + a_3 \hat{Y}_t + \varepsilon_t \quad (19-25)$$

对 19－25 式利用 C_t、Y_t、P_t 的样本观测数据及 Y_t 的估计值 $\hat{Y}_t$，应用普通最小二乘法进行估计，得到估计式

$$\hat{C}_t = \hat{a}_0 + \hat{a}_1 Y_t + \hat{a}_2 P_t + \hat{a}_3 \hat{Y}_t \quad (19-26)$$

第三步，对包含新的解释变量的方程估计式进行检验与判别。即对 19－26 式进行 F 检验，如果检验表明参数估计值 $\hat{a}_1$、$\hat{a}_2$、$\hat{a}_3$ 同时为零的可能性很大，便证明 19－25 式中 Y_t 的参数 a_1 和 $\hat{Y}_t$ 的参数 a_3 同时为零的可能性大，即证明 $a_1=a_3=0$ 成立，则 Y_t 就是外生变量；如果检验表明参数估计值 $\hat{a}_1$、$\hat{a}_2$、$\hat{a}_3$ 同时为零的可能性极小，便证明 $a_1=a_3=0$ 不成立，Y_t 是内生变量。

还应当指出，因果关系不能为联立方程模型中变量的外生性提供充分的依据。例如，变量 X 是引起变量 Y 变动的原因，仅表明 Y 的变化可以用 X 加以解释，但 X 可以是外生变量，也可以是内生变量。应该把因果关系与外生性区分开来，不能把二者混为一谈，因为它们并无必然的联系。同时，变量的外生性还有强弱之分。外生性强弱的不同，对模型估计的影响也存在差异。不过，这是一个更为复杂的问题，不在此处展开讨论。

第二十章　联立模型单一方程估计法（一）

——简化型法、工具变量法、两段最小二乘法

一、简化型法

联立方程模型参数的简化型估计方法，又称之为间接最小二乘法，简称为 *ILS* 方法，是估计适度识别模型的单一方程方法，每次只能估计模型中一个方程的参数。

（一）简化型方法的适用范围

如果联立方程结构模型中待估计方程同时具备下列两个条件，就可以应用简化型方法对模型参数进行估计：

其一，联立模型中结构方程的解释变量既包含前定变量，又包含内生变量；

其二，联立模型中每一个待估计的结构方程都是适度识别的。

应用简化型方法估计联立方程模型的参数，旨在消除联立偏倚。而联立偏倚产生的根源在于，模型中结构方程的解释变量包含内生变量，并与随机误差项相关。如果模型结构方程的解释变量不存在内生变量，应用普通最小二乘法即可获得结构参数的无偏而有效的估计量，不必采用简化型方法。应用简化方法估计联立模型的结构参数，有赖于建立简化型参数与结构参数的关系式体系，只有联立模型中每一待估计方程是适度识别的，才可能利用这一关系式体系求解出结构参数的惟一估计量。

（二）简化型方法的工作步骤

应用简化型方法估计联立模型的结构参数，需要经过四步工作才能完成。

第一步，采用连续迭代的办法建立联立方程模型的简化型。即

将联立方程模型中的内生变量表示为前定变量和结构参数的函数，从而使联立模型中每一个方程的解释变量是真正的外生变量或滞后内生变量，进而避免在单一方程中变量的联合决定（相互解释）的情况。

第二步，建立联立方程模型中内生变量的简化型方程并估计参数。即将联立方程模型中所有的内生变量直接表示为前定变量的函数，在随机误差项满足惯常假定（零均值、齐性方差、不存在序列相关、与解释变量不相关）条件下，应用普通最小二乘法对每个简化型方程逐一进行估计，求出简化型参数的无偏估计值。

第三步，构建联立方程模型结构参数与简化型参数的关系体系。即将第一步得到的简化型方程与第二步得到的简化型方程进行对比，利用方程和变量的对应关系，建立反映简化型参数与结构参数相互关系的方程组，这个方程组称为参数关系式体系，对于适度识别的模型，方程组中的方程个数正好与模型结构参数的个数相等。

第四步，利用参数关系式体系求解模型的结构参数。即将第二步估计的简化型参数代入参数关系式体系中，解联立方程组，便可求出联立方程模型结构参数的惟一估计值。

现在以一个假想的简单例子说明简化型方法的应用。设某产品的需求量为 Y_1，供给量为 Y_2，价格为 Y_3，居民收入为 X_1，生产投资为 X_2，可建立如下联立模型

$$\begin{cases} Y_{i1} = \alpha_{10} + \beta_{13} Y_{i3} + \gamma_{11} X_{i1} + u_{i1} & (20-1) \\ Y_{i2} = \alpha_{20} + \beta_{23} Y_{i3} + \gamma_{22} X_{i2} + u_{i2} & (20-2) \\ Y_{i1} = Y_{i2} & (20-3) \end{cases}$$

模型中包含三个内生变量（Y_1、Y_2、Y_3）和两个外生变量（X_1、X_2），有三个方程，是一个完整的结构模型。模型中有两个待估计方程 20－1 式和 20－2 式，解释变量既包含外生变量又包含内生变量，且都是适度识别的，可以用简化型方法进行估计。

通过对结构方程的连续迭代，可以得简化型模型

$$\begin{cases} Y_{i1}=\dfrac{\alpha_{10}\beta_{23}-\alpha_{20}\beta_{13}}{\beta_{23}-\beta_{13}}+\dfrac{\gamma_{11}\beta_{23}}{\beta_{23}-\beta_{13}}X_{i1}+\dfrac{-\beta_{13}\gamma_{22}}{\beta_{23}-\beta_{13}}X_{i2}+\dfrac{u_{i1}\beta_{23}-u_{i2}\beta_{13}}{\beta_{23}-\beta_{13}} & (20-4) \\ Y_{i3}=\dfrac{\alpha_{10}-\alpha_{20}}{\beta_{23}-\beta_{13}}+\dfrac{\gamma_{11}}{\beta_{23}-\beta_{13}}X_{i1}+\dfrac{-\gamma_{22}}{\beta_{23}-\beta_{13}}X_{i2}+\dfrac{u_{i1}-u_{i2}}{\beta_{23}-\beta_{13}} & (20-5) \end{cases}$$

将模型中的内生变量 Y_1 与 Y_3 直接表示为外生变量 X_1 及 X_2 的函数，得

$$\begin{cases} Y_{i1}=\pi_{10}+\pi_{11}X_{i1}+\pi_{12}X_{i2}+V_{i1} & (20-6) \\ Y_{i3}=\pi_{30}+\pi_{31}X_{i1}+\pi_{32}X_{i2}+V_{i3} & (20-7) \end{cases}$$

如果 V_1 和 V_3 满足随机误差项的惯常假定，就可以用普通最小二乘法分别对 20－6 式和 20－7 式进行估计，求出参数估计值 $\hat{\pi}_{10}$、$\hat{\pi}_{11}$、$\hat{\pi}_{12}$、$\hat{\pi}_{30}$、$\hat{\pi}_{31}$、$\hat{\pi}_{32}$。

对比 20－4 式与 20－6 式、20－5 式与 20－7 式，可建立以下系数关系式体系

$$\begin{cases} \pi_{10}=(\alpha_{10}\beta_{23}-\alpha_{20}\beta_{13})/(\beta_{23}-\beta_{13}) \\ \pi_{11}=\gamma_{11}\beta_{23}/(\beta_{23}-\beta_{13}) \\ \pi_{12}=-\gamma_{22}\beta_{13}/(\beta_{23}-\beta_{13}) \\ \pi_{30}=(\alpha_{10}-\alpha_{20})/(\beta_{23}-\beta_{13}) \\ \pi_{31}=\gamma_{11}/(\beta_{23}-\beta_{13}) \\ \pi_{32}=-\gamma_{22}/(\beta_{23}-\beta_{13}) \end{cases} \qquad (20-8)$$

将简化型参数 π 的估计量 $\hat{\pi}$ 代入 20－8 式中，可建立求解结构参数的联立方程组

$$\begin{cases} \hat{\pi}_{10}=(\alpha_{10}\beta_{23}-\alpha_{20}\beta_{13})/(\beta_{23}-\beta_{13}) \\ \hat{\pi}_{11}=\gamma_{11}\beta_{23}/(\beta_{23}-\beta_{13}) \\ \hat{\pi}_{12}=-\gamma_{22}\beta_{13}/(\beta_{23}-\beta_{13}) \\ \hat{\pi}_{30}=(\alpha_{10}-\alpha_{20})/(\beta_{23}-\beta_{13}) \\ \hat{\pi}_{31}=\gamma_{11}/(\beta_{23}-\beta_{13}) \\ \hat{\pi}_{32}=-\gamma_{22}/(\beta_{23}-\beta_{13}) \end{cases} \qquad (20-9)$$

解联立方程组 20－9 式，即可求出模型结构参数的估计量

$$\hat{\alpha}_{10}=\hat{\pi}_{30}\ (\hat{\pi}_{10}/\hat{\pi}_{30}-\hat{\pi}_{12}/\hat{\pi}_{32})$$

$$\hat{\beta}_{13}=\hat{\pi}_{12}/\hat{\pi}_{32}$$

$$\hat{\gamma}_{11}=\hat{\pi}_{31}\ (\hat{\pi}_{11}/\hat{\pi}_{31}-\hat{\pi}_{12}/\hat{\pi}_{32})$$

$$\hat{\alpha}_{20}=\hat{\pi}_{30}\ (\hat{\pi}_{10}/\hat{\pi}_{30}-\hat{\pi}_{11}/\hat{\pi}_{31})$$

$$\hat{\beta}_{23}=\hat{\pi}_{11}/\hat{\pi}_{31}$$

$$\hat{\gamma}_{22}=\hat{\pi}_{32}\ (\hat{\pi}_{12}/\hat{\pi}_{32}-\hat{\pi}_{11}/\hat{\pi}_{31})$$

（三）简化型法的假定

应用简化型方法估计联立方程模型的结构参数，应当满足四条基本假定。

第一，联立方程结构模型必须是适度识别的。如果结构模型是不可识别的，尽管可以建立简化型模型并估计出简化型参数，但参数关系式体系中所包含的方程个数会少于模型结构参数的个数，造成该体系无法求解，结构参数不能被估计。如果结构模型是过度识别的，又会造成参数关系式体系中所包含的方程个数多于结构参数的个数，使结构参数得不出惟一的估计量。只有联立模型中所有待估计方程都是适度识别的，才会使参数关系式体系中方程个数正好与未知结构参数的个数相等，由这一关系式体系可以得出结构参数的惟一估计量。

第二，简化型方程的随机误差项必须满足普通最小二乘法的要求。因为简化型法的第二步要用普通最小二乘法求简化型参数 π 的估计量 $\hat{\pi}$，故简化型方程的随机误差项 V 必须满足：

①为随机变量，其取值视机会而定；

②其均值为零，即 $E(V)=0$；

③方差具有齐性，即 $Var(V)=\sigma_v^2$；

④不存在序列相关，即 $E(V_iV_j)=0\ (i\neq j)$；

⑤服从正态分布，即 $V\sim N(0,\ \sigma_v^2)$；

⑥与模型中的外生变量 X 无关，即 $E(VX)=0$。

如果简化型方程的随机误差项满足上述六条，则简化型参数的估计量 $\hat{\pi}$ 就是线性无偏的，也是最佳的。如果不满足这些条件，估计值 $\hat{\pi}$ 就会出现偏误，依据 $\hat{\pi}$ 计算的结构参数估计量自然会随之出现偏差。

应当指出，简化型方程的随机误差项是结构方程随机误差项的线性组合，如上例中 20－6 式及 20－7 式的随机误差项分别与20－4 式及 20－5 式的随机误差项相等，即

$$V_{i1} = (u_{i1}\beta_{23} - u_{i2}\beta_{13}) / (\beta_{23} - \beta_{13})$$

$$V_{i3} = (u_{i1} - u_{i2}) / (\beta_{23} - \beta_{13})$$

当联立模型中结构方程的随机误差项 u 满足上述六条要求时，简化型方程的随机误差项也是可以满足要求的。

第三，联立方程模型中的前定变量之间不存在高度的线性相关。简化型方法应用的第二步要将模型中的内生变量表示为前定变量的函数，并要用普通最小二乘法估计简化型参数，如果前定变量之间存在高度线性相关，就会造成简化型方程中解释变量的多重共线性，对简化型参数估计带来不利影响。

第四，联立方程模型的变量选择正确。如果模型变量选择失准，简化型方程的建立和参数估计就会随之出错，并进而造成结构参数估计的偏差。就此而言，简化型法与其他估计方法类似，对模型变量选择的正确性要求是很严格的。

第五，联立方程模型的变量分解与归并正确，测定准确。模型变量的正确分解、归并和准确测定，才能为简化型参数的估计提供可靠的样本数据，保证简化型参数估计量的无偏和有效，进而为结构参数的正确估计提供保障。

（四）简化型法参数估计值的特征

当上述五条假定得到满足时，简化型参数 π 的估计量 $\hat{\pi}$ 是最佳线性无偏的。对于小样本（样本容量小于 30），利用简化型参数最佳估计量 $\hat{\pi}$ 所求得的结构参数估计量是有偏的但却是一致的，随着样本容量的增大，结构参数的偏误会趋近于零。

上面的结论可以用一个简单的模型加以证明。设居民的消费支出为 Y_1，收入为 Y_2，储蓄为 X，则可建立如下模型反映三者间的关系。

$$\begin{cases} Y_1 = \alpha + \beta Y_2 + u & (20-10) \\ Y_2 = Y_1 + X & (20-11) \end{cases}$$

模型中 Y_1 和 Y_2 为内生变量，X 为外生变量，待估计方程 20－10 式是适度识别的，20－11 式为恒等式。经迭代结构模型的简化型为

$$\begin{cases} Y_1 = \dfrac{\alpha}{1-\beta} + \dfrac{\beta}{1-\beta}X + \dfrac{u}{1-\beta} & (20-12) \\ Y_2 = \dfrac{\alpha}{1-\beta} + \dfrac{1}{1-\beta}X + \dfrac{u}{1-\beta} & (20-13) \end{cases}$$

将简化型模型用离差形式表示为

$$\begin{cases} y_1 = \dfrac{\beta}{1-\beta}x + \dfrac{u}{1-\beta} & (20-14) \\ y_2 = \dfrac{1}{1-\beta}x + \dfrac{u}{1-\beta} & (20-15) \end{cases}$$

令 $\pi_{11} = \beta/(1-\beta)$，$\pi_{21} = 1/(1-\beta)$，$v = u/(1-\beta)$，则离差形式的简化型模型即可表达为

$$\begin{cases} y_1 = \pi_{11}x + v & (20-16) \\ y_2 = \pi_{21}x + v & (20-17) \end{cases}$$

用普通最小二乘法对 20－16 式进行估计，可得

$$\hat{\pi}_{11} = \sum xy_1 / \sum x^2 \qquad (20-18)$$

将 $\pi_{11} = \beta/(1-\beta)$ 代入 20－18 式，并令 β 的简化型法估计量为 β^*，则有

$$\beta^* / (1-\beta^*) = \sum xy_1 / \sum x^2$$

经整理得

$$\beta^* = \sum xy_1 / \left(\sum x^2 + \sum xy_1\right) \qquad (20-19)$$

对 20－10 式及 20－11 式用离差形式表示，可得

$$\begin{cases} y_1 = \beta y_2 + u & (20-20) \\ y_2 = y_1 + x & (20-21) \end{cases}$$

对 20－21 式两边同乘 x 再对样本容量 m 加总，得

$$\sum xy_2 = \sum xy_1 + \sum x^2 \quad (20-22)$$

即

$$\sum x^2 = \sum xy_2 - \sum xy_1 \quad (20-23)$$

将 20－23 式代入 20－19 式，可得

$$\beta^* = \sum xy_1 / \sum xy_2 \quad (20-24)$$

将 20－20 式及 20－21 式代入 20－24 式，即得

$$\begin{aligned}\beta^* &= \sum[x(\beta y_2 + u)] / \sum[x(y_1 + x)] \\ &= (\beta \sum xy_2 + \sum xu) / (\sum xy_1 + \sum x^2)\end{aligned}$$

但由 20－22 式可知，$\sum xy_2 = \sum xy_1 + \sum x^2$，将其代入上式，可得

$$\begin{aligned}\beta^* &= [\beta(\sum xy_1 + \sum x^2) + \sum xu] / (\sum xy_1 + \sum x^2) \\ &= \beta + \sum xu / (\sum xy_1 + \sum x^2) \quad (20-25)\end{aligned}$$

对 20－25 式第二项的分子和分母同除以样本容量 m 再取极限，可得

$$\lim_{m \to \infty} \beta^* = \lim_{m \to \infty} \left[\beta + \frac{\sum xu / m}{(\sum xy_1 + \sum x^2) / m} \right] = \beta \quad (20-26)$$

上述推导表明，在大样本条件下，应用简化型法得到的结构参数估计量是渐近无偏的，也是一致的。但在小样本条件下，结构参数的估计量是有偏误的。

二、工具变量法

工具变量法也是一种估计联立方程模型的单一方程方法，每次只能估计联立方程模型中的一个方程。它是解决联立偏倚的一种重要方法，它既适用于适度识别的模型，也适用于过度识别的模型。这种方法的基本思路是，通过选择适当的外生变量代替结构方程中作解释变量的内生变量，以削弱内生解释变量与随机误差项的相关性，进而减少参数估计的联立偏倚。

（一）工具变量法的工作步骤

应用工具变量法估计联立模型中某一特定方程的参数，可以分两步进行。

第一步，选择适当的工具变量，代替结构方程中作解释变量的内生变量。工具变量是联立方程模型中的某个外生变量，它必须满足以下条件：

①必须与由它代替的结构方程中的内生解释变量高度相关；

②必须是真正的外生变量，与特定结构方程的随机误差项无关；

③必须与特定结构方程中原有作解释变量的外生变量的线性相关程度很低，以避免因工具变量的使用，造成特定结构方程中解释变量的多重共线性问题；

④如果同一结构方程中使用两个或两个以上的工具变量，这些工具变量之间也不能存在高度的线性相关。

选用工具变量的个数应当与特定结构方程中作解释变量的内生变量的个数相等，如果结构方程中的解释变量还包含外生变量，则这些外生解释变量是以自身作为工具变量。

第二步，用每个工具变量（包括选择的代替内生解释变量的外生变量和结构方程中原有的外生变量）乘特定结构方程，并对样本容量加总，构建结构参数估计的正规方程。这一过程可以提供与结构方程未知参数个数相同的线性方程，将这些线性方程联立求解，便可求出该特定方程结构参数的估计量。

工具变量法的应用可以用一例子说明。设一个可识别联立模型中某待估计方程为

$$Y_g = \alpha + \beta_1 Y_1 + \gamma_1 X_1 + u \tag{20-27}$$

其中，解释变量 Y_1 为内生变量且与随机误差项 u 相关，X_1 为外生变量，随机误差项 u 满足

$$E(u) = 0$$

$$Var(u) = \sigma_u^2 = \text{常数}$$

$$E(u_i u_j) = 0 \qquad (i \neq j)$$

$$E(X_1 u) = 0$$

将 20－27 式表示为离差形式，可得

$$y_g = \beta_1 y_1 + \gamma_1 x_1 + u \tag{20-28}$$

在 20－28 式中，因为内生解释变量 y_1 与随机误差项 u 相关

[$E(y_1u)\neq 0$]，应用普通最小二乘法估计参数将会产生偏误。为此，可以用工具变量法对 20－28 式进行参数估计。在联立方程模型包含的外生变量中，选择一个（X_1 除外）恰当的外生变量 X_3 作为 Y_1 的工具变量。很显然，X_3 应当与 Y_1 高度相关，设 X_3 的离差为 x_3，则 x_3 应满足

$$E(x_3u)=0$$
$$E(x_3x_1)=0$$

分别用 x_3 和 x_1 去乘 20－28 式，并对样本容量加总，可得联立方程组

$$\begin{cases}\sum x_3y_g=\beta_1^*\sum x_3y_1+\gamma_1^*\sum x_1x_3+\sum x_3u\\ \sum x_1y_g=\beta_1^*\sum x_1y_1+\gamma_1^*\sum x_1^2+\sum x_1u\end{cases}\tag{20-29}$$

由于 x_3 和 x_1 与随机误差项 u 不相关，故 20－29 式两个方程右边末项（即$\sum x_3u$、$\sum x_1u$）的期望值为零，予以略去。解 20－29 式，即得工具变量法参数估计值

$$\beta_1^*=\frac{(\sum x_3y_g)(\sum x_1^2)-(\sum x_1y_g)(\sum x_1x_3)}{(\sum x_3y_1)(\sum x_1^2)-(\sum x_1y_1)(\sum x_1x_3)}\tag{20-30}$$

$$\gamma_1^*=\frac{(\sum x_1y_g)(\sum x_3y_1)-(\sum x_3y_g)(\sum x_1y_1)}{(\sum x_3y_1)(\sum x_1^2)-(\sum x_1y_1)(\sum x_1x_3)}\tag{20-31}$$

若待估计方程中内生解释变量有多个，则情况就要变得复杂一些。例如待估计的方程为

$$Y_g=\alpha+\beta_1Y_1+\beta_2Y_2+\gamma_1X_1+u\tag{20-32}$$

其中，解释变量 Y_1 和 Y_2 为内生变量且与随机误差项 u 相关，X_1 为外生变量，随机误差项 u 满足零均值、齐性方差、不存在序列相关、与外生变量 X_1 不相关的假定。

将 20－32 式表示为离差的形式，即为

$$y_g=\beta_1y_1+\beta_2y_2+\gamma_1x_1+u\tag{20-33}$$

在 20－32 式中，内生解释变量 y_1 和 y_2 与随机误差项 u 相关，$E(y_1u)\neq 0$、$E(y_2u)\neq 0$，应用普通最小二乘法估计参数将会产生偏倚。因此，可以应用工具变量法对 20－33 式进行估计。在 20－32 式所在的联立模型中，选择恰当的外生变量 X_2 和 X_4 分别作为 Y_1 和 Y_2 的工具变量。很显然，X_2 应与 Y_1 高度相关、X_4

应与 Y_2 高度相关，X_2 和 X_4 的离差 x_2 及 x_4 应满足

$$E(x_2u)=0$$
$$E(x_4u)=0$$
$$E(x_2x_1)=0$$
$$E(x_4x_1)=0$$
$$E(x_2x_4)=0$$

分别用 x_2、x_4、x_1 去乘 20－33 式，并对样本容量进行加总，可得

$$\begin{cases}\sum x_2y_g=\beta_1\sum x_2y_1+\beta_2\sum x_2y_2+\gamma_1\sum x_1x_2+\sum x_2u\\ \sum x_4y_g=\beta_1\sum x_4y_1+\beta_2\sum x_4y_2+\gamma_1\sum x_1x_4+\sum x_4u\\ \sum x_1y_g=\beta_1\sum x_1y_1+\beta_2\sum x_1y_2+\gamma_1\sum x_1^2+\sum x_1u\end{cases}\qquad(20-34)$$

由于 x_2、x_4、x_1 与 u 不相关，故有 $E(\sum x_2u)=0$、$E(\sum x_4u)=0$、$E(\sum x_1u)=0$，20－34 式各方程右边的末项可以略去，并形成求解结构参数的联立方程组：

$$\begin{cases}\sum x_2y_g=\beta_1^*\sum x_2y_1+\beta_2^*\sum x_2y_2+\gamma_1^*\sum x_1x_2\\ \sum x_4y_g=\beta_1^*\sum x_4y_1+\beta_2^*\sum x_4y_2+\gamma_1^*\sum x_1x_4\\ \sum x_1y_g=\beta_1^*\sum x_1y_1+\beta_2^*\sum x_1y_2+\gamma_1^*\sum x_1^2\end{cases}\qquad(20-35)$$

解联方程 20－35 式，即可求出结构参数的工具变量估计值。若令

$$a_0=\sum x_2y_g\quad a_1=\sum x_2y_1\quad a_2=\sum x_2y_2\quad a_3=\sum x_1x_2$$
$$b_0=\sum x_4y_g\quad b_1=\sum x_4y_1\quad b_2=\sum x_4y_2\quad b_3=\sum x_1x_4$$
$$c_0=\sum x_1y_g\quad c_1=\sum x_1y_1\quad c_2=\sum x_1y_2\quad c_3=\sum x_1^2$$

则

$$\beta_1^*=\frac{(a_0c_3-a_3c_0)(b_2c_3-b_3c_2)-(a_2c_3-a_3c_2)(b_0c_3-b_3c_0)}{(a_1c_3-a_3c_1)(b_2c_3-b_3c_2)-(a_2c_3-a_3c_2)(b_1c_3-b_3c_1)}$$
$$\beta_2^*=\frac{(a_1c_3-a_3c_1)(b_0c_3-b_3c_0)-(a_0c_3-a_3c_0)(b_1c_3-b_3c_1)}{(a_1c_3-a_3c_1)(b_2c_3-b_3c_2)-(a_2c_3-a_3c_2)(b_1c_3-b_3c_1)}$$
$$\gamma^*=(c_0-c_1\beta_1^*-c_2\beta_2^*)/c_3$$

（二）工具变量法的基本假定

工具变量与其他参数估计方法一样，其应用需要满足一定的条

件，这些条件主要包括下列五个方面。

(1) 联立方程结构模型是可识别的。联立方程结构模型中的每一个方程都必须是可识别的，适度识别和过度识别均可用工具变量法进行估计。如果模型是不可识别的，则应用工具变量法与应用其他估计方法一样，都不能估计出结构参数。

(2) 能够找到合适的工具变量。联立方程结构模型中，要能找到符合条件适宜充当工具变量的外生变量，以实现用这类外生变量对内生解释变量的替代。如果模型中不存在符合条件的外生变量，工具变量法便失去了应用的基本条件。

(3) 结构方程的随机误差项满足惯常假定。联立方程模型中待估计结构方程的随机误差项应满足零均值、齐性方程、不存在序列相关、与方程中的外生解释变量及替代内生解释变量的工具变量不相关，以便于应用普通最小二乘法对采用工具变量法的方程进行结构参数估计。

(4) 不存在多重共线性。联立方程模型中待估计结构方程的工具变量之间、工具变量与原有外生解释变量之间及原有外生解释变量之间，不存在完全的多重共线性，以避免应用普通最小二乘法估计结构参数时产生偏误。

(5) 模型与变量的确定正确。联立方程结构模型各待估计方程函数形式的选择、变量的确定、变量的分解与归并必须正确，这是工具变量法与其他参数估计方法应用的基础。有了这个基础，才能保证结构参数估计量的正确和可靠。

(三) 工具变量法结构参数估计量的特征

当工具变量法应用的五个条件得到满足时，其结构参数估计量具有以下特征：

(1) 在小样本条件下，结构参数估计量有偏。工具变量法应用符合条件的外生变量替代内生解释变量构建估计参数的正规方程，可以使正规方程右边末项（如 20－34 式第一个方程的$\sum x_2 u$ 和第二个方程的$\sum x_4 u$）的期望值为零，但并没有改变原有结构方程（如 20－23 式）中内生变量（y_1 和 y_2）作解释变量的基本架构。工具变量的应用可以削弱内生解释变量与随机误差项的相关性，但不能从根本上消除这一相关性。在小样本条件下，工具变量对内生解释变量与随机误差项相关性的消除有一定限度，由此造成结构参数估计量存在一定偏误。

（2）在大样本条件下，结构参数估计量渐近一致。在大样本条件下，特别是当样本容量趋于无穷大时，工具变量的应用对内生解释变量与随机误差项相关性的消除功能得到增强，从而使结构参数估计量达到渐近无偏，并集中于真实结构参数（即结构参数估计量分布在真实结构参数上减弱而下凹）。

（3）结构参数估计量不是渐近有效的。当样本容量逐渐增大并趋近于无穷大时，工具变量法的结构参数估计量的方差不会趋近于一个特定的极小值，不具有渐近有效性。与其他参数估计方法相比，工具变量法结构参数估计量不具有最小方差，参数估计量的一致性是以大方差为代价的。

（四）对工具变量法的评价

工具变量法简单方便，对适度识别和过度识别的模型均可应用，在条件具备情况下，不失为一种解决联立偏倚的便捷方法。但这一方法本身还存在一些缺陷，在应用中也存在一些操作上的困难。

（1）工具变量的选择有一定的随意性。应用工具变量法，要从联立方程模型中选择外生变量替代内生解释变量。在选择工具变量时，主要凭人们的经验判断，带有一定的主观随意性。很显然，结构参数估计量会随工具变量的不同选择而不同，工具变量的选择如果不具有惟一性，则结构参数估计量也不具有惟一性。这与模型结构参数估计的要求不符合，在方法论上不太严密。

（2）工具变量的代表性不全面。应用工具变量法，要用联立方程模型中的某个外生变量去替代某一内生解释变量，这类同于用模型中的一个外生变量去解释一个内生变量。而被替代的内生变量往往受模型中多个外生变量的影响，仅用一个作工具变量的外生变量去解释它，便忽略了其他外生变量的影响作用，显得不够全面，效果自然不会圆满。

（3）工具变量的选择难度大。在联立方程模型中，每一个内生变量一般都与多个外生变量有关，要从多个外生变量中选择一个“恰当的”作工具变量是很困难的，在操作上难以把握。同时，外生变量之间一般也存在不同程度的相关性，这使工具变量的选择更加困难。

(4) 工具变量是否符合要求不便确定。在联立方程模型中，每个待估计结构方程的随机误差项都是不可观测的量，所选择的工具变量是否与之相关，这是一个不便判别的问题。而工具变量的一个重要条件是与随机误差项无关，这就带来了方法应用操作上的实际困难。

虽然工具变量法有上述缺点，但可以用多组工具变量进行“试验”，分别用不同的工具变量对结构参数进行估计，再对所求出的多组参数进行分析比较，选择在大样本条件下具有最小方差的估计量作为结构参数的估计值。

三、两段最小二乘法

两段最小二乘法是估计联立方程模型的又一种单一方程方法，能够为过度识别模型结构参数提供满意的估计结果，被公认为是估计过度识别模型最重要也是最有效的单一方程方法。

(一) 两段最小二乘法的基本思路

从方法论的角度，两段最小二乘法可视为简化型法和工具变量法的推广，它将联立方程模型中待估计结构方程内生解释变量的估计值，作为其观测值的工具变量，并把结构方程中的外生变量作为自身的工具变量。

应用两段最小二乘法，如同应用其他联立方程模型估计方法一样，其目的在于尽可能消除联立方程偏倚。产生联立方程偏倚的根源，是联立模型待估计结构方程中包含内生解释变量。对模型中作解释变量的内生变量，可以将其分解为两个分量，一个是由模型中所有前定变量决定的精确分量，另一个是随机分量。很显然，由前定变量决定的精确分量应属于一般变量（非随机变量），不会产生联立偏倚问题；而随机分量才是造成联立偏倚的根源，因为它与结构方程的随机误差项相关。如果能知道随机分量，就可以从内生解释变量中减去随机分量，在结构方程中只用其精确分量。但由于随机分量不可观测，因而精确分量也不能确定。鉴于此，可以采用一个替代办法，即用联立模型中所有的前定变量回归内生解释变量，求出其估计量，并用估计量替代结构方程中对应的内生解释变量。

需要指出，应用联立模型中所有前定变量回归内生解释变量，所得到的估计值仍然包含某些随机因素，这主要是因为估计值仍然与原结构方程的随机误差项存在一定程度的相关。不过，当样本容量趋于无穷大时，这种相关性会趋于消失，内生解释变量估计值中的随机因素亦随之趋于消失。

（二）两段最小二乘法的工作步骤

两段最小二乘法就是分两个阶段应用普通最小二乘法。为介绍这一方法的方便，需要先做如下约定：设联立方程结构模型中内生变量的个数为 G，前定变量的个数为 k；模型中某一待估计结构方程内生解释变量个数为 Q，前定变量的个数为 L；模型中内生变量用 Y 表示，前定变量用 X 表示，内生变量的结构参数用 β 表示，前定变量的结构参数用 γ 表示；模型中结构方程的随机误差项用 u 表示，内生解释变量的简化型方程随机误差项用 v 表示，简化型参数用 π 表示。在做了这些约定后，联立方程模型中第 i 个待估计结构方程就可以表达为

$$
\begin{aligned}
Y_i = {} & \beta_{i1} Y_1 + \beta_{i2} Y_2 + \cdots + \beta_{iQ} Y_Q \\
& + \gamma_{i1} X_1 + \gamma_{i2} X_2 + \cdots + \gamma_{iL} X_L + u_i
\end{aligned}
\qquad (20-36)
$$

用两段最小二乘法估计 20－36 式，可以经两步完成。

第一步，建立内生解释变量的简化型方程，用普通最小二乘法进行估计，求出内生解释变量的估计值。对于 20－36 式，内生解释变量为 Y_1，Y_2，…，Y_Q，分别将其表示为模型中所有前定变量的函数，即

$$
\begin{aligned}
Y_1 &= \pi_{11} X_1 + \pi_{12} X_2 + \cdots + \pi_{1k} X_k + v_1 \\
Y_2 &= \pi_{21} X_1 + \pi_{22} X_2 + \cdots + \pi_{2k} X_k + v_2 \\
\vdots \quad & \quad \vdots \qquad\quad \vdots \qquad\qquad\quad \vdots \qquad \vdots \\
Y_Q &= \pi_{Q1} X_1 + \pi_{Q2} X_2 + \cdots + \pi_{Qk} X_k + v_Q
\end{aligned}
$$

应用普通最小二乘法分别对这 Q 个简化型方程进行估计，得出估计式

$$\begin{aligned}\hat{Y}_1 &= \hat{\pi}_{11}X_1 + \hat{\pi}_{12}X_2 + \cdots + \hat{\pi}_{1k}X_k \\ \hat{Y}_2 &= \hat{\pi}_{21}X_1 + \hat{\pi}_{22}X_2 + \cdots + \hat{\pi}_{2k}X_k \\ \vdots \quad &\quad \vdots \qquad\quad \vdots \qquad\qquad\quad \vdots \\ \hat{Y}_Q &= \hat{\pi}_{Q1}X_1 + \hat{\pi}_{Q2}X_2 + \cdots + \hat{\pi}_{Qk}X_k\end{aligned}$$

必须指出，为了获得上述简化型方程不需要通常的迭代，只需要把内生解释变量直接表示为前定变量的函数就可以了。因为在这里建立简化型方程不是为了求结构参数的估计量，而是为了求内生解释变量的精确分量，故不需要知道简化型参数与结构参数的精确关系。所需要知道的，仅仅是联立方程模型中有哪些前定变量。知道了这一点，就可以直接建立简化型方程，而不必进行连续迭代的复杂推导。

第二步，将结构方程中的内生解释变量用自身的估计量替代，并对变换后的结构方程应用普通最小二乘法进行估计，求出结构参数的估计量。对于 20－36 式，用 $\hat{Y}_1$，$\hat{Y}_2$，…，$\hat{Y}_Q$分别替代 Y_1，Y_2，…，Y_Q，构建新的结构方程

$$\begin{aligned}Y_i = \beta_{i1}\hat{Y}_1 + \beta_{i2}\hat{Y}_2 + \cdots + \beta_{iQ}\hat{Y}_Q \\ + \gamma_{i1}X_1 + \gamma_{i2}X_2 + \cdots + \gamma_{iL}X_L + u_i^*\end{aligned} \qquad (20-37)$$

其中

$$u_i^* = u_i + \beta_{i1}v_1 + \beta_{i2}v_2 + \cdots + \beta_{iQ}v_Q \qquad (20-38)$$

应用普通最小二乘法对变换后的结构方程 20－37 式进行估计，就可以求出结构参数的估计量 $\hat{\beta}$和 $\hat{\gamma}$。

由上述过程可以看出，两段最小二乘法实际上是用内生解释变量的估计值对原结构方程进行变换，并利用变换后的方程估计结构参数，这类同于用内生解释变量的估计值作工具变量估计结构参数。对于这一点，可以用一个简单例子加以说明。设某联立方程模型中一个待估计的结构方程的离差形式为

$$y_1=\beta_2 y_2+\gamma_1 x_1+u \tag{20-39}$$

其中，y_2 为内生变量，x_1 为外生变量，随机误差项符合惯常假定。若 y_2 的估计值为 $\hat{y}_2$，则应用两段最小二乘法时，变换后的结构方程为

$$y_1=\beta_2\hat{y}_2+\gamma_1 x_1+u^{*} \tag{20-40}$$

应用普通最小二乘法估计 20－40 式的正规方程为

$$\begin{cases}\sum y_1\hat{y}_2=\beta_2^{*}\sum\hat{y}_2^{2}+\gamma_1^{*}\sum x_1\hat{y}_2\\ \sum x_1 y_1=\beta_2^{*}\sum x_1\hat{y}_2+\gamma_1^{*}\sum x_1^{2}\end{cases} \tag{A}$$

解联立方程组（A），得两段最小二乘参数估计量为

$$\beta_2^{*}=\frac{(\sum y_1\hat{y}_2)(\sum x_1^2)-(\sum x_1\hat{y}_2)(\sum x_1y_1)}{(\sum\hat{y}_2^2)(\sum x_1^2)-(\sum x_1\hat{y}_2)^2} \tag{20-41}$$

$$\gamma_1^{*}=\frac{(\sum x_1y_1)(\sum\hat{y}_2^2)-(\sum x_1\hat{y}_2)(\sum y_1\hat{y}_2)}{(\sum\hat{y}_2^2)(\sum x_1^2)-(\sum x_1\hat{y}_2)^2} \tag{20-42}$$

参数估计量 β_2^{*} 和 γ_1^{*} 的方差分别为

$$Var(\beta_2^{*})=\hat{\sigma}_u^2\cdot\sum x_1^2/[(\sum\hat{y}_2)(\sum x_1^2)-(\sum x_1\hat{y}_2)^2] \tag{20-43}$$

$$Var(\gamma_1^{*})=\hat{\sigma}_u^2\cdot\sum\hat{y}_2^2/[(\sum\hat{y}_2^2)(\sum x_1^2)-(\sum x_1\hat{y}_2)^2] \tag{20-44}$$

在上两式中，$\hat{\sigma}_u^2=\sum\ [y_1-\ (\beta_2^{*}\hat{y}_2+\gamma_1^{*}x_1)]^2/\ (m-h-1)$，$m$ 为样本观测数据个数，h 为待估计结构方程中解释变量的个数。

可以证明，如果用 y_2 的估计值 $\hat{y}_2$ 作工具变量，并以 x_1 为自己的工具变量估计 20－39 式，则工具变量法与两段最小二乘法求得的参数估计值是相同的。

对 20－39 式应用工具变量法估计，得到的正规方程为

$$\begin{cases}\sum y_1\hat{y}_2=\beta_2^{*}\sum y_2\hat{y}_2+\gamma_1^{*}\sum x_1\hat{y}_2 & (\text{以 }\hat{y}_2\text{为工具变量})\\ \sum x_1y_1=\beta_2^{*}\sum x_1y_2+\gamma_1^{*}\sum x_1^2 & (\text{以 }x_1\text{为工具变量})\end{cases} \tag{B}$$

对比正规方程（A）和（B），γ_1^* 所在的项完全相同，仅 β_2^* 所在的项存在一定的差异：

	正规方程（A）	正规方程（B）
第一个方程 β_2^* 的系数	$\sum \hat{y}_2^2$	$\sum y_2\hat{y}_2$
第二个方程 β_2^* 的系数	$\sum x_1\hat{y}_2$	$\sum x_1 y_2$

若能证明，$\sum \hat{y}_2^2 = \sum y_2\hat{y}_2$ 及 $\sum x_1\hat{y}_2 = \sum x_1 y_2$，便说明两段最小二乘法与工具变量法的结构参数估计量相同。为便于证明，设 20－39 式所在的联立方程模型仅包含一个前定变量 x_1（若包含多个前定变量情况也一样）。这时，内生解释变量 y_2 的简化型方程估计式为

$$\hat{y}_2 = \hat{\pi}_{21}x_1 \qquad (20-45)$$

在 20－45 式中，简化型参数的估计值为

$$\hat{\pi}_{21} = \sum x_1 y_2 / \sum x_1^2 \qquad (20-46)$$

因为
$$\begin{aligned}\sum \hat{y}_2^2 &= \sum (\hat{\pi}_{21}x_1)^2 \\ &= \hat{\pi}_{21}^2 \sum x_1^2 \\ &= (\sum x_1 y_2/\sum x_1^2)^2 \cdot \sum x_1^2 \\ &= (\sum x_1 y_2)^2/\sum x_1^2\end{aligned}$$

又因为
$$\begin{aligned}\sum y_2\hat{y}_2 &= \sum [y_2(\hat{\pi}_{21}x_1)] \\ &= \hat{\pi}_{21}\sum x_1 y_2 \\ &= (\sum x_1 y_2/\sum x_1^2)\cdot \sum x_1 y_2 \\ &= (\sum x_1 y_2)^2/\sum x_1^2\end{aligned}$$

故有
$$\sum \hat{y}_2^2 = \sum y_2\hat{y}_2$$

将 $\hat{y}_2 = \hat{\pi}_{21}x_1$ 代入 $\sum x_1\hat{y}_2$ 中，可得

$$\begin{aligned}\sum x_1\hat{y}_2 &= \hat{\pi}_{21}\sum x_1^2 \\ &= (\sum x_1 y_2/\sum x_1^2)\cdot \sum x_1^2 \\ &= \sum x_1 y_2\end{aligned}$$

上述证明表明，两段最小二乘法的参数估计量与工具变量法的

参数估计量是相同的，具有共同的特征。

（三）两段最小二乘法的基本假定

应用两段最小二乘法估计联立方程模型的结构参数，需要满足一些基本条件，主要包括六个方面：

（1）结构方程的随机误差项 u 满足惯常假定。即联立方程模型中待估计结构方程的随机误差项 u 应当满足：

$$E(u_i)=0$$

$$Var(u_i)=\sigma_u^2$$

$$E(u_iu_j)=0 \qquad (i\neq j)$$

且 u 与联立模型中的前定变量无关。否则，内生解释变量的简化型方程的随机误差项 v 就不满足普通最小二乘法的要求，造成两段最小二乘法失效。

（2）简化型方程的随机误差项 v 满足惯常假定。即内生解释变量的简化型方程的随机误差项 v 必须满足：

$$E(v_i)=0$$

$$Var(v_i)=\sigma_v^2$$

$$E(v_iv_j)=0 \qquad (i\neq j)$$

且 v 与联立模型中的前定变量无关。

必须指出,只要联立方程模型中所有结构方程的随机误差项 u 是满足要求的,则内生解释变量的简化型方程的随机误差项 v 就能自动满足要求,因为 v 是 u 的精确线性函数,具有相同的特征。

（3）待估计结构方程中的解释变量之间及模型的前定变量之间不存在高度的线性相关。即要求待估计结构方程中的前定变量之间、前定变量与内生解释变量的估计量之间以及整个模型中的前定变量之间不存在完全的多重共线性，以避免对简化型参数和结构参数估计造成不利影响。

（4）在联立方程结构模型中，变量的分解和归并正确无误。

（5）联立方程结构模型的变量确定、函数形式选择是正确的，模型中包含的前定变量都是可测定的。

（6）要有足够多的样本，样本观测值的个数应当远远大于联立方程模型中前定变量的个数。相对于前定变量的个数而言，如果样本观测数据的个数太少，则在第一阶段应用普通最小二乘法就不可能求出简化型参数 π 的有效估计量，并进而给结构参数的估计带来不良后果。

（四）两段最小二乘结构参数估计量的特征

如果满足上述六条基本假定，应用两段最小二乘法对联立方程模型进行估计，其结构参数估计量具有下列特征：

（1）在小样本条件下，结构参数估计量是有偏的。当样本容量趋于无穷大时，结构参数估计量的偏误趋近于零。即两段最小二乘结构参数估计量是渐近无偏的。

（2）在随机误差项 u 和 v 均满足要求的条件下，两段最小二乘结构参数估计量是渐近有效的，即随着样本容量的增大，其方差可以逐渐趋于极小。

（3）两段最小二乘结构参数估计量是一致的估计量。

（五）对两段最小二乘法的评价

两段最小二乘法是一种重要的联立方程模型估计方法，具有明显的优点和应用上的优势。

（1）两段最小二乘法适用于过度识别模型的估计。当模型为过度识别时，应用两段最小二乘法可以得到结构参数的一致估计量。当模型为适度识别时，应用两段最小二乘法与应用简化型方法的结构参数估计量是等同的。

（2）两段最小二乘法比工具变量法更适用。两段最小二乘法虽然在某些方面与工具变量法类似，但它考虑了模型中所有前定变量对内生解释变量的影响，而工具变量法只是用模型中的某一特定外生变量去替代内生解释变量，从而忽略了其他前定变量对内生解释变量的影响作用。

（3）两段最小二乘法简单便捷。与其他计量经济学方法相比，两段最小二乘法在概念上清晰，在计算上简单，并能得到满意的结构参数估计量，被普遍认为是估计过度识别模型最重要和最有效的方法。

（4）应用条件要求较高。应用两段最小二乘法要求大量的样本观测数据，如果样本数据太少，应用效果就会大打折扣。同时还要求模型中所有前定变量都是可以准确测定的，如果前定变量的测定不正确，就会造成结构参数估计量不具有渐近无偏、有效的特征。这表明，两段最小二乘法与其他计量经济方法一样，对前定变量的确定误差是极为敏感的。

四、“K级”估计式

在两段最小二乘法中，是利用内生解释变量的估计值对待估计结构方程进行变换，用变换后的方程估计结构参数。例如20－36式

$$\begin{aligned} Y_i = {} & \beta_{i1} Y_1 + \beta_{i2} Y_2 + \cdots + \beta_{iQ} Y_Q \\ & + \gamma_{i1} X_1 + \gamma_{i2} X_2 + \cdots + \gamma_{iL} X_L + u_i \end{aligned}$$

因包含内生解释变量 Y_1，Y_2，…，Y_Q，不能直接用普通最小二乘法进行参数估计。这时可以建立 Y_1，Y_2，…，Y_Q 的无约束简化型方程，并用普通最小二乘法求出其估计量 $\hat{Y}_1$，$\hat{Y}_2$，…，$\hat{Y}_Q$，将这些估计量替代原结构方程中对应的内生解释变量，实现对原结构方程的变换，再对变换后的方程应用普通最小二乘法求结构参数估计量。

上述过程可以有效解决因内生变量作解释变量所造成的联立偏倚问题，但是内生解释变量的样本观测数据没有直接用于估计参数。鉴于此，可以将内生解释变量的观测值与估计值结合应用估计结构参数。如果给内生解释变量的观测值 Y_j 和估计值 $\hat{Y}_j$ 分别用（$1-K$）和 K 加权（注意，这里的 K 与前面设定的联立方程模型中前定变量的个数“k”有不同的含义），便可构造一个新的“K级”变量

$$(1-K)\ Y_j + K\hat{Y}_j = Y_j + K\ (\hat{Y}_j - Y_j) \qquad (20-47)$$

“K 级”变量是内生解释变量观测值和估计值的加权平均数，用它替代原始结构方程中的内生解释变量，实现结构方程的变换，对变换后的方程用普通最小二乘法进行估计，即可求出结构参数估计量。

对于 20－47 式，如果 $K=0$，待估计结构方程就是应用普通最小二乘法的表达式；如果 $K=1$，待估计结构方程就是应用两段最小二乘法的表达式。因此，可以把普通最小二乘法的估计式和两段最小二乘法的估计式视为“K 级”估计式的特例。

在构造“K 级”变量时，K 可以先验地设定为某一常数，也可以按某些规则依据样本观测值的特点确定 K 值。应当注意的是，当 K 大大超过 1 的情况下，K 值的变化对估计式的影响很大；如果 K 值稍大于 1，则 K 值的变动对估计式的影响很小。

第二十一章　联立模型单一方程估计法（二）

——混合估计法

一、混合估计法

混合估计法是将样本信息与联立方程模型中部分或全部结构参数的额外已知信息结合应用，对联立方程模型进行估计的单一方程方法，每次只能估计联立模型中的一个结构方程。

所谓的额外已知信息，是指可用于联立模型结构方程参数估计的、样本资料以外的任何其他来源的信息。这类信息因其在参数估计之前为已知，故称为先验信息。先验信息可以来自经济理论，称为理论先验信息；也可以来自法律和制度，称为制度先验信息；还可以来自相关研究的结果，称为统计先验信息。最常用于估计联立方程模型结构参数的先验信息主要有以下五种类型：

第一类，经济制度、法规、政策等方面的信息。各个国家在不同的发展时期，都要根据经济发展的需要，适时制定并实施一系列制度、法规和政策，以规范经济行为，促进经济发展。其中的有些法规和政策直接给出了经济变量的参数，如银行利率、进出口关税税率、所得税税率等，这些已知信息就可以在估计联立模型结构方程参数时直接应用。例如，我国规定的白酒税率为30%，这一信息就可以用于国内税收函数的任何模型。若国内税收函数为

$$Q = b_0 + b_1X_1 + b_2X_2 + \cdots + b_kX_k + u \qquad (21-1)$$

在21－1式中，Q 为税收，X_1为国内白酒生产总值，则 b_1应为税率。$b_1=0.3$就可以直接引入税收函数。这时，21－1式便可写成

$$Q = b_0 + 0.3X_1 + b_2X_2 + \cdots + b_kX_k + u$$

或 $$Q-0.3X_1=b_0+b_2X_2+\cdots+b_kX_k+u \tag{21-2}$$

第二类,被经济理论确定的某些参数之间的精确关系。在一些特定的计量经济模型中,某些经济变量的参数之间有着固定的精确关系,它们之和或之比等于某个常数。参数之间这种精确关系,可以用于结构方程的估计。这方面最典型的例子就是柯布—道格拉斯生产函数

$$X=A\cdot L^{\alpha}\cdot K^{\beta}\cdot e^{u} \tag{21-3}$$

在21－3式中，X 为社会总产出，L 为劳动力总投入，K 为资本总投入。根据经济理论，$\alpha+\beta=1$。利用这一已知信息，就可以用 $\alpha=1-\beta$ 或 $\beta=1-\alpha$ 消去一个参数。例如，将 $\beta=1-\alpha$ 代入21－3式并进行变换，可得

$$(X/K)=A\cdot(L/K)^{\alpha}\cdot e^{u} \tag{21-4}$$

对21－4式进行估计，可得出 α 的估计值 $\hat{\alpha}$，再利用 $\beta=1-\alpha$ 即可求出 β 的估计值 $\hat{\beta}$。

第三类,由相关研究提供的参数无偏估计量。例如,技术经济研究得出的某些要素贡献率的信息,宏观经济分析中得出的物价指数等,就是属于这一类已知信息,可以直接用于相关模型的结构参数估计。

第四类，同时存在可用于估计联立方程模型的时序资料和截面资料。在这种情况下，可以先用截面资料求出结构方程中某些参数的估计值，然后将这些估计值作为已知量引入结构方程中，再利用时序资料估计结构方程中其余的参数。

第五类，某些参数的取值范围为已知。例如，由经济理论可知，人们生活所必需而又无代替品的商品，其需求的价格弹性 b_P 和需求的收入弹性 b_Y 都很低，而需求量是没有弹性的。这一信息可以提供 b_P 和 b_Y 的取值范围，即

$$0<|b_P|<1$$
$$0<|b_Y|<1$$

再如，在一般条件下，居民家庭收入总是用于消费与储蓄，收入的增加只能引起消费的部分增加。只有在极端情况下，所增加的收入才会全部用于消费或全部用于储蓄。如果用 *MPC* 表示储蓄占收入的比重，则 *MPC* 在通常情况下的取值范围应当为

$$0 < MPC < 1$$

为了把上述不同类型的先验信息用于估计联立模型的结构方程，有四种计量经济方法可以利用，它们分别是约束最小二乘法、合并截面数据和时间序列数据方法、杜宾（*Durbin*）广义最小二乘法、塞尔（*Theil*）与戈德伯格（*Goldberger*）混合线性估计法。

二、约束最小二乘法

（一）约束最小二乘法的适用范围

对于联立模型中的待估计结构方程，如果一个或多个（不是全部）参数的精确估计值或它们之间的精确关系为已知，便适宜使用这种方法。对于能够从其他样本取得参数估计量，或知道结构参数的取值范围，也可以应用这种方法，但不如应用广义最小二乘法的杜宾变型或线性混合估计法的效果好。

（二）约束最小二乘法的工作步骤

约束最小二乘法，就是将已知参数作为约束条件，在扣除了已知参数所在项的影响后，对结构方程其余参数应用普通最小二乘法进行估计的方法。这一方法的应用分两步完成：第一步，将已知参数代入结构模型中，并将已知参数所在项从结构方程的右边移至左边，从被解释变量中扣除已知参数解释变量的影响，实现对原始结构方程的变换；第二步，在变换后的结构方程满足普通最小二乘法基本要求的情况下，应用普通最小二乘法对变换后的结构方程进行估计。下面用一个例子说明这一方法的应用。

设某联立模型中待估计结构方程为

$$Y = \alpha + \gamma_1 X_1 + \gamma_2 X_2 + u \qquad (21-5)$$

在 21－5 式中，解释变量 X_1 和 X_2 为前定变量，并且满足 $E(X_1 u)=0$、$E(X_2 u)=0$；u 为随机误差项，且满足 $E(u)=0$、$E(u_i u_j)=0(i\neq j)$、$Var(u)=\sigma_u^2$（常数）；X_1 和 X_2 不存在高度共线性，且 X_1 的参数无偏估计值为已知，即 $\hat{\gamma}_1=\gamma_1^*$。

将 21－5 式表示为离差形式

$$y = \gamma_1 x_1 + \gamma_2 x_2 + u \qquad (21-6)$$

将 γ_1^* 代替 21－6 式中的 γ_1，并将 $\gamma_1^* x_1$ 移至方程左边，得

$$(y-\gamma_1^* x_1) = \gamma_2 x_2 + u \tag{21-7}$$

利用 $y^* = y - \gamma_1^* x_1$ 构造一个新的被解释变量，使21－7式变成为

$$y^* = \gamma_2 x_2 + u \tag{21-8}$$

应用普通最小二乘法对 21－8 式进行估计，得

$$\begin{aligned}\gamma_2^* &= \sum y^* x_2 / \sum x_2^2 \\ &= \sum[(y-\gamma_1^* x_1)x_2] / \sum x_2^2\end{aligned}$$

或

$$\begin{aligned}\gamma_2^* &= (\sum y x_2 - \gamma_1^* \sum x_1 x_2) / \sum x_2^2 \\ &= \sum y x_2 / \sum x_2^2 - \gamma_1^* (\sum x_1 x_2 / \sum x_2^2)\end{aligned} \tag{21-9}$$

参数估计值 γ_2^* 的方差为

$$Var(\gamma_2^*) = \sigma_u^2 / \sum x_2^2 \tag{21-10}$$

由上述过程得出结构方程 21－6 式的估计式为

$$\hat{y} = \gamma_1^* x_1 + \gamma_2^* x_2 \tag{21-11}$$

在 21－11 式中，γ_1^* 是已知的无偏估计值，γ_2^* 是约束最小二乘估计值。可以证明，γ_2^* 既是无偏的，也是比直接用普通最小二乘法求得的估计值 $\hat{\gamma}_2$ 更为有效的。

$$\begin{aligned}E(\gamma_2^*) &= E[\sum y x_2 / \sum x_2^2 - \gamma_1^* (\sum x_1 x_2 / \sum x_2^2)] \\ &= E[\sum(\gamma_1^* x_1 + \gamma_2 x_2 + u) x_2 / \sum x_2^2 \\ &\quad - \gamma_1^* (\sum x_1 x_2 / \sum x_2^2)] \\ &= E[\gamma_2 (\sum x_2^2 / \sum x_2^2)] \\ &= \gamma_2\end{aligned}$$

如果用普通最小二乘法对21－6式进行估计，γ_2的估计量 $\hat{\gamma}_2$为

$$\hat{\gamma}_2 = \frac{(\sum x_1^2)(\sum y x_2) - (\sum x_1 x_2)(\sum y x_1)}{(\sum x_1^2)(\sum x_2^2) - (\sum x_1 x_2)^2}$$

$\hat{\gamma}_2$ 的方差 $Var(\hat{\gamma}_2)$ 为

$$\begin{aligned}Var(\hat{\gamma}_2) &= \sigma_u^2 \cdot \{\sum x_1^2 / [(\sum x_1^2)(\sum x_2^2) - (\sum x_1 x_2)^2]\} \\ &= \sigma_u^2 / [\sum x_2^2 - (\sum x_1 x_2)^2 / \sum x_1^2]\end{aligned} \tag{21-12}$$

比较21－10式和21－12式就可以发现，$(\sum x_1x_2)^2/\sum x_1^2>0$，故有

$$\sum x_2^2 > [\sum x_2^2 - (\sum x_1x_2)^2/\sum x_1^2]$$

进而有

$$Var(\gamma_2^*) < Var(\hat{\gamma}_2)$$

这种方法之所以称为约束最小二乘法，是因为它把最小二乘法用于一个约束关系式。即在 $\gamma_1=\gamma_1^*$ 的约束条件下，使结构方程的残差平方和达到最小。

（三）应用约束最小二乘法应注意的问题

由上述分析可知，对于任何一个待估计的联立模型的结构方程，可以施加各种各样的约束条件（应用先验信息）。但是必须懂得，应用约束最小二乘法所求得的结构参数估计值的质量，取决于约束条件的精确程度。对结构方程中已知参数的估计值给出得越准确，其余参数的估计值也就越准确。否则，结构参数的估计就得不到理想的结果。关于这一点，可以清楚地从上例中看出。对于21－5式，当已知 $\gamma_1=\gamma_1^*$ 时，γ_2 的估计值 γ_2^* 为

$$\gamma_2^* = (\sum yx_2/\sum x_2^2) - \gamma_1^*(\sum x_1x_2/\sum x_2^2)$$

上式中括号里面的各项，是来自样本观测数据的已知量，对于特定样本而言，它们是既定的量。于是 γ_2^*的值就取决于 γ_1^*预先给定的值。如果先验的信息 γ_1^*是准确的，则 γ_2^*就不会受 γ_1预先给定值的影响。如果先验信息 γ_1^*有误差，则 γ_2^*也会随之出现偏误。

三、合并截面和时间序列数据法

（一）合并截面和时间序列数据法的适用范围

在对联立模型结构方程进行估计时，既能获得可用于参数估计的时间序列资料，又可获得适用参数估计的截面样本数据，同时，参数的估计又需要应用两种样本资料才能得到较好的效果，就适合采用合并截面和时间序列数据方法。如果不能同时获得时间序列资料和截面样本资料，或虽可获得这两种资料，但其中的一种不适用于结构方程的估计，则这一方法应用的条件便不具备，不可能用这一方法估计结构方程的参数。如果结构方程的估计，应用时间序列或截面样

本资料中的一种便能取得好的效果，则这种方法的应用就不必要。

（二）合并截面和时间序列数据方法的工作步骤

这种方法是将截面样本资料与时间序列样本资料结合应用，对联立模型的结构方程进行估计。结构参数的估计分以下两步完成：

第一步，应用截面样本资料或时间序列样本资料，对结构方程中的部分参数进行估计，求出这些参数的估计值后，将其代入原结构方程，并将已估计出参数的项从原结构方程的左右两边同时减去，实现对原结构方程的变换。变换后的结构方程左边是扣除了已估计参数对应解释变量影响后的被解释变量剩余部分，而右边仅包含其余未估计参数的各项及随机误差项。

第二步，应用时间序列样本资料或截面样本资料，对变换后的结构方程进行估计，求出原结构方程中其余的参数估计量。这里应当注意，第一步和第二步应用的样本资料的类型是不相同的。如果第一步应用的是截面资料，则第二步便应当用时间序列资料；如果第一步应用的时间序列资料，则第二步就应当用截面资料。每一步应用哪一类样本资料，要依据所估计的结构参数的性质决定。

下面用一例子说明这一方法的应用。设某联立方程模型中的一个待估计结构方程为

$$D_t = \alpha \cdot P_t^{\gamma_1} \cdot Y_t^{\gamma_2} \cdot e^{u_t} \tag{21-13}$$

在 21－3 式中，D 为商品需求量，P 为商品的价格，Y 为消费者收入。如果已经掌握 1973—2002 年的时间序列资料及 100 户居民 1988 年 5 月份的截面资料，就可以用合并截面和时间序列数据的方法对该式进行估计。

从理论上讲，时间序列资料比较适用于对联立模型结构方程的估计。但是在实际的应用中，与时间序列资料相关的问题比较多。其中最突出的问题是解释变量之间在时间上趋于同时变化，使彼此间产生相关性。在这种情况下，结构参数的估计值会发生较大的偏误。同时，在本例中也不能用截面资料求价格的参数估计值，因为在特定时点上，价格结构对所有消费者都是相同的。当然，这并不意味着截面样本中的所有家庭对商品支付了相同的价格，购买的商品质量不同，支付的价格也不一样，高收入家庭因购买质量高的商

品而支付较高的价格，而低收入家庭则相反。这时，可以应用合并截面和时间序列资料方法对结构方程进行估计。这种方法可以在一定程度上避免仅仅用一种样本资料（截面数据或时间序列数据）单独估计结构方程所带来的问题。

对 21－13 式两边同时取自然对数，可得

$$\mathrm{lnD_t} = \mathrm{ln}\alpha + \gamma_1 \mathrm{lnP_t} + \gamma_2 \mathrm{lnY_t} + u_t \tag{21-14}$$

首先，建立商品需求量 D 与居民收入的结构关系式

$$D_i = \alpha_0 \cdot Y_i^{\gamma_2} \cdot e^{\varepsilon_i} \qquad (i=1,\ 2,\ \cdots,\ 100) \tag{21-15}$$

并用截面样本资料进行估计，求出收入 Y 的参数估计值 γ_2^*。利用 γ_2^* 消除收入的变化对商品需求量的影响（即从 lnD_t 中减去 $\gamma_2^*\ lnY_t$ 这一项)，于是可构造出一个新的变量

$$D_t^* = lnD_t - \gamma_2^*\ lnY_t \tag{21-16}$$

D_t^* 是取自然对数的剩余需求，其变化不是由消费者的收入引起的，而是由商品的价格变动引起的。

然后，将估计值 γ_2^* 代入 21－14 式中，并进行变换，得

$$lnD_t - \gamma_2^*\ lnY_t = ln\alpha + \gamma_1 lnP_t + u_t$$

即

$$D_t^* = ln\alpha + \gamma_1 lnP_t + u_t \qquad (t=1,2,\cdots,30) \tag{21-17}$$

利用时间序列资料对21－17式进行估计,可得到参数估计值 $\hat{\alpha}$ 和 $\hat{\gamma}_1$。至此,便先后求出了21－13式的三个参数估计量,估计式即为

$$\hat{D}_t = \hat{\alpha} \cdot P_t^{\hat{\gamma}_1} \cdot Y_t^{\gamma_2^*} \tag{21-18}$$

21－18 式是用组合估计得出的，参数 γ_2^* 是用截面资料估计的，而 $\hat{\gamma}_1$ 是用时间序列资料估计的。

（三）合并截面和时间序列数据方法的优点

在某些情况下，将截面资料和时间序列资料结合应用，可以使结构参数估计值较之只用截面资料或只用时间序列资料更加可靠。特别是将这两种类型的样本资料结合估计需求函数，可以在相当大的程度上避免多重共线性、识别、联立偏倚、收入变化的

影响等一系列问题（但对生产函数的估计不宜应用截面资料）。

第一，克服多种共线性。在上例中，商品的价格和居民的收入会随时间的推移而同时变化，这两个变量（P 和 Y）在结构方程 21－13 式中作解释变量，会产生多重共线性问题，并对参数估计带来不利影响。采用合并截面和时间序列数据对 21－13 进行估计，避免了在结构方程（21－15 式和 21－17 式）中同时出现多重共线性的变量。

第二，克服识别困难。众所周知，时间序列资料记录的商品销售量，是在市场成交价格下供给与需求的均衡点，即供给量与需求量相等。如果用时间序列资料估计结构方程，则结构方程到底是供给函数或需求函数，亦或是二者的混合物便不能确定，估计出的参数，也不能确定是什么类型函数的参数。但是，当用截面数据估计 21－15 式时，所涉及的是消费行为，不会与供给问题混淆，所得到的估计值 γ_2^* 肯定属于需求函数。

第三，对联立偏倚的削弱。由于联立模型待估计结构方程中可能包含有内生解释变量，因而与被解释变量存在联合决定的问题。例如 21－13 式中的收入变量 Y 就可能是内生变量。因为对于每个家庭，商品消费支出 D 是其收入 Y 的一部分，它们之间很可能存在互为因果的关系，即 $D=f_1$（Y）及 $Y=f_2$（D），这种联合决定的关系将会使参数估计产生严重偏倚。采用合并截面和时间序列数据方法估计结构方程，可以在很大程度上削弱这种偏倚，因为在估计 γ_1 时，已经消去了变量 Y。

第四，避免收入分配变化导致的归并偏倚。如果利用时间序列资料估计需求函数，当收入分配在时间过程中曾发生变化，则收入变量的参数就会产生归并偏倚。但用截面数据估计收入变量的参数，收入分配格局在特定的点上是既定的，避免了这种偏倚的来源。

（四）应用合并截面和时间序列数据方法应当注意的问题

应用合并截面和时间序列数据方法估计联立模型的结构方程，存在一些潜在的障碍和困难。利用这一方法估计结构参数要想得到较好效果，有四个问题必须高度重视。

第一，对结构方程估计式的解释问题。截面资料的参数估计量为长期弹性，而时间序列资料的参数估计量为短期弹性，两种参数估计量意义上的差异，是由它们的内涵假设造成的。用截面数据估计结构参数时，总是假设除收入或明确引入结构方程中的其他因素有差别外，所有的消费者都是类似的。在这一假设条件下，如果消费者甲达到消费者乙的收入水平，他就将有乙那样的消费行为，因为这种消费行为的调整需要时间，所以截面数据的结构参数估计量应解释为长期弹性。而用时间序列数据估计结构参数，又总是假设除结构方程中明确出现的因素存在差异外，其他因素在不同时期都是类似的。因为结构方程中的变量在时间过程中是变化的，所以用时间序列数据估计的结构参数估计量应解释为短期弹性。

由于上述原因，就产生了这样一个问题：用合并截面和时间序列数据方法得到的结构方程估计式（如 21－18 式），由于其中有的参数为长期弹性，而另一些参数为短期弹性，它到底是长期需求函数或是短期需求函数？这一问题曾经引起众多学者的争论，尚无一致性结论。但比较一致的看法是，用这种方法估计的需求函数对于预测不是有效的。

第二，截面数据结构参数估计量的准确性问题。在截面样本资料中，各个样本主体之间的差别很大，对不同家庭的消费支出产生很大影响。在上例中，100 户居民除收入之外，家庭的大小，家庭成员的年龄、性别、职业、受教育程度、家庭住址、宗教信仰、消费习惯与偏好等，都决定着家庭消费支出的类型。当估计收入—支出函数时，就应当考虑这些因素的影响。否则，将会使结构参数估计值失去现实意义。对这些因素的考虑，有些可以通过数据处理加以解决，如家庭成员的人数、年龄可以用“人均”或“相当于成人平均”收入和消费支出进行量度。其他因素可以适当地用虚拟变量表示。但在实际的研究工作中，要对这些因素进行正确地衡量和处理，信息收集和分析计算将是十分繁重的。并且，在很多情况下，还难以收集如此完备的资料。

第三，用单一“时点”的截面资料估计结构参数引发的问题。很显然，用截面数据估计的结构参数是特定“时点”的估计量。当利用这样的估计量解释有关解释变量对时间序列样本中被解释变量的影响时，就意味着在整个时间序列样本期内，截面数据的结构参数估计量是保持不变的。例如在上例中，γ_2^* 是用 1988 年 5 月的截面资料估计的，是一个时点估计量，当将 γ_2^* 用于 21－17 式应用 1973—2002 年资料估计 γ_1 时，就意味着 γ_2^* 在这 30 年内不会变化。这一假设明显不符合事实，在这 30 年的过程中，γ_2 肯定会发生很大变化。因此，在时间序列期的不同时点采用固定不变的截面数据估计量，将会造成结构方程中其余参数（如 γ_1）的估计产生严重偏倚。为避免这种情况，有必要掌握多个时点的截面样本，估计出多个截面数据的结构参数，并求出多个截面样本参数估计量的内插值，用以比较同一参数在时间序列样本期内的不同取值。

第四，截面数据结构参数估计值的调整问题。在研究需求问题（如上例）的截面样本资料中，包含每个家庭在各个项目上的支出和总支出方面的信息，且这类支出信息一般可以准确掌握。但由于多种原因，每个家庭的收入难以准确掌握，由此造成难以直接计算出可靠的收入弹性。

根据截面样本资料，通过某商品的消费支出对总支出进行回归，可以求出支出弹性

$$E_{ij} = \alpha \cdot E_j^{\gamma} \cdot e^{u_i} \tag{21-19}$$

其中，E_{ij} 为第 j 户家庭在商品 i 之上的支出，E_j 为第 j 户家庭在所有消费项目上的支出，γ 为商品 i 的支出对总支出的不变弹性，即

$$\eta_{Ei \cdot E} = \frac{dE_i / E_i}{dE / E} = \gamma \tag{21-20}$$

但是，在需求函数中所需要的是收入弹性，而不是支出弹性。收入弹性应为

$$\eta_{Ei \cdot Y} = \frac{dE_i / E_i}{dY / Y} \tag{21-21}$$

在应用合并截面和时间序列数据估计需求函数时，所求出的是支出弹性，而不是收入弹性，这与要求不符合，应当将依据截面数据求出的支出弹性转换为收入弹性。因为下述原因，支出弹性往往高于收入弹性。

（1）收入高的家庭不仅购买较多的商品 i，而且购买的是质量

较高的商品 i，使其支出大于低收入家庭。当家庭收入增加时，因购买了数量较大质量较高的商品，使各种商品的消费支出亦随之增加，造成支出弹性比收入弹性高。

（2）在用截面数据估计结构参数的函数中（如 21－15 式），被解释变量为总支出，它一般会小于消费者的总收入（因一部分收入用于储蓄）。当总收入以某一比例增加时，支出倾向于按递减的比率增加（不排除低收入家庭在收入增加时支出会有较大的增加）。因此，支出弹性的分母（dE/E）必然小于收入弹性的分母（dY/Y），使支出弹性高于收入弹性。

为了将截面数据求出的支出弹性转换为收入弹性，有必要对估计的支出弹性进行适当调整。由于调整缺乏依据，往往带有一定的随意性。如有的将支出弹性降低某个百分点，因缺乏依据而备受责难。

四、杜宾广义最小二乘法

（一）方法概述

杜宾广义最小二乘法，是将联立模型结构方程中的已知参数与样本观测数据结合应用，估计结构方程参数的方法，每次适用于联立模型中的一个结构方程。这种方法实际上是对约束最小二乘法的一种改进。约束最小二乘法是将已知参数作为一个约束条件，用以估计结构方程中的其余参数，而自身被视为无偏估计量，不能用样本资料对其进行修正。杜宾广义最小二乘法针对这一问题，将已知参数和样本资料两种不同的信息组合利用，在估计结构方程未知参数的同时，实现对已知参数的改进。

杜宾广义最小二乘法适用于联立模型结构方程的部分或全部参数为已知的情况，对于已知参数的来源，既可以是经济理论的确定、政策与法规的确定，也可以来源于经验或别人的同类研究结果，还可以是利用截面数据或时间序列数据的估计。

（二）已知参数协方差为零的杜宾广义最小二乘法

对于某联立模型中的待估计结构方程

$$Y = \alpha + \gamma_1 X_1 + \gamma_2 X_2 + u \tag{21-22}$$

如果 X_1 的参数 γ_1 为已知，且

$$\gamma_1^* = \gamma_1 + v \qquad (21-23)$$

在 21－23 式中，v 为随机变量，并满足

$$E(v) = 0$$

$$E(v_i v_j) = 0 \quad (i \neq j)$$

$$E(vu) = 0$$

$$Var(v) = \sigma_v^2 = \sigma_{\gamma_1^*}^2 \qquad (\sigma_{\gamma_1^*}^2 \text{为 } \gamma_1^* \text{ 的方差})$$

对于 21－22 式，可以将 γ_1 的已知信息引入其中，用样本资料求出 γ_1 更新的、更有效的估计量，并同时获得 γ_2 的估计量。这一估计过程如下：

第一步，对原始结构方程用离差形式表示，并用普通最小二乘法进行估计，进而求出随机误差项的方差估计量。

原始结构方程 21－22 式的离差表达式为

$$y = \gamma_1 x_1 + \gamma_2 x_2 + u \qquad (21-24)$$

应用普通最小二乘法对 21－24 式进行估计，可得估计式

$$\hat{y} = \hat{\gamma}_1 x_1 + \hat{\gamma}_2 x_2 \qquad (21-25)$$

因为随机误差项 u 的估计量 e 可以利用 $e_i = y_i - \hat{y}_i$ 求出，故 u 的方差 $Var(u)$ 可以用下式求出

$$Var(u) = \sum e_i^2 / (m - k - 1) = \hat{\sigma}_u^2$$

在上式中，m 为样本容量，k 为结构方程中解释变量的个数。

第二步，依据结构方程，利用已知参数及其方差构造新的正规方程，并求解正规方程。

对于 γ_1 为已知的结构方程 21－24 式，新的正规方程为

$$\begin{cases} \sum x_1 y + \gamma_1^* \hat{\sigma}_u^2 / \sigma_{\gamma_1^*}^2 = \gamma_1 (\sum x_1^2 + \hat{\sigma}_u^2 / \sigma_{\gamma_1^*}^2) + \gamma_2 \sum x_1 x_2 & (21-26) \\ \sum x_2 y = \gamma_1 \sum x_1 x_2 + \gamma_2 \sum x_2^2 & (21-27) \end{cases}$$

解这一联立方程组，就可以求出改进的 γ_1 的估计量，并同时求 γ_2 的估计量。

如果在结构方程 21－24 式中，x_1 的参数 γ_1 和 x_2 的参数 γ_2

均为已知，并有：

$$\gamma_1=\gamma_1^* \qquad \gamma_2=\gamma_2^*$$

$$Var（\gamma_1^*）=\sigma^2_{\gamma_1^*} \qquad Var（\gamma_2^*）=\sigma^2_{\gamma_2^*}$$

$$Cov（\gamma_1^*，\gamma_2^*）=0$$

则可建立求解新的 γ_1 和 γ_2 的正规方程，即

$$\begin{cases}\sum x_1y+\gamma_1^*\cdot\hat{\sigma}_u^2/\sigma^2_{\gamma_1^*}=\gamma_1(\sum x_1^2+\hat{\sigma}_u^2/\sigma^2_{\gamma_1^*})+\gamma_2\sum x_1x_2 & (21-28)\\ \sum x_2y+\gamma_2^*\cdot\hat{\sigma}_u^2/\sigma^2_{\gamma_2^*}=\gamma_1\sum x_1x_2+\gamma_2(\sum x_2^2+\hat{\sigma}_u^2/\sigma^2_{\gamma_2^*}) & (21-29)\end{cases}$$

解这一联立方程组，就可以求出改进的 γ_1 和 γ_2 的估计值。

若用普通最小二乘法对 21－24 式进行估计，则求解参数的正规方程应为

$$\begin{cases}\sum x_1y=\gamma_1\sum x_1^2+\gamma_2\sum x_1x_2 & (21-30)\\ \sum x_2y=\gamma_1\sum x_1x_2+\gamma_2\sum x_2^2 & (21-31)\end{cases}$$

将上述三个正规方程组进行对比就可以发现，在已知参数协方差为零的条件下，将参数已知信息和样本资料结合估计结构参数的新的正规方程，是在普通最小二乘法正规方程基础上经转换得出的，其转换规则为：把 $\gamma_i^*\hat{\sigma}_u^2/\sigma^2_{\gamma_i^*}$ 项加到第 i 个正规方程（指用普通最小二乘法估计参数的正规方程）的左边，并将 $\hat{\sigma}_u^2/\sigma^2_{\gamma_i^*}$ 加到同一方程第 i 个解释变量平方和这一项。

（三）已知参数协方差不为零的杜宾广义最小二乘法

在大多数情况下，如果联立模型待估计结构方程的已知参数不是一个而是多个（两个或以上），则这些已知参数的协方差一般都不为零。在将已知参数与样本资料结合应用估计结构参数时，必须考虑已知参数协方差不为零的问题。

设某联立模型待估计结构方程的离差形式为

$$y=\gamma_1x_1+\gamma_2x_2+\gamma_3x_3+\cdots+\gamma_hx_h+u \qquad (21-32)$$

在 21－32 式中，解释变量 x_j（$j=1，2，\cdots，h$）为前定变量，结构参数 γ_1 和 γ_2 为已知，γ_1 及 γ_2 的方差亦为已知，并有

$$\gamma_1^*=\gamma_1+v_1 \qquad \gamma_2^*=\gamma_2+v_2$$

$$E(u)=0 \qquad E(u_iu_j)=0(i\neq j) \qquad E(ux)=0$$
$$E(v_1)=0 \qquad E(v_{i1}v_{j1})=0(i\neq j) \qquad E(v_1u)=0$$
$$E(v_2)=0 \qquad E(v_{i2}v_{j2})=0(i\neq j) \qquad E(v_2u)=0$$
$$Var(u)=\sigma_u^2 \qquad Var(v_1)=\sigma_{\gamma_1}^2=S_1^2$$
$$Var(v_2)=\sigma_{\gamma_2}^2=S_2^2 \qquad Cov(\gamma_1^*,\gamma_2^*)=S_{12}\neq 0$$

将结构参数 γ_1 及 γ_2 的已知信息和样本资料结合应用，对结构方程 21－32 式进行估计，可以分三步进行：

第一步，应用普通最小二乘法对 21－32 式进行估计，进而求出随机误差项 u 的方差估计量。

对于 21－32 式，如果解释变量为前定变量且与随机误差项无关，随机误差项 u 满足惯常假定，可以直接用普通最小二乘法进行估计。求解结构参数的正规方程为

$$\begin{cases}\sum x_1y=\gamma_1\sum x_1^2+\gamma_2\sum x_1x_2+\cdots+\gamma_h\sum x_1x_h \\ \sum x_2y=\gamma_1\sum x_1x_2+\gamma_2\sum x_2^2+\cdots+\gamma_h\sum x_2x_h \\ \sum x_3y=\gamma_1\sum x_1x_3+\gamma_2\sum x_2x_3+\cdots+\gamma_h\sum x_3x_h \\ \vdots \qquad \vdots \qquad \vdots \qquad \vdots \qquad \vdots \\ \sum x_hy=\gamma_1\sum x_1x_h+\gamma_2\sum x_2x_h+\cdots+\gamma_h\sum x_h^2\end{cases} \qquad (A)$$

解联立方程组（A）即可求出结构参数的最小二乘估计量，并建立结构估计式

$$\hat{y}=\hat{\gamma}_1x_1+\hat{\gamma}_2x_2+\hat{\gamma}_3x_3+\cdots+\hat{\gamma}_hx_h$$

利用 y 的样本观测值及估计值可求出随机误差项 u 的估计值 e 及其方差的估计量。即

$$e_i=y_i-\hat{y}_i \qquad (i=1,\ 2,\ \cdots,\ m) \text{（}m\text{ 为样本容量）}$$
$$Var\ (u)\ =\sum e_i^2/\ (m-h-1) \quad \text{（}h\text{ 为解释变量个数）}$$

第二步，建立已知结构参数方差与协方差的行列式。

利用已知参数的方差和协方差构建行列式，该行列式主对角线两侧是对称的，主对角线上的各项是已知参数的方差，而两侧是依次排列的已知参数的协方差。对于本例，这一行列式可以表示为

$$\begin{vmatrix} Var(\gamma_1^*) & Cov(\gamma_1^*,\gamma_2^*) \\ Cov(\gamma_1^*,\gamma_2^*) & Var(\gamma_2^*) \end{vmatrix} = \begin{vmatrix} S_1^2 & S_{12} \\ S_{12} & S_2^2 \end{vmatrix} = |\triangle_2|$$

这是一个两阶行列式，可以用“△”代表，△的下标表示已知参数的个数。

第三步，建立应用已知参数信息和样本资料结合估计结构方程的新型正规方程，并求出结构参数估计量。

利用已知结构参数，已知结构参数的方差和协方差组成的行列式、原结构方程随机误差项的方差，对应用普通最小二乘法的正规方程进行转换，即可建立求解参数的新的正规方程。对于本例，新型正规方程组为

$$\begin{cases} \sum x_1 y + \hat{\sigma}_u^2 \cdot \dfrac{\begin{vmatrix} \gamma_1^* & S_{12} \\ \gamma_2^* & S_2^2 \end{vmatrix}}{|\triangle_2|} = \gamma_1 \left[\sum x_1^2 + \hat{\sigma}_u^2 \dfrac{(-1)^{1+1} \begin{vmatrix} S_1^2 & S_{12} \\ S_{12} & S_2^2 \end{vmatrix}}{|\triangle_2|} \right] \\ \qquad + \gamma_2 \left[\sum x_1 x_2 + \hat{\sigma}_u^2 \dfrac{(-1)^{1+2} \begin{vmatrix} S_1^2 & S_{12} \\ S_{12} & S_2^2 \end{vmatrix}}{|\triangle_2|} \right] \\ \qquad + \gamma_3 \sum x_1 x_3 + \cdots + \gamma_h \sum x_1 x_h \\ \sum x_2 y + \hat{\sigma}_u^2 \cdot \dfrac{\begin{vmatrix} S_1^2 & \gamma_1^* \\ S_{12} & \gamma_2^* \end{vmatrix}}{|\triangle_2|} = \gamma_1 \left[\sum x_1 x_2 + \hat{\sigma}_u^2 \dfrac{(-1)^{2+1} \begin{vmatrix} S_1^2 & S_{12} \\ S_{12} & S_2^2 \end{vmatrix}}{|\triangle_2|} \right] \\ \qquad + \gamma_2 \left[\sum x_2^2 + \hat{\sigma}_u^2 \dfrac{(-1)^{2+2} \begin{vmatrix} S_1^2 & S_{12} \\ S_{12} & S_2^2 \end{vmatrix}}{|\triangle_2|} \right] \\ \qquad + \gamma_3 \sum x_2 x_3 + \cdots + \gamma_h \sum x_2 x_h \\ \sum x_3 y = \gamma_1 \sum x_1 x_3 + \gamma_2 \sum x_2 x_3 + \gamma_3 \sum x_3^2 + \cdots + \gamma_h \sum x_3 x_h \\ \sum x_4 y = \gamma_1 \sum x_1 x_4 + \gamma_2 \sum x_2 x_4 + \gamma_3 \sum x_3 x_4 + \cdots + \gamma_h \sum x_4 x_h \\ \quad \vdots \qquad \vdots \qquad \qquad \vdots \qquad \qquad \vdots \qquad \qquad \qquad \vdots \\ \sum x_h y = \gamma_1 \sum x_1 x_h + \gamma_2 \sum x_2 x_h + \gamma_3 \sum x_3 x_h + \cdots + \gamma_h \sum x_h^2 \end{cases} \tag{B}$$

解正规方程组（B），就可以求出已知参数 γ_1^*、γ_2^* 的改进估

计量和其余结构参数的估计量。

详细对比分析正规方程组（A）和（B），可以得出有任意个已知参数信息（无论这些已知信息来源于经济理论或实际经验）的结构方程，应用已知参数信息和样本资料结合估计结构参数的新的正规方程转换规则如下：

第一，新的正规方程组（B）是以普通最小二乘法的正规方程组（A）为基础经转换得出的，只是与已知信息 γ 有联系的方程(若已知信息为 X_j 的参数 $\gamma_j = \gamma_j^*$，则指用离差形式表示的第 j 个正规方程）才需要进行对有关的项予以“校正”。与没有已知信息 γ 有联系的其余正规方程，与普通最小二乘法所用的对应正规方程完全相同。在本例中，X_1 和 X_2 的参数 γ_1 与 γ_2 已知，便只需要对用离差表示的第 1 个和第 2 个正规方程的部分项进行校正，而第 3 至 h 个正规方程不需要改变。

第二，在对应有已知信息 γ_j^* 的第 j 个正规方程的左边，加上原结构方程随机误差项 u 的方差估计量 $\hat{\sigma}_u^2$ 与两个行列式比值的乘积，比值的分母行列式是已知参数 γ^* 的方差及协方差构成的行列式$|\triangle|$，分子行列式是分母行列式的第 j 列用已知参数 γ^* 替代后形成的行列式。在本例中，已知结构参数为 γ_1^* 和 γ_2^*，故需要对（A）式中第一个和第二个正规方程的左边项进行校正，分别加上 $\hat{\sigma}_u^2$ 与两个行列式的比值，分母行列式均为$|\triangle_2|$，而第一个方程行列式比值中的分子是$|\triangle_2|$的第一列换为 γ_1^*、γ_2^*，第二个方程行列式比值中的分子则是$|\triangle_2|$的第二列换为 γ_1^*、γ_2^*。

第三，对需要校正的正规方程，其右边只需要对已知参数所在的项予以校正，未知参数的各项与普通最小二乘法正规方程的对应项完全相同。如果需要校正的正规方程为第 i 个，将右边需要校正的项（已知参数所在的项）加上原始结构方程随机误差项 u 的方差估计量 $\hat{\sigma}_u^2$ 与两个行列式比值的乘积，比值的分母行列式是已知参数 γ^* 的方差与协方差组成的行列式$|\triangle|$，分子行列式是分母行

列式的一个子行列式，这一子行列式的确定规则为：若校正的方程为第 i 个正规方程，则先去掉 $|\triangle|$ 的第 i 列，若校正项的参数为 γ_j，则去掉 $|\triangle|$ 的第 j 行，由剩余元素组成的行列式就是该子行列式；该子行列式的符号由 $(-1)^{i+j}$ 决定，i 表示校正方程的序号，j 表示校正项参数的序号。在本例中，正规方程组（A）中的第一个和第二个正规方程有已知参数的是第一项和第二项，需要进行校正。在第一个正规方程右边第一项 $\sum x_1^2$ 中加上 $\hat{\sigma}_u^2 \cdot (-1)^{1+1} \cdot S_2^2 / |\triangle_2|$，在右边第二项 $\sum x_1 x_2$ 加上 $\hat{\sigma}_u^2 \cdot (-1)^{1+2} \cdot S_{12} / |\triangle_2|$；在第二个正规方程右边第一项 $\sum x_1 x_2$ 中加上 $\hat{\sigma}_u^2 \cdot (-1)^{2+1} \cdot S_{12} / |\triangle_2|$，在右边第二项 $\sum x_2^2$ 中加上 $\hat{\sigma}_u^2 \cdot (-1)^{2+2} \cdot S_1^2 / |\triangle_2|$。

（四）对杜宾广义最小二乘法的评价

（1）杜宾广义最小二乘法是一种适应性广泛的混合估计方法，它可将不同来源的参数已知信息与样本信息结合应用，估计联立模型的结构方程，在估计出未知结构参数的同时，使已知参数得到改进。

（2）当联立模型待估计结构方程满足普通最小二乘法基本要求、已知参数的信息（已知参数的无偏估计值、方差及协方差的估计值）又很准确的条件下，杜宾广义最小二乘法的结构参数估计量应当是无偏、有效和一致的。

（3）杜宾广义最小二乘法的应用是以已知参数相关信息的正确性为前提的，如果这些信息不准确，则据此校正的正规方程将会是不正确的，并进而对结构参数的估计带来不利影响。

（4）与其他计量经济学方法相类似，杜宾广义最小二乘法的应用要求联立模型待估计结构方程的确定是正确的，模型中变量的分解与归并科学合理，前定变量完全可以被测定并不存在误差。

（5）杜宾广义最小二乘法的应用需要大样本。相对于待估计结构方程的解释变量个数，如果样本观测数据的个数太少，利用该法得到的参数估计量将是有偏误的。

五、塞尔与戈德伯格混合线性估计法

（一）混合线性估计法的适用范围

当联立模型中待估计结构方程同时满足下列两个条件，就可以应用塞尔与戈德伯格混合线性估计法进行参数估计。若设待估计结构方程（离差形式）为

$$y=\gamma_1x_1+\gamma_2x_2+\cdots+\gamma_hx_h+u \tag{21-33}$$

第一，联立模型中待估计结构方程的随机误差项 u 满足

$$E(u_i)=0$$

$$E(u_iu_j)=0 \qquad (i\neq j)$$

$$Var(u_i)=\sigma_u^2=\text{常数}$$

$$E(ux)=0 \qquad (x\text{ 为结构方程的解释变量})$$

第二，联立模型中待估计结构方程的部分或全部参数 γ 的取值范围为已知。这里所讲的取值范围是指真实参数的上下限，要求明确具体。已知参数 γ 的取值范围越小，这种已知信息对混合线性估计法的应用就越有用。如果已知参数的取值范围太大，以至于仅仅知道参数的符号（取正值或取负值），对混合线性估计法就没有用。

（二）混合线性估计法的基本思路

塞尔与戈德伯格混合线性估计法，是将参数的已知信息在联立模型中待估计结构方程未估计之前就并入结构方程。这种方法要求事先掌握部分或全部结构参数的取值范围，而真实结构参数“最可能”落在该范围之内。研究者可以从每个已知参数的取值范围求得一个“点估计量”及其“抽样方差”，然后如杜宾广义最小二乘法那样利用这些信息建立估计结构参数的正规方程。同时，塞尔与戈德伯格还提出了一个新的迭代步骤，在这一步骤中利用前次迭代所得到的随机误差项 u 的方差的新的估计量。

联立模型待估计结构方程参数的取值范围，可以来源于经济理论，也可以来源于实践经验，还可以来源于别人的研究结果。但无论其来源如何，都要求已知参数有明确的取值上限和下限，且上下限间

的值域不能太宽。同时还要求已知参数取值范围的确定是正确的。

（三）混合线性估计法的工作步骤

第一步，利用已知参数的取值范围，计算出参数的点估计量及其方差。如果已知参数 γ_j 的取值范围（上下限区间）较小，并且可以肯定 γ_j 的真实值有 95% 的概率落在已知的取值范围之内，就可以将已知取值范围的中值（上下限的平均值）作为 γ_j 的点估计值 γ_j^*。若设点估计值 γ_j^* 的标准差为 $S(\gamma_j^*)$，则根据参数置信区间的计算公式，已知参数 γ_j 的上下限可以表示为

$$\gamma_j^* \pm 2S(\gamma_j^*) \tag{21-34}$$

在点估计值 γ_j^* 已求得的情况下，$S(\gamma_j^*)$ 可以用下式求得

$$\begin{aligned} S(\gamma_j^*) &= (\text{上限值} - \gamma_j^*)/2 \\ &= (\gamma_j^* - \text{下限值})/2 \end{aligned} \tag{21-35}$$

例如，已知参数 γ_j 的取值范围在 0.8 至 1.2 之间，且可以肯定 γ_j 的真实值有 95% 的可能落在该区间之内，则 γ_j^*、$S(\gamma_j^*)$ 及 γ_j^* 的方差 $S^2(\gamma_j^*)$ 分别为

$$\gamma_j^* = (0.8+1.2)/2 = 1.0$$

$$S(\gamma_j^*) = (1.2-1.0)/2 = (1.0-0.8)/2 = 0.1$$

$$Var(\gamma_j^*) = S^2(\gamma_j^*) = (0.1)^2 = 0.01$$

第二步，对待估计的原始结构方程（如 21－33 式）应用普通最小二乘法进行估计，求出随机误差项 u 的估计值 e，并进而计算出 u 的方差估计量 $\hat{\sigma}_u^2$。

$$\hat{\sigma}_u^2 = \sum e_i^2/(m-h-1) \quad (i=1, 2, \cdots, m) \tag{21-36}$$

在 21－36 式中，m 为样本观测值的个数，h 为结构方程中解释变量的个数。

第三步，根据求出的 $\hat{\sigma}_u^2$ 和 $S^2(\gamma_j^*)$，利用杜宾广义最小二乘法建立新的正规方程组，解正规方程组便可求出结构参数的估计量。对于 21－33 式，如果所有的结构参数的取值范围为已知，并满足所有结构参数点估计值的协方差均为零，即 $Cov(\gamma_i^*, \gamma_j^*) = 0$ $(i \neq j)$，则对普通最小二乘法正规方程组变换后的新的正规方

程组为

$$
\begin{cases}
\sum x_1 y+\dfrac{\gamma_1^* \hat{\sigma}_u^2}{S^2(\gamma_1^*)}=\gamma_1\left[\sum x_1^2+\dfrac{\hat{\sigma}_u^2}{S^2(\gamma_1^*)}\right]+\gamma_2\sum x_1x_2+\cdots+\gamma_h\sum x_1x_h \\
\sum x_2 y+\dfrac{\gamma_2^* \hat{\sigma}_u^2}{S^2(\gamma_2^*)}=\gamma_1\sum x_1x_2+\gamma_2\left[\sum x_2^2+\dfrac{\hat{\sigma}_u^2}{S^2(\gamma_2^*)}\right]+\cdots+\gamma_h\sum x_2x_h \\
\quad\vdots \qquad\quad \vdots \qquad\qquad \vdots \qquad\qquad \vdots \qquad\qquad\qquad \vdots \\
\sum x_h y+\dfrac{\gamma_h^* \hat{\sigma}_u^2}{S^2(\gamma_h^*)}=\gamma_1\sum x_1x_h+\gamma_2\sum x_2x_h+\cdots+\gamma_h\left[\sum x_h^2+\dfrac{\hat{\sigma}_u^2}{S^2(\gamma_h^*)}\right]
\end{cases}
\tag{21-37}
$$

解联立方程组 21－37，可求出结构参数第一次迭代的估计量，利用这些估计量构建的估计式，可求出随机误差项 u 新的方差估计量 $\hat{\sigma}_u^{*2}$。再将 $\hat{\sigma}_u^{*2}$ 和 S^2（γ_j^*）用于第二次迭代，这一过程一直延续到结构参数的估计量收敛为止。塞尔与戈德伯格选择在第五次迭代为止。

（四）对混合线性估计法的评价

（1）塞尔与戈德伯格混合线性估计法，将联立模型待估计方程部分或全部结构参数取值范围的已知信息用于参数估计，使结构参数的估计具有稳妥的基础。

（2）应用塞尔与戈德伯格混合线性法估计联立模型结构方程的参数，要经过多次迭代才能得出结果，每一次迭代都要应用上一次迭代估计的随机误差项 u 的方差，并且每次迭代都用同一个样本资料。这就产生了两个问题：一是结构方程随机误差项 u 的方差估计量 $\hat{\sigma}_u^2$ 是发掘出的额外信息；二是每次迭代都使用相同的 S^2（γ_j^*），不能进行调整。但从逻辑推理上讲，每次迭代的参数估计量 γ_j^*（点估计值）都是有差别的，它的方差估计量 S^2（γ_j^*）也不可能完全相同。如果每次迭代不对 S^2（γ_j^*）作调整，迭代后得到的参数估计值的方差就会虚假地变小，影响统计检验的真实性。

（3）塞尔与戈德伯格混合线性估计法应用过程比较复杂，计算工作量较大，且需要较多的样本观测数据。有的学者还认为，在多次迭代过程中 S^2（γ_j^*）未作调整，类似于假设 γ_j^* 在每次迭代中有相同的渐近分布。在这种情况下，通过对 σ_u^2 和 γ_j^* 的迭代，不大可能使结构参数的估计量得到渐近改善。

六、关于混合估计法的争论

上面所介绍的四种混合估计方法，虽然在具体思路、工作步骤和处理方法上各存在差异，但总体上都是将参数直接或间接的已知信息与样本资料信息结合应用，用于估计联立模型的结构方程，以期获得模型结构参数估计量的改进。这与将结构参数的已知信息仅仅作为一种判别样本参数估计量的标准（尺度）相比，无疑更具科学性和合理性。因为将参数的已知信息用于估计过程，相当于对结构参数的估计施加了一个条件约束，如果这个约束条件是正确的，则联立模型结构方程的估计便具有一个稳妥的基础，使结构参数估计量更加正确和可靠。

但是，混合估计方法在计量经济学界是存在争论的，一些学者对这种方法持否定态度。他们认为，混合估计方法所得到的结构参数估计量，是样本资料估计量和已知信息值的加权平均数，在单独应用样本资料估计结构参数和直接使用参数已知信息都不能有满意结果的条件下，合并已知信息和样本资料也不能得到满意的估计结果。如果结构参数的样本估计量与已知信息存在很大差别，可能由以下原因造成：

第一，样本期与已知信息期不同，而联立模型的结构在两个时期之间已经发生了显著变化；

第二，可能由于已知参数的信息不正确（失准），造成与样本资料的结构参数估计量存在较大差异。

第三，可能由于联立模型待估计结构方程的函数形式选择不正确，造成样本资料的结构参数估计量与已知信息存在较大差异。

他们进一步认为，在这三种情况下，应用混合估计法得到的加权平均估计值显然是不符合要求的，也是不准确的。为了应用混合估计法，必须保证结构方程的函数形式在已知信息期和样本期是稳定的，函数形式的选择是正确的，已知信息的来源可靠。而当这些条件满足时，结构参数的已知信息就应当与样本资料估计量一致。如果出现不一致的情况，就应当归咎于其他原因，如样本资料的缺陷、结构方程中解释变量的多重共线性等。

从联立模型待估计结构方程估计的实际考虑，混合估计方法不仅是可行的，也是必要的，因为在对结构方程估计时，参数的已知信息只是对真实结构参数的无偏估计，在很多情况下，它接近真实参数的程度难以判别；样本资料也难以完美，有时还要被迫应用有缺陷的样本资料。在这一背景下，采用混合估计法不失为一种明智选择，以期避免单纯应用一种信息确定结构参数的更大风险。同时，如果参数的已知信息和样本资料信息都是可靠的，利用这两种信息求得的结构参数估计量会更为可靠和准确。

对混合线性估计方法的争论虽然仁者见仁、智者见智，但从这些不同的学术观点中，可以得到正确应用这种方法的一些启示，主要有如下几点：

（1）混合线性估计法的应用是以联立模型待估计结构方程的正确确定为前提的，并要求结构方程的随机误差项满足惯常假定、解释变量与随机误差项独立、解释变量之间不存在多重共线性。

（2）混合线性估计法的应用必须以样本资料的可靠性和参数已知信息的正确性为必要条件，如果样本资料的可靠性差、参数已知信息失准，则结构参数估计量就会产生严重偏误，甚至失去意义。

（3）将参数的已知信息与样本资料结合应用估计联立模型的结构方程，要注意两种类型信息在时间上的兼容性。如果两类信息来源于同一时段，或虽来源于不同时段但其间结构方程未发生改变，两类信息的结合应用才是可取的。如果两类信息来源时段不同而其间结构方程又发生了变化，则两类信息是不能结合应用的。

第二十二章　联立模型单一方程估计法（三）

——主要分量法

一、主要分量法概述

主要分量法简称主分量法，是估计联立模型的单一方程方法，每次只能估计联立模型中一个结构方程的参数。这种方法是用联立模型待估计结构方程中的前定变量 X_j（$j=1, 2, \cdots, h$）人为构造出一组称之为主分量的新变量 P_i（$i \leqslant h$）、并用主分量代替前定变量对被解释变量进行回归、进而估计结构参数的方法。若联立模型中待估计结构方程为

$$Y = b_0 + b_1 X_1 + b_2 X_2 + \cdots + b_h X_h + u \qquad (22-1)$$

离差形式为

$$y = b_1 x_1 + b_2 x_2 + \cdots + b_h x_h + u \qquad (22-2)$$

则主分量 P_i 是前定变量 X_j 的线性组合。即

$$\begin{cases} P_1 = a_{11} X_1 + a_{12} X_2 + \cdots + a_{1h} X_h \\ P_2 = a_{21} X_1 + a_{22} X_2 + \cdots + a_{2h} X_h \\ \vdots \qquad \vdots \qquad \vdots \qquad\qquad \vdots \\ P_h = a_{h1} X_1 + a_{h2} X_2 + \cdots + a_{hh} X_h \end{cases} \qquad (22-3)$$

在构造主分量 P_i 时，前定变量 X_j 的取值有三种方法：

①直接用 X_j 的原始观测值；

②用 X_j 与其平均值 $\bar{X}_j$ 的离差，即 $x_j = X_j - \bar{X}_j$；

③用 X_j 的标准化值 Z_j，即 X_j 与其平均值 $\bar{X}_j$ 的离差 x_j 与标准差 S_{X_j} 的比值，用公式表示为

$$Z_j = (X_j - \bar{X}_j) / S_{X_j} = x_j / S_{X_j} \qquad (22-4)$$

在 X_j 的三种不同取值方法中，标准化值比较通用。由于标准化值便于表示不同经济含义和计量单位的变量，在一般情况下都用它构造主分量。从 22－3 式可以看出，X_j 的取值方法不同，主分量 P_i 的值也会随之而异。

在主分量 P_i 的线性组合中，X_j 的系数 a_{ij}（$i=1, 2, \cdots, h$；$j=1, 2, \cdots, h$）称为添加数，a_{ij}的选择应当使主分量 P_i 同时满足两个要求：

第一，各个主分量之间不存在线性相关（正交），即在 $L \neq N$ 的条件下，$E(P_L P_N)=0 \quad (L \neq N)$；

第二，第一个主分量 P_1 包含结构方程中所有解释变量（X_j）总变差的最大可能的比例（份额），第二个主分量 P_2 包含结构方程中所有解释变量（X_j）总变差扣除第一个主分量包含的变差后的剩余部分的最大可能比例（份额），等等。

二、主分量法的适用范围

主分量法在社会科学、生物科学中被广泛应用。在计量经济学中，主分量法主要用于以下四种场合：

第一，样本观测数据的个数相对于解释变量的个数偏少。如果联立模型待估计结构方程中的解释变量个数比样本观测数据的个数多，则应用其他计量经济学方法难以对结构参数进行估计，便只能转而采用主分量法，以完成对结构参数的估计。如果结构方程中的解释变量个数仅比样本观测数据的个数稍少，为了避免样本观测数据个数偏少对参数估计带来的不利影响，亦采用主分量法。

第二，结构方程的解释变量个数太多。当联立模型待估计结构方程中包含的解释变量的个数太多时，估计结构参数的计算比较麻烦，计量工作量很大，为追求参数估计在计算上的方便与快捷，也适宜采用主分量法。

第三，结构方程的解释变量存在多重共线性。如果联立模型待估计结构方程中解释变量之间存在程度很高的线性相关性，又不便于用其他办法进行处理，为避免多重共线性对结构参数估计的不利影响，就可以采用主分量法，通过构造相互独立的主分量，解决结构方程中解释变量的多重共线性问题。

第四，用于指数的可靠性评价。廷特勒（$G \cdot Tintner$）认为，可以用主分量法分析用综合价格指数反映各种商品价格的良好程度，也可用主分量法分析用工业产品产量指数说明不同工业产品产量在总变差中的比例的准确程度。

三、主分量法的工作步骤

应用主分量法对联立模型的结构方程进行估计，具体工作分四步进行：

第一步，求添加数的估计量。采用适当的方法，求添加数 a_{ij} 的估计量 $\hat{a}_{ij}$，并对 $\hat{a}_{ij}$ 进行检验，对其在统计上的显著性进行判别。

第二步，构建主分量。根据一定的规则，确定应构建的主分量的个数 L，再依据已通过显著性检验的添加数估计量 $\hat{a}_{ij}$，构建正交的主分量 P_1，P_2，…，P_L。在一般情况下，主分量的个数应当少于结构方程中解释变量的个数。

第三步，建立并估计主分量回归方程。在求出了经过显著性检验的添加数估计量 $\hat{a}_{ij}$、确定了主分量的个数 L 并计算了主分量 P_i（$i=1$，2，…，L）之后，将主分量 P 对被解释变量 Y 进行回归，得出主分量回归方程

$$y=\gamma_1 P_1+\gamma_2 P_2+\cdots+\gamma_L P_L+\varepsilon \tag{22-5}$$

应用普通最小二乘法对 22－5 式进行估计，可求出各主分量的参数估计值 $\hat{\gamma}$，并建立估计式

$$\hat{y}=\hat{\gamma}_1 P_1+\hat{\gamma}_2 P_2+\cdots+\hat{\gamma}_L P_L \tag{22-6}$$

第四步，求解结构参数估计量 $\hat{b}$。利用添加数的估计量 $\hat{a}_{ij}$ 和主分量参数的估计量 $\hat{\gamma}$ 与结构参数的相互关系，便可根据 $\hat{a}_{ij}$ 和 $\hat{\gamma}_j$ 求出结构参数的估计量 $\hat{b}$，完成对联立模型结构方程的估计。

四、主分量添加数估计量 $\hat{a}_{ij}$ 的计算

对于主分量添加数估计量 $\hat{a}_{ij}$ 的计算，伯特（$C \cdot Burt$）提出了一种较为简单的方法。现以 22－1 式为分析对象，对这一方法的应用加以说明。

（一）建立结构方程中解释变量的简单相关系数表

在 22－1 式中，解释变量 X（设均为前定变量）有 h 个，设 X_i 与 X_j 的简单相关系数为 R_{ij}，则 h 个解释变量的简单相关系数可排列成下面的相关表（如表 22-1）。

表 22-1　　　　h 个解释变量（X）的简单相关表

	X_1	X_2	…	X_h	$\sum_{j=1}^{h} R_{ij}$
X_1	R_{11}	R_{12}	…	R_{1h}	$\sum_{j=1}^{h} R_{1j}$
X_2	R_{21}	R_{22}	…	R_{2h}	$\sum_{j=1}^{h} R_{2j}$
⋮	⋮	⋮		⋮	⋮
X_h	R_{h1}	R_{h2}	…	R_{hh}	$\sum_{j=1}^{h} R_{hj}$
$\sum_{i=1}^{h} R_{ij}$	$\sum_{i=1}^{h} R_{i1}$	$\sum_{i=1}^{h} R_{i2}$	…	$\sum_{i=1}^{h} R_{ih}$	$\sum_{i=1}^{h}\sum_{j=1}^{h} R_{ij}$

上表中主对角线上的简单相关系数均为 1，因为它们是各解释变量的自相关系数。相关系数矩阵是对称的，每一行的元素与对应列的元素相同。若以主对角线为对称轴，则两侧对应位置的元素是相等的，即存在 $R_{ij}=R_{ji}$。

（二）求第一个主分量 P_1 的添加数估计量 $\hat{a}_{1j}$

将表 22-1 中的简单相关系数按行（或按列）相加，得出每行的简单相关系数之和 $\sum_{j=1}^{h} R_{ij}$ 或每一列的简单相关系数之和 $\sum_{i=1}^{h} R_{ij}$。再将所有的简单相关系数相加，计算出所有简单相关系数的总和 $\sum_{i=1}^{h}\sum_{j=1}^{h} R_{ij}$。利用每一列（或每一行）简单相关系数的和分别除以所

有简单相关系数总和的平方根，即可求出第一个主分量 P_1 的添加数的估计量 $\hat{a}_{1j}$。用公式表示为

$$\hat{a}_{1j} = \left(\sum_{i=1}^{h} R_{ij}\right) / \sqrt{\sum_{i=1}^{h}\sum_{j=1}^{h} R_{ij}} \tag{22-7}$$

根据 22－7 式计算的添加数估计量 $\hat{a}_{1j}$，可能构建出第一个主分量。即

$$P_1 = \hat{a}_{11} Z_1 + \hat{a}_{12} Z_2 + \cdots + \hat{a}_{1h} Z_h$$

（三）计算主分量的本征根

每一个主分量添加数估计量的平方和称为这个主分量的本征根或特征根。本征根一般用 λ_i 表示，下标 i 代表主分量的序号，λ_i 表示第 i 个主分量的本征根。在本例中第一个主分量 P_1 的本征根为

$$\lambda_1 = \hat{a}_{11}^2 + \hat{a}_{12}^2 + \cdots + \hat{a}_{1h}^2 = \sum_{j=1}^{h} \hat{a}_{1j}^2 \tag{22-8}$$

若人为构造的主分量个数与待估计结构方程中解释变量的个数相等，则每一个主分量的本征根 λ_i 之和等于结构方程中解释变量的个数。例如 22－1 式这一待估计结构方程含有 h 个解释变量，如果用主分量法进行估计时构建的主分量仍为 h 个，则这 h 个主分量的本征根之和应当等于 h，即

$$\sum_{i=1}^{h} \lambda_i = h \qquad (i=1,\ 2,\ \cdots,\ h) \tag{22-9}$$

任何一个依据待估计结构方程解释变量 X 构建的主分量 P_i，其本征根 λ_i 都是由第 i 个主分量 P_i 包含的 X 的实际变差。主分量 P_i 包含的 X 变差的份额，可以由其本征根 λ_i 与待估计结构方程解释变量的个数 h 的比值求出。即

$$P_i \text{ 包含的 } X \text{ 的变差份额} = (\lambda_i / h) \cdot 100\% \tag{22-10}$$

依据 22－10 式，第一个主分量 P_1 包含的 X 的变差的份额为

$$P_1 \text{包含的 } X \text{ 的变差份额} = \left[\left(\sum_{j=1}^{h} \hat{a}_{1j}^2\right) / h\right] \cdot 100\% \tag{22-11}$$

按照主分量的设计，第一个主分量应当包含待估计结构方程中

解释变量变差的最大份额，第二个主分量应当包含解释变量剩余变差（总变差扣除第一个主分量包含的变差）的最大份额，等等。这种设计就决定了第一个主分量的本征根一定大于第二个主分量的本征根，第二个主分量的本征根一定大于第三个主分量的本征根，等等。即存在

$$\lambda_1 > \lambda_2 > \cdots > \lambda_h \tag{22-12}$$

（四）建立剩余相关表，计算第二个主分量的添加数

从原始的简单相关表（表 22－1）中减去第一个主分量所包含的解释变量 X 的那一部分变差，编制出一张格式与表 22－1 完全相同的 h 个解释变量（X）的剩余相关表。剩余相关表中的每一个元素 R^*_{ij}，由原始简单相关表中的对应元素 R_{ij} 减去乘积 $\hat{a}_{1i}\hat{a}_{1j}$ 求得。可用计算公式表达为

$$R^*_{ij} = R_{ij} - \hat{a}_{1i}\hat{a}_{1j} \tag{22-13}$$

依据表 22－1 并利用公式 22－13，便可建立 h 个解释变量（X）的剩余相关表（如表 22-2）

表 22-2　　h 个解释变量（X）的剩余相关

	X_1	X_2	$\cdots$	X_h	
X_1	$R^*_{11}=1-\hat{a}^2_{11}$	$R^*_{12}=R_{12}-\hat{a}_{11}\hat{a}_{12}$	$\cdots$	$R^*_{1h}=R_{1h}-\hat{a}_{11}\hat{a}_{1h}$	
X_2	$R^*_{21}=R_{21}-\hat{a}_{12}\hat{a}_{11}$	$R^*_{22}=1-\hat{a}^2_{12}$	$\cdots$	$R^*_{2h}=R_{2h}-\hat{a}_{12}\hat{a}_{1h}$	
$\vdots$	$\vdots$	$\vdots$		$\vdots$	
X_h	$R^*_{h1}=R_{h1}-\hat{a}_{1h}\hat{a}_{11}$	$R^*_{h2}=R_{h2}-\hat{a}_{1h}\hat{a}_{12}$	$\cdots$	$R^*_{hh}=1-\hat{a}^2_{1h}$	
$\sum_{i=1}^{h}R^*_{ij}$	$\sum_{i=1}^{h}R^*_{i1}$	$\sum_{i=1}^{h}R^*_{i2}$	$\cdots$	$\sum_{i=1}^{h}R^*_{ih}$	$\sum_{j=1}^{h}\sum_{i=1}^{h}R^*_{ij}$

将剩余相关表 22-2 按列加总，得出每一列剩余相关系数的和 $\sum_{i=1}^{h}R^*_{ij}$。再将该表每一列的和再加总，得出所有剩余相关系数的和 $\sum_{j=1}^{h}\sum_{i=1}^{h}R^*_{ij}$。用表中每一列剩余相关系数的和分别除以所有剩余相关系数之和的平方根，即可求出第二个主分量 P_2 的添加数的估计量

$\hat{a}_{2j}$。用公式表示为

$$\hat{a}_{2j} = (\sum_{i=1}^{h} R_{ij}^{*}) / \sqrt{\sum_{j=1}^{h}\sum_{i=1}^{h} R_{ij}^{*}} \tag{22-14}$$

根据 22－14 式计算的添加数的估计量，可以构建出第二个主分量。即

$$P_2 = \hat{a}_{21}Z_1 + \hat{a}_{22}Z_2 + \cdots + \hat{a}_{2h}Z_h \tag{22-15}$$

利用第二个主分量添加数的估计量，可以计算出它的本征根为

$$\lambda_2 = \hat{a}_{21}^2 + \hat{a}_{22}^2 + \cdots + \hat{a}_{2h}^2 = \sum_{i=1}^{h} \hat{a}_{2j}^2 \tag{22-16}$$

（五）计算其余主分量的添加数

以剩余相关表 22-2 的数据为基础，从中减去第二个主分量所包含的解释变量 X 的那一部分变差，又可编制出一个新的剩余相关表，根据这一新的剩余相关表即可求出第三个主分量的添加数估计量 $\hat{a}_{3j}$。如此重复这一过程，便可求出所有主分量添加数的估计量。

主分量添加数估计量的计算比较麻烦，需要仔细运算。如果前一个主分量添加数的估计量出现计算错误，则后面主分量添加数的估计量就会跟着出错。为进一步说明主分量添加数估计量的计算方法，下面用一简例演示。

设联立模型待估计结构方程为

$$Y = b_0 + b_1X_1 + b_2X_2 + b_3X_3 + b_4X_4 + b_5X_5 + b_6X_6 + u \tag{21-17}$$

其离差形式为

$$y = b_1x_1 + b_2x_2 + b_3x_3 + b_4x_4 + b_5x_5 + b_6x_6 + u \tag{21-18}$$

在该结构方程中，解释变量 X 为前定变量，存在多重共线性。u 为随机变量，满足零均值、齐性方差、不存在序列相关的假定。每一变量的观测数据有 50 个，为大样本。依据解释变量的样本观测数据，可计算出它们之间的简单相关系数，并编制相关表（如表 22-3）。

表 22-3　　六个解释变量的简单相关

	X_1	X_2	X_3	X_4	X_5	X_6	
X_1	1.00	0.52	0.03	0.35	0.01	0.04	
X_2	0.52	1.00	0.02	0.01	0.05	-0.02	
X_3	0.03	0.02	1.00	0.56	0.42	0.07	
X_4	0.35	0.01	0.56	1.00	0.40	0.08	
X_5	0.01	0.05	0.42	0.40	1.00	0.45	
X_6	0.04	-0.02	0.07	0.08	0.45	1.00	
$\sum_{i=1}^{6} R_{ij}$	1.95	1.58	2.10	2.40	2.33	1.62	11.98

依据表 22-3 每一列简单相关系数的合计数与所有简单相关系数的总和，可以计算出第一个主分量 P_1 的添加数的估计值 $\hat{a}_{1j}$，即

$$\hat{a}_{11}=1.95/\sqrt{11.98}=0.56$$

$$\hat{a}_{12}=1.58/\sqrt{11.98}=0.46$$

$$\hat{a}_{13}=2.10/\sqrt{11.98}=0.60$$

$$\hat{a}_{14}=2.40/\sqrt{11.98}=0.69$$

$$\hat{a}_{15}=2.33/\sqrt{11.98}=0.67$$

$$\hat{a}_{16}=1.62/\sqrt{11.98}=0.47$$

根据 22－8 式，第一个主分量 P_1 的本征根 λ_1 为

$$\lambda_1=(0.56)^2+(0.46)^2+(0.60)^2+(0.69)^2+(0.67)^2+(0.47)^2=2.0311$$

由第一个主分量 P 包含的（解释的）X_1、X_2、X_3、X_4、X_5、X_6 总变差的份额（比例）为

$$\lambda_1/h=2.0311/6=33.89\%$$

计算第二个主分量添加数估计量，需要编制剩余相关系数表。剩余相关系数 R^*_{ij}是简单相关系数 R_{ij} 减去第一个主分量包含的解释变量变差后的剩余部分。依据 22-13 式，以表 22-3 为基础可以编制出剩余相关表（如表 22-4）。

表 22-4　　六个解释变量的剩余相关表

	X_1	X_2	X_3	X_4	X_5	X_6	
X_1	0.69	0.26	−0.31	−0.04	−0.37	−0.22	
X_2	0.26	0.79	−0.26	−0.31	−0.26	−0.24	
X_3	−0.31	−0.26	0.64	0.15	0.06	−0.21	
X_4	−0.04	−0.31	0.15	0.52	−0.06	−0.24	
X_5	−0.37	−0.26	0.06	−0.06	0.55	0.14	
X_6	−0.22	−0.24	−0.21	−0.24	0.14	0.78	
$\sum_{i=1}^{6} R_{ij}^*$	0.01	−0.02	0.07	0.02	0.06	0.01	0.15

根据表22-4中每一列剩余相关系数的合计数与所有剩余相关系数的总和，可以计算出第二个主分量 P_2的添加数的估计量 $\hat{a}_{2j}$，即

$$\hat{a}_{21}=0.01/\sqrt{0.15}=0.03$$

$$\hat{a}_{22}=-0.02/\sqrt{0.15}=-0.05$$

$$\hat{a}_{23}=0.07/\sqrt{0.15}=0.18$$

$$\hat{a}_{24}=0.02/\sqrt{0.15}=0.05$$

$$\hat{a}_{25}=0.06/\sqrt{0.15}=0.15$$

$$\hat{a}_{26}=0.01/\sqrt{0.15}=0.03$$

依据 $\hat{a}_{2j}$可计算出第二个主分量的本征根λ_2 为

$$\lambda_2=(0.03)^2+(-0.05)^2+(0.18)^2+(0.05)^2+(0.15)^2+(0.03)^2=0.0617$$

由第二个主分量包含的（解释的）六个解释变量总变差的份额（比例）为

$$\lambda_2/h=0.0617/6=1.03\%$$

重复上述过程，便可以求出第三个及以后各个主分量的添加数估计量。

五、主分量添加数估计量 $\hat{a}_{ij}$的显著性检验

利用上述方法计算出主分量添加数的估计值后，需要对这些估

计量在统计上的显著性进行检验。对添加数显著性检验的方法很多，最常用的有以下三种。

（一）经验检验法

根据应用主分量法的实践，人们提出了一个判别添加数在统计上是否显著的经验规则：如果待估计结构方程解释变量的样本观测数据不少于50个，只要添加数估计量$\hat{a}_{ij}$的绝对值大于或等于0.30，则它在统计上就是显著的。由于添加数类似于相关系数，故其估计量的绝对值一般应小于或等于1。因此，这一规则可以用数学式表述为

$$\text{当}\ \hat{a}_{ij}>0\ \text{时：}\quad 0.3\leqslant\hat{a}_{ij}\leqslant 1 \tag{22-18}$$

$$\text{当}\ \hat{a}_{ij}<0\ \text{时：}\quad -1\leqslant\hat{a}_{ij}\leqslant -0.3 \tag{22-19}$$

只要$\hat{a}_{ij}$在22-18式或22-19式范围内取值，就可认为它在统计上是显著的。但是，当解释变量的样本观测数据少于50个时，这一标准应当提高。

（二）皮尔逊（Pearson）相关系数检验法

添加数实际上类似于相关系数，许多计量经济学家根据这一点，提出可以用皮尔逊相关系数显著性检验方法，检验添加数估计量的显著性。皮尔逊相关系数显著性的临界值如表22-5。

表22-5　　Pearson 相关系数显著性的临界值

样本容量（m）	相关系数显著性的临界值		样本容量（m）	相关系数显著性的临界值	
	5%水平	1%水平		5%水平	1%水平
5	0.755	0.875	60	0.248	0.328
10	0.576	0.714	70	0.233	0.308
15	0.483	0.605	80	0.220	0.290
20	0.425	0.538	90	0.206	0.272
25	0.380	0.488	100	0.194	0.255
30	0.338	0.440	150	0.158	0.209
35	0.320	0.417	200	0.137	0.182
40	0.300	0.394	250	0.125	0.163
45	0.280	0.370	300	0.088	0.115
50	0.262	0.346			

来源：*D·child*，*Essentials of Factor Analysis*，1970，*P*.45

由表 22-5 可看出，样本容量（m）越小，添加数估计量在统计上显著所要求的值就越大。当样本容量为 50 时，如果添加数估计量的绝对值大于或等于 0.346，它就在 1% 水平上是显著的。从这里也可以验证经验检验法的规则是合理的。

（三）伯特—斑克斯（Burt－Banks）检验

前面的两种检验方法，都没有考虑联立模型待估计结构方程包含的解释变量的个数，也没有考虑添加数所在的主分量的顺序。很显然，添加数估计量的显著性要受这两个因素的重要影响。针对这一情况，伯特（*C.Burt*）和斑克斯（*C.Banks*）提出，应当用待估计结构方程解释变量的个数 h 和主分量的序号 i，对皮尔逊相关系数显著性临界值 a_{ij}^{*} 进行调整。具体的调整按下式进行：

$$\hat{a}_{ij}=a_{ij}^{*}\cdot\sqrt{h/(h+1-i)} \tag{22-20}$$

例如，待估计结构方程含 20 个解释变量，样本观测数据有 100 个，若需确定第 10 个主分量的添加数（估计量）的临界值，可查出表 22-5 中样本容量为 100，显著水平为 1% 的临界值 $a_{ij}^{*}=0.255$，利用 22－20 式可计算第 10 个主分量添加数估计量 $\hat{a}_{10j}$ 的临界值为

$$\hat{a}_{10j}=0.255\times\sqrt{20/(20+1-10)}=0.344$$

这表明第 10 个主分量的任何一个添加数估计量要在 1% 水平上达到显著，其绝对值必须大于或等于 0.344。

六、确定主分量个数的准则

应用主分量法对联立模型待估计结构方程进行估计，首先需要利用结构方程的解释变量构建主分量。从理论上讲，主分量的个数 L 一般应小于结构方程解释变量的个数 h，即 $L<h$ 。对于一个特定的待估计结构方程，到底应当构建多少个主分量为好，就需要用可供操作的准则加以确定。对于主分量个数的确定，计量经济学家们提出了多种准则，较为实用的通常有三种。

（一）凯索（Kaiser）准则

这一确定主分量个数的准则首先是由盖特曼（*Guttman*）提出

的，后经凯索加以修正达到完善。该准则规定，在添加数估计量通过检验的前提下，只要主分量 P_L 的本征根 λ_L 的值大于 1（$\lambda_L>1$），就应当保留 P_L。由构建主分量的方法所决定，第一个主分量 P_1 的本征根 λ_1 比第二个主分量 P_2 的本征根 λ_2 大，第二个主分量 P_2 的本征根 λ_2 比第三个主分量 P_3 的本征根 λ_3 大，等等。因此，根据凯索准则，当主分量 P_L 的本征根 $\lambda_L>1$，而主分量 P_{L+1} 的本征根 $\lambda_{L+1}<1$ 时，就只保留 P_1，P_2，…，P_L 这 L 个主分量。因为 P_{L+1} 的本征根已经小于 1，后面主分量的本征根会更小。

卡特尔（*Cattell*）经过研究指出，当待估计结构方程解释变量的个数在 20～50 之间时，这一准则极为可靠；当解释变量的个数少于 20 时，按这一准则确定的主分量的个数偏少；当解释变量的个数超过 50 时，按这一准则确定的主分量的个数又偏多。

（二）卡特尔（Cattell）“碎石检验”准则

“碎石”是地质学中的术语，指集聚在山坡低缓地带的岩屑。“碎石检验”就是将顺序靠后、在二维空间中位置又极低平的主分量淘汰的检验方法。这一准则是卡特尔提出的，其基本思路是：以主分量的序号 i 为横轴、以主分量的本征根 λ 为纵轴，在平面坐标中绘制 λ_i 随 i 变化的曲线图，用曲线图的形状判断应当保留多少个主分量。这一准则规定，当曲线保持某种曲率时，对应的主分量就应当保留；当曲线变为直线后，对应的主分量就不必保留。这一准则可用图 22-1 示意。

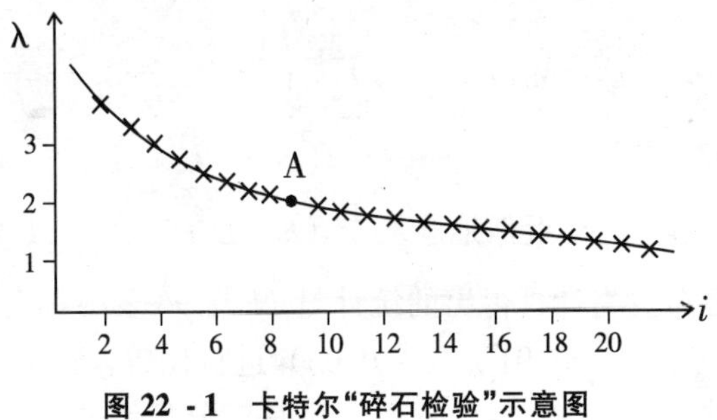

图 22-1　卡特尔“碎石检验”示意图

从图 22-1 可看出，各主分量的本征根在平面坐标中的曲线由左上向右下倾斜，由陡峭逐步变为平直，在 A 点之前为曲线，在 A 点之后变为直线。按“碎石检验”准则，A 点对应的第 9 个主分量及前面的 8 个主分量应当保留，而第 10 及之后的主分量是不可靠的，因为它不受待估计结构方程所有解释变量共同作用的重大影响，与解释变量的变差关系不密切。

蔡尔德（*D.Child*）经过研究指出，卡特尔“碎石检验”准则确定的主分量个数，在一般情况下要比凯索准则确定的主分量个数多。例如，对同一研究对象如果凯索准则确定的主分量个数为9 个，则“碎石检验”准则确定的主分量个数会达到 11 个。

（三）巴特利特（Bartlett）准则

对于联立模型待估计结构方程，如果构建了与方程解释变量个数 h 相同的主分量P_i（$i=1, 2, \cdots, h$），各主分量的本征根分别为 λ_1，λ_2，…，λ_h。在这 h 个主分量中，当某一主分量 P_L（$L<h$）的本征根 λ_L 显著比顺序靠后的主分量P_{L+1}，P_{L+2}，…，P_h 的本征根λ_{L+1}，λ_{L+2}，…，λ_h 大，则主分量 P_1，P_2，…，P_L 应当被保留。其余的主分量 P_{L+1}，P_{L+2}，…，P_h 是否需要保留，应通过对它们的本征 λ_{L+1}，λ_{L+2}，…，λ_h 的相似性分析来决定。若分析证明 λ_{L+1}，λ_{L+2}，λ_h 是充分相似的，则主分量 P_{L+1}，P_{L+2}，…，P_h 就应当略去；否则，主分量 P_{L+1}，P_{L+2}，…，P_h 中的某个或某几个就应当被保留。巴特利特提出了一种分析本征根 λ_{L+1}，λ_{L+2}，…，λ_h 是否相似的方法，先计算出一个统计量 N

$$N=L\cdot ln\left[(\lambda_{L+1}\cdot\lambda_{L+2}\cdot \cdots \cdot\lambda_h)^{-1}\cdot\left(\frac{\lambda_{L+1}+\lambda_{L+2}+\cdots+\lambda_h}{h-L}\right)^{h+L}\right] \tag{22-21}$$

这一统计量 N 近似地服从$\frac{1}{2}$（$h-L-1$）（$h-L+2$）个自由度的 χ^2 分布。将计算得出的统计量 N 与 χ^2 表中具有相同自由度的临界值 χ^2_α（$\alpha=0.01$ 或 $\alpha=0.05$）进行比较，如果 $N>\chi^2_\alpha$，就表明本征根 λ_{L+1}，λ_{L+2}，…，λ_h 不是充分相似的，与之对应的某些主分量应保留下来；如果 $N<\chi^2_\alpha$，就表明本征根 λ_{L+1}，λ_{L+2}，

…，λ_h 是充分相似的，与之对应的主分量应当略去。至于在出现 $N>\chi_\alpha^2$ 时应当保留 P_L 之后的哪些主分量，可以将 L 逐次后移并计算新的 N 值，应用上述规则进行判断即可确定。

七、联立模型待估计结构方程的参数估计

对于联立模型待估计结构方程，当计算并检验了主分量添加数估计量 $\hat{a}_{ij}$，确定了应当保留的主分量个数 L 后，便可获得各主分量 P_i（$i=1, 2, \cdots, L$）的表达式即

$$\begin{cases} P_1=\hat{a}_{11}Z_1+\hat{a}_{12}Z_2+\cdots+\hat{a}_{1h}Z_h \\ P_2=\hat{a}_{21}Z_1+\hat{a}_{22}Z_2+\cdots+\hat{a}_{2h}Z_h \\ \vdots \quad \vdots \quad\quad \vdots \quad\quad\quad \vdots \\ P_L=\hat{a}_{L1}Z_1+\hat{a}_{L2}Z_2+\cdots+\hat{a}_{Lh}Z_h \end{cases} \tag{22-22}$$

上面各主分量表达式中，h 为原始结构方程解释变量（X）的个数，Z 为原始结构方程解释变量（X）的标准化值，即 $Z_j=(X_j-\bar{X}_j)/S_{X_j}=x_j/S_{X_j}$。

如果用原始结构方程解释变量的离差 x_j（$X_j=X_j-\bar{X}_j$）构建主分量，则主分量的表达式为

$$\begin{cases} P_1=\hat{a}_{11}x_1+\hat{a}_{12}x_2+\cdots+\hat{a}_{1h}x_h \\ P_2=\hat{a}_{21}x_1+\hat{a}_{22}x_2+\cdots+\hat{a}_{2h}x_h \\ \vdots \quad \vdots \quad\quad \vdots \quad\quad\quad \vdots \\ P_L=\hat{a}_{L1}x_1+\hat{a}_{L2}x_2+\cdots+\hat{a}_{Lh}x_h \end{cases} \tag{22-23}$$

将确定的主分量 P_1，P_2，…，P_L 代替原始结构方程中的解释变量 X，建立以主分量为新的解释变量的方程。

$$y=\gamma_1P_1+\gamma_2P_2+\cdots+\gamma_LP_L+\varepsilon \tag{22-24}$$

对于 22－24 式，解释变量 P 为前定变量 X 的线性组合，必然具有与 X 相同的统计特征。由 P 的构建方法所决定，P_i 与 P_j（$i\neq j$）不存在线性相关性。如果原始结构方程 22－2 式的随机误差项 u 满足惯常假定，则 22－24 式的随机误差项 ε 也一定满足零均

值、齐性方差、不存在序列相关，且与 P 无关的要求。因此，可以用普通最小二乘法对 22－24 式进行估计，得出估计式

$$\hat{y}=\hat{\gamma}_1P_1+\hat{\gamma}_2P_2+\cdots+\hat{\gamma}_LP_L \tag{22-25}$$

将 22－23 式中的各主分量表达式代入 22－25 式中，得

$$\begin{aligned}\hat{y}=&\hat{\gamma}_1\ (\hat{a}_{11}x_1+\hat{a}_{12}x_2+\cdots+\hat{a}_{1h}x_h)\\&+\hat{\gamma}_2\ (\hat{a}_{21}x_1+\hat{a}_{22}x_2+\cdots+\hat{a}_{2h}x_h)\ +\cdots\\&+\hat{\gamma}_L\ (\hat{a}_{L1}x_1+\hat{a}_{L2}x_2+\cdots+\hat{a}_{Lh}x_h)\end{aligned} \tag{22-26}$$

对 22－26 式进行整理，又可得

$$\begin{aligned}\hat{y}=&(\hat{\gamma}_1\hat{a}_{11}+\hat{\gamma}_2\hat{a}_{21}+\cdots+\hat{\gamma}_L\hat{a}_{L1})x_1\\&+(\hat{\gamma}_1\hat{a}_{12}+\hat{\gamma}_2\hat{a}_{22}+\cdots+\hat{\gamma}_L\hat{a}_{L2})x_2+\cdots\\&+(\hat{\gamma}_1\hat{a}_{1h}+\hat{\gamma}_2\hat{a}_{2h}+\cdots+\hat{\gamma}_L\hat{a}_{Lh})x_h\end{aligned} \tag{22-27}$$

对于联立模型待估计的结构方程 22－2 式，其估计式应为

$$\hat{y}=\hat{b}_1x_1+\hat{b}_2x_1+\hat{b}_2x_2+\cdots+\hat{b}_hx_h \tag{22-28}$$

对比 22－27 式与 22－28 式，就可得出结构方程的参数估计量 $\hat{b}$ 为

$$\begin{aligned}\hat{b}_1&=\hat{\gamma}_1\hat{a}_{11}+\hat{\gamma}_2\hat{a}_{21}+\cdots+\hat{\gamma}_L\hat{a}_{L1}=\sum_{i=1}^{L}\ (\hat{\gamma}_i\hat{a}_{i1})\\\hat{b}_2&=\hat{\gamma}_1\hat{a}_{12}+\hat{\gamma}_2\hat{a}_{22}+\cdots+\hat{\gamma}_L\hat{a}_{L2}=\sum_{i=1}^{L}\ (\hat{\gamma}_i\hat{a}_{i2})\\&\vdots\\\hat{b}_h&=\hat{\gamma}_1\hat{a}_{1h}+\hat{\gamma}_2\hat{a}_{2h}+\cdots+\hat{\gamma}_L\hat{a}_{Lh}=\sum_{i=1}^{L}\ (\hat{\gamma}_i\hat{a}_{ih})\end{aligned}$$

如果确定的主分量个数 L 与待估计结构方程中解释变量的个数 h 相等，则用主分量法求得的结构参数估计量，与用普通最小二乘法将解释变量 X 直接回归 Y 所求得结构参数估计量是相等的。

八、对主分量法的评价

主分量法在联立模型结构方程的估计中，有其独特的优势，也有其固有的缺陷，对这一方法进行全面认识，有利于这种方法的正

确应用。

（1）当联立模型待估计结构方程的解释变量存在高度的线性相关，用其他方法又不便处理时，应用主分量法可以有效克服结构方程中解释变量的多重共线性，以削弱或消除因共线性问题对参数估计带来的不利影响。但是，如果待估计结构方程中解释变量存在高度的非线性相关（这是经常发生的），便不宜采用主分量法。

（2）主分量是人为构建的新变量，是原结构方程中解释变量的线性组合，没有特定的经济含义。用主分量建立的回归方程（如22-24式）无法给出明确的经济解释，有违计量经济模型中所有变量必须具有明确经济内涵的要求。这使主分量法在经济学的意义上存在缺陷。

（3）正确计算和有效检验添加数的估计量 $\hat{a}_{ij}$，对构建主分量极为关键。但现有的用于添加数估计量显著性检验的方法与规则，尚缺乏严格的科学证明，在一定程度上带有经验色彩，且在应用范围和条件上缺乏普适性。不同的检验方法与规则，还往往出现不同的结果，难于判断。

（4）用主分量法估计联立模型中的特定结构方程，应当保留多少个主分量才算相宜，虽然有一些确定的规则，但这些规则多属推测，缺乏严密的数学和统计学证明，存在一些缺陷。同时，对于同一研究对象，应用不同规则确定的主分量个数也不相同，使主分量个数的最终确定带有一定的随意性。

（5）用主分量法估计联立模型中的特定结构方程，所确定的主分量个数一般少于结构方程中解释变量的个数，使结构方程中变量的样本信息得不到充分的利用，因而不能保证主分量法的结构参数估计量比直接应用普通最小二乘法对原始结构方程的参数估计量更优。

（6）用待估计结构方程的解释变量构建主分量，既可用解释变量的原始观测值，也可以用它的离差，还可以用它的标准化值。很显然，解释变量的取值方法不同，所得到的主分量的值也必然是不同的，造成对主分量参数估计的不同结果，并最终影响结构参数的估计量。这表明，主分量法的结构参数估计值对待估计方程解释变量的取值方法和计量单位选择依赖性极强，使这一方法存在严重缺陷。

虽然主分量法在理论依据和方法论方面存在一些疑问，显得不够完美和精确，但当联立模型待估计结构方程解释变量的个数相对于样本观测数据的个数显得太多时，用其他计量经济学方法都无法对其进行估计，只有主分量法才能将结构方程中的解释变量的个数减少，并对结构参数进行估计。在这种场合，主分量法具有不可替代的特点，因为除此之外别无选择。

对于主分量个数少于结构方程解释变量个数造成的对样本信息利用不充分的问题，也应当全面权衡。主分量不是反映结构方程中某一个解释变量的变差，而是综合反映结构方程中所有解释变量的变差，从这个意义上讲，对样本信息的不充分利用可因此而得到一定程度的弥补。另外，有的学者（如 *G·B·Pidot*）还提出了将主分量与结构方程中的解释变量联合应用的补救办法。这一办法的基本思路是：将联立模型待估计结构方程中的解释变量分为两类，一类为重要解释变量，可以直接作为主分量；另一类为相对次要的解释变量，利用这类变量构建主分量；利用筛选出的重要解释变量和新构建的主分量，联合估计结构方程的参数。

第二十三章 联立模型单一方程估计法（四）

——有限信息极大似然法

有限信息极大似然法简称 *LIML* 方法，是对过度识别模型进行参数估计的单一方程方法，每次只能估计联立模型中一个方程的参数。这种方法是工具变量法的推广，也是以消除内生解释变量对参数估计的不利影响为取向的，因为内生解释变量与随机误差项相关，造成普通最小二乘法失效。这一方法又比工具变量法更为通用，因为它使用了联立模型中所有的前定变量，从而避免了只选择某一（某些）前定变量作工具变量所造成的随意性。这种方法与两段最小二乘法在某些方面有相似之处，二者都使用模型中所有的前定变量估计特定方程的结构参数，都不要求了解模型中其他方程的结构。

有限信息极大似然法是极大似然法的一种特例，这一联立模型参数估计的单一方程方法，是以极大似然法为基础的。

一、极大似然法

（一）极大似然法简介

极大似然法是由随机样本求总体参数估计量的一种统计方法。当从变量 Y 的总体（Y 所有可能的值）中随机抽取 m 个 Y 的观测值组成一个样本，则在任何随机抽取的样本中，样本的观测值都会以一定的概率出现。如果变量 Y 的总体参数（均值和方差）为已知，就可以根据 Y 的频率函数（Y 取某一特定值的概率函数），计算出观测值出现的概率。假设变量 Y 遵从于均值为 μ、方差 σ_Y^2 的正态分布，就可以根据正态曲线方程

$$f(Y_i) = \frac{1}{\sqrt{2\pi\sigma_Y^2}} \cdot exp\left[\frac{-1}{2}\left(\frac{Y_i-\mu}{\sigma_Y}\right)^2\right] \qquad (23-1)$$

求出 Y 取值为 Y_i 的概率。

如果变量 Y 的总体遵从于正态分布，但总体参数为未知，即均值 μ 和方差 σ_Y^2 是未知的，就可以从 Y 的总体中随机抽 m 个观测值作为一个样本，并利用这一样本求出总体参数 μ 和 σ_Y^2 的估计量。应用随机样本求总体参数的估计量有下述两种方法可供选择。

第一种方法，直接估计法。即根据样本观测数据直接计算样本的均值和方差，并将样本的均值和方差作为变量 Y 总体均值和方差的估计量。用数学公式表达即为

$$\mu = \overline{Y} = \left(\sum_{i=1}^{m} Y_i\right) / m \qquad (23-2)$$

$$\sigma_Y^2 = S_Y^2 = \left[\sum_{i=1}^{m} (Y_i - \overline{Y})^2\right] / m \qquad (23-3)$$

这一估计方法的基本假设是：m 个样本观测值是从变量 Y 的总体中随机抽取的，样本是总体的有效代表，具有与总体相同的统计特征，其均值与方差应当是总体参数的无偏估计量。

第二种方法，极大似然估计法。这一估计方法的基本思路是：对于变量 Y 的一个固定的随机样本，它可以由许多不同的样本正态总体所生成，每一个样本总体都有自己特定的参数（总体的均值与方差）；在这些可能产生固定样本的多个总体中，由于各自总体参数的差异，同时取得固定样本 m 个观测值的概率也不一样；通过对每个具有不同参数（均值与方差）的样本正态总体同时取得 m 个样本观测值的联合概率进行估计，能使这一联合概率达到最大的那个总体的参数 μ 和 σ_Y^2，就是要估计的参数。

考察任一变量 Y_i 的频率函数都可以发现，任何一个特定观测值 Y_i 出现的概率，将随变量频率函数参数值（均值与方差）的不同而不同。例如，若正态分布变量 Y 的参数为 μ（均值）和 σ_Y^2（方差），则 Y 取不同特定 Y_i 的概率将随 μ 和 σ_Y^2 的变化而发生改变，Y 同时取包含 m 个观测值的样本的概率亦会随 μ 和 σ_Y^2 的不同而不同。总体参数估计就是在 μ 和 σ_Y^2 的所有可能取值中，选取能

使所有样本观测值同时出现的概率最大的估计量，这一估计量能使每个样本观测值出现的个别概率所形成的联合概率达到最大。极大似然法就是在参数的所有可能的估计量中，选择那些使获得固定样本观测值的概率达到尽可能大的值。确定任一固定样本观测值的联合概率（总概率）的函数，称为变量 Y 的似然函数。似然函数的一般表达式为

$$L(Y_1,Y_2,\cdots,Y_m;\ Q_1,Q_2,\cdots,Q_k) \qquad (23-4)$$

其中，Y_1，Y_2，…，Y_m 是变量 Y 的一个固定样本的 m 个观测值，Q_1，Q_2，…，Q_k 是待估计的变量 Y 的总体参数。在 Y 遵从正态分布的情况下，似然函数的一般表达式为

$$L\ (Y_1,\ Y_2,\ \cdots,\ Y_m;\ \mu,\ \sigma_Y^2) \qquad (23-5)$$

由 23-5 式知，如果 $Y \sim N$ （μ，σ_Y^2），从 Y 的总体随机抽取一个含 m 个观测值的样本，其似然函数就是特定观测值 Y_1，Y_2，…，Y_m 的联合概率（总概率）

$$P(Y_1,Y_2,\cdots,Y_m)$$
$$=L(Y_1,Y_2,\cdots,Y_m;\ \mu,\sigma_Y^2) \qquad (23-6)$$

极大似然法就是似然函数的极大化过程，根据函数极大化的一般原理，函数的极大值就是该函数对于它的参数的一阶导数等于零的那个值。于是，只要取似然函数 23-6 式对 μ 和 σ_Y^2 的偏导数并使它们等于零，就可以求出未知的参数。这些参数的估计量，就是总体参数 μ 和 σ_Y^2 的极大似然估计量。

（二）极大似然法的工作步骤

应用极大似然法估计未知参数，一般分三步进行：

第一步，建立似然函数，由这一函数给出获取固定样本所有观测值的总概率；

第二步，取似然函数对所要估计的参数的偏导数，并令这些偏导数为零；

第三步，求解未知参数的偏导方程，求出极大似然估计量。

现用一例子说明极大似然法的应用程序。设变量 $Y \sim N$ （μ，σ_Y^2），其概率函数为正态曲线方程

$$f(Y_i) = \frac{1}{\sqrt{2\pi\sigma_Y^2}} \cdot exp\left[\frac{-1}{2}\left(\frac{Y_i - \mu}{\sigma_Y}\right)^2\right]$$

现在要从一个固定样本 Y_1，Y_2，…，Y_m 中求出参数μ 和σ_Y^2 的极大似然估计量。为此，首先从获取样本观测值的个别概率开始，建立似然函数（Y_1，Y_2，…，Y_m；μ；σ_Y^2），即有

$$f(Y_1) = \frac{1}{\sqrt{2\pi\sigma_Y^2}} \cdot exp\left[\frac{-1}{2}\left(\frac{Y_1 - \mu}{\sigma_Y}\right)^2\right]$$

$$f(Y_2) = \frac{1}{\sqrt{2\pi\sigma_Y^2}} \cdot exp\left[\frac{-1}{2}\left(\frac{Y_2 - \mu}{\sigma_Y}\right)^2\right]$$

$$\vdots \qquad\qquad \vdots$$

$$f(Y_m) = \frac{1}{\sqrt{2\pi\sigma_Y^2}} \cdot exp\left[\frac{-1}{2}\left(\frac{Y_m - \mu}{\sigma_Y}\right)^2\right]$$

由于固定样本中每一个观测值相互独立，所以获取样本所有观测值的总概率就是个别概率 $f(Y_1)$、$f(Y_2)$、…、$f(Y_m)$ 之积。因此，有下式成立

$$\begin{aligned} L &= f(Y_1, Y_2, \cdots, Y_m; \mu, \sigma_Y^2) \\ &= \prod_{i=1}^{m}\left\{\frac{1}{\sqrt{2\pi\sigma_Y^2}} \cdot exp\left[\frac{-1}{2}\left(\frac{Y_i - \mu}{\sigma_Y}\right)^2\right]\right\} \end{aligned} \qquad (23-7)$$

将 23－7 式展开，得一直观表达式

$$\begin{aligned} L = &\left\{\frac{1}{\sqrt{2\pi\sigma_Y^2}} \cdot exp\left[\frac{-1}{2}\left(\frac{Y_1 - \mu}{\sigma_Y}\right)^2\right]\right\} \cdot \\ &\left\{\frac{1}{\sqrt{2\pi\sigma_Y^2}} \cdot exp\left[\frac{-1}{2}\left(\frac{Y_2 - \mu}{\sigma_Y}\right)^2\right]\right\} \cdot \\ &\cdots \cdot \left\{\frac{1}{\sqrt{2\pi\sigma_Y^2}} \cdot exp\left[\frac{-1}{2}\left(\frac{Y_m - \mu}{\sigma_Y}\right)^2\right]\right\} \end{aligned} \qquad (23-8)$$

应用指数运算规则 $Y^a \cdot Y^b \cdot Y^c = Y^{(a+b+c)}$，23－8 式可简化为

$$L = \left(\frac{1}{\sqrt{2\pi\sigma_Y^2}}\right)^m \cdot exp\left[\frac{-1}{2}\sum_{i=1}^{m}\left(\frac{Y_i - \mu}{\sigma_Y}\right)^2\right] \qquad (23-9)$$

或表达为

$$L = (\sigma_Y\sqrt{2\pi})^{-m} \cdot exp\left[\frac{-1}{2}\sum_{i=1}^{m}\left(\frac{Y_i - \mu}{\sigma_Y}\right)^2\right] \qquad (23-10)$$

为方便求偏导，将似然函数用对数形式表示为

$$lnL = -mln\sigma_Y - mln\sqrt{2\pi} + \frac{-1}{2}\sum_{i=1}^{m}\left(\frac{Y_i-\mu}{\sigma_Y}\right)^2$$

$$= -mln\sigma_Y - mln\sqrt{2\pi} - \frac{\sigma_Y^{-2}}{2}\sum_{i=1}^{m}(Y_i-\mu)^2 \qquad (23-11)$$

因为 LnL 是 L 的单调函数，所以使 lnL 取得极大值的参数 μ 和 σ_Y^2，也必然能使 L 取得极大值。于是，用似然函数的对数形式对 μ 和 σ_Y^2 求偏导并令其为零，使似然函数的对数形式达到极大，即得

$$\begin{cases}\dfrac{\partial lnL}{\partial\sigma_Y} = \dfrac{-m}{\sigma_Y} + \sigma_Y^{-3}\sum\limits_{i=1}^{m}(Y_i-\mu)^2 = 0 & (23-12)\\[2ex] \dfrac{\partial lnL}{\partial\mu} = \dfrac{-\sigma_Y^{-2}}{2}\sum\limits_{i=1}^{m}\left[2(Y_i-\mu)^2\right] = 0 & (23-13)\end{cases}$$

解上面的联立方程组，可求出样本总体的参数估计量

$$\hat{\mu} = \left(\sum_{i=1}^{m}Y_i\right)/m \qquad (23-14)$$

$$\hat{\sigma}_Y^2 = \left[\sum_{i=1}^{m}(Y_i-\hat{\mu})^2\right]/m \qquad (23-15)$$

23－14 式与 23－15 式表明，一个正态总体的参数极大似然估计量，就是其样本的均值和方差。

从理论上讲，无论采用什么样的参数估计方法，所使用的样本资料的代表性越强，样本参数估计量就越接近真实总体参数。但在大多数情况下，总体是未知的，用特定样本所估计的参数接近真实总体参数的程度无法判别，亦即无法判别特定样本资料对真实总体的代表性。极大似然法试图解决随机样本对未知总体的代表性问题，它是统计推断的转化形式，但又与统计推断不同。在应用极大似然法时，要注意它与古典统计推断的两个主要区别：

第一，在古典统计推断中，假设从一个单一的总体中可以生成(抽取)大量的随机样本，生成的样本是随机的，可以用它来推断总体的固定参数。在这里，假定总体是单一的，总体参数是固定不变的；但在重复随机抽样情况下，单一总体能产生大量的随机样本，由不同

的随机样本可以得出总体参数不同的样本估计量。

第二，在应用极大似然法时，假定样本是固定不变的，但假设这一固定的样本可以由不同的总体所生成，而可能生成这一固定样本的不同总体都有各自不同的参数。在极大似然法中，采用的是固定样本，但假设这一固定样本来源于多个可供选择的不同总体，这些总体的参数各不相同，选择同时取得固定样本各观测值概率最大的总体参数，则该总体必然生成所采用的固定样本。

二、估计简单线性回归模型的极大似然法

对于一元线性回归模型

$$Y_i = b_0 + b_1 X_i \qquad + \qquad u_i \tag{23-16}$$

（非随机分量）　　（随机分量）

23－16 式的右边，前两项的和（$b_0 + b_1X_i$）为非随机分量，后一项 u_i 为随机分量，并设 $u \sim N$（0，σ_u^2），E（u_iu_j）＝0（$i \neq j$），X 为非随机变量。设有一个由 X 和 Y 的 m 个观测值组成的随机样本，求 b_0 和 b_1 的极大似然估计量。

由于随机误差项遵从均值为零，方差为 σ_u^2 的正态分布，故可以证明被解释变量 Y 遵从均值为（$b_0 + b_1X_i$），方差为 σ_u^2 的正态分布。即

$$Y_i \sim N\left[(b_0 + b_1X_i), \sigma_u^2\right]$$

应用极大似然法估计 23－16 式，其假定条件是：

第一，被解释变量 Y 的分布形式是已知的，特别假定 Y 遵从正态分布；

第二，样本必须是随机的，观测值 Y_i 与 Y_j（$i \neq j$）相互独立(若 u_i 与其他任何 u_j 无关，则 Y_i 与 Y_j 相互独立的假设是可以满足的)；

第三，任何一个随机样本，都是其所属总体的代表，特定随机样本仅产生单一的最可能的参数估计量，特别是对于小样本应满足这一要求。

在极大似然法的应用中，变量的正态性假定是极为重要的。而

在最小二乘法的应用中，参数估计不需要正态假定，只在参数估计量的显著性检验时才需要这一假定。

当 23－16 式满足上述三条假定时，便可建立变量 Y 的似然函数。对于 Y 的 m 个样本观测值，其联合概率为

$$L=f(Y_1, Y_2, \cdots, Y_m; b_0, b_1, \sigma_u^2)$$
$$=f(Y_1)\cdot f(Y_2)\cdot\cdots\cdot f(Y_m) \tag{23-17}$$

对于 23－16 式（对于任何一个用极大似然法估计的模型都一样），原先还假定其解释变量 X 为非随机变量。如果解释变量 X 为随机变量，只要 X 的分布与随机误差项 u 的分布相互独立，极大似然法的基本过程仍然相同。

在变量 Y 的一个特定样本中，每一个观测值 Y_i 的个别概率为

$$f(Y_i)=\frac{1}{\sqrt{2\pi\sigma_u^2}}\cdot exp\left\{\frac{-1}{2}\left[\frac{Y_i-(b_0+b_1X_i)}{\sigma_u}\right]^2\right\} \tag{23-18}$$

由于 Y_i 与 Y_j 独立（$i\neq j$），故变量 Y 的 m 个观测值的联合概率是各个个别概率的乘积。即

$$L=f(Y_1)\cdot f(Y_2)\cdot\cdots\cdot f(Y_m)$$
$$=\prod_{i=1}^{m}\frac{1}{\sqrt{2\pi\sigma_u^2}}\cdot exp\left\{\frac{-1}{2\sigma_u^2}[Y_i-(b_0+b_1X_i)]^2\right\} \tag{23-19}$$

依据指数运算规则，23－19 式又可写成

$$L=\left(\frac{1}{\sqrt{2\pi\sigma_u^2}}\right)^m\cdot exp\left\{\sum_{i=1}^{m}\left[\left(\frac{-1}{2\sigma_u^2}\right)(Y_i-b_0-b_1X_i)^2\right]\right\} \tag{23-20}$$

由于 σ_u^2 为固定常数，故 23－20 式还可表达为

$$L=\left(\frac{1}{\sqrt{2\pi\sigma_u^2}}\right)^m\cdot exp\left[\left(\frac{-1}{2\sigma_u^2}\right)\sum_{i=1}^{m}(Y_i-b_0-b_1X_i)^2\right] \tag{23-21}$$

23－21 式表明，L 为一个具有负指数的函数，这类函数的极大化，相当于其指数达到极小化。利用这一特点，可以使计算变得

更加便捷。于是，似然函数 L 的极大化问题，就是转化为其指数的极小化问题。设 b_0 和 b_1 的极大似然估计量分别为 b_0^* 及 b_1^*，在去掉 L 函数的指数中常数项（$-1/2\sigma_u^2$）后，只要使 $\sum_{i=1}^{m}(Y_i-b_0^*-b_1^*X_i)^2$ 达到极小，就能使似然函数 L 达到极大。即当

$$A=\sum_{i=1}^{m}(Y_i-b_0^*-b_1^*X_i)^2 \tag{23-22}$$

达到极小时，似然函数

$$L=\left(\frac{1}{\sqrt{2\pi\sigma_u^2}}\right)^m\cdot exp\left[\left(\frac{-1}{2\sigma_u^2}\right)\sum_{i=1}^{m}(Y_i-b_0^*-b_1^*X_i)^2\right] \tag{23-23}$$

达到极大。而23－22式取极小值的条件是它对 b_0^* 和 b_1^* 的偏导数等于零，据此，可得偏导方程组

$$\begin{cases}\partial\left[\sum_{i=1}^{m}(Y_i-b_0^*-b_1^*X_i)^2\right]/\partial b_0^*=0\\ \partial\left[\sum_{i=1}^{m}(Y_i-b_0^*-b_1^*X_i)^2\right]/\partial b_1^*=0\end{cases} \tag{23-24}$$

对23－24式进行计算，可得

$$\begin{cases}\sum_{i=1}^{m}Y_i=mb_0^*+b_1^*\sum_{i=1}^{m}X_i\\ \sum_{i=1}^{m}X_iY_i=b_0^*\sum_{i=1}^{m}X_i+b_1^*\sum_{i=1}^{m}X_i^2\end{cases} \tag{23-25}$$

解联立方程组23－25式，即可求出 b_0 和 b_1 的极大似然估计量 b_0^* 及 b_1^*。

从23－25式可看出，由似然函数极大化所导出的求解23－16式参数估计量的方程组，与用普通最小二乘法求解参数估计量的正规方程组相同。因此，参数的极大似然估计量 b_0^* 和 b_1^* 应当分别与最小二乘法估计量 $\hat{b}_0$ 和 $\hat{b}_1$ 相等。

极大似然法是在固定样本的多种可能的总体中进行选择，这一选择过程类似于将回归线反复移动到不同的位置。显然，每个不同的位置都意味着一组不同的 b 值（参数值），对于每一位置上相应的 b 值，都可以计算出特定样本观测值（Y_i）出现的概率。然后在回归线所有可能的位置中，选择其参数 b 能使变量 Y 的固定样

本的 m 个观测值的联合概率为最大的那个位置上的回归线。

极大似然法的应用一般需要大样本。对于小样本，线性回归模型的参数估计量是有偏误的，但却是一致和有效的。在极大似然法的应用中，假定变量遵从正态分布，这主要是为了计算上的方便。如果变量遵从其他分布形式，就会使计算变得非常困难。极大似然法对变量的正态分布假定，以及对任一特定随机样本是其总体代表的假定是很严格的，不能违背，对于小样本尤其如此。正因为这一原因，对单一方程模型一般用普通最小二乘法估计，而不用极大似然法估计。

三、变量变换与极大似然法

应用极大似然法估计模型的参数涉及较为复杂的计算，通过变量的变换可以使计算得到简化。在很多情况下，用极大似然法估计模型的参数，可以不用原始被解释变量 Y 的频率函数进行研究，而用与 Y 相联系的某个其他随机变量（例如随机误差项 u）的频率函数进行研究更为方便。只要知道这些随机变量之间的精确关系，就可以利用这种关系将一个随机变量变换为另一个随机变量，即可以将 Y 变换为 u，也可以将 u 变换为 Y。这一过程称为变量变换，变量变换提供了用一个随机变量代换另一个随机变量的方法。反映随机变量之间精确关系的函数称为变换函数，利用变换函数就可以将一个随机变量变换为一个随机变量。

（一）单一随机变量的变换

如果随机变量 Y 与另一随机变量 u 存在以下精确关系

$$Y=f\ (u)$$

且 u 的概率 $P\ (u_i)$ 为已知，便可以用下面的公式计算出 Y 的概率 $P\ (Y_i)$。即

$$P\ (Y_i)\ =P\ (u_i)\ \cdot\left|\frac{du}{dY}\right| \qquad (23-26)$$

其中，$P\ (Y_i)$ 为 Y 取值为 Y_i 的概率，$P\ (u_i)$ 为 u 取值为 u_i 的概率，$\left|\frac{du}{dY}\right|$ 为 u 解出的变换函数的导数，即 $u=f^{-1}\ (Y)$ 的导数，而 $f^{-1}\ (Y)$ 为 $f\ (Y)$ 的反函数。

（二）两个连带相关随机变量的变换

如果随机变量 Y_1 和 Y_2 是连带相关的，且它们之间的精确关系为

$$Y_1=f_1(u_1,\ Y_2) \tag{23-27}$$

$$Y_2=f_2(u_2,\ Y_1) \tag{23-28}$$

则据此可建立两个变换函数

$$Y_1=f_1(u_1,\ u_2) \tag{23-29}$$

$$Y_2=f_2(u_1,\ u_2) \tag{23-30}$$

当随机变量 Y_1 及 Y_2 样本观测值的个数为 m 时，它们取任何一个观测值的联合概率都可以用下式求得

$$P(Y_{i1},\ Y_{j2})=P(u_{i1},\ u_{j2})\cdot\left|\frac{\partial(u_1,\ u_2)}{\partial(Y_1,\ Y_2)}\right| \tag{23-31}$$

在 23－31 中，$P(Y_{i1},\ Y_{j2})$ 为 Y_1 和 Y_2 取任意两个值的联合概率，即 Y_1 取 Y_{i1}的同时 Y_2 取 Y_{j2}的概率；$P(u_{i1},\ u_{j2})$ 为 u_1 和 u_2 取任意两个值的联合概率，即 u_1 取 u_{i1}的同时 u_2 取 u_{j2}的概率；$\left|\frac{\partial(u_1,\ u_2)}{\partial(Y_1,\ Y_2)}\right|$为对 u 解出的变换函数的偏导数的雅可比（*Jacobian*）行列式，即 $u_1=f_1^{-1}(Y_1,\ Y_2)$ 和 $u_2=f_2^{-1}(Y_1,\ Y_2)$的偏导数的雅可比行列式。在该例中，两个连带相关的随机变量 Y 的雅可比行列式为

$$\left|\frac{\partial(u_1,\ u_2)}{\partial(Y_1,\ Y_2)}\right|=\begin{vmatrix}\frac{\partial(u_1)}{\partial(Y_1)} & \frac{\partial(u_1)}{\partial(Y_2)}\\ \frac{\partial(u_2)}{\partial(Y_1)} & \frac{\partial(u_2)}{\partial(Y_2)}\end{vmatrix} \tag{23-32}$$

雅可比（*Jacobian*）行列式一般用$|J|$表示。

（三）多个连带相关随机变量的变换

如果随机变量 Y_1，Y_2，…，Y_G 是连带相关的，且它们之间的精确关系为

$$Y_1=f_1(Y_2,\ Y_3,\ \cdots,\ Y_G;\ u_1)$$

$$Y_2 = f_2(Y_1, Y_3, \cdots, Y_G; u_2)$$
$$\vdots \qquad \vdots$$
$$Y_G = f_G(Y_1, Y_2, \cdots, Y_{G-1}; u_G)$$

则据此可建立 G 个变换函数

$$Y_1 = f_1(u_1, u_2, \cdots, u_G)$$
$$Y_2 = f_2(u_1, u_2, \cdots, u_G)$$
$$\vdots \qquad \vdots$$
$$Y_G = f_G(u_1, u_2, \cdots, u_G)$$

当随机变量 Y_1，Y_2，…，Y_G 各有 m 个样本观测值时，这 G 个随机变量取任意观测值的联合概率可用下式计算

$$P(Y_{i1}, Y_{j2}, \cdots, Y_{hG}) = P(u_{i1}, u_{j2}, \cdots, u_{hG}) \cdot \left| \frac{\partial(u_1, u_2, \cdots, u_G)}{\partial(Y_1, Y_2, \cdots, Y_G)} \right| \tag{23-33}$$

在 23-33 式中，$P(Y_{i1}, Y_{j2}, \cdots, Y_{hG})$ 为 G 个随机变量取任意值的联合概率，即 Y_1 取 Y_{i1}的同时 Y_2 取 Y_{j2}、直至 Y_G 取 Y_{hG}的概率；$P(u_{i1}, u_{j2}, \cdots, u_{hG})$ 为 G 个随机误差项取任意值的联合概率，即 u_1 取 u_{i1}的同时 u_2 取 u_{j2}、直至 u_G 取 u_{hG}的联合概率；若用$|J|$表示雅可比行列式 $\left| \frac{\partial(u_1, u_2, \cdots, u_G)}{\partial(Y_1, Y_2, \cdots, Y_G)} \right|$，该行列式为

$$|J| = \begin{vmatrix} \frac{\partial(u_1)}{\partial(Y_1)} & \frac{\partial(u_1)}{\partial(Y_2)} & \cdots & \frac{\partial(u_1)}{\partial(Y_G)} \\ \frac{\partial(u_2)}{\partial(Y_1)} & \frac{\partial(u_2)}{\partial(Y_2)} & \cdots & \frac{\partial(u_2)}{\partial(Y_G)} \\ \vdots & \vdots & & \vdots \\ \frac{\partial(u_G)}{\partial(Y_1)} & \frac{\partial(u_G)}{\partial(Y_2)} & \cdots & \frac{\partial(u_G)}{\partial(Y_G)} \end{vmatrix} \tag{23-34}$$

（四）变量变换在极大似然估计中的应用

在极大似然估计中，经常利用变量变换的规则简化计算过程。

现在用一元线性模型说明变量变换的应用。对于一元线性模型

$$Y_i = b_0 + b_1 X_i + u_i \tag{23-35}$$

在 23－35 式中，$u \sim N(0, \sigma_u^2)$（随机误差项 u 遵从均值为零，方差为 σ_u^2 的正态分布），$E(u_i u_j) = 0$（随机误差项 u 不存在序列相关），X 为非随机变量。当给定 X 和 Y 的 m 个样本观测值，可以求出参数 b_0 和 b_1 的极大似然估计量，并用变量变换过程加以实现。

对 23－35 式进行同解变换，可构造一个新的变换函数

$$u_i = Y_i - b_0 - b_1 X_i \tag{23-36}$$

由 23－36 式知，当给定样本观测值 (X_1, Y_1)，(X_2, Y_2)，…，(X_m, Y_m) 的情况下，u 的大小将取决于参数 b_0 和 b_1 的值，只要确定了 b_0 和 b_1 的值，也就确定了 u 的值。在参数 b_0 和 b_1 的所有可能取值中，选择能使给定样本观测值的似然函数为极大的一组。

为了求样本观测值的极大似然函数，从随机误差项 u 的似然函数开始比较方便，因为 $u \sim N(0, \sigma_u^2)$。对于变换函数 23－36 式，每一个 u_i 的概率为

$$P(u_1) = \frac{1}{\sigma_u \sqrt{2\pi}} \cdot exp\left[\frac{-1}{2}\left(\frac{u_1 - 0}{\sigma_u}\right)^2\right]$$

$$P(u_2) = \frac{1}{\sigma_u \sqrt{2\pi}} \cdot exp\left[\frac{-1}{2}\left(\frac{u_2 - 0}{\sigma_u}\right)^2\right]$$

$$\vdots \qquad \vdots$$

$$P(u_m) = \frac{1}{\sigma_u \sqrt{2\pi}} \cdot exp\left[\frac{-1}{2}\left(\frac{u_m - 0}{\sigma_u}\right)^2\right]$$

样本中 m 个随机误差项 u 的总概率（u 的似然函数）为

$$\begin{aligned} L^* &= P(u_1, u_2, \cdots, u_m) \\ &= \left(\frac{1}{\sigma_u \sqrt{2\pi}}\right)^m \cdot \left\{exp\left[\frac{-1}{2}\sum_{i=1}^{m}\left(\frac{u_i}{\sigma_u}\right)^2\right]\right\} \end{aligned} \tag{23-37}$$

由变量变换的规则，可得

$$P(Y_1, Y_2, \cdots, Y_m)$$

$$= P(u_1, u_2, \cdots, u_m) \cdot \left| \frac{\partial(u_1, u_2, \cdots, u_m)}{\partial(Y_1, Y_2, \cdots, Y_m)} \right| \tag{23-38}$$

根据 23－38 式，就可以利用随机误差项的似然函数求得 X 和 Y 所有观测值的总概率，即样本观测值的似然函数 L

$$L = L^* \cdot \left| \frac{\partial\ (u_i)}{\partial\ (Y_i)} \right|$$

$$= \left(\frac{1}{\sigma_u \sqrt{2\pi}} \right)^m \cdot \left\{ exp \left[\frac{-1}{2} \sum_{i=1}^{m} \left(\frac{u_i}{\sigma_u} \right)^2 \right] \right\} \cdot \left| \frac{\partial\ (u_i)}{\partial\ (Y_i)} \right| \tag{23-39}$$

对于一元线性模型，雅可比行列式 $|J|$ 主对角线上的导数是

$$\frac{\partial\ (u_1)}{\partial\ (Y_i)} = \frac{\partial\ (u_2)}{\partial\ (Y_2)} = \cdots = \frac{\partial\ (u_m)}{\partial\ (Y_m)} = 1$$

而 $|J|$ 非主对角线上的导数全为零，因此雅可比行列式的值等于 1。由此，似然函数 L 即变为

$$L = \left(\frac{1}{\sigma_u \sqrt{2\pi}} \right)^m \cdot exp \left[\frac{-1}{2} \sum_{i=1}^{m} \left(\frac{u_i}{\sigma_u} \right)^2 \right]$$

$$= \sigma_u^{-m} \cdot\ (\sqrt{2\pi})^{-m} \cdot exp \left[\frac{-1}{2\sigma_u^2} \sum_{i=1}^{m}\ (Y_i - b_0 - b_1 X_i)^2 \right] \tag{23-40}$$

为运算的方便，对 23－40 式两边同时取自然对数，得

$$ln\ (L) = -mln\ (\sigma_u) - \frac{m}{2} ln\ (2\pi)$$

$$- \frac{1}{2\sigma_u^2} \sum_{i=1}^{m}\ (Y_i - b_0 - b_1 X_i)^2 \tag{23-41}$$

在这一例子中，需要估计的参数为 σ_u、b_0 和 b_1，为求出它们的极大似然估计量，本应对 L 求偏导并令其为零，但因 $ln\ (L)$ 是 L 的单调函数，故可以通过对 $ln\ (L)$ 求偏导并令其为零，并由此得

$$\begin{cases}\dfrac{\partial[ln(L)]}{\partial(\sigma_u)}=\dfrac{-m}{\sigma_u}+\dfrac{1}{\sigma_u^2}\sum_{i=1}^{m}(Y_i-b_0-b_1X_i)^2=0\\ \dfrac{\partial[ln(L)]}{\partial(b_0)}=\dfrac{-1}{2\sigma_u^2}\sum_{i=1}^{m}[2(Y_i-b_0-b_1X_i)(-1)]=0\\ \dfrac{\partial[ln(L)]}{\partial(b_1)}=\dfrac{-1}{2\sigma_u^2}\sum_{i=1}^{m}[2(Y_i-b_0-b_1X_i)(-X)]=0\end{cases}\tag{23-42}$$

解联立方程组 23－42 式，即可得出 σ_u、b_0、b_1 的极大似然估计量。

详细分析 23－42 式，其后面的两个方程与普通最小二乘法的两个正规方程相同。这又一次证明，如果满足普通最小二乘法的基本假定，参数的普通最小二乘估计量与极大似然估计量是等同的。

四、有限信息极大似然法

（一）有限信息极大似然法的基本假定

应用有限信息极大似然法估计联立模型中某一特定方程的结构参数，必须满足以下五条基本假定：

第一，联立模型是过度识别的，适度识别的模型不能应用有限信息极大似然法进行估计；

第二，联立模型中待估计结构方程，仅包含整个模型中全部前定变量的一部分，而不能包含模型中所有的前定变量；

第三，联立模型中待估计结构方程，仅包含整个模型中全部内生变量的一部分，而不能包含模型中所有的内生变量；

第四，联立模型中所有的结构方程必须是线性的，每一个结构方程的随机误差项均遵从正态分布，且不存在序列相关的问题，各个结构方程的随机误差项可以是相互独立的，也可以是相关的；

第五，联立模型中所有的前定变量都是已知的，且测度是正确的。

当上述五个条件同时得到满足时，应用有限信息极大似然法对联立模型的结构方程进行估计，就能得到较为理想的结构参数估计量。如果上述五个条件不能得到同时满足，则不能应用有限信息极大似然法或应用效果不好。

（二）有限信息极大似然法的工作步骤

应用有限信息极大似然法对联立模型特定结构方程进行估计，具体操作分四步完成：

第一步，将特定结构方程的内生变量表达为整个模型中所有前定变量的函数。即建立特定结构方程中每一个内生变量的简化型方程，特定结构方程中有多少内生变量就建立多少个简化型方程。简化型方程的构建，是将内生变量直接表示为模型中所有前定变量的函数。

例如，有一个由三个内生变量（Y_1，Y_2，Y_3）和四个前定变量（X_1，X_2，X_3，X_4）组成的三个方程的联立模型，待估计的特定结构方程是

$$Y_1=\beta_2 Y_2+\gamma_1 X_1+\gamma_2 X_2+u_1 \qquad (23-43)$$

在 23 - 43 式中，Y 为内生变量，参数为 β；X 为前定变量，参数为 γ；u 为随机误差项，遵从正态分布，且不存在序列相关。按模型识别状态的判别规则，23 - 43 式是过度识别的。这一待估计特定结构方程包含两个内生变量 Y_1 和 Y_2，应当构建两个简化型方程

$$Y_1=\pi_{11}X_1+\pi_{12}X_2+\pi_{13}X_3+\pi_{14}X_4+\varepsilon_1 \qquad (23-44)$$

$$Y_2=\pi_{21}X_1+\pi_{22}X_2+\pi_{23}X_3+\pi_{24}X_4+\varepsilon_2 \qquad (23-45)$$

两个简化型方程的随机误差项 ε_1 和 ε_2 是联立模型所有结构方程随机误差项和结构参数的线性组合，具有与结构方程随机误差项相同的性质。如果联立模型中所有结构方程的随机误差项 u 均遵从正态分布、不存在序列相关，则简化型方程的随机误差项 ε 也同样具有这些性质。

第二步，对简化型方程施加约束，待估计特定结构方程是过度识别的，因此不能由简化型参数求出结构参数的惟一估计量。但当给某些参数施加一定的约束后，就可以得到结构参数的惟一估计量。为了给参数估计确定必要的约束条件，需要用待估计特定方程中内生变量的系数去乘对应的简化型方程，并将被解释变量的简化

型方程减去变换后的内生解释变量的简化型方程。在本例中，待估计结构方程的内生变量 Y_1 的系数为 1，Y_2 的系数为 β_2，对 Y_1 的简化型方程 23－44 式乘 1，得

$$Y_1 = \pi_{11}X_1 + \pi_{12}X_2 + \pi_{13}X_3 + \pi_{14}X_4 + \varepsilon_1 \qquad (23-46)$$

对 Y_2 的简化型方程 23－45 式乘 β_2，得

$$\beta_2 Y_2 = \beta_2\pi_{21}X_1 + \beta_2\pi_{22}X_2 + \beta_2\pi_{23}X_3 + \beta_2\pi_{24}X_4 + \beta_2\varepsilon_2 \qquad (23-47)$$

将 23－46 式减去 23－47 式，得

$$\begin{aligned} Y_1 - \beta_2 Y_2 = &(\pi_{11} - \beta_2\pi_{21})X_1 + (\pi_{12} - \beta_2\pi_{22})X_2 \\ &+ (\pi_{13} - \beta_2\pi_{23})X_3 + (\pi_{14} - \beta_2\pi_{24})X_4 \\ &+ (\varepsilon_1 - \beta_2\varepsilon_2) \end{aligned} \qquad (23-48)$$

对 23－48 式进行整理，得

$$\begin{aligned} Y_1 = &\beta_2 Y_2 + (\pi_{11} - \beta_2\pi_{21})X_1 + (\pi_{12} - \beta_2\pi_{22})X_2 \\ &+ (\pi_{13} - \beta_2\pi_{23})X_3 + (\pi_{14} - \beta_2\pi_{24})X_4 \\ &+ (\varepsilon_1 - \beta_2\varepsilon_2) \end{aligned} \qquad (23-49)$$

对于待估计结构方程 23－43 式，如果对未包含的前定变量 X_3 和 X_4 视为系数为零，则可将其表达为

$$Y_1 = \beta_2 Y_2 + \gamma_1 X_1 + \gamma_2 X_2 + OX_3 + OX_4 + u_1 \qquad (23-50)$$

对比 23－49 式和 23－50 式，各对应解释变量的参数应当相等，故有下列一组关系式成立

$$\begin{cases} \pi_{11} - \beta_2\pi_{21} = \gamma_1 \\ \pi_{12} - \beta_2\pi_{22} = \gamma_2 \\ \pi_{13} - \beta_2\pi_{23} = 0 \\ \pi_{14} - \beta_2\pi_{24} = 0 \end{cases} \qquad (23-51)$$

对于随机误差项，亦有

$$\varepsilon_1 - \beta_2\varepsilon_2 = u_1 \qquad (23-52)$$

23－51 式中反映结构参数与简化型参数之间必然成立的四个等式，实际上是对简化型方程组（23－44 式和 23－45 式）施加的约束条件。这些约束条件可以分为两大类：

第一类，反映简化型参数 π 与待估计特定结构方程（23－43

式）中明显出现的前定变量的参数 γ 之间的关系。有了这一类约束条件，可以使应用有限信息极大似然法求得的结构参数 γ 的估计量，与原始结构方程的参数和简化型方程的参数相一致。

第二类，反映待估计结构方程中“没有出现”的前定变量的参数。很显然，“没有出现”的前定变量的参数应当为零，用有限信息极大似然法求得的这些参数估计量也应当为零。

通过施加上述两类约束条件，就可以保障应用有限信息极大似然法求出过度识别模型待估计特定方程结构参数的惟一估计量。

第三步，建立简化型方程随机误差项的似然函数。为建立简化型方程随机误差项 ε 的似然函数，必须知道 ε 的分布形式。由于 ε 是待估计特定结构方程随机误差项 u 的线性组合，而 u 遵从正态分布，且不存在序列相关，故 ε 亦遵从正态分布，亦不存在序列相关。不过，不同简化型方程的随机误差项 ε 之间是可能相关的。在这种情况下，ε 的分布是连带相关变量的正态分布。在本例中，简化型方程 23－44 式和 23－45 式的随机误差项 ε_1 与 ε_2 的联合分布函数为

$$F(\varepsilon_1\varepsilon_2)=\left(\frac{1}{\sigma_1\sqrt{2\pi}}\right)\cdot\left(\frac{1}{\sigma_2\sqrt{2\pi}}\right)\cdot\left(\frac{1}{\sqrt{1-R^2}}\right)\cdot exp\left[\frac{-1}{2(1-R^2)}\left(\frac{\varepsilon_1^2}{\sigma_1^2}+\frac{\varepsilon_2^2}{\sigma_2^2}-\frac{2R\cdot\varepsilon_1\cdot\varepsilon_2}{\sigma_1\cdot\sigma_2}\right)\right] \tag{23-53}$$

对上式整理，得

$$F(\varepsilon_1\varepsilon_2)=\frac{1}{2\pi\cdot\sigma_1\cdot\sigma_2\sqrt{1-R^2}}\cdot exp\left[\frac{-1}{2(1-R^2)}\left(\frac{\varepsilon_1^2}{\sigma_1^2}+\frac{\varepsilon_2^2}{\sigma_2^2}-\frac{2R\cdot\varepsilon_1\cdot\varepsilon_2}{\sigma_1\cdot\sigma_2}\right)\right] \tag{23-54}$$

在 23－53 式和 23－54 式中，σ_1 和 σ_2 分别为 ε_1 和 ε_2 的标准差，R 为 ε_1 与 ε_2 的相关系数，π 为常数（$\pi=3.14$）。

23－54 式给出了 ε_1 取值 ε_{i1} 和 ε_2 取值 ε_{j2} 的联合概率。对于

一个给定的具有 m 个观测值的样本，ε_1 和 ε_2 都有 m 个值。因此，包含这一样本所有观测值的似然函数为

$$L=\left(\frac{1}{2\pi\cdot\sigma_1\cdot\sigma_2\sqrt{1-R^2}}\right)^m \cdot exp\left[\frac{-1}{2\ (1-R^2)}\sum_{i=1}^{m}\left(\frac{\varepsilon_{i1}^2}{\sigma_1^2}+\frac{\varepsilon_{i2}^2}{\sigma_2^2}-\frac{2R\cdot\varepsilon_{i1}\cdot\varepsilon_{i2}}{\sigma_1\cdot\sigma_2}\right)\right] \tag{23-55}$$

对 23－55 式取自然对数，得

$$ln(L)=-mln(2\pi)-mln(\sigma_1)-mln(\sigma_2)-\frac{m}{2}ln(1-R^2) -\frac{1}{2\ (1-R^2)}\sum_{i=1}^{m}\left(\frac{\varepsilon_{i1}^2}{\sigma_1^2}+\frac{\varepsilon_{i2}^2}{\sigma_2^2}-\frac{2R\cdot\varepsilon_{i1}\cdot\varepsilon_{i2}}{\sigma_1\cdot\sigma_2}\right) \tag{23-56}$$

由简化型方程 23－44 和 23－45 式可得

$$\varepsilon_1=Y_1-\sum_{j=1}^{4}\ (\pi_{1j}X_j) \tag{23-57}$$

$$\varepsilon_2=Y_2-\sum_{j=1}^{4}\ (\pi_{2j}X_j) \tag{23-58}$$

将 23－57 式和 23－58 式代入 23－56 式，得

$$ln(L)=-mln(2\pi)-mln(\sigma_1)-mln(\sigma_2)-\frac{m}{2}ln(1-R^2) -\frac{1}{2(1-R^2)}\sum_{i=1}^{m}\left[\frac{(Y_1-\sum_{j=1}^{4}\pi_{1j}X_j)^2}{\sigma_1^2}+\frac{(Y_2-\sum_{j=1}^{4}\pi_{2j}X_j)^2}{\sigma_2^2} -\frac{2R(Y_1-\sum_{j=1}^{4}\pi_{1j}X_j)(Y_2-\sum_{j=1}^{4}\pi_{2j}X_j)}{\sigma_1\cdot\sigma_2}\right] \tag{23-59}$$

23－59 式便是给定样本中所有 ε_{i1}和 ε_{j2}的似然函数的表达式。对于一个包含多个内生变量的待估计结构方程，其似然函数的表达式可以依此类型，只不过形式更为复杂。

第四步，使服从在第二步中对参数之间的关系施加的约束条件的简化型模型似然函数达到极大。这就归结为约束函数的极大化问题，所涉及的数学问题就是使简化型模型随机误差项的似然函数达到极大，并且这些随机误差项要服从对待估计结构方程所施加的约束条件。有限信息极大似然估计量就是使似然函数达到极大，同时

能满足对参数所施加的约束条件的结构参数估计值。在本例中，即在满足约束条件 23－51 式的情况下，使 23－55 式达到极大。由于 23－59 式是 23－55 式的单调函数，故可以将约束函数的极大化问题转换为：在满足约束条件 23－51 式的情况下，使 23－59 式达到极大。

五、有限信息极大似然参数的估计

在有限信息极大似然法的应用中，最后一步需要对施加一组约束条件的似然函数求极大值，并以此获得结构参数估计量。求解约束函数极为复杂，下面介绍一种比较简单的方法，即有限信息极大似然——方差比方法。这一方法的应用分六步进行，仍以上面的 23－43 式为例，说明这一方法的应用。

第一步，将联立模型待估计结构方程中的内生变量的项集中到方程的左边，方程的右边仅保留前定变量的项和随机误差项。对于 23－43 式，即为

$$\beta_1 Y_1 - \beta_2 Y_2 = \gamma_1 X_1 + \gamma_2 X_2 + u_1 \qquad (23-60)$$

在 23－60 式中，虽然 $\beta_1 = 1$，但为了表示一般情况，仍然在分析时需要保留。如果估计的为联立模型中的第 j 个结构方程，则内生变量 Y_j 的参数 $\beta_j = 1$。

第二步，建立待估计结构方程中出现的内生变量对联立模型所有前定变量的简化型方程。即将待估计结构方程中的每一个内生变量，表示为联立模型中所有前定变量的函数。在本例中，待估计结构方程 23－43 式有两个内生变量（Y_1 和 Y_2），而联立模型中的前定变量有四个（X_1、X_2、X_3、X_4），所以应建立的两个简化型方程为

$$Y_1 = \pi_{11} X_1 + \pi_{12} X_2 + \pi_{13} X_3 + \pi_{14} X_4 + \varepsilon_1 \qquad (23-61)$$

$$Y_2 = \pi_{21} X_1 + \pi_{22} X_2 + \pi_{23} X_3 + \pi_{24} X_4 + \varepsilon_2 \qquad (23-62)$$

在 23－61 式和 23－62 式中，随机误差项 ε_1 和 ε_2 为联立模型结构方程随机误差项 u 的线性组合，而 u 与前定变量 X 相互独立，所以 ε_1 和 ε_2 也与前定变量 X 不相关。因此，可以应用普通

最小二乘法分别对 23－61 式和 23－62 式进行估计，求出 ε_1 和 ε_2 的估计量 $\hat{\varepsilon}_1$ 和 $\hat{\varepsilon}_2$。

将 23－61 式两边同乘 β_1，23－62 式两边同乘 β_2，并将所得结果相加，可得

$$\begin{aligned}\beta_1 Y_1+\beta_2 Y_2 &= \beta_1(\pi_{11}X_1+\pi_{12}X_2+\pi_{13}X_3+\pi_{14}X_4)\\ &\quad+\beta_2(\pi_{21}X_1+\pi_{22}X_2+\pi_{23}X_3+\pi_{24}X_4)\\ &\quad+(\beta_1\varepsilon_1+\beta_2\varepsilon_2)\end{aligned} \tag{23-63}$$

在 23－63 式中，随机误差项为（$\beta_1\varepsilon_1+\beta_2\varepsilon_2$），内生变量 Y_1 和 Y_2 在除去模型所有前定变量的影响之后，未被解释的变差应为这一随机误差项的平方和。即

$$\sum_{i=1}^{m}(\beta_1\varepsilon_{i1}+\beta_2\varepsilon_{i2})^2=\sum_{i=1}^{m}(\beta_1^2\varepsilon_{i1}^2+\beta_2^2\varepsilon_{i2}^2+2\beta_1\beta_2\varepsilon_{i1}\varepsilon_{i2}) \tag{23-64}$$

或表达为

$$\begin{pmatrix}\text{所有前定变量 } X \text{ 对内生变}\\ \text{量 } Y_1 \text{ 和 } Y_2 \text{ 未解释的变差}\end{pmatrix}=\beta_1^2\sum_{i=1}^{m}\varepsilon_{i1}^2+\beta_2^2\sum_{i=1}^{m}\varepsilon_{i2}^2+2\beta_1\beta_2\sum_{i=1}^{m}\varepsilon_{i1}\varepsilon_{i2} \tag{23-65}$$

变换后的简化型模型 23－63 式中，未被前定变量 X 解释的内生变量 Y 的变差称为剩余变差（又称剩余方差），这一剩余变差可以由简化型方程来估计。只要将 ε_1 和 ε_2 的估计量 $\hat{\varepsilon}_1$ 及 $\hat{\varepsilon}_2$ 代入剩余变差的表达式（23－65 式）中，即可估计出剩余变差的值。即

$$\begin{pmatrix}\text{所有前定变量 } X \text{ 对内生变}\\ \text{量 } Y_1 \text{ 和 } Y_2 \text{ 未解释的变差}\end{pmatrix}=\beta_1^2\sum_{i=1}^{m}\hat{\varepsilon}_{i1}^2+\beta_2^2\sum_{i=1}^{m}\hat{\varepsilon}_{i2}^2+2\beta_1\beta_2\sum_{i=1}^{m}\hat{\varepsilon}_{i1}\hat{\varepsilon}_{i2} \tag{23-66}$$

第三步，建立待估计结构方程中出现的内生变量对该方程中包含的前定变量的简化型方程。在本例中，待估计结构方程 23－43 式有两个内生变量（Y_1 和 Y_2），有两个前定变量（X_1 和 X_2），故应建立的两个简化型方程为

$$Y_1=\pi_{11}^{*}X_1+\pi_{12}^{*}X_2+v_1 \tag{23-67}$$

$$Y_2 = \pi_{21}^* X_1 + \pi_{22}^* X_2 + v_2 \tag{23-68}$$

与简化型方程 23－61 式和 23－62 式的随机误差项 ε 相类似，23－67 式和 23－68 式的随机误差项 v 与前定变量 X_1 和 X_2 不相关。因此，可以应用普通最小二乘法对 23－67 式和 23－68 式进行估计，求出 v_1 和 v_2 的估计量 $\hat{v}_1$ 和 $\hat{v}_2$。

对 23－67 式两边同乘 β_1，对 23－68 式两边同乘 β_2，并将所得结果相加，可得

$$\beta_1 Y_1 + \beta_2 Y_2 = \beta_1(\pi_{11}^* X_1 + \pi_{12}^* X_2) + \beta_2(\pi_{21}^* X_1 + \pi_{22}^* X_2) + (\beta_1 v_1 + \beta_2 v_2) \tag{23-69}$$

在 23－69 式中，随机误差项为（$\beta_1 v_1 + \beta_2 v_2$），内生变量 Y_1 和 Y_2 在除去待估计结构方程中包含的前定变量（X_1 及 X_2）的影响之后，未被解释的变差应为这一随机误差项的平方和。即

$$\sum_{i=1}^{m}(\beta_1 v_{i1} + \beta_2 v_{i2})^2 = \beta_1^2 \sum_{i=1}^{m} v_{i1}^2 + \beta_2^2 \sum_{i=1}^{m} v_{i2}^2 + 2\beta_1\beta_2 \sum_{i=1}^{m} v_{i1} v_{i2} \tag{23-70}$$

23－70 式中的随机误差项 v_1 和 v_2 可以用它们的简化型估计量 $\hat{v}_1$ 和 $\hat{v}_2$ 来替代。因此，在待估计结构方程中用仅包含在该方程中的前定变量 X（即 X_1 和 X_2）对内生变量 Y（即 Y_1 和 Y_2）未解释的变差为

$$\begin{pmatrix}\text{本方程包含的前定变量 } X \text{ 对内生} \\ \text{变量 } Y_1 \text{ 和 } Y_2 \text{ 未解释的变差}\end{pmatrix} = \beta_1^2 \sum_{i=1}^{m} \hat{v}_{i1}^2 + \beta_2^2 \sum_{i=1}^{m} \hat{v}_{i2}^2 + 2\beta_1\beta_2 \sum_{i=1}^{m} \hat{v}_{i1} \hat{v}_{i2} \tag{23-71}$$

应当指出，23－69 式未被前定变量解释的内生变量的变差大于 23－63 式未被前定变量解释的内生变量的变差，即 23－71 式大于 23－66 式。这是因为 23－63 式中包含了联立模型所有的前定变量，该简化型方程中的解释变量个数多（共 4 个），而 23－69 式中仅包含了待估计结构方程中的前定变量，这一简化型方程中的解释变量个数较少（仅 2 个），很显然，方程中包含的相关解释变量越

多，对被解释变量变差的解释功能就越强，被解释变量的剩余变差就越小。

第四步，计算两个未被解释的内生变量变差（方差）比。令未被前定变量解释的内生变量变差（方差）中较大者为分子，较小者为分母，求其比值。这一比值称之为“未解释方差比”，通常用 l 表示。l 的表达式为

$$l=\frac{\text{使用待估计结构方程包含的前定变量 } X \text{ 的剩余变差}}{\text{使用联立模型中所有前定变量的剩余变差}}$$

在本例中，未解释方差比 l 应当为

$$l=\frac{\beta_1^2\sum_{i=1}^{m}\hat{v}_{i1}^2+\beta_2^2\sum_{i=1}^{m}\hat{v}_{i2}^2+2\beta_1\beta_2\sum_{i=1}^{m}\hat{v}_{i1}\hat{v}_{i2}}{\beta_1^2\sum_{i=1}^{m}\hat{\varepsilon}_{i1}^2+\beta_2^2\sum_{i=1}^{m}\hat{\varepsilon}_{i2}^2+2\beta_1\beta_2\sum_{i=1}^{m}\hat{\varepsilon}_{i1}\hat{\varepsilon}_{i2}} \tag{23-72}$$

第五步，求可使未解释方差比 l 达到极小的 β 估计量。使未解释方差比 l 达到极小的 β 估计量 β^* 称为最小方差比估计量。这种方法的合理性很容易从直观上说明：当选择了 β 恰当的估计量 β^* 时，可使内生变量 Y_1 和 Y_2 的总变差由待估计结构方程包含的前定变量（本例中为 X_1、X_2）解释，与用联立模型中所有前定变量（本例中为 X_1、X_2、X_3、X_4）解释，几乎会达到同样的效果。

为了使剩余方差比 l 达到极小，用 l 对参数 β 求偏导并令其为零。在本例中即为

$$\begin{cases}\partial(l)/\partial(\beta_1)=0\\ \partial(l)/\partial(\beta_2)=0\end{cases}$$

若令 23－72 式中的分子为 C，分母为 D，则有

$$\beta_1^2\sum_{i=1}^{m}\hat{v}_{i1}^2+\beta_2^2\sum_{i=1}^{m}\hat{v}_{i2}^2+2\beta_1\beta_2\sum_{i=1}^{m}\hat{v}_{i1}\hat{v}_{i2}=C$$

$$\beta_1^2\sum_{i=1}^{m}\hat{\varepsilon}_{i1}^2+\beta_2^2\sum_{i=1}^{m}\hat{\varepsilon}_{i2}^2+\beta_1\beta_2\sum_{i=1}^{m}\hat{\varepsilon}_{i1}\hat{\varepsilon}_{i2}=D$$

$$l=C/D$$

经用 l 对 β_1 和 β_2 求偏导、对偏导方程进行整理并令其为零，可得

$$\begin{cases}\beta_1(D\sum_{i=1}^{m}\hat{v}_{i1}^2-C\sum_{i=1}^{m}\hat{\varepsilon}_{i1}^2)+\beta_2(D\sum_{i=1}^{m}\hat{v}_{i1}\hat{v}_{i2}-C\sum_{i=1}^{m}\hat{\varepsilon}_{i1}\hat{\varepsilon}_{i2})=0\\ \beta_1(D\sum_{i=1}^{m}\hat{v}_{i1}\hat{v}_{i2}-C\sum_{i=1}^{m}\hat{\varepsilon}_{i1}\hat{\varepsilon}_{i2})+\beta_2(D\sum_{i=1}^{m}\hat{v}_{i2}^2-C\sum_{i=1}^{m}\hat{\varepsilon}_{i2}^2)=0\end{cases}$$

(23－73)

对 23－73 式中两个方程的两边同时除以 D，并重新整理得

$$\begin{cases}\beta_1(\sum_{i=1}^{m}\hat{v}_{i1}^2-l\sum_{i=1}^{m}\hat{\varepsilon}_{i1}^2)+\beta_2(\sum_{i=1}^{m}\hat{v}_{i1}\hat{v}_{i2}-l\sum_{i=1}^{m}\hat{\varepsilon}_{i1}\hat{\varepsilon}_{i2})=0\\ \beta_1(\sum_{i=1}^{m}\hat{v}_{i1}\hat{v}_{i2}-l\sum_{i=1}^{m}\hat{\varepsilon}_{i1}\hat{\varepsilon}_{i2})+\beta_2(\sum_{i=1}^{m}\hat{v}_{i2}^2-l\sum_{i=1}^{m}\hat{\varepsilon}_{i2}^2)=0\end{cases}$$

(23－74)

对于联立方程组 23－74 式，只有在以下两种情况下才可以成立：

第一种情况，$\beta_1=\beta_2=0$。但对于待估计结构方程 23－60 式，参数 β_1 和 β_2 均不得为零。若出现 $\beta_1=\beta_2=0$，便会造成待估计结构方程的被解释变量与解释变量无关。因此，这种情况不应该出现。

第二种情况，23－74 式两个方程左边括号内各项组成的行列式为零，即

$$\begin{vmatrix}(\sum_{i=1}^{m}\hat{v}_{i1}^2-l\sum_{i=1}^{m}\hat{\varepsilon}_{i1}^2) & (\sum_{i=1}^{m}\hat{v}_{i1}\hat{v}_{i2}-l\sum_{i=1}^{m}\hat{\varepsilon}_{i1}\hat{\varepsilon}_{i2})\\ (\sum_{i=1}^{m}\hat{v}_{i1}\hat{v}_{i2}-l\sum_{i=1}^{m}\hat{\varepsilon}_{i1}\hat{\varepsilon}_{i2}) & (\sum_{i=1}^{m}\hat{v}_{i2}^2-l\sum_{i=1}^{m}\hat{\varepsilon}_{i2}^2)\end{vmatrix}=0$$

(23－75)

很显然，在这一情况下才可能求出 β 的估计量。将 23－75 式左边的行列式展开，得

$$(\sum_{i=1}^{m}\hat{v}_{i1}^2-l\sum_{i=1}^{m}\hat{\varepsilon}_{i1}^2)(\sum_{i=1}^{m}\hat{v}_{i2}^2-l\sum_{i=1}^{m}\hat{\varepsilon}_{i2}^2)-(\sum_{i=1}^{m}\hat{v}_{i1}\hat{v}_{i2}-l\sum_{i=1}^{m}\hat{\varepsilon}_{i1}\hat{\varepsilon}_{i2}^2)^2=0 \quad (23-76)$$

将 23－76 式展开，就产生了用 l 表示的一元二次方程，即

$$Al^2+Bl+N=0 \quad (23-77)$$

在 23－77 式中，A、B、N 为 $\hat{\varepsilon}$ 和 $\hat{v}$ 的代数和，它们分别为

$$A=(\sum_{i=1}^{m}\hat{\varepsilon}_{i1}^{2})\cdot(\sum_{i=1}^{m}\hat{\varepsilon}_{i2}^{2})-(\sum_{i=1}^{m}\hat{\varepsilon}_{i1}\hat{\varepsilon}_{i2})^{2}$$

$$B=2(\sum_{i=1}^{m}\hat{v}_{i1}\hat{v}_{i2})\cdot(\sum_{i=1}^{m}\hat{\varepsilon}_{i1}\hat{\varepsilon}_{i2})-(\sum_{i=1}^{m}\hat{v}_{i1}^{2})(\sum_{i=1}^{m}\hat{\varepsilon}_{i2}^{2})-(\sum_{i=1}^{m}\hat{v}_{i2}^{2})(\sum_{i=1}^{m}\hat{\varepsilon}_{i1}^{2})$$

$$N=(\sum_{i=1}^{m}\hat{v}_{i1}^{2})\cdot(\sum_{i=1}^{m}\hat{v}_{i2}^{2})-(\sum_{i=1}^{m}\hat{v}_{i1}\hat{v}_{i2})^{2}$$

将 A、B、N 的值代入 23－77 式并求解，可求出 l 的两个值。显然，应从求得的 l 的两个值中选取最小者作为 l 的值，因为这一过程的目的是求最小方差比。再将求出的 l 值及 $\beta_1=1$ 代入偏导方程

$$\beta_1(\sum_{i=1}^{m}\hat{v}_{i1}^{2}-l\sum_{i=1}^{m}\hat{\varepsilon}_{i1}^{2})+\beta_2\ (\sum_{i=1}^{m}\hat{v}_{i1}\hat{v}_{i2}-l\sum_{i=1}^{m}\hat{\varepsilon}_{i1}\hat{\varepsilon}_{i2})\ =0 \quad (23-78)$$

或偏导方程

$$\beta_1(\sum_{i=1}^{m}\hat{v}_{i1}\hat{v}_{i2}-l\sum_{i=1}^{m}\hat{\varepsilon}_{i1}\hat{\varepsilon}_{i2})+\beta_2(\sum_{i=1}^{m}\hat{v}_{i2}^{2}-l\sum_{i=1}^{m}\hat{\varepsilon}_{i2}^{2})=0 \quad (23-79)$$

中，便可求出 β_2 的最小方差比估计量 β_2^*。

第六步，求待估计结构方程前定变量参数 γ 的估计量。为了求联立模型待估计结构方程前定变量参数 γ 的估计量，将内生解释变量参数 β 的最小方差比估计量 β^* 代入该结构方程中，并将这一方程内生解释变量的各项由右边移至左边，对所得到的新的表达式应用普通最小二乘法进行估计。在本例中，就是对

$$Y_1-\beta_2^* Y_2=\gamma_1^* X_1+\gamma_2^* X_2+u^* \quad (23-80)$$

应用普通最小二乘法进行估计，即可求出 23－43 式前定变量 X_1 和 X_2 的结构参数 γ_1、γ_2 的最小方差比估计量 γ_1^* 和 γ_2^*。

可以再从数学上证明，联立模型待估计结构方程参数的最小方差比估计量 β^* 与 γ^* 与有限信息极大似然估计量相等。还可以证明，有限信息极大似然函数可以简化为如下形式

$$L=-\frac{1}{2}ln\ (l) \tag{23-81}$$

对于 23－81 式，当剩余方差比 l 达到极小时，似然函数 L 应该达到极大。因此，有限信息极大似然法简化为剩余方差比 l 的极小化，最小方差比估计量与有限信息极大似然估计量相等。

六、有限信息极大似然——方差比方法的推广

上面所介绍的有限信息极大似然——方差比方法，可以直接推广到联立模型中包含多个内生解释变量和多个前定解释变量的结构方程的参数估计。

假设在一个包含 G 个内生变量、k 个前定变量的过度识别的联立模型中，待估计的结构方程表达式为

$$\begin{aligned} Y_1=&\beta_2Y_2+\beta_3Y_3+\cdots+\beta_hY_h \\ &+\gamma_1X_1+\gamma_2X_2+\cdots+\gamma_jX_j+u_1 \end{aligned} \tag{23-82}$$

在 23－82 式中，Y 为内生变量，X 为前定变量，u 为随机误差项，u 满足均值为零、齐性方差、不存在序列相关、与前定变量不相关的条件，且 $h<G$，$j<k$。对该结构方程可以应用有限信息极大似然—方差比方法进行估计，具体工作分五步进行：

第一步，将待估计结构方程中包含的 h 个内生变量均表示为整个联立模型中所有前定变量的函数。即建立待估计结构方程中内生变量的简化型方程

$$\begin{matrix} Y_1=\pi_{11}X_1+\pi_{12}X_2+\cdots+\pi_{1k}X_k+\varepsilon_1 \\ Y_2=\pi_{21}X_1+\pi_{22}X_2+\cdots+\pi_{2k}X_k+\varepsilon_2 \\ \vdots \quad\quad \vdots \quad\quad \vdots \quad\quad\quad\quad \vdots \quad\quad \vdots \\ Y_h=\pi_{h1}X_1+\pi_{h2}X_2+\cdots+\pi_{hk}X_k+\varepsilon_h \end{matrix} \tag{23-83}$$

若联立模型中变量的样本观测数据为 m，则可利用样本资料应用普通最小二乘法对23－83式中的每个简化型方程分别进行估计，求出随机误差项 ε 的估计量 $\hat{\varepsilon}_1,\hat{\varepsilon}_2,\cdots,\hat{\varepsilon}_h$。再用 $\beta_1,\beta_2,\cdots,\beta_h$ 分别乘23－83式中对应的简化型方程，并对其进行加总，可得

$$\beta_1Y_1+\beta_2Y_2+\cdots+\beta_hY_h$$

$$= \beta_1 (\pi_{11}X_1 + \pi_{12}X_2 + \cdots + \pi_{1k}X_k)$$
$$+ \beta_2 (\pi_{21}X_1 + \pi_{22}X_2 + \cdots + \pi_{2k}X_k)$$
$$+ \cdots + \beta_h (\pi_{h1}X_1 + \pi_{h2}X_2 + \cdots + \pi_{hk}X_k)$$
$$+ (\beta_1\varepsilon_1 + \beta_2\varepsilon_2 + \cdots + \beta_h\varepsilon_h) \qquad (23-84)$$

从 23－84 式可看出，使用联立模型中所有前定变量 X（共有 k 个）拟合简化型方程时，待估计结构方程包含的内生变量 Y（有 h 个）的剩余变差（未被 k 个前定变量 X 解释的变差）为

$$\begin{pmatrix}\text{使用联立模型中所有前定}\\ \text{变量时 } Y \text{ 的剩余变差}\end{pmatrix} = \sum_{i=1}^{m} (\beta_1\hat{\varepsilon}_{i1} + \beta_2\hat{\varepsilon}_{i2} + \cdots + \beta_h\hat{\varepsilon}_{ih})^2 \qquad (23-85)$$

第二步，将待估计结构方程中包含的 h 个内生变量均表示为该方程中前定变量的函数。即将待估计结构方程中的内生变量表示为该方程包含的前定变量的函数

$$Y_1 = \pi_{11}^*X_1 + \pi_{12}^*X_2 + \cdots + \pi_{1j}^*X_j + v_1$$
$$Y_2 = \pi_{21}^*X_1 + \pi_{22}^*X_2 + \cdots + \pi_{2j}^*X_j + v_2$$
$$\vdots \qquad \vdots \qquad \vdots \qquad \qquad \vdots \qquad \vdots$$
$$Y_h = \pi_{h1}^*X_1 + \pi_{h2}^*X_2 + \cdots + \pi_{hj}^*X_j + v_h$$
$$(j<k) \qquad (23-86)$$

应用普通最小二乘法对 23－86 式中的每一个简化型方程分别进行估计，求出随机误差项 v 的估计量 $\hat{v}$。再用 β_1，β_2，…，β_h 分别乘 23－86 式中对应的简化型方程，并对其进行加总，可得

$$\beta_1 Y_1 + \beta_2 Y_2 + \cdots + \beta_h Y_h$$
$$= \beta_1 (\pi_{11}^*X_1 + \pi_{12}^*X_2 + \cdots + \pi_{1j}^*X_j)$$
$$+ \beta_2 (\pi_{21}^*X_1 + \pi_{22}^*X_2 + \cdots + \pi_{2j}^*X_j)$$
$$+ \cdots + \beta_h (\pi_{h1}^*X_1 + \pi_{h2}^*X_2 + \cdots + \pi_{hj}^*X_j)$$
$$+ (\beta_1 v_1 + \beta_2 v_2 + \cdots + \beta_h v_h) \qquad (23-87)$$

由 23－87 式知，使用待估计结构方程中的前定变量（有 j 个）拟合简化型方程时，该方程包含的内生变量 Y（有 h 个）的剩余变量（未被 j 个前定变量 X 解释的变差）为

$$\begin{pmatrix}\text{使用待估计结构方程中前定}\\ \text{变量时 } Y \text{ 的剩余变差}\end{pmatrix} = \sum_{i=1}^{m}(\beta_1\hat{v}_{i1}+\beta_2\hat{v}_{i2}+\cdots+\beta_h\hat{v}_{ih})^2 \qquad (23-88)$$

第三步，计算最小方差比。为此，需要求出两个未解释方差（剩余变差）的比值，其表达式为

$$l=\frac{\sum_{i=1}^{m}(\beta_1\hat{v}_{i1}+\beta_2\hat{v}_{i2}+\cdots+\beta_h\hat{v}_{ih})^2}{\sum_{i=1}^{m}(\beta_1\hat{\varepsilon}_{i1}+\beta_2\hat{\varepsilon}_{i2}+\cdots+\beta_h\hat{\varepsilon}_{ih})^2} \qquad (23-89)$$

为了求剩余方差比 l 的极小值，用 l 分别对 β_1，β_2，…，β_h 求偏导并令其为零，可得到 h 个偏导方程组成的联立方程组

$$\begin{cases}\beta_1(\sum_{i=1}^{m}\hat{v}_{i1}^2-l\sum_{i=1}^{m}\hat{\varepsilon}_{i1}^2)+\beta_2(\sum_{i=1}^{m}\hat{v}_{i1}\hat{v}_{i2}-l\sum_{i=1}^{m}\hat{\varepsilon}_{i1}\hat{\varepsilon}_{i2})\\ \qquad +\cdots+\beta_h(\sum_{i=1}^{m}\hat{v}_{i1}\hat{v}_{ih}-l\sum_{i=1}^{m}\hat{\varepsilon}_{i1}\hat{\varepsilon}_{ih})=0\\ \beta_2(\sum_{i=1}^{m}\hat{v}_{i1}\hat{v}_{i2}-l\sum_{i=1}^{m}\hat{\varepsilon}_{i1}\hat{\varepsilon}_{i2})+\beta_2(\sum_{i=1}^{m}\hat{v}_{i2}^2-l\sum_{i=1}^{m}\hat{\varepsilon}_{i2}^2)\\ \qquad +\cdots+\beta_h(\sum_{i=1}^{m}\hat{v}_{i2}\hat{v}_{ih}-l\sum_{i=1}^{m}\hat{\varepsilon}_{i2}\hat{\varepsilon}_{ih})=0\\ \quad\vdots \qquad \vdots \qquad\qquad \vdots \qquad\qquad \vdots\\ \beta_h(\sum_{i=1}^{m}\hat{v}_{i1}\hat{v}_{ih}-l\sum_{i=1}^{m}\hat{\varepsilon}_{i1}\hat{\varepsilon}_{ih})+\beta_2(\sum_{i=1}^{m}\hat{v}_{i2}\hat{v}_{ih}-l\sum_{i=1}^{m}\hat{\varepsilon}_{i2}\hat{\varepsilon}_{ih})\\ \qquad +\cdots+\beta_h(\sum_{i=1}^{m}\hat{v}_{ih}^2-l\sum_{i=1}^{m}\hat{\varepsilon}_{ih}^2)=0\end{cases} \qquad (23-90)$$

将上面联立方程组中各方程左边括号内的有关项组成一个行列式 $|A|$，则 $|A|$ 为

$$\begin{vmatrix}(\sum_{i=1}^{m}\hat{v}_{i1}^2-l\sum_{i=1}^{m}\hat{\varepsilon}_{i1}^2) & (\sum_{i=1}^{m}\hat{v}_{i1}\hat{v}_{i2}-l\sum_{i=1}^{m}\hat{\varepsilon}_{i1}\hat{\varepsilon}_{i2}) & \cdots & (\sum_{i=1}^{m}\hat{v}_{i1}\hat{v}_{ih}-l\sum_{i=1}^{m}\hat{\varepsilon}_{i1}\hat{\varepsilon}_{ih})\\ (\sum_{i=1}^{m}\hat{v}_{i1}\hat{v}_{i2}-l\sum_{i=1}^{m}\hat{\varepsilon}_{i1}\hat{\varepsilon}_{i2}) & (\sum_{i=1}^{m}\hat{v}_{i2}^2-l\sum_{i=1}^{m}\hat{\varepsilon}_{i2}^2) & \cdots & (\sum_{i=1}^{m}\hat{v}_{i2}\hat{v}_{ih}-l\sum_{i=1}^{m}\hat{\varepsilon}_{i2}\hat{\varepsilon}_{ih})\\ \vdots & \vdots & & \vdots\\ (\sum_{i=1}^{m}\hat{v}_{i1}\hat{v}_{ih}-l\sum_{i=1}^{m}\hat{\varepsilon}_{i1}\hat{\varepsilon}_{ih}) & (\sum_{i=1}^{m}\hat{v}_{i2}\hat{v}_{ih}-l\sum_{i=1}^{m}\hat{\varepsilon}_{i2}\hat{\varepsilon}_{ih}) & \cdots & (\sum_{i=1}^{m}\hat{v}_{ih}^2-l\sum_{i=1}^{m}\hat{\varepsilon}_{ih}^2)\end{vmatrix}$$

将行列式$|A|$展开并令其为零，便得到一个 l 的 h 次方程。解这一高阶方程，可以得到 h 个 l 的值，在这 h 个 l 的值中选取最小者作为方差比（l）的估计量。因为 l 达到极小，就意味着有限信息极大似然函数达到极大。

第四步，求 β 的估计量。将 l 的估计量代入偏导方程组 23－90 式中，解这一联立方程组，即可求出 β 的估计量 β_1^*，β_2^*，…，β_h^*，这些估计量就是待估计结构方程（23－82 式）中内生变量参数的最小方差比估计量，它们能够使似然函数达到极大。

第五步，求待估计结构方程中前定变量参数 γ 的估计量。将内生变量参数的估计量 β_1^*，β_2^*，…，β_h^* 代入结构方程 23－82 式，并将所有内生变量的项移至方程的左边，即得

$$(Y_1-\beta_2^* Y_2-\beta_3^* Y_3-\cdots-\beta_h^* Y_h) = \gamma_1^* X_1+\gamma_2^* X_2+\cdots+\gamma_j^* X_j+u_1^* \quad (23-91)$$

对 23－91 式应用普通最小二乘法进行估计，便可求出结构方程中前定解释变量的最小方差比参数估计量 γ_1^*，γ_2^*，…，γ_j^*。

七、对有限信息极大似然法的说明

有限信息极大似然法，是一种独特的估计联立方程模型结构参数的单一方程方法。对于这一方法的特点及应用，有四个问题需要说明。

（一）联立模型的正确确定是应用这一方法的前提

一个过度识别的模型要用有限信息极大似然法估计，模型中每一结构方程变量的选择、函数形式的确定都必须是正确的，并且模型中所有前定变量都是可观测的且不存在较大的误差。否则，内生变量剩余变差的计算就会失准并带来一连串不良后果，最终使结构参数的最小方差比估计量出现偏误。与其他计量经济方法一样，有限信息极大似然法对模型误差是极为敏感的。

（二）容易忽视联立模型中其他方程的结构所提供的信息

应用有限信息极大似然法估计联立模型中某一结构方程时，只注意了整个模型中所有前定变量对该方程包含的内生变量的影响，

而容易忽视模型中其他方程的结构对被估计方程内生变量的影响。例如，对于过度识别模型

$$\begin{cases} Y_1 = a_0 + \beta_{12} Y_2 + \gamma_{11} X_1 + u_1 \\ Y_2 = b_0 + \beta_{23} Y_3 + \gamma_{22} X_2 + \gamma_{23} X_3 + u_2 \\ Y_1 = Y_3 \end{cases} \tag{23-92}$$

在 23-92 式中，Y 为内生变量，Y_1 为某一产品的需求量，Y_2 为该产品的价格，Y_3 为该产品的供给量；X 为前定变量，X_1 为消费者收入，X_2 为该产品的生产成本，X_3 为经济景气指数；u 为随机误差项。该式中第一个方程是过度识别的，如果用有限信息极大似然法进行估计，必然会考虑第二个方程中两个前定变量 X_2 和 X_3 对第一个方程中两个内生变量 Y_1 及 Y_2 的影响。但是会忽略第二个方程中内生解释变量 Y_3 通过 Y_2 对 Y_1 的影响。

（三）这一方法比两段最小二乘法复杂

有限信息极大似然法和两段最小二乘法都用于估计过度识别的模型，但与两段最小二乘法相比，有限信息极大似然法计算十分复杂、麻烦，且环节很多，还要涉及到解高次方程，远不如两段最小二乘法便捷。正因为这一原因，在通常情况下对过度识别模型的估计应用两段最小二乘法，而不用有限信息极大似然法。

（四）这一方法与两段最小二乘法有某些相似点

尽管有限信息极大似然法与两段最小二乘法存在重大差别，但作为用于估计过度识别模型的两种方法，在一些基本的方面仍存在相似之处。其相似点主要表现在以下六个方面：

（1）都使用联立模型中全部的前定变量。

（2）都只使用联立模型中的部分信息，都不要求了解联立模型中所有结构方程的具体形式。

（3）都属于单一方程方法，每次只能估计联立模型中的一个结构方程。

（4）都有相同的思路，即如果在特定结构方程中包含进原来没有而在模型其他方程中有的前定变量，就会达到拟合的改进。因此，两种方法都用两组回归，第一组为特定结构方程中内生变量对

模型中所有前定变量的回归，第二组为特定结构方程中内生变量对该方程包含的前定变量的回归,从两组回归中得出两组未被解释的方差,有限信息极大似然法是使这两组未被解释的方差之比达到极小,而两段最小二乘法是使这两组未被解释的方差的差额达到极小。

（5）两种方法得到的结构参数估计都是一致的和渐近有效的估计量。

（6）两种方法都属于“K”级估计式，如果 $l=K$，“K”级估计式方法就产生有限信息极大似然估计式。

经验证明，在小样本条件下，两段最小二乘估计量优于有限信息极大似然估计量，两段最小二乘估计法的应用远比有限信息极大似然法广泛。

第二十四章　联立模型方程体系估计法

——完全信息极大似然法、三段最小二乘法

一、完全信息极大似然法

完全信息极大似然法是估计过度识别的联立模型的一种方程体系方法，一次应用于联立模型中所有的结构方程，并同时估计出联立模型中所有结构方程的参数。它是极大似然法的直接推广。

（一）完全信息极大似然法的基本假定

应用完全信息极大似然法对联立方程模型的结构参数进行估计，必须满足下列四条基本假定：

（1）必须掌握联立模型的完全信息。即必须确知联立模型中每一个结构方程的变量及函数形式，并要求变量的选择和函数形式的确定准确无误，前定变量是完全可观测的，且不存在测定误差。如果对模型中每个结构方程的变量及函数形式不是充分了解的，就不能应用完全信息极大似然法进行估计。如果模型中结构方的确定及变量的测度失准，应用完全信息极大似然法就不能得到正确的结构参数估计量。

（2）联立模型中每一结构方程的随机误差项 u 必须满足均值为零，方差为 σ_u^2 的正态分布。即

$$u \sim N(0,\ \sigma_u^2)$$

联立模型中不同结构方程的随机误差项可以独立，也可以相关。如果它们是独立的，其协方差为零，完全信息极大似然法的计算就十分方便。如果它们是相关的，则完全信息极大似然法的计算就特别复杂。因为在这种情况下，对似然函数的微分得到的是一些

非线性方程。

（3）被估计的联立模型是过度识别的，即模型所包含的每一个结构方程（定义方程除外）都是过度识别的。

（4）被估计的联立模型是递归的。即联立模型可以表达为

$Y_1=f_1$（X 项）

$Y_2=f_2$（Y_1，X 项）

$Y_3=f_3$（Y_1，Y_2，X 项）

……

沃尔德（$H\cdot Wold$）曾论证，大多数经济现象都可以适当地用递归体系表示。如果联立模型是递归的，则雅可比行列式的值为1，可以避免参数方程的非线性。

（二）完全信息极大似然法的工作步骤

完全信息极大似然法的工作步骤与前述极大似然法基本相似。现在用一个例子说明完全信息极大似然法的工作程序。设简化的宏观经济模型为

$$\begin{cases} C_t=a_0+a_1Y_t+a_2Y_{t-1}+u_1 & (24-1) \\ I_t=b_0+b_1Y_t+b_2Q_{t-1}+b_3N_t+u_2 & (24-2) \\ M_t=c_0+c_1Y_t+c_2P_{t-1}+u_3 & (24-3) \\ Y_t=C_t+I_t+G_t+N_t-M_t & (24-4) \end{cases}$$

在模型中，C_t 为居民消费支出，I_t 为社会总投资，M_t 为总进口，Y_t 为国民总收入，Y_{t-1}为滞后国民总收入，Q_{t-1}为 $t-1$ 时期资本存量，N_t 为总出口，P_{t-1}为 $t-1$ 时期的价格水平，G_t 为政府消费支出（政府购买物品及服务的支出）。模型中四个方程的经济含义分别为：24－1 式为消费方程，表示消费支出取决于国民收入和滞后国民收入；24－2 式为投资方程，表示投资取决于国民收入水平、前期期末的资本存量及出口总水平；24－3 式为进口方程，表示进口取决于国民收入水平及前期价格水平；24－4 式为定义方程，表示收入应该与支出保持平衡。

这一模型有四个内生变量（C_t、I_t、M_t、Y_t），五个前定变量（Y_{t-1}、Q_{t-1}、N_t、P_{t-1}、G_t），是一个完整的模型。该模型中的

每一个方程都是过度识别的，可以用完全信息极大似然法进行估计，估计过程分四步进行。

第一步，对被估计的联立模型进行整理。即将定义方程 24－4 式代入模型前面三个行为方程中并进行整理（这是任何一种计量经济方法应首先完成的工作），得

$$\begin{cases} C_t = \dfrac{a_0}{1-a_1} + \dfrac{a_1}{1-a_1}(I_t + G_t + N_t - M_t) + \dfrac{a_2}{1-a_1} Y_{t-1} + \dfrac{u_1}{1-a_1} \\ I_t = \dfrac{b_0}{1-b_1} + \dfrac{b_1}{1-b_1}(C_t + G_t - M_t) + \dfrac{b_2}{1-b_1} Q_{t-1} + \dfrac{b_1+b_3}{1-b_1} N_t + \dfrac{u_2}{1-b_1} \\ M_t = \dfrac{c_0}{1+c_1} + \dfrac{c_1}{1+c_1}(C_t + I_t + G_t + N_t) + \dfrac{c_2}{1+c_1} P_{t-1} + \dfrac{u_3}{1+c_1} \end{cases}$$

为表达的方便，用下列符号代替上面三个方程中的参数：

$$\alpha_0 = a_0/(1-a_1) \quad \alpha_1 = a_1/(1-a_1) \quad \alpha_2 = a_2/(1-a_1)$$

$$\beta_0 = b_0/(1-b_1) \quad \beta_1 = b_1/(1-b_1) \quad \beta_2 = b_2/(1-b_1)$$

$$\beta_3 = (b_1+b_3)/(1-b_1)$$

$$\gamma_0 = c_0/(1+c_1) \quad \gamma_1 = c_1/(1+c_1) \quad \gamma_2 = c_2/(1+c_1)$$

相应设

$$u_1^* = u_1/(1-a_1) \quad u_2^* = u_2/(1-b_1) \quad u_3^* = u_3/(1+c_1)$$

对模型中的内生变量用 Y 表示，前定变量用 X 表示，于是有

$$Y_1 = C_t \qquad Y_2 = I_t \qquad Y_3 = M_t$$

$$X_1 = Y_{t-1} \qquad X_2 = Q_{t-1} \qquad X_3 = N_t$$

$$X_4 = P_{t-1} \qquad X_5 = G_t$$

将新设置的参数和变量代入整理后的行为方程，即可得到新的模型表达式

$$\begin{cases} Y_1 = \alpha_0 + \alpha_1(Y_2 + X_5 + X_3 - Y_3) + \alpha_2 X_1 + u_1^* \\ Y_2 = \beta_0 + \beta_1(Y_1 + X_5 - Y_3) + \beta_2 X_2 + \beta_3 X_3 + u_2^* \\ Y_3 = \gamma_0 + \gamma_1(Y_1 + Y_2 + X_5 + X_3) + \gamma_2 X_4 + u_3^* \end{cases} \tag{24-5}$$

对 24－5 式进行再整理，得

$$\begin{cases} Y_1 = \alpha_0 + \alpha_1 Y_2 - \alpha_1 Y_3 + \alpha_1 X_3 + \alpha_1 X_5 + \alpha_2 X_1 + u_1^* \\ Y_2 = \beta_0 + \beta_1 Y_1 - \beta_1 Y_3 + \beta_1 X_5 + \beta_2 X_2 + \beta_3 X_3 + u_2^* \\ Y_3 = \gamma_0 + \gamma_1 Y_1 + \gamma_1 Y_2 + \gamma_1 X_3 + \gamma_1 X_5 + \gamma_2 X_4 + u_3^* \end{cases} \tag{24-6}$$

在对 24－6 式进行估计时，做如下两条假定：

①当模型中的变量用离均差表示时，则常数项 α_0，β_0，γ_0 可以略去；

②只考虑随机误差项 u_1^*，u_2^*，u_3^* 具有零均值、齐性方差、不存在序列相关及遵从正态分布的情况，还假设 u_1^*，u_2^*，u_3^* 之间互不相关。

必须指出，当模型中各变量的样本观测值为 m 时，随机误差项 u_1^*，u_2^*，u_3^* 均有一组对应于变量 m 个样本离均差的值，即

$$\begin{matrix} u_{11}^* & u_{21}^* & u_{31}^* & \cdots & u_{m1}^* \\ u_{12}^* & u_{22}^* & u_{32}^* & \cdots & u_{m2}^* \\ u_{13}^* & u_{23}^* & u_{33}^* & \cdots & u_{m3}^* \end{matrix}$$

第二步，建立随机误差项 u^* 的似然函数。

在满足上述假设的条件下，三个随机误差项 u_1^*，u_2^*，u_3^* 所有值的联合概率为

$$P(u_{i1}^*, u_{i2}^*, u_{i3}^*) = [P(u_{i1}^*)]\cdot[P(u_{i2}^*)]\cdot[P(u_{i3}^*)] \tag{24-7}$$

由于已经假定 u_1^*，u_2^*，u_3^* 具有零均值、齐性方差，不存在序列相关，故有

$$u_1^* \sim N(0, \sigma_{u_1^*}^2) \qquad C_{OV}(u_{i1}, u_{j1}^*) = 0 \qquad (i \neq j)$$

$$u_2^* \sim N(0, \sigma_{u_2^*}^2) \qquad C_{OV}(u_{i2}, u_{j2}^*) = 0 \qquad (i \neq j)$$

$$u_3^* \sim N(0, \sigma_{u_3^*}^2) \qquad C_{OV}(u_{i3}, u_{j3}^*) = 0 \qquad (i \neq j)$$

依据这些条件，三个随机误差项 u_1^*，u_2^*，u_3^* 的概率函数分别为

$$P(u_1^*)=\left(\frac{1}{\sigma_{u_1^*}\sqrt{2\pi}}\right)^m\cdot exp\left[\frac{-1}{2}\left(\frac{\sum_{i=1}^{m}u_{i1}^{*2}}{\sigma_{u_1^*}^2}\right)\right] \tag{24-8}$$

$$P(u_2^*)=\left(\frac{1}{\sigma_{u_2^*}\sqrt{2\pi}}\right)^m\cdot exp\left[\frac{-1}{2}\left(\frac{\sum_{i=1}^{m}u_{i2}^{*2}}{\sigma_{u_2^*}^2}\right)\right] \tag{24-9}$$

$$P(u_3^*)=\left(\frac{1}{\sigma_{u_3^*}\sqrt{2\pi}}\right)^m\cdot exp\left[\frac{-1}{2}\left(\frac{\sum_{i=1}^{m}u_{i3}^{*2}}{\sigma_{u_3^*}^2}\right)\right] \tag{24-10}$$

在 24－6 式中，由于三个结构方程的随机误差项相互独立，因此，这三个随机误差项的似然函数就是概率函数 P（u_1^*）、P（u_2^*）及 P（u_3^*）的乘积。即

$$\begin{aligned}P(u_1^*,u_2^*,u_3^*)&=[P(u_1^*)]\cdot[P(u_2^*)]\cdot[P(u_3^*)]\\&=\left(\frac{1}{\sqrt{2\pi}}\right)^{3m}\cdot\left(\frac{1}{\sigma_{u_1^*}\cdot\sigma_{u_2^*}\cdot\sigma_{u_3^*}}\right)^m\\&\quad\cdot exp\left[-\left(\frac{\sum_{i=1}^{m}u_{i1}^{*2}}{2\sigma_{u_1^*}^2}+\frac{\sum_{i=1}^{m}u_{i2}^{*2}}{2\sigma_{u_2^*}^2}+\frac{\sum_{i=1}^{m}u_{i3}^{*2}}{2\sigma_{u_3^*}^2}\right)\right]\end{aligned} \tag{24-11}$$

第三步，由随机误差项 u^* 的似然函数导出内生变量 Y 的似然函数。为了求内生变量 Y 的样本观测值的总概率（似然函数），首先要将随机误差项 u^* 表示为内生变量与前定变量的函数。即

$$u_1^*=Y_1-\alpha_1Y_2+\alpha_1Y_3-\alpha_1X_3-\alpha_1X_5-\alpha_2X_1 \tag{24-12}$$

$$u_2^*=Y_2-\beta_1Y_1+\beta_1Y_3-\beta_1X_5-\beta_2X_2-\beta_3X_3 \tag{24-13}$$

$$u_3^*=Y_3-\gamma_1Y_1-\gamma_2Y_2-\gamma_1X_3-\gamma_1X_5-\gamma_2X_4 \tag{24-14}$$

然后列出全部 u^* 的雅可比行列式，亦即列出随机误差项 u_1^*，u_2^*，u_3^* 对内生变量 Y_1，Y_2，Y_3 的偏导数的行列式。由于随机误差项 u_1^*，u_2^*，u_3^* 均有与变量样本观测数据个数相同的 m 个值，故雅可比行列式应为 m 次方。本例的雅可比行列式为

$$|J|^m = \begin{vmatrix} \partial(u_1^*)/\partial(Y_1) & \partial(u_1^*)/\partial(Y_2) & \partial(u_1^*)/\partial(Y_3) \\ \partial(u_2^*)/\partial(Y_1) & \partial(u_2^*)/\partial(Y_2) & \partial(u_2^*)/\partial(Y_3) \\ \partial(u_3^*)/\partial(Y_1) & \partial(u_3^*)/\partial(Y_2) & \partial(u_3^*)/\partial(Y_3) \end{vmatrix}^m$$

$$= \begin{vmatrix} 1 & -\alpha_1 & \alpha_1 \\ -\beta_1 & 1 & \beta_1 \\ -\gamma_1 & -\gamma_1 & 1 \end{vmatrix}^m \qquad (24-15)$$

根据变量变换的规则，内生变量 Y 的似然函数为

$$P(Y_{i1}, Y_{i2}, Y_{i3}) = P(u_{i1}^*, u_{i2}^*, u_{i3}^*) \cdot \left| \frac{\partial(u_{i1}^*, u_{i2}^*, u_{i3}^*)}{\partial(Y_{i1}, Y_{i2}, Y_{i3})} \right|^m \qquad (24-16)$$

将 $P(u_{i1}^*, u_{i2}^*, u_{i3}^*)$ 及 $|J|^m$ 的值代入 24－16 式，可得内生变量 Y 的似然函数 L 为

$$L = |J|^m \cdot \left(\frac{1}{\sqrt{2\pi}}\right)^{3m} \cdot \left(\frac{1}{\sigma_{u_1^*} \cdot \sigma_{u_2^*} \cdot \sigma_{u_3^*}}\right)^m \cdot exp\left[-\left(\frac{\sum_{i=1}^m u_{i1}^{*2}}{2\sigma_{u_1^*}^2} + \frac{\sum_{i=1}^m u_{i2}^{*2}}{2\sigma_{u_2^*}^2} + \frac{\sum_{i=1}^m u_{i3}^{*2}}{2\sigma_{u_3^*}^2}\right)\right] \qquad (24-17)$$

对 24－17 式两边同时取自然对数，得

$$ln(L) = mln(|J|) - mln(2\pi\sqrt{2\pi}) - mln(\sigma_{u_1^*} \cdot \sigma_{u_2^*} \cdot \sigma_{u_3^*}) - (\sum_{i=1}^m u_{i1}^{*2})/(2\sigma_{u_1^*}^2) - (\sum_{i=1}^m u_{i2}^{*2})/(2\sigma_{u_2^*}^2) - (\sum_{i=1}^m u_{i3}^{*2})/(2\sigma_{u_3^*}^2) \qquad (24-18)$$

令 $ln(L) = L^*$，则 L^* 为

$$L^* = mln(|J|) - mln(2\pi\sqrt{2\pi}) - mln(\sigma_{u_1^*} \cdot \sigma_{u_2^*} \cdot \sigma_{u_3^*}) - (\sum_{i=1}^m u_{i1}^{*2}) / (2\sigma_{u_1^*}^2) - (\sum_{i=1}^m u_{i2}^{*2}) / (2\sigma_{u_2^*}^2) - (\sum_{i=1}^m u_{i3}^{*2}) / (2\sigma_{u_3^*}^2) \qquad (24-19)$$

第四步，似然函数的极大化。为使似然函数 L 达到极大，就

需要用 L 对参数 α、β、γ 和 σ_u 求偏导并令其为零。由于 L^* 为 L 的单调函数，能使 L^* 达到极大的参数估计量，也能使 L 达到极大。因此，用 L^* 对参数 α、β、γ、σ_u 求偏导并令偏导方程为零。于是便有

$$\partial(L^*)/\partial(\alpha_1)=0 \qquad \partial(L^*)/\partial(\alpha_2)=0;$$

$$\partial(L^*)/\partial(\beta_1)=0 \qquad \partial(L^*)/\partial(\beta_2)=0$$

$$\partial(L^*)/\partial(\beta_3)=0;$$

$$\partial(L^*)/\partial(\gamma_1)=0 \qquad \partial(L^*)/\partial(\gamma_2)=0;$$

$$\partial(L^*)/\partial(\sigma_{u_1^*})=0 \qquad \partial(L^*)/\partial(\sigma_{u_2^*})=0$$

$$\partial(L^*)/\partial(\sigma_{u_3^*})=0$$

对 L^* 进行偏微分，便可得出上述偏导方程的一般表达式

$$\frac{\partial(L^*)}{\partial(\alpha_i)}=\frac{m}{|J|}\cdot\frac{\partial(|J|)}{\partial(\alpha_i)}+\sum_{i=1}^{m}\left[\frac{\partial(L^*)}{\partial(u_1^*)}\cdot\frac{\partial(u_1^*)}{\partial(\alpha_i)}\right]=0 \qquad (i=1,2)$$

$$\frac{\partial(L^*)}{\partial(\beta_i)}=\frac{m}{|J|}\cdot\frac{\partial(|J|)}{\partial(\beta_i)}+\sum_{i=1}^{m}\left[\frac{\partial(L^*)}{\partial(u_2^*)}\cdot\frac{\partial(u_2^*)}{\partial(\beta_i)}\right]=0 \qquad (i=1,2,3)$$

$$\frac{\partial(L^*)}{\partial(\gamma_i)}=\frac{m}{|J|}\cdot\frac{\partial(|J|)}{\partial(\gamma_i)}+\sum_{i=1}^{m}\left[\frac{\partial(L^*)}{\partial(u_3^*)}\cdot\frac{\partial(u_3^*)}{\partial(\gamma_i)}\right]=0 \qquad (i=1,2)$$

$$\frac{\partial(L^*)}{\partial(\sigma_{u_i^*})}=\frac{-m}{\sigma_{u_i^*}}+\frac{1}{\sigma^3_{u_i^*}}\cdot\sum_{i=1}^{m}u_i^{*2}=0 \qquad (i=1,2,3)$$

如果上面所列方程组不是联立的，或虽联立但是递归的，则其中的每一个方程的解释变量均为前定变量。在这种情况下，凡包含雅可比行列式 $|J|$ 的项就会消失，因为 $|J|=1$。但在大多数场合，由于内生变量的相互依存，$|J|\neq1$，在估计方程之前，应首先求出雅可比行列式的值。

对于联立模型中每一个结构方程的参数，都有一个如上面所列示的一般形式的方程。现在选择 α_1 为代表，说明结构参数的估计方法。

由偏导方程知，$\partial(L^*)/\partial(\alpha_1)=0$，由此出发，经下列过程可以建立一个求解结构参数的方程。

①求 L^* 对 σ_{u^*}（$i=1，2，3$）的微分

$$\frac{\partial(L^*)}{\partial(\sigma_{u_i^*})}=\frac{-m}{\sigma_{u_i^*}}-(\sum_{i=1}^{m}u_{i1}^{*2})\cdot\left(\frac{-1}{\sigma_{u_i^*}^3}\right)=0$$

经整理，可得

$$\sigma_{u_1^*}^2=(\sum_{i=1}^{m}u_{i1}^{*2})/m \tag{24-20}$$

用同样的方法可求得

$$\sigma_{u_2^*}^2=(\sum_{i=1}^{m}u_{i2}^{*2})/m \tag{24-21}$$

$$\sigma_{u_3^*}^2=(\sum_{i=1}^{m}u_{i3}^{*2})/m \tag{24-22}$$

②将 $\sigma_{u_1^*}^2$、$\sigma_{u_2^*}^2$、$\sigma_{u_3^*}^2$ 代入 L^* 中，求出 L^* 的简化表达形式，可得

$$L^*=mln(|J|)-mln(2\pi\sqrt{2\pi})-mln(\sigma_{u_1^*}\cdot\sigma_{u_2^*}\cdot\sigma_{u_3^*})-3m/2$$

亦可表达为

$$L^*=mln(|J|)-mln(2\pi\sqrt{2\pi})-\frac{m}{2}[ln(\sigma_{u_1^*}^2)+ln(\sigma_{u_2^*}^2)+ln(\sigma_{u_3^*}^2)]-3m/2 \tag{24-23}$$

③取 L^* 对 α_1 的微分，得

$$\frac{\partial(L^*)}{\partial(\alpha_1)}=\frac{m}{|J|}\cdot\frac{\partial(|J|)}{\partial(\alpha_1)}-\left(\frac{m}{2}\right)\cdot\left(\frac{1}{\sigma_{u_1^*}^2}\right)\cdot\frac{\partial(\sigma_{u_1^*}^2)}{\partial(\alpha_1)} \tag{24-24}$$

用$(\sum_{i=1}^{m}u_{i1}^{*2})/m$ 代替 24－24 式中的 $\sigma_{u_1^*}^2$，得

$$\frac{\partial(L^*)}{\partial(\alpha_1)}=\frac{m}{|J|}\cdot\frac{\partial(|J|)}{\partial(\alpha_1)}-\left(\frac{m}{2}\right)\cdot\left(\frac{1}{(\sum_{i=1}^{m}u_{i1}^{*2})/m}\right)\cdot\frac{\partial[(\sum_{i=1}^{m}u_{i1}^{*2})/m]}{\partial(\alpha_1)}$$

$$= \frac{m}{|J|} \cdot \frac{\partial(|J|)}{\partial(\alpha_1)} - \left(\frac{m}{2\sum_{i=1}^{m} u_{i1}^{*2}}\right) \cdot (2\sum_{i=1}^{m} u_{i1}^{*}) \cdot \frac{\partial(u_1^*)}{\partial(\alpha_1)} \qquad (A)$$

④求雅可比行列式$|J|$的值，再求$|J|$对 α_1 的偏导数，得

$$|J| = 1 + \alpha_1\beta_1\gamma_1 + \alpha_1\beta_1\gamma_1 + \alpha_1\gamma_1 - \alpha_1\beta_1 + \beta_1\gamma_1$$
$$= (1 + \beta_1\gamma_1) + \alpha_1(2\beta_1\gamma_1 - \beta_1 + \gamma_1) \qquad (B)$$

$$\partial(|J|)/\partial(\alpha_1) = 2\beta_1\gamma_1 - \beta_1 + \gamma_1 \qquad (C)$$

⑤求随机误差项 u_1^* 对 α_1 的偏导数

由前面的分析知

$$u_1^* = Y_1 - \alpha_1 Y_2 + \alpha_1 Y_3 - \alpha_1 X_3 - \alpha_1 X_5 - \alpha_2 X_1 \qquad (D)$$

故有

$$\partial(u_1^*)/\partial(\alpha_1) = -Y_2 + Y_3 - X_3 - X_5 \qquad (E)$$

⑥将（B）、（C）、（D）、（E）四式代入（A）式并令其为零，可得

$$\frac{m\ (2\beta_1\gamma_1 - \beta_1 + \gamma_1)}{(1+\beta_1\gamma_1)\ +\alpha_1\ (2\beta_1\gamma_1 - \beta_1 + \gamma_1)} - \left\{\frac{m \cdot \sum_{i=1}^{m}[Y_{i1} - \alpha_1\ (Y_{i2} - Y_{i3} + X_{i3} + X_{i5})\ - \alpha_2 X_{i1}]}{\sum_{i=1}^{m}[Y_{i1} - \alpha_1\ (Y_{i2} - Y_{i3} + X_{i3} + X_{i5})\ - \alpha_2 X_{i1}]^2}\right\} \cdot (2\beta_1\gamma_1 - \beta_1 + \gamma_1) = 0 \qquad (H)$$

对于其他的结构参数 α_2，β_1，β_2，β_3，γ_1，γ_2，均可导出类似于（H）式的方程，连同（H）式，这样的方程共有 7 个，由这样的 7 个方程可以组成一个方程组，解这一联立方程组，便可求出这些结构参数的估计量 $\hat{\alpha}_1$，$\hat{\alpha}_2$，$\hat{\beta}_1$，$\hat{\beta}_2$，$\hat{\beta}_3$，$\hat{\gamma}_1$，$\hat{\gamma}_2$。将这些估计量代入 $\sigma_{u_1^*}^{*}$，$\sigma_{u_2^*}^{*}$，$\sigma_{u_3^*}^{*}$ 的计算公式中，便可求出它们的估计量。

对最后一组联立方程的求解十分复杂，因为这是一组非线性方程。只有联立模型是递归的，才能避免最后一组方程的非线性问题。应当指出，在这一简单例子中，假定模型中每一结构方程的随机误差项相互独立，即使有此假定，计算工作也如此复杂。如果联

立模型中各结构方程的随机误差项是相关的，就会产生另一类相关性，使计算工作更为复杂。

（三）对完全信息极大似然法的几点说明

应用完全信息极大似然法估计联立模型的结构参数，有四个问题应当引起重视：

第一，应用完全信息极大似然法估计联立模型的结构参数，其参数估计量具有有效性和一致性特征，但是在小样本条件下，这种估计量是有偏的。

第二，应用完全信息极大似然法估计联立模型的结构参数，要求对模型中每个结构方程的变量及函数形式有完整的了解。

第三，应用完全信息极大似然法估计联立模型的结构参数，最终要归结到求解非线性联立方程组的困难任务，需要大量的数据和复杂的计算，花费的人力、时间和经费较多。

第四，完全信息极大似然法对模型中每一结构方程的变量及函数形式的选择、变量样本观测值的测定误差反映极为敏感。结构方程的确定越不正确、样本观测值的误差越大，参数估计量的误差也就越大。

二、广义最小二乘法

三段最小二乘法要用到广义最小二乘法的相关知识，在介绍三段最小二乘法之前，需要对广义最小二乘法有一个基本的了解。

广义最小二乘法的基本思路是，根据结构方程随机误差项 u 异方差的性质或序列相关的具体形式，对解释变量和被解释变量进行适当的变换，也就是用随机误差项 u 异方差及序列相关的有关信息，对原始结构方程进行变换，使其满足普通最小二乘法的基本假定，再应用普通最小二乘法对结构参数进行估计。

为了说明广义最小二乘法的基本原理，可以用简单线性回归模型

$$Y_i = b_0 + b_1 X_i + u_i \qquad (24-25)$$

为例，比较普通最小二乘法与极大似然法之间的关系。

如果 24－25 式中 Y_i 为随机变量，X_i 为非随机变量，u 满足零均值、齐性方差、不存在序列相关、且与 X 不相关的假定，可

以用普通最小二乘法对其进行估计。设估计式为 $\hat{Y}_i=\hat{b}_0+\hat{b}_1X_i$，$u_i$ 的估计值为 e_i，则普通最小二乘法是以剩余平方和（X 未能解释的 Y 的剩余变差）的极小化为依据的，即

$$\sum_{i=1}^{m}e_i^2=\sum_{i=1}^{m}[Y_i-(\hat{b}_0+\hat{b}_1X_i)]^2 \quad (m\text{ 为样本容量}) \tag{24-26}$$

在 24－25 式中，与变量样本观测值个数对应的 m 个随机误差 u_i 的似然函数 L 为

$$L=\left(\frac{1}{\sigma_u\sqrt{2\pi}}\right)^m\cdot exp\left\{\frac{-1}{2\sigma_u^2}\sum_{i=1}^{m}[Y_i-(\hat{b}_0+\hat{b}_1X_i)]^2\right\} \tag{24-27}$$

对比 24－26 式和 24－27 式可以发现，普通最小二乘法剩余平方和的公式与似然函数指数中的表达式相类同，其差别仅在于似然函数的指数多了一项（$-1/2\sigma_u^2$）。普通最小二乘法是要求剩余平方和 $\sum_{i=1}^{m}[Y_i-(\hat{b}_0+\hat{b}_1X_i)]^2$ 达到极小，而极大似然法要求则是 $(-1/2\sigma_u^2)\sum_{i=1}^{m}[Y_i-(\hat{b}_0+\hat{b}_1X_i)]^2$ 达到极大。对于似然函数的这一负指数而言，函数要达到极大，就要求指数中的和式项 $\sum_{i=1}^{m}[Y_i-(\hat{b}_0+\hat{b}_1X_i)]^2$ 达到极小，这与普通最小二乘法的要求完全一致。这清楚表明，只要随机误差项 u 满足标准要求，参数的普通最小二乘估计量与极大似然估计量是完全相同的。

在普通最小二乘法和极大似然法中，要求剩余平方和达到极小时，对每一个观测值都是同等对待的，被解释变量 Y 的每一个剩余变差 e_1^2，e_2^2，…，e_m^2 仅由 Y_i 与其平均值（$\hat{b}_0+\hat{b}_1X_i$）来决定，并未加权，或理解为对 m 个剩余变差均令其权重为 1。因此，普通最小二乘法是使未加权的剩余平方和达到极小。这样处理在随机误差项 u 具有齐性方差、不存在序列相关时是正确的，不会带来不良后果。

当随机误差项 u 存在异方差或序列相关时，即当 Vav（u_i）

$\neq\sigma_u^2$ 或 Cov（u_i，u_j）$\neq 0$（$i\neq j$）时，应用普通最小二乘法求得的参数估计量就会产生严重偏误。在这种情况下，便应当对决定随机误差项的变量的不同样本观测值以不同程度的重视，赋予不同的权重，以使加权的剩余平方和达到极小。这就是广义最小二乘法的处理方法，这一处理方法可以用一个简图说明。在随机误差项 u 存在正异方差时，u 的方差会随变量的增大而增大（图 24-1）。

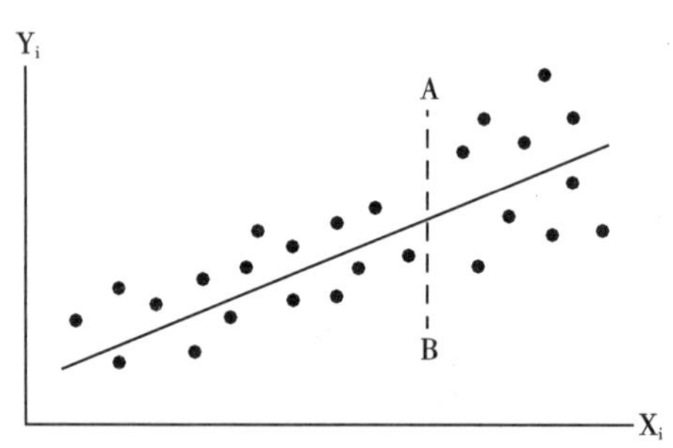

图 24-1 随机误差项 u 的正异方程

很显然，随着变量样本值的增大，图中 AB 线右边的 X 和 Y 的值就不能较为精确地反映真实回归线的位置。因此，在分析 X 与 Y 的回归关系时，应当更加重视 AB 线左边的观测值，而不能把 AB 线右边的观测值与左边的观测值放在同等重要的位置。要做到这一点，可以用相应的随机误差项的方差去除剩余平方之后加总，即可得出“广义”剩余平方和，即

$$\sum_{i=1}^{m}\left[\left(Y_i-\hat{b}_0-\hat{b}_1X_i\right)/\sigma_{u_i}^2\right] \tag{24-28}$$

在 24－28 式中，每一个剩余差的平方都使用 $1/\sigma_{u_i}^2$加权，当 $\sigma_{u_i}^2$增大时，所加权重 $1/\sigma_{u_i}^2$就相应减小，从而起到了对具有较小方差的观测值以高度重视，对具有较大方差的观测值以低度重视的作用。

上述处理过程是以极大似然函数为基础的。然而，在随机误差项存在异方差或序列相关的情况下，似然函数便不同于一般的形式，应当把一般的似然函数

$$L=\frac{1}{\sigma_u^m\cdot\ (\sqrt{2\pi})^m}\cdot exp\left\{\frac{-1}{2}\sum_{i=1}^{m}\left[\frac{(Y_i-\hat{b}_0-\hat{b}_1X_i)^2}{\sigma_u^2}\right]\right\}$$

(24－29)

改写为

$$L=\frac{1}{(\sqrt{2\pi})^m\cdot\prod_{i=1}^{m}\sigma_{u_i}}\cdot exp\left\{\frac{-1}{2}\sum_{i=1}^{m}\left[\frac{Y_i-\hat{b}_0-\hat{b}_1X_i)^2}{\sigma_{u_i}^2}\right]\right\}$$

(24－30)

对比 24－28 式和 24－30 式可以看出，改写后的似然函数指数中的和式与广义最小二乘法中使其达到最小的“广义”剩余平方和的表达式完全相同。

如果随机误差项 u 具有齐性方差但存在序列相关时，即存在 Cov（u_i，u_j）$\neq 0$（$i\neq j$），则似然函数中指数和式表达式便不是

$$\sum_{i=1}^{m}\left[\frac{(Y_i-\hat{b}_0-\hat{b}_1X_i)^2}{\sigma_{u_i}^2}\right]=\sum_{i=1}^{m}\ (e_i^2/\sigma_{u_i}^2)\qquad(24-31)$$

而是

$$(\sum_{i=1}^{m}e_i^2+\sum_{j=1}^{m}\sum_{i=1}^{m}e_ie_j)\ /\sigma_{u_i}^2\qquad(i\neq j)\qquad(24-32)$$

其中，$\sum_{j=1}^{m}\sum_{i=1}^{m}e_ie_j$（$i\neq j$）为随机误差项 u 协方差有关项之和。

上述处理方法在理论上的科学性是不容置疑的，但在实际应用中，因随机误差项是未知的，其方差 Var（u_i）和协方差 Cov（u_i，u_j）也都是未知的，给结构参数的估计带来技术上的困难。为解决这一问题，有的学者提出通过变换结构方程中的变量，以满足普通最小二乘法的基本假定，再用普通最小二乘法估计结构参数。

例如有一个多元线性结构方程

$$Y=b_0+b_1X_1+b_2X_2+\cdots+b_nX_n+u\qquad(24-33)$$

其中的随机误差项 u 具有异方差性，即 Var（u_i）$=\sigma_{u_i}^2$，且 u 为解释变量 X 的函数。这时，可将 u 表示为不具异方差性的新

随机误差项 u^* 与原随机误差项 u 与 X 函数的乘积，即

$$u = u^* \cdot f(X_1, X_2, \cdots, X_n) \tag{24-34}$$

当用函数 $f(X_1, X_2, \cdots, X_n)$ 去除结构方程 24－33 式两边时，即得

$$\frac{Y}{f(X_1,X_2,\cdots,X_n)} = \frac{b_0 + b_1X_1 + b_2X_2 + \cdots + b_nX_n}{f(X_1,X_2,\cdots,X_n)} + u^* \tag{24-35}$$

则新的结构方程表达式 24－35 式中的随机误差项 u^* 是具有齐性方差的，可以用普通最小二乘法估计其参数。

如果 24－33 式中的随机误差项 u 存在序列相关，即 $Cov(u_i, u_j) \neq 0 \ (i \neq j)$，并且已知

$$u = u^* \cdot f(u_{i-1}, u_{i-2}, \cdots) \tag{24-36}$$

而 u^* 是不存在序列相关的，亦可用函数 $f(u_{i-1}, u_{i-2}, \cdots)$ 去除结构方程 24－33 式的两边，得

$$\frac{Y}{f(u_{i-1},u_{i-2},\cdots)} = \frac{b_0 + b_1X_1 + b_2X_2 + \cdots + b_nX_n}{f(u_{i-1},u_{i-2},\cdots)} + u^* \tag{24-37}$$

则经过变换后的结构模型 24－37 式的随机误差项 u^* 是不存在序列相关的，可以用普通最小二乘法估计参数。

应当指出，应用广义最小二乘法估计结构方程的参数，其参数估计量是无偏的。

三、三段最小二乘法

三段最小二乘法简称为 3SLS 方法，是估计联立模型结构参数的一种方程体系方法，它同时应用于模型中所有的结构方程，并同时得到模型中所有结构参数的估计量。三段最小二乘法是两段最小二乘法的推广，是将普通最小二乘法连续应用于三个阶段。这一方法比单一方程法需要更大的信息量，要考虑联立模型的总体结构及每一方程具体结构对参数施加的全部约束条件。单一方程法只注意联立模型中出现的变量，而忽视模型结构对参数施加的约束条件，

及不同结构方程随机误差项的同期相关。在联立模型中，任何一个特定结构方程的随机误差项都与其他结构方程的随机误差项相关，单一方程法忽视这一相关性或假定它们不相关，但方程体系方法必须考虑这一相关性，并需要用相应的办法进行处理。应用单一方程法估计联立模型的结构参数，可以使用小样本，在估计每个结构方程时还可反复使用同一个样本。但用方程体系方法估计联立模型结构参数时，因为要同时估计模型中所有结构方程的参数，需要大量的观测数据，按一般要求，样本观测值的个数至少不得少于所需要估计的参数的个数。

（一）三段最小二乘法的基本假定

应用三段最小二乘法估计联立模型的参数，必须满足下列四条基本假定：

第一，必须确知联立模型中各结构方程的变量、函数形式，且要求每一结构方程变量的选择和函数形式的确定是正确的；

第二，联立模型中每一结构方程的随机误差项均不存在序列相关；

第三，联立模型中不同结构方程的随机误差项是同期相关的，即 $Cov(u_\gamma, u_i) \neq 0$（其中 u_γ 表示第 γ 个结构方程的随机误差项，u_i 表示第 i 个方程的随机误差项），如果不同结构方程的随机误差项是不相关的，则三段最小二乘法就简化为两段最小二乘法，但因联立模型中的每一个结构方程都只包含有限个最重要的变量，故一般情况下各结构方程的随机误差项是相关的，应用三段最小二乘法进行估计较为恰当；

第四，联立模型是过度识别的，如果模型中的某个（某些）结构方程是识别不足的，就应当重新确定或略去；如果模型中有定义方程或恒等式，就必须用定义方程或恒等式将模型的有关变量消去，并以此消去联立模型中的定义方程或恒等式，而保留其余的行为方程。

（二）联立模型的形式处理

对于需要应用三段最小二乘法进行参数估计的联立模型，首先应当对模型做一些形式上的处理。设被估计的联立模型包含 G 个内生变量（用 Y 表示），k 个前定变量（用 X 表示），变量的样本观测数据为 m 个，在用定义方程（或恒等式）替代模型中的有关变量后，该模型应当由 G 个结构方程所构成，其形式可表达为

$$\begin{cases} Y_1=\beta_{12}Y_2+\beta_{13}Y_3+\cdots+\beta_{1G}Y_G+\gamma_{11}X_1+\cdots+\gamma_{1k}X_k+u_1 \\ Y_2=\beta_{21}Y_1+\beta_{23}Y_3+\cdots+\beta_{2G}Y_G+\gamma_{21}X_1+\cdots+\gamma_{2k}X_k+u_2 \\ \vdots \quad \vdots \quad \vdots \quad \vdots \quad \vdots \quad \vdots \quad \vdots \\ Y_G=\beta_{G1}Y_1+B_{G2}Y_2+\cdots+\beta_{GG-1}Y_{G-1}+\gamma_{G1}X_1+\cdots+\gamma_{Gk}X_k+u_G \end{cases} \tag{24-38}$$

在消去了定义方程或恒等式后的联立模型 24－38 式中，每一个结构方程都列出了 $G-1$ 个内生解释变量和 k 个前定解释变量，这只是为了表达上的方便，并不表示每一个结构方程都应当包含除被解释变量之外的模型中的所有内生变量，也不表示每一个结构方程都应当包含模型中所有的前定变量。事实上，每一个结构方程均只包含一些重要的解释变量，对于那些不包含的变量，其参数为零。

用联立模型中的 k 个前定变量乘 24－38 式中的每一个结构方程，可以得出由 $k\cdot G$ 个方程组成的新的方程组。即对于消去了定义方程或恒等式的联立模型结构式中的 G 个方程，每一个方程都有 k 种形式。例如，

24－38 式中第一个方程的 k 种形式为

$$\begin{aligned} X_1Y_1=&\beta_{12}(X_1Y_2)+\beta_{13}(X_1Y_3)+\cdots+\beta_{1G}(X_1Y_G) \\ &+\gamma_{11}(X_1^2)+\gamma_{12}(X_1X_2)+\cdots+\gamma_{1k}(X_1X_k)+X_1u_1 \\ X_2Y_1=&\beta_{12}(X_2Y_2)+\beta_{13}(X_2Y_3)+\cdots+\beta_{1G}(X_2Y_G) \\ &+\gamma_{11}(X_1X_2)+\gamma_{12}(X_2^2)+\cdots+\gamma_{1k}(X_2X_k)+X_2u_1 \\ \vdots \quad & \vdots \quad \vdots \quad \vdots \quad \vdots \\ X_kY_1=&\beta_{12}(X_kY_2)+\beta_{13}(X_kY_3)+\cdots+\beta_{1G}(X_kY_G) \\ &+\gamma_{11}(X_1X_k)+\gamma_{12}(X_2X_k)+\cdots+\gamma_{1k}(X_k^2)+X_ku_1 \end{aligned}$$

24－38 式中第二个方程的 k 种形式为

$$\begin{aligned} X_1Y_2=&\beta_{21}(X_1Y_1)+\beta_{23}(X_1Y_3)+\cdots+\beta_{2G}(X_1Y_G) \\ &+\gamma_{21}(X_1^2)+\gamma_{22}(X_1X_2)+\cdots+\gamma_{2k}(X_1X_k)+X_1u_2 \\ X_2Y_2=&\beta_{21}(X_2Y_1)+\beta_{23}(X_2Y_3)+\cdots+\beta_{2G}(X_2Y_G) \end{aligned}$$

$$+\gamma_{21}(X_1X_2)+\gamma_{22}(X_2^2)+\cdots+\gamma_{2k}(X_2X_k)+X_2u_2$$

$$\vdots \qquad \vdots \qquad \vdots \qquad \vdots \qquad \vdots$$

$$X_kY_2=\beta_{21}(X_kY_1)+\beta_{23}(X_kY_3)+\cdots+\beta_{2G}(X_kY_G)$$
$$+\gamma_{21}(X_1X_k)+\gamma_{22}(X_2X_k)+\cdots+\gamma_{2k}(X_k^2)+X_ku_2$$

依次用 k 个前定变量乘 24－38 式的第三个、第四个，直至第 G 个方程，则第 G 个方程的 k 种形式为

$$X_1Y_G=\beta_{G1}(X_1Y_1)+\beta_{G2}(X_1Y_2)+\cdots+\beta_{GG-1}(X_1Y_{G-1})$$
$$+\gamma_{G1}(X_1^2)+\gamma_{G2}(X_1X_2)+\cdots+\gamma_{Gk}(X_1X_k)+X_1u_G$$

$$X_2Y_G=\beta_{G1}(X_2Y_1)+\beta_{G2}(X_2Y_2)+\cdots+\beta_{GG-1}(X_2Y_{G-1})$$
$$+\gamma_{G1}(X_1X_2)+\gamma_{G2}(X_2^2)+\cdots+\gamma_{Gk}(X_2X_k)+X_2u_G$$

$$\vdots \qquad \vdots \qquad \vdots \qquad \vdots \qquad \vdots$$

$$X_kY_G=\beta_{G1}(X_kY_1)+\beta_{G2}(X_kY_2)+\cdots+\beta_{GG-1}(X_kY_{G-1})$$
$$+\gamma_{G1}(X_1X_k)+\gamma_{G2}(X_2X_k)+\cdots+\gamma_{Gk}(X_k^2)+X_ku_G$$

上述 $k\cdot G$ 个方程的随机误差项 $u^*=X_iu_i$ 是随 X_i 的变动而变化的，这些随机误差项之间存在异方差性。因此，对 $k\cdot G$ 个方程构成的方程组的参数估计，适宜采用广义最小二乘法。而应用广义最小二乘法要求确知原结构模型 24－38 式随机误差项 u 的方差及协方差，但它们是未知的，这就需要采用一定的方法对随机误差项 u 的方差及协方差进行估计，由此便产生了经过三个阶段对联立模型结构参数的估计问题。因为在参数估计的三个阶段均要使用最小二乘法，故将这一参数估计方法称为三段最小二乘法。

（三）三段最小二乘法的工作程序

应用三段最小二乘法估计联立模型的结构参数，具体操作分三步进行：

第一步，将经过整理（消去了定义方程或恒等式）的联立模型（如 24－38 式）中所有的内生变量，分别表示为模型中所有前定变量的函数，并用普通最小二乘法进行估计。即建立联立模型中内生变量的简化型方程，应用普通最小二乘法分别估计简化型方程。在 24－38 式中有 G 个内生变量，k 个前定变量，各简化型方程为

$$\begin{aligned} Y_1 &= \pi_{11}X_1 + \pi_{12}X_2 + \cdots + \pi_{1k}X_k + \varepsilon_1 \\ Y_2 &= \pi_{21}X_1 + \pi_{22}X_2 + \cdots + \pi_{2k}X_k + \varepsilon_2 \\ &\vdots \\ Y_G &= \pi_{G1}X_1 + \pi_{G2}X_2 + \cdots + \pi_{Gk}X_k + \varepsilon_G \end{aligned} \tag{24-39}$$

对 24－39 式中的 G 个简化型方程分别用普通最小二乘法估计，求出联立模型中各内生变量的估计值 $\hat{Y}_1$，$\hat{Y}_2$，…，$\hat{Y}_G$。

第二步，将 24－38 式中各结构方程的内生解释变量 Y 用第一步求得的估计值 $\hat{Y}$ 代替（以 $\hat{Y}$ 作为 Y 的工具变量），得

$$\begin{cases} Y_1 = \beta_{12}\hat{Y}_2 + \beta_{13}\hat{Y}_3 + \cdots + \beta_{1G}\hat{Y}_G + \gamma_{11}X_1 + \cdots + \gamma_{1k}X_k + u_1 \\ Y_2 = \beta_{21}\hat{Y}_1 + \beta_{23}\hat{Y}_3 + \cdots + \beta_{2G}\hat{Y}_G + \gamma_{21}X_1 + \cdots + \gamma_{2k}X_k + u_2 \\ \vdots \\ Y_G = \beta_{G1}\hat{Y}_1 + \beta_{G2}\hat{Y}_2 + \cdots + \beta_{GG-1}\hat{Y}_{G-1} + \gamma_{G1}X_1 + \cdots + \gamma_{Gk}X_k + u_G \end{cases} \tag{24-40}$$

再将估计值 $\hat{Y}$ 与前定变量 X 的样本观测值结合使用，对 24－40 式中的每一个方程分别用普通最小二乘法进行估计。在求出结构参数的两段最小二乘估计值 $\hat{\beta}$ 及 $\hat{\gamma}$ 后，利用估计式计算出 24－40 式中每个结构方程随机误差项 u 的估计量 e 。由于变量 Y 与 X 有 m 个样本观测值，故每一结构方程随机误差项 u 的估计值 e 也有 m 个，即 u 的估计量为 e_{i1}，e_{i2}，…，e_{iG}（$i=1$，2，…，m），且 e 与 u 相对应。

在求出 u 的估计量 e 之后，便可方便地计算出随机误差项 u 的方差及协方差的估计量。即当 $j=1$，2，…，G 时，有

$$Var(u_j) = \left(\sum_{i=1}^{m} e_{ij}^2\right)/m = \hat{\sigma}_{u_j}^2 \tag{24-41}$$

$$Cov(u_j,\ u_{j+1}) = \left[\sum_{i=1}^{m} e_{ij} \cdot e_{i(j+1)}\right]/m = \hat{\sigma}_{u_j u_{j+1}} \tag{24-42}$$

24－38 式中各结构方程的随机误差项 u 的方差和协方差可用

矩阵 $|A|$ 表示，则 $|A|$ 为

$$|A| = \begin{vmatrix} \hat{\sigma}_{u_1}^2 & \hat{\sigma}_{u_1u_2} & \cdots & \hat{\sigma}_{u_1u_G} \\ \hat{\sigma}_{u_1u_2} & \hat{\sigma}_{u_2}^2 & \cdots & \hat{\sigma}_{u_2u_G} \\ \vdots & \vdots & & \vdots \\ \hat{\sigma}_{u_1u_G} & \hat{\sigma}_{u_2u_G} & \cdots & \hat{\sigma}_{u_G}^2 \end{vmatrix}$$

$$= \begin{vmatrix} \dfrac{\sum\limits_{i=1}^{m} e_{i1}^2}{m} & \dfrac{\sum\limits_{i=1}^{m} e_{i1}\cdot e_{i2}}{m} & \cdots & \dfrac{\sum\limits_{i=1}^{m} e_{i1}\cdot e_{iG}}{m} \\ \dfrac{\sum\limits_{i=1}^{m} e_{i1}\cdot e_{i2}}{m} & \dfrac{\sum\limits_{i=1}^{m} e_{i2}^2}{m} & \cdots & \dfrac{\sum\limits_{i=1}^{m} e_{i2}\cdot e_{iG}}{m} \\ \vdots & \vdots & & \vdots \\ \dfrac{\sum\limits_{i=1}^{m} e_{i1}\cdot e_{iG}}{m} & \dfrac{\sum\limits_{i=1}^{m} e_{i2}\cdot e_{iG}}{m} & \cdots & \dfrac{\sum\limits_{i=1}^{m} e_{iG}^2}{m} \end{vmatrix}$$

第三步，应用第二步求得的 24 - 38 式中各结构方程随机误差项 u 的方差和协方差的估计量 $\hat{\sigma}_{u_j}^2$ 及 $\hat{\sigma}_{u_ju_{j+1}}$，对用模型包含的 k 个前定变量 X（X_1，X_2，…，X_k）乘 24 - 38 式每一个结构方程所得到的 $k\cdot G$ 个方程组成的方程组，应用广义最小二乘法进行估计，便可同时得到 24 - 38 式的结构参数估计量。

（四）对三段最小二乘法的评价

应用三段最小二乘法估计联立模型的结构参数，对这一方法本身及参数估计量的特点应当认真把握。

第一，应用三段最小二乘法求得的联立模型结构参数估计量是有偏的，但却是一致的。

第二，应用三段最小二乘法求得的联立模型结构参数估计量，比两段最小二乘估计量更为有效，因为三段最小二乘法比两段最小二乘法使用了联立模型中更多的信息。

第三，三段最小二乘法比完全信息极大似然法简单，但这一方法的应用要求对联立模型要有完全的了解，还要求有大量的样本观

测数据。

第四，三段最小二乘法的计算过程极为复杂，同时它对联立模型中每一结构方程的确定误差（变量选择和函数形式的确定误差）极为敏感，当某一结构方程存在确定误差，这一误差会传递到模型中其他所有结构方程中，带来不良的连锁反应。

第五，如果联立模型中不同结构方程的随机误差项是不相关的，三段最小二乘法便简化为两段最小二乘法。因此，当对联立模型中每个结构方程的正确性没有太大把握，或事先可以判定原联立模型中不同结构方程的随机误差项不存在高度的相关性，最好选用两段最小二乘法进行估计，而不贸然使用三段最小二乘法。

第五篇

5

计量经济学的应用程序及建模

第二十五章　计量经济学的工作程序

一、计量经济学方法的应用

随着计量经济学方法的日臻成熟和被越来越多的人所掌握，被广泛用于生产、投资、需求、供给、消费等领域众多问题的考察、分析与研究。利用计量经济模型这一分析工具，对经济变量的相互关系进行测定，探寻经济现象的内在规律，预测经济过程的未来，日渐成为经济研究的时尚。应用计量经济学方法研究客观经济现象，应当遵循一定的科学程序。在一般情况下，这一程序应该包括以下内容：

(1) 对所研究的经济现象进行全面调查和深入而系统的分析，构建能有效反映研究对象本质特征和客观过程的理论模型；

(2) 根据模型所包含的经济变量及参数估计的需要，收集相关数据资料；

(3) 选择适当的计量经济学方法，对模型参数进行估计；

(4) 对模型估计式的可靠性、稳定性及功能进行检验与评价；

(5) 应用经确认是正确可靠的模型进行结构分析，或进行预测、政策与决策评价，或验证和创新经济理论。

上述工作程序可以用图 25-1 示意。

这一程序中的五个工作步骤是递次推进的,前一步工作的完成是后一步工作开始的基础和条件,不能跨越前面的工作步骤去完成后一步的工作。例如,当构建了模型后才能有的放矢地收集数据资料,有了模型和相关数据资料后才可能对参数进行估计,如此等等。而不可能在没有数据资料的情况下去估计参数,也不可能在模型估计式未进行检验和评价的情况下就贸然加以应用。同时,这一程序中的五个工作步骤又存在一个逆向的反馈关系,后一步工作可以对前一步或前几步的工作进行检验,并提供修改和完善的信息。例如,在

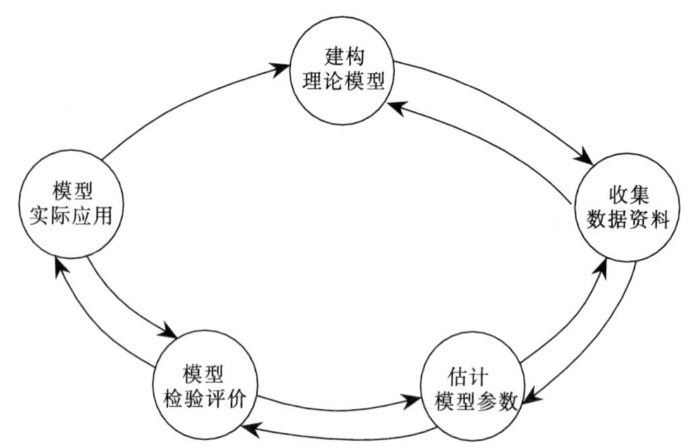

图 25-1 计量经济学方法应用工作程序示意图

收集数据资料时可能发现模型变量选择存在的问题并加以纠正，在估计参数时可能发现数据质量及模型函数形式上的缺陷并加以弥补，在对模型估计式进行检验时可能发现模型构建及参数估计方法选择上的疏漏并进行调整，等等。这一反馈过程可以由后一步反馈到前一步，也可能由后一步反馈到前几步。

二、理论模型的构建

应用计量经济学方法研究实际经济问题，第一步也是最关键最困难的一步工作，就是构建理论模型。理论模型是对经济现象高度概括的反映，它用一个或多个函数式描绘经济现象的内在规律和运行过程。构建理论模型一般应经过下列三个工作步骤：

第一步，确定模型中应当包含的变量；

第二步，分析模型中各变量之间内在的关系，选择模型的具体数学形式；

第三步，对模型参数的符号和大小设定理论期望值，作为模型评价的标准。

（一）模型变量的确定

用于描绘经济现象的计量经济模型，所包含的变量有内生变量、前定变量和随机变量三大类，其中某些变量还可依其属性细分，模型中变量的类型划分如图 25-2 所示。

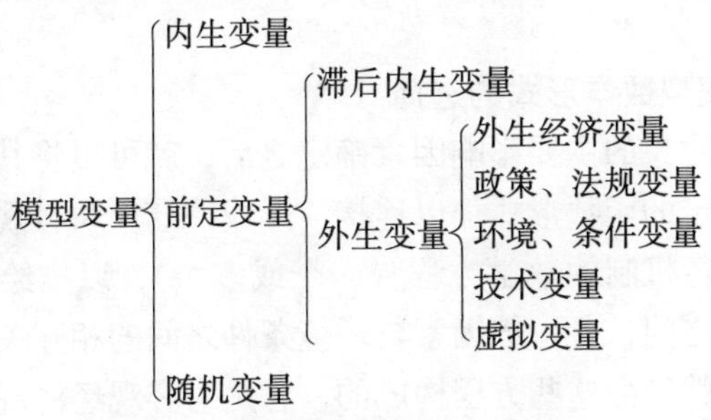

图 25-2 计量经济模型中变量分类图

对于一个具体的研究对象，计量经济模型中应当包含哪些变量，主要应当根据经济理论的说明和社会经济活动的实践经验来确定。对于很多研究对象，经济理论和经济实践对其影响因素都有明确的诠释和清楚的展示，研究者可以据此选择模型中应当包含的变量。例如，所研究的问题是某种商品的市场需求量 Q，根据经济理论及实践经验，Q 主要受该商品的价格 P_1、该商品替代品或补充品的价格 P_2、消费者收入水平 Y 的影响。因此，在该商品的需求函数中，解释变量就应当包含 P_1、P_2 以及 Y。在某些场合，研究对象到底受哪些因素的影响，既缺乏经济理论的说明，又缺乏足够的实践经验作参照，给模型变量的确定带来困难。在这种情况下，可以通过对研究对象的调查分析、经逻辑推理和参照同类型经济现象，列出所有可能的影响因素，再利用相关分析等方法对这些因素逐一论证与判别，从中筛选出模型应当包含的变量。

计量经济模型中包含的变量个数的多寡，主要由研究对象的性质和研究的目标所决定。所研究的经济现象越复杂，对其影响的因素越多，模型中包含的变量也就越多，反之就越少。研究的目标越单一或要求越粗略，模型中包含的变量就越少；而研究的目标越复杂或要求越精确，模型中包含的变量便越多。但无论哪种情况，都只有最重要的影响因素才作为独立的变量在模型中列示，而对于次要的影响因素则归入随机变量。在计量经济模型中单独列示的变量都应当有明确的经济含义，并具可观测性，即能够应用一定的方法和手段对其测定。随机变量包含的内容较多，经济内涵不具备单一性，也不可直接观测，是一个特殊的变量，在应用时需要对其做出一些假定。

（二）模型数学形式的选择

当研究对象的主要影响因素确定之后，就可以将其作为独立变量并利用一定的函数形式加以连接，形成一套反映客观经济现象内在规律和运行机制的数学方程（一个或多个），以描绘该经济现象内部各因素之间，各内部因素与环境条件之间的相互关联关系。计量经济模型就是由这些方程构成的，它是对客观经济现象的数学抽象。模型中的方程依其功能和特征可以分为不同类型，具体分类如图 25-3 所示。

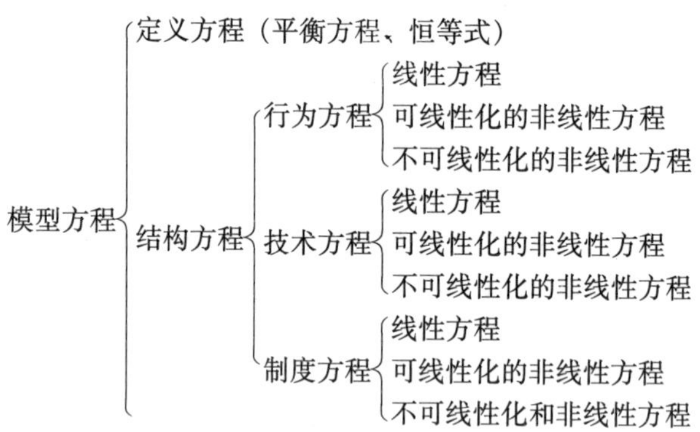

图 25-3 计量经济模型中的方程分类图

反映某一客观经济现象内在规律和运行机制的计量经济模型，应当包含多少个方程以及什么类型的方程，可以通过系统分析加以确定。将研究对象作为一个由多种相互影响、互为依存、互相制约的内部要素所构成，又受许多外部因素影响并具有特定功能的系统整体，再从不同侧面和角度对系统内部各要素之间、内部要素与外部因素之间在行为因果、技术关联、制度联系等方面的关联关系深入剖析，并将这些关联关系分别用函数形式进行表达，则这些描绘系统运行机制和变动趋势的函数表达式，就是计量经济模型中应当包含的方程。至于这些函数表达式的精确形式（如包含的变量、具体的函数形式)，在一般情况下，经济理论和实际经验不能直接提供准确的说明，而需要研究者根据实际情况确定。比较可行的办法是，在对系统中各相关要素及其与外部因素相互关系的类型及特征进行研究的基础上，从各种可能的函数形式中选择可满足各种显著性检验准则的具体函数形式。模型中包含的方程个数，主要由研究对象的复杂程度来确定。只有极单纯和简单的研究对象，才可能用一个方程进行描绘。而对于绝大多数研究对象，因其影响因素众多而关联关系又很复杂，往往要用一组方程加以描绘。因此，在一般情况下，计量经济模型由多个相关的方程组成。除此之外，研究的目的、相关数据资料的可满足程度、研究的时间与经费等，也是决定模型包含方程个数多少的因素，研究目标要求高、资料易于满足、研究时间与经费充裕，模型就可以构建得详细一些，包含的方程个数就多。如果出现相反的情况，模型方程的数量就应减少。

(三) 模型参数符号及大小的设定

计量经济模型的参数，主要是指模型中每一个方程解释变量的系数（除此之外还有常数项)，这些系数有的表示边际值、有的表示弹性，都有特定的经济含义。在模型构建出来之后，应该根据经济理论的说明以及社会经济实践的经验，或者相关研究的结论，对模型参数的符号（取正值或取负值）和大小做出期望设定，以作为评价模型估计结果的基准。例如，构建了某种商品的需求函数为

$$Q = b_0 + b_1P_1 + b_2P_2 + b_3Y + b_4Q_0 + u \qquad (25-1)$$

式中，Q 为该商品的需求量，P_1 为该商品的价格，P_2 为相关商品的价格，Y 为消费者的可支配收入，Q_0 为消费者对该商品的保有量。由经济理论及经验可知，该商品的需求量 Q 与其价格 P_1 是呈反方向变动的，因此 b_1 应该为负值；如果 P_2 代表该商品补充品的价格，则 b_2 应当与 b_1 符号相同，必然取负值；如果 P_2 代表该商品替代品的价格，则 b_2 应当与 b_1 符号相反，必定取正值；消费者可支配收入 Y 是与商品需求量趋于同方向变化的，因此 b_3 应当取正值；而消费者对该商品的保有量 Q_0 是与对该商品的需求呈反方向变动的，因此 b_4 应当取负值。至于参数的大小，仍然是根据经济理论的说明和经验的判定，给出一个期望的取值范围。本

例中的参数表示弹性，如果该商品为生活必需品（如粮食），其价格变动对需求量的影响就不大，b_1 的值就小。但当该商品为奢侈品（如名牌服装），其价格变动对需求量的影响就很大，b_1 的值就大。据此，便可以对参数的取值大小做出一个经验的界定。

由上述分析可知，理论模型的构建是计量经济方法应用最关键也是最困难的一项工作。模型变量的科学选择、方程函数形式的合理筛选、方程个数多少的确定，既需要对研究对象的深入了解和全面把握，又需要抓住本质特点进行高度的抽象。由于经济理论对特定研究对象论证的不完备，或由于实践经验积累的不足，以及在特定情况下对研究对象的认识不充分，用于估计参数的数据资料的缺失，模型构建容易出现失误，轻者出现较大误差，重者失去意义。为此，对理论模型的变量选择和方程函数形式的确定必须十分注意，以免出现大的失误。当然，构建的理论模型是否正确，最终还要取决于对研究对象内在规律及变动趋势反映的有效性，以及参数估计值是否具有正确的经济意义、统计检验和计量经济学准则检验是否符合所规定的要求。

三、数据资料的收集和校核

在理论模型构建之后，就要依据模型所包含的变量收集相关的数据资料，以便用作对模型参数的估计。数据资料的可靠、完整和准确，是保证模型参数估计正确的重要基础。如果数据资料不可靠，出现残缺，或准确性不高，模型参数估计就会严重失准。因此，数据的收集和校核也是一项重要的工作，必须认真做好。

用于计量经济模型参数估计的数据资料有多种类别，最常用的有以下五类。

（一）时序数据

时序数据是时间序列数据的简称，它是以同一统计指标按时间先后顺序记录的经济变量的数据资料。在时序数据中，有以某一时点（如年末、月末）记录的数据，如 1950—2002 年年末全国耕地面积，全国总人口；也有以某一时期（如一年、一月）记录的数据，如 1950—2002 年全国粮食总产量、工业总产值、农业总产值、国民收入等。在同一时间序列数据中，每一个数据必须是同口径的。这就要求对数据的统计范围相同、统计时点或时期相同、计算的标准与方法相同。只有如此，才能保证整个数据序列中的每一个数据具有同质性、可比性，才能用于模型参数估计。

很多经济变量的时序数据都可以从统计部门得到，还有一些时序数据可以从相关业务主管部门和机构得到，只要认真查询，这两种来源的资料可以集中收集。某些时序数据不包含在统计部门和业务部门的惯常统计范围内，研究者需要从其他相关部门和机构收集或利用有关数据推算。如果某些时序资料通过多种渠道仍不能获取，就只能放弃，并相应改变模型变量。

（二）截面数据

截面数据是横截面数据的简称，又称为横剖面数据，它是在确定时点上用同一指标对不同统计对象进行记录的经济变量的数据资料。如 2001 年末各省、市、自治区的人口、国土面积、固定资产总额等，2001 年 6 月10 000户城镇居民家庭人口、收入、食品及文化消费支出等。截面资料只要求统计对象之间有基本的共同点（如同为省级行政区域、同为城镇居民家庭等），但要求数据统计的时点相同、统计的口径相同、计算方法相同，以保证各个截面数据的同质性和可比性。

有一些经济变量的截面数据可以从统计部门及相关业务主管部门获取，但用于模型参数估计的大量截面数据，要利用抽样调查或其他方法进行调查方可获得。例如，我国农调队和城调队从数以亿计的农村家庭和城市家庭中，抽取上万个家庭进行定点调查，详细了解其每年的生产、就业、收入、消费等情况，所得到的资料就是截面资料。

（三）技术数据

技术数据又称技术参数，它是经济活动中有关生产、经营技术工艺及方法的指标、参数、定额等。例如，工业生产中的单位产品能耗、农作物生产中的施肥配方、牲畜饲养中的饲料营养成分的要求等，就属于技术数据。这类数据对研究投入产出关系等领域的问题十分有用。

技术数据是根据科学试验和经济活动实践总结出来的，当技术水平没有发生大的改变时，这类数据也保持稳定。这类数据可以由技术部门提供，有时还可以从相关技术手册上查询。还有一部分属于经验性的技术数据，可以直接由生产经营者提供。

（四）政策、法规数据

中央和地方政府及行业、部门的某些政策、法规、条例，直接和间接地规定了一些经济变量的取值或取值范围，这类数据便称为政策、法规数据。例如，银行存贷利率、各种税收的税率、本国货币的汇率、特种商品和服务的最低或最高限价、某些产品生产规模的限额等，就属于政策、法规数据。

政策、法规、条例等是政府及行业部门对社会经济发展实施管理和调控的重要手段，在实施期内不可变更，相关数据也不能改变。有些政策、法规数据可以直接用于模型参数估计，而有的这类数据则可以与其他数据资料结合应用，对模型参数进行估计。政策、法规数据可以从相关政策、法规文件中获得。

（五）设定数据

在计量经济模型中，有时需要设置一些定性的控制变量，如定性的条件变量及状态变量等。这些变量虽然客观存在，但无法用一定的计量单位进行测定，因而不能获得常规意义上的观测数据。例如，私人住房或私人轿车的拥有状态、气候状况等，就只能用“有”或“无”、“好”或“坏”来表示，而不便用其他计量标准去量度。在这种情况下，对这些定性变量就需要人为赋值。例如，对拥有私人住房或私人轿车的状况赋值为1，不拥有的状况赋值为0；对气候好的状况赋值为1，对气候恶劣的状况赋值为-1。

在对数据的收集过程中，要从数据来源、调查统计方法、传递过程等方面对其可靠性、准确性进行严格校核，以保证数据资料的质量。对于那些存在疑问或缺陷的数据资料，应利用相应的办法进行复核、校正和弥补，力求使所收集的数据资料尽可能达到准确无误。对于那些可以从不同渠道获得的数据资料，还需要将不同来源的数据进行对比分析、去伪存真，使其更加可靠。

就模型参数估计的要求而言，数据资料越丰富越准确越好。但对复杂的社会经济现象的量度而言，要做到详尽而精准的测定是极为困难的，有时甚至是做不到的。因此，在构建模型时一定要考虑对数据资料的要求，尽可能应用现有统计资料就可估计其参数。还应当指出，应用不同类型的数据资料估计模型参数，可能会引起不同的问题。例如，应用时序资料估计模型，可能引起解释变量之间的多重共线性及随机误差项的序列相关，应用截面资料估计模型又可能引起随机误差项的异方差。同时，应用不同类型数据资料估计模型，其参数估计值还具有不同的含义。对于这些数据资料应用中可能诱发的问题，也应当给予高度重视。

四、模型的参数估计

在完成理论模型估计所需数据资料的收集、整理、校核后，便可以对模型参数进行估计。模型参数估计是利用前述的计量经济学方法，对给定观测数据资料进行数值计算的过程，这一过程要经过下述三个工作步骤才能完成。

（一）考察模型的识别状态

在模型参数估计之前，必须对模型的可识别性进行考察。主要是应用各种识别条件对模型中的每一个方程（恒等式、定义方程除外）是否可以识别进行判定。只有当模型的每一个方程是适度识别或过度识别的，模型参数的估计在统计上才是可行的。如果模型中一个或多个方程是不可识别的，则整个模型也是不可识别的。对于不可识别的模型，不可能用任何计量经济学方法对其参数进行估计。

（二）分析解释变量之间的相关程度

计量经济模型中的解释变量之间如果存在线性相关，会对模型参数估计带来不良后果。轻者会造成参数估计产生较大偏误，不能正确测定解释变量对被解释变量的影响；当解释变量之间存在完全的线性相关性，还会造成模型参数无法估计。在社会经济发展进程中，大多数经济变量都是趋于同时变化的，它们之间在客观上存在一定的相关性。例如，收入、消费、物价趋于同时变化，投资、产出、进口和出口趋于同时增长。同时，技术的进步、经济的增长、社会分工与协作，也使经济变量之间存在不同程度的相关性。因此，解释变量之间的线性相关一般是存在的，问题在于这种相关性是否很高。对解释变量之间线性相关程度进行分析，就是要用相应的方法对它们的相关性进行测定。如果测定结果表明解释变量之间的线性相关程度低，因其对模型参数估计的不利影响较小，可以不予处理。如果测定结果表明解释变量之间的线性相关程度很高，则必须采用省略不重要的解释变量、对解释变量进行变换、对相关程度高的解释变量进行归并等方法进行处理。

（三）选择适当的模型参数估计方法

用于计量经济模型参数的估计方法，主要有单一方程估计法和方程体系估计法两大类。单一方程估计方法每次只能对模型中的一个方程进行估计，这类方法有普通最小二乘法、广义最小二乘法、间接最小二乘法（简化型方法）、两段最小二乘法、有限信息极大似然法等。方程体系方法对模型中的所有方程同时进行估计，并同时得出模型所有参数的估计量，这类方法主要有三段最小二乘法，完全信息极大似然法等。

对于一个特定的计量经济模型，具体采用哪一种方法进行估计，主要由五个因素来决定：

第一，研究对象的性质。如果研究对象是一个可以用单一方程描绘的简单问题，或者研究对象是可以用递归模型描绘的系统，而模型中的每一个方程又符合经典的假定，则首选的估计方法应当是普通最小二乘法。如果研究对象很复杂，需要用联立方程组加以描绘，其估计方法的选择便要根据后面论及的影响因素加以确定。

第二，模型的识别状态。如果模型中的每一个方程都是适度识别的，则应用间接最小二乘法（简化型方法）进行估计是合理的。如果模型中的每一个方程都是过度识别的，则利用两段最小二乘法进行估计是最佳的选择。

第三，模型参数估计值的性质。无论应用何种方法对模型参数进行估计，都要求参数估计量具有无偏性、一致性和有效性，或者三者间的某种组合。在一般的情况下，所选择的估计方法应当使模型参数估计量具有尽可能好的性质特征。

第四，研究的目的及要求。不同的研究目的，对模型参数估计量准确程度和可靠性有不同的要求。而不同的计量经济学方法，其参数估计量的性质也存在差异。当研究的目的是为了预测，便对参数估计量的最小方差性质要求很高，就应当选择能使参数估计量方差达到最小的估计方法。当研究的目的是为了进行政策评估或结构分析时，则对参数估计量的无偏性要求高，就应当选择使参数估计量偏差最小的估计方法。

第五，方法应用的条件与便捷性。不同的参数估计方法对数据资料的要求不同，计算的复杂程度和工作量也存在很大差别。在能够达到研究目的和满足研究要求的前提下，选择那些对数据资料需要较少、计算简单方便、花费时间和经费较省的估计方法，有利于模型参数的顺利估计。

在一般情况下，对一个特定的计量经济模型虽然原则上可以用多种方法进行估计，但在严格理论意义上，最适合该特定模型的参数估计方法只有一种，其他方法则或多或少存在缺陷。在实际的估计方法选择与应用中，或因为数据资料的不足，或因为时间与经费的限制，往往不能选择最适合的方法估计模型。在这种情况下，应该注意因采用不太适当的估计方法对参数估计带来的不利影响。当计量经济模型的估计方法确定之后，还应当注意所选择的估计方法的应用条件及假设，并仔细检查与评估构建的模型与这些条件与假设是否相符合。这些条件与假设主要指模型确定的正确性、数据资料的可靠性、模型中结构方程随机误差项的分布形式及统计特征、结构方程的解释变量的性质及相互之间的关系等。根据这些条件与假设可以建立计量经济学准则，作为评价模型参数估计结果可靠性的依据。

五、模型估计式的检验

计量经济模型无论用什么方法进行估计，对所获得的估计式都必须进行严格的检验和评价，以判别估计式的正确性和可靠性。模型估计式的检验是一项程序化的工作，主要从以下四个方面进行。

（一）理论检验

理论检验是对模型参数估计量经济意义的正确性进行评价，主要分析参数估计量的符号和大小是否符合经济理论的说明和经济实践的常规，证明模型估计式在经济理论上是否成立。例如，采用500个居民家庭的相关资料对25－1式进行估计，得出的估计式为

$$\hat{Q} = \hat{b}_0 + \hat{b}_1 P_1 + \hat{b}_2 P_2 + \hat{b}_3 Y + \hat{b}_4 Q \qquad (25-2)$$

则对估计式的理论检验，就是分析参数估计量 $\hat{b}_1$，$\hat{b}_2$，$\hat{b}_3$，$\hat{b}_4$ 的符号和大小是否符合需求理论的一般结论和居民消费行为的常规。如果参数估计量的符号和大小符合经济理论的阐释及经济行为的理性，表明模型估计式可以对社会经济现象做出符合情理的解释与说明，模型估计式在理论上成立。如果出现相反的情况，则表明模型估计式不能对社会经济现象做出符合一般规律的解释，在理论上不成立，这样的估计式应当舍弃，重新构建和估计模型。在某些特定的场合，如果有充足的理由证明模型参数估计量的符号和大小与经济理论的阐释不符应当成立，则这样的估计式也应被接受。

模型参数估计量的符号和大小出现错误的原因很多，但在大多数情况下，主要是由于数据资料的缺陷造成的。当用于估计参数的数据资料不能代表经济理论阐明的经济关系、或数据资料的数量不足、或数据资料不符合估计方法的假定，就会造成错误的发生。在一般情况下，如果模型估计式不符合经济意义，例如25－2式中居民收入 Y 的参数本来应当为正值，但估计量却是负值，就可以确认这一结果是不正确的，是不应当被接受的，应查明原因并予以纠正。

（二）统计检验

统计检验是对模型参数估计量的可靠性进行评估，从数学上验证模型估计式是否正确。统计检验包括以下三个方面的内容，必须逐一完成。

1．模型估计式的拟合程度检验

拟合程度指模型估计式反映客观经济现象的真实程度，在统计上常用绝对残差 SER、相对残差 $SER/\overline{Y}$、可决系数 R^2 进行评

价。绝对残差 SER 和相对残差 $SER/\overline{Y}$ 分别表示随机误差项对被解释变量 Y 的变差的解释能力和比重，前者越小越好，后者应小于15%。可决系数 R^2 表示被解释变量 Y 的变差由解释变量解释的比重，这一比重越接近1越好。当 SER 及 $SER/\overline{Y}$ 越接近于0、R^2 越接近于1，就表明模型估计式越接近于客观经济实际，模型估计式的拟合程度越高。反之，模型估计式拟合程度就低。

2. 模型估计式的显著性检验

模型估计式的显著性主要指解释变量选择的正确性。通过方差分析，可以根据样本资料计算出 F 统计量并用于对变量选择的正确性进行判定。F 统计量表示在被解释变量的总变差中，由所有解释变量共同解释的部分是由随机误差项解释的部分的倍数。在给定显著水平 α 的情况下，如果计算的 F 值大于自由度为 k（解释变量个数）和（$m-k-1$）（m 为样本容量）F 的分布临界值 F_α，便表明模型所有解释变量参数估计量同时为零的可能性小，解释变量的总体选择正确，模型估计式显著。如果出现计算的 F 值小于临界值 F_α，则表明所有解释变量参数估计量同时为零的可能性较大，解释变量的选择在总体上不正确，模型估计式是没有意义的，应当舍弃。

3. 模型参数估计量的显著性检验

模型参数估计量的显著性，指参数估计量与其真实值的离差大小。很显然，离差越小，参数估计量就越显著。该检验是通过计算每一个解释变量参数估计量 $\hat{b}_j$ 的 t 统计量 t_j 进行的。在给定显著水平 α 的情况下，如果计算的 t_j 值比自由度为（$m-k-1$）的 t 分布临界值 t_α 大，便表明估计量 $\hat{b}_j$ 在统计上是显著的，与之对应的第 j 个解释变量也是一个重要的变量。如果计算的 t_j 比临界值 t_α 小，则表明估计量 $\hat{b}_j$ 在统计上不显著，其可靠性较差，不能有效代表真实参数。如果经检验证明 $\hat{b}_j$ 为零的可能性较大，则表明 $\hat{b}_j$ 对应的第 j 个解释变量是一个不重要的变量，应当从模型中剔除，并重新构建和估计模型。

模型估计式的统计检验比较复杂，也很重要，必须逐项做好。但与理论检验相比，统计检验是属于第二位的。如果模型估计式在理论检验上通不过，即估计式在经济理论意义上不合理，即便在统计检验上是显著的，也属于错误的模型，不应被接受。

（三）计量经济学准则检验

计量经济学准则检验实际上是对模型参数估计条件满足程度的分析与论证。由于这些条件直接决定着统计检验结果的可靠性，所以又可将计量经济学准则检验视为对统计检验可靠性的检验。计量经济学准则检验主要分析模型识别条件是否具备，及所采用的参数估计方法的应用条件是否具备。只有通过前述判别规则确认模型是可识别的（适度识别和过度识别均可），才可能应用一定的方法估计其参数。否则，不可能用任何方法对其参数进行有效的估计。模型参数估计方法不同，对应用条件的要求也不尽一致，应当择其要者分析论证。例如，应用普通最小二乘法就要求模型的随机误差项具有齐性方差、不存在序列相关、与解释变量独立，解释变量为一般变量且相互间不存在高度线性相关。为此，就需要对随机误差项是否存在异方差、序列相关及解释变量是否存在多重共线性等问题，应用前面相关章节介绍的方法进行检验。如果经检验证实参数估计方法的应用条件可以得到满足，就可以确认估计方法的应用是恰当的，统计检验的结果是可靠的。相反，统计检验的结果就是虚假的信息，不足为信。

（四）稳定性及灵敏度检验

建立计量经济模型的目的在于将其用于经济分析、预测、决策等。但对其功能未加确认的模型是不能贸然应用的。因此，在模型估计式得出之后，必须对参数估计量的稳定性及当样本资料个数变化时的灵敏性进行检验，还必须对是否适用于样本观测值范围之外的问题进行判定。鉴于此，这一检验又称之为模型估计式的超样本功能检验。

稳定性与灵敏度检验，可以用扩大（或缩小）样本容量（样本资料个数）的方法重新估计模型，并将新的估计式与原来的估计式进行比较。当样本容量改变不大（如增加或减少两个样本观测值）

时，如果两个估计式对应参数的符号相同且大小仅有细微差别，表明原估计式对样本容量改变的反应不灵敏，稳定性好，且有较为理想的分析与预测功能；如果新估计的模型在参数符号和大小上与原估计式存在很大差别，则表明原估计式对样本容量改变的反应极为灵敏，稳定性差，不具备基本的分析与预测功能。

模型估计式超样本功能的检验，可以将估计式用于样本期外或样本取值范围之外，计算出理论值后将其与实际观测值进行比较。如果计算的理论值与实际观测值十分接近，表明原估计式超样本功能强，可用于样本范围内及样本范围外的分析与预测。如果二者相差较大，表明原估计式超样本功能弱，不可用于样本范围外的分析与预测。

若经检验发现模型估计式的稳定性和超样本功能差，应当找出原因，重新构建并估计模型。造成模型估计式稳定性、超样本功能差的原因很多，最常见的是模型函数形式及变量选择失准、样本资料存在缺陷、参数估计发生错误、研究对象在样本范围内与样本范围外发生了重大改变等。

六、模型估计式的应用

计量经济模型的估计式经检验，如果证明符合经济理论与经济实践的常规、能够正确描绘和解释所研究的社会经济现象、参数估计量准确并接近真实参数、稳定性和超样本功能强，就可以用于经济分析、政策分析、验证经济理论或用于预测。

模型估计式的应用，是以外生变量的已知为前提的。当模型估计式用于经济分析时，必须先对经济系统的相关外生变量赋值；当模型估计式用于政策分析和理论验证时，必须对影响政策的主要外生变量及经济关系的决定因素确定数量化的状态和水平；当模型估计式用于预测时，必须对未来时期相关外生变量确定数量标准。这就要求在模型之外应用其他方法确定外生变量的值，为模型估计式的应用创造条件，很显然，外生变量的值确定得越准确，模型估计式应用的结果越好。

对外生变量的确定有很多方法可供选用，其中，抽样调查和趋势外推两种方法用途最为广泛。抽样调查是对外生变量随机抽取一定数量的样本，经统计处理后确定其取值水平。当外生变量总体容量较小时，也可以通过普查方法确定其取值大小。趋势外推是根据外生变量的变动规律，建立趋势变动模型，利用这一模型对其未来的状态和水平做出预测。除此之外，还可采用德尔菲法确定外生变量的值。

当外生变量的值确定之后，就可以将其代入模型估计式，通过对模型中内生变量的计算，进行经济分析、政策评价、理论验证及预测未来。应当指出，应用模型估计式所得到的结果直接表现为量化的指标，对这些量化的结果必须对其内在的经济含义加以解释与说明。再者，如果模型估计式用于预测，对预测结果应有科学的判定，它是对未来总体平均水平的估计值，是一个在一定范围内变动的随机变量。

从上面分析可知，应用计量经济学方法研究实际问题是一个极为复杂的过程。这一过程要经过多个相互衔接的不同阶段，而在每一阶段中又需要历经多个工作步骤，构成一个完整的过程系统。在这一过程系统中，构建计量经济模型、正确估计模型参数居于核心地位，需要深入分析、认真推敲、反复修正才能使模型达到实用的水平。鉴于此，研究者应当把主要注意力放在构建正确的理论模型、收集真实可靠而完备的数据资料、选择科学的参数估计方法及对模型估计式的应用分析上。至于参数估计及模型检验的复杂计算，应用计算机即可快捷完成。

第二十六章 计量经济模型的传统建模方法

在计量经济学方法的应用过程中，模型构建是一项极为重要而又十分困难的工作。对计量经济模型的构建方法进行探讨，对于计量经济学方法的正确应用及提高应用效果大有补益。计量经济模型的构建有所谓传统方法与试验方法之分，本章主要对传统方法进行分析，下一章对试验方法进行介绍。

一、传统建模方法

（一）传统建模方法的过程

利用传统方法建立计量经济模型，一般要经过以下四个工作步骤：

第一步，根据有关经济理论的阐释或社会经济实践的惯常经验，选择模型应当包含的变量及模型具体的函数形式，构建理论模型；

第二步，依据研究对象的性质，对理论模型的变量、参数及随机误差项做出相应的先验假设，作为模型检验的标准；

第三步，收集相关变量的样本观测数据，采用一定的计量经济学方法，对模型参数进行估计，求出理论模型的样本估计式；

第四步，对模型样本估计式进行理论检验、统计检验、计量经济学准则检验，如果检验结果能满足先验假设的要求，模型估计式便被接受。否则，模型估计式就被认为是错误的，应当抛弃。

（二）传统建模方法的思路

传统建模方法认为，根据经济理论或实际经验建立的理论模型才是“正确的”模型。模型估计式经过检验，在某个或某些方面不满足先验假设，如参数估计量的符号和大小不符合经济理论和实际经验的常规，或 R^2、F、t、DW 等检验统计量不能令人满意，研究者仍不会怀疑模型变量选择和函数形式确定的“正确性”，将出现错误结果的原因归结为数据资料的缺陷和估计方法的欠妥，并进而搜寻自认为更完美的数据资料和更完善的方法重新估计参数。只有当重新估计的参数仍然不满足先验假设时，研究者才会将注意力转向模型可能出现的偏差上，考虑模型是否遗漏了重要变量，或包含了多余的变量，或模型函数形式不准，或随机误差项的设定不正确，等等。

如若发现模型估计式不满足先验假设是由重要解释变量的遗漏造成，研究者便通过引入“新”变量的办法对原有理论模型进行修补。由于在实际的经济研究中，一般从含有较少个数解释变量的模型开始，经过检验后把越来越多的解释变量引入模型，故有的学者（如 *C.L.Gibert*）将其称为平均经济回归（简记为 *AER*）。

计量经济学模型的传统建模方法因其存在一些缺陷而遭到非议。这些缺陷主要表现在三个方面：

第一，应用计量经济学方法研究的实际经济问题范围广泛、类型多样，经济理论难以对这些形形色色的研究对象都给出具体的阐释，社会经济实践经验也不总是能够提供可资借鉴的参照。在这种情况下，理论模型的构建就将因缺乏依据而陷入困境。

第二，即使所研究的问题有相关理论的说明或实际经验的参考，但对于某一个具体的经济现象，因其特殊性所决定，是否一定符合理论与经验的常规，还是一个有待证明的问题。将依据经济理论和实际经验建立的理论模型先验假设为“正确”，并将其作为前提对模型进行估计与检验，在方法上显得牵强和僵硬，在实际上模型不一定能真实描绘客观现实。

第三，有时虽然能根据经济理论和实际经验构建出一个好的理论模型，但由于数据资料不可满足（如缺失或难以获得）、参数估计困难（如不可线性化的模型）等原因，使其不具有实用性。遇到这种情况，传统的建模方法也会显得无能为力。

虽然传统的建模方法存在上述缺陷，但这一方法毕竟为模型构建提出了一个明晰的思路，并为大多数研究者所采用。正因为如此，一些计量经济学家（如 *A.C.Darnell* 和 *L.Evans*）认为，这一方法经过某些修改后仍然可取。

（三）传统建模型方法的准则

应用传统方法（应用其他方法也一样）构建计量经济模型，一般应遵从一些基本的准则，以保证模型的可靠性和实用性。这些准则主要有以下五条：

(1) 模型应力求简单。计量经济模型只能是对客观经济现象的本质描绘，对其内在规律的高度抽象，而永远不可能是对经济现实的完全准确的描述。如果要求模型完全准确地反映经济现实，它就会复杂到没有任何实用价值。因此，构建任何一个计量经济模型，都离不开必要的抽象与简化，模型中只应当包含那些反映研究对象本质的关键变量，而把次要的和随机的变量（因素）放到随机误差项中。在可完成研究任务和达成研究目标的前提下，模型越简单越好。简单的模型不仅易于估计与检验，也便于应用。

(2) 模型具有可识别性。所构建的模型对于给定的数据资料，可以采用一定的计量经济方法求出参数的惟一估计量。如果所构建的模型是不可识别的，便不可能用任何一种计量经济方法求出参数的估计量，这样的模型是没有意义的。如果所构建的模型在给定的数据资料条件下，其参数估计量不是惟一的，则这样的模型也是没有用途的。

(3) 模型具有较高的拟合优度。对计量经济模型的基本要求，是通过解释变量尽可能有效地解释被解释变量的变化。这种有效性主要体现在解释变量对被解释变量总变差解释的份额，份额越高越有效。这一份额是对模型总体拟合优度的量度，称为可决系数，用 R^2 表示（调整后的 R^2 用 $\overline{R}^2$ 表示）。对于一个好的模型，$\overline{R}^2$ 应当接近于 1（100%）。不过，模型好坏不能只看 $\overline{R}^2$ 值，还需要看其他检验结果，在其他检验结果符合要求的情况下，$\overline{R}^2$ 值越高越好。

(4) 模型应与理论相一致。计量经济模型所反映的变量之间的依存关系，应当与经济理论和社会经济实践的常规相一致。如果模型参数估计量中有一个或多个的符号发生错误，即使 $\overline{\mathrm{R}}^2$ 值很高，因与常理相悖，也不一定是一个好的模型。当然，在某些特定情况下，经济现象的发展变化不符合理论常规，反映这类研究对象的模型也就与理论的一般说明不相符合，只要理由充分，模型仍然成立。

（5）模型具有较好的超样本功能。建立计量经济模型的目的在于进行经济分析、经济预测及理论验证，模型在这些方面的功能越强就越好。对于模型样本估计式，如果在样本范围内和样本范围之外对所研究的经济现象都有很强的分析和预测功能，模型的理论结果和实际结果相差很小，模型就真实可靠，超样本功能就强。如果模型在样本范围内有较好分析与预测功能，而在样本范围之外不能对客观经济现象做出好的解释与说明，便表明超样本功能差。超样本功能差的模型是不可靠的，不可贸然应用。

二、传统建模方法的模型设定误差

传统建模方法假定，根据经济理论和实际经验构建的理论模型是“正确的”，变量的样本观测数据没有测定误差。这两个方面的假定是很严格的，在实际的建模过程中极难满足。由于经济理论不可能对千差万别的研究对象指明应当包含的具体变量和应该采用的函数形式，加之变量样本观测数据的测定误差也几乎不可避免，研究者就必须经过主观判断构建理论模型，并使用统计数据（或调查数据）作为样本资料。在这一背景下，模型设定便可能出现下面四类误差。

（一）模型遗漏了重要的解释变量

假设内生变量 Y 的变动主要受外生变量 X_1 和 X_2 的影响，Y 与 X 的真实关系式为一个二元线性方程

$$Y_i = b_0 + b_1 X_{i1} + b_2 X_{i2} + u_{i1} \tag{26-1}$$

当研究者在构建模型时，或因经济理论对该研究对象应选择的具体变量缺乏说明，或因找不到同类的研究作参照，主观判断的结果认为只有 X_1 是影响 Y 的重要变量，而丢掉了变量 X_2，只选择 X_1 作解释变量建模，就只会得到一个一元线性方程

$$Y_i = a_0 + a_1 X_{i1} + u_{i2} \tag{26-2}$$

由于已经确认 26－1 式是反映 Y 变动的正确的模型，故研究

者所构建的 26－2 式便是一个有设定误差的模型，这一误差是因为在模型中遗漏了重要的解释变量 X_2，使模型对研究对象的描绘失准。对比 26－1 式和 26－2 式，它们的随机误差项存在下述关系

$$u_{i2} = u_{i1} + b_2 X_{i2} \tag{26-3}$$

（二）模型包含无关的解释变量

有时因为研究者主观判断的失误，也可能将无关的解释变量引进模型。对于上例，如果研究者误认为另一个外生变量 X_3 对内生变量 Y 有重要影响，并将其作为一个独立的解释变量引进模型，就会建立一个三元线性方程

$$Y_i = C_0 + C_1 X_{i1} + C_2 X_{i2} + C_3 X_{i3} + u_{i3} \tag{26-4}$$

与确认为是正确的模型 26－1 式相比，26－4 式也是一个有设定误差的模型，因为它包含有无关的变量 X_3，使其不能正确描绘内生变量 Y 的变动。在这一有设定误差的模型中，随机误差项 u_{i3} 实际上为

$$u_{i3} = u_{i1} - C_3 X_{i3} \tag{26-5}$$

因为外生变量 X_3 是一个与内生变量 Y 无关的变量，故在 26－4式中解释变量 X_3 的系数 C_3 应当为零。所以随机误差项 u_{i3} 应当与 u_{i1}相等。

（三）模型采用了不正确的函数形式

在某些情况下，研究者对模型变量的选择正确，但因为多种原因对这些变量之间内在关联关系的判断发生失误，就可能对模型采用错误的函数形式。对于上例，如果研究者误认为内生变量 Y 与外生变量 X_1 和 X_2 的关系为

$$Y_i = \alpha_0 \cdot X_{i1}^{\alpha_1} \cdot X_{i2}^{\alpha_2} \cdot e^{u_{i4}} \tag{26-6}$$

亦即

$$lnY_i = ln\alpha_0 + \alpha_1 lnX_{i1} + \alpha_2 lnX_{i2} + u_{i4} \tag{26-7}$$

与正确的模型 26－1 式相比，26－6 式（或 26－7 式）是一个有设定误差的模型，因为它将 Y 与 X 的线性函数关系错误地表达成非线性函数关系，从而对模型变量内在关联关系进行了不正确的描绘。

（四）模型变量存在测定误差

在计量经济学方法的应用中，模型样本观测数据一般采用统计资料和调查资料，由于统计覆盖的不完全、测定方法的缺陷、近似计算的干扰及数据的缺失等原因，变量的测定误差很难避免。如果在模型中使用有测量误差的变量，则模型的设定误差便随之产生。对于上例，如果设 Y、X_1、X_2 的测量误差分别为 v、ε_1、ε_2，则带有测量误差的变量 Y^*、X_1^*、X_2^* 便为

$$Y_i^* = Y_i + v_i$$

$$X_{i1}^* = X_{i1} + \varepsilon_{i1}$$

$$X_{i2}^* = X_{i2} + \varepsilon_{i2}$$

由于研究者不能得到真实的变量 Y_i、X_{i1}及 X_{i2}，便只能采用带有测量误差的变量 Y_i^*、X_{i1}^*及 X_{i2}^*建模，于是模型就成为

$$Y_i^* = \beta_0 + \beta_1 X_{i1}^* + \beta_2 X_{i2}^* + u_i^* \tag{26-8}$$

26－8 式虽然在形式上与正确的模型 26－1 式相同，但因其变量存在测量误差，故其模型的设定误差是明显存在的。

应当指出，对于特定的研究对象，总存在一个反映其内在关联关系和描绘其运行规律的正确模型（如上例的 26－1 式）。由于主观和客观原因，研究者很容易出现判断上的失误，或在模型中遗漏重要变量，或将无关变量引入模型，或模型函数形式确定失准，或不自觉或被迫使用有测量误差的变量，或同时犯有几种不同的错误，导致模型设定的一种或多种误差。

三、模型存在设定误差的后果

对于所构建的模型无论存在哪种类型的设定误差，都必然对模型参数估计、模型检验带来重要影响，并最终影响模型估计式的质量和功能。在模型的四类设定误差中，函数形式选择错误的类型较多，产生的后果也不尽相同，难以进行一般性讨论；模型变量存在测量误差，轻则影响参数估计的有效性，重则改变模型的性质（若变量误差太大将使其内涵发生改变），不良后果虽然明显，也难于进行一般性分析；而模型中遗漏重要变量和引进了无关变量的影响

后果有一些共同的规律可循，可以进行一般性分析论证。

（一）模型遗漏重要变量的后果

对于模型遗漏重要变量的后果，可以用一个二元线性模型遗漏一个重要变量的情况加以说明，至于多元模型中遗漏一个以上重要变量的后果，可以类推，只不过计算过程要复杂得多。

设内生变量 Y 的变动受外生变量 X_1 和 X_2 的影响，它们的真实关系可用模型表示为

$$Y_i = b_0 + b_1 X_{i1} + b_2 X_{i2} + u_i \tag{26-9}$$

由于某种原因，研究者放弃了 X_2，只将 X_1 引入模型，于是所构建的模型便为

$$Y_i = a_0 + a_1 X_{i1} + u_i^* \tag{26-10}$$

26-10 式遗漏了重要解释变量 X_2，是一个有设定误差的模型，采用这一模型将会带来以下后果：

第一，如果遗漏的变量 X_2 与保留在模型 26-10 式中的变量 X_1 是相关的，即它们的相关系数 r_{12} 不为零，则参数估计量 $\hat{a}_0$、$\hat{a}_1$ 不仅是有偏的，而且是不一致的。亦即 $\hat{a}_0$ 在总体平均上不等于真实参数 b_0 ［$E(\hat{a}_0) \neq b_0$］、$\hat{a}_1$ 在总体平均上也不等于真实参数 b_1 ［$E(\hat{a}_1) \neq b_1$］，无论样本容量如何增加，这种偏误也不会消失。

第二，如果被遗漏的变量 X_2 与保留在模型 26-10 式中的变量 X_1 是不相关的，即它们的相关系数 r_{12} 为零，则参数估计量 $\hat{a}_0$ 是有偏的，而 $\hat{a}_1$ 是无偏的。亦即 $\hat{a}_0$ 在总体平均上不等于真实总体参数 b_0 ［$E(\hat{a}_0) \neq b_0$］，但 $\hat{a}_1$ 在总体平均上等于真实参数 b_1［$E(\hat{a}_1) = b_1$］。

第三，不能得到随机误差项 u 的方差 σ^2 的正确估计值。

第四，参数估计量 $\hat{a}_1$ 的方差是真实参数估计量 $\hat{b}_1$ 的方差的有偏估计，即 $\hat{a}_1$ 的方差不能正确反映真实参数估计量 $\hat{b}_1$ 方差的实际

水平。

第五，应用惯常的检验程序，对参数估计量 $\hat{a}_0$、$\hat{a}_1$ 的统计显著性检验，容易得出错误的结论，检验结果不可靠，也不可信。

对上述后果逐一论证涉及繁复的推导，不宜赘述。但对某些方面做一简单剖析，将有助于理解模型中遗漏重要解释变量的严重后果。

当令 $x_{i1}=X_{i1}-\bar{X}_1$（$\bar{X}_1$ 为 X_1 的样本平均值），$x_{i2}=X_{i2}-\bar{X}_2$（$\bar{X}_2$ 为 X_2 的样本平均值），$r_{12}=\sum x_{i1}x_{i2}/\sum x_{i1}^2$，则可以证明有下式成立：

$$E(\hat{a}_1)=b_1+b_2r_{12} \tag{26-11}$$

由 26－11 式知，$\hat{a}_1$ 在总体平均上并不等于真实参数 b_1，存在着偏误，其偏误的大小取决于 b_2r_{12}。如果 X_2 对 Y 有正的影响时 b_2 应当为正，当 X_1 与 X_2 为正相关时 r_{12}亦为正，这时 $\hat{a}_1$ 就高估了真实参数 b_1，也就夸大了解释变量 X_1 的作用。这一结果的出现，是因为 a_1 不仅代表了 X_1 对 Y 的直接影响，还包含了 X_1 通过 X_2 对 Y 的间接影响。即本来应属于 X_2 对 Y 的影响，因为 X_2 被遗漏无从反映其效应，将其记在了 X_1 的头上。

对于 $\hat{a}_1$ 和 $\hat{b}_1$ 的方差，它们分别应当为

$$Var(\hat{a}_1)=\sigma_{u^*}^2/\sum x_{i1}^2 \tag{26-12}$$

$$Var(\hat{b}_1)=\sigma_u^2/\sum[x_{i1}^2(1-r_{12}^2)] \tag{26-13}$$

在一般情况下，$Var(\hat{a}_1)$ 不同于 $Var(\hat{b}_1)$，$Var(\hat{b}_1)$ 是无偏的，但 $Var(\hat{a}_1)$ 却是有偏误的。对比 26－12 式和 26－13 式，当 r_{12}不为零时，也不能得出 $Var(\hat{a}_1)$就一定比 $Var(\hat{b}_1)$ 小的结论。因为两个模型 26－9 式和 26－10 式的残差平方和不同，自由度也不一样，且从 26－9 式估计的 σ_u^2（即 σ^2）与从 26－10 式估计的 $\sigma_{u^*}^2$ 也不可能相同。故 $Var(\hat{a}_1)$ 可能会比 $Var(\hat{b}_1)$ 大。当 r_{12}等于零时，从表面上看 $\hat{a}_1$ 的方差与 $\hat{b}_1$ 的方差似乎相等、遗

漏了重要变量 X_2 也似乎无害。但实际上依据 26－12 式估计的 $\hat{a}_1$ 的方差是有偏误的，不足为据。同时，在大多数情况下，对 Y 均具有重要影响的两个解释变量 X_1 与 X_2 总是相关的，r_{12}为零的可能性不大。鉴于此，在模型构建中应切忌遗漏重要解释变量，以免带来严重后果。

（二）模型包含无关变量的后果

模型包含有无关变量的后果，仍然可以用一个简单的线性模型作为例子加以说明。设内生变量 Y 的变动只受外生变量 X_1 的影响，它们的真实关系为

$$Y_i = b_0 + b_1 X_{i1} + u_i \tag{26-14}$$

如果研究者出于多种原因对解释变量选择失误，将无关的外生变量 X_2 引进了模型，构建了如下的表达式

$$Y_i = a_0 + a_1 X_{i1} + a_2 X_{i2} + u_i^* \tag{26-15}$$

则由于无关变量 X_2 的引入使模型产生设定误差，并由此带来以下后果：

第一，包含无关变量的模型 26－15 式的参数估计量 $\hat{a}_0$，$\hat{a}_1$，$\hat{a}_2$ 是无偏的，它们在总体平均上代表真实参数，即 $E(\hat{a}_0) = b_0$，$E(\hat{a}_1) = b_1$，$E(\hat{a}_2) = b_2 = 0$。

第二，包含无关变量的模型 26－15 式的参数估计量 $\hat{a}_0$，$\hat{a}_1$，$\hat{a}_2$ 不具有一致性特征。

第三，真实关系式 26－14 式随机误差项 u 的方差可以得到正确估计，即包含无关变量模型 26－15 的随机误差项 u^* 的方差 $\sigma_{u^*}^2$ 与 u 的方差 σ^2 相等。

第四，对包含无关变量的模型估计式进行的置信区间与假设检验是有效的。

第五，包含无关变量的模型 26－15 式的参数估计量 $\hat{a}_i$（$i=0$，1，2）不是有效的，在一般情况下，$\hat{a}_i$ 的方差大于真实参数估

计量 $\hat{b}_i$ 的方差，即 $\hat{a}_i$ 的方差不是最小的，$\hat{a}_i$ 不是最优的估计量。

对于第五点，可以给出下面的简单证明。

$$Var(\hat{b}_1)=\sigma^2/\sum x_{i1}^2 \quad (x_{i1}=X_{i2}-\bar{X}_1) \tag{26-16}$$

$$Var(\hat{a}_1)=\sigma^2/\sum[x_{i1}^2(1-r_{12}^2)]$$

$$(r_{12}\text{为 } X_1 \text{ 与 } X_2 \text{ 的相关系数}) \tag{26-17}$$

$$Var(\hat{a}_1)/Var(\hat{b}_1)=1/(1-r_{12}^2) \tag{26-18}$$

因为 $0\leqslant r_{12}^2\leqslant 1$，故有 $Var(\hat{a}_1)\geqslant Var(\hat{b}_1)$。这表明，虽然在总体平均上 $\hat{a}_1=\hat{b}_1$，但在一般情况下，$\hat{a}_1$ 的方差大于 $\hat{b}_1$ 的方差。由此可看出，由于无关变量 X_2 引入模型，使参数估计量 $\hat{a}_1$ 的方差增大，精确程度降低。这一结果对估计量 $\hat{a}_0$ 也有同样的趋势，即 $\hat{a}_0$ 的方差也会增大，精确度也会下降。

（三）模型两类设定误差的后果比较

从上面的分析可以发现，模型遗漏重要解释变量和引进无关解释变量的后果是不相同的。当构建模型时遗漏了重要的解释变量时，有设定误差模型中保留的变量的参数估计量既是有偏的，也是非一致的，对真实关系式随机误差项的估计也是不正确的，惯常假设检验结果也是无效的。当构建模型时将无关的解释变量引进模型时，可以给出真实参数无偏但不一致的估计量，对真实关系式随机误差项可以进行正确估计，惯常的假设检验结果也是有效的，只是有设定误差模型中保留的变量的参数估计量方差增大、精确度降低。由此可以得两点结论：

第一，模型中遗漏重要解释变量的不良后果比模型中引入无关解释变量的后果要严重得多。遗漏了重要解释变量的模型是一个错误的不可用的模型，而引进了无关解释变量的模型是一个精度不高、但仍具一定利用价值的模型。应力求避免模型对重要解释变量的遗漏，一个有效的办法是，根据经济理论和实际经验，将那些对被解释变量有直接影响的又不能为其他变量所代替的变量作为模型的解释变量。

第二，虽然在模型中引进无关解释变量的不良后果相对较小，但不能认为在模型中包含无关解释变量是可以容忍的。事实上，如果出现这种情况，会造成模型参数估计量精确度下降，还会引发解释变量的多重共线性问题，以及造成自由度的损失。

四、模型设定误差的检验

模型设定误差往往是由于经济理论的薄弱和缺乏实际经验造成的，对于研究者而言，经常是出现判断失误构建了有设定误差的模型而不自知。这就有必要对构建的模型是否存在设定误差进行检验，一旦发现设定误差，就可以利用相应的办法予以补救。

（一）模型是否包含无关解释变量的检验

从理论上讲，计量经济模型中的解释变量如果与被解释变量无关，它的参数就应当为零。因此，对模型中是否包含无关解释变量的检验，就是对模型解释变量的参数是否为零的检验。如果发现模型中某个解释变量的参数为零的可能性很大，这一解释变量就是一个无关的变量，不应当包含在模型中。如果模型中每一个解释变量的参数都不为零，则模型中就不包含无关解释变量。

对模型中是否包含无关解释变量的检验，可以用一个多元线性模型为例加以说明。如果对某一经济问题的研究构建了含 k 个解释变量的线性模型

$$Y_i = b_0 + b_1 X_{i1} + b_2 X_{i2} + \cdots + b_k X_{ik} + u_i \qquad (26-19)$$

但对 26－19 式中是否包含有无关的解释变量不能肯定，这时就需要进行检验。具体的检验工作分三步进行：

第一步，对 26－19 式进行参数估计，求出样本估计式

$$\hat{Y}_i = \hat{b}_0 + \hat{b}_1 X_{i1} + \hat{b}_2 X_{i2} + \cdots + \hat{b}_k X_{ik}$$

进而做方差分析，求出回归平方和 U、残差平方和 Q 及绝对残差 SER。

第二步，对模型中所有解释变量的参数是否同时为零进行检验。利用 5－12 式计算 F 统计量

$$F_{(k,m-k-1)}=\frac{U/k}{Q/(m-k-1)} \tag{26-20}$$

如果计算的 F 值大于一定显著水平（α）下自由度分别为 k 及（$m-k-1$）的 F 分布的临界值 F_α，即 $F>F_\alpha$，便表明 26－19 式中 k 个解释变量的参数同时为零的可能性小，模型解释变量的选择在总体上不错。如果出现 $F<F_\alpha$，则表明 26－19 式中 k 个解释变量的参数同时为零的可能性较大，选择的解释变量为无关变量，应当进行重新选择。

第三步，对模型中每一个解释变量的参数是否为零进行检验。利用 5－14 式计算 t 统计量

$$t_j=\hat{b}_j\sqrt{\sum(X_{ij}-\bar{X}_j)^2}/SER$$

$$(SER=\sqrt{Q/(m-k-1)}) \tag{26-21}$$

如果计算的 t_j（$j=1, 2, \cdots, k$）大于一定显著水平（α）下自由度为（$m-k-1$）的 t 分布的临界值 t_α，即 $t_j>t_\alpha$，便表明 $\hat{b}_j$ 为零的可能性很小，X_j 为一个重要的解释变量而应当保留在模型中。如果 $t_j<t_\alpha$，表明 $\hat{b}_j$ 为零的可能性很大，X_j 是一个无关的变量而应当从模型中清除。

应当特别指出的是，F 检验和 t 检验只能用于对一个已构建的模型中的解释变量是否为无关变量进行判别，而不可将其反复使用来构建模型。例如，不能先对仅包含解释变量 X_1 和 X_2 的模型通过 F 检验和 t 检验后，又将新的解释变量 X_3 引进模型，并在其参数 $\hat{b}_3$ 统计上显著时将它保留在模型中。这种"回归捕捉"是不允许的。如果 X_3 是一个重要的解释变量，则一开始就应当将其引进模型。如果采用"回归捕捉"方法选择模型的解释变量，则后续引进模型的解释变量参数显著性检验结果有很大的虚假性。正如罗维尔（*M.Lovell*）指出，如果模型中应当有 C 个解释变量，采用"回归捕捉"方法，对引进的 k 个解释变量（$k<C$）参数检验的实际显著水平（α^*）与名义显著水平（α）存在如下关系

$$\alpha^*=1-(1-\alpha)^{C/k} \tag{26-22}$$

又可近似表达为

$$\alpha^* = (C/k) \cdot \alpha \qquad (26-23)$$

例如，当 $C=20$、$k=4$ 时，按 $\alpha=5\%$ 的显著水平对新引进模型的第四个解释变量的参数估计量 $\hat{b}_4$ 进行显著性检验，但实际的显著水平不为 5%，而是

$$\alpha^* = (20 \div 4) \times 5\% = 25\%$$

（二）模型遗漏重要解释变量和采用错误函数形式的检验

当模型遗漏了重要的解释变量或采用了错误的函数形式，则该模型必然不能对研究对象做出好的解释与说明，反映在其估计式的检验结果上，也一定是不显著的或不理想的，如较大的残差、较低的 $\bar{R}^2$ 值及 DW 值等。因此，可以利用模型的某些检验结果，去判别它是否遗漏了重要的解释变量及是否采用了错误的函数形式。

1. 应用随机误差项的估计量进行检验

应用随机误差项的估计量可以检验序列相关及异方差问题，同时对模型（尤其是对截面数据模型）是否遗漏重要解释变量或采用了错误的函数形式也可以进行检验，这种检验方法的应用分三步进行：

第一步，对所构建的模型应用相宜的计量经济学方法进行估计，求出样本估计式。例如，构建的模型为

$$Y_i = b_0 + b_1 X_{i1} + b_2 X_{i2} + u_i \qquad (26-24)$$

应用普通最小二乘法对 26－24 式进行估计，可得

$$\hat{Y}_i = \hat{b}_0 + \hat{b}_1 X_{i1} + \hat{b}_2 X_{i2} \qquad (26-25)$$

第二步，计算模型随机误差项 u_i 的估计量 $\hat{u}_i$。即

$$\hat{u}_i = Y_i - \hat{Y}_i$$

第三步，以 $\hat{u}_i$ 为纵轴，以 X_{i1} 及 X_{i2} 为横轴，描出随机误差项的估计量 $\hat{u}_i$ 随解释变量 X 的变动而变化的散布点。如果对于解释变量 X 的 m 个样本观测值，$\hat{u}_i$ 的绝对值都很小，且波动也不大，便表明模型不存在遗漏重要解释变量和采用错误函数形式的误差。如果出现相反的情况，则表明模型遗漏了重要的解释变量或采用了

不正确的函数形式，应当重新构建模型。

2. 应用再次计算的杜宾－沃森 DW 统计量进行检验

这一检验方法分以下四步进行：

第一步，对构建的模型（例如 26－24 式）应用普通最小二乘法进行估计，并求出随机误差项的估计量 $\hat{u}_i$；

第二步，如果怀疑所构建的模型遗漏了一个重要的解释变量 Q，则将第一步计算的 $\hat{u}_i$ 按 Q 变量观测值递增顺序重新排列次序，得到新数列 $\hat{u}_I$；

第三步，对重新排序后的 $\hat{u}_I$ 按惯常的方法计算 DW 统计量，即

$$DW=\sum_{I=2}^{m}(\hat{u}_I-\hat{u}_{I-1})^2/\sum_{I=2}^{m}\hat{u}_I^2$$

（m 为变量样本容量）（26－26）

第四步，对计算的 DW 统计量，根据杜宾－沃森检验表的临界值进行判别，如果计算的 DW 值是显著的，就表明原来构建的模型遗漏了重要解释变量 Q，应当将变量 Q 引进模型。

3. 应用拉姆齐(*J.B.Ramsey*) 回归设定误差检验方法的检验

这一检验方法的基本思路是，对于构建的模型而言，如果将被解释变量的估计值以某种形式引入模型作新的解释变量，可以带来模型拟合优度的提高（R^2 的提高），便表明原来构建的模型存在设定误差。该检验方法的应用分五步进行：

第一步，对于所构建的模型（例如 26－24 式），应用普通最小二乘法进行估计，求出被解释变量的理论值 $\hat{Y}_i$ 及随机误差项 u_i 的估计量 $\hat{u}_i$；

第二步，以 $\hat{u}_i$ 为纵轴、$\hat{Y}_i$ 为横轴作散布图，考察 $\hat{u}_i$ 与 $\hat{Y}_i$ 之间相互关系的类型（如线性关系、非线性关系等），从而确定将 $\hat{Y}_i$ 引入原构建模型作新的解释变量的具体形式（如 $\hat{Y}_i$、$\hat{Y}_i^2$、$\hat{Y}_i^3$ 等）；

第三步，将 $\hat{Y}_i$ 的适当形式（例如 $\hat{Y}_i^2$）引进原模型（例如 26-24 式）作新的解释变量，构建新的模型

$$Y_i = a_0 + a_1 X_{i1} + a_2 X_{i2} + a_3 \hat{Y}_i^2 + u_i^* \qquad (26-27)$$

对 26-27 式进行估计，可得

$$\hat{Y}_i = \hat{a}_0 + \hat{a}_1 X_{i1} + \hat{a}_2 X_{i2} + \hat{a}_3 \hat{Y}_i^2 \qquad (26-28)$$

第四步，令表示原模型估计式 26-25 式拟合优度的可决系数为 R_1^2，令表示新模型估计式 26-28 式拟合优度的可决系数为 R_2^2，令引进原模型的新解释变量的个数为 h，令引进新的解释变量后的模型（如 26-27 式）参数个数为 d，令模型中变量样本观测数据的个数为 m，计算 F 统计量。

$$F = \frac{(R_2^2 - R_1^2)\ /h}{(1 - R_2^2)\ /\ (m-d)} \qquad (26-29)$$

第五步，利用计算的 F 统计量进行判别，如果计算的 F 值在很高程度上（例如 5% 水平）是显著的，便表明原构建的模型（例如 26-24 式）是存在设定误差的。如果结果相反，则表明原构建的模型不存在设定误差。

4. 应用增补变量的拉格朗日乘数方法进行检验

这种检验方法将构建的模型作为真实模型的一种约束形式，通过对施加的约束是否正确进行检验，对构建的模型是否存在设定误差进行判定。例如，构建的模型为

$$Y_i = b_0 + b_1 X_{i1} + u_i \qquad (26-30)$$

而真实的模型为

$$Y_i = a_0 + a_1 X_{i1} + a_2 X_{i2} + a_3 X_{i3} + u_i^* \qquad (26-31)$$

将 26-30 式视为对 a_2 及 a_3 施加了零约束的表达形式，通过对 a_2 及 a_3 是否为零的检验，判定构建的 26-30 式是否存在设定误差(是否遗漏了变量 X_2 和 X_3)。

增补变量的拉格朗日乘数检验分以下五步进行：

第一步，应用普通最小二乘法对构建的模型（26-30 式）进行估计，求出随机误差项 u 的估计量 $\hat{u}_i$；

第二步，如果未施加约束的模型（26－31 式）为真实的模型，则原构建模型（26－30 式）随机误差项的估计量 $\hat{u}_i$ 应当与对其参数施加了零约束的变量 X_2 和 X_3 有关；

第三步，将 $\hat{u}_i$ 对原构建模型中参数未施加零约束的解释变量（X_1）及参数施加了零约束的变量（X_2 和 X_3）进行回归，对于本例即为

$$\hat{u}_i = \beta_0 + \beta_1 X_{i1} + \beta_2 X_{i2} + \beta_3 X_{i3} + \varepsilon_i \qquad (26-32)$$

26－32 式中的 ε_i 是满足惯常假定的随机误差项。

第四步，在大样本条件下（设变量样本个数为 m 个），从 $\hat{u}_i$ 的回归式（26－32 式）估计出来的可决系数 R^2 的 m 倍，渐近遵从自由度为参数施加零约束的解释变量个数的 χ^2 的分布，用数学符号表示即为

mR^2(渐近)$\sim\chi^2$(自由度＝参数施加零约束的解释变量个数)

在本例中，参数施加零约束的解释变量有两个（X_2 和 X_3），所以自由度为 2。

第五步，利用 mR^2 值进行判断，如果 mR^2 值大于给定显著水平（例如 α）的 χ^2 分布临界值 χ^2_α，便表明原构建的模型（26－30 式）对某些变量（X_2 和 X_3）的参数施加的零约束是不成立的，遗漏了重要解释变量 X_2 和 X_3，存在设定误差。如果出现相反的结果，则表明原构建的模型不存在设定误差。

五、模型变量的观测误差

对于设定的模型，都假定用于参数估计的变量样本观测数据是“正确的”，不存在观测误差。但这一假设实际上是很难成立的。一方面，变量的观测数据要应用一定的统计调查方法才能获得，虽然方法可以设计得十分完美和科学，但由于应用中遇到的应答误差、报告误差等，使所获数据失准；另一方面，对经济变量的测定无论使用什么样的方法和工具，误差都难以避免；再一方面，即使对变量的统计调查及计量没有误差，但相关数据在必要的归并、计算过

程中，也会产生误差。鉴于此，模型变量存在观测误差是一个普遍性的问题。

（一）模型被解释变量的误差

模型被解释变量存在观测误差的后果，可以用一个简单线性模型为例加以说明。对于一元线性模型

$$\widetilde{Y}_i = b_0 + b_1 X_i + u_i \qquad (26-33)$$

在 26－33 式中，$\widetilde{Y}_i$ 表示 Y 的真实值。但 $\widetilde{Y}_i$ 不可得，只能得到 Y 的观测值 Y_i。因多种原因，Y_i 存在测定误差，设该误差为 ε_i，则有

$$Y_i = \widetilde{Y}_i + \varepsilon_i \qquad (26-34)$$

对于研究者，所能估计的模型不可能是 26－33 式，而只能是 26－34 式。即

$$\begin{aligned} Y_i &= (b_0 + b_1 X_i + u_i) + \varepsilon_i \\ &= b_0 + b_1 X_i + (u_i + \varepsilon_i) \\ &= b_0 + b_1 X_i + V_i \end{aligned} \qquad (26-35)$$

26－35 式中的 V_i 是一个组合随机误差项，它是由方程26－33 式的随机误差项和被解释变量测定误差合并而成的。

为使分析的问题得到简化，假设模型随机误差项 u_i 及变量观测误差 ε_i 的均值为零［即 $E(u_i) = E(\varepsilon_i) = 0$］、与解释变量 X 独立［即 $Cov(X_i, u_i) = 0$ 及 $Cov(X_i, \varepsilon_i) = 0$］、且它们之间不相关［即 $Cov(u_i, \varepsilon_i) = 0$］。在这些严格的假设条件下，应用普通最小二乘法对 26－35 式进行估计，得到的估计量 $\hat{b}_0^*$ 及 $\hat{b}_1^*$ 是无偏的。这表明，被解释变量存在观测误差不影响模型参数估计量的无偏性。但是，由于 26－33 式和 26－35 式随机误差项的不同，由 26－33 式和 26－35 式得出的参数估计量的方差是存在差异的。按参数估计量的方差计算公式，由 26－33 式估计的 $\hat{b}_1$ 的方差为

$$Var(\hat{b}_1) = \sigma_u^2 / \sum x_i^2 \qquad (x_i = X_i - \bar{X}) \qquad (26-36)$$

由 26－35 式估计的 $\hat{b}_1^*$ 的方差为

$$Var(\hat{b}_1^*) = \sigma_v^2 / \sum x_i^2$$
$$= (\sigma_u^2 + \sigma_\varepsilon^2) / \sum x_i^2 \quad (x_i = X_i - \bar{X}) \tag{26-37}$$

很显然，26－37 式大于 26－36 式。这表明，当被解释变量存在观测误差时，参数估计量的方差将会增大，其有效性会因此而削弱。

（二）模型解释变量的观测误差

模型解释变量存在观测误差的问题，也可以用简单线性回归模型为例进行分析与说明。对于一元线性模型

$$Y_i = b_0 + b_1\tilde{X}_i + u_i \tag{26-38}$$

在 26－38 式中，$\tilde{X}_i$ 为 X 的真实值。由于 $\tilde{X}_i$ 不可得，只能得到 X 的观测值 X_i。设观测误差为 u_i^*，则有

$$X_i = \tilde{X}_i + u_i^* \tag{26-39}$$

对于研究者，不能用解释变量的真实值 $\tilde{X}_i$ 估计模型（因为 $\tilde{X}_i$ 不可得），而只能用解释变量 X 的观测值 X_i 估计模型。于是，被估计的模型便是

$$Y_i = b_0 + b_1(X_i - u_i^*) + u_i$$
$$= b_0 + b_1X_i + (u_i - b_1u_i^*)$$
$$= b_0 + b_1X_i + \mu_i \tag{26-40}$$

26－40 式中的 μ_i 是一个组合的随机误差项，它是方程 26－38 式随机误差项 u_i 及参数 b_1 与解释变量观测误差 u_i^* 乘积的代数和。

当 26－38 式的随机误差项 u_i 满足零均值［即 $E(u_i)=0$］、不存在序列相关［即 $Cov(u_iu_j)=0$］、具有齐性方差［即 $Var(u_i)=\sigma_u^2$］与解释变量 $\tilde{X}_i$ 独立［即 $Cov(\tilde{X}_i, u_i)=0$］，解释变量 X 的观测误差 u_i^* 满足零均值［即 $E(u_i^*)=0$］、不存在序列相关［即 $Cov(u_i^*, u_j^*)=0$］、具有齐性方差［即 $Var(u_i^*)=\sigma_{u*}^2$］、与方程随机误差项 u_i 独立［即 $Cov(u_iu_i^*)=0$］，组合随机误差项 μ_i 具有零均值［即 $E(\mu_i)=0$］，26－40 式

中的随机误差项 μ_i 也不与解释变量相独立。这可从 μ_i 与 X_i 的协方差计算公式中明显反映出来

$$\begin{aligned} Cov(\mu_i, X_i) &= E\{[\mu_i - E(\mu_i)][X_i - E(X_i)]\} \\ &= E[\mu_i(X_i - \tilde{X}_i)] \\ &= E[(u_i - b_1 u_i^*) u_i^*] \\ &= E(u_i u_i^* - b_1 u_i^{*2}) \\ &= -b_1 \sigma_{u*}^2 \end{aligned} \tag{26-41}$$

显然，在解释变量选择正确，且观测误差存在的情况下，b_1 及 σ_{u*}^2 均不会为零，故在 26－40 式中，随机误差项 μ_i 与解释变量 X_i 是相关的。这便违背了普通最小二乘法的基本假定，使 26－40 式的参数估计值 $\hat{b}_0$ 及 $\hat{b}_1$ 既是有偏的，也是非一致的。即便样本观测数据的个数无限增大，$\hat{b}_0$ 及 $\hat{b}_1$ 的偏误也不会消失。对于估计量 $\hat{b}_1$，可以证明其概率极限为

$$Plim(\hat{b}_1) = \frac{b_1}{1 + \sigma_{u*}^2 / \sigma_X^2} \qquad (\sigma_X^2 \text{ 为 } \tilde{X}_i \text{ 的方差}) \tag{26-42}$$

在 26－42 式中，$\sigma_{u*}^2 > 0$、 $\sigma_X^2 > 0$，故 26－42 式的分母永远大于 1，即使样本观测数据无限增大，估计值 $\hat{b}_1$ 也不会收敛于真实参数 b_1。如果 b_1 为正，$\hat{b}_1$ 将会低估 b_1。当然，如果 σ_{u*}^2 与 σ_X^2 相比显得微不足道，$\sigma_{u*}^2 / \sigma_X^2$ 以至于趋于零，解释变量 X 的观测误差对参数估计带来的不良后果也可以忽略不计。但这仅是一种极端的情况，不具有普遍性。更重要的是，σ_{u*}^2 和 σ_X^2 都是不易观察和测定的，它们比值的大小自然无法判定。

第二十七章　计量经济模型的试验建模方法

如第二十六章所述，传统的建模方法是根据经济理论的阐释或实际经验的说明，对某一具体研究对象设定一个特定的理论模型，再用一组给定的数据资料进行参数估计，并对其拟合程度进行检验，当模型的先验假设得到验证，原设定的模型便被认可。传统建模方法虽广为应用，但因其自身的一些缺陷而受到质疑。一些学者认为，模型一旦建立，对其估计与假设检验并不困难，关键是从何开始以及采用何种过程才能构建出一个正确的模型。针对这一问题学者们提出了不少解决方法，这些方法虽各有特点、存在较大差异，但都强调要经过反复试验比较。根据这一共同特点，我们将这些新的建模方法称之为“试验”建模方法。

一、试验建模方法

（一）试验建模方法的过程

应用试验方法建立计量经济模型，一般经过以下五个过程：

第一步，根据经济理论的说明或社会经济活动的经验，构建出一个可以基本反映研究对象一般运行规律的试验性模型，作为探寻真实模型的基础；

第二步，利用给定的数据资料对试验模型进行估计、检验和评价，找出试验模型在变量选择、函数形式确定以及数据资料应用等方面可能存在的问题；

第三步，依据研究对象的具体特点，针对试验模型存在的问题，对模型变量选择、函数形式确定、数据资料利用进行调整，构建出改进的试验模型；

第四步，对改进的试验模型进行参数估计，假设检验，并对其拟合优度做出评价，如果改进后模型拟合优度及显著性提高，表明这一改进有效，否则，便应对试验模型进行重新改进。

第五步，重复第三步和第四步的过程，直至所得到的改进模型达到第二十六章中所列可靠和实用模型的五条标准为止。

（二）试验建模方法的思路

试验建模方法认为，社会经济现象错综复杂、千差万别，经济理论和实践经验在很多场合，都不足以为描绘这些现象的计量经济模型提供明确而具体的信息及范式，而只能给出一般的规则和途径。加之用于模型估计的数据资料是统计调查数据，而不是试验数据，它并不符合规范理论分析的要求，反映一般规律的理论模型也不一定适应这类数据的特点。鉴于此，一个正确描绘研究对象的计量经济模型，往往不是单凭相关理论的说明或实际经验的提示就能一下建立起来的，而是在理论规则指引和实际经验参照下，对客观对象深入分析研究，经过反复多次的试验、比较、选择，从可用于描绘研究对象的多种可能的模型中，筛选出符合要求的适当模型。在这一过程中，研究者从某种“基本”的模型开始，逐步对其改进，使其越来越接近真实的模型。改进的过程，实际上是对多种可能的模型进行试验、比较的过程，通过对不同可能的模型拟合功能的对比，实现模型的优化选择。

（三）传统建模方法与试验建模方法的对比

传统建模方法和试验建模方法既有区别又有联系。全面了解这两种方法的不同特点、主要差别及相互关系，对于正确理解和掌握科学的建模方法十分重要。

1. 在模型理念上存在显著差异

传统建模方法强调模型的理论依据，认为依据经济理论建立的模型是正确的、不容置疑的。而试验建模方法则强调模型反映研究对象的正确性，认为只有既不违背理论规则又能有效解释客观现象的模型才是有价值的。

2. 在建模思路上迥然不同

传统建模方法根据经济理论的阐释和社会经济实践的经验对模型进行设定，并对设定的模型给出“是正确的”强假定，当设定的模型不能满足先验假设时，也首先将原因归结为数据资料的缺陷或对研究对象的判断失准。而试验建模方法则只将理论的说明和经验的提示作为模型选择的起点，以此建立试验性模型后再逐步进行改进，通过对多种可能模型的试验、比较，最后筛选出一个适当的模型。

3. 在对待模型与数据资料的关系上区别明显

传统建模方法认为，变量的样本观测数据是为模型估计服务的，数据资料应当符合模型的要求，研究者应当“找到”符合要求的观测数据，以保证模型估计的需要。而试验建模方法认为，经济变量的数据多由统计调查得来，不是试验数据，本质上就不易满足理论模型的要求。同时，用于模型估计的数据资料往往是已经给定的，有时难有选择余地。因此，模型的选择应当与数据资料的特点相适应，应当反映数据资料所体现的经济变量的相互关系。

4. 对模型的最终要求保持一致

无论采用传统方法建模，或是采用试验方法建模，都要求最终构建的模型达到可靠实用，均要求模型具有简单方便、可以识别、能达到较高拟合优度、与经济理论和实际经验的常规相一致，具有较好超样本功能的特征。

5. 在方法论上互有交叉

传统的建模方法也需要试验。例如，当依据经济理论构建的模型不满足先验假设，或缺乏需要的数据资料时，就必须改变原设定的模型，这一改变原模型的过程就要经过对比试验。对于那些缺乏理论说明和经验参照的研究对象，模型的构建在变量选择、函数形式确定上，也需要进行反复试验、对比。而试验建模方法也需要以经济理论为依据。例如，试验模型就是根据经济理论的一般说明进行构建，对试验模型的改进亦是依据相关理论的阐释来进行。

从上述对比分析可以看出，传统建模方法与试验建模方法的区别主要体现在模型的选择上，而在模型估计、检验、评价等方面都是类同的。相比之下，传统方法在模型选择上存在一些缺陷，而在建模的其他方面表现出很强的科学性和实用性。因此，一些计量经济学家（如 *C .Darnell* 和 *L.Evans*）认为，在对适当模型的选择详加研究后，就可以应用传统建模方法了。

二、利莫尔的模型选择方法

试验建模方法中最核心的内容是模型选择，不少学者从不同的角度提出了多种选择方法，其中利莫尔（*E.leamer*）的模型选择方法具有代表性。

（一）模型设定中的探寻

利莫尔认为，面对一个具体的研究对象，要建立一个计量经济模型对其进行正确的描绘，需要进行一系列的探寻，这些探寻主要包括六个方面：

第一，先验假设可满足性探寻。对于某一研究对象，其模型参数都应当符合经济理论和实际经验的常规，这些常规一般作为先验假设，充当判别模型真伪的标准。所谓先验假设可满足性探寻，就是将先验假设代入所设定的模型，考察这些假设是否成立，借以筛选出真实的模型。

第二，解释功能探寻。计量经济模型是用一组变量的变动去解释某一内生变量的发展变化，解释功能越强模型就越好。解释功能探寻，就是针对给定的变量样本资料，对设定模型的解释功能进行评价，以期找出更为“适当”的模型。

第三，简化性探寻。应用计量经济方法研究实际问题，在能达到研究目标的前提下，总是希望模型越简单越好。简化性探寻，就是在多种可供选择的模型中，选取拟合效果好、解释功能强而又简单方便的模型，而放弃那些虽然功能不错但较为复杂的模型，从而使模型更加有成效。

第四，替代变量的探寻。模型中的解释变量有特定的含义和功能，不同的解释变量在解释功能上存在差别。所谓替代变量的探寻，就是对设定模型的解释变量进行比较分析，一方面考察某个解释变量是否应由更适合的变量替代，另一方面考察有否因数据资料获取困难而需要替代的解释变量，使模型变量选择更加正确可靠。

第五，数据资料的探寻。数据资料对模型估计和模型应用均具有重要作用，不可有任何忽视。数据资料的探寻，就是通过对其来源、特点的分析，为设定模型的估计及应用选择准确、可靠的数据资料。

第六，遗漏信息探寻。如第二十六章所述，如果模型遗漏了重要解释变量，将会带来严重不良后果。遗漏信息探寻，就是通过对设定模型的剖析论证，考察是否遗漏了重要的解释变量。当发现重要变量被遗漏时，就应当将其引进模型对原设定模型加以改进，并补充收集相关数据资料，用于对改进模型的估计。

（二）模型选择方法

利莫尔的模型选择方法是以上述六种探寻为依据的，探寻的过程就是对模型的试验、比较、选择的过程。通过从不同角度、侧面对模型构建中的主要问题进行探寻，使模型渐趋完善。

利莫尔的模型选择方法可以用商品需求的例子加以说明。例如，研究者掌握200户城市家庭和300户农村家庭在2002年各月份的有关数据资料，并利用这些资料研究对猪肉的需求。对这一研究对象，模型的选择可按以下程序进行：

第一步，根据需要求理论建立试验模型。按需求理论的要义，在其他条件保持不变的条件下，某种商品（如猪肉）的需求量 Q 取决于消费者的收入 Y 和该商品的价格 P。据此，可以建立下面的模型

$$Q_i = b_0 \cdot Y_i^{b_1} \cdot P_i^{b_2} \cdot e^{u_i} \tag{27-1}$$

亦即

$$ln(Q_i) = ln(b_0) + b_1 ln(Y_i) + b_2 ln(P_i) + u_i \tag{27-2}$$

在27－1及27－2式中，Q 为猪肉需求量，Y 为家庭货币收入，P 为猪肉的价格，b_1 为收入弹性，b_2 为价格弹性。对27－2式进行估计，可得估计式

$$\hat{ln}(Q_i) = \hat{ln}(b_0) + \hat{b}_1 ln(Yi) + \hat{b}_2 ln(P_i) \tag{27-3}$$

对估计式27－3式进行检验，求出 $\hat{b}_1$ 及 $\hat{b}_2$ 的标准差估计量及表示拟合优度的可决系数 R_0^2。对于27－2式这一对数形式的线性模型，暂不对其正确性进行判定，仅将其作为模型选择的试验基础（或起点）。

第二步，对先验假设进行验证。如果研究者从其他途径得知价格弹性为 $-b^*$，便可以此为约束，将 27－2 式转换为受约束模型

$$ln(Q_i)+b^*ln(P_i)=ln(b_0)+b_1ln(Y_i)+u_i \quad (27-4)$$

令 $ln(Q_i)+b^*ln(P_i)=Z_i$，27－2 式即变为

$$Z_i=ln(b_0)+b_1ln(Y_i)+u_i \quad (27-5)$$

对 27－5 式进行估计，可得估计式

$$\hat{Z}_i=\hat{ln}(b_0)+\hat{b}_1ln(Y_i) \quad (27-6)$$

对估计式 27－6 式进行检验，若其显著性得到确认，便表明预先设定的试验模型 27－2 式可以满足先验假设的要求，可以作为进一步试验的基础。若其显著性得不到确认，则表明 27－2 式不正确，不能作模型选择的基础，需要重新设定试验模型。

第三步，对解释功能进行验证。预先设定的模型是否可信，关键还要看它对给定数据资料反映的经济变量之间的内在关联关系的解释功能。在对猪肉需求研究这一例子中，考虑到城市家庭与农村家庭在消费条件和行为上的差异，可分别用 200 户城市家庭和 300 户农村家庭的数据资料对 27－2 式进行估计，得出两个估计式

$$\hat{ln}(Q_i^{(1)})=\hat{ln}(b_0^{(1)})+\hat{b}_1^{(1)}ln(Y_i^{(1)})+\hat{b}_2^{(1)}ln(P_i^{(1)}) \quad (27-7)$$

$$\hat{ln}(Q_i^{(2)})=\hat{ln}(b_0^{(2)})+\hat{b}_1^{(2)}ln(Y_i^{(2)})+\hat{b}_2^{(2)}ln(P_i^{(2)}) \quad (27-8)$$

27－7 式是用 200 户城市家庭相关数据资料估计的，27－8 式是用 300 户农村家庭相关数据资料估计的，对这两个估计式进行检验，求出参数估计量的标准差及反映 27－7 式拟合优度的可决系数 $R^2_{(1)}$和反映 27－8 式拟合优度的可决系数 $R^2_{(2)}$。如果 27－7 式和 27－8 式的参数估计量显著不同，且在统计上都是显著的，便表明预先设定的模型 27－2 式对居民家庭的猪肉消费具有基本的解释功能，并且能反映出城市家庭与农村家庭在猪肉消费上的明显差别。如果 27－7 式和 27－8 式参数估计量的标准差都比 27－3 式参数估计量的标准差小，并且 $R^2_{(1)}$ 和 $R^2_{(2)}$ 均比 R^2_0 大，则表明设定模型

27－2 式更适合分别用城市家庭和农村家庭的资料单独进行估计。

第四步，进行变量替代的试验。对于预先设定的模型，其中的某个（或某些）解释变量可能用别的变量替代效果会更好，也可能因数据上的问题需要用别的变量代换，便需要对变量的替代进行试验。在本例中，猪肉的消费与家庭的支出 E 更为直接，可以用 E 替代 27－2 式中的收入 Y。得到一个改进的模型。

$$ln(Q_i) = ln(b_0^*) + b_1^* ln(E) + b_2^* ln(P_i) + u_i \quad (27-9)$$

对 27－9 式进行估计，可得估计式

$$ln(\hat{Q}_i) = ln(\hat{b}_0^*) + \hat{b}_1^* ln(E_i) + \hat{b}_2^* ln(P_i) \quad (27-10)$$

对 27－10 式进行检验，求出参数估计量的标准差及反映拟合优度的可决系数 R_E^2。如果 27－10 式的显著性比 27－3 式提高，且 R_E^2 比 R_0^2 大，便表明用变量 E 替代变量 Y 可以使模型得到改进，应当将改进后的模型 27－9 式作为后续试验的基础。

第五步，进行变量增补的试验。所设定和试验的模型有可能遗漏重要解释变量，需要进行模型变量的增补试验。在本例中，牛肉是猪肉的替代品，牛肉的价格 P^* 对猪肉需求有影响，有必要将其引入模型中。由此，研究者将新的解释变量 P^* 加进 27－9 式中，得到一个新设定的模型

$$ln(Q_i) = ln(a_o) + a_1 ln(E_i) + a_2 ln(P_i) + a_3 ln(P_i^*) + u_i \quad (27-11)$$

对 27－11 式进行估计，可得到新设定模型的估计式

$$ln(\hat{Q}_i) = ln(\hat{\alpha}_0) + \hat{\alpha}_1 ln(E_i) + \hat{\alpha}_2 ln(P_i) + \hat{\alpha}_3 ln(P_i^*) \quad (27-12)$$

对 27－12 式进行检验，求出参数估计量的标准差和反映拟合优度的可决系数 R_P^2。如果估计式 27－12 式的显著性比 27－10 式明显提高，R_P^2 也比 R_E^2 显著增大，便表明牛肉价格 P^* 是一个重要变量，应当引入模型中，27－11 式应当作为模型进一步试验选择的基础。

第六步，对模型进行简化性试验。对于设定的模型，如果存在解释功能类同的变量，可以对其进行归并，从而使模型得到简化；如果存在不太重要的解释变量，可以将其剔除，让其功能归入随机误差项中，也可以使模型得到简化。但在对模型进行简化时，不能使解释功能和拟合效果下降。这就要求对不同的简化设想逐一进行试验，保留那些合理的简化，避免那些会产生不良后果的简化。在本例中，27－11式已经达到高度简化，不需要再进行简化试验。

第七步，对数据资料进行试验。数据资料对模型估计与检验具有重要影响，模型中的有些变量因可以采用不同类型的数据资料，而使模型的估计与检验出现不同的结果。通过对不同类型数据资料的应用试验，才能够确定出适合估计模型的数据资料的类型。在本例中，使用家庭支出 E 的资料存在一些潜在的问题，主要表现在家庭人数多少、年龄及性别构成这些重要因素被忽视了。为弥补这一缺陷，可以考虑按食物消费标准对家庭人口进行折算（例如折算为"标准消费人"），再计算出人均消费支出 E^*，用 E^* 代替 27－11 式中的 E，即得

$$ln(Q_i) = ln(\alpha_o) + \alpha_1 ln(E_i^*) + \alpha_2 ln(P_i) + \alpha_3 ln(P_i^*) + u_i \qquad (27-13)$$

对 27－11 式进行估计，可得将设定模型的估计式

$$ln(\hat{Q}_i) = ln(\hat{\alpha}_0) + \hat{\alpha}_1 ln(E_i^*) + \hat{\alpha}_2 ln(P_i) + \hat{\alpha}_3 ln(P_i^*) \qquad (27-14)$$

对 27－14 式进行检验，求出参数估计量的标准差及反映拟合优度的可决系数 R^2。如果估计式 27－14 式是显著的，且显著性比 27－12 式高，R^2 也高于 R_P^2，便表明使用家庭人均消费支出的数据估计模型会有更好的效果。

上述过程从一个基础性的模型 27－2 式开始，通过对模型构建中的多个方面进行试验、对比、分析，使其不断改进和完善，最终得到的模型 27－13 式便可以接近于真实关系式。

（三）利莫尔的端界分析

利莫尔所称的端界，是指模型中主要解释变量的参数取值随次

要解释变量引进个数多少而变动的范围（区间）。例如，某一内生变量 Y 主要受外生变量 X_1 和 X_2 的影响，同时也受外生变量 X_3、X_4、X_5 的一定影响。在构建模型时，就可能出现解释变量的多种组合，即有：

$$Y_i = a_0 + a_1X_{i1} + a_2X_{i2} + u_i^{(0)} \tag{27-15}$$

$$Y_i = b_0 + b_1X_{i1} + b_2X_{i2} + b_3X_{i3} + u_i^{(1)} \tag{27-16}$$

$$Y_i = c_0 + c_1X_{i1} + c_2X_{i2} + c_3X_{i4} + u_i^{(2)} \tag{27-17}$$

$$Y_i = d_0 + d_1X_{i1} + d_2X_{i2} + d_3X_{i5} + u_i^{(3)} \tag{27-18}$$

$$Y_i = e_0 + e_1X_{i1} + e_2X_{i2} + e_3X_{i3} + e_4X_{i4} + \varepsilon_i^{(1)} \tag{27-19}$$

$$Y_i = g_0 + g_1X_{i1} + g_2X_{i2} + g_3X_{i3} + g_4X_{i5} + \varepsilon_i^{(2)} \tag{27-20}$$

$$Y_i = h_0 + h_1X_{i1} + h_2X_{i2} + h_3X_{i4} + h_4X_{i5} + \varepsilon_i^{(3)} \tag{27-21}$$

$$Y_i = \beta_0 + \beta_1X_{i1} + \beta_2X_{i2} + \beta_3X_{i3} + \beta_4X_{i4} + \beta_5X_{i5} + V_i \tag{27-22}$$

对上述八个线性模型进行估计，模型中的两个主要解释变量 X_1 和 X_2 的参数都会有 8 个估计量。如果 X_1（或 X_2）的参数的 8 个估计量都落在一个窄小的值域界限之内，就表明主要解释变量 X_1（或 X_2）的参数取值对模型中是否包含次要解释变量不敏感，所用的数据资料对主要解释变量 X_1（或 X_2）的参数给出一个刚性的估计。如果 X_1（或 X_2）的参数的 8 个估计量落在一个很宽的值域范围内，则表明主要解释变量 X_1（或 X_2）的参数取值受模型中包含的次要解释变量的影响较大，其参数也只能得到一个柔性的估计量。

虽然确定模型中的主要解释变量和次要解释变量并不十分容易，但利莫尔的端界分析很有价值。这一分析提示模型的构建存在多种可能性，设定模型时应高度重视客观存在的不确定性，并应试验对比模型的不同选择对参数估计的影响，对参数估计结果做出必要的说明。

三、韩德瑞的模型选择方法

对于计量经济模型的选择，韩德瑞（*D.F.Hendry*）提出了一种自上而下（或一般到特殊）的模型选择方法（简称为 *LSE* 方法）。这一方法与利莫尔的模型选择方法有很大不同，极具特点。

（一）韩德瑞的模型选择方法

这个方法是依据经济理论建立一个包含尽可能多的解释变量（主要和次要的解释变量）的试验性模型，经过多次试验、对比、选择，最终将其削减到只包含“重要”解释变量的模型。这一方法主要是为了处理时间序列数据而提出的，可以用一个与时间序列相关的例子加以说明。

当对固定资产投资进行研究时，由经济理论知，某年的固定资产水平 Y_t 与当年国民收入 X_t、滞后国民收入 X_{t-j}（$j=1, 2, \cdots, k$）、滞后固定资产投资 Y_{t-i}（$i=1, 2, \cdots, h$）密切相关。据此，可以构建一个固定资产投资模型

$$Y_t = \alpha_0 X_t + \alpha_1 X_{t-1} + \alpha_2 X_{t-2} + \cdots + \alpha_k X_{t-k} + b_1 Y_{t-1} + b_2 Y_{t-2} + \cdots + b_h Y_{t-h} + u_t \quad (27-23)$$

27－23 式是一个分布滞后模型，t 年的固定资产 Y_t 不仅受当年国民收入的影响，而且还受此前多年国民收入的影响。这也是一个动态模型，表明第 t 年的固定资产是过去多年固定资产投资积累的结果。

在 27－23 中，既包含影响当年固定资产投资的国民收入 X_t，也包含影响过去各年固定资产投资的滞后国民收入 X_{t-j}，还包含过去多年的固定资产投资 Y_{t-i}。由于滞后期可以延续很长，所以模型中的解释变量个数可以很多，主要解释变量和次要解释变量都可以容纳其中。很显然，这是一个描绘固定资产投资的“一般”模型，为了将其转换为描绘特定研究对象的特殊而又实用的模型，就需要对 X 和 Y 的滞后期加以确定。而确定 X 和 Y 的滞后期的过程，就是对滞后变量的试验选择过程，经过试验选择保留重要的解释变量、淘汰非重要的解释变量，实现模型的简化与实用。

（二）韩德瑞模型选择的准则

韩德瑞和理查德（*J. F. Richard*）认为，对根据经济理论建立的包含多个解释变量的试验性模型进行选择，最终得到的简化模型应当同时满足以下六个方面的要求：

第一，简化模型必须与经济理论保持一致，经济意义明确、变量选择精简而准确，参数的符号及大小符合经济理论常规（如出现相悖应有特定依据）；

第二，简化模型中的解释变量应当是与随机误差项相独立的，如果解释变量为外生变量，便不会与随机误差项相关，如果解释变量为内生变量，则要求与随机误差项独立；

第三，简化模型的参数估计量应当具有较好的稳定性，不会随样本容量的变动发生较大的改变，模型估计式具备较强的超样本功能；

第四，简化模型不能遗漏重要的解释变量，由模型估计的残差必须是随机的；

第五，简化模型应具备解释其他模型结果的功能，但其他模型不应当是所选择模型的某种改进形式，即简化模型应具有较好的包容性，是所有可能模型中的最好选择；

第六，简化模型应当具备较强的解释功能，分析功能和预测功能。

（三）韩德瑞模型选择的方法

当研究者根据一定的经济理论建立了包含多个解释变量的试验性模型（如 27－23 式）后，就可以依据上述六条准则对模型进行选择。若以 27－23 式为例，韩德瑞模型选择方法的应用分四步进行：

第一步，确定解释变量的滞后期。在本例中，就是确定国民收入的滞后期 k 和固定资产投资的滞后期 h。确定解释变量的滞后期，可以依据经济理论，实际经验或有关技术经济指标、政策法规来进行。例如，凭经验知，五年前的国民收入对目前的固定资产投资影响力较为弱小，可以将其滞后期定为 5 年；而固定资产一般要求十年完成折旧，据此便可将其滞后期定为 10 年。由此，可确定出解释变量的滞后期，$k=5$ 及 $h=10$，则 27－23 式即变为具有确定滞后期的试验性模型：

$$Y_t = a_0X_t + a_1X_{t-1} + a_2X_{t-2} + \cdots + a_5X_{t-5} + b_1Y_{t-1} + b_2Y_{t-2} + \cdots + b_{10}Y_{t-10} + u_t \qquad (27-24)$$

第二步，对确定了滞后期的试验模型进行估计与检验。即对27－24式应用相宜的方法进行估计，得出估计式

$$\hat{Y}_t = \hat{a}_0 X_t + \hat{a}_1 X_{t-1} + \hat{a}_2 X_{t-2} + \cdots + \hat{a}_5 X_{t-5} + \hat{b}_1 Y_{t-1} + \hat{b}_2 Y_{t-2} + \cdots + \hat{b}_{10} Y_{t-10} \quad (27-25)$$

对27－25式进行理论检验，统计检验和计量经济学准则检验，得出各种检验结论，以作后续比较之用。

第三步，减少试验模型中滞后变量个数，对精简后的模型进行估计及检验。例如，将滞后期长的 X_{t-4}、X_{t-5}及 Y_{t-9}、Y_{t-10}略去，建立精简模型

$$Y_t = a_0^* X_t + a_1^* X_{t-1} + a_2^* X_{t-2} + a_3^* X_{t-3} + b_1^* Y_{t-1} + b_2^* Y_{t-2} + \cdots + b_8^* Y_{t-8} + \varepsilon_t \quad (27-26)$$

对27－26式采用适当的方法进行估计，可得估计式

$$\hat{Y}_t = \hat{a}_0^* X_t + \hat{a}_1^* X_{t-1} + \hat{a}_2^* X_{t-2} + \hat{a}_3^* X_{t-3} + \hat{b}_1^* Y_{t-1} + \hat{b}_2^* Y_{t-2} + \cdots + \hat{b}_8^* Y_{t-8} \quad (27-27)$$

再对27－27式进行检验，如果显著性比27－25式明显提高，便表明略去 X_{t-4}、X_{t-5}和 Y_{t-9}、Y_{t-10}可以使模型更为有效，对模型的进一步精简可以用27－26式作为基础。

第四步，对试验模型中的解释变量进一步精简，直至达到上述六条准则为止。在本例中，即逐次去掉滞后期最远的解释变量，建立多种形式的简化模型进行试验、对比、选择，最终确定一个符合要求的简化模型。

（四）韩德瑞模型选择方法的拓展

韩德瑞的模型选择方法虽然是为处理时间序列数据而推导出来的，但这一方法自上而下（或一般到特殊）的模型选择思路，对其他类型问题的研究也适用。将韩德瑞的模型选择方法加以拓展，可以形成一套适应性更广的自上而下的模型选择方法。

自上而下的模型选择方法，是在构建一个既包含主要解释变量又包含次要解释变量的试验模型基础上，逐步进行多种组合的变量精简试验，最终选择出仅含“重要”解释变量的模型。这一方法的

应用分以下步骤进行：

第一步，对研究对象进行深入的实际调查和系统的理论分析，搜寻各种影响因素，并将这些影响因素用相应的变量表示，列出尽可能详尽的解释变量表。这些列示的解释变量既包含主要变量，也包含次要变量。例如，研究对象为内生变量 Y，经分析它受八种主要因素和次要因素影响，便可列出 8 个解释变量 X_1，X_2，X_3，X_4，X_5，X_6，X_7，X_8。

第二步，利用第一步得出的分析结论，构建包含主要和次要解释变量的试验性模型。对于研究对象 Y，试验性模型可表达为

$$Y_i = b_0 + b_1 X_{i1} + b_2 X_{i2} + \cdots + b_8 X_{i8} + u_i \qquad (27-28)$$

对构建的试验性模型 27－28 式采用相宜的方法进行估计，可得出样本估计式

$$\hat{Y}_i = \hat{b}_0 + \hat{b}_1 X_{i1} + \hat{b}_2 X_{i2} + \cdots + \hat{b}_8 X_{i8} \qquad (27-29)$$

对估计式 27－28 式进行理论检验、统计检验、计量经济准则检验，得出相应的检验结果，以作为后续选择的基础。

第三步，对试验性模型进行解释变量的精简试验。例如，将 27－29 式中的 X_8 略去，将其精简为

$$Y_i = a_0 + a_1 X_{i1} + a_2 X_{i2} + \cdots + a_7 X_{i7} + \varepsilon_i \qquad (27-30)$$

对 27－30 式进行估计，得出估计式

$$\hat{Y}_i = \hat{a}_0 + \hat{a}_1 X_{i1} + \hat{a}_2 X_{i2} + \cdots + \hat{a}_7 X_{i7} \qquad (27-31)$$

对 27－31 式进行检验，如果其显著性比 27－29 式明显提高，便表明对解释变量 X_8 的精简是合理的，这一精简对模型具有改进效果，对模型的进一步选择应以 27－30 式为基础。

第四步，以改进的试验模型为基础，逐次对解释变量进行精简试验。在本例中，是以 27－30 式为基础，对其解释变量进行多种组合的精简试验，对不同试验的结果进行详细的对比分析，最终选择出仅包含重要变量、解释功能强、分析及预测效果好的模型。

四、自下而上的模型选择方法

与韩德瑞自上而下的模型选择方法相对应，还有一种自下而上

的模型选择方法。自上而下的方法是构建一个包含多个解释变量的复杂试验模型作为基础，逐次进行解释变量的精简试验，最终得出一个仅包含重要解释变量的简化模型。而自下而上的方法是构建一个仅包含少数（如一至两个）解释变量的简单试验模型作为基础，逐次进行解释变量的增加试验，最终得出一个包含重要解释变量的模型。

自下而上的模型选择方法，从最简单的模型开始进行试验选择，使初始试验性模型的构建简单易行、便于把握。同时，从简单的模型开始试验选择，计算分析工作也相对便捷，可以避免自上而下选择方法从一开始就遇到的十分复杂的计算与分析。这一方法也比较符合人们认识事物的规律，即从简单到复杂、从局部到全面的逐步深化，最终实现对客观对象的总体把握。鉴于此，这一特殊的试验建模方法也越来越被研究者重视和应用。

应用自下而上方法选择模型，一般应按以下程序进行：

第一步，分析研究对象的影响因素，通过对研究对象的深入调查剖析和系统的论证，找出各种影响因素，并对这些影响因素按重要性分类排队，用具有明确经济含义且可观测的变量一一加以表示。例如，研究的对象为内生变量 Y，经分析论证确认对其影响的因素有六个，这六个因素按对 Y 的影响因大小可分别用 X_1，X_2，X_3，X_4，X_5，X_6 表示。这六个变量就是模型选择中解释变量的备择变量。

第二步，选择模型的基本函数形式。在确认了模型的备择解释变量之后，应用理论分析或实际经验的结论，研究被解释变量 Y 与解释变量 X 互相关系的类型与特点，并在此基础上确定模型的基本函数形式。例如，通过对 Y 与 X 关联关系的分析，发现它们之间呈现明显的线性依存关系，则模型的基本形式就应当是线性函数。

第三步，建立简单的初始试验模型。根据第二步选择的模型基本函数形式，从第一步确认的备择变量中，选择一个被认为是最重要的解释变量，构建简单的初始试验模型。在本例中，设 X_1 为最重要的解释变量，则初始试验模型为

$$Y_i = b_0 + b_1 X_{i1} + u_i \tag{27-32}$$

对初始试验模型 27－32 式进行估计，可得估计式

$$\hat{Y}_i = \hat{b}_0 + \hat{b}_1 X_{i1} \tag{27-33}$$

对估计 式 27－33 式进行理论检验、统计检验、计量经济准则检验，得出各项检验结果，作为模型比较选择的基础。

第四步，将新的解释变量引进初始试验模型对其进行改进。在本例中，先将备择变量 X_2 引进初始试验模型 27－32 式，构建新的试验模型

$$Y_i = a_0 + a_1 X_{i1} + a_2 X_{i2} + \varepsilon_i \tag{27-34}$$

对 27－34 式进行估计，得出新的估计式

$$\hat{Y}_i = \hat{a}_0 + \hat{a}_1 X_{i1} + \hat{a}_2 X_{i2} \tag{27-35}$$

对估计式 27－35 式进行检验，如果显著性和拟合优度比 27－33 式明显提高，表明 X_2 是一个重要解释变量，引进模型后可以使初始试验模型 27－32 式得到改进，后续的模型试验选择应以 27－34 式为基础。如果检验结果表明 X_2 不是一个重要的解释变量，不应当被引进模型，后续的模型试验选择仍应以 27－32 式为基础。

第五步，将其余的备择解释变量逐一引进改进后的试验模型，逐步对新的试验模型进行改进，最终得出符合要求的模型。在本例中，如果以 27－34 式作为模型后续改进的基础，可将 X_3 引进模型继续试验选择，即建立包含 X_3 的模型

$$Y_i = \alpha_0 + \alpha_1 X_{i1} + \alpha_2 X_{i2} + \alpha_3 X_{i3} + V_i \tag{27-36}$$

对 27－36 式估计，可得估计式

$$\hat{Y}_i = \hat{\alpha}_0 + \hat{\alpha}_1 X_{i1} + \hat{\alpha}_2 X_{i2} + \hat{\alpha}_3 X_{i3} \tag{27-37}$$

对 27－37 式进行检验，如果其显著性和拟合优度比 27－35 式明显提高，表明 X_3 亦为重要解释变量，引入模型后可以使试验模型进一步得到改进，后续的试验选择应以 27－36 式为基础进行。依此类推，将其余的备择解释变量 X_4，X_5，X_6 分别引进逐步改进的试验模型进行比较选择，最后得出符合要求的模型。

五、相互争持模型的选择

凡是应用试验方法构建计量经济模型，研究者对同一研究对象

可能构建出两个或多个相互争持的模型。对这些相互争持的模型进行选择，从中确认一个正确的模型，便成为模型构建的重要任务。

（一）相互争持模型的类型

研究者对同一研究对象所构建的两个或多个相互争持的模型，按它们的相互关系的特点，可分为嵌套和非嵌套两大类型。

如果研究者对同一研究对象构建了以下两个相互争持的模型

$$Y_i = b_0 + b_1 X_{i1} + b_2 X_{i2} + b_3 X_{i3} + b_4 X_{i4} + b_5 X_{i5} + u_i \qquad (27-38)$$

$$Y_i = b_0^* + b_1^* X_{i1} + b_3^* X_{i3} + b_5^* X_{i5} + u_i^* \qquad (27-39)$$

则在这两个模型中，27－39 式是 27－38 式的特例，当 $b_2=0$ 及 $b_4=0$ 时，27－38 式就简化为 27－39 式。所以，27－39 式被嵌套在 27－38 式中，27－38 式和 27－39 式是嵌套的。

如果研究者对同一研究对象构建的两个相互争持的模型为

$$Y_i = \alpha_0 + \alpha_1 X_{i1} + \alpha_2 X_{i2} + u_i \qquad (27-40)$$

$$Y_i = \beta_0 + \beta_1 Z_{i1} + \beta_2 Z_{i2} + V_i \qquad (27-41)$$

则包含在这两个模型中的解释变量 X 与 Z 为内涵不同的经济变量，不能用一个模型的特殊情况推导出另一个模型，故 27－40 式与 27－41式是非嵌套的。在经济研究中，同一经济现象有时会出现不同的理论解释，根据不同理论解释所建立反映某一经济现象的模型就可能是非嵌套的。

当研究者对同一研究对象构建的相互争持的模型有多个，则对这些模型的相互关系的类型就应当进行两两的比较，有些可能是嵌套的，而另一些可能是非嵌套的。

（二）相互争持的嵌套模型的选择

当研究者对同一研究对象构建了两个或两个以上的相互争持的模型，而这些模型又是嵌套的，便可以用 F 检验和 t 检验从中选择出一个适当的模型。例如，对某一问题的研究得出了 27－38 式和 27－39 式两个相互争持的模型，已确认它们是嵌套的，即可对嵌套了 27－39 式的 27－38 式进行估计，得出估计式

$$\hat{Y}_i = \hat{b}_0 + \hat{b}_1 X_{i1} + \hat{b}_2 X_{i2} + \hat{b}_3 X_{i3} + \hat{b}_4 X_{i4} + \hat{b}_5 X_{i5} \qquad (27-42)$$

通过对估计式 27－42 进行 F 检验和 t 检验，如果 F 检验是显著的，且参数估计量 $\hat{b}_1$、$\hat{b}_2$、$\hat{b}_3$、$\hat{b}_4$、$\hat{b}_5$ 的 t 检验也是显著的，便表明 27－38 式在解释变量的总体选择和单个选择上都是正确的，对研究对象应当选择 27－38 式，而不应该选择 27－39 式，如果 F 检验是显著的，参数估计量 $\hat{b}_1$、$\hat{b}_3$、$\hat{b}_5$ 的 t 检验也是显著的，但参数估计量 $\hat{b}_2$ 及 $\hat{b}_4$ 的 t 检验是不显著的，则表明 27－38 式虽然在解释变量的总体选择上是正确的（未遗漏重要变量），但包含了 X_2 和 X_4 这两个无关变量（因其参数为零的可能性很大），对研究对象应当选择 27－39 式，而不应当选择 27－38 式。

（三）相互争持的非嵌套模型的选择

当研究者对同一研究对象构建了两个或两个以上的相互争持的模型，而这些模型又是非嵌套的，从中选择一个适当的模型比较困难。对于相互争持的非嵌套模型的选择，有三种可用但不完美的方法可供选用。

1．判别选择方法

所谓判别选择，就是通过对相互争持的非嵌套模型估计式的拟合优度（用可决系数 R^2 表示或用调整后的可决系数 $\bar{R}^2$ 表示）、绝对残差及相对残差大小的比较，从中选择一个表现较好的模型。以相互争持的非嵌套模型 27－40 式和27－41式为例，对它们分别进行估计，得出两个估计式

$$\hat{Y}_i = \hat{\alpha}_0 + \hat{\alpha}_1 X_{i1} + \hat{\alpha}_2 X_{i2} \tag{27-43}$$

$$\hat{Y}_i = \hat{\beta}_0 + \hat{\beta}_1 Z_{i1} + \hat{\beta}_2 Z_{i2} \tag{27-44}$$

通过检验，计算出上述两个估计式的可决系数 R^2（或调整的 $\bar{R}^2$）、残差估计量，考察参数估计量的显著性，再进行对比，便可从中选择一个 $\bar{R}^2$ 较高、残差较小、参数估计量更为显著的模型。但这种选择方法是较为粗略的，因为模型 27－40 式和 27－41 式的解释变量具有不同的内涵和性质，使被解释变量 Y 的表达形式不同，使这两个模型不能简单类比。因此，单纯依据统计检验的结果判别它们的优劣，缺乏完全相同的基础，显得不够严密。

2. *辨识选择方法*

这一方法是通过构建一个包含相互争持的非嵌套模型解释变量的混合模型，作为辨识工具，对相互争持的非嵌套模型进行选择。仍以27－40式和27－41式为例，可以构建一个包含 X_1，X_2，Z_1，Z_2 的混合模型

$$Y_i = a_0 + a_1X_{i1} + a_2X_{i2} + a_3Z_{i1} + a_4Z_{i2} + \varepsilon_i \qquad (27-45)$$

27－45式既嵌套了27－40式，又嵌套了27－41式，但27－40式和27－41式是非嵌套的。对27－45式进行估计，可得

$$\hat{Y}_i = \hat{a}_0 + \hat{a}_1X_{i1} + \hat{a}_2X_{i2} + \hat{a}_3Z_{i1} + \hat{a}_4Z_{i2} \qquad (27-46)$$

通过对27－46式进行 F 检验和 t 检验，可以判别出参数 a_1，a_2，a_3，a_4 同时为零和分别为零的可能性大小。从理论上讲，如果检验证明 a_3 和 a_4 为零的可能性大，便表明解释变量 Z_1 和 Z_2 是无关变量，对所研究的问题应选择27－40式；如果检验证明 a_1 和 a_2 为零的可能性大，则表明解释变量 X_1 和 X_2 是无关变量，对所研究的问题便应当选择27－41式。但在实际应用上，这一选择方法存在一些严重的缺陷，主要表现在：

第一，所建立的混合模型27－45式往往没有经济意义，使这种选择缺乏根本依据。

第二，如果解释变量 X 与 Z 是高度线性相关的，就极可能出现 a_1，a_2，a_3，a_4 都不显著的异于零，使这种选择根本无法进行。

第三，如果经估计与检验发现27－40式和27－41式的参数都是显著的，当将 Z_1 和 Z_2 作为补充解释变量加进27－40式中后，如果 Z_1 和 Z_2 的参数又是不显著的，这时就会选择27－40式；当将 X_1 和 X_2 作为补充解释变量加进27－41式时，如果 X_1 和 X_2 的参数也是不显著的，这时又会选择27－41式。在 X 与 Z 存在高度线性相关的条件下，这一情况往往会发生，这就会造成用不同的模型作参照最终得出不同的选择结果。

3. *戴维森—麦金农选择方法*

对相互争持的非嵌套模型，戴维森（*R.Davidson*）和麦金农

($J.G.Mackinnon$)提出了一套新的选择方法。仍以 27－40 式和 27－41 式为例，说明这一选择方法的应用。

第一步，对 27－41 式单独进行估计，求出估计值 $\hat{Y}_i^{(1)}$，并将 $\hat{Y}_i^{(1)}$ 作为补充解释变量引进 27－40 式中，构建出新模型

$$Y_i = \alpha_0 + \alpha_1 X_{i1} + \alpha_2 X_{i2} + \alpha_3 \hat{Y}_i^{(1)} + u_i \qquad (27-47)$$

第二步，对新模型 27－47 式进行估计，并通过 t 检验考察参数 α_3 是否显著为零。如果检验结果表明 α_3 为零的可能性很大，便说明 $\hat{Y}_i^{(1)}$ 的引进不能改进模型 27－40 式的解释功能。如果检验结果表明 α_3 为零的可能性极小，则说明 $\hat{Y}_i^{(1)}$ 的引进可以改进模型 27－40 式的解释功能。至于在 α_3 可能为零或不为零状态下模型选择，还需要与后面的分析结果加以综合考虑。

第三步，对 27－40 式单独进行估计，求出估计值 $\hat{Y}_i^{(2)}$，并将 $\hat{Y}_i^{(2)}$ 作为补充解释变量引进 27－41 式中，构建出又一个新模型

$$Y_i = \beta_0 + \beta_1 Z_{i1} + \beta_2 Z_{i2} + \beta_3 \hat{Y}_i^{(2)} + V_i \qquad (27-48)$$

第四步，对新模型 27－48 式进行估计，并通过 t 检验考察参数 β_3 是否显著为零。如果检验结果表明 β_3 为零的可能性很大，便说明 $\hat{Y}_i^{(2)}$ 的引进不能改进模型 27－41 式的解释能力。如果检验结果表明 β_3 为零的可能性极小，则说明 $\hat{Y}_i^{(2)}$ 的引进可以改进 27－41 式的解释能力。至于在 β_3 可能为零或不为零状态下的模型选择，尚需与第二步检验结果进行综合分析才能做出决定。

第五步，将第二步对 α_3 显著性检验和第四步对 β_3 显著性检验的结果进行组合式分析，对相互争持的非嵌套模型 27－40 式和 27－41式进行选择。α_3 和 β_3 的显著性有四种不同的组合，每种组合状态下的模型选择结局应分别为：

①$\alpha_3 = 0$ 且 $\beta_3 = 0$，可同时选择 27－40 式和 27－41 式；

②$\alpha_3 = 0$ 且 $\beta_3 \neq 0$，应选择 27－40 式而拒绝 27－41 式；

③$\alpha_3 \neq 0$ 但 $\beta_3 = 0$，应选择 27－41 式而拒绝 27－40 式；

④$\alpha_3 \neq 0$ 且 $\beta_3 \neq 0$，应同时拒绝 27－40 式和 27－41 式。

从上述选择过程可以看出，戴维森—麦金农选择方法综合考虑了相互争持的每一个模型的情况，使非嵌套模型的选择更加严谨。但这一选择方法也存在一些问题，主要表现在两个方面：一是会出现同时选择或同时拒绝两个模型的情况，造成选择过程得不到结果；二是在小样本条件下，第二步和第四步的 t 检验有可能失真，容易过多地拒绝 $\alpha_3=0$ 及 $\beta_3=0$ 的假设。对于这些问题，研究者应采用适当的措施加以解决。当出现同时拒绝两个模型时，表明所构建的两个模型都不具有正确反映研究对象的功能，应当重新构建模型。当出现同时选择两个模型时，表明样本数据还未充分到足以辨别两个模型的优劣，有可能的情况下应增加样本数据。在应用这一选择方法时，应尽可能满足大样本的要求，以预防 t 检验失准所带来的不良后果。

附录　统计学常用数表

附表 1　标准正态分布表

例：$z=\dfrac{x-\mu}{\sigma}$

$P_r(0\leqslant Z\leqslant 1.96)=0.4750$

$P_r(Z\geqslant 1.96)=0.5-0.4750$

$=0.025$

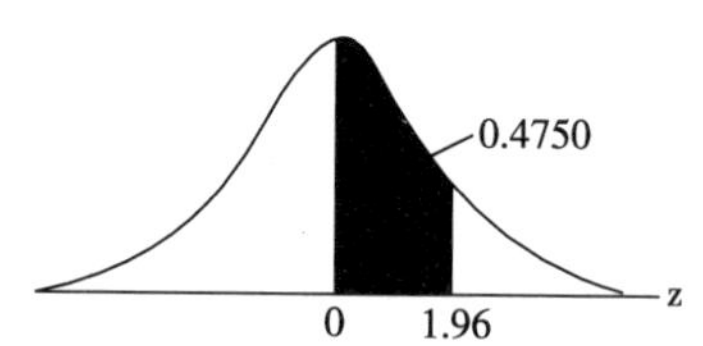

z	0	0.01	0.02	0.03	0.04	0.05	0.06	0.07	0.08	0.09
0	0.5000	0.5040	0.5080	0.5120	0.5160	0.5199	0.5239	0.5279	0.5319	0.5359
0.1	0.5398	0.5438	0.5478	0.5517	0.5557	0.5596	0.5636	0.5675	0.5714	0.5753
0.2	0.5793	0.5832	0.5871	0.5910	0.5948	0.5987	0.6026	0.6064	0.6103	0.6141
0.3	0.6179	0.6217	0.6255	0.6293	0.6331	0.6368	0.6406	0.6443	0.6480	0.6517
0.4	0.6554	0.6591	0.6628	0.6664	0.6700	0.6736	0.6772	0.6808	0.6844	0.6879
0.5	0.6915	0.6950	0.6985	0.7019	0.7054	0.7088	0.7123	0.7157	0.7190	0.7224
0.6	0.7257	0.7291	0.7324	0.7357	0.7389	0.7422	0.7454	0.7486	0.7517	0.7549
0.7	0.7580	0.7611	0.7642	0.7673	0.7704	0.7734	0.7764	0.7794	0.7823	0.7852
0.8	0.7881	0.7910	0.7939	0.7967	0.7995	0.8023	0.8051	0.8078	0.8106	0.8133
0.9	0.8159	0.8186	0.8212	0.8238	0.8264	0.8289	0.8315	0.8340	0.8365	0.8389
1	0.8413	0.8438	0.8461	0.8485	0.8508	0.8531	0.8554	0.8577	0.8599	0.8621
1.1	0.8643	0.8665	0.8686	0.8708	0.8729	0.8749	0.8770	0.8790	0.8810	0.8830
1.2	0.8849	0.8869	0.8888	0.8907	0.8925	0.8944	0.8962	0.8980	0.8997	0.9015
1.3	0.9032	0.9049	0.9066	0.9082	0.9099	0.9115	0.9131	0.9147	0.9162	0.9177
1.4	0.9192	0.9207	0.9222	0.9236	0.9251	0.9265	0.9279	0.9292	0.9306	0.9319
1.5	0.9332	0.9345	0.9357	0.9370	0.9382	0.9394	0.9406	0.9418	0.9429	0.9441
1.6	0.9452	0.9463	0.9474	0.9484	0.9495	0.9505	0.9515	0.9525	0.9535	0.9545
1.7	0.9554	0.9564	0.9573	0.9582	0.9591	0.9599	0.9608	0.9616	0.9625	0.9633
1.8	0.9641	0.9649	0.9656	0.9664	0.9671	0.9678	0.9686	0.9693	0.9699	0.9706
1.9	0.9713	0.9719	0.9726	0.9732	0.9738	0.9744	0.9750	0.9756	0.9761	0.9767
2	0.9772	0.9778	0.9783	0.9788	0.9793	0.9798	0.9803	0.9808	0.9812	0.9817

（续）

z	0	0.01	0.02	0.03	0.04	0.05	0.06	0.07	0.08	0.09
2.1	0.9821	0.9826	0.9830	0.9834	0.9838	0.9842	0.9846	0.9850	0.9854	0.9857
2.2	0.9861	0.9864	0.9868	0.9871	0.9875	0.9878	0.9881	0.9884	0.9887	0.9890
2.3	0.9893	0.9896	0.9898	0.9901	0.9904	0.9906	0.9909	0.9911	0.9913	0.9916
2.4	0.9918	0.9920	0.9922	0.9925	0.9927	0.9929	0.9931	0.9932	0.9934	0.9936
2.5	0.9938	0.9940	0.9941	0.9943	0.9945	0.9946	0.9948	0.9949	0.9951	0.9952
2.6	0.9953	0.9955	0.9956	0.9957	0.9959	0.9960	0.9961	0.9962	0.9963	0.9964
2.7	0.9965	0.9966	0.9967	0.9968	0.9969	0.9970	0.9971	0.9972	0.9973	0.9974
2.8	0.9974	0.9975	0.9976	0.9977	0.9977	0.9978	0.9979	0.9979	0.9980	0.9981
2.9	0.9981	0.9982	0.9982	0.9983	0.9984	0.9984	0.9985	0.9985	0.9986	0.9986
3	0.9987	0.9987	0.9987	0.9988	0.9988	0.9989	0.9989	0.9989	0.9990	0.9990
3.2	0.9993	0.9993	0.9994	0.9994	0.9994	0.9994	0.9994	0.9995	0.9995	0.9995
3.4	0.9997	0.9997	0.9997	0.9997	0.9997	0.9997	0.9997	0.9997	0.9997	0.9998
3.6	0.9998	0.9998	0.9999	0.9999	0.9999	0.9999	0.9999	0.9999	0.9999	0.9999
3.8	0.9999	0.9999	0.9999	0.9999	0.9999	0.9999	0.9999	0.9999	0.9999	0.9999
−3	0.0013	0.0013	0.0013	0.0012	0.0012	0.0011	0.0011	0.0011	0.0010	0.0010
−2.9	0.0019	0.0018	0.0018	0.0017	0.0016	0.0016	0.0015	0.0015	0.0014	0.0014
−2.8	0.0026	0.0025	0.0024	0.0023	0.0023	0.0022	0.0021	0.0021	0.0020	0.0019
−2.7	0.0035	0.0034	0.0033	0.0032	0.0031	0.0030	0.0029	0.0028	0.0027	0.0026
−2.6	0.0047	0.0045	0.0044	0.0043	0.0041	0.0040	0.0039	0.0038	0.0037	0.0036
−2.5	0.0062	0.0060	0.0059	0.0057	0.0055	0.0054	0.0052	0.0051	0.0049	0.0048
−2.4	0.0082	0.0080	0.0078	0.0075	0.0073	0.0071	0.0069	0.0068	0.0066	0.0064
−2.3	0.0107	0.0104	0.0102	0.0099	0.0096	0.0094	0.0091	0.0089	0.0087	0.0084
−2.2	0.0139	0.0136	0.0132	0.0129	0.0125	0.0122	0.0119	0.0116	0.0113	0.0110
−2.1	0.0179	0.0174	0.0170	0.0166	0.0162	0.0158	0.0154	0.0150	0.0146	0.0143
−2	0.0228	0.0222	0.0217	0.0212	0.0207	0.0202	0.0197	0.0192	0.0188	0.0183
−1.9	0.0287	0.0281	0.0274	0.0268	0.0262	0.0256	0.0250	0.0244	0.0239	0.0233
−1.8	0.0359	0.0351	0.0344	0.0336	0.0329	0.0322	0.0314	0.0307	0.0301	0.0294
−1.7	0.0446	0.0436	0.0427	0.0418	0.0409	0.0401	0.0392	0.0384	0.0375	0.0367
−1.6	0.0548	0.0537	0.0526	0.0516	0.0505	0.0495	0.0485	0.0475	0.0465	0.0455

（续）

z	0	0.01	0.02	0.03	0.04	0.05	0.06	0.07	0.08	0.09
−1.5	0.0668	0.0655	0.0643	0.0630	0.0618	0.0606	0.0594	0.0582	0.0571	0.0559
−1.4	0.0808	0.0793	0.0778	0.0764	0.0749	0.0735	0.0721	0.0708	0.0694	0.0681
−1.3	0.0968	0.0951	0.0934	0.0918	0.0901	0.0885	0.0869	0.0853	0.0838	0.0823
−1.2	0.1151	0.1131	0.1112	0.1093	0.1075	0.1056	0.1038	0.1020	0.1003	0.0985
−1.1	0.1357	0.1335	0.1314	0.1292	0.1271	0.1251	0.1230	0.1210	0.1190	0.1170
−1	0.1587	0.1562	0.1539	0.1515	0.1492	0.1469	0.1446	0.1423	0.1401	0.1379
−0.9	0.1841	0.1814	0.1788	0.1762	0.1736	0.1711	0.1685	0.1660	0.1635	0.1611
−0.8	0.2119	0.2090	0.2061	0.2033	0.2005	0.1977	0.1949	0.1922	0.1894	0.1867
−0.7	0.2420	0.2389	0.2358	0.2327	0.2296	0.2266	0.2236	0.2206	0.2177	0.2148
−0.6	0.2743	0.2709	0.2676	0.2643	0.2611	0.2578	0.2546	0.2514	0.2483	0.2451
−0.5	0.3085	0.3050	0.3015	0.2981	0.2946	0.2912	0.2877	0.2843	0.2810	0.2776
−0.4	0.3446	0.3409	0.3372	0.3336	0.3300	0.3264	0.3228	0.3192	0.3156	0.3121
−0.3	0.3821	0.3783	0.3745	0.3707	0.3669	0.3632	0.3594	0.3557	0.3520	0.3483
−0.2	0.4207	0.4168	0.4129	0.4090	0.4052	0.4013	0.3974	0.3936	0.3897	0.3859
−0.1	0.4602	0.4562	0.4522	0.4483	0.4443	0.4404	0.4364	0.4325	0.4286	0.4247
0	0.5000	0.4960	0.4920	0.4880	0.4840	0.4801	0.4761	0.4721	0.4681	0.4641

附表 2　t 分布的百分数点

例：$P_r(t>2.086)=0.025$

$P_r(t>1.725)=0.05$　自由度=20

$P_r(|t|>1.725)=0.10$

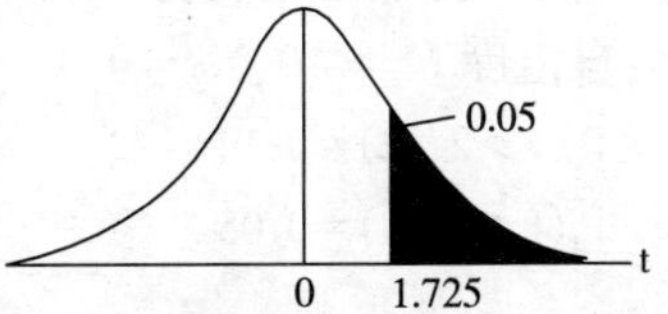

df \ Pr	0.25 0.5	0.1 0.2	0.05 0.1	0.025 0.05	0.01 0.02	0.005 0.01	0.001 0.002
1	1.000	3.078	6.314	12.706	31.821	63.656	318.289
2	0.816	1.886	2.920	4.303	6.965	9.925	22.328
3	0.765	1.638	2.353	3.182	4.541	5.841	10.214
4	0.741	1.533	2.132	2.776	3.747	4.604	7.173
5	0.727	1.476	2.015	2.571	3.365	4.032	5.894
6	0.718	1.440	1.943	2.447	3.143	3.707	5.208
7	0.711	1.415	1.895	2.365	2.998	3.499	4.785
8	0.706	1.397	1.860	2.306	2.896	3.355	4.501
9	0.703	1.383	1.833	2.262	2.821	3.250	4.297
10	0.700	1.372	1.812	2.228	2.764	3.169	4.144
11	0.697	1.363	1.796	2.201	2.718	3.106	4.025
12	0.695	1.356	1.782	2.179	2.681	3.055	3.930
13	0.694	1.350	1.771	2.160	2.650	3.012	3.852
14	0.692	1.345	1.761	2.145	2.624	2.977	3.787
15	0.691	1.341	1.753	2.131	2.602	2.947	3.733
16	0.690	1.337	1.746	2.120	2.583	2.921	3.686
17	0.689	1.333	1.740	2.110	2.567	2.898	3.646
18	0.688	1.330	1.734	2.101	2.552	2.878	3.610
19	0.688	1.328	1.729	2.093	2.539	2.861	3.579
20	0.687	1.325	1.725	2.086	2.528	2.845	3.552
21	0.686	1.323	1.721	2.080	2.518	2.831	3.527
22	0.686	1.321	1.717	2.074	2.508	2.819	3.505
23	0.685	1.319	1.714	2.069	2.500	2.807	3.485
24	0.685	1.318	1.711	2.064	2.492	2.797	3.467
25	0.684	1.316	1.708	2.060	2.485	2.787	3.450
26	0.684	1.315	1.706	2.056	2.479	2.779	3.435
27	0.684	1.314	1.703	2.052	2.473	2.771	3.421
28	0.683	1.313	1.701	2.048	2.467	2.763	3.408
29	0.683	1.311	1.699	2.045	2.462	2.756	3.396
30	0.683	1.310	1.697	2.042	2.457	2.750	3.385
40	0.681	1.303	1.684	2.021	2.423	2.704	3.307
60	0.679	1.296	1.671	2.000	2.390	2.660	3.232
120	0.677	1.289	1.658	1.980	2.358	2.617	3.160
∞	0.674	1.282	1.645	1.960	2.326	2.576	3.090

注：每栏上端所示较小概率为单尾的面积；下端较大概率为双尾面积。

来源：E.S. 皮尔逊与 H.O. 哈特利主编，统计学家用生物统计表 1 卷 3 版表 12。

附表3 F分布上的百分数点

例：自由度 $N_1=10, N_2=9$

$P_r(F>2.42)=0.10$

$P_r(F<3.14)=0.05$

分母自由度N_2	分子自												
	Pr	1	2	3	4	5	6	7	8	9	10	11	12
1	0.25	5.83	7.50	8.20	8.58	8.82	8.98	9.10	9.19	9.26	9.32	9.37	9.41
	0.10	39.9	49.5	53.6	55.8	57.2	58.2	58.9	59.4	59.9	60.2	60.5	60.7
	0.05	161	199	216	225	230	234	237	239	241	242	243	244
2	0.25	2.57	3.00	3.15	3.23	3.28	3.31	3.34	3.35	3.37	3.38	3.39	3.39
	0.10	8.53	9.00	9.16	9.24	9.29	9.33	9.35	9.37	9.38	9.39	9.40	9.41
	0.05	18.51	19.00	19.16	19.25	19.30	19.33	19.35	19.37	19.38	19.40	19.40	19.41
	0.0	98.5	99.0	99.2	99.3	99.3	99.3	99.4	99.4	99.4	99.4	99.4	99.4
3	0.25	2.02	2.28	2.36	2.39	2.41	2.42	2.43	2.44	2.44	2.44	2.45	2.45
	0.10	5.54	5.46	5.39	5.34	5.31	5.28	5.27	5.25	5.24	5.23	5.22	5.22
	0.05	10.13	9.55	9.28	9.12	9.01	8.94	8.89	8.85	8.81	8.79	8.76	8.74
	0.0	34.1	30.8	29.5	28.7	28.2	27.9	27.7	27.5	27.3	27.2	27.1	27.1
4	0.25	1.81	2.00	2.05	2.06	2.07	2.08	2.08	2.08	2.08	2.08	2.08	2.08
	0.10	4.54	4.32	4.19	4.11	4.05	4.01	3.98	3.95	3.94	3.92	3.91	3.90
	0.05	7.71	6.94	6.59	6.39	6.26	6.16	6.09	6.04	6.00	5.96	5.94	5.91
	0.0	21.2	18.0	16.7	16.0	15.5	15.2	15.0	14.8	14.7	14.5	14.5	14.4
5	0.25	1.69	1.85	1.88	1.89	1.89	1.89	1.89	1.89	1.89	1.89	1.89	1.89
	0.10	4.06	3.78	3.62	3.52	3.45	3.40	3.37	3.34	3.32	3.30	3.28	3.27
	0.05	6.61	5.79	5.41	5.19	5.05	4.95	4.88	4.82	4.77	4.74	4.70	4.68
	0.0	16.3	13.3	12.1	11.4	11.0	10.7	10.5	10.3	10.2	10.1	10.0	9.9
6	0.25	1.62	1.76	1.78	1.79	1.79	1.78	1.78	1.78	1.77	1.77	1.77	1.77
	0.10	3.78	3.46	3.29	3.18	3.11	3.05	3.01	2.98	2.96	2.94	2.92	2.90
	0.05	5.99	5.14	4.76	4.53	4.39	4.28	4.21	4.15	4.10	4.06	4.03	4.00
	0.0	13.7	10.9	9.8	9.1	8.7	8.5	8.3	8.1	8.0	7.9	7.8	7.7
7	0.25	1.57	1.70	1.72	1.72	1.71	1.71	1.70	1.70	1.69	1.69	1.69	1.68
	0.10	3.59	3.26	3.07	2.96	2.88	2.83	2.78	2.75	2.72	2.70	2.68	2.67
	0.05	5.59	4.74	4.35	4.12	3.97	3.87	3.79	3.73	3.68	3.64	3.60	3.57
	0.0	12.2	9.5	8.5	7.8	7.5	7.2	7.0	6.8	6.7	6.6	6.5	6.5
8	0.25	1.54	1.66	1.67	1.66	1.66	1.65	1.64	1.64	1.63	1.63	1.63	1.62
	0.10	3.46	3.11	2.92	2.81	2.73	2.67	2.62	2.59	2.56	2.54	2.52	2.50
	0.05	5.32	4.46	4.07	3.84	3.69	3.58	3.50	3.44	3.39	3.35	3.31	3.28
	0.0	11.3	8.6	7.6	7.0	6.6	6.4	6.2	6.0	5.9	5.8	5.7	5.7
9	0.25	1.51	1.62	1.63	1.63	1.62	1.61	1.60	1.60	1.59	1.59	1.58	1.58
	0.10	3.36	3.01	2.81	2.69	2.61	2.55	2.51	2.47	2.44	2.42	2.40	2.38
	0.05	5.12	4.26	3.86	3.63	3.48	3.37	3.29	3.23	3.18	3.14	3.10	3.07
	0.0	10.6	8.0	7.0	6.4	6.1	5.8	5.6	5.5	5.4	5.3	5.2	5.1
10	0.25	1.49	1.60	1.60	1.59	1.59	1.58	1.57	1.56	1.56	1.55	1.55	1.54
	0.10	3.29	2.92	2.73	2.61	2.52	2.46	2.41	2.38	2.35	2.32	2.30	2.28
	0.05	4.96	4.10	3.71	3.48	3.33	3.22	3.14	3.07	3.02	2.98	2.94	2.91
	0.01	10.0	7.56	6.55	5.99	5.64	5.39	5.20	5.06	4.94	4.85	4.77	4.71

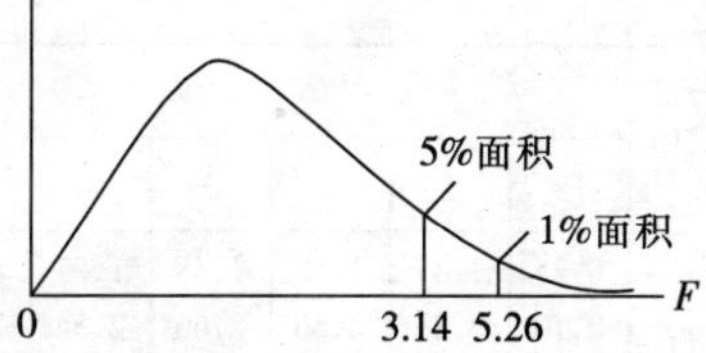

由度 N_1													分母自由度 N_2
15	20	24	30	40	50	60	100	120	200	500	∞	Pr	
9.49	9.58	9.63	9.67	9.71	9.74	9.76	9.80	9.80	9.82	9.84	9.85	0.25	1
61.2	61.7	62.0	62.3	62.5	62.7	62.8	63.0	63.1	63.2	63.3	63.3	0.10	
246	248	249	250	251	252	252	253	253	254	254	254	0.05	
3.41	3.43	3.43	3.44	3.45	3.46	3.46	3.47	3.47	3.47	3.47	3.48	0.25	2
9.42	9.44	9.45	9.46	9.47	9.47	9.47	9.48	9.48	9.49	9.49	9.49	0.10	
19.43	19.45	19.45	19.46	19.47	19.48	19.48	19.49	19.49	19.49	19.49	19.50	0.05	
99.4	99.4	99.5	99.5	99.5	99.5	99.5	99.5	99.5	99.5	99.5	99.5	0.0	
2.46	2.46	2.46	2.47	2.47	2.47	2.47	2.47	2.47	2.47	2.47	2.47	0.25	3
5.20	5.18	5.18	5.17	5.16	5.15	5.15	5.14	5.14	5.14	5.14	5.13	0.10	
8.70	8.66	8.64	8.62	8.59	8.58	8.57	8.55	8.55	8.54	8.53	8.53	0.05	
26.9	26.7	26.6	26.5	26.4	26.4	26.3	26.2	26.2	26.2	26.1	26.1	0.0	
2.08	2.08	2.08	2.08	2.08	2.08	2.08	2.08	2.08	2.08	2.08	2.08	0.25	4
3.87	3.84	3.83	3.82	3.80	3.80	3.79	3.78	3.78	3.77	3.76	3.76	0.10	
5.86	5.80	5.77	5.75	5.72	5.70	5.69	5.66	5.66	5.65	5.64	5.63	0.05	
14.2	14.0	13.9	13.8	13.7	13.7	13.7	13.6	13.6	13.5	13.5	13.5	0.0	
1.89	1.88	1.88	1.88	1.88	1.88	1.87	1.87	1.87	1.87	1.87	1.87	0.25	5
3.24	3.21	3.19	3.17	3.16	3.15	3.14	3.13	3.12	3.12	3.11	3.11	0.10	
4.62	4.56	4.53	4.50	4.46	4.44	4.43	4.41	4.40	4.39	4.37	4.37	0.05	
9.7	9.6	9.5	9.4	9.3	9.2	9.2	9.1	9.1	9.1	9.0	9.0	0.0	
1.76	1.76	1.75	1.75	1.75	1.75	1.74	1.74	1.74	1.74	1.74	1.74	0.25	6
2.87	2.84	2.82	2.80	2.78	2.77	2.76	2.75	2.74	2.73	2.73	2.72	0.10	
3.94	3.87	3.84	3.81	3.77	3.75	3.74	3.71	3.70	3.69	3.68	3.67	0.05	
7.6	7.4	7.3	7.2	7.1	7.1	7.1	7.0	7.0	6.9	6.9	6.9	0.0	
1.68	1.67	1.67	1.66	1.66	1.66	1.65	1.65	1.65	1.65	1.65	1.65	0.25	7
2.63	2.59	2.58	2.56	2.54	2.52	2.51	2.50	2.49	2.48	2.48	2.47	0.10	
3.51	3.44	3.41	3.38	3.34	3.32	3.30	3.27	3.27	3.25	3.24	3.23	0.05	
6.3	6.2	6.1	6.0	5.9	5.9	5.8	5.8	5.7	5.7	5.7	5.6	0.0	
1.62	1.61	1.60	1.60	1.59	1.59	1.59	1.58	1.58	1.58	1.58	1.58	0.25	8
2.46	2.42	2.40	2.38	2.36	2.35	2.34	2.32	2.32	2.31	2.30	2.29	0.10	
3.22	3.15	3.12	3.08	3.04	3.02	3.01	2.97	2.97	2.95	2.94	2.93	0.05	
5.5	5.4	5.3	5.2	5.1	5.1	5.0	5.0	4.9	4.9	4.9	4.9	0.0	
1.57	1.56	1.56	1.55	1.54	1.54	1.54	1.53	1.53	1.53	1.53	1.53	0.25	9
2.34	2.30	2.28	2.25	2.23	2.22	2.21	2.19	2.18	2.17	2.17	2.16	0.10	
3.01	2.94	2.90	2.86	2.83	2.80	2.79	2.76	2.75	2.73	2.72	2.71	0.05	
5.0	4.8	4.7	4.6	4.6	4.5	4.5	4.4	4.4	4.4	4.3	4.3	0.0	
1.53	1.52	1.52	1.51	1.51	1.50	1.50	1.49	1.49	1.49	1.49	1.48	0.25	10
2.24	2.20	2.18	2.16	2.13	2.12	2.11	2.09	2.08	2.07	2.06	2.06	0.10	
2.85	2.77	2.74	2.70	2.66	2.64	2.62	2.59	2.58	2.56	2.55	2.54	0.05	
4.56	4.41	4.33	4.25	4.17	4.12	4.08	4.01	4.00	3.96	3.93	3.91	0.01	

分母自由度 N_2	分子自											
	Pr	1	2	3	4	5	6	7	8	9	10	11
11	0.25	1.47	1.58	1.58	1.57	1.56	1.55	1.54	1.53	1.53	1.52	1.52
	0.10	3.23	2.86	2.66	2.54	2.45	2.39	2.34	2.30	2.27	2.25	2.23
	0.05	4.84	3.98	3.59	3.36	3.20	3.09	3.01	2.95	2.90	2.85	2.82
	0.01	9.65	7.21	6.22	5.67	5.32	5.07	4.89	4.74	4.63	4.54	4.46
12	0.25	1.46	1.56	1.56	1.55	1.54	1.53	1.52	1.51	1.51	1.50	1.49
	0.10	3.18	2.81	2.61	2.48	2.39	2.33	2.28	2.24	2.21	2.19	2.17
	0.05	4.75	3.89	3.49	3.26	3.11	3.00	2.91	2.85	2.80	2.75	2.72
	0.01	9.33	6.93	5.95	5.41	5.06	4.82	4.64	4.50	4.39	4.30	4.22
13	0.25	1.45	1.55	1.55	1.53	1.52	1.51	1.50	1.49	1.49	1.48	1.47
	0.10	3.14	2.76	2.56	2.43	2.35	2.28	2.23	2.20	2.16	2.14	2.12
	0.05	4.67	3.81	3.41	3.18	3.03	2.92	2.83	2.77	2.71	2.67	2.63
	0.01	9.07	6.70	5.74	5.21	4.86	4.62	4.44	4.30	4.19	4.10	4.02
14	0.25	1.44	1.53	1.53	1.52	1.51	1.50	1.49	1.48	1.47	1.46	1.46
	0.10	3.10	2.73	2.52	2.39	2.31	2.24	2.19	2.15	2.12	2.10	2.07
	0.05	4.60	3.74	3.34	3.11	2.96	2.85	2.76	2.70	2.65	2.60	2.57
	0.01	8.86	6.51	5.56	5.04	4.69	4.46	4.28	4.14	4.03	3.94	3.86
15	0.25	1.43	1.52	1.52	1.51	1.49	1.48	1.47	1.46	1.46	1.45	1.44
	0.10	3.07	2.70	2.49	2.36	2.27	2.21	2.16	2.12	2.09	2.06	2.04
	0.05	4.54	3.68	3.29	3.06	2.90	2.79	2.71	2.64	2.59	2.54	2.51
	0.01	8.68	6.36	5.42	4.89	4.56	4.32	4.14	4.00	3.89	3.80	3.73
16	0.25	1.42	1.51	1.51	1.50	1.48	1.47	1.46	1.45	1.44	1.44	1.43
	0.10	3.05	2.67	2.46	2.33	2.24	2.18	2.13	2.09	2.06	2.03	2.01
	0.05	4.49	3.63	3.24	3.01	2.85	2.74	2.66	2.59	2.54	2.49	2.46
	0.01	8.53	6.23	5.29	4.77	4.44	4.20	4.03	3.89	3.78	3.69	3.62
17	0.25	1.42	1.51	1.50	1.49	1.47	1.46	1.45	1.44	1.43	1.43	1.42
	0.10	3.03	2.64	2.44	2.31	2.22	2.15	2.10	2.06	2.03	2.00	1.98
	0.05	4.45	3.59	3.20	2.96	2.81	2.70	2.61	2.55	2.49	2.45	2.41
	0.01	8.40	6.11	5.19	4.67	4.34	4.10	3.93	3.79	3.68	3.59	3.52
18	0.25	1.41	1.50	1.49	1.48	1.46	1.45	1.44	1.43	1.42	1.42	1.41
	0.10	3.01	2.62	2.42	2.29	2.20	2.13	2.08	2.04	2.00	1.98	1.95
	0.05	4.41	3.55	3.16	2.93	2.77	2.66	2.58	2.51	2.46	2.41	2.37
	0.01	8.29	6.01	5.09	4.58	4.25	4.01	3.84	3.71	3.60	3.51	3.43
19	0.25	1.41	1.49	1.49	1.47	1.46	1.44	1.43	1.42	1.41	1.41	1.40
	0.10	2.99	2.61	2.40	2.27	2.18	2.11	2.06	2.02	1.98	1.96	1.93
	0.05	4.38	3.52	3.13	2.90	2.74	2.63	2.54	2.48	2.42	2.38	2.34
	0.01	8.18	5.93	5.01	4.50	4.17	3.94	3.77	3.63	3.52	3.43	3.36
20	0.25	1.40	1.49	1.48	1.47	1.45	1.44	1.43	1.42	1.41	1.40	1.39
	0.10	2.97	2.59	2.38	2.25	2.16	2.09	2.04	2.00	1.96	1.94	1.91
	0.05	4.35	3.49	3.10	2.87	2.71	2.60	2.51	2.45	2.39	2.35	2.31
	0.01	8.10	5.85	4.94	4.43	4.10	3.87	3.70	3.56	3.46	3.37	3.29

（续）

由 度 N_1														分母自由度 N_2
12	15	20	24	30	40	50	60	100	120	200	500	∞	Pr	
1.51	1.50	1.49	1.49	1.48	1.47	1.47	1.47	1.46	1.46	1.46	1.45	1.45	0.25	11
2.21	2.17	2.12	2.10	2.08	2.05	2.04	2.03	2.01	2.00	1.99	1.98	1.97	0.10	
2.79	2.72	2.65	2.61	2.57	2.53	2.51	2.49	2.46	2.45	2.43	2.42	2.40	0.05	
4.40	4.25	4.10	4.02	3.94	3.86	3.81	3.78	3.71	3.69	3.66	3.62	3.60	0.01	
1.49	1.48	1.47	1.46	1.45	1.45	1.44	1.44	1.43	1.43	1.43	1.42	1.42	0.25	12
2.15	2.10	2.06	2.04	2.01	1.99	1.97	1.96	1.94	1.93	1.92	1.91	1.90	0.10	
2.69	2.62	2.54	2.51	2.47	2.43	2.40	2.38	2.35	2.34	2.32	2.31	2.30	0.05	
4.16	4.01	3.86	3.78	3.70	3.62	3.57	3.54	3.47	3.45	3.41	3.38	3.36	0.01	
1.47	1.46	1.45	1.44	1.43	1.42	1.42	1.42	1.41	1.41	1.40	1.40	1.40	0.25	13
2.10	2.05	2.01	1.98	1.96	1.93	1.92	1.90	1.88	1.88	1.86	1.85	1.85	0.10	
2.60	2.53	2.46	2.42	2.38	2.34	2.31	2.30	2.26	2.25	2.23	2.22	2.21	0.05	
3.96	3.82	3.66	3.59	3.51	3.43	3.38	3.34	3.27	3.25	3.22	3.19	3.17	0.01	
1.45	1.44	1.43	1.42	1.41	1.41	1.40	1.40	1.39	1.39	1.38	1.38	1.38	0.25	14
2.05	2.01	1.96	1.94	1.91	1.89	1.87	1.86	1.83	1.83	1.82	1.80	1.80	0.10	
2.53	2.46	2.39	2.35	2.31	2.27	2.24	2.22	2.19	2.18	2.16	2.14	2.13	0.05	
3.80	3.66	3.51	3.43	3.35	3.27	3.22	3.18	3.11	3.09	3.06	3.03	3.00	0.01	
1.44	1.43	1.41	1.41	1.40	1.39	1.38	1.38	1.37	1.37	1.37	1.36	1.36	0.25	15
2.02	1.97	1.92	1.90	1.87	1.85	1.83	1.82	1.79	1.79	1.77	1.76	1.76	0.10	
2.48	2.40	2.33	2.29	2.25	2.20	2.18	2.16	2.12	2.11	2.10	2.08	2.07	0.05	
3.67	3.52	3.37	3.29	3.21	3.13	3.08	3.05	2.98	2.96	2.92	2.89	2.87	0.01	
1.43	1.41	1.40	1.39	1.38	1.37	1.37	1.36	1.36	1.35	1.35	1.35	1.34	0.25	16
1.99	1.94	1.89	1.87	1.84	1.81	1.79	1.78	1.76	1.75	1.74	1.73	1.72	0.10	
2.42	2.35	2.28	2.24	2.19	2.15	2.12	2.11	2.07	2.06	2.04	2.02	2.01	0.05	
3.55	3.41	3.26	3.18	3.10	3.02	2.97	2.93	2.86	2.84	2.81	2.78	2.75	0.01	
1.41	1.40	1.39	1.38	1.37	1.36	1.36	1.35	1.34	1.34	1.34	1.33	1.33	0.25	17
1.96	1.91	1.86	1.84	1.81	1.78	1.76	1.75	1.73	1.72	1.71	1.69	1.69	0.10	
2.38	2.31	2.23	2.19	2.15	2.10	2.08	2.06	2.02	2.01	1.99	1.97	1.96	0.05	
3.46	3.31	3.16	3.08	3.00	2.92	2.87	2.83	2.76	2.75	2.71	2.68	2.65	0.01	
1.40	1.39	1.38	1.37	1.36	1.35	1.34	1.34	1.33	1.33	1.32	1.32	1.32	0.25	18
1.93	1.89	1.84	1.81	1.78	1.75	1.74	1.72	1.70	1.69	1.68	1.67	1.66	0.10	
2.34	2.27	2.19	2.15	2.11	2.06	2.04	2.02	1.98	1.97	1.95	1.93	1.92	0.05	
3.37	3.23	3.08	3.00	2.92	2.84	2.78	2.75	2.68	2.66	2.62	2.59	2.57	0.01	
1.40	1.38	1.37	1.36	1.35	1.34	1.33	1.33	1.32	1.32	1.31	1.31	1.30	0.25	19
1.91	1.86	1.81	1.79	1.76	1.73	1.71	1.70	1.67	1.67	1.65	1.64	1.63	0.10	
2.31	2.23	2.16	2.11	2.07	2.03	2.00	1.98	1.94	1.93	1.91	1.89	1.88	0.05	
3.30	3.15	3.00	2.92	2.84	2.76	2.71	2.67	2.60	2.58	2.55	2.51	2.49	0.01	
1.39	1.37	1.36	1.35	1.34	1.33	1.32	1.32	1.31	1.31	1.30	1.30	1.29	0.25	20
1.89	1.84	1.79	1.77	1.74	1.71	1.69	1.68	1.65	1.64	1.63	1.62	1.61	0.10	
2.28	2.20	2.12	2.08	2.04	1.99	1.97	1.95	1.91	1.90	1.88	1.86	1.84	0.05	
3.23	3.09	2.94	2.86	2.78	2.69	2.64	2.61	2.54	2.52	2.48	2.44	2.42	0.01	

分母自由度 N_2	分子自												
	Pr	1	2	3	4	5	6	7	8	9	10	11	12
22	0.25	1.40	1.48	1.47	1.45	1.44	1.42	1.41	1.40	1.39	1.39	1.38	1.37
	0.10	2.95	2.56	2.35	2.22	2.13	2.06	2.01	1.97	1.93	1.90	1.88	1.86
	0.05	4.30	3.44	3.05	2.82	2.66	2.55	2.46	2.40	2.34	2.30	2.26	2.23
	0.01	7.95	5.72	4.82	4.31	3.99	3.76	3.59	3.45	3.35	3.26	3.18	3.12
24	0.25	1.39	1.47	1.46	1.44	1.43	1.41	1.40	1.39	1.38	1.38	1.37	1.36
	0.10	2.93	2.54	2.33	2.19	2.10	2.04	1.98	1.94	1.91	1.88	1.85	1.83
	0.05	4.26	3.40	3.01	2.78	2.62	2.51	2.42	2.36	2.30	2.25	2.22	2.18
	0.01	7.82	5.61	4.72	4.22	3.90	3.67	3.50	3.36	3.26	3.17	3.09	3.03
26	0.25	1.38	1.46	1.45	1.44	1.42	1.41	1.39	1.38	1.37	1.37	1.36	1.35
	0.10	2.91	2.52	2.31	2.17	2.08	2.01	1.96	1.92	1.88	1.86	1.83	1.81
	0.05	4.23	3.37	2.98	2.74	2.59	2.47	2.39	2.32	2.27	2.22	2.18	2.15
	0.01	7.72	5.53	4.64	4.14	3.82	3.59	3.42	3.29	3.18	3.09	3.02	2.96
28	0.25	1.38	1.46	1.45	1.43	1.41	1.40	1.39	1.38	1.37	1.36	1.35	1.34
	0.10	2.89	2.50	2.29	2.16	2.06	2.00	1.94	1.90	1.87	1.84	1.81	1.79
	0.05	4.20	3.34	2.95	2.71	2.56	2.45	2.36	2.29	2.24	2.19	2.15	2.12
	0.01	7.64	5.45	4.57	4.07	3.75	3.53	3.36	3.23	3.12	3.03	2.96	2.90
30	0.25	1.38	1.45	1.44	1.42	1.41	1.39	1.38	1.37	1.36	1.35	1.34	1.34
	0.10	2.88	2.49	2.28	2.14	2.05	1.98	1.93	1.88	1.85	1.82	1.79	1.77
	0.05	4.17	3.32	2.92	2.69	2.53	2.42	2.33	2.27	2.21	2.16	2.13	2.09
	0.01	7.56	5.39	4.51	4.02	3.70	3.47	3.30	3.17	3.07	2.98	2.91	2.84
40	0.25	1.36	1.44	1.42	1.40	1.39	1.37	1.36	1.35	1.34	1.33	1.32	1.31
	0.10	2.84	2.44	2.23	2.09	2.00	1.93	1.87	1.83	1.79	1.76	1.74	1.71
	0.05	4.08	3.23	2.84	2.61	2.45	2.34	2.25	2.18	2.12	2.08	2.04	2.00
	0.01	7.31	5.18	4.31	3.83	3.51	3.29	3.12	2.99	2.89	2.80	2.73	2.66
60	0.25	1.35	1.42	1.41	1.38	1.37	1.35	1.33	1.32	1.31	1.30	1.29	1.29
	0.10	2.79	2.39	2.18	2.04	1.95	1.87	1.82	1.77	1.74	1.71	1.68	1.66
	0.05	4.00	3.15	2.76	2.53	2.37	2.25	2.17	2.10	2.04	1.99	1.95	1.92
	0.01	7.08	4.98	4.13	3.65	3.34	3.12	2.95	2.82	2.72	2.63	2.56	2.50
120	0.25	1.34	1.40	1.39	1.37	1.35	1.33	1.31	1.30	1.29	1.28	1.27	1.26
	0.10	2.75	2.35	2.13	1.99	1.90	1.82	1.77	1.72	1.68	1.65	1.63	1.60
	0.05	3.92	3.07	2.68	2.45	2.29	2.18	2.09	2.02	1.96	1.91	1.87	1.83
	0.01	6.85	4.79	3.95	3.48	3.17	2.96	2.79	2.66	2.56	2.47	2.40	2.34
200	0.25	1.33	1.40	1.38	1.36	1.34	1.32	1.30	1.29	1.28	1.27	1.26	1.25
	0.10	2.73	2.33	2.11	1.97	1.88	1.80	1.75	1.70	1.66	1.63	1.60	1.58
	0.05	3.89	3.04	2.65	2.42	2.26	2.14	2.06	1.98	1.93	1.88	1.84	1.80
	0.01	6.76	4.71	3.88	3.41	3.11	2.89	2.73	2.60	2.50	2.41	2.34	2.27
∞	0.25	1.32	1.39	1.37	1.35	1.33	1.31	1.29	1.28	1.27	1.25	1.25	1.24
	0.10	2.71	2.30	2.08	1.94	1.85	1.77	1.72	1.67	1.63	1.60	1.57	1.55
	0.05	3.84	3.00	2.60	2.37	2.21	2.10	2.01	1.94	1.88	1.83	1.79	1.75
	0.01	6.63	4.61	3.78	3.32	3.02	2.80	2.64	2.51	2.41	2.32	2.25	2.18

（续）

由　度　N_1													分母自由度 N_2
15	20	24	30	40	50	60	100	120	200	500	∞	Pr	
1.36	1.34	1.33	1.32	1.31	1.31	1.30	1.29	1.29	1.28	1.28	1.28	0.25	22
1.81	1.76	1.73	1.70	1.67	1.65	1.64	1.61	1.60	1.59	1.58	1.57	0.10	
2.15	2.07	2.03	1.98	1.94	1.91	1.89	1.85	1.84	1.82	1.80	1.78	0.05	
2.98	2.83	2.75	2.67	2.58	2.53	2.50	2.42	2.40	2.36	2.33	2.31	0.01	
1.35	1.33	1.32	1.31	1.30	1.29	1.29	1.28	1.28	1.27	1.26	1.26	0.25	24
1.78	1.73	1.70	1.67	1.64	1.62	1.61	1.58	1.57	1.56	1.54	1.53	0.10	
2.11	2.03	1.98	1.94	1.89	1.86	1.84	1.80	1.79	1.77	1.75	1.73	0.05	
2.89	2.74	2.66	2.58	2.49	2.44	2.40	2.33	2.31	2.27	2.24	2.21	0.01	
1.34	1.32	1.31	1.30	1.29	1.28	1.28	1.27	1.26	1.26	1.25	1.25	0.25	26
1.76	1.71	1.68	1.65	1.61	1.59	1.58	1.55	1.54	1.53	1.51	1.50	0.10	
2.07	1.99	1.95	1.90	1.85	1.82	1.80	1.76	1.75	1.73	1.71	1.69	0.05	
2.81	2.66	2.58	2.50	2.42	2.36	2.33	2.25	2.23	2.19	2.16	2.13	0.01	
1.33	1.31	1.30	1.29	1.28	1.27	1.27	1.25	1.25	1.25	1.24	1.24	0.25	28
1.74	1.69	1.66	1.63	1.59	1.57	1.56	1.53	1.52	1.50	1.49	1.48	0.10	
2.04	1.96	1.91	1.87	1.82	1.79	1.77	1.73	1.71	1.69	1.67	1.65	0.05	
2.75	2.60	2.52	2.44	2.35	2.30	2.26	2.19	2.17	2.13	2.09	2.06	0.01	
1.32	1.30	1.29	1.28	1.27	1.26	1.26	1.25	1.24	1.24	1.23	1.23	0.25	30
1.72	1.67	1.64	1.61	1.57	1.55	1.54	1.51	1.50	1.48	1.47	1.46	0.10	
2.01	1.93	1.89	1.84	1.79	1.76	1.74	1.70	1.68	1.66	1.64	1.62	0.05	
2.70	2.55	2.47	2.39	2.30	2.25	2.21	2.13	2.11	2.07	2.03	2.01	0.01	
1.30	1.28	1.26	1.25	1.24	1.23	1.22	1.21	1.21	1.20	1.19	1.19	0.25	40
1.66	1.61	1.57	1.54	1.51	1.48	1.47	1.43	1.42	1.41	1.39	1.38	0.10	
1.92	1.84	1.79	1.74	1.69	1.66	1.64	1.59	1.58	1.55	1.53	1.51	0.05	
2.52	2.37	2.29	2.20	2.11	2.06	2.02	1.94	1.92	1.87	1.83	1.80	0.01	
1.27	1.25	1.24	1.22	1.21	1.20	1.19	1.18	1.17	1.16	1.15	1.15	0.25	60
1.60	1.54	1.51	1.48	1.44	1.41	1.40	1.36	1.35	1.33	1.31	1.29	0.10	
1.84	1.75	1.70	1.65	1.59	1.56	1.53	1.48	1.47	1.44	1.41	1.39	0.05	
2.35	2.20	2.12	2.03	1.94	1.88	1.84	1.75	1.73	1.68	1.63	1.60	0.01	
1.24	1.22	1.21	1.19	1.18	1.16	1.16	1.14	1.13	1.12	1.11	1.10	0.25	120
1.55	1.48	1.45	1.41	1.37	1.34	1.32	1.28	1.26	1.24	1.21	1.19	0.10	
1.75	1.66	1.61	1.55	1.50	1.46	1.43	1.37	1.35	1.32	1.28	1.25	0.05	
2.19	2.03	1.95	1.86	1.76	1.70	1.66	1.56	1.53	1.48	1.42	1.38	0.01	
1.23	1.21	1.19	1.18	1.16	1.15	1.14	1.12	1.11	1.10	1.09	1.07	0.25	200
1.52	1.46	1.42	1.38	1.34	1.31	1.29	1.24	1.23	1.20	1.17	1.14	0.10	
1.72	1.62	1.57	1.52	1.46	1.41	1.39	1.32	1.30	1.26	1.22	1.19	0.05	
2.13	1.97	1.89	1.79	1.69	1.63	1.58	1.48	1.45	1.39	1.33	1.28	0.01	
1.22	1.19	1.18	1.16	1.14	1.13	1.12	1.09	1.08	1.07	1.04	1.00	0.25	∞
1.49	1.42	1.38	1.34	1.30	1.26	1.24	1.19	1.17	1.13	1.08	1.00	0.10	
1.67	1.57	1.52	1.46	1.39	1.35	1.32	1.24	1.22	1.17	1.11	1.00	0.05	
2.04	1.88	1.79	1.70	1.59	1.52	1.47	1.36	1.32	1.25	1.15	1.00	0.01	

附表 4 χ^2 分布上的百分数点

例：自由度为 20

$P_r(\chi2>23.8277)=0.25$

$P_r(\chi2>31.4104)=0.05$

$P_r(\chi2>37.5662)=0.01$

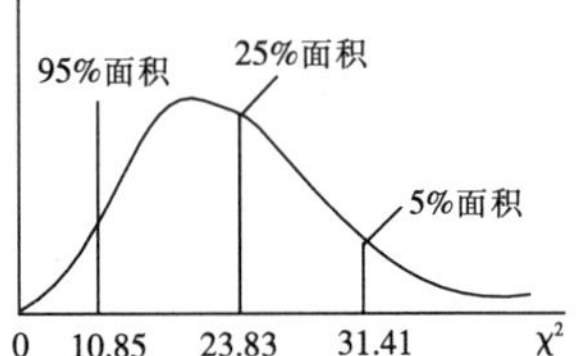

自由度 \ Pr	0.995	0.99	0.975	0.95	0.9	0.75
1	392704^*10^{-10}	157088^*10^{-9}	982069^*10^{-9}	393214^*10^{-8}	0.0157908	0.1015308
2	0.0100251	0.0201007	0.0506356	0.102587	0.21072	0.575364
3	0.0717212	0.114832	0.215795	0.351846	0.584375	1.212534
4	0.20699	0.29711	0.484419	0.710721	1.063623	1.92255
5	0.41174	0.5543	0.831211	1.145476	1.61031	2.67460
6	0.675727	0.872085	1.237347	1.63539	2.20413	3.45460
7	0.989265	1.239043	1.68987	2.16735	2.83311	4.25485
8	1.344419	1.646482	2.17973	2.73264	3.48954	5.07064
9	1.734926	2.087912	2.70039	3.32511	4.16816	5.89883
10	2.15585	2.55821	3.24697	3.94030	4.86518	6.73720
11	2.60321	3.05347	3.81575	4.57481	5.57779	7.58412
12	3.07382	3.57056	4.40379	5.22603	6.30380	8.43842
13	3.56503	4.10691	5.00874	5.89186	7.04150	9.29906
14	4.07468	4.66043	5.62872	6.57063	7.78953	10.1653
15	4.60094	5.22935	6.26214	7.26094	8.54675	11.0365
16	5.14224	5.81221	6.90766	7.96164	9.31223	11.9122
17	5.69724	6.40776	7.56418	8.67176	10.0852	12.7919
18	6.26481	7.01491	8.23075	9.39046	10.8649	13.6753
19	6.84398	7.63273	8.90655	10.1170	11.6509	14.562
20	7.43386	8.2604	9.59083	10.8508	12.4426	15.4518
21	8.03366	8.8972	10.28293	11.5913	13.2396	16.3444
22	8.64272	9.54249	10.9823	12.3380	14.0415	17.2396
23	9.26042	10.19567	11.6885	13.0905	14.8479	18.1373
24	9.88623	10.8564	12.4011	13.8484	15.6587	19.0372
25	10.5197	11.5240	13.1197	14.6114	16.4734	19.9393
26	11.1603	12.1981	13.8439	15.3791	17.2919	20.8434
27	11.8076	12.8786	14.5733	16.1513	18.1138	21.7494
28	12.4613	13.5648	15.3079	16.9279	18.9392	22.6572
29	13.1211	14.2565	16.0471	17.7083	19.7677	23.5666
30	13.7867	14.9535	16.7908	18.4926	20.5992	24.4776
40	20.7065	22.1643	24.4331	26.5093	29.0505	33.6603
50	27.9907	29.7067	32.3574	34.7642	37.6886	42.9421
60	35.5346	37.4848	40.4817	43.1879	46.4589	52.2938
70	43.2752	45.4418	48.7576	51.7393	55.3290	61.6983
80	51.1720	53.5400	57.1532	60.3915	64.2778	71.1445
90	59.1963	61.7541	65.4566	69.1260	73.2912	80.6247
100	67.3276	70.0648	74.2219	77.9295	83.3581	90.1332

* 对自由度大于 100，$z=\sqrt{2\chi^2}-\sqrt{(2k-1)}$服从标准正态分布，这里 k 代表自由度。

来源：E.S. 皮尔逊与 H.O. 哈特利主编，统计学家用生物统计表，1 卷 3 版表 8。

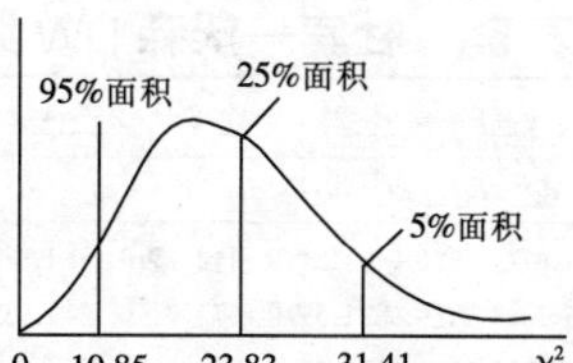

0.5	0.25	0.1	0.05	0.025	0.01	0.005
0.45494	1.3233	2.70554	3.84146	5.02389	6.6349	7.87944
1.38629	2.77259	4.60517	5.99147	7.37776	9.21034	10.5966
2.36597	4.10835	6.25139	7.81473	9.3484	11.3449	12.8381
3.3567	5.38527	7.77944	9.48773	11.1433	13.2767	14.8602
4.35146	6.62568	9.23635	11.0705	12.8325	15.0863	16.7496
5.34812	7.8408	10.6446	12.5916	14.4494	16.8119	18.5476
6.34581	9.03715	12.017	14.0671	16.0128	18.4753	20.2777
7.34412	10.2188	13.3616	15.5073	17.5346	20.0902	21.9550
8.34283	11.3887	14.6837	16.9190	19.0228	21.666	23.5893
9.34182	12.5489	15.9871	18.3070	20.4831	23.2093	25.1882
10.3410	13.7007	17.2750	19.6751	21.9200	24.7250	26.7569
11.3403	14.8454	18.5494	21.0261	23.3367	26.2170	28.2995
12.3398	15.9839	19.8119	22.3621	24.7356	27.6883	29.8194
13.3393	17.117	21.0642	23.6848	26.1190	29.1413	31.3193
14.3389	18.2451	22.3072	24.9958	27.4884	30.5779	32.8013
15.3385	19.3688	23.5418	26.2962	28.8454	31.9999	34.2672
16.3381	20.4887	24.769	27.5871	30.1910	33.4087	35.7185
17.3379	21.6049	25.9894	28.8693	31.5264	34.8053	37.1564
18.3376	22.7178	27.2036	30.1435	32.8523	36.1908	38.5822
19.3374	23.8277	28.412	31.4104	34.1696	37.5662	39.9968
20.3372	24.9348	29.6151	32.6705	35.4789	38.9321	41.4010
21.337	26.0393	30.8133	33.9244	36.7807	40.2894	42.7956
22.3369	27.1413	32.0069	35.1725	38.0757	41.6384	44.1813
23.3367	28.2412	33.1963	36.4151	39.3641	42.9798	45.5585
24.3366	29.3389	34.3816	37.6525	40.6465	44.3141	46.9278
25.3364	30.4345	35.5631	38.8852	41.9232	45.6417	48.2899
26.3363	31.5284	36.7412	40.1133	43.1944	46.963	49.6449
27.3363	32.6205	37.9159	41.3372	44.4607	48.2782	50.9933
28.3362	33.7109	39.0875	42.5569	45.7222	49.5879	52.3356
29.336	34.7998	40.2560	43.7729	46.9792	50.8922	53.6720
30.3354	45.616	51.8050	55.7585	59.3417	63.6907	66.7659
49.3349	56.3336	63.1671	67.5048	71.4202	76.1539	79.4900
59.3347	66.9814	74.3970	79.0819	83.2976	88.3794	91.9517
69.3344	77.5766	85.5271	90.5312	95.0231	100.425	104.215
79.3343	88.1303	96.5782	101.879	106.629	112.329	116.321
89.3342	98.6499	107.565	113.145	118.136	124.116	128.299
99.3341	109.141	118.498	124.342	129.561	135.807	140.169

附表 5a 杜宾—沃森 DW 统计量：

	$k'=1$		$k'=2$		$k'=3$		$k'=4$		$k'=5$		$k'=6$		$k'=7$		$k'=8$		$k'=9$		$k'=10$	
n	d_L	d_U	d_L	d_U	d_L	d_U	d_L	d_U	d_L	d_U	d_L	d_U	d_L	d_U	d_L	d_U	d_L	d_U	d_L	d_U
15	1.077	1.361	0.946	1.543	0.814	1.750	0.685	1.977	0.562	2.220	0.447	2.472	0.343	2.727	0.251	2.979	0.175	3.216	0.111	3.438
16	1.106	1.371	0.982	1.539	0.857	1.728	0.734	1.935	0.615	2.157	0.502	2.388	0.398	2.624	0.304	2.860	0.222	3.090	0.155	3.304
17	1.133	1.381	1.015	1.536	0.897	1.710	0.779	1.900	0.664	2.104	0.554	2.318	0.451	2.537	0.356	2.757	0.272	2.975	0.198	3.184
18	1.158	1.391	1.046	1.535	0.933	1.696	0.820	1.872	0.710	2.060	0.603	2.257	0.502	2.461	0.407	2.667	0.321	2.873	0.244	3.073
19	1.180	1.401	1.074	1.536	0.967	1.685	0.859	1.848	0.752	2.023	0.649	2.206	0.549	2.396	0.456	2.589	0.369	2.783	0.290	2.974
20	1.201	1.411	1.100	1.537	0.998	1.676	0.894	1.828	0.792	1.991	0.692	2.162	0.595	2.339	0.502	2.521	0.416	2.704	0.336	2.885
21	1.221	1.420	1.125	1.538	1.026	1.669	0.927	1.812	0.829	1.964	0.732	2.124	0.637	2.290	0.547	2.460	0.461	2.633	0.380	2.806
22	1.239	1.429	1.147	1.541	1.053	1.664	0.958	1.797	0.863	1.940	0.769	2.090	0.677	2.246	0.588	2.407	0.504	2.571	0.424	2.734
23	1.257	1.437	1.168	1.543	1.078	1.660	0.986	1.785	0.895	1.920	0.804	2.061	0.715	2.208	0.628	2.360	0.545	2.514	0.465	2.670
24	1.273	1.446	1.188	1.546	1.101	1.656	1.013	1.775	0.925	1.902	0.837	2.035	0.751	2.174	0.666	2.318	0.584	2.464	0.506	2.613
25	1.288	1.454	1.206	1.550	1.123	1.654	1.038	1.767	0.953	1.886	0.868	2.012	0.784	2.144	0.702	2.280	0.621	2.419	0.544	2.560
26	1.302	1.461	1.224	1.553	1.143	1.652	1.062	1.759	0.979	1.873	0.897	1.992	0.816	2.117	0.735	2.246	0.657	2.379	0.581	2.513
27	1.316	1.469	1.240	1.556	1.162	1.651	1.084	1.753	1.004	1.861	0.925	1.974	0.845	2.093	0.767	2.216	0.691	2.342	0.616	2.470
28	1.328	1.476	1.255	1.560	1.181	1.650	1.104	1.747	1.028	1.850	0.951	1.958	0.874	2.071	0.798	2.188	0.723	2.309	0.650	2.431
29	1.341	1.483	1.270	1.563	1.198	1.650	1.124	1.743	1.050	1.841	0.975	1.944	0.900	2.052	0.826	2.164	0.753	2.278	0.682	2.369
30	1.352	1.489	1.284	1.567	1.214	1.650	1.143	1.739	1.071	1.833	0.998	1.931	0.926	2.034	0.854	2.141	0.782	2.251	0.712	2.363
31	1.363	1.496	1.297	1.570	1.229	1.650	1.160	1.735	1.090	1.825	1.020	1.920	0.950	2.018	0.879	2.120	0.810	2.226	0.741	2.333
32	1.373	1.502	1.309	1.574	1.244	1.650	1.177	1.732	1.109	1.819	1.041	1.909	0.972	2.004	0.904	2.102	0.836	2.203	0.769	2.306
33	1.383	1.508	1.321	1.577	1.258	1.651	1.193	1.730	1.127	1.813	1.061	1.900	0.994	1.991	0.927	2.085	0.861	2.181	0.795	2.281
34	1.393	1.514	1.333	1.570	1.271	1.652	1.208	1.728	1.144	1.808	1.080	1.891	1.015	1.979	0.950	2.069	0.885	2.162	0.821	2.257
35	1.402	1.519	1.343	1.584	1.283	1.653	1.222	1.726	1.160	1.803	1.097	1.884	1.034	1.967	0.971	2.054	0.908	2.144	0.845	2.236
36	1.411	1.525	1.354	1.587	1.295	1.654	1.236	1.724	1.175	1.799	1.114	1.877	1.053	1.957	0.991	2.041	0.930	2.127	0.868	2.216
37	1.419	1.530	1.364	1.590	1.307	1.655	1.249	1.723	1.190	1.795	1.131	1.870	1.071	1.948	1.011	2.029	0.951	2.112	0.891	2.198
38	1.427	1.535	1.373	1.594	1.318	1.656	1.261	1.722	1.204	1.792	1.146	1.864	1.088	1.939	1.029	2.017	0.970	2.098	0.912	2.180
39	1.435	1.540	1.382	1.597	1.328	1.658	1.273	1.722	1.218	1.789	1.161	1.859	1.104	1.932	1.047	2.007	0.990	2.085	0.932	2.164
40	1.442	1.544	1.391	1.600	1.338	1.659	1.285	1.721	1.230	1.786	1.175	1.854	1.120	1.924	1.064	1.997	1.008	2.072	0.952	2.149
45	1.475	1.566	1.430	1.615	1.383	1.666	1.336	1.720	1.287	1.776	1.238	1.835	1.189	1.895	1.139	1.958	1.089	2.022	1.038	2.088
50	1.503	1.585	1.462	1.628	1.421	1.674	1.378	1.721	1.335	1.771	1.291	1.822	1.246	1.875	1.201	1.930	1.156	1.986	1.110	2.044
55	1.528	1.601	1.490	1.641	1.452	1.681	1.414	1.724	1.374	1.768	1.334	1.814	1.294	1.861	1.253	1.909	1.212	1.959	1.170	2.010
60	1.549	1.616	1.514	1.652	1.480	1.689	1.444	1.727	1.408	1.767	1.372	1.808	1.335	1.850	1.289	1.894	1.260	1.939	1.222	1.984
65	1.567	1.629	1.536	1.662	1.503	1.696	1.471	1.731	1.438	1.767	1.404	1.805	1.370	1.843	1.336	1.882	1.301	1.923	1.266	1.964
70	1.583	1.641	1.554	1.672	1.525	1.703	1.494	1.735	1.464	1.768	1.433	1.802	1.401	1.837	1.369	1.873	1.337	1.910	1.305	1.948
75	1.598	1.652	1.571	1.680	1.543	1.709	1.515	1.739	1.487	1.770	1.458	1.801	1.428	1.834	1.399	1.867	1.369	1.901	1.339	1.935
80	1.611	1.662	1.586	1.688	1.560	1.715	1.534	1.743	1.507	1.772	1.480	1.801	1.453	1.831	1.425	1.861	1.397	1.893	1.369	1.925
85	1.624	1.671	1.600	1.696	1.575	1.721	1.550	1.747	1.525	1.774	1.500	1.801	1.474	1.829	1.448	1.857	1.422	1.886	1.369	1.916
90	1.635	1.679	1.612	1.703	1.589	1.726	1.566	1.751	1.542	1.776	1.518	1.801	1.494	1.827	1.469	1.854	1.445	1.881	1.420	1.909
95	1.645	1.687	1.623	1.709	1.602	1.732	1.579	1.755	1.557	1.778	1.535	1.802	1.512	1.827	1.489	1.852	1.465	1.877	1.442	1.903
100	1.654	1.694	1.634	1.715	1.613	1.736	1.592	1.758	1.571	1.780	1.550	1.803	1.528	1.826	1.506	1.850	1.484	1.874	1.462	1.898
150	1.720	1.746	1.706	1.760	1.693	1.774	1.679	1.788	1.665	1.802	1.651	1.817	1.637	1.832	1.622	1.847	1.608	1.862	1.594	1.877
200	1.758	1.778	1.748	1.789	1.738	1.799	1.728	1.810	1.718	1.820	1.707	1.831	1.697	1.841	1.686	1.852	1.675	1.863	1.665	1.874

显著水平为 0.05 的 d_L 与 d_u 的显著点

	$k'=11$		$k'=12$		$k'=13$		$k'=14$		$k'=15$		$k'=16$		$k'=17$		$k'=18$		$k'=19$		$k'=20$	
n	d_L	d_U	d_L	d_U	d_L	d_U	d_L	d_U	d_L	d_U	d_L	d_U	d_L	d_U	d_L	d_U	d_L	d_U	d_L	d_U
16	0.098	3.503	—	—	—	—	—	—	—	—	—	—	—	—	—	—	—	—	—	—
17	0.138	3.378	0.087	3.557	—	—	—	—	—	—	—	—	—	—	—	—	—	—	—	—
18	0.177	3.265	0.123	3.441	0.078	3.603	—	—	—	—	—	—	—	—	—	—	—	—	—	—
19	0.220	3.159	0.160	3.335	0.111	3.496	0.070	3.642	—	—	—	—	—	—	—	—	—	—	—	—
20	0.263	3.063	0.200	3.234	0.145	3.395	0.100	3.542	0.063	3.767	—	—	—	—	—	—	—	—	—	—
21	0.307	2.976	0.240	3.141	0.182	3.300	0.132	3.448	0.091	3.583	0.058	3.705	—	—	—	—	—	—	—	—
22	0.349	2.897	0.281	3.057	0.220	3.211	0.166	3.358	0.120	3.495	0.083	3.619	0.052	3.731	—	—	—	—	—	—
23	0.391	2.826	0.322	2.979	0.259	3.128	0.202	3.272	0.153	3.409	0.110	3.535	0.076	3.650	0.048	3.753	—	—	—	—
24	0.431	2.761	0.362	2.908	0.297	3.053	0.239	3.193	0.186	3.327	0.141	3.454	0.101	3.572	0.070	3.678	0.044	3.773	—	—
25	0.470	2.702	0.400	2.844	0.335	2.983	0.275	3.119	0.221	3.251	0.172	3.376	0.130	3.494	0.094	3.604	0.065	3.702	0.041	3.790
26	0.508	2.649	0.438	2.784	0.373	2.919	0.312	3.051	0.256	3.179	0.205	3.303	0.160	3.420	0.120	3.531	0.087	3.632	0.060	3.724
27	0.544	2.600	0.475	2.730	0.409	2.859	0.348	2.987	0.291	3.112	0.238	3.233	0.191	3.349	0.149	3.460	0.112	3.563	0.081	3.658
28	0.578	2.555	0.510	2.680	0.445	2.805	0.383	2.928	0.325	3.050	0.271	3.168	0.222	3.283	0.178	3.392	0.138	3.495	0.104	3.592
29	0.612	2.515	0.544	2.634	0.479	2.755	0.418	2.874	0.359	2.992	0.305	3.107	0.254	3.219	0.208	3.327	0.166	3.431	0.129	3.528
30	0.643	2.477	0.577	2.592	0.512	2.708	0.451	2.823	0.392	2.937	0.337	3.050	0.286	3.160	0.238	3.266	0.195	3.368	0.156	3.465
31	0.674	2.443	0.608	2.553	0.545	2.665	0.484	2.776	0.425	2.887	0.370	2.996	0.317	3.103	0.269	3.208	0.224	3.309	0.183	3.406
32	0.703	2.411	0.638	2.517	0.576	2.625	0.515	2.733	0.457	2.840	0.401	2.946	0.349	3.050	0.299	3.153	0.253	3.252	0.211	3.348
33	0.731	2.382	0.668	2.484	0.606	2.588	0.546	2.692	0.488	2.796	0.432	2.899	0.379	3.000	0.329	3.100	0.283	3.198	0.239	3.293
34	0.758	2.355	0.695	2.454	0.634	2.554	0.575	2.654	0.518	2.754	0.462	2.854	0.409	2.954	0.359	3.051	0.312	3.147	0.267	3.240
35	0.783	2.330	0.722	2.425	0.662	2.521	0.604	2.619	0.547	2.716	0.492	2.813	0.439	2.910	0.388	3.005	0.340	3.099	0.295	3.190
36	0.808	2.306	0.748	2.398	0.689	2.492	0.631	2.586	0.575	2.680	0.520	2.774	0.467	2.868	0.417	2.961	0.369	3.063	0.323	3.142
37	0.831	2.285	0.772	2.374	0.714	2.464	0.657	2.555	0.602	2.646	0.548	2.738	0.495	2.829	0.445	2.920	0.397	3.009	0.351	3.097
38	0.854	2.265	0.796	2.351	0.739	2.438	0.683	2.526	0.628	2.614	0.575	2.703	0.522	2.792	0.472	2.880	0.424	2.968	0.378	3.054
39	0.875	2.246	0.819	2.329	0.763	2.413	0.707	2.499	0.653	2.585	0.600	2.671	0.549	2.757	0.499	2.843	0.451	2.929	0.404	3.013
40	0.896	2.228	0.840	2.309	0.785	2.391	0.731	2.473	0.678	2.557	0.626	2.641	0.575	2.724	0.525	2.808	0.477	2.892	0.430	2.974
45	0.988	2.156	0.938	2.225	0.887	2.296	0.838	2.367	0.788	2.439	0.740	2.512	0.692	2.586	0.644	2.659	0.598	2.733	0.553	2.807
50	1.064	2.103	1.019	2.163	0.973	2.225	0.927	2.287	0.882	2.350	0.836	2.414	0.792	2.479	0.747	2.544	0.703	2.610	0.660	2.675
55	1.129	2.026	1.087	2.116	1.045	2.170	1.003	2.225	0.961	2.281	0.919	2.338	0.877	2.396	0.836	2.454	0.796	2.512	0.754	2.571
60	1.184	2.031	1.145	2.079	1.106	2.127	1.068	2.177	1.029	2.227	0.990	2.278	0.951	2.330	0.913	2.382	0.874	2.434	0.836	2.487
65	1.231	2.006	1.195	2.049	1.160	2.093	1.124	2.138	1.088	2.183	1.025	2.229	1.016	2.276	0.980	2.323	0.944	2.371	0.908	2.419
70	1.272	1.986	1.239	2.026	1.206	2.066	1.172	2.106	1.139	2.148	1.105	2.189	1.072	2.232	1.038	2.275	1.005	2.318	0.971	2.362
75	1.308	1.970	1.277	2.006	1.247	2.043	1.215	2.080	1.184	2.118	1.153	2.156	1.121	2.195	1.090	2.235	1.058	2.275	1.027	2.315
80	1.340	1.957	1.311	1.991	1.283	2.024	1.253	2.059	1.224	2.093	1.195	2.129	1.165	2.165	1.136	2.201	1.106	2.238	1.076	2.275
85	1.369	1.946	1.342	1.977	1.315	2.009	1.287	2.040	1.260	2.073	1.232	2.105	1.205	2.139	1.177	2.172	1.149	2.206	1.121	2.241
90	1.395	1.937	1.369	1.966	1.344	1.995	1.318	2.025	1.292	2.055	1.266	2.085	1.240	2.116	1.213	2.148	1.187	2.179	1.160	2.211
95	1.418	1.929	1.394	1.956	1.370	1.984	1.345	2.012	1.321	2.040	1.296	2.068	1.271	2.097	1.247	2.126	1.222	2.156	1.197	2.186
100	1.439	1.923	1.416	1.948	1.393	1.974	1.371	2.000	1.347	2.026	1.324	2.053	1.301	2.080	1.277	2.108	1.253	2.135	1.229	2.164
150	1.579	1.892	1.564	1.908	1.550	1.924	1.535	1.940	1.519	1.956	1.504	1.972	1.489	1.989	1.474	2.006	1.458	2.023	1.443	2.040
200	1.654	1.885	1.643	1.896	1.632	1.908	1.621	1.919	1.610	1.931	1.599	1.943	1.588	1.955	1.576	1.967	1.565	1.979	1.554	1.991

附表 5b 杜宾—沃森 DW 统计量：

	$k'=1$		$k'=2$		$k'=3$		$k'=4$		$k'=5$		$k'=6$		$k'=7$		$k'=8$		$k'=9$		$k'=10$	
n	d_L	d_U	d_L	d_U	d_L	d_U	d_L	d_U	d_L	d_U	d_L	d_U	d_L	d_U	d_L	d_U	d_L	d_U	d_L	d_U
15	0.811	1.070	0.700	1.252	0.591	1.464	0.488	1.704	0.391	1.967	0.303	2.244	0.226	2.530	0.161	2.817	0.107	3.101	0.068	3.374
16	0.844	1.086	0.737	1.252	0.633	1.446	0.532	1.663	0.437	1.900	0.349	2.153	0.269	2.416	0.200	2.681	0.142	2.944	0.094	3.201
17	0.874	1.102	0.772	1.255	0.672	1.432	0.574	1.630	0.480	1.847	0.393	2.078	0.313	2.319	0.241	2.566	0.179	2.811	0.127	3.053
18	0.902	1.118	0.805	1.259	0.708	1.422	0.613	1.604	0.522	1.803	0.435	2.015	0.355	2.238	0.282	2.467	0.216	2.697	0.160	2.925
19	0.928	1.132	0.835	1.265	0.742	1.415	0.650	1.584	0.561	1.767	0.476	1.963	0.396	2.169	0.322	2.381	0.255	2.597	0.196	2.813
20	0.952	1.147	0.863	1.271	0.773	1.411	0.685	1.567	0.598	1.737	0.515	1.918	0.436	2.110	0.362	2.308	0.294	2.510	0.232	2.714
21	0.975	1.161	0.890	1.277	0.803	1.408	0.718	1.554	0.633	1.712	0.552	1.881	0.474	2.059	0.400	2.244	0.331	2.434	0.268	2.625
22	0.997	1.174	0.914	1.284	0.831	1.407	0.748	1.543	0.667	1.691	0.587	1.849	0.510	2.015	0.437	2.188	0.368	2.367	0.304	2.548
23	1.018	1.187	0.938	1.291	0.858	1.407	0.777	1.534	0.698	1.673	0.620	1.821	0.545	1.997	0.473	2.140	0.404	2.308	0.340	2.479
24	1.037	1.199	0.960	1.298	0.882	1.407	0.805	1.528	0.728	1.658	0.652	1.797	0.578	1.944	0.507	2.097	0.439	2.255	0.375	2.417
25	1.055	1.211	0.981	1.305	0.906	1.409	0.831	1.523	0.756	1.645	0.682	1.776	0.610	1.915	0.540	2.059	0.473	2.209	0.409	2.362
26	1.072	1.222	1.001	1.312	0.928	1.411	0.855	1.518	0.783	1.635	0.711	1.759	0.640	1.889	0.572	2.026	0.505	2.168	0.441	2.313
27	1.089	1.233	1.019	1.319	0.949	1.413	0.878	1.515	0.808	1.626	0.738	1.743	0.669	1.867	0.602	1.997	0.536	2.131	0.473	2.269
28	1.104	1.244	1.037	1.325	0.969	1.415	0.900	1.513	0.832	1.618	0.764	1.729	0.696	1.847	0.630	1.970	0.566	2.098	0.504	2.229
29	1.119	1.254	1.054	1.332	0.988	1.418	0.921	1.512	0.855	1.611	0.788	1.718	0.723	1.830	0.658	1.947	0.595	2.068	0.533	2.193
30	1.133	1.263	1.070	1.339	1.006	1.421	0.941	1.511	0.877	1.606	0.812	1.707	0.748	1.814	0.684	1.925	0.622	2.041	0.562	2.160
31	1.147	1.273	1.085	1.345	1.023	1.425	0.960	1.510	0.897	1.601	0.834	1.698	0.772	1.800	0.710	1.906	0.649	2.017	0.589	2.131
32	1.160	1.282	1.100	1.352	1.040	1.428	0.979	1.510	0.917	1.597	0.856	1.690	0.794	1.788	0.734	1.889	0.674	1.995	0.615	2.104
33	1.172	1.291	1.114	1.358	1.055	1.432	0.996	1.510	0.936	1.594	0.876	1.683	0.816	1.776	0.757	1.874	0.698	1.975	0.641	2.080
34	1.184	1.299	1.128	1.364	1.070	1.435	1.012	1.511	0.954	1.591	0.896	1.677	0.837	1.766	0.779	1.860	0.722	1.957	0.665	2.057
35	1.195	1.307	1.140	1.370	1.085	1.439	1.028	1.512	0.971	1.589	0.914	1.671	0.857	1.757	0.800	1.847	0.744	1.940	0.689	2.037
36	1.206	1.315	1.153	1.376	1.098	1.442	1.043	1.513	0.988	1.588	0.932	1.666	0.877	1.749	0.821	1.836	0.766	1.925	0.711	2.018
37	1.217	1.323	1.165	1.382	1.112	1.446	1.058	1.514	1.004	1.586	0.950	1.662	0.895	1.742	0.841	1.825	0.787	1.911	0.733	2.001
38	1.227	1.330	1.176	1.388	1.124	1.449	1.072	1.515	1.019	1.585	0.966	1.658	0.913	1.735	0.860	1.816	0.807	1.899	0.754	1.985
39	1.237	1.337	1.187	1.393	1.137	1.453	1.085	1.517	1.034	1.584	0.982	1.655	0.930	1.729	0.878	1.807	0.826	1.887	0.774	1.970
40	1.246	1.344	1.198	1.398	1.148	1.457	1.098	1.518	1.048	1.584	0.997	1.652	0.946	1.724	0.895	1.799	0.844	1.876	0.794	1.956
45	1.288	1.376	1.245	1.423	1.201	1.474	1.156	1.528	1.111	1.584	1.065	1.643	1.019	1.704	0.974	1.768	0.927	1.834	0.881	1.902
50	1.324	1.403	1.285	1.446	1.245	1.491	1.205	1.538	1.164	1.587	1.123	1.639	1.081	1.692	1.039	1.748	0.997	1.805	0.955	1.864
55	1.356	1.427	1.320	1.466	1.284	1.506	1.247	1.548	1.209	1.592	1.172	1.638	1.134	1.685	1.095	1.734	1.057	1.785	1.018	1.837
60	1.383	1.449	1.350	1.484	1.317	1.520	1.283	1.558	1.249	1.598	1.214	1.639	1.179	1.682	1.144	1.726	1.108	1.771	1.072	1.817
65	1.407	1.468	1.377	1.500	1.346	1.534	1.315	1.568	1.283	1.604	1.251	1.642	1.218	1.680	1.186	1.720	1.153	1.761	1.120	1.802
70	1.429	1.485	1.400	1.515	1.372	1.546	1.343	1.578	1.313	1.611	1.283	1.645	1.253	1.680	1.223	1.716	1.192	1.754	1.162	1.792
75	1.448	1.501	1.422	1.529	1.395	1.557	1.368	1.587	1.340	1.617	1.313	1.649	1.284	1.682	1.256	1.714	1.227	1.748	1.199	1.783
80	1.466	1.515	1.441	1.541	1.416	1.568	1.390	1.595	1.364	1.624	1.338	1.653	1.312	1.683	1.285	1.714	1.259	1.745	1.232	1.777
85	1.482	1.528	1.458	1.553	1.435	1.578	1.411	1.603	1.386	1.630	1.362	1.657	1.337	1.685	1.312	1.714	1.287	1.743	1.262	1.773
90	1.496	1.540	1.474	1.563	1.452	1.587	1.429	1.611	1.406	1.636	1.383	1.661	1.360	1.687	1.336	1.714	1.312	1.741	1.288	1.769
95	1.510	1.552	1.489	1.573	1.468	1.596	1.446	1.618	1.425	1.642	1.403	1.666	1.381	1.690	1.358	1.715	1.336	1.741	1.313	1.767
100	1.522	1.562	1.503	1.583	1.482	1.604	1.462	1.625	1.441	1.647	1.421	1.670	1.400	1.693	1.378	1.717	1.357	1.741	1.335	1.765
150	1.611	1.637	1.598	1.651	1.584	1.665	1.571	1.679	1.557	1.693	1.543	1.708	1.530	1.722	1.515	1.737	1.501	1.752	1.486	1.767
200	1.664	1.684	1.653	1.693	1.643	1.704	1.633	1.715	1.623	1.725	1.613	1.735	1.603	1.746	1.592	1.757	1.582	1.767	1.571	1.779

显著水平为 0.01 的 d_L 与 d_u 的显著点

	$k'=11$		$k'=12$		$k'=13$		$k'=14$		$k'=15$		$k'=16$		$k'=17$		$k'=18$		$k'=19$		$k'=20$	
n	d_L	d_U	d_L	d_U	d_L	d_U	d_L	d_U	d_L	d_U	d_L	d_U	d_L	d_U	d_L	d_U	d_L	d_U	d_L	d_U
16	0.060	3.446	—	—	—	—	—	—	—	—	—	—	—	—	—	—	—	—	—	—
17	0.084	3.286	0.053	3.506	—	—	—	—	—	—	—	—	—	—	—	—	—	—	—	—
18	0.113	3.146	0.075	3.358	0.047	3.357	—	—	—	—	—	—	—	—	—	—	—	—	—	—
19	0.145	3.023	0.102	3.227	0.067	3.420	0.043	3.601	—	—	—	—	—	—	—	—	—	—	—	—
20	0.178	2.914	0.131	3.109	0.092	3.297	0.061	3.474	0.038	3.639	—	—	—	—	—	—	—	—	—	—
21	0.212	2.817	0.162	3.004	0.119	3.185	0.084	3.358	0.055	3.521	0.035	3.671	—	—	—	—	—	—	—	—
22	0.246	2.729	0.194	2.909	0.148	3.084	0.109	3.252	0.077	3.412	0.050	3.562	0.032	3.700	—	—	—	—	—	—
23	0.281	2.651	0.227	2.882	0.178	2.991	0.136	3.155	0.100	3.311	0.070	3.459	0.046	3.597	0.029	3.725	—	—	—	—
24	0.315	2.580	0.260	2.744	0.209	2.906	0.165	3.065	0.125	3.218	0.092	3.363	0.065	3.501	0.043	3.629	0.027	3.747	—	—
25	0.348	2.517	0.292	2.674	0.240	2.829	0.194	2.982	0.152	3.131	0.116	3.274	0.085	3.410	0.060	3.538	0.039	3.657	0.025	3.766
26	0.381	2.460	0.324	2.610	0.272	2.758	0.224	2.906	0.180	3.050	0.141	3.191	0.107	3.325	0.079	3.450	0.055	3.572	0.036	3.682
27	0.413	2.409	0.356	2.552	0.303	2.694	0.253	2.836	0.208	2.976	0.167	3.113	0.131	3.245	0.100	3.371	0.073	3.490	0.051	3.602
28	0.444	2.363	0.387	2.499	0.333	2.635	0.283	2.772	0.237	2.907	0.194	3.040	0.156	3.169	0.122	3.294	0.093	3.412	0.068	3.524
29	0.474	2.321	0.417	2.451	0.363	2.582	0.313	2.713	0.266	2.843	0.222	2.972	0.182	3.098	0.146	3.220	0.114	3.338	0.087	3.450
30	0.503	2.283	0.447	2.407	0.393	2.533	0.342	2.659	0.294	2.785	0.249	2.909	0.208	3.032	0.171	3.152	0.137	3.267	0.107	3.379
31	0.531	2.248	0.475	2.367	0.422	2.487	0.371	2.609	0.322	2.730	0.277	2.851	0.234	2.970	0.196	3.087	0.160	3.201	0.128	3.311
32	0.558	2.216	0.503	2.330	0.450	2.446	0.399	2.563	0.350	2.680	0.304	2.797	0.261	2.912	0.221	3.026	0.184	3.137	0.151	3.246
33	0.585	2.187	0.530	2.296	0.477	2.408	0.426	2.520	0.377	2.633	0.331	2.746	0.287	2.858	0.246	2.969	0.209	3.078	0.174	3.184
34	0.610	2.160	0.556	2.266	0.503	2.373	0.452	2.481	0.404	2.590	0.357	2.699	0.313	2.808	0.272	2.915	0.233	3.022	0.197	3.126
35	0.634	2.136	0.581	2.237	0.529	2.340	0.478	2.444	0.430	2.550	0.383	2.655	0.339	2.761	0.297	2.865	0.257	2.969	0.221	3.071
36	0.658	2.113	0.605	2.210	0.554	2.310	0.504	2.410	0.455	2.512	0.409	2.614	0.364	2.717	0.322	2.818	0.282	2.919	0.244	3.019
37	0.680	2.092	0.628	2.186	0.578	2.282	0.528	2.379	0.480	2.477	0.434	2.576	0.389	2.675	0.347	2.774	0.306	2.872	0.268	2.969
38	0.702	2.073	0.651	2.164	0.601	2.256	0.552	2.350	0.504	2.445	0.458	2.540	0.414	2.637	0.371	2.733	0.330	2.828	0.291	2.923
39	0.723	2.055	0.673	2.143	0.623	2.232	0.575	2.323	0.528	2.414	0.482	2.507	0.438	2.600	0.395	2.694	0.354	2.787	0.315	2.879
40	0.744	2.039	0.694	2.123	0.645	2.210	0.597	2.297	0.551	2.386	0.505	2.476	0.461	2.566	0.418	2.657	0.377	2.748	0.338	2.838
45	0.835	1.972	0.790	2.044	0.744	2.118	0.700	2.193	0.655	2.269	0.612	2.346	0.570	2.424	0.528	2.503	0.488	2.582	0.448	2.661
50	0.913	1.925	0.871	1.987	0.829	2.051	0.787	2.116	0.746	2.182	0.705	2.250	0.665	2.318	0.625	2.387	0.586	2.456	0.548	2.526
55	0.979	1.891	0.940	1.945	0.902	2.002	0.863	2.059	0.825	2.117	0.786	2.176	0.748	2.237	0.711	2.298	0.674	2.359	0.637	2.421
60	1.037	1.865	1.001	1.914	0.965	1.964	0.929	2.015	0.893	2.067	0.857	2.120	0.822	2.173	0.786	2.227	0.751	2.283	0.716	2.338
65	1.087	1.845	1.053	1.889	1.020	1.934	0.986	1.980	0.953	2.027	0.919	2.075	0.886	2.123	0.852	2.172	0.819	2.221	0.786	2.272
70	1.131	1.831	1.099	1.870	1.068	1.911	1.037	1.953	1.005	1.995	0.974	2.038	0.943	2.082	0.911	2.127	0.880	2.172	0.849	2.217
75	1.170	1.819	1.141	1.856	1.111	1.893	1.082	1.931	1.052	1.970	1.023	2.009	0.993	2.049	0.964	2.090	0.934	2.131	0.905	2.172
80	1.205	1.810	1.177	1.844	1.150	1.878	1.122	1.913	1.094	1.949	1.066	1.984	1.039	2.022	1.011	2.059	0.983	2.097	0.955	2.135
85	1.236	1.803	1.210	1.834	1.184	1.866	1.158	1.898	1.132	1.931	1.106	1.965	1.080	1.999	1.053	2.033	1.027	2.068	1.000	2.104
90	1.264	1.798	1.240	1.827	1.215	1.856	1.191	1.886	1.166	1.917	1.141	1.948	1.116	1.979	1.091	2.012	1.066	2.044	1.041	2.077
95	1.290	1.793	1.267	1.821	1.244	1.848	1.221	1.876	1.197	1.905	1.174	1.934	1.150	1.963	1.126	1.993	1.102	2.023	1.079	2.054
100	1.314	1.790	1.292	1.816	1.270	1.841	1.248	1.868	1.225	1.895	1.203	1.922	1.181	1.949	1.158	1.977	1.136	2.006	1.113	2.034
150	1.473	1.783	1.458	1.799	1.444	1.814	1.429	1.830	1.414	1.847	1.400	1.863	1.385	1.880	1.370	1.897	1.355	1.913	1.340	1.931
200	1.561	1.791	1.550	1.801	1.539	1.813	1.528	1.824	1.518	1.836	1.507	1.847	1.495	1.860	1.484	1.871	1.474	1.883	1.462	1.896

注：n——观察值的个数；k'——解释变量的个数（不包括常数项）

来源：J. 德宾与 G.S. 沃森，"最小二乘回归的序列相关检验"，生物统计杂志 38 卷 PP.159—177，1951 年 .

附表 6a 游程检验中的游程临界值

N_1 \ N_2	2	3	4	5	6	7	8	9	10	11	12	13	14	15	16	17	18	19	20
2											2	2	2	2	2	2	2	2	2
3					2	2	2	2	2	2	2	2	2	3	3	3	3	3	3
4				2	2	2	3	3	3	3	3	3	3	3	4	4	4	4	4
5			2	2	3	3	3	3	3	4	4	4	4	4	4	4	5	5	5
6		2	2	3	3	3	3	4	4	4	4	5	5	5	5	5	5	6	6
7		2	2	3	3	3	4	4	5	5	5	5	5	6	6	6	6	6	6
8		2	3	3	3	4	4	5	5	5	6	6	6	7	6	7	7	7	7
9		2	3	3	4	4	5	5	5	6	6	6	7	7	7	7	8	8	8
10		2	3	4	4	5	5	5	6	6	7	7	7	8	8	8	8	8	9
11		2	3	4	4	5	5	6	6	7	7	7	8	8	8	9	9	9	9
12	2	2	3	4	4	5	6	6	7	7	7	8	8	9	9	9	9	10	10
13	2	2	3	4	5	5	6	6	7	7	8	8	9	9	9	10	10	10	10
14	2	2	3	4	5	5	6	7	7	8	8	9	9	10	10	10	10	11	11
15	2	3	3	4	5	6	6	7	7	8	8	9	9	10	10	11	11	11	12
16	2	3	4	4	5	6	6	7	8	8	9	9	10	11	11	11	11	12	12
17	2	3	4	4	5	6	7	7	8	9	9	10	10	11	11	11	12	12	13
18	2	3	4	5	5	6	7	8	8	9	9	10	10	11	11	12	12	13	13
19	2	3	4	5	6	6	7	8	8	9	10	10	11	11	12	12	13	13	13
20	2	3	4	5	6	6	7	8	9	9	10	10	11	12	12	13	13	13	14

注:表 6a 与表 6b 对 N_1(+号)与 N_2(-号)的不同值,给出游程的临界值。一个样本的游程检验,显著水平为 0.05,n 的任一值等于或小于表 6a 所示临界值,或者 n 的任一值等于或大于表 6b 所示临界值,则为显著。

来源:S. 西格尔,行为科学(如心理学,社会学)的非参数统计,表 F PP.252—253,1956 年。本表已由西格尔根据原来资料加以改编,F.S,斯韦登与 C. 艾森哈特,"交替序列分组随机检验表",数理统计年鉴 14 卷,1943 年。

附表 6b 游程检验中的游程临界值

N_2

N_1	2	3	4	5	6	7	8	9	10	11	12	13	14	15	16	17	18	19	20
2																			
3																			
4				9	9														
5			9	10	10	11	11												
6			9	10	11	12	12	13	13	13	13								
7				11	12	13	13	14	14	14	14	15	15	15					
8				11	12	13	14	14	15	15	16	16	16	16	17	17	17	17	17
9					13	14	14	15	16	16	16	17	17	18	18	18	18	18	18
10					13	14	15	16	16	17	17	18	18	18	19	19	19	20	20
11					13	14	15	16	17	17	18	19	19	19	20	20	20	21	21
12					13	14	16	16	17	18	19	19	20	20	21	21	21	22	22
13						15	16	17	18	19	19	20	20	21	21	22	22	23	23
14						15	16	17	18	19	20	20	21	22	22	23	23	23	24
15						15	16	18	18	19	20	21	22	22	23	23	24	24	25
16							17	18	19	20	21	21	22	23	23	24	25	25	25
17						17	18	19	20	21	22	23	23	24	25	25	26	26	
18							17	18	19	20	21	22	23	24	25	25	26	26	27
19							17	18	20	21	22	23	23	24	25	26	26	27	27
20							17	18	20	21	22	23	24	25	25	26	27	27	28

例:30 个观测值的序列中包括 20 个(+)号(= N_1)与 10 个(-)号(= N2),显著水平为 0.05 的游程临界值为 9 与 20,分别如表 6a 与表 6b 所示。所以,如果在一个应用问题中得出游程数等于或小于 9,或者等于或大于 20,我们就可以拒绝(在 0.05 的显著水平下)观察值序列为随机的假设。

主要参考书目

[1]A. 科苏杨尼斯著,许开甲、王守用译,《计量经济学理论》,1981 年。
[2]张寿,于清文编著,《计量经济学》,上海交通大学出版社,1984 年。
[3]D·格杰雷蒂著,刘宗鹤、赵明强译,《计量经济学概论》,农业出版社,1985 年。
[4]贺铿等编著,《计量经济学原理与应用》,辽宁大学出版社,1987 年。
[5]唐国兴编著,《计量经济学——理论、方法和模型》,复旦大学出版社,1988 年。
[6]李子奈编著,《计量经济学——方法与应用》,清华大学出版社,1992 年。
[7]汤羡祥编著,《计量经济学》,广东教育出版社,1993 年。
[8]戴思锐、关立人编著,《经济计量分析基础》,农业出版社,1994 年。
[9]W.Enders,"Applied Econometric Time Seris",John Wiliy & Sons Lns.1995。
[10]William H. Greene "Econometric Analysis",Prentice-Hall International Lnc. 1997。
[11]D·F·韩德瑞、秦朵著,《动态经济计量学》,上海人民出版社,1998 年。
[12]S·平狄克、L·鲁宾费尔德著,铁小军等译,《计量经济模型与经济预测》,机械工业出版社,1999 年。
[13]李子奈、叶阿忠编著,《高等计量经济学》,清华大学出版社,2000 年。
[14]N·古扎拉蒂著,林少宫译,《计量经济学》,中国人民大学出版社,2000 年。
[15]贺铿等编著,《计量经济学教程》,中国统计出版社,2000 年。
[16]邹至庄著,《计量经济学与应用经济学》,北京大学出版社,2001 年。

图书在版编目（CIP）数据

计量经济学/戴思锐编著.—2版.—北京：中国农业出版社，2009.9

ISBN 978-7-109-13519-2

Ⅰ.计… Ⅱ.戴… Ⅲ.计量经济学 Ⅳ.F224.0

中国版本图书馆CIP数据核字（2009）第156450号

中国农业出版社出版

（北京市朝阳区农展馆北路2号）

（邮政编码 100125）

责任编辑 柯文武

中国农业出版社印刷厂印刷 新华书店北京发行所发行

2003年11月第1版 2009年11月第2版北京第1次印刷

开本：889mm×1194mm 1/32 印张：17.75

字数：448千字 印数：1～2 000册

定价：40.00元